Camille Semenzato
A l'écoute des Muses en Grèce archaïque

MythosEikonPoiesis

Herausgegeben von
Anton Bierl

Wissenschaftlicher Beirat:
Gregory Nagy, Richard Martin

Band 9

Camille Semenzato

A l'écoute des Muses en Grèce archaïque

La question de l'inspiration dans la poésie grecque
à l'aube de notre civilisation

DE GRUYTER

ISBN 978-3-11-065853-8
ISBN (PDF) 978-3-11-053479-5
ISBN (EPUB) 978-3-11-053395-8
ISSN 1868-5080

Library of Congress Cataloging-in-Publication Data
A CIP catalog record for this book has been applied for at the Library of Congress.

Bibliographic information published by the Deutsche Nationalbibliothek
The Deutsche Nationalbibliothek lists this publication in the Deutsche Nationalbibliografie; detailed bibliographic data are available in the Internet at http://dnb.dnb.de.

© 2019 Walter de Gruyter GmbH, Berlin/Boston
This volume is text- and page-identical with the hardback published in 2017.
Typesetting: Michael Peschke, Berlin
Printing: CPI books GmbH, Leck
♾ Printed on acid-free paper
Printed in Germany

www.degruyter.com

Pour Dionysos

Remerciements

Ce livre est la version actualisée, vitalisée et tonifiée d'une thèse de doctorat soutenue en décembre 2011 à l'Université de Lausanne. Il doit beaucoup à Christoph Riedweg (Université de Zurich) qui m'a permis de poursuivre mon parcours dans le monde académique ainsi qu'à Anton Bierl (Université de Bâle) qui m'a ouvert les portes de sa collection. Un grand merci à tous deux.

Cette étude n'aurait vu le jour sans les personnes qui m'ont, de près ou de loin, suivie et épaulée. Je tiens à remercier en particulier mon directeur de thèse, David Bouvier (Université de Lausanne), pour sa confiance. Ainsi que mes experts : Glenn W. Most (Ecole Normale Supérieure, Pise / Université de Chicago) pour sa franchise, disponibilité et stimulation de ma mauvaise conscience ; Pierre Judet de la Combe (EHESS, Paris) pour ses conseils avisés lors du colloque interne.

Un immense merci enfin à Michel Herren (PHUSIS philosophie et animation, Lausanne) pour son enthousiasme, sa science joyeuse, sa patience, ses relectures, conseils et autres bonnes choses ; à tous mes compagnons de route, plus ou moins ailés, rencontrés entre Lausanne, l'Institut Suisse de Rome, Zurich, en passant par Prilly et Longirod ; à mes parents, ma famille de sang et de cœur, pour leurs soutien et renforts en tout genre.

Et – *last but not least* – merci aux... Muses.

Lausanne, mars 2017

Table des matières

Remerciements —— vii

Ouverture —— 1
1 Contretemps musicaux —— 1
2 Images des Muses dans l'antiquité —— 3
3 Etymologies foisonnantes —— 7
4 Corpus de textes —— 9
5 Etat de la recherche —— 10
6 Méthode, enjeu et perspectives —— 12

1er mouvement | Les savoirs musicaux du chanteur homérique —— 14
1.1 Les dieux et les hommes dans l'*Iliade* —— 14
1.1.1 Chants des Muses parmi les dieux —— 16
1.1.2 Nature et savoir des Muses et des hommes —— 20
1.1.3 La distinction du chanteur —— 27
Reprise iliadique —— 30
1.2 Les hommes dans l'*Odyssée* —— 31
1.2.1 Les chants des Muses pour les hommes —— 34
1.2.2 La puissance de la musique —— 37
1.2.3. Ulysse et les Muses —— 41
1.2.4. Statut et rôle du chanteur —— 49
Reprise odysséenne —— 52
Reprise homérique —— 54

2e mouvement | La vie des Muses chez Hésiode —— 56
2.1 Divine filiation des Muses —— 58
2.1.1 Divin engendrement et divine naissance —— 63
2.2 Déplacement vers l'Olympe —— 70
2.3 Séjour sur l'Hélicon —— 73
2.4 Les Muses rencontrent Hésiode —— 78
2.4.1 Enseignement et guides musicaux —— 78
2.4.2 Contexte d'apparition et premières paroles —— 81
2.4.3 Le don des Muses et la tâche du chanteur —— 88
2.4.4 La voix réparatrice des chanteurs —— 91
2.4.5 La langue des rois —— 93
2.5 Un chant qui dit tout ce qui est —— 97
2.6 Noms significatifs —— 100

2.7   Chanter la théogonie —— 104
Reprise hésiodique —— 107

3ᵉ mouvement | Musiques apollinienne et hermaïque dans les
         Hymnes homériques —— 110
3.1   Musique apollinienne —— 112
3.1.1   Un divin chœur —— 113
3.1.2   Le péan crétois —— 118
3.2   Musique hermaïque —— 120
3.2.1   Chant théogonique —— 120
3.2.2   Musique inédite —— 123
Reprise hymnique —— 128

4ᵉ mouvement | Actualisations des Muses —— 131
4.1   Archiloque, guerrier et musicien —— 132
4.2   Deux générations de Muses chez Mimnerme —— 136
4.3   Alcman : chant musical pour jeunes filles —— 138
4.4   Groupe féminin autour de Sappho —— 148
4.5   Solon et la mesure de la sagesse —— 156
4.6   Les tâches du chanteur-poète selon Théognis —— 161
4.7   Ibycos et la sagesse des Muses —— 165
4.8   Muse auxiliaire et aquatique de Simonide —— 168
Reprise lyrique —— 178

5ᵉ mouvement | Relation bilatérale aux Muses chez Pindare ? —— 181
5.1   Les épinicies : célébrations de victoires humaines —— 182
5.1.1   La Muse nourricière —— 184
5.1.2   Avancée du char des Muses sur la route du chant —— 194
5.1.3   Au travail, Muse ! —— 202
5.1.4   Un chant aux nombreux effets —— 213
5.1.5   Les images du chanteur-poète —— 225
Reprise des épinicies —— 235
5.2   Les chants en l'honneur des dieux —— 237
5.2.1   Savoirs et sagesses musicaux —— 239
5.2.2   Le prophète des Muses —— 247
Reprise des chants pour les dieux —— 253
Reprise pindarique —— 253

6ᵉ mouvement | Bacchylide et les Muses : un rapport inédit —— 256
6.1   Muse indigène, connue et inédite à la fois —— 257
6.2   Multiples appellations du chanteur-poète —— 260
6.3   Images animales du chanteur-poète —— 270
6.4   Place et statut de la Muse —— 278
Reprise bacchylidienne —— 288

7ᵉ mouvement | Parménide et Empédocle, deux poètes-penseurs —— 291
7.1   Parménide : proème musical —— 292
7.2   La divine parole d'Empédocle —— 308
Reprise poético-philosophique —— 325

Finale —— 328
1   Ambigüités musicales —— 330
2   Le rapport chanteur-Muses : de la fusion à la confusion —— 333
3   Chœrilos et la limite des savoir-faire —— 338

Liste des occurrences musicales par auteur et corpus de textes —— 342

Index des vers traités —— 358

Index des notions grecques liées aux Muses —— 363

Bibliographie —— 368
Editions et commentaires des textes antiques —— 368
Dictionnaires, encyclopédies et lexiques —— 372
Littérature secondaire —— 373

Ouverture

Quiconque a fait un peu de grec se souvient du premier vers de l'*Odyssée* : « ἄνδρα μοι ἔννεπε, Μοῦσα, πολύτροπον, ὃς μάλα πολλά ».

D'un point de vue purement objectif, mis à part dans les textes et l'iconographie, les Muses n'existent pas. Aussi ne reconnaît-on volontiers dans ces divinités que de simples métaphores, durcies avec le temps, qu'utilisent certains artistes et poètes pour faire croire à leurs drôles d'inventions. Pourtant, même si on doute depuis l'antiquité de l'existence et puissance des Muses, de tout temps, nombreux sont les artistes qui s'en réclament. Elles sont partant fortes d'une certaine réalité et vérité. Et ce depuis l'aube de notre civilisation, en Grèce archaïque, où elles apparaissent pour la première fois.

Liées à la poésie, responsables de l'inspiration des chanteurs et poètes, les Muses se font jour comme de mystérieuses forces féminines qui interviennent dans le monde du langage et de la production artistique. Elles figurent une sorte de tremplin dans le processus de création. Comme déesses et personnages mythiques, elles évoluent dans une sphère ambiguë, non rationnelle, merveilleuse, par maints côtés problématique.

1 Contretemps musicaux

Si on considère les Muses comme de simples métaphores, de pures inventions, de l'ordre du fantasme, c'est qu'elles sont difficiles à appréhender dans nos structures de pensée. Non pas qu'on ne sache rien d'elles : les textes qui les mentionnent font légion – leurs origines, nombres, lieux de séjour, tâches, forces et actes sont déployés de moult manières dans quantité de témoignages ; mais parce qu'il est malaisé, laborieux, pour ne pas dire impossible d'en donner une image claire. L'art des Muses (ἡ μουσικὴ τέχνη) va tellement à l'encontre de nos idées, concepts et structures habituels qu'il est resté à ce jour un « phénomène mal compris ».[1]

Pour s'en sortir, le premier réflexe est de chercher un équivalent dans les autres civilisations antiques du pourtour de la Méditerranée. Bien qu'on reconnaisse aujourd'hui des parallèles entre la tradition grecque et celles du Proche Orient (hittite, ugarite, babylonienne, etc.) ainsi que de l'Egypte, aucune figure de Muse n'y apparaît.[2] L'idée de forces inspiratrices y est certes présente, mais nulle-

---

[1] Murray 2008, 218.
[2] Cf. Xella 2006.

ment liée à une divinité spécifique. Aussi s'accorde-t-on pour dire que les Muses sont grecques et n'ont pas de pareil dans le reste du monde antique.[3]

Faute d'équivalence, il s'agit de suivre leurs traces en Grèce pour découvrir d'où elles viennent, qui elles sont et à quoi elles servent. Or les Grecs eux-mêmes ne nous facilitent pas la tâche : tout comme leurs représentations sont hétérogènes, leurs propos sur l'origine, la nature, le nombre ou rôle des Muses divergent. Loin de toute détermination univoque, elles apparaissent partout différemment, selon les textes, les auteurs, les époques, les sensibilités, les genres poétiques, les thématiques, etc. De surcroît, les poètes et auditeurs d'antan partagent toute une série de connaissances, codes et autres attentes qui nous sont aujourd'hui largement inconnus.

La difficulté est redoublée par le parcours des textes à travers l'histoire. Chemin truffé d'embûches, tant les lacunes, les erreurs de copies, les ajouts, les modifications interprétatives et autres arrachements de contexte sont nombreux.

L'étude des Muses du point de vue de la religion n'est pas plus évidente. Comme la Grèce ancienne n'est pas un état homogène, mais un ensemble de cités-états autonomes, il n'existe pas de religion uniforme, dogmatique, et partant pas de littérature sacerdotale, d'écrits canoniques ou de lois sacrées à valeur universelle. D'ailleurs, la distinction entre littérature sacrée et profane elle-même n'existe pas.[4] Les Muses sont à la fois des personnages mythiques et des figures de l'ainsi nommée religion grecque :[5] comme toutes les divinités vénérées en Grèce, elles possèdent un certain nombre d'éléments et d'aspects communs, tout en se dévoilant à la fois sous une multitude de variantes locales.[6] Compliqué, là aussi, d'avancer le pied ferme.

Un autre contretemps découle de la nature des productions attribuées à nos divinités. Comme le terme ποίησις n'apparaît que tardivement (aux alentours du 5ᵉ siècle avant J.-C.) et que le concept de *poésie* définit aujourd'hui la seule poésie écrite,[7] le mot n'est guère approprié. Nous lui préférons le terme de *musique*, en grec μουσική, entendue comme l'ensemble de ce qui a trait (-ικός) aux Muses : paroles scandées, rythmées, chantées, mises en musique et dansées ; et ce même si les mélodies et la chorégraphie constitutives de l'art des Muses (μουσικὴ τέχνη) sont aujourd'hui perdues.

---

[3] Cf. West 1997, 170.
[4] Cf. Brelich 1985, 39-40 ; 46-47. Voir aussi Rudhardt 1988, 37 ; Calame 2007, 179 ; Vernant 2007, 1700 ; Burkert 2011, 189.
[5] Cf. Murray 2008, 217.
[6] Cf. Fränkel 1962, 59 ; Burkert 2011, 331.
[7] Cf. Nagy 1990a, 18-19.

La disparition de la plus grande partie de ce qui forme la μουσική découle de sa pratique même : une composition pour le *hic et nunc* de l'exécution, dont l'écriture n'est qu'un support.[8] Dans toute analyse, il convient de garder à l'esprit que les textes que nous lisons ne sont eux-mêmes que des résidus de performances orales réalisées dans certaines circonstances et adressées à un certain public ; maigres parties d'un ensemble artistique aussi fluide que complexe. Malgré tout, ces textes nous permettent de comprendre bon nombre de choses.

2 Images des Muses dans l'antiquité

Dès l'antiquité, on considère Homère et Hésiode comme les chanteurs fondateurs de la tradition : la base éducative de la Grèce archaïque.[9] Au 5e siècle avant J.-C. déjà, Hérodote (2.53) indique que leur importance provient de leur théogonie, des surnoms, honneurs, savoir-faire et aspects donnés aux dieux. A leur suite, on s'accorde pour dire que la tâche des Muses est d'inspirer les hommes et de chanter et danser auprès des dieux. On se souvient le plus souvent des neuf Muses qu'Hésiode (*Th.* 77-79) fait naître de Zeus et de Mnémosyne : Calliope, Euterpe, Erato, Polymnie, Melpomène, Thalie, Clio, Terpsichore et Uranie. Autant de noms qui signifient d'une première manière la nature multiple de la musique : beauté, sonorité, réjouissance, amour, complexité, chant, danse, caractère festif, célébration, chœur, charme, nature céleste, etc.[10]

Suite à l'invasion macédonienne puis romaine, les Muses perdurent, mais changent de caractère : elles s'inscrivent toujours davantage dans la tradition écrite.[11] Elles se font jour comme « lettrées »[12] et deviennent volontiers des servantes, tributaires de la volonté du poète.[13]

Nos divinités acquièrent ainsi des domaines et attributs particuliers : le plus souvent avec une tablette et un stylet, Calliope représente la poésie épique et l'éloquence ; Euterpe, avec un *aulos*, la poésie lyrique ; Erato, avec un instrument à cordes, la poésie amoureuse et le mime ; Polymnie la musique sacrée ; Melpomène la tragédie, avec un masque tragique et une couronne de feuilles de vigne ; Thalie, avec un masque comique et une couronne de lierre, la comédie et

---

8 Cf. Gentili 1988, 5-6.
9 Cf. Marrou 1948, 34-36.
10 Cf. encore Hardie 2009, 12-17.
11 Cf. Murray 2014, 29.
12 Saïd 2001, 24.
13 Cf. par exemple Commager 1966, 20-31 ; Fantuzzi/Hunter 2002, en particulier 3-60 ; Acosta-Hughes 2010 ; Klooster 2011, 209-238.

la poésie bucolique ; avec un rouleau de papyrus et un stylet, Clio figure l'histoire ; Terpsichore la danse chorale avec une lyre et un plectre ; et finalement Uranie l'astronomie.[14]

De tout temps, la nature, puissance et influence des Muses ne cesse d'intriguer. Nombreux sont les poètes et artistes, puis les érudits et lettrés qui les mentionnent : les premiers s'en réclament, mystérieusement, les autres s'interrogent, rationnellement, sur leur nombre, leurs noms, leurs parents, leurs progénitures, etc.

Loin d'être neuf tout au long de l'antiquité, les Muses apparaissent, selon les textes et les auteurs, également au nombre de deux, trois, quatre, cinq, sept ou huit. Eumélos (dubia 3 Davies = fr. 17 Bernabé) en mentionne trois.[15] Lucius Annaeus (*De natura deorum* 14) raconte qu'au sujet des Muses « certains disent qu'elles sont seulement deux, d'autres trois, d'autres encore quatre et d'autres sept ». Arnobe (*Adv. nationes* 3.37) relève lui aussi le nombre de Muses signalées par divers auteurs : « Ephore déclare qu'elles sont au nombre de trois, Mnaséas de quatre, Myrtilas en présente sept, Cratès affirme qu'elles sont huit ; pour finir Hésiode en cite neuf ». Si on ne possède aujourd'hui plus rien d'Ephore, Myrtilas et Cratès, on trouve toutefois seulement trois Muses chez Mnaséas (fr. 25a Müller = fr. 4 Davies).[16] Ausone (*Ep.* 4.64) parle de trois, puis de huit Muses, selon certains de ses commentateurs uniquement pour des raisons métriques. Quatre Muses sont citées par Platon (*Phdr.* 259c-d) et Cicéron (*N.D.* 3.21). Chez Tzétzès (*ad Hes.Op.* 23.26-27), il est question de trois, quatre, cinq et sept Muses. Pour Epicharme (fr. 41 Kaibel),[17] nos divinités sont au nombre de sept.[18]

Les noms des Muses sont eux aussi variables : si les appellations hésiodiques sont les plus connues, il en existe quantité d'autres. Pour Eumélos, les trois Muses (dubia 3 Davies = fr. 17 Bernabé) font écho à l'élément aquatique et répondent aux noms de Kephisos, Apollonis et Borysthenis.[19] Mnaséas (fr. 25a Müller = fr. 4

---

14 Cf. Harrauer/Hunger 2006, 338 ; Smith 2007, 1126 ; Cohon 2009 ; Murray 2014, 30-32.
15 Selon Clem.Al. *Strom.* 6.2.11, le même Eumélos (dubia 2 Davies = fr. 16 Bernabé) a composé un vers exposant les « neuf filles de Mnémosyne et de Zeus olympien ». Huxley 1969b, 68 estime ainsi qu'Eumélos entend en somme douze Muses.
16 Comme aussi chez Paus. 9.29.1-4 ; *Myth. Vat.* 2.64 ; Plu. *Mor.* 744c-e ; ou August. *De doctrina christiana* 2.17.27.
17 Ce témoignage est également cité par Ath. 7.282d.
18 Le chiffre sept revient encore sur certains vases présentant des chœurs de Muses dirigés par Apollon (cf. Decharme 1869, 23 ; Roscher 1904, 19 ; 35-36).
19 Le Céphise est le nom de différents fleuves (cf. Str. 9.3.16) ; le Borysthène celui de l'actuel Dniepr. Apollonis est plus problématique : Bowra 1953, 62 le lie à la ville d'Apollonia, sise au bord de l'Achéloos, où coule d'ailleurs aussi un Céphise. Mais Debiasi 2004, 61 y voit une autre

Davies) les appelle Θεά, Μοῦσα et Ὑμνώ, tels les mots initiant les grandes épopées que sont l'*Iliade*, l'*Odyssée* et la *Palamédie*. Lorsque Pausanias (9.29.1-4) évoque l'institution d'un culte aux Muses à Ascra, il les nomme Μελέτη, *Soin, Pratique, Exercice*, Μνήμη, *Mémoire, Souvenir* et Ἀοιδή, *Chant*.[20] Cicéron (*N.D.* 3.21) mentionne lui aussi les noms de Μελέτη et d'Ἀοιδή, et y ajoute ceux de Θελξινόη, *A l'esprit charmant*, et d'Ἀρχή, littéralement *Principe, Origine*. Selon Plutarque (*Mor.* 744c), les Delphiens associent les Muses à l'appellation des notes qui déterminent les intervalles de la gamme : Νήτη (note basse), Μέση (note moyenne) et Ὑπάτη (note élevée). Alors que Tzétzès (*ad Hes.Op.* 24.27) cite aux côtés des noms hésiodiques de Terpsichore et d'Euterpe non seulement comme Cicéron Thelxinoé, mais aussi Καλλιχόρη, *Au beau chœur*, Ἑλίκη, *Qui tournoie*, Εὐνίκη, *A la bonne victoire*, Εὐχελάδη, *Au bruit bien retentissant*, Δῖα, *Née de Zeus* et Ἐνοπή, *Voix*.

Si on considère généralement avec Homère et Hésiode que les Muses sont nées de Zeus et de Mnémosyne, on parle tantôt également, à la suite de Mimnerme[21] et d'Alcman,[22] d'une génération de Muses plus ancienne. Les parents de nos divinités s'appellent alors Ouranos et Gaia.[23] Cicéron (*N.D.* 3.21) ajoute encore une troisième génération : après les géniteurs que sont Zeus ou « premier Jupiter » et la Nymphe arcadienne Néda, ainsi que Zeus ou « deuxième Jupiter » et Mnémosyne, il reconnaît dans Piéros et Antiope un troisième couple musical, plus récent.[24] Pour Eumélos (dubia 3 Davies = fr. 17 Bernabé), les Muses sont filles d'Apollon. Alors qu'Aratos leur donne l'éther comme père et la Nymphe Plousia comme mère.[25]

Filles de divers parents, les Muses sont elles-mêmes mères de toute une série d'enfants, tant divins qu'humains. Quel que soit leur père, chacun est de près ou de loin lié à la musique ; à l'instar du chanteur mythique Orphée, qui tient son charme de sa mère Calliope ;[26] ou de son compère Thamyris, volontiers présenté comme fils de Melpomène ou d'Erato.[27] La liste est longue : Linos est l'enfant de

---

Apollonia, située sur le littoral méridional de l'Illyrie ; alors qu'Hermann 1827, 298-301 modifie l'appellation de la Muse en Acheloïs, du nom du fleuve Achéloos ; et que West 2002, 128 propose de remplacer le terme par Asopis, de l'Asopos. Notons que les sept Muses d'Epich. fr. 41 Kaibel portent elles aussi des noms de fleuves – selon certains toutefois uniquement pour servir la nature comique du texte (cf. Ath. 7.282d ; Hermann 1827, 296-298 ; Harvey 2000, 104).
20 Cf. encore Detienne 1995, 12 ; Hardie 2006.
21 Mimn. fr. 13 West = fr. 22 Gentili-Prato = fr. 14 Allen. Cf. 4.2 « Deux générations de Muses chez Mimnerme ».
22 Commentaire à Alcman, *P. Oxy.* 2390 Lobel.
23 Par exemple D.S. 4.7.1 ; Arn. *Adv. nationes* 3.37.
24 Chez Epich. fr. 41 Kaibel, les parents des Muses s'appellent Piéros et Pimpleia.
25 Cf. Tz. *ad Hes.Op.* 23.25.
26 Apollod. *FGrH* 244 F 146 ; A. R. 1.23-25.
27 Apollod. *FGrH* 244 F 146 ; Apollod. 1.3.3 ; Paus. 4.33.3.

Calliope[28] ou d'Uranie ;[29] Hyménée de Calliope,[30] d'Uranie,[31] de Clio[32] ou de Terpsichore ;[33] Rhésos d'Euterpe ou de Clio ;[34] Palaiphatos de Thalie ;[35] Triptolème de Polymnie ;[36] Ialémos[37] et Hyacinthe[38] de Clio ; les Corybantes de Thalie.[39] Si la majorité de la progéniture des Muses est masculine, il existe toutefois aussi des rejetons féminins : nées qu'elles sont de Melpomène, Terpsichore ou Calliope, les Sirènes sont elles aussi d'obédience musicale.[40]

Si, dans l'iconographie antique, on trouve quantité de personnages féminins, debout, dansant, tantôt accompagnés de musiciens, rien n'assure toutefois qu'il s'agit de Muses ; mis à part quand – fait rare – des inscriptions indiquent leurs noms.[41] Tel est notamment le cas du fameux « Vase François »,[42] qui présente parmi de nombreuses autres scènes les neuf Muses accompagnant le cortège divin aux noces de Thétis et Pélée. Les huit premières sont peintes de profil, marchant derrière les chars qui s'avancent vers les époux : d'abord Stésichore (variante pour Terpsichore ?), Erato et Polymnie ; puis Clio, Euterpe, Thalie et Melpomène ; enfin Uranie. La neuvième, Calliope, la seule à être peinte de face, arrive juste après, jouant de la *syrinx*.[43] Toutes sont habillées d'un *péplos* bariolé, recouvert d'un manteau pour les sept premières ; et leurs cheveux sont attachés en une sorte de chignon, sauf ceux de Calliope qui lui tombent sur les épaules.

---

28 Pi. *Thren*. III, fr. 128c.6 Maehler = fr. 56.6 Cannatà Fera ; Asclep. *FGrH* 12 F 6 ; Apollod. 1.3.2.
29 Apollod. *FGrH* 244 F 146 ; Eust. *Il*. 1163.62 (4.258 van der Valk), qui dit citer Hes. fr. 305 Merkelbach-West.
30 Pi. *Thren*. III, fr. 128c.7 Maehler = fr. 56.7 Cannatà Fera.
31 Catul. 61.2 ; Nonn. *D*. 24.88.
32 Apollod. *FGrH* 244 F 146.
33 Alciphr. *Ep*. 1.13.
34 Apollod. *FGrH* 244 F 146 ; *Schol. in Eur. Rhes*. 346 (2.335 Schwartz) ; Tz. *ad Hes.Op*. 27.31.
35 Apollod. *FGrH* 244 F 146 ; Tz. *ad Hes.Op*. 28.34.
36 Apollod. *FGrH* 244 F 146 ; Tz. *ad Hes.Op*. 28.34.
37 Tz. *ad Hes.Op*. 25.28.
38 Apollod. 1.3.3.
39 Apollod. 1.3.4.
40 Apollod. *FGrH* 244 F 146 ; A. R. 4.892-896 ; Apollod. 1.3.4.
41 Wachter 2001, 57 ; 61 ; 215 mentionne trois vases qui présentent explicitement des noms de Muses : une aryballe corinthienne (595-570 avant J.-C.) avec deux groupes de trois figures féminines appelés *Mousai* et *Mosai* ainsi qu'une femme seule nommée *Kalliopa*, qui suivent Apollon et sa lyre ; un skyphos d'Ithaque (1er quart du 6e s. avant J.-C.) montre une scène entre Apollon et des *Moisai* ; et un fragment d'un vase de Naucratis (2e quart du 6e s. avant J.-C.) l'inscription *Mosa*[généralement interprétée comme *Mosai*.
42 Florence 4209 (*ABV* 76.1). Pour une analyse du vase et de sa datation, cf. Hoffmann 1987 ; Shapiro/Iozzo/Lezzi-Hafter 2013. Voir aussi le « Dinos de Sophilos », Londres BM 1971.11-1.1.
43 Pour les noms des Muses, cf. Wachter 1991.

Si cette fameuse représentation confère un aspect visuel à nos indications préliminaires, elle ne laisse pas moins scintiller nos divinités dans une multiplicité de lumières et de tonalités aussi diverses, variées que difficilement saisissables.

3 Etymologies foisonnantes

Le nom Μοῦσα est étymologiquement problématique.[44] La piste linguistique suivie aujourd'hui par la majorité repose sur la racine indo-européenne *men- qui traduit l'idée d'activité intellectuelle et sur laquelle sont notamment construits μανθάνειν, *enseigner, apprendre*, μαίνεσθαι, être fou, être transporté dans un autre état et μιμνήσκειν, *rappeler, se rappeler*.[45] De celle-ci s'ouvrent quatre voies de formation en direction de Μοῦσα : a) *mon-t-ya*[46] b) *mon-sa*[47] c) *mon-tu-a*[48] et d) *mon-dʰ-ya*.[49] Aussi, Ehrlich (1907, 287) donne comme sens premier de Μοῦσα *Erregung* ; Kretschmer (1909, 385) *Freude* ; Boisacq (1916, 647) *excitation, joie* ; Kern (1926, 208) surenchère en présentant les Muses à la fois comme les *Sinnenden*, celles *qui sentent*, et par suite *réfléchissent, méditent*, et comme les déesses de l'enthousiasme (*Begeisterung*) ; Nancy (2001, 11) retient pour sa part les simples *mouvements de l'esprit*.

Faisant provenir Μοῦσα (**mont-ya*) de la famille du latin *mons, montis*, une seconde piste relie les Muses à la nature[50] et en particulier aux Nymphes des montagnes : Wackernagel (1893, 574) va jusqu'à appeler la Muse *Bergfrau* ; Latte (1946, 158) imagine des chanteurs qui nomment Muses des Nymphes montagnardes qui leur apparaissent et les inspirent. Pourtant aucun mot grec n'est issu de cette famille, qui n'existe à vrai dire que dans les langues latines, celtiques et germaniques.

---

[44] Sans prétention d'exhaustivité, nous nous appuyons dans ce qui suit principalement sur les exemples donnés par Rödiger 1875-1876 ; Camilloni 1998 ; Assaël 2000a. Ebeling 1880, 1119-1121 recense de nombreuses références du 19ᵉ siècle.
[45] Cf. Kümmel/Rix 2001, 435-436.
[46] Par exemple Bader 1989, 254 ; 1997, 11. Au contraire, Frisk 1970, 261 : « *Morphologisch schwierig* » ; Chantraine 1999, 716 : « La présence du τ est inexpliquée et la forme est morphologiquement difficile ».
[47] Par exemple Curtius 1873, 313 ; von Wilamowitz-Moellendorff 1931, 251 ; Otto 1971, 26. Au contraire, Frisk 1970, 261 : « *Lautlich schwierig* » ; Chantraine 1999, 716 : « Un suffixe -σα est mal attesté et le traitement de -νσ- ancien aboutit à la chute de σ ».
[48] Watkins 1995, 73 construit cette forme hypothétique à partir du védique *mántu-, conseiller, conseil, attentif*.
[49] Par exemple Setti 1958, 129 ; Pokorny 1959, 730 ; Wodtko 2008, 493-496.
[50] Par exemple Dodds 1951, 99 n. 111 ; Autenrieth 1999, 164.

Face à cette impasse, on émet l'hypothèse d'une origine non grecque de Μοῦσα. Camilloni (1998, 37) s'intéresse à une famille sémitique à laquelle appartient le babylonien *mūṣû*, *sortie* (par exemple de l'eau d'une conduite), *terre irriguée par un canal, route de l'intérieur vers l'extérieur*. En hébreu, la même famille a donné *môṣa*, traduit dans le *Nouveau Testament* par ἔξοδος, *exode* ou *sortie*. Les Grecs auraient adapté le terme babylonien : Μοῦσα signifierait l'écoulement, la *source*. A partir d'Hésychius (μ 2075), qui glose le lydien μωύς par ἡ γῆ, la *terre*, modifiant le texte grec en πηγή, la *source*, Bergk (1872, 320 ; 1886, 726.11) fait des Muses des divinités des sources, mais sans justification linguistique. A la suite de sa traduction de Μοῦσα par celles *qui sentent, réfléchissent, méditent*, Kern (1926, 208) leur donne lui aussi une première signification, préhellénique, de divinités des sources ; l'eau courante ayant pour lui un sens chtonien, il en fait également des déesses de la terre. Niant le lien à la racine **men-*, Humbert (1936, 225-226) souligne que Μοῦσα est une adaptation d'un terme préhellénique sans rapport avec la pensée, faisant synthétiquement des Muses des divinités chtoniennes vivant primitivement dans les montagnes, où les sources abondent.

En résumé, si l'hypothèse d'une racine liée à l'activité intellectuelle satisfait aujourd'hui la majorité, un large champ lexical, rempli de zones d'ombres et d'ambigüités est ouvert en même temps.

A bien y regarder, la question du sens de Μοῦσα est déjà largement débattue par les anciens eux-mêmes. A cette différence qu'ils ne le cherchent pas de manière scientifique dans des racines historiques et règles linguistiques précises, mais simplement en lien avec d'autres mots et expressions. Par analogie, c'est toute une arborescence de significations aussi stimulantes que problématiques qui se dessine.[51] En voici quelques exemples pointés entre le 4ᵉ siècle avant J.-C. et le moyen âge.

Dans le *Cratyle* (406a), Socrate-Platon suit la forme dorienne Μῶσα et fait dériver Μοῦσα de μῶσθαι, *désirer vivement, aspirer à, chercher*. Bien qu'objectivement impossible, la construction relève l'idée d'enthousiasme, de passion, d'élan insufflés par les Muses.

Diodore de Sicile (4.7.4) rapproche Μοῦσα de μύειν, *fermer, clore, être fermé, initier*. Les Muses initient les hommes au savoir caché de « ce qui est beau, utile et ignoré par ceux qui ne sont pas éduqués ». L'encyclopédie byzantine *Etymologicum Magnum* (589.40 Gaisford) reprend cette entente en précisant que « certains disent que <la Muse> est celle qui initie (μύουσαν) : la musique (μουσική) ne diffère en rien des mystères ».[52]

---

[51] Cf. Heitsch 1962, 26 ; Graziani 2006, 108.
[52] L'auteur ajoute que d'autres rattachent la Muse au verbe μῶσθαι.

Plutarque (*Mor.* 743d ; 480f) se réfère d'une part à l'appellation de Μνεῖαι (en rapport avec la μνήμη, *mémoire* et de la même famille que μιμνήσκειν) par laquelle on distingue tantôt les Muses, et explique d'autre part leur origine à l'aide d'un jeu de sonorités : en posant « ὁμοῦ ... οὔσας », il y entend celles qui « *sont* toujours *ensemble*, par bienveillance et amour fraternel ».

Clément d'Alexandrie (*Protr.* 2.31) démystifie les Muses en les faisant passer pour des servantes mysiennes de la femme du roi des Lesbiens. Leur tâche était de charmer et tranquilliser leur maîtresse par leur musique et leurs chants. Le terme Μυσαί, *Mysiennes* est selon lui devenu Μοῖσαι, *Muses* en dialecte lesbien.

Ou encore, sur la base du terme μῶυ glosé par Hésychius (μ 2076) comme signifiant *eau* chez les Egyptiens, l'auteur d'un commentaire médiéval sur les œuvres du grammairien romain Aélius Donatus assimile le terme latin *Musa* à *Moysa*, apparenté au grec *moys, eau*.[53]

Nous retenons de ce foisonnement d'étymologies, fantaisistes d'un point de vue purement scientifique, les notions de désir, d'aspiration, de mystère, de mémoire, d'union, de charme, de fougue et d'eau qui s'insèrent dans les images précédemment apparues et donnent elles aussi à leur manière le ton à la musique.

4 Corpus de textes

Notre corpus consiste en la totalité des occurrences du terme Muse(s) ainsi que des expressions filles de Zeus et/ou de Mnémosyne, Piérides, Héliconiennes, Olympiennes, θεός et θεά qui les figurent dans les textes poétiques qui nous sont parvenus de la Grèce archaïque (du 8e à la fin du 5e siècle avant J.-C.). A deux exceptions près : les œuvres des poètes qui se situent à cheval entre les 5e et 4e siècles, qui préfigurent ce qu'on appelle aujourd'hui la « nouvelle musique » ;[54] la tragédie et la comédie, genres polyphoniques où les Muses n'interviennent que de manière indirecte, médiatisées par les personnages.

Notre étude parcourt ainsi 229 passages provenant de 22 auteurs classés dans les deux grands groupes qu'on appelle aujourd'hui la poésie épique et la poésie lyrique : d'une part principalement Homère et Hésiode ainsi qu'Eumélos et Chœrilos de Samos ; de l'autre Terpandre, Archiloque, Alcman, Sappho, Mimnerme, Solon, Stésichore, Théognis, Anacréon, Ibycos, Hipponax, Tynnichos, Simonide, Timocréon, Ion de Chios, Dionysios Chalcos et principalement Pindare et Bacchylide. A ceux-ci s'ajoutent neuf extraits de trois auteurs qui, bien

---

53 *Commentum Einsidlense in Donati artem minorem* 375.15 = Keil 1870, 234.
54 Cf. par exemple Csapo 1999-2000, 401-405 ; LeVen 2014.

que classés parmi les ainsi nommés (philosophes) présocratiques, s'expriment en vers et à l'aide d'expressions épiques : Xénophane, Parménide et Empédocle. Tout comme s'ajoutent également dix-neuf passages issus des corpus que sont les fragments épiques – *Petite Iliade, Iliade en cycle, Epigones, Thébaïde* – et les *Hymnes homériques*.

Deux autres noms doivent encore être mentionnés : d'abord celui d'Alcée, auquel Lobel et Page (1955) attribuent une occurrence des Muses,[55] mais que Voigt (1971) lit comme un fragment de Sappho. Ensuite celui de Corinna, dont la datation est problématique : comme un papyrus la mentionne aux côtés de Myrtis et Pindare, les rares témoignages antiques à son sujet la situent au 5e siècle.[56] L'analyse de la langue, du mètre et du rythme de ses écrits opérée par Lobel (1930) la situe toutefois au... 3e siècle. Depuis, les avis divergent,[57] à tel point qu'il est impossible de trancher.[58] Au vu de la situation, les cinq occurrences musicales de son œuvre[59] ne sont pas traitées, mais néanmoins indiquées en notes de bas de pages et recensées dans notre liste d'occurrences.

5 Etat de la recherche

Depuis que la philologie existe, tout le monde reconnaît sinon l'importance et l'influence, du moins la présence de nos divinités dans la poésie. Les travaux à leur sujet sont avec le temps devenus si nombreux que leur recensement est aujourd'hui impossible.

Par-delà les écoles, on peut classer les études en trois grandes tendances perméables :

1) Certains traitent les Muses de manière globale, sans distinction des différents œuvres et genres poétiques dans lesquels elles apparaissent. Ils s'occupent du phénomène de l'inspiration dans son ensemble ;[60] ou alors d'un aspect musical particulier.[61] Ils offrent une première image, cependant sans grande précision, de nos divinités.

---

55 Alc. fr. 304 ii.7 Lobel-Page.
56 Les différents témoignages en notre possession que présente Page 1953, 65-68 ne datent cependant pas d'avant le 1er siècle avant J.-C.
57 Snyder 1989, 41-44 ; Rayor 1993 ; Stehle 1997, 100-104 la situent au 5e siècle. Page 1953, 84 ; West 1970 et 1990 ; Segal 1998, 323 la placent à l'époque hellénistique.
58 Cf. Davies 1988b.
59 Corinn. fr. 654a.19 Page ; fr. 654b.13 Campbell ; fr. 655.1 ; fr. 674 ; fr. 676a Page.
60 Par exemple Barmeyer 1968.
61 Notamment Buschor 1944 ; Otto 1971.

2) D'autres traitent la question des Muses de manière plus spécifique, mais soit uniquement chez un ou plusieurs auteurs – en particulier Homère et Hésiode[62] ou Pindare et Bacchylide[63] –, soit sans s'intéresser à l'entièreté des occurrences ou du contexte.[64] Par suite, ces études ne donnent elles aussi qu'une lumière partielle et partiale du phénomène musical.

3) Finalement, nombreux sont ceux qui s'occupent des Muses à partir de l'époque classique et de Platon, où se font jour les premiers traités théoriques et réflexifs.[65] Or le tournant philosophique, (pré-)scientifique qui se joue à la fin du 5e siècle n'est pas sans conséquence sur le rapport entretenu au phénomène de l'inspiration musicale. Les Muses sont alors volontiers reconnues comme de simples expédients rhétoriques, d'ordre purement formulaire.[66]

Quelles que soient les écoles et les manières d'aborder les Muses, on est toujours emprunté face à la mystérieuse question de l'inspiration musicale. Le problème est de taille : comment s'occuper de manière logique, rationnelle, objective d'une expérience qui, foncièrement, ne l'est pas ? Chaque interprète y va à sa façon, avec son point de vue, volontiers moderne, pragmatique, objectivant, risquant de confondre conscience et inspiration du poète. Quelques exemples : alors qu'Accame (1963, 257) se demande si les invocations aux Muses expriment une foi du poète ou se réduisent à une simple attitude littéraire sans incidence religieuse, Murray (1981, 89) résout la question en considérant les Muses comme les personnifications d'une double inspiration : une habileté poétique permanente ainsi qu'une aide temporaire dans la composition. Pour Verdenius (1983, 26-27), la fonction de la Muse est de garantir la vérité de la production du chanteur, impliquant que ce dernier, tout comme ses auditeurs, croit à sa réelle existence. Croyance qui, selon Frontisi-Ducroux (1986), n'exclut nullement la conscience de l'individualité et de la compétence propres du poète.[67]

Pour éviter de se fourvoyer, d'aucuns analysent et commentent froidement les occurrences. Mais ici aussi, on se trouve emprunté face à la multiplicité des

---

[62] Par exemple Accame 1963 ; Kambylis 1965 ; Arrighetti 1996 ; Grandolini 1996 ; Camilloni 1998 ; Collins 1999 ; Berlinzani 2002 ; Assaël 2006.
[63] Par exemple Duchemin 1955 ; Bagordo 1995-1996 ; Cannatà Fera 2000 ; Kantzios 2003.
[64] En particulier Mojsik 2011a ; 2011b.
[65] Notamment les différents articles publiés dans Spentzou/Fowler 2002 et Murray/Wilson 2004 ; LeVen 2014.
[66] Murray 2008, 210 : « L'invocation à la Muse a été décrite comme l'histoire d'une métaphore en voie d'effacement et bien que la date précise de la mort des Muses soit discutée, il est souvent dit qu'aux alentours du 5e siècle avant Jésus-Christ, la Muse n'est plus qu'une simple convention littéraire ».
[67] Cf. encore Assaël 2006, 159.

positions, et partant l'impossibilité de trouver des solutions communes ; et là également, chacun suit sa méthode et ses aspirations.

Selon les études qui s'inscrivent dans la vision d'une Grèce prise dans un processus de rationalisation ou laïcisation – mouvement allant « du mythe à la raison » –,[68] le phénomène de l'inspiration musicale est marqué par une progressive perte de force au profit de la mainmise de l'auteur sur ses compositions.[69] Corrigeant cette tendance, Calame (2000, 30) s'appuie sur les marques énonciatives les plus évidentes et observe que le fondement indispensable de la poésie homérique qu'est l'invocation aux Muses devient chez Bacchylide et Pindare une sorte de convention poétique. Dans une toute autre perspective, Otto (1971, 71) ne fait pas de différence entre la Muse et le chant et refuse à l'homme toute autonomie dans sa production : « Les Grecs, qui étaient les seuls à connaître ces divinités, étaient convaincus que c'est en vérité la Muse qui chante, lorsqu'un véritable chant est entonné. L'homme, et même s'il s'agit du plus grand chanteur comme Homère, ne peut rien de plus que répéter leur voix divine. Son génie ne réside pas, comme nous aimons à le dire aujourd'hui, dans la création, dont les génies de l'antiquité n'ont rien su, mais seulement dans le fait qu'il est appelé à entendre la voix divine de la Muse » (1963, 83). Loin de toute objectivation, Otto valorise l'existence de mystérieuses forces qui dépassent l'homme en sa pure rationalité. Notre étude s'inscrit dans cette ligne.

6 Méthode, enjeu et perspectives

Sans se revendiquer d'une école, nous traduisons, analysons et interprétons chacune de nos occurrences en vue de découvrir le sens et l'importance des Muses, puis de dégager un certain nombre de constantes, d'écarts et de nuances. S'il est vrai que l'existence de toute vérité musicale unique est un leurre, l'observation, passage après passage, auteur après auteur, en contexte, des diverses épithètes, spécificités, actions et autres effets des Muses permet non seulement de cerner quantité de vérités successives, individuelles, propres aux divers auteurs, mais aussi de mettre en lumière toute une série d'aspects, d'attributs, d'images et de tendances offrant une vue tout à fait inédite du phénomène musical.

Gageant que les grands textes constituent un tout, forment un monde fort d'une logique et cohérence propres, faisant le pari de l'honnêteté et authenticité des auteurs lorsqu'ils évoquent et invoquent les Muses, nous nous adonnons à

---

68 Pour la présentation de la genèse de cette thèse et de ses perspectives, cf. par exemple l'introduction de Buxton 1999 ainsi que, dans cet ouvrage, l'article de Most ; Morgan 2000, 30-36.
69 Cf. notamment Bouvier 2002, 446-450.

une lecture lente, naïve, toujours en quête de possibilités et de sens. Toutes les traductions sont les nôtres : littérales, elles restent au plus près du texte original, respectent au mieux les effets de construction, les jeux sémantiques, l'ordre des vers, sinon des mots eux-mêmes ; quitte à ce que la formulation française apparaisse parfois rugueuse. Elles sont ensuite commentées, critiquées et affinées, en vue de rattraper et déployer ce qu'elles ont forcément laissé perdre. Tout au long du parcours, les mots et thèmes importants sont creusés et libérés en leur multiplicité de sens. Pour parler et résonner toujours davantage.

Notre avancée se fait ainsi à la fois en découvrant notre chemin et en consolidant nos arrières, toujours à nouveau repensés et mis en perspective. Pour dévoiler moult nouveaux, instructifs et stimulants contours et fondements musicaux, qui nous ouvrent à une compréhension d'une richesse, clarté et cohérence inégalée de l'inspiration musicale dans la poésie grecque à l'aube de notre civilisation.

1ᵉʳ mouvement
Les savoirs musicaux du chanteur homérique

Les deux grands chants épiques que sont l'*Iliade* et l'*Odyssée* sont dès l'antiquité attribués à un dénommé Homère.[1] Datés aujourd'hui du 8ᵉ siècle avant J.-C.,[2] ils constituent les premiers témoignages écrits que nous possédons de notre tradition, d'abord orale.[3]

On le sait : ces deux œuvres racontent les faits et gestes de héros d'un temps bien plus lointain encore que celui d'Homère. Epoque appelée héroïque, dont une des particularités consiste en ce que les dieux se mêlent aux hommes et que les hommes (du moins certains d'entre eux) entretiennent des relations privilégiées avec les dieux ; y compris les Muses, qui y apparaissent à 22 reprises (dix dans l'*Iliade* et douze dans l'*Odyssée*). Bien que leurs occurrences soient peu nombreuses par rapport au total de plus de vingt mille vers que comportent les deux textes, elles s'avèrent de grande importance et de longue portée.

1.1 Les dieux et les hommes dans l'*Iliade*

L'*Iliade* telle que nous la connaissons commence ainsi :

> Μῆνιν ἄειδε, θεά, Πηληϊάδεω Ἀχιλῆος
>
> Chante, déesse, la colère d'Achille, fils de Pélée[4]

Le chanteur débute en exhortant une certaine déesse à ἀείδειν, *chanter* ce qui s'avère être le sujet de l'*Iliade* : la colère du fils de Pélée, Achille. Mais quelle est cette déesse ? Le nom θεός signifie littéralement le *divin*,[5] terme qui ne renvoie pas à tel ou tel dieu donné mais exprime une présence étonnante, surhumaine.[6]

---

[1] Nous n'entrons pas dans le débat philologique et historique autour de la figure et du travail du prétendu Homère. Pour un état de la question, cf. Nagy 2004, 60-61 ; 2009 ; West 2011, 6-14.
[2] Cf. notamment West 1995 ; 2011, 15-27.
[3] Pour Cic. *Brut.* 71, « il n'y a pas de doute qu'il y ait eu des poètes avant Homère ». La plupart des chercheurs actuels considère l'âge de bronze (principalement le 2ᵉ millénaire avant J.-C.) comme le début de la culture grecque. Nombreux y auraient été les chants relatant ces mêmes mythes, mais toutefois sans fixation écrite (par exemple Ford 1997, 396).
[4] Hom. *Il.* 1.1, dans l'édition de West 1998.
[5] Cf. par exemple Kerényi 2001, 208-209.
[6] Cf. Burkert 2009 ; 2011, 406-407. A la différence du nom latin et chrétien *deus*, lié à *dies*, *jour*, la famille de θεός est plus obscure et difficilement retraçable. Soit on rapproche le vocable du

Dans l'*Iliade*, θεός intervient à 67 reprises. Presque à chaque fois, il présente une marque d'ignorance de la part du locuteur suite à une manifestation qui le dépasse et qui lui est impossible à attribuer :[7] Polydamas parle du θεός qui pourrait donner la force aux Troyens s'ils attaquaient les bateaux achéens (13.743) ; Ajax mentionne le θεός comme cause de la déroute des Danaens (13.743). De fait, θεός désigne aussi bien des dieux (Apollon, Zeus, Poséidon, Arès, Héphaïstos, Hermès)[8] que des déesses (Thétis, Aphrodite, Héra, Athéna, Iris).[9] Concernant la θεά invoquée ici, rien ne nous permet de préciser à qui elle se rapporte, s'il s'agit d'une Muse ou d'un autre dieu.[10] La seule certitude est qu'il s'agit d'une divinité féminine.[11] A prendre le texte à la lettre, nous pouvons en déduire que cette θεά est on ne peut plus importante : à l'origine de la totalité du texte à venir qui doit se dérouler sur le mode du ἀείδειν, verbe dont les divers emplois dans la musique grecque montrent qu'il signifie *chanter* au sens d'exprimer quelque chose par la voix, en l'occurrence de manière musicale.[12]

Ainsi le premier vers de l'*Iliade* présente-t-il l'exhortation, par un chanteur, d'une certaine divinité féminine à chanter la colère constitutive de l'ensemble de l'œuvre. Comment se fait-il que le chanteur s'adresse à elle ? Pourquoi ne la nomme-t-il pas explicitement ? Est-ce à dire que le chanteur n'est pas capable de chanter lui-même ? Qu'elle seule est en mesure de chanter cette colère, ou même tout simplement de chanter ? Qu'elle va chanter pour le chanteur, à sa place ? Ce premier vers est-il une invocation performative ?

---

lituanien *dvasià*, esprit, du moyen haut-allemand *getwâs*, *fantôme* et du grec θεῖον, *soufre* ; soit on le lie à la racine de τίθημι et y reconnaît quelque chose d'établi, d'institué, de consacré (cf. Brelich 1962 ; Gallavotti 1962).
7 Cf. François 1957, 21-22.
8 Par exemple Hom. *Il.* 4.514 ; 2.318 ; 13.239 ; 20.358 ; 14.168 ; 24.460.
9 Notamment Hom. *Il.* 1.516 ; 3.381 ; 4.58 ; 5.839 ; 24.223.
10 Si la plupart des traductions actuelles choisissent le terme déesse (par exemple Mazon 1937, 3 et Brunet 2010, 37 : *Chante, déesse* ; Murray/Wyatt 1999, 13 et Lattimore/Martin 2011, 25 : *Sing, goddess* ; Cerri/Gostoli 1996, 117 : *Canta, o dea* ; Schadewaldt 2007a, 7 : *Singe, Göttin*), le site internet iliadeodyssee.texte.free.fr propose les anciennes traductions françaises suivantes : *Chantez, Divine Muse* (La Valtérie 1681), *Déesse inspirez-moi. Chantez, Muse immortelle* (Dubois de Rochefort 1766), *Chante, ô fille des cieux* (Aignan 1809), *O muse, redis-moi* (Millevoye 1822).
11 Dans le même sens, Hector n'est le fils ni d'une θεά ni d'un θεός (Hom. *Il.* 10.50) ; le désir amoureux ressenti par Zeus pour Héra dépasse celui éprouvé pour toute θεά ou femme (γυνή) (14.315). Huit vers iliadiques présentent en outre des θεαί indéterminées (5.331 ; 5.381 ; 6.305 ; 8.5 ; 8.20 ; 14.184 ; 18.429 ; 19.101).
12 Cf. West 1981. Selon Chantraine 1999, 22, le lien entre ἀείδειν et αὐδή, *voix*, n'est plus à prouver. Ford 1986, 7 ajoute que si ἀείδειν exprime l'action de tout un chacun, il est aussi le terme très souvent employé pour désigner l'activité des chanteurs épiques.

Tout ce qu'il nous apprend est que l'*Iliade* met en scène tant des dieux que des hommes, qu'une certaine θεά est capable de chanter et que le chanteur l'invoque pour entendre un fameux épisode de la guerre de Troie.

Mais quel est le rapport qui lie le chanteur à cette divinité ? La suite du texte est-elle vraiment son chant ? Quelle est alors la part du chanteur dans celui-ci ? Tant de questions que les passages suivants nous permettent progressivement de démêler.

1.1.1 Chants des Muses parmi les dieux

Selon l'agencement actuel de l'*Iliade*, la première apparition explicite des Muses se trouve quelques 600 vers plus loin. A l'écart des hommes, sur le mont Olympe, les dieux festoient ; non seulement certains d'entre eux, mais tous, sans exception. Le chant dit en effet qu'il n'y a aucun θυμός privé du festin (1.601-602). Θυμός : un des nombreux intraduisibles grecs dont l'analyse et le déploiement sont riches d'enseignements. Comme tous les mots du même genre, il fait couler beaucoup d'encre.[13] Ses divers emplois indiquent qu'il se situe dans la partie supérieure du corps, au niveau de la poitrine, et qu'il est en lien avec les organes qui régissent les activités psychiques et physiques. On le considère d'une manière générale comme le siège inaltérable des sensations, émotions, connaissances et actions.[14] En atteste, dans l'*Iliade*, le fait qu'Héra aime Achille dans son θυμός (1.196), que l'amour dompte le θυμός de Zeus (14.316), que le θυμός d'Achille soit pleinement comblé par les chants (9.189), que le θυμός de Ménélas lui fasse deviner que son frère a besoin de lui (2.409), qu'Ulysse pense d'après son θυμός (10.491), ou encore qu'Hector dise ce que son θυμός lui ordonne (7.68). Il s'agit en somme du principe qui anime, stimule, excite dieux et hommes en leur vie, les mouvements de leur âme et leurs sentiments passionnés.[15] Comme tel, il constitue un élément indispensable à l'existence. Avec Cheyns (1983, 33) : en tant que « force qui anime les différentes parties de l'organisme humain et qui est responsable de leur fonctionnement »,[16] l'homme

---

[13] Caswell 1990 recense les études parues et présente ses occurrences chez Homère et Hésiode. Cf. aussi Pellicia 2011.
[14] Au contraire par exemple des genoux du vieux Nestor : « Ah vieillard, si comme le θυμός dans ta poitrine | ainsi tes genoux suivaient, si ta vigueur était solide » (Hom. *Il.* 4.313-314).
[15] Cf. Cunliffe 1963, 192 ; Autenrieth 1999, 119.
[16] Cheyns 1983 analyse quantité de passages et expose les différentes hypothèses étymologiques. Il souligne en outre (85) que, dans l'usage, cette force vitale s'est progressivement limitée aux activités psychiques de l'homme. Fränkel 1962, 85 considère pour sa part que si chaque organe de l'homme homérique est en mesure de développer sa propre énergie, il représente en même temps le tout qu'est l'homme.

privé de son θυμός en vient à mourir.[17] Ainsi Assaël (2006, 15) parle-t-elle d'« instinct bouillonnant » ; Onians (1994, 28) du « principe vital qui pense, ressent et pousse à l'action ». En allemand, Snell (1975a, 19-20) traduit le mot par *Organ der Regung*,[18] *organe de la stimulation, de l'excitation, de l'émotion* ; Fränkel (1962, 87) par *Gemüt*, terme sans équivalent français,[19] que les dictionnaires traduisent par âme, cœur (*Pons*), nature (*Collins*), tempérament, moral (*Larousse*). Pour être le moins exclusif possible, il s'agit d'y entendre l'âme, le *cœur* en tant que *principe animant* : *force vitale, élan vital* qui anime dieux et hommes.

Or, sur l'Olympe, aucun θυμός n'est privé du festin. Et le chanteur d'ajouter que nul dieu n'est privé

οὐ μὲν φόρμιγγος περικαλλέος, ἣν ἔχ' Ἀπόλλων,
Μουσάων θ', αἳ ἄειδον ἀμειβόμεναι ὀπὶ καλῆι.

de la *phorminx* de toute beauté, que tenait Apollon,
et des Muses, qui chantaient en alternance d'une belle voix.[20]

Telle est la première apparition explicite des Muses : *in medias res*, sur l'Olympe, parmi les dieux festoyant, elles chantent en alternance d'une belle voix, aux côtés d'Apollon et de sa *phorminx* de toute beauté. Leur lien avec ce dieu, non seulement musicien mais aussi archer et prophète,[21] est redoublé par la position des deux noms en fin et en début de vers. Proche de la cithare,[22] la *phorminx* est l'instrument de musique par excellence d'Apollon. Si, chez Homère, le chanteur l'emploie le plus souvent pour souligner la ligne mélodique de son chant, il arrive, comme ici, que le dieu en fasse usage pour accompagner le chœur des Muses.[23] L'épithète de toute beauté (περικαλλέος) signifie qu'elle est éclatante, brillante,[24] sans défaut

---

17 Cf. « le θυμός <l'>a quitté » (notamment Hom. *Il.* 4.470) ; « le θυμός a quitté ses os » (12.386) ; « le θυμός est parti des membres » (13.671).
18 Snell entend l'*Organ der Regung* au sens aussi bien psychique que physique.
19 Les trois entrées du *Duden* ne sont pas moins instructives : « 1. *Gesamtheit der seelischen und geistigen Kräfte eines Menschen* ; 2. *geistig-seelisches Empfindungsvermögen* ; 3. *Mensch (in Bezug auf seine geistig-seelischen Regungen)* ».
20 Hom. *Il.* 1.603-604.
21 Cf. Gantz 2004, 160-177 ; Burkert 2011, 223-230.
22 La φόρμιγξ et la κίθαρις ainsi que les deux verbes (φορμίζειν et κιθαρίζειν) qui leur correspondent semblent interchangeables chez Homère (*Il.* 18. 569-570) : le chanteur joue de la cithare (κιθάριζε) sur sa *phorminx* (φόρμιγγι).
23 Cf. Maas/McIntosh Snyder 1989, 4-5 ; Franceschetti 2006.
24 Loin d'être subjective, la beauté se caractérise chez les Grecs par l'éclat, la brillance, la grandeur. Elle reflète l'immortalité propre aux dieux : « La beauté est l'éclat de la vie dans ce qu'elle semble avoir d'impérissable » (Pirenne-Delforge 1993, 74).

ni faille,[25] non seulement en ce qui concerne son aspect extérieur, mais aussi, par métonymie, eu égard aux sons qu'elle rend. Les Muses apparaissent donc non seulement en pleine action (de chanter), mais encore en belle et bonne compagnie musicale, divine. Chant et musique, Muses et Apollon qui comblent le θυμός de la totalité des dieux en train de festoyer.

Le participe ἀμειβόμενος qui caractérise le chant des Muses signifie *ce qui s'échange réciproquement, ce qui se correspond*. Il est le plus souvent employé au sujet de paroles dialogiques.[26] Nous le traduisons par *en alternance*, non sans y entendre l'idée de réciprocité et de correspondance. D'après les différents modes d'exécution des chants en Grèce archaïque, cette alternance peut se comprendre de plusieurs manières :

1) L'alternance peut avoir lieu entre le chœur des Muses et le soliste Apollon : tenant la *phorminx*, ce dernier ne se contenterait pas d'en jouer, mais entonnerait en même temps le chant, voire en chanterait certaines parties. L'exécution de nombreux chants choraux repose en effet sur un chorège, qui entonne un chant et conduit ses choristes en leur donnant ton et rythme.[27] Parfois le rôle du chœur ne se réduit d'ailleurs qu'à proférer une simple interjection, sous forme d'un cri rituel, en alternance avec les couplets d'un soliste.[28]

2) Dans l'hypothèse où Apollon ne chante pas, les Muses peuvent répondre à sa *phorminx*.[29] Comme le relève Calame (1977a, 102-105), l'accompagnement musical du dieu sert volontiers de signal pour la danse et le chant. Il indique au chœur « la ligne rythmique de la danse et le ton du chant choral ». Aussi ce passage fixe-t-il selon lui « l'image canonique du dieu accompagnant sur un instrument les chants du chœur qui lui est subordonné ».

3) L'alternance peut encore avoir lieu entre les Muses elles-mêmes : a) les Muses sont séparées en deux (ou plusieurs) groupes se répondant l'un l'autre. b) Les Muses chantent l'une après l'autre ;[30] comme, lors des funérailles d'Hector,[31] Andromaque, Hécube et Hélène chantent chacune à leur tour une plainte

---

25 Comme tous les noms qualifiés par cet adjectif : un char (Hom. *Il.* 3.262), une maison (6.242), des armes (*Od.* 24.165), une coupe (8.430), etc. La cithare du chanteur Phémios (1.153) est également de toute beauté.
26 Sur les 53 occurrences du terme chez Homère, seules quatre – dont justement notre passage – ne sont pas dialogiques, mais se rapportent à la relève de la garde (*Il.* 9.471), à un autre chant des Muses (*Od.* 24.60) et à la frappe du rythme sur le sol par deux danseurs (8.379).
27 Cf. Fernandez-Galiano/Heubeck/Privitera 1986, 340.
28 C'est notamment le cas dans certains péans. Cf. Rutherford 2001, 18-23 ; également Hom. *Il.* 18.568-571.
29 Cf. West 1997, 45 n. 186 ; Pulleyn 2000, 275.
30 Latacz 2000, 182 : « ἀμειβόμεναι : abwechselnd, *zwischen den einzelnen Musen* ».
31 Hom. *Il.* 24.719-804.

funèbre en l'honneur du disparu, à laquelle les Troyennes répondent par des gémissements.³² Lorsque les Muses chantent aux funérailles d'Achille,³³ c'est également le participe ἀμειβόμενος qui est employé. Ou encore c) l'alternance a lieu à l'intérieur du chœur des Muses lui-même : toujours accompagnées par Apollon, celles-ci chantent chacune à leur manière, avec leur propre voix, le même chant.

Les deux dernières lectures trouvent appui dans les propos du scholiaste qui explique que les Muses, alors qu'Apollon joue de la cithare (κιθαρίζοντος), chantent « ἐκ διαδοχῆς παραμέρος, *tour à tour partiellement* ou *successivement par partie* ».³⁴ Si cette expression signifie que les Muses chantent l'une après l'autre, elle n'indique toutefois pas s'il s'agit du même chant ou de chants différents. Aussi est-il impossible de se prononcer pour l'une ou l'autre possibilité. Collins (2004, 169-175) décide de voir le chant des Muses comme un ensemble de parties dépendantes – qu'il serait vain de vouloir traiter séparément. Selon lui, chaque Muse a sa part et son tour dans le tout que forme leur chant. Interprétation stimulante du fait qu'elle permet d'expliquer l'expression ὀπὶ καλῆι qui suit le participe ἀμειβόμενος : bien que plusieurs, bien que chantant en alternance, les Muses n'ont pas *de* belles voix, mais bien *une seule* belle voix – en même temps chacune la sienne et toutes la même. C'est ainsi qu'elles ne font qu'une : en participant, en chœur, toutes ensemble et toutes avec leurs singularités, *à* la complexe production du chant.

Le terme ὄψ – construit sur la même racine qu'εἰπεῖν, *dire* et ἔπος, *parole*, ainsi d'ailleurs que le latin *vox* et le français *voix* – présente l'attribut qui permet aux Muses de chanter : une *voix* qui fait entendre des paroles, qui dit, indique des choses. Quoi ? La réponse n'est pas donnée. Sans doute parce que le contenu est étranger au chanteur lui-même : comment pourrait-il – humain qu'il est –, loin de l'Olympe, en distinguer quelque chose ? Seuls les dieux sont ici en mesure d'entendre et d'écouter la belle voix des Muses. C'est en effet pour eux et pour eux seuls qu'elles chantent.³⁵

Voici donc comment les Muses apparaissent pour la toute première fois : comme des divinités qui, parmi les dieux, riches d'une belle voix, chantent, font entendre, ensemble, en alternance, certaines paroles, accompagnées par la *phorminx* de toute beauté d'Apollon. Est-ce également ainsi qu'elles chantent pour les hommes ? Ces vers, qui ne sont – faut-il le rappeler ? – que la retranscription textuelle du chant inspiré qu'est l'*Iliade*, ne nous le disent pas.

---

[32] Concernant la problématique relation des femmes aux chanteurs (ἀοιδοί) lors des funérailles d'Hector, cf. Richardson 1993, 349-352.
[33] Hom. *Od.* 24.60-62.
[34] *Schol. in Il.* 1.603 (1.68 Dindorf).
[35] Cf. Bouvier 2002, 31-33.

1.1.2 Nature et savoir des Muses et des hommes

La deuxième occurrence des Muses a lieu juste avant les vers traditionnellement regroupés sous l'expression de Catalogue des vaisseaux :[36] fameuse énumération des 29 troupes grecques, leurs commandants, cités d'origine et bateaux embarqués pour Troie. Les Muses y apparaissent pour la première fois explicitement en rapport avec les hommes. Le chanteur les invoque personnellement dans une sorte de parenthèse, d'ailleurs volontiers condamnée par les scholiastes pour non-conformité à la prétendue « objectivité » des vers épiques.[37] Comme la plupart des commentateurs d'aujourd'hui, nous gardons l'ensemble des vers – divisés en deux parties pour l'exposition.

> ἔσπετε νῦν μοι, Μοῦσαι Ὀλύμπια δώματ' ἔχουσαι –
> ὑμεῖς γὰρ θεαί ἐστε, πάρεστέ τε, ἴστέ τε πάντα,
> ἡμεῖς δὲ κλέος οἶον ἀκούομεν, οὐδέ τι ἴδμεν –
> οἵ τινες ἡγεμόνες Δαναῶν καὶ κοίρανοι ἦσαν.

> Dites-moi maintenant, Muses qui avez des demeures olympiennes –
> vous êtes en effet divines, vous êtes présentes, vous savez tout,
> mais nous n'entendons qu'un *kléos* et ne savons pas la moindre chose –,
> <dites-moi> ceux qui étaient les guides et les chefs des Danaens.[38]

Contrairement à ce qui se joue dans la demande initiale, le chanteur ne s'adresse pas ici à une θεά, mais exhorte explicitement les Muses. Il leur demande de lui (μοι) dire (ἔσπετε) les guides et chefs des Danaens, alors que la déesse du début est simplement exhortée à chanter, sans précision à qui. Comment interpréter ces deux premières divergences ?

Il s'agit d'abord d'un changement de vocabulaire : le chanteur ne demande plus à une divinité de chanter, mais aux Μοῦσαι de dire. Est-ce là le signe d'une différence dans le mode d'expression du chanteur lui-même ? West (1981, 113) affirme que les verbes du dire et du chant sont employés « indifféremment » dans les invocations aux Muses. Nous y voyons avec Grandolini (1996, 45) une nuance due au sujet de la demande : non pas général (la colère d'Achille), mais un catalogue d'éléments bien précis (les bateaux et leurs commandants). L'expression ἔσπετε νῦν μοι, Μοῦσαι Ὀλύμπια δώματ' ἔχουσαι se retrouve par trois fois à l'identique dans l'*Iliade*. A chaque fois, elle est le signe d'un tournant dans la narration, le chanteur demande aux Muses de lui transmettre une informa-

---

[36] Hom. *Il.* 2.484-877.
[37] Cf. Duckworth 1931 ; Frontisi-Ducroux 1986, 20.
[38] Hom. *Il.* 2.484-487.

tion bien déterminée : le nom du premier adversaire d'Agamemnon (11.218), celui du premier Achéen meurtrier de Troyens (14.508) ou encore la manière dont les bateaux achéens prennent feu (16.112).³⁹ Dans des vers de construction proche (2.761-762), le chanteur invoque une Muse à la deuxième personne du singulier (σύ), pour qu'elle lui (μοι) dise (ἔννεπε) le meilleur des hommes et des chevaux achéens.

Le pronom personnel de la première personne de l'expression « dites-moi » indique clairement que c'est au chanteur que les Muses doivent parler. Grandolini (1996, 43) y voit une occasion de se distinguer de la masse des auditeurs : il est le destinataire privilégié des paroles musicales ; c'est à lui seul que les déesses s'adressent. Le pronom μοι est à notre avis moins restrictif : même si le chanteur demande aux Muses de lui dire les guides et les chefs des Danaens, les vers parlent forcément en même temps aux auditeurs qui l'entourent.

Autre différence : l'exhortation des Muses est accompagnée d'un adverbe temporel. Le texte dit « dites-moi νῦν, *maintenant* ». Selon Frontisi-Ducroux (1986, 30-31), ce dernier ne fait pas que situer l'invocation dans le présent du récit, mais marque encore une pause, une parenthèse dans le déroulement. A l'instar du verbe qui le précède, qui montre un changement de sujet, il indique que le chanteur passe à autre chose ; autre chose complexe pour laquelle il a particulièrement besoin des Muses.

Ensuite, alors qu'au début de l'*Iliade* le chanteur demande à une déesse de chanter la colère d'Achille à partir d'un moment donné (la querelle avec Agamemnon),⁴⁰ sa requête ne comporte ici pas d'ancrage temporel. Probablement parce qu'il ne s'agit pas, à proprement parler, d'une narration, mais d'une énumération dans une parenthèse. Loin de rappeler le détail d'un événement particulier, les vers à venir se contentent de faire la longue liste de ceux qui (οἵ τινες) étaient à la tête des Danaens.

L'exhortation est enfin enrichie de plusieurs expressions intéressantes, spécifiant la nature des Muses. Il est d'abord indiqué qu'elles ont des demeures olympiennes. Leur nature divine que leur présence au banquet des dieux sur l'Olympe a déjà laissé entendre se trouve confirmée par le fait qu'elles habitent l'Olympe, lieu de résidence des dieux par excellence.⁴¹

Le deuxième vers fait résonner trois caractéristiques des Muses : θεαί ἐστε, πάρεστέ τε, ἴστέ τε πάντα.⁴²

---

39 Cf. également *Il.Cycl.* fr. 1.1 Bernabé. Pour une proposition d'analyse et de mise en contexte de ces différentes invocations, cf. Minton 1960, 295-302 ; Bannert 1988, 16-17.
40 Hom. *Il.* 1.6.
41 Par exemple Hom. *Il.* 1.18 ; 2.13-14.
42 Ford 1992, 60 parle à ce propos de « *nearly incantatory assonance* ».

1) Les Muses sont explicitement nommées θεαί, *divines*, à l'instar de la θεά appelée à chanter dans le premier vers. Tout porte donc à croire que la déesse invoquée en ouverture est bien une Muse ; que l'ensemble du chant est d'obédience musicale ; que le chanteur est porté ou inspiré par les Muses ; pour autant qu'elles ne chantent pas elles, en même temps que lui, comme le laisse également croire l'incipit.
2) Elles sont qualifiées de présentes (πάρεστε). Nous suivons la plupart des éditeurs et lisons πάρεστε, *vous êtes présentes*, et non παρῆστε, *vous étiez présentes*.[43] Le présent les insère dans une réalité spatio-temporelle des plus larges, qui s'accorde avec leur nature divine. Tout en habitant sur l'Olympe, les Muses peuvent donc être en même temps dans chaque lieu du monde ; omniprésence qui va dans le sens du savoir dont s'enquiert le chanteur.
3) La forme verbale ἴστε provient du verbe εἰδέναι, qui signifie non seulement *savoir*, mais également *avoir vu*. C'est ainsi que le porcher Eumée dit dans l'*Odyssée* (16.470) à Télémaque qu'il sait (οἶδα) quelque chose car il l'a vu (ἴδον) de ses yeux. Dans le contexte de la guerre de Troie, il va de soi que le chanteur ne peut posséder un tel savoir, éloigné qu'il est des événements narrés. Si les Muses savent tout, c'est logiquement au sens où, toujours présentes, elles ont tout vu et tout gardé en vue, dans leur mémoire – qu'elles tiennent de leur mère Mnémosyne.[44]

La fin du deuxième vers distingue les Muses des hommes : un ἡμεῖς, *nous* – qui regroupe vraisemblablement le chanteur et son auditoire (et confirme au passage notre interprétation de μοι) – s'oppose à elles sous la forme d'un ὑμεῖς, *vous* : si les Muses savent tout, les hommes entendent pour leur part seulement un κλέος et ne savent (ἴδμεν – également d'εἰδέναι) pas la moindre chose. Si les Muses sont omniscientes, les hommes n'ont au contraire qu'une vue et un savoir limités : ils ne peuvent connaître que les événements qu'ils ont personnellement vécus. Aussi ne savent-ils à proprement parler rien et se meuvent dans la sphère de la vague entente, du moins pour ce qui concerne les événements du passé.

Le terme κλέος est difficile à traduire. Il possède deux sens.[45] D'une part celui de *bruit*, c'est-à-dire de *ce qui est sonore*, *audible* et, tout bruit ayant pour caractéristique de se répandre plus ou moins loin selon son intensité et sa force, celui de *rumeur*. Aussi est-ce après avoir entendu le κλέος des Achéens devant Troie

---

43 Selon les *Schol. in Il.* 2.485 (1.286.48-49 Erbse), d'aucuns écrivent παρῆστε.
44 Ce fameux lien de parenté n'apparaît pas dans les chants homériques. Non pas que les Muses y aient une autre mère : leur filiation maternelle n'est simplement pas mentionnée ; sans doute parce qu'elle est évidente.
45 Pour une analyse étymologique, cf. par exemple Bouvier 2002, 365-366.

qu'Iphidamas part à la guerre.⁴⁶ D'autre part, celui de *réputation*, de *gloire* : un homme qui se distingue est auréolé d'un grand ou excellent κλέος ; au contraire du lâche, qui en est privé.⁴⁷ Le but suprême est que le κλέος perdure à tout jamais. C'est avec cet espoir que Ménélas construit un tombeau pour son frère ;⁴⁸ et qu'Achille préfère mourir dans la fleur de l'âge, glorifié par un κλέος ἄφθιτον, *impérissable*, plutôt que couler de longs jours heureux et disparaître en vieillard oublié.⁴⁹ En tant que gloire, le κλέος correspond d'ailleurs aux récits des grands événements et hauts-faits des héros eux-mêmes.

Mais qu'en est-il du κλέος de notre passage ? Les hommes entendent-ils uniquement un bruit, une rumeur ou la gloire ? Les avis sont partagés. Pucci (1998, 37-38) considère que le texte est ambigu : si l'absence d'un complément au génitif et la présence du verbe incite à penser que le chanteur n'entend que des bruits sans grande précision, une *rumeur*, le fait que les Muses soient exhortées à dire les chefs des Danaens accorde forcément à ceux-ci *réputation* et *gloire*. Dans ce sens, Nagy (1974, 248-250) explique que le κλέος correspond volontiers simplement à ce que les chanteurs expriment.⁵⁰ Trois occurrences homériques de l'expression κλέα ἀνδρῶν désignent le sujet de chants ;⁵¹ toutes attestent le rapport du κλέος avec ces derniers : c'est bien grâce à eux qu'il se propage. A tel point que certains non-chanteurs sont tantôt en mesure de chanter, à leur manière, certains κλέα ἀνδρῶν. On se rappelle le fameux exemple d'Achille qui les profère pour se rasséréner.⁵² Pourtant, comme l'indique notre passage, le κλέος n'accorde pas de véritable savoir aux hommes. Aussi comprenons-nous que, même s'il accorde une certaine réputation, voire même la gloire, le κλέος n'est pour eux qu'un *bruit*, une *rumeur*, un « on-dit » – certes répétable, mais bien maigre, bien superficiel par rapport à la vue pénétrante des Muses. Aussi Fränkel (1962, 21 n. 27) traduit-il le terme par *Kunde*, *Hörensagen*.

---

46 Hom. *Il.* 11.227.
47 Quelqu'un tire sur Ménélas pour son κλέος (Hom. *Il.* 4.197) ; si les hommes fuient, il n'y a pas de κλέος (5.532).
48 Hom. *Od.* 4.584.
49 Hom. *Il.* 9.412-416. Pour l'expression κλέος ἄφθιτον, cf. Volk 2002 ; Grethlein 2006, 135-145 ; Nagy 2011, 179-180.
50 Redfield 1994, 32 souligne le lien d'interdépendance entre héros et chanteurs : les seconds n'ont rien à chanter sans les premiers, qui n'ont aucun avenir s'ils ne sont chantés. Cf. également de Jong 2006.
51 Les κλέα ἀνδρῶν ne sont pas sans importance : ils servent d'exemples pour les hommes (Hom. *Il.* 9.524) ; la Muse soulève le chanteur à chanter les κλέα ἀνδρῶν (*Od.* 8.73). La troisième occurrence (*Il.* 9.189) nous occupe dans la note suivante.
52 Hom. *Il.* 9.189. Eduqué par le Centaure Chiron, Achille dépasse ses congénères en matière de connaissances. D'où sans doute sa capacité musicale.

Le caractère oral du κλέος est d'ailleurs accentué par la présence de la forme verbale ἀκούομεν, *nous écoutons*. La distinction Muses-hommes exprimée ici concerne les sens : à la différence de la vue des Muses, l'ouïe des hommes n'accorde aucun savoir, mais ne permet que d'attraper au vol un bruit de l'ensemble dévoilé par nos divinités ; bruit qui se répand et qui peut par suite acquérir une certaine réputation, mais sans jamais rivaliser avec le savoir des Muses.

Quel est donc le bruit que le chanteur demande aux Muses de faire résonner et que nous sommes sur le point d'entendre ? Le κλέος des chefs et guides des Danaens embarqués pour Troie ; sujet de taille qui peut bien nécessiter l'invocation des Muses.

Les vers qui prolongent l'intervention du chanteur précisent eux aussi la différence entre celui-ci et nos déesses :

> πληθὺν δ' οὐκ ἂν ἐγὼ μυθήσομαι οὐδ' ὀνομήνω,
> οὐδ' εἴ μοι δέκα μὲν γλῶσσαι, δέκα δὲ στόματ' εἶεν,
> φωνὴ δ' ἄρρηκτος, χάλκεον δέ μοι ἦτορ ἐνείη,
> εἰ μὴ Ὀλυμπιάδες Μοῦσαι, Διὸς αἰγιόχοιο
> θυγατέρες, μνησαίαθ' ὅσοι ὑπὸ Ἴλιον ἦλθον.
> ἀρχοὺς αὖ νηῶν ἐρέω, νῆάς τε προπάσας.
>
> La foule, je ne pourrais pour ma part ni la dire ni la nommer,
> même si j'avais dix langues, dix bouches,
> une voix qu'on ne peut briser, même si j'avais à l'intérieur un cœur de bronze,
> si les Muses olympiennes, filles de Zeus qui tient l'égide,
> ne rappelaient tous ceux qui étaient venus sous Ilion.
> Je dirai alors les chefs des bateaux, et tous les bateaux sans exception.[53]

Alors qu'il était précédemment question des guides et chefs des Danaens, voici que le chanteur évoque d'une part la foule (πληθύν) – également nommée « tous ceux qui étaient venus sous Ilion », *i.e.* tous les Grecs déplacés à Troie –, et d'autre part des chefs des bateaux et chacune de leurs embarcations. On y voit volontiers sinon une contradiction de la part du chanteur, pas très au clair sur le sujet de sa demande, une inconséquence due aux copistes.[54] Pourquoi le chanteur s'intéresse-t-il d'abord à la foule, pour se restreindre ensuite aux chefs ? Et quel est le rôle des Muses ?

---

[53] Hom. *Il.* 2.488-493. Nous modifions la ponctuation du vers 490 en remplaçant le point virgule de la fin par une virgule et enlevons les parenthèses que West 1998 met aux vers 491-492.
[54] Krischer 1965, 1 donne d'intéressantes références. Cf. aussi Kühlmann 1973, 114 ; West 2001, 177 ; Latacz 2003, 144.

Pour y répondre, il suffit de suivre le texte grec. Le chanteur commence par affirmer son inaptitude à chanter la foule. Incapacité qui ne dépend ni de la quantité ni de la qualité de ses organes : ce n'est pas parce qu'il n'a qu'une langue et qu'une bouche, une voix fragile et un cœur tendre qu'il est, seul, inapte à dire la foule. Non : même s'il possédait dix langues et dix bouches ainsi qu'une voix impossible à briser et un cœur de bronze, il en irait de même. Quelle que soit l'augmentation quantitative ou qualitative – même outrée, fantaisiste – de ses organes, ils ne lui permettent ni de dire (μυθήσομαι) ni de nommer (ὀνομήνω) la foule. Sa nature même l'en empêche. Ce qu'il lui faudrait, ce sont des organes d'un autre genre : non pas humains, mais divins, tels, justement, ceux des Muses.

Le passage est truffé de verbes du dire. Comme εἰπεῖν, par lequel le chanteur s'adresse aux Muses dans le vers 484, les deux verbes que nous venons de relever sont souvent traduits par *dire*. Εἰπεῖν – dont le substantif est ἔπος, la *parole*, le *mot*, au sens du « produit physique de l'action de parler »[55] – signifie *dire* au sens de *faire entendre une voix* en général. Μυθεῖσθαι est également traduit par *dire*, mais au sens plus terre à terre de *parler*, *renseigner* sur un événement, *constater* quelque chose. Son substantif μῦθος veut lui aussi dire la *parole*, mais la parole qui porte sur ce qui a eu lieu ou doit avoir lieu, qui renseigne sur des faits accomplis ou devant s'accomplir.[56] Ὀνομάζειν signifie pour sa part *nommer*, au sens d'*appeler* quelque chose par son nom (ὄνομα). Si, seul, même avec d'extraordinaires facultés humaines, le chanteur est tout aussi incapable de renseigner son auditoire au sujet de la foule que de la nommer, c'est-à-dire d'énumérer chacun des guerriers présents sous Ilion, les Muses semblent au contraire en mesure de faire sans peine l'un et l'autre. Tout comme, avec elles, le chanteur.

Telle serait la raison pour laquelle le chanteur les invoque dès le premier vers : pour qu'elles chantent les choses qu'il ne connaît que par ouï-dire. Puis, il les appellerait à nouveau pour qu'elles lui rappellent (μνησαίαθ') sans faute les guerriers grecs. Le verbe μιμνήσκεσθαι signifie *se souvenir de, avoir à l'esprit, penser à* quelque chose, *le rappeler*, comme le fait essentiellement Mnémosyne, la mère des Muses. Même si ce n'est toujours pas précisé, il semble évident que c'est en tant que filles de cette dernière que les Muses sont à même de rappeler ce que leur omniprésence leur a permis de voir, qui se trouve dans leur mémoire, et dont elles ont par conséquent le savoir. Mais pour pouvoir le faire, elles ont encore besoin d'une certaine puissance, qui provient sans doute de leur père, Zeus, que le chanteur mentionne justement dans ces vers, significativement auréolé de l'épithète αἰγιόχοιο, *qui tient* (ἔχειν) *l'égide* (αἰγίς), arme symbole de sa

---

[55] Lachenaud 2013, 16.
[56] Cf. Otto 1962, 357-359 ; Martin 1989, 12 ; Lincoln 1997, 361. Janda 2014, 405 fait mention d'une parole qui met en mouvement et fait autorité.

force.⁵⁷ Ce rapport filial est encore accentué par l'épithète par laquelle les Muses sont évoquées : elles sont olympiennes ('Ολυμπιάδες).⁵⁸ C'est ainsi par leur filiation que les Muses posséderaient la mémoire et la puissance nécessaires pour rappeler au chanteur ce qu'il leur demande.

Sans le vers 493, la structure du passage est claire : grâce au savoir des Muses, le chanteur peut bien dire la foule. Mais pourquoi change-t-il soudain de thème ? Pour résoudre le problème, West (1998, 66 ; 2001, 177-178) met les vers 491-492 entre parenthèses, prétextant que ce sont eux qui dérangent la construction logique de cette invocation, puisqu'il semble que, grâce aux Muses, le chanteur est sur le point d'énumérer la foule.⁵⁹ Il les lit comme un ajout par un rhapsode qui aurait compris πληθύς non comme la *foule* des guerriers mais comme l'indication du grand nombre de chefs et de guides. La solution est à notre avis plus simple : le chanteur suit le fil de sa pensée. Après avoir exhorté les Muses à dire les guides et chefs des Danaens, il en vient à imaginer ceux-ci avec les troupes qu'ils conduisent : il se représente le tableau du combat qui se prépare sous les murs d'Ilion. Comme il est en train de distinguer ses faibles capacités de l'immensité des savoirs et de la puissance des Muses, il énonce qu'avec leur aide, il serait capable de dire jusqu'aux nombre et noms des guerriers qui composent la foule. Malgré tout, conformément à ce qu'il a annoncé quelques vers auparavant en parlant des guides et des chefs des Danaens, il dira (ἐρέω) non pas la foule, mais les chefs des bateaux et tous les bateaux sans exception. Cette interprétation est justifiée par la présence au vers 493 de la particule αὖ, indiquant non une répétition ou une succession, mais une opposition entre les deux thèmes de chant.⁶⁰ En se figurant elle aussi ce passage sous la forme d'un tableau, allant même jusqu'à employer un vocabulaire cinématographique, Bonifazi (2008, 54) voit dans cette particule la marque d'un « zoom » effectué sur des éléments précis : les chefs des bateaux et tous les bateaux.

Relevons pour finir que le chanteur emploie une forme verbale du verbe εἴρειν pour désigner sa manière de s'exprimer. Ce verbe – dont la racine a, entre autres, donné le substantif ῥῆμα, la *parole*, la *formule*, le *verbe* – est le quatrième et dernier verbe du dire présent dans notre passage. S'il signifie lui aussi *dire*, c'est au sens de *dire la formule, formuler* (littéralement *donner une forme*).⁶¹ Aussi,

---

57 L'épithète apparaît à 54 reprises chez Homère. Cf. Janda 2014, 460-476.
58 Zeus et les Muses sont les seules divinités explicitement qualifiées ainsi. Les autres dieux apparaissent dans l'adjectif ὀλύμπιος substantivé au pluriel. Cf. Otto 1971, 25.
59 Heiden 2008, 131 n. 12 n'est pas de cet avis.
60 Cf. Klein 1989, 257.
61 Cf. avant tout Fournier 1946 ; Lachenaud 2013, 16 ; ainsi que pour une analyse spécifique de ces termes dans l'*Iliade* Martin 1989.

la tâche du chanteur semble se restreindre à la formulation du savoir musical, à la mise en forme du contenu dévoilé, rappelé par les Muses.

Quel que soit son privilège – entrer en contact avec les divines Muses, en être inspiré, formuler et transmettre leur savoir –, le chanteur apparaît de part en part à la merci des forces musicales : sans les Muses, il semble n'être rien ; rien qu'un simple mortel, ne pouvant se prononcer vraiment que sur ce qu'il a vu de ses propres yeux, voire répéter ce qui est parvenu à ses oreilles. Tel est en substance ce que nous indique ce riche passage.

1.1.3 La distinction du chanteur

Même s'il est privilégié par rapport aux autres hommes, le chanteur demeure bien différent de nos divinités. Comme déjà indiqué, chanteurs et Muses ne partagent pas la même nature. Notre dernier passage de l'*Iliade* indique ce qui arrive à celui qui, trop sûr de lui, se croit soudain non seulement l'égal, mais encore supérieur à nos divinités. L'histoire se passe à

> [...] Δώριον, ἔνθά τε Μοῦσαι
> ἀντόμεναι Θάμυριν τὸν Θρήϊκα παῦσαν ἀοιδῆς
> Οἰχαλίηθεν ἰόντα παρ' Εὐρύτου Οἰχαλιῆος —
> στεῦτο γὰρ εὐχόμενος νικησέμεν, εἴ περ ἂν αὐταί
> Μοῦσαι ἀείδοιεν, κοῦραι Διὸς αἰγιόχοιο·
> αἱ δὲ χολωσάμεναι πηρὸν θέσαν, αὐτὰρ ἀοιδὴν
> θεσπεσίην ἀφέλοντο καὶ ἐκλέλαθον κιθαριστύν —

> [...] Dorion, là où les Muses,
> rencontrant Thamyris le Thrace, ont mis fin à son chant,
> lui qui venait d'Œchalie, de chez Euryte l'Œchalien, –
> il prétendait en effet, se glorifiant, qu'il vaincrait, si les Muses
> elles-mêmes, filles de Zeus qui tient l'égide, chantaient ;
> celles-ci, irritées, l'ont mutilé, lui ont
> enlevé le chant divin et fait oublier le jeu de la cithare –[62]

Notre chanteur raconte ici la mésaventure d'un de ses semblables. Dans la cité messénienne de Dorion,[63] les Muses ont soudain mis fin au chant du chanteur et joueur de cithare Thamyris – le seul chanteur nommé dans l'*Iliade*. Pourquoi cette punition ? Parce qu'il a prétendu[64] en s'en vantant, s'en glorifiant (στεῦτο

---

62 Hom. *Il.* 2.594-600.
63 Dorion ou Dotion ? Cf. Wilson 2009, 48-50 ; West 2011, 117.
64 Nous traduisons les aoristes non par du passé simple mais par du passé composé dont l'absence de caractère causal est selon nous plus adapté au genre poétique.

de στεῦμαι, littéralement *je fais ostensiblement connaître, montre, me fais fort de*) être capable de vaincre les Muses dans un concours musical. Imbu de sa personne, il en est venu à oublier qu'il était de nature différente : il a commis l'outrage de penser pouvoir être supérieur aux divines Muses. Même si l'*Iliade* n'entre pas dans les détails, nous comprenons ce qu'il s'est passé. Aussi grâce aux témoignages[65] qui racontent comment le talentueux et célèbre chanteur Thamyris[66] – considéré comme le fils de Philammon (lui-même chanteur et compagnon d'Orphée lors de l'expédition des Argonautes) et de la Nymphe Agriopé[67] – en est venu à vouloir concourir contre les Muses.[68]

En tant que chanteur, Thamyris a pour avantage d'être en lien avec les Muses : il compte parmi les hommes qui sont en mesure de les entendre et de transmettre leur savoir. Mais sa fatuité lui fait oublier qu'il n'est à vrai dire capable de chanter que grâce à elles, grâce à leur mémoire et puissance ; que, seul, il est sans vue, sans savoir, ne percevant au mieux qu'un κλέος des événements ou hommes du passé. Trop sûr de lui, Thamyris se fourvoie en défiant les divines Muses ; il fait preuve d'impiété, de non-respect, d'arrogance, en un mot d'ὕβρις : il ne reconnaît pas sa place, pourtant privilégiée, d'intermédiaire entre les Muses et les hommes.

La conséquence de l'outrage est exemplaire : irritées par le défi sacrilège, les Muses punissent le chanteur ; elles le mutilent (πηρὸν θέσαν). Les anciens eux-mêmes ne sont pas d'accord sur le sens à donner à πηρός. Pour certains, Thamyris est rendu aveugle.[69] Mais dès l'antiquité,[70] on estime que priver un chanteur de la vue n'est pas une punition suffisante, qu'il doit bien plutôt être privé de sa voix.[71] Les emplois de πηρός font référence à toutes sortes de mutilations physiques qui concernent tant la parole, l'ouïe, la vue que nombre d'autres organes ou fonctions corporels et intellectuels.[72]

---

65 Otto 1971, 47-49 recense tous les témoignages antiques mentionnant Thamyris.
66 L'antiquité le compte parmi les plus anciens chanteurs et joueurs de cithare, lui attribuant un chant sur le combat entre les dieux et les Titans (notamment Heraclit. Pont. fr. 157 Wehrli, transmis par Ps-Plu. *De musica* 3.1131f.). Plin. *Nat.* 7.204 y reconnaît l'inventeur du mode dorien.
67 Thamyris se fait tantôt même jour comme fils de Muse – Melpomène ou Erato (cf. Apollod. *FGrH* 244 F 146 ; Apollod. 1.3.3 ; Paus. 4.33.3).
68 Cf. aussi Paus. 4.33.3 ; Apollod. 1.3.3.
69 Par exemple Steph. Byz. s.v. Δώτιον (257.17-258.3 Meinecke). Paus. 9.30.2 ; 10.30.8 mentionne deux statues de Thamyris aveugle sur l'Hélicon et à Delphes. Autres exemples antiques chez Severyns 1928, 57 ; 84 ; 113. Cerri/Gostoli 1996, 213 traduit le terme par *cieco* ; Autenrieth 1999, 261 par *blind*.
70 Par exemple Aristarque et Eustathe ; cf. Severyns 1928, 184-185.
71 Cf. Kirk 1985, 217.
72 Cunliffe 1963, 329 propose *maimed, helpless* ; Frisk 1970, 531 *an einem Gebrechen leidend*, d'où *blind* ou *gelähmt*. Assaël 2006, 180 y voit une mutilation sexuelle liée à un rite sacré.

La suite du texte nous vient en aide : la privation dont Thamyris est victime consiste en deux pertes.[73] Les Muses enlèvent à Thamyris le chant (ἀοιδήν, construit sur la même racine qu'ἀείδειν). Chant significativement qualifié de θεσπέσιος, adjectif contenant les éléments θεσ- (volontiers lu comme variante morphologique de θεός) et *σπετός (rattachable à ἐννέπειν, dérivé d'εἰπεῖν, *dire, faire connaître*). Θεσπέσιος signifie donc, littéralement, ce *qui est dit, inspiré par le divin*.[74] Les différents noms qu'il qualifie chez Homère confirment son lien au divin.[75] Ainsi traduit-on généralement le terme par *divin, merveilleux, wondrous, divino, göttlich*.[76]

Les Muses font encore oublier (ἐκλέλαθον) à Thamyris le jeu de la cithare. Construit sur la même racine que le substantif λήθη, *oubli*, le verbe ἐκλανθάνειν a deux significations : *être caché, ignoré, échapper à* ou, suivi d'un complément, *faire oublier* quelque chose à quelqu'un, *oublier* quelque chose.[77] Il s'avère donc que les Muses ne sont pas seulement capables de faire entendre leur voix et de dévoiler au chanteur une partie de leur mémoire, mais peuvent également l'en priver ; les lui cacher, les lui faire oublier : ôter au chanteur son privilège musical.[78]

Voici donc la leçon que rappelle le chanteur de l'*Iliade* : quiconque se croit l'égal ou le supérieur des Muses se trompe et risque de se faire mutiler. La filiation des Muses, justement rappelée dans ces vers par la mention du chef des dieux qui tient l'égide, souligne la témérité mal placée, de l'ordre d'une ὕβρις, de Thamyris. Comment a-t-il pu oser, lui, le simple mortel, se mesurer aux filles du puissant dieu ?

Conclusion : nos divinités ne sont pas davantage de pures enjolivures qu'elles ne sont simplement à disposition des hommes. Le chanteur apparaît pleinement

---

[73] Cf. Brillante 1991, 432.
[74] Cette acception est liée à une autre branche de la famille qui possède un sens oraculaire : θεσπίζειν, *prophétiser, rendre un oracle*, θεσπιῳδός, *chant inspiré des dieux, prophétique*, θεσπιῳδεῖν, *chanter par une inspiration divine, être prophète, rendre un oracle*. Ainsi, Assaël 2001, 20 comprend l'expression ἀοιδὴν θεσπεσίην comme parole initiatique dérobée par Thamyris aux Muses.
[75] Par exemple le seuil de l'Olympe (Hom. *Il.* 1.591) ; la clameur des Troyens soutenus par Zeus (8.159) ; la crainte jetée par Apollon dans les rangs grecs (17.118) ; le brouillard sur les yeux d'Achille que Poséidon enlève (20.342) ; la grâce versée par Athéna sur Télémaque (*Od.* 2.12) ; le bruit du Borée lancé par Zeus (9.68).
[76] Mazon 1937, 53 et Brunet 2010, 600 ; Backès 2013, 71 ; Murray/Wyatt 1999, 105 ; Cerri/Gostoli 1996, 213 ; Schadewaldt 2007a, 38.
[77] Ainsi, on ne peut rien cacher à l'esprit de Zeus (Hom. *Il.* 15.461) et Apollon fait oublier à Hector ses souffrances (60).
[78] Marg 1957, 15 comprend dans ἐκλέλαθον κιθαριστύν le fait que Thamyris a en vain cherché le jeu de la cithare sans se souvenir de son art.

à la merci des dieux et des forces surhumaines, musicales qui le dépassent. Bien qu'il soit au bénéfice d'une filiation avantageuse, qu'il ait jusque-là excellé dans son travail de chanteur, qu'il soit fameux aux yeux de ses congénères, sans le privilège, le soutien, l'inspiration des Muses, le chanteur n'est rien. S'il ne respecte pas sa place d'intermédiaire, s'il n'est pas reconnaissant du savoir que lui transmettent les Muses, s'il ne se met pas à leur service, mais les défie, il est puni, mutilé, contraint au silence. L'autonomie, l'imposture, autrement dit l'ὕβρις est sanctionnée sans délai.

Reprise iliadique

L'*Iliade* nous offre une première image des Muses : ce sont des divinités féminines, singulières et plurielles à la fois, qui agissent tant chez les dieux que chez les hommes ; elles égaient le banquet divin et sont invoquées par les chanteurs pour rappeler des hauts-faits du passé.

Même si leurs apparitions sont rares (10 mentions sur plus de 15'000 vers), les Muses s'avèrent omniprésentes, omniscientes et par maints côtés également omnipotentes. Double omniprésence, d'abord implicite : prenant l'invocation liminaire au sérieux, c'est la divinité elle-même qui, unie au chanteur, chante l'ensemble de l'*Iliade* ; chaque exhortation en cours de récit – pour rappeler certains hauts-faits ou recenser une série de phénomènes – abonde également dans ce sens. Le chanteur les dévoile ensuite clairement comme toujours présentes. Leur omniscience découle de leur omniprésence, qui leur permet de tout voir et, grâce à la mémoire qu'elles tiennent de leur mère Mnémosyne, de tout garder en vue. Leur pouvoir découle de leur filiation paternelle. Zeus semble leur avoir légué sa puissance, mise en œuvre de trois manières : par leur aptitude à chanter par la bouche du chanteur ; leur capacité à lui rappeler en toute précision les événements et hommes qu'il désire exposer ; leur pouvoir de mutiler les hommes qui les négligent ou méprisent.

Les Muses apparaissent toujours en groupe, sauf à deux reprises, où le chanteur invoque une θεά et une Μοῦσα. Alors qu'on peut voir dans la première la valorisation du caractère divin de la déesse appelée à chanter, l'appel à la Muse singulière ne semble pas se distinguer des quatre autres invocations. Si la demande adressée au début du Catalogue des vaisseaux annonce un thème particulièrement large et riche – qui peut bien nécessiter le concours de plusieurs Muses –, les quatre suivantes se rapportent à des sujets plus succincts et précis. Déduction : les hommes et les dieux sont influencés par la musique de chacune et de toutes à la fois.

Autre distinction, plus franche : les Muses n'ont pas le même rôle chez les dieux que pour les hommes. Si, sur l'Olympe, elles répondent en chœur à la musique d'Apollon – et paraissent à sa merci –, ce sont elles qui dirigent les activités musicales en contexte humain. Direction musicale qui se manifeste physiquement uniquement par leur belle voix. Dans l'*Iliade*, nos divinités ne présentent pas d'enveloppe charnelle ; outre leur voix, seul leur organe qu'est le θυμός est apparu – d'ailleurs seulement par déduction de celui des dieux sur l'Olympe.

Si le chanteur invoque les Muses, c'est que, sans elles, il se trouve démuni : à l'instar de tout mortel, il ne peut, seul, entendre (ἀκούειν) davantage que des bruits (κλέος), incapables de lui conférer de véritable savoir (εἰδέναι). Avec le soutien musical, il est par contre en mesure de dire, formuler (εἴρειν) sans peine les hauts-faits du passé et, par là, rafraîchir et alimenter la mémoire de tout un chacun. Le chanteur se dévoile ainsi comme intermédiaire entre les Muses inspiratrices et ses auditeurs.

Mais gare à celui qui, tel Thamyris, oublie leur nature et son privilège : loin d'être de pures enjolivures, loin de gratifier le chanteur d'un don faisant de lui leur égal, les filles de Zeus ne manquent pas de punir le chanteur qui, trop sûr de sa personne, dépasse les bornes : elles l'estropient, lui font oublier le chant, et le privent de son avantage musical.

1.2 Les hommes dans l'*Odyssée*

L'*Odyssée* telle qu'elle nous est parvenue commence ainsi :

> ἄνδρα μοι ἔννεπε, Μοῦσα, πολύτροπον, ὃς μάλα πολλὰ
> πλάγχθη, ἐπεὶ Τροίης ἱερὸν πτολίεθρον ἔπερσε·
> [...]
> τῶν ἀμόθεν γε, θεὰ θύγατερ Διός, εἰπὲ καὶ ἡμῖν.
>
> Dis-moi, Muse, l'homme aux nombreux tours qui a tant
> erré, quand il a détruit la citadelle sacrée de Troie.
> [...]
> en partant de quelque côté que ce soit, divine fille de Zeus, dis-le à nous aussi.[79]

Si, dans le premier vers de l'*Iliade*, le chanteur fait appel à une θεά pour qu'elle chante la colère d'Achille et si, dans celui du Catalogue des vaisseaux, il demande aux Muses de lui dire – à lui et, par son intermédiaire, à ses auditeurs – les guides

---

[79] Hom. *Od.* 1.1-2 ; 10, dans l'édition de van Thiel 1991.

et chefs des Danaens, il exhorte ici explicitement une Muse (Μοῦσα) à lui (μοι) dire (ἔννεπε) un certain homme (ἄνδρα). Tant sur le plan de la forme que du contenu, cette invocation liminaire est apparentée aux deux précédentes : sur le modèle du premier vers de l'*Iliade*, le sujet de la demande est donné d'emblée ; comme au début du Catalogue, le verbe ἐννέπειν et le pronom personnel μοι indiquent que les vers à venir ne sont pas directement chantés par la Muse, mais médiatisés, formulés par le chanteur.

Mais quel est cet homme qui apparaît en tête du chant et à propos duquel le chanteur demande des renseignements à la Muse ? Le chanteur se contente de le déterminer par son caractère πολύτροπος, *aux nombreux tours*,[80] terme n'apparaissant qu'à une seule autre reprise chez Homère (*Od.* 10.330), dans la bouche de Circé qui, se souvenant de ce qu'Hermès lui a annoncé, se rend compte que l'homme sur lequel son breuvage n'a pas d'effet ne peut être nul autre qu'Ulysse πολύτροπος.[81] Composé de πολύς, *beaucoup* et de τρόπος, *tour* – au double sens de mouvement et de manière –, le mot signifie à la fois que l'homme en question fait littéralement de nombreux tours, c'est-à-dire se déplace dans de nombreux lieux, va et vient, voyage beaucoup, et, au figuré, qu'il possède quantité de tours, de manières, de ruses lui permettant de se comporter de façon avisée.[82] Le chanteur indique lui-même le double, et même triple sens de πολύτροπος : grâce à ses ruses, Ulysse est non seulement parvenu à détruire la citadelle sacrée de Troie, mais a encore, suite à cette destruction, beaucoup erré avant de retourner chez lui et de raconter à grands renforts de métaphores et autres chausse-trapes ses pérégrinations. L'adjectif polysémique est suffisamment clair pour que le chanteur n'ait pas même besoin de spécifier qu'il s'agit d'Ulysse ; au contraire d'Achille, introduit par ses nom et patronyme dès le premier vers de l'*Iliade*.[83] Bien qu'Ulysse n'apparaisse explicitement qu'au vers 21, il semble évident que les Muses et les auditeurs reconnaissent d'emblée le très fameux héros grec.

Dans les vers 3 à 9 que nous avons omis, le chanteur rappelle brièvement que l'homme en question a vu les cités de nombreux êtres humains et appris à connaître l'esprit de ceux-ci ; que, sur la mer, il a lutté en vain pour la ψυχή, la *vie*, l'*âme* de ses compagnons : qu'il a éprouvé de vives souffrances dans son θυμός,

---

80 Les *Schol. in Ar. Nu. 260* (65.10-12 Holwerda) proposent la variante πολύκροτον, *très sonore, retentissant*. Cf. aussi Eust. *Od.* 1.1 (1381.43-1382.4 Dindorf). Chez Hes. fr. 198.3 Merkelbach-West, ce terme qualifie les μήδεα, *pensées* d'Ulysse.
81 Stanford 1950 recense tous les mots composés du préfixe πολυ- liés à des personnes. Seize occurrences reviennent à Ulysse (à son esprit et à ses souffrances). Sinon, πολύτροπος distingue également Hermès (*h.Merc.* 4.13 ; 439). Pucci 1995, 44-45 met en rapport le dieu et le héros.
82 Pucci 1982, 50-51 insiste sur le sens de métaphore que prend aussi τρόπος ; la πολυτροπία d'Ulysse englobe également l'art de produire des métaphores dans lequel il excelle.
83 Cf. Strauss Clay 1983, 26.

son élan vital, de ne pas être parvenu à les empêcher de dévorer les bœufs du divin Hélios Hypérion, – ὕβρις qui leur a coûté la mort. Il semble que le chanteur ne fasse, en guise d'introduction, qu'énumérer ce qu'il sait en tant qu'homme : quelques éléments des tours et détours du fameux Ulysse. Le caractère vague de ces vers a parfois pour conséquence qu'on les recale, les considérant comme non originaux.[84] Mais certains y voient au contraire comme nous une marque d'autonomie et d'expression du chanteur avant que ses efforts humains se (con)fondent avec l'inspiration divine.[85]

Ce qui est sûr, c'est qu'après avoir partagé ses connaissances avec son auditoire, le chanteur exhorte à nouveau la Muse. Il souligne sa nature et puissance divines par deux mots apparaissant également dans l'*Iliade* : θεά et fille de Zeus. Le premier permet de confirmer l'hypothèse que, par le terme générique de déesse, le chanteur s'adresse bien à la Muse dans le premier vers de l'*Iliade* ; le second de rappeler le pouvoir qu'elle tient de son père. Renouant avec les vers précédents, le chanteur énonce : « εἰπὲ καὶ ἡμῖν, *dis*-<le> *à nous aussi* », expression ambigüe qui voit le μοι du vers liminaire remplacé par un ἡμῖν, *nous* englobant vraisemblablement le chanteur et son auditoire. Il s'agit d'entendre *à nous aussi* au sens de « comme tu l'as fait aux autres chanteurs et auditeurs ».[86] Ainsi entouré, le chanteur fait désormais équipe avec ses auditeurs : après les avoir en quelque sorte élevés à son niveau en partageant ses connaissances, il les inclut dans sa demande. Et voilà que tout le monde est sur le point d'entendre l'histoire d'Ulysse.

Il est intéressant de relever que le chanteur indique qu'il laisse la Muse commencer de quelque côté que ce soit (ἁμόθεν). A la différence de l'*Iliade*,[87] où le chanteur donne à la divinité le moment précis auquel doit débuter le chant, le chanteur laisse ici la Muse libre de choisir. Il se soumet à sa volonté. Nous l'interprétons doublement : comme indication du fait que les hommes connaissent la base de l'histoire à venir, en ont déjà entendu maints bruits, ainsi que du fait que c'est bien la Muse (et non le chanteur) qui conduit, dirige le chant.

---

84 Sans les réfuter résolument, Dimock 1989, 8 relève que ces vers ne correspondent pas à ce qui est chanté par la suite. Cf. encore Pedrick 1992, 40-41.
85 Cf. par exemple Strauss Clay 1983, 34-38.
86 Cf. Pasquali 1951, 37.
87 Hom. *Il*. 1.6.

1.2.1 Les chants des Muses pour les hommes

Un passage situé dans le dernier chant de l'*Odyssée* rappelle et précise la relation Muses-hommes. Dans les vers qui l'introduisent (24.47-59), le chanteur raconte comment les âmes des prétendants tués par Ulysse sont descendues aux enfers et y ont trouvé Agamemnon en train de raconter à Achille les événements survenus juste après sa mort. Les prétendants – et par médiation musicale les auditeurs – découvrent ainsi de la bouche d'Agamemnon que Thétis, après avoir appris le trépas de son fils, est sortie de la mer en faisant se lever un cri, une clameur divine. Terrorisés, les Achéens ont alors pris la fuite. Avant d'être rassurés par Nestor, vieux sage qui sait d'expérience que c'est Thétis accompagnée des immortelles marines venues pour entourer la dépouille d'Achille. Aussi sont-ils revenus sur leurs pas et se sont rassemblés avec les déesses autour du corps du héros. Or, là,

> Μοῦσαι δ' ἐννέα πᾶσαι ἀμειβόμεναι ὀπὶ καλῇ
> θρήνεον· ἔνθα κεν οὔ τιν' ἀδάκρυτόν γ' ἐνόησας
> Ἀργείων· τοῖον γὰρ ἐπώροορε Μοῦσα λίγεια.
>
> toutes les neuf Muses chantaient en alternance, d'une belle voix,
> un thrène ; là, tu n'aurais vu aucun Argien sans larmes ;
> tellement la pénétrante Muse les avait en effet excités.[88]

Agamemnon se souvient qu'autour du corps d'Achille les Muses chantaient un thrène (θρήνεον), en alternance (ἀμειβόμεναι), d'une belle voix. Un chant qui est exprimé de la même manière que sur l'Olympe, lors du banquet des dieux présenté dans l'*Iliade* (1.603-604), à cette différence qu'Apollon n'entre pas en jeu. Le verbe θρηνεῖν signifie littéralement *chanter un θρῆνος, un thrène, un chant funèbre, de lamentations*. Chantraine (1999, 440) le présente comme un chant ni bruyant, ni exubérant, mais qui bourdonne, gronde, résonne sourdement, profondément – tel celui entonné lors des funérailles d'Hector, significativement qualifié de στονόεις, *gémissant*.[89] Θρῆνος n'apparaît pas davantage chez Homère. D'autant moins que les funérailles de la plupart des défunts sont passées sous silence et qu'il n'est pas question de thrène dans celles, fameuses, de Patrocle.[90]

---

[88] Hom. *Od.* 24.60-62.
[89] Hom. *Il.* 24.721.
[90] On trouve à la place du thrène στενάχειν, *gémir, se lamenter* (Hom. *Il.* 23.1) ; γόος, *gémissement, lamentation* (par exemple 10) ; οἰμώζειν, *se lamenter, pleurer* (12) ; δάκρυον, *la larme* (16) ; ὀλοφύρεσθαι, *se lamenter, se plaindre, pleurer, déplorer* (75) ; μύρειν, *fondre en larmes, pleurer, se lamenter* (106), etc.

On considère aujourd'hui que le thrène est interprété par un soliste, ou une succession de solistes, et rythmé par les clameurs d'un chœur.[91] Qu'en est-il ici ?

Comme dans notre extrait de l'*Iliade* (1.604), ἀμειβόμεναι est ambigu. Les Muses se lamentent-elles l'une après l'autre, en alternance avec les sanglots des sœurs de Thétis ?[92] Ou leur chœur répond-il d'une seule voix à celui des Néréides ?[93] Là aussi, impossible de trancher. Non pas cette fois parce que le chant a lieu loin des hommes, mais simplement parce qu'Agamemnon ne le précise pas. Un élément supplémentaire apparaît toutefois par rapport à l'*Iliade* : les Muses ne sont pas seulement un pluriel indistinct, mais toutes les neuf. Si dans l'*Iliade*, elles sont mentionnées deux fois au singulier, sinon au pluriel, elles apparaissent dans l'*Odyssée*, hormis ici, toujours au singulier. L'expression « toutes les neuf Muses » prélude au chiffre privilégié par l'ensemble de la tradition. Cette mention numérique s'oppose cependant au fait que deux vers plus bas, ce n'est soudain plus qu'une pénétrante (λίγεια) Muse qui anime, excite (ἐπώρορε) les Argiens. S'agit-il d'une contradiction ?[94] Agamemnon semble décrire un autre aspect musical : ce n'est plus le chœur des neuf Muses qui chante, mais la Muse qui a un effet sur les hommes. La Μοῦσα du vers 62 semble rassembler en elle toutes les neuf, au sens de la totalité musicale qu'elles incarnent : elles ont ainsi à nouveau, ensemble, une seule et même belle voix.

Que la Muse soit λίγεια est significatif. Λιγύς, *clair*, *aigu*, *perçant*, *strident*, *pénétrant*, est habituellement employé pour qualifier toutes sortes de sons, – aussi bien ceux engendrés par des êtres vivants que le vent et des instruments de musique.[95] Pour Maehler (1963, 9), λιγύς, qu'il traduit par *helltönend*, ne décrit pas tant le volume que la clarté sonore. C'est ainsi qu'il est employé pour souligner le caractère compréhensible, univoque d'un discours dont les paroles sont de toute limpidité. Dans les vers ci-dessus, il ne s'agit toutefois pas que de cela : la Muse elle-même est λίγεια. Nous l'entendons au sens où elle se voue à tel point à ses chants λίγυες qu'elle devient elle-même, par métonymie, leurs λίγειαι paroles, à la différence d'autres thrènes, gémissants, tel celui entonné pour Hector.

La forme verbale ἐπώρορε provient du verbe ἐπορνύναι, *pousser*, *exciter*. Certains éditeurs lisent ὑπώρορε, de ὑπορνύναι, *exciter peu à peu*, *faire naître*

---

91 Alexiou 1974, 103 ; Delavaud-Roux 2002.
92 Fernandez-Galiano/Heubeck/Privitera 1986, 340.
93 Grandolini 1996, 165.
94 Dans les scholies (*Od.* 24.1 [725.10-11 Dindorf]), Aristarque considère le nombre neuf comme un ajout, post-homérique. Opinion encore d'actualité aujourd'hui, cf. par exemple Pulleyn 2000, 275.
95 Chez Homère, les vents et la *phorminx* sont souvent qualifiés ainsi (par exemple *Il.* 13.334 ; *Od.* 8.67).

insensiblement.⁹⁶ Dans les deux cas, la Muse a la même influence sur les Argiens : elle les fait fondre en larmes. Et Agamemnon de préciser que si Achille avait été présent – en toute conscience et non seulement comme corps défunt –, il n'aurait perçu (ἐνόησας – littéralement *voir dans son esprit*) le moindre Argien sans larmes. Mais quel est cet effet musical ? Il dépend du préfixe verbal : ou bien le thrène des Muses ébranle de part en part les auditeurs, leur fond pour ainsi dire dessus sans qu'il soit possible de lui échapper (ἐπί) ; ou bien la sensation de tristesse leur arrive par en-dessous, prenant progressivement possession d'eux à partir des profondeurs (ὑπό).⁹⁷ Cela pour autant bien sûr qu'on traduise la phrase en reconnaissant les Argiens comme objet du verbe : « Tellement la pénétrante Muse *les* avait animés ».⁹⁸ Une autre lecture sous-entend un substantif dont τοῖον serait l'attribut ; Zambarbieri (2004, 674) propose πένθος, *douleur, peine, deuil* : « La pénétrante Muse avait animé une telle douleur ».⁹⁹ Le verbe peut cependant aussi être intransitif.¹⁰⁰ Ainsi Schadewaldt (2007b, 416) traduit-il *so mächtig erhob sich der helle Musengesang* ; et Fernandez-Galiano/Heubeck/Privitera (1986, 272) *tanto la limpida Musa commosse*. Si nous avons traduit ἐπώροpε de manière transitive, avec les Argiens comme complément d'objet, les deux préfixes sont selon nous possibles : la Muse anime à tel point les Argiens, les excite tellement, par en-dessus et/ou en-dessous, qu'ils fondent en larmes autour de la dépouille d'Achille, faisant ainsi musicalement écho au deuil de Thétis. Loin d'être maîtres de leurs personnes et de leur état, la musique emporte les héros jusqu'aux larmes. Grâce à la belle voix des Muses – à caractère aigu, strident, éclairant, pénétrant –, les hommes semblent obtenir un accès à la divine mémoire musicale. Et ce non seulement extérieurement, par simple intérêt historique, théorique, de connaissance générale, mais pour ainsi dire du dedans, de manière empathique.

Les Muses ne chantent pas ici pour un chanteur. A l'instar de ce qu'elles font sur l'Olympe, elles accompagnent musicalement un événement : en l'occurrence la mort d'Achille. Pourquoi ? Sans doute à titre d'exemple, parce qu'il a justement choisi une vie qui lui accorde un κλέος impérissable. A peine décédé, les Muses viendraient ainsi célébrer celui-ci pour tout avenir, donnant sans délai une portée musicale à son existence.

---

96 Par exemple Fernandez-Galiano/Heubeck/Privitera 1986, 272-273.
97 Dans le même sens : les pieds des jeunes Phéaciens sur la piste de danse font se lever (ὑπὸ ὀρώρει) un grand bruit (Hom. *Od.* 8.380).
98 Dufour/Raison 1965, 335 : *Tant l'harmonieuse Muse avait ému leurs âmes.*
99 Il entend de plus dans Μοῦσα le chœur des Muses.
100 Par exemple Hom. *Od.* 8.539.

1.2.2 La puissance de la musique

Apparaissant clairement dans l'*Iliade*, la relation que le chanteur entretient avec les puissantes Muses est volontiers rappelée et précisée dans l'*Odyssée*. Notamment dans le huitième chant, où Ulysse se trouve sur l'île des Phéaciens. Le roi Alcinoos organise une journée de fête avec banquets et jeux en l'honneur de son invité. Fidèle à la tradition, il fait appeler

> [...] θεῖον ἀοιδόν,
> Δημόδοκον· τῷ γάρ ῥα θεὸς περὶ δῶκεν ἀοιδὴν
> τέρπειν, ὅππῃ θυμὸς ἐποτρύνῃσιν ἀείδειν.
>
> [...] le divin chanteur,
> Démodocos ; un dieu lui a en effet donné par-dessus tout le chant
> qui réjouit pleinement, qu'importe où son *thumos* le pousse à chanter.[101]

Bien que nous l'ayons employé sans autre jusque-là, il s'agit à vrai dire ici de la première occurrence du terme chanteur dans notre parcours : ἀοιδός, de la même famille qu'ἀείδειν, *chanter*.[102] Le mot est employé uniquement pour des chanteurs humains qu'on appellerait aujourd'hui professionnels, au sens où leur tâche est de chanter pour un public.[103] Parmi eux, Démodocos n'est pas le premier venu : il est le chanteur attitré de la cour des Phéaciens. S'il est appelé divin (θεῖον), c'est qu'il entretient une relation aux dieux, au sens où – nous l'apprenons du deuxième vers – c'est un dieu (θεός) qui lui donne le chant ; don suprême qui s'élève par-dessus toutes les autres choses que le dieu lui accorde. Ce dieu est-il une Muse ? Bien que le terme θεός soit générique, nos gains précédents nous permettent d'affirmer qu'il s'agit bien de nos divinités. Si elles ne sont pas explicitement nommées ici, c'est sans doute que c'est le caractère divin – et non humain – en général de la puissance privilégiant Démodocos qui prime ici. Ce dernier a beau être appelé θεῖος, il ne devient nullement un dieu. Bien que l'adjectif dérive de θεός et signifie *qui appartient au divin, qui est en relation avec lui*, le chanteur demeure toujours un homme. Il en va de même pour tous les personnages et toutes les choses qualifiés de θεῖοι : le chanteur Phémios, Ulysse, de nombreux

---

[101] Hom. *Od*. 8.43-45.
[102] Cf. Ford 1986, 7-12 ; Maslov 2009.
[103] En plus de Démodocos et de Phémios (cf. 1.2.4 « Statut et rôle du chanteur »), il existe dans l'*Odyssée* deux ἀοιδοί anonymes qui chantent respectivement à la cour d'Agamemnon (3.267) et à celle de Ménélas (4.17). Dans l'*Iliade* (24.720), des chanteurs apparaissent aux funérailles d'Hector. Achille chante lui aussi, mais sans être un véritable ἀοιδός. Quant à Ulysse, cf. 1.2.3 « Ulysse et les Muses ».

héros tels Hector ou Achille, des hérauts, le rempart de Troie, les rêves, l'ἀγών lors duquel les dieux se rassemblent[104] etc., tous entretiennent une relation avec les dieux, leur sont redevables, mais ne se confondent aucunement avec eux.

Le troisième vers commence par qualifier le chant que le divin chanteur reçoit de la divinité : un chant qui réjouit pleinement (τέρπειν). Selon Citati (2004, 66-67), ce verbe « indique un plaisir total, qui naît de la richesse de l'être. [...] Celui qui éprouve de la joie ressent pleinement ce sentiment, satisfait pleinement son désir, quel qu'il soit ». Le chant a pour vertu de mettre les auditeurs dans un état, une humeur d'euphorie. On traduit volontiers le verbe par *rassasier, combler, satisfaire tout désir, réjouir pleinement*. Au point que Démodocos en deviendrait θεῖος – au sens où son chant exprime la richesse surabondante propre aux dieux. Le texte ajoute en outre, dans une formule équivoque, que ce chant réjouit qu'importe où le θυμός du chanteur le pousse à chanter.

Alors que le θυμός apparaît dans l'*Iliade* (1.602) pour exprimer les dieux de l'Olympe et au début de l'*Odyssée* (1.4) l'élan vital d'Ulysse, le voilà en rapport avec Démodocos. A l'instar d'Hector qui excite au combat les conducteurs de chars,[105] c'est le θυμός qui le pousse (ἐποτρύνῃσιν) à chanter : stimulation à laquelle il est impossible d'échapper ; élan irrésistible, tel celui des compagnons d'Ulysse obligés d'obéir à l'injonction de leur chef.[106] Poussée, élan, force qui sont indépendants de Démodocos, qui le dépassent. A prendre l'expression à la lettre, Démodocos ne choisit pas ce qu'il va chanter. Comme le rappelle Andromaque à Hector : si les Achéens sont par trois fois venus combattre là où Troie est la plus facile à prendre, c'est que leur θυμός les a poussés et commandés.[107] Le chanteur se laisse guider, porter par son élan vital. Murray (1981, 96) postule ainsi la coexistence d'une double motivation à chanter : divine (le don du chant) et humaine (le θυμός). Pour Lesky (1961, 31), le fait que Démodocos chante sous l'impulsion de son θυμός – qu'il traduit par *Inneres* – et que son chant soit un don divin revient au même. Notre lecture s'inscrit dans cette ligne : c'est à travers son θυμός, sorte d'interface divine en l'homme, que Démodocos cultive une relation avec le dieu, ce qui le rend θεῖος ; θυμὸς θεῖος qui lui donne les nécessaires force et justesse d'un chant qui réjouit pleinement, qui comble tout manque de savoir et d'expérience musicaux.

---

104 Hom. *Od.* 22.359 ; 1.65 ; *Il.* 24.661 ; 19.279 ; 4.192 ; 21.526 ; *Od.* 14.495 ; *Il.* 7.298.
105 Hom. *Il.* 15.258.
106 Par exemple Hom. *Od.* 9.488.
107 Hom. *Il.* 6.437-439. Il en va de même pour les dieux (par exemple 15.43 à propos du θυμός de Poséidon).

1.2 Les hommes dans l'*Odyssée* — 39

Quelques vers après ceux que nous venons de citer, Démodocos arrive dans la salle du banquet. Il est présenté en relation explicite et privilégiée avec la divine Muse. Il est appelé le

> [...] ἐρίηρον ἀοιδόν,
> τὸν περὶ Μοῦσ' ἐφίλησε, δίδου δ' ἀγαθόν τε κακόν τε·
> ὀφθαλμῶν μὲν ἄμερσε, δίδου δ' ἡδεῖαν ἀοιδήν.

> [...] fidèle chanteur
> que la Muse aimait beaucoup, à qui elle a donné du bon et du mauvais ;
> elle l'a privé de ses yeux, lui a donné le doux chant.[108]

Démodocos n'est pas seulement θεῖος, épaulé par un θεός, mais encore fidèle (ἐρίηρον). Il jouit d'une relation particulière, privilégiée avec la Muse : elle l'aime (ἐφίλησε) beaucoup. Le verbe φιλεῖν, *aimer* est à prendre au sens de la relation affective qui lie deux amis, amants ou parents.[109] Il désigne volontiers la relation entre deux hôtes.[110] Or la tradition grecque veut que tout hôte doive la réciprocité à son pareil ; et pas seulement de manière superficielle, théorique mais on ne peut plus profonde, sous peine d'être puni, comme l'est par exemple dans l'*Iliade* (13.627) Pâris qui, accueilli par Hélène et Ménélas à Sparte, n'honore pas leur hospitalité. Quand cette relation implique, comme dans notre passage, un dieu et un homme, le second reçoit du premier un don qui le distingue de ses semblables. C'est ainsi que l'artisan Phéréclè, chéri par Athéna, est capable de produire des chefs d'œuvre tels les bateaux d'Alexandre.[111] En ce qui concerne le divin Démodocos, la réciprocité s'exprime également par ἐρίηρος, *fidèle* : au sens où il est attaché soit à Alcinoos, soit à la Muse, aux forces musicales qui le traversent.

Le passage est instructif : la Muse donne à Démodocos non seulement du bon (ἀγαθόν), mais également du mauvais (κακόν). Telle est sa double puissance divine : elle le prive d'une part de ses yeux, le rend aveugle, et lui accorde d'autre part un doux et agréable (ἡδεῖαν) chant.[112] Mais comment se fait-il que la Muse qui aime beaucoup le chanteur ne lui donne pas seulement du bien, mais aussi du mal ? On peut l'interpréter au sens où chaque chose et être vivant a une place assignée dans le tout du monde : afin de ne pas nuire à cet équilibre, le bien reçu

---

108 Hom. *Od.* 8.62-64.
109 Selon Achille, Phœnix ne doit plus aimer Agamemnon (Hom. *Il.* 9.614) ; tout homme aime sa femme (342) ; comme un père aime son fils (*Od.* 17.111).
110 Anténor a accueilli dans sa maison Ulysse et Ménélas (Hom. *Il.* 3.207) ; Télémaque fait de même avec Athéna déguisée en Mentès (*Od.* 1.123).
111 Hom. *Il.* 5.61.
112 Cf. Brillante 1992a, 6.

par Démodocos doit être compensé par un mal. Mais en même temps, si la privation des yeux apparaît de prime abord comme un mal, l'acte peut également être vu comme un bien. Aveugle, le chanteur est plus présent avec la Muse, davantage à son écoute, à son affaire : tout ouïe, et non distrait par les multiples apparences et attraits de la vie, submergé par l'immédiateté des phénomènes. Il n'en demeure pas moins que la preuve d'amour de la Muse au chanteur consiste en deux dons qui s'équilibrent et auxquels le divin et fidèle chanteur répond en s'adonnant à la musique.

Le fait que la Muse gratifie le chanteur de son chant ne veut cependant pas dire qu'elle le lui accorde une fois pour toutes ; qu'une fois son privilège reçu, il le possède définitivement et peut voler de ses propres ailes. Tel est ce que rappelle le chanteur de l'*Odyssée* en soulignant que le fidèle et bien aimé Démodocos ne commence pas sans autre à chanter lors du banquet en l'honneur d'Ulysse :

> Μοῦσ' ἄρ ἀοιδὸν ἀνῆκεν ἀειδέμεναι κλέα ἀνδρῶν,
> οἴμης, τῆς τότ' ἄρα κλέος οὐρανὸν εὐρὺν ἵκανε·
>
> La Muse a élevé le chanteur à chanter les *kléa* des hommes,
> à partir d'un chant dont le *kléos* atteignait alors le large ciel ;[113]

Alors que les deux passages précédents ont présenté la puissance donatrice (du chant) et privatrice (de la vue) de la Muse, notre chanteur précise ici la nature de son don : elle a élevé (ἀνῆκεν de ἀνιέναι) Démodocos à chanter. Le verbe ἀν-ιέναι signifie littéralement *lancer en haut, é-mettre* quelque chose, le *faire sourdre, jaillir*, l'*é-lever*. Pucci (1995, 297) lie ἀνῆκεν à l'action de lancer un cheval la bride au cou. Sa traduction s'appuie sur Durante (1976, 123) qui évoque entre autres Platon (*Prt.* 338a) : « Relâche et laisse aller les rênes du discours ». Que les Muses lancent Démodocos à chanter signifie donc selon eux qu'elles l'inspirent, le poussent, non sans en même temps être en mesure de le retenir. Nous comprenons l'expression plus littéralement, au sens où la Muse conduit le chanteur dans sa sphère, à son niveau (musical), et lui donne ainsi les moyens de chanter.

C'est par cette élévation, ce jaillissement, que le chanteur est capable de chanter les κλέα ἀνδρῶν, les *bruits des hommes* – des hommes de renom qui se trouvent dans la mémoire musicale et qui, sans l'inspiration de la Muse, resteraient enfouis dans le passé, ou alors seraient énoncés platement (comme le fait notamment Achille, en répétant les chants précédemment entendus[114]). Le second vers précise que ces bruits sont chantés à partir d'un chant (οἴμης) – mot

---

113 Hom. *Od.* 8.73-74.
114 Hom. *Il.* 9.189.

qu'on peut rapprocher d'οἶμος, *marche, chemin*.¹¹⁵ Prolongeant l'idée de mouvement du premier vers, nous proposons de lire l'οἴμη comme un *chant-chemin* – en écho à l'expression οἶμος ἀοιδῆς notamment présente dans l'*Hymne homérique à Hermès* (4.451).¹¹⁶ Un chant dans lequel les κλέα ἀνδρῶν cheminent, avancent, vivent, et duquel ils proviennent en même temps (οἴμης est un génitif partitif).

Or ce chant a lui-même un κλέος qui atteint le large ciel : le κλέος de l'οἴμη se trouve dans les hauteurs divines auxquelles le chanteur est justement élevé par la Muse. Reprenons les trois types de κλέα apparus jusqu'ici. Ils peuvent être figurés selon la gradation suivante : les κλέα humains, qui parviennent aux oreilles de tout homme (par l'éducation, la culture, etc.) ; les κλέα musicaux, qui se trouvent dans le large ciel auxquels seul le chanteur élevé par la Muse a accès et que lui seul peut transmettre à ses semblables ; l'ensemble des κλέα ἀνδρῶν conservés dans la mémoire musicale. Aussi, loin de toute autonomie, le chanteur apparaît comme un porte-parole musical. Grâce à la Muse, Démodocos s'élève au-dessus des bruits qu'il entend comme simple mortel, a accès au bruit du chant qui se trouve dans le large ciel pour, toujours grâce à la Muse, chanter, redonner vie aux bruits des grands hommes, en l'occurrence la querelle entre Ulysse et Achille.

1.2.3. Ulysse et les Muses

En tant que vecteurs entre les Muses et les hommes, les chanteurs jouissent d'un statut privilégié auprès du commun des mortels. Après les joutes qui ont suivi le banquet, Démodocos profère un autre chant, qui raconte les amours d'Arès et d'Aphrodite.¹¹⁷ Charmé par sa performance, Ulysse fait la remarque suivante à propos des chanteurs :

> πᾶσι γὰρ ἀνθρώποισιν ἐπιχθονίοισιν ἀοιδοὶ
> τιμῆς ἔμμοροί εἰσι καὶ αἰδοῦς, οὕνεκ' ἄρα σφέας
> οἴμας Μοῦσ' ἐδίδαξε, φίλησε δὲ φῦλον ἀοιδῶν.

> Parmi tous les hommes qui sont sur terre, les chanteurs
> ont en effet leur part d'honneur et de respect, parce que
> la Muse leur a enseigné des chants et a aimé l'espèce des chanteurs.¹¹⁸

---

115 Bien après Homère, Hsch. ο 291 explicite οἴμη par voix (φωνή), chemin (ὁδός), parole (λόγος), récit (ἱστορία), chant (ᾠδή), cycle (κύκλος). Cf. Pagliaro 1976, 36-38. Pour une discussion critique de cette hypothèse étymologique, voir Costantini/Lallot 1987. Selon Chantraine 1999, 783-784, l'étymologie populaire qui lie οἴμη à οἶμος ne peut être réfutée.
116 Giannisi 2006, 65-73 analyse l'expression à partir de la notion de chemin en général.
117 Hom. *Od.* 8.266-366. Nous n'entrons pas dans la discussion de savoir si ce chant est lui aussi inspiré ou non ; nos divinités n'y sont ni explicitement ni implicitement mentionnées.
118 Hom. *Od.* 8.479-481.

D'après Ulysse, les chanteurs ont donc leur part (ἔμμοροι) d'honneur (τιμῆς) et de respect (αἰδοῦς) parmi les hommes. A regarder ἔμμορος de près, celle-ci s'avère ne pas être le fruit de la bonne volonté de leurs semblables, mais découler de forces supérieures : de la μοῖρα. Signifiant la *portion*, la *part*, μοῖρα présente couramment deux sens, selon qu'elle concerne les hommes ou les dieux : elle signifie respectivement la *part assignée, attribuée* à chaque homme de sa naissance à sa mort ou la *répartition* des honneurs et domaines entre les dieux, c'est-à-dire la sphère d'influence de chacun.[119] Il s'avère donc que les hommes n'ont pas le choix : une puissance surhumaine les fait honorer et respecter les chanteurs.[120]

Les deux arguments invoqués en guise d'explication vont dans le sens de ce que nous savons déjà concernant le lien chanteur-Muse. Le premier indique que la Muse enseigne (ἐδίδαξε) au chanteur des οἴμαι, des *chants* dont le κλέος atteint – nous le tenons de notre extrait précédent – le large ciel où les événements vivent et peuvent de tout temps être dévoilés et chantés. La Muse apparaît nouvellement comme enseignante. Bien que s'inscrivant dans ce que nous avons vu jusqu'ici (les Muses transmettent un savoir, renseignent le chanteur), cette détermination ne se confond toutefois pas avec l'idée de don du chant, d'élévation à chanter – en un mot d'inspiration – rencontrée précédemment. Comme le montrent les autres occurrences de διδάσκειν chez Homère, l'enseignement a un côté plus pragmatique, plus humain, et donc plus accessible : ce sont toujours des hommes qui décrivent ainsi une instruction reçue de la part d'un dieu ou d'un autre homme.[121] A ne regarder que ce passage, la Muse y apparaît comme un maître qui enseigne à son élève un certain nombre de savoirs[122] dont il jouirait ensuite à sa guise. Mais en est-il vraiment ainsi ? Nos découvertes précédentes ne vont pas dans ce sens. Homère est-il contradictoire ? A notre avis non. Ces paroles étant prononcées par Ulysse, nous y entendons sa description, à perspective humaine, de la relation entre la Muse et Démodocos : c'est Ulysse qui comprend le chant inspiré

---

119 Cf. notamment Strauss Clay 1983, 154.
120 Pour la notion générale d'αἰδώς, cf. Rudhardt 2001. Pour une analyse des sens de τιμή comme apanage humain d'obédience divine, par exemple Benveniste 1969, 50-55.
121 Artémis a instruit Scamandrios à la chasse (Hom. *Il.* 5.51) ; Phœnix a appris à Achille à être un bon rhéteur (9.442) ; Achille a transmis à Patrocle ce qu'il a lui-même appris de Chiron (11.831-832) ; Euphorbe est venu sur le champ de bataille s'instruire à la guerre (16.811) ; Antiloque a appris de Zeus et Poséidon la manière de faire avec les chevaux, son père n'a donc rien à lui apprendre (23.397-398) ; les prétendants remarquent qu'un dieu a dû enseigner à Télémaque à parler avec audace (*Od.* 1.384) ; Euryclée a appris aux femmes à travailler (22.422). Nous revenons ci-dessous sur les deux autres occurrences présentant διδάσκειν en lien avec la Muse (8.488 ; 22.347).
122 Le porcher Eumée lui-même (homme sans véritable expérience musicale) relève que le chanteur est instruit (δεδαώς) par les dieux (Hom. *Od.* 17.518).

que la Muse transmet comme le fruit d'une relation maître-élève, sur le principe de celle qu'il a lui-même dû recevoir dans son enfance. La transmission musicale du savoir n'en demeure pas moins liée à la présence (inspiratrice) de la divinité.

Le second élément est une reprise du chant comme gage d'amour de la part de la Muse. Démodocos n'est pas le seul chanteur à recevoir le chant par amour. Selon ces vers, la Muse aime tous les hommes de l'espèce des chanteurs. Sur la base de nos propos précédents sur l'amour et en songeant en particulier à la réciprocité que la φιλία implique, nous retrouvons ici l'idée que c'est l'amour des Muses qui rend les chanteurs capables de rappeler les bruits des (grands) hommes. De même, c'est par amour des chanteurs que nos divinités leur enseignent leurs chants, permettant la transmission des glorieux événements du passé. Sans l'espèce des chanteurs, les hommes demeureraient prisonniers de leurs vues quotidiennes, fermés à la mémoire musicale. D'où leur importance : c'est par leur intermédiaire que se dévoilent les événements et faces cachés, oubliés, du monde. Aussi s'agit-il de les honorer et respecter comme il se doit : comme les êtres privilégiés, intermédiaires divins, musicaux qu'ils sont.

Quelques vers plus bas, Ulysse s'adresse une nouvelle fois à Démodocos, dans un discours qui vient rappeler – et même ratifier – les qualités surhumaines du chanteur :

> «Δημόδοκ', ἔξοχα δή σε βροτῶν αἰνίζομ' ἁπάντων·
> ἢ σέ γε Μοῦσ' ἐδίδαξε, Διὸς παῖς, ἢ σέ γ' Ἀπόλλων.
> λίην γὰρ κατὰ κόσμον Ἀχαιῶν οἶτον ἀείδεις,
> ὅσσ' ἔρξαν τ' ἔπαθόν τε καὶ ὅσσ' ἐμόγησαν Ἀχαιοί,
> ὥς τέ που ἢ αὐτὸς παρεὼν ἢ ἄλλου ἀκούσας.»

> « Démodocos, je te loue grandement parmi tous les mortels ;
> soit c'est la Muse qui t'a enseigné, l'enfant de Zeus, soit c'est Apollon.
> Tu chantes en effet tout à fait selon le *kosmos* la destinée des Achéens,
> tout ce que les Achéens ont accompli, enduré et tout ce qu'ils ont supporté,
> comme si, soit tu avais été présent toi-même, soit tu l'avais entendu d'un autre. »[123]

Ulysse commence par louer grandement Démodocos en le plaçant au plus haut niveau de tous les mortels. S'il le fait, c'est que le chanteur vient de chanter en toute rigueur, en toute exactitude la destinée des Achéens, tout ce qu'ils ont accompli, enduré et supporté à Troie. Impressionné par tant de justesse, le πολύτροπος Ulysse mentionne deux possibilités : soit Démodocos était présent (παρεών) parmi eux et a assisté au déroulement des opérations, soit il a entendu

---

[123] Hom. *Od.* 8.487-491.

d'un témoin ce qu'il a chanté. Nous nous rappelons les paroles du chanteur au début du Catalogue des vaisseaux : c'est la présence et la vue des Muses qui leur accordent leur savoir. Cette présence, nécessaire pour que les événements soient correctement relatés, Démodocos semble la posséder. Logiquement, il est évident que seule la seconde possibilité est tenable ; étant lui-même le héros des événements relatés, Ulysse sait très bien que Démodocos n'était pas sur les lieux.[124]

Avant de nous arrêter sur le critère d'Ulysse à propos de la perfection du chant, relevons encore que la capacité de Démodocos à bien chanter découle selon lui d'un enseignement (ἐδίδαξε) donné ou bien par la Muse, enfant de Zeus, ou bien par Apollon. Le fait que ce soient ces deux dieux qu'Ulysse mentionne ne nous étonne guère. Nous savons qu'Apollon est tantôt lié aux Muses par la musique de sa *phorminx* – sur laquelle il les accompagne notamment sur l'Olympe. Il se pourrait également que le dieu soit évoqué ici pour son caractère prophétique qui lui aurait permis de dévoiler au chanteur la destinée des Achéens. Quoi qu'il en soit, Ulysse peut bien postuler les deux divinités comme sources du chant.

Ce passage rappelle et précise les différents savoirs – provenant de diverses perceptions – qui reviennent respectivement au simple mortel (Ulysse), au chanteur (Démodocos) et à la Muse. Même s'il est un héros, Ulysse demeure un simple homme : il se souvient d'expérience ; il possède un savoir qui se limite à ce qu'il a lui-même réellement, effectivement vu et vécu. Le fait qu'il soit appelé δῖος, littéralement *descendant de Zeus*[125] ne le distingue pas de ses semblables. Selon Conche (1999, 15-17), cet adjectif, employé tant pour des hommes que pour des choses, n'est en effet qu'une épithète phatique, rappelant qu'au fond tout vient de Zeus, est divin.[126] Il est également utilisé pour distinguer certaines personnes d'exception, comme le signifient les expressions δῖα γυναικῶν, *divine parmi les femmes* : Alceste, Hélène, Pénélope et Euryclée ;[127] et δῖα θεάων, *divine parmi les déesses* : Dioné, Athéna, Héra, Aphrodite, Thétis, Calypso, Idothée et Circé.[128] Aussi Burkert (2011, 406) traduit-il le mot par *heldenhaft strahlend*, précisant le privilège accordé à certains hommes.

Concernant le chanteur, s'il transmet un savoir qui dépasse celui des mortels, il ne le possède cependant pas comme tel. Il n'est jamais le maître de ce qu'il chante : il est en mesure de s'exprimer uniquement par l'intermédiaire de la Muse

---

[124] Les Phéaciens ne savent pas que c'est le πολύτροπος Ulysse qui leur parle. Rusé, ce dernier joue l'ignorant vis-à-vis de la non-présence de Démodocos à Troie.
[125] Cf. Hom. *Od.* 8.494.
[126] Ulysse n'est de loin pas le seul homme à être δῖος. De très nombreux héros le sont : les plus connus sont Achille (Hom. *Il.* 6.423), Alexandre (3.403) et Hector (22.226). La mer (1.141), la terre (24.532), une cité (22.251) ou l'éther (*Od.* 19.540) peuvent l'être aussi.
[127] Par exemple Hom. *Il.* 2.714 ; 3.171 ; *Od.* 1.332 ; 20.147.
[128] Par exemple Hom. *Il.* 5.381 ; 6.305 ; 14.184 ; 18.388 ; 19.6 ; *Od.* 1.14 ; 4.382 ; 10.503.

et/ou d'Apollon, auxquels il doit se vouer, pour en être inspiré ; aussi n'acquiert-il jamais de véritable vue ou savoir. Ce dernier, seuls la Muse et Apollon le possèdent ; eux seuls maîtrisent le savoir des grands événements qui se déroulent, se sont déroulés et se dérouleront ; eux seuls sont, parce qu'omniprésents, également omniscients, capables de dévoiler aux hommes – par l'intermédiaire des chanteurs – les hauts-faits du monde. C'est ainsi que Démodocos est finalement en mesure d'en dire davantage que n'en sait Ulysse : en racontant ce qui est arrivé à l'ensemble des bateaux partis de Troie, il dépasse le savoir (expérimental) du héros, qui ne connaît logiquement que la destinée de son propre équipage. Telle est la raison pour laquelle Ulysse loue grandement Démodocos : exprimant l'οἶτος, la *destinée* – littéralement le fait d'aller, de s'avancer en direction de ce vers quoi il convient d'aller – des Achéens, le chant de Démodocos dépasse de loin les capacités humaines et s'avère bien d'inspiration divine.

Est-ce pour cela que Démodocos chante tout à fait κατὰ κόσμον ? Cette expression revient à douze autres reprises chez Homère.[129] Elle qualifie à chaque fois le bon ordre suivi dans les discours ou actions des différents protagonistes. Comme par exemple les armes des Thraces que les guerriers ont bien, convenablement disposées (εὖ κατὰ κόσμον – *Il.* 10.472). Aussi traduit-on volontiers la formule par *suivant les règles, selon l'usage, in good order, ad arte*, ou encore *nach der Ordnung*.[130] Les choses sont un peu plus compliquées pour ce qui concerne le chant. A la suite de Ford (1992, 77) qui propose de donner à κατὰ κόσμον une valeur esthétique, comme ce qui est « *in accordance with the order of things* », nous entendons avec Elmer (2010, 290) l'expression comme marque d'un chant harmonieux, équilibré, en ce sens tout à fait ordonné : ce dernier narre non seulement les événements dans un bon ordre, une disposition appropriée, mais correspond en outre à la réalité du monde, qu'il dit de manière convaincante. C'est pourquoi la qualité de Démodocos – de chanter λίην κατὰ κόσμον sans avoir vu les événements qu'il chante – ne peut provenir que d'une inspiration musicale. Mais comment traduire κόσμος ? N'ayant d'équivalent dans nos langues d'aujourd'hui, on choisit le plus souvent de garder le terme grec. La meilleure traduction française est sans doute *ordre*, au sens du bon ordre que prend l'arrangement des événements dans le chant et de sa concordance avec le bon ordre du déroulement réel de ceux-ci. Ulysse en est lui-même convaincu : le chanteur inspiré a si bien

---

129 Hom. *Il.* 2.214 ; 5.759 ; 8.12 ; 10.472 ; 11.48 ; 12.85 ; 17.205 ; 24.622 ; *Od.* 3.138 ; 8.179 ; 14.363 ; 20.181.
130 Traductions de Mazon 1937, 162 ; Brunet 2010, 516 ; Murray/Wyatt 1999, 609 ; Cerri/Gostoli 1996, 1287 ; Schadewaldt 2007a, 419 à propos de Hom. *Il.* 24.622. Diller 1956, 57 : « κατὰ κόσμον signifie ici <*i.e. Od.* 8.489> "selon la vérité" ».

agencé les différents phénomènes et détails de son chant qu'ils correspondent à ce qui s'est réellement passé et donnent à penser qu'il était lui-même présent.

Au contraire de Démodocos, Ulysse, bien qu'il soit tantôt comparé à un chanteur,[131] bien que ses récits et actions fascinent son public, bien que ses propos dépassent le savoir et l'expérience de ses congénères, ne profère jamais de propos véritablement inspirés. A la différence des chanteurs, il n'entretient pas de véritable relation avec les Muses, leur vue et leur mémoire – pas davantage qu'avec Apollon. Il ne raconte toujours que ce qu'il a vu et vécu, bien sûr à grands renforts de tours et de détours rusés, de métaphores : de manière habile, adroite, expérimentée (ἐπισταμένως), comme le dit Alcinoos après avoir entendu ses extraordinaires aventures.[132] Mais sans jamais dépasser sa nature et ses savoirs d'homme.[133]

Cette différence entre l'homme et le chanteur est encore accentuée dans les vers qui suivent :

«ἀλλ' ἄγε δὴ μετάβηθι καὶ ἵππου κόσμον ἄεισον
δουρατέου, τὸν Ἐπειὸς ἐποίησεν σὺν Ἀθήνῃ,
ὅν ποτ' ἐς ἀκρόπολιν δόλον ἤγαγε δῖος Ὀδυσσεὺς
ἀνδρῶν ἐμπλήσας, οἵ ῥ' Ἴλιον ἐξαλάπαξαν.
αἴ κεν δή μοι ταῦτα κατὰ μοῖραν καταλέξῃς,
αὐτίκα καὶ πᾶσιν μυθήσομαι ἀνθρώποισιν,
ὡς ἄρα τοι πρόφρων θεὸς ὤπασε θέσπιν ἀοιδήν.»
ὣς φάθ'· ὃ δ' ὁρμηθεὶς θεοῦ ἤρχετο, φαῖνε δ' ἀοιδήν,

« Mais allez, change et chante le *kosmos* du cheval
de bois qu'Epeios a produit avec Athéna,
et que le divin Ulysse a amené un jour par ruse dans l'acropole
après l'avoir rempli d'hommes qui ont ensuite détruit Ilion.
Si tu m'énumères cela selon la *moira*,
aussitôt et à tous les hommes, je dirai
que c'est un dieu au cœur empressé qui t'a donné le chant divin. »
Ainsi a-t-il parlé ; celui qui est excité a commencé par un dieu et laissé apparaître un chant,[134]

Ulysse met Démodocos à l'épreuve. Il lui demande de chanter le κόσμος du cheval de bois. Qu'est-ce à dire ? Cette occurrence du terme κόσμος est encore plus périlleuse à traduire que la précédente. Il pourrait certes simplement s'agir de chanter

---

[131] Hom. *Od.* 11.368 ; 17.518 ; 21.406. Le rapprochement d'Ulysse avec les chanteurs ne dépasse jamais la comparaison (introduite par un ὡς, *comme*).
[132] Hom. *Od.* 11.368.
[133] Cf. Beck 2005.
[134] Hom. *Od.* 8.492-499.

le thème du cheval avec ordre,[135] mais comme le montre à nouveau Elmer (2010, 296), le mot fait également référence à l'*ordonnance*, la bonne *mise en ordre* des différentes parties du cheval en tant qu'objet matériellement réalisé. Comme concepteur de l'ingénieux stratagème qui a permis aux Grecs de s'infiltrer dans Troie et de prendre la ville, Ulysse est à nouveau mieux que quiconque à même de juger si Démodocos ordonne correctement son chant ; si ses propos correspondent ou non à la réalité. En ce qu'il « appartient de manière égale aux mots et au monde », le terme κόσμος est ici, toujours selon Elmer, ambivalent : chanter avec ordre signifie ainsi gérer harmonieusement « le rapport entre les mots et le monde, entre un événement et sa narration ou un objet et sa description ».

Avant de l'exhorter à chanter, Ulysse demande à Démodocos de changer (μετάβητι). Le verbe μεταβαίνειν signifie *passer d'un endroit à un autre, faire passer, faire changer, changer*. Démodocos est donc bien exhorté à passer à un autre sujet : quitter celui de la destinée des Achéens et s'adonner au fameux épisode de l'ingénieux cheval.[136] S'il énumère (καταλέξῃς) cela κατὰ μοῖραν – ajoute Ulysse –, il se vérifiera définitivement qu'il jouit d'une relation exceptionnelle avec les dieux.

Pour comprendre cette nouvelle expression, il faut d'abord s'intéresser au verbe καταλέγειν. Fournier (1946, 53-58) et Otto (1962, 357-359) rappellent que λέγειν signifie *dire* au sens de *choisir, cueillir, rassembler, trier* les mots de manière convaincante. Aussi son substantif λόγος veut-il dire la *parole* en tant que rassemblement en mots choisis. Précédé du préfixe κατα-, qui indique en l'occurrence une complétude, une totalité, καταλέγειν signifie *dire tout à fait*, énumérer complètement, *point par point* : littéralement *cataloguer*, comme le fait par exemple le chanteur au début de l'*Iliade*, dans l'ainsi (bien) nommé Catalogue des vaisseaux.[137] A ce verbe est donc associée l'expression κατὰ μοῖραν. Nous avons vu plus haut que la μοῖρα est la *part attribuée*, la *répartition*. En ce sens, comme κατὰ κόσμον,[138] κατὰ μοῖραν qualifie la façon ordonnée, pertinente, avisée de procéder ; méthode qui respecte la part assignée à chacun.[139] Lorsque l'expression accompagne καταλέγειν, elle signifie en outre l'établissement d'une

---
135 Finkelberg 1998, 126. Puhvel 1976, 156 : « *Give us a piece of your art also about the horse* ».
136 Et non, comme le pense Lanata 1963, 13, passer d'un argument à l'autre en omettant certains passages – ce qui ne serait justement pas λίην κατὰ κόσμον.
137 Cf. Perceau 2002.
138 Pour Skafte Jensen 1980, 71, les deux expressions sont équivalentes, au sens de l'ordre des choses. Walsh 1984, 17 propose de comprendre les μοῖραι comme parties du κόσμος. Du Sablon 2014, 130-133 y voit deux expressions complémentaires qui « permettent de cibler deux aspects majeurs de l'idée d'ordre chez Homère » (132).
139 Selon Athéna, Nestor a énuméré (κατέλεξας) ce que Télémaque lui demandait κατὰ μοῖραν (Hom. *Od*. 3.331). Envers ses hôtes, le Cyclope agit au contraire οὐ κατὰ μοῖραν (9.352).

énumération marquée par bon nombre de détails, la narration ordonnée d'une succession d'événements qui correspondent en toute harmonie à celle des événements du monde.[140] La suite du texte ne laisse pas planer de doute. Entendant la voix que lui souffle le dieu, Démodocos ne peut s'exprimer autrement : il est évident qu'il saura choisir les mots qui, tous sans exception, conviennent à la formulation adéquate des événements tels qu'ils se sont déroulés, bien qu'il n'ait pas lui-même été présent à Troie.

Ainsi Ulysse peut-il vérifier si oui ou non le chanteur est inspiré ; s'il est bien un chanteur, et non un... imposteur ; bref si c'est bien le θεός au cœur empressé qui lui confie son chant. On retrouve ici la possibilité de l'existence de chants non inspirés, purement humains (comme ceux d'Achille) – auxquels il manque la dimension proprement musicale.[141] Que le chant soit (soutenu par le) divin est d'ailleurs encore souligné par le terme θέσπις : affilié à θεσπέσιος, ce dernier signifie littéralement dire (ἐννέπειν) les dieux (θεός).[142] Relevons en outre, concernant le θεός, qu'il peut bien apparaître πρόφρων, au *cœur empressé*, au sens où il est ouvert à autrui et qu'il agit de bon cœur. Accorder au chanteur le chant qui lui permet de dévoiler le monde en ses multiples facettes – jusqu'au moindre détail concernant le κόσμος du cheval de Troie – est assurément le fruit d'une bonne grâce. Le verbe ὀπάζειν nous donne une nouvelle indication faisant écho à plusieurs de nos remarques précédentes : signifiant *faire suivre, donner comme compagnon* – au sens de ce qui accompagne quelqu'un sur son chemin –, il présente le chant comme un compagnon de voyage dans l'avancée, le cheminement musical du chanteur.

Comme le montre le dernier vers, qui voit le chanteur de l'*Odyssée* reprendre le fil de sa narration après avoir rappelé les paroles d'Ulysse, c'est finalement excité, stimulé, porté (ὁρμηθείς) que Démodocos commence (ἤρχετο) son chant par un dieu (θεοῦ) et le laisse apparaître (φαῖνε). Ce vers a suscité dès l'antiquité de nombreux commentaires :[143] à quelle forme verbale – ὁρμηθείς ou ἤρχετο – faut-il rattacher θεοῦ ? Même si le scholiaste comprend que le chanteur est inspiré par le divin, reçoit du divin la puissance et l'élan pour chanter, la scansion et la grammaire révèlent que θεοῦ ne possède pas de rapport direct avec ὁρμηθείς.[144] Nous comprenons que si Démodocos commence son chant par un dieu, c'est

---

140 Cf. Finkelberg 1987, 137.
141 Cf. 1.2.2 « La puissance de la musique ».
142 L'expression θέσπις ἀοιδή se retrouve à d'autres reprises (par exemple Hom. *Od.* 1.328). Θέσπις qualifie également le chanteur lui-même : inspiré par les dieux, il dit, fait entendre, proclame ces derniers (17.385).
143 Falter 1934, 9 en présente une synthèse. Et, plus récemment : Ford 1992, 27 n. 33 ; Assaël 2000b.
144 Koster 1952 ; Heubeck/West/Hainsworth 1988, 375.

que ses premiers mots sont consacrés à la divinité qu'il invoque – et qui a toutes les chances d'être une Muse. C'est donc globalement animé par la déesse que le chanteur commence par elle et laisse apparaître son chant.

Ces vers attestent et précisent une nouvelle fois la place extraordinaire du chanteur en comparaison de ses congénères. Grâce à la faveur qu'il reçoit de la Muse, Démodocos parvient à chanter la destinée des Achéens tout à fait en accord avec l'ordre des choses, alors même qu'il n'a ni vu, ni expérimenté ce qu'il chante, – qu'il n'en sait à proprement parler rien, mais n'en a entendu qu'un bruit ne lui accordant qu'une vague entente. C'est donc en ce sens animé, inspiré, porté par la Muse et sa divine puissance que le chanteur, la laissant pour ainsi dire parler par sa bouche, est en mesure de rappeler musicalement à ses semblables les hauts-faits des grands hommes. Tels sont le don divin, la faveur, l'enseignement musicaux dont bénéficie le chanteur qu'est Démodocos.

1.2.4. Statut et rôle du chanteur

Dans l'*Odyssée*, la puissance musicale est également exprimée par un autre chanteur : Phémios, chanteur à Ithaque. Les passages dans lesquels il apparaît permettent de préciser le statut et rôle de l'homme inspiré par les Muses. Voici comment, dans une formule aussi fameuse que concise, il se présente à Ulysse en train de tuer les prétendants qu'il a lui-même servis :

> αὐτοδίδακτος δ' εἰμί, θεὸς δέ μοι ἐν φρεσὶν οἴμας
> παντοίας ἐνέφυσεν· [...]
>
> Je suis autodidacte, un dieu, dans mon cœur, des chants
> variés a fait éclore ; [...]¹⁴⁵

Pour sauver sa peau, Phémios rappelle à Ulysse qu'il est autodidacte (αὐτοδίδακτος).¹⁴⁶ Ce terme – composé d'αὐτός, *lui*, *lui-même*, et de διδάσκειν, *enseigner*, *apprendre* – signifie littéralement *qui s'est enseigné à lui-même*, *qui a appris par lui-même* ou, sans donner de valeur réflexive à αὐτός, *qui a appris spontanément*. Phémios se distingue ainsi de son entourage et des autres chanteurs en se déclarant son propre enseignant. Est-ce à dire qu'il n'est pas tributaire

---

145 Hom. *Od.* 22.347-348.
146 Le terme n'apparaît qu'à une seule autre reprise dans les limites temporelles de notre corpus : chez A. *A.* 991, le chœur affirme que son θυμός est αὐτοδίδακτος à l'intérieur. Pour un historique de diverses interprétations du mot, cf. Assaël 2001.

des Muses ? S'il peut de prime abord sembler en être ainsi,[147] nous proposons une autre interprétation. A la suite de Dodds (1951, 10), Lesky (1961, 30-31) ou Brillante (1992a, 12 ; 2009, 26), nous lisons les deux phrases séparées par la particule δέ comme associées et non opposées : αὐτοδίδακτος est à comprendre en lien avec l'influence d'un dieu sur le cœur de Phémios.[148] Tigerstedt (1970, 168) propose même d'interpréter αὐτοδίδακτος en terme de θεοδίδακτος, *qui est instruit par un dieu*. Ainsi l'expression est-elle à entendre au sens où le chanteur trouve son savoir musical au fond de lui-même, qu'il lui vient spontanément, telle une faveur divine, de son for intérieur.[149] Comme la force vitale d'une plante lui fait plonger ses racines dans les profondeurs de la terre afin d'éclore, Phémios trouve son enseignement dans sa propre intériorité. De même que le θυμός de Démodocos est (activé par le) divin, que la Muse fait jaillir le chant du chanteur de sa mémoire musicale, de même Phémios, dont les chants éclosent grâce à un dieu, gagne sa capacité à chanter du plus profond de lui-même d'où émanent les paroles divines. Comment ? Non seulement en s'expérimentant, s'écoutant soi-même, mais en expérimentant et écoutant ce qui le traverse, dans ses φρένες, précise le passage. Ce dernier terme est volontiers identifié au diaphragme ou à la région située autour de l'estomac. Certains interprètes le traduisent plus librement par *péricarde, esprit, animo, Sinn*.[150] D'après les très nombreuses occurrences homériques,[151] les φρένες sont un organe difficile à situer selon notre science anatomique : bien qu'au cœur de l'homme, il est en même temps indépendant de sa personne, influencé par des forces étrangères. Les φρένες peuvent par exemple être la proie du désir amoureux, acquérir vigueur et force, violence ou simplement conviction[152] – mouvements qui transcendent la simple raison de l'individu. Les φρένες ont beau dépasser l'homme, ce dernier en est complètement tributaire, d'ailleurs le plus souvent pour son bien : c'est avec et par elles

---

147 La plupart voit dans le terme αὐτοδίδακτος une référence à la technique propre de Phémios (chant original et non repris à d'autres) : il n'aurait d'une part pas eu de maître, il chanterait d'autre part des chants de son crû. Par exemple Fränkel 1962, 21 n. 27 ; Lanata 1963, 14.
148 Pour Pizzocaro 1999, 21, si Phémios est capable de composer des chants sans les avoir appris de la tradition ni d'un maître quelconque, cela signifie qu'il a justement besoin de l'intervention inspiratrice de la divinité.
149 Selon Setti 1958, 150, être autodidacte, être original en composant et inventant ses propres chants et être inspiré par un dieu revient au même.
150 Par exemple pour Hom. *Il.* 11.579 : Mazon 1937, 131 ; pour *Od.* 22.347 : Dufour/Raison 1965, 18 ; Fernandez-Galiano/Heubeck/Privitera 1986, 67 ; Schadewaldt 2007b, 394. Sans se référer à un passage en particulier, Lanata 2001, 168 propose *polmoni*, en précisant qu'il convient de ne pas restreindre le terme à la capacité respiratoire.
151 Ireland/Steel 1975, 183-195 les analysent et discutent leurs diverses interprétations.
152 Par exemple Hom. *Il.* 3.442 ; 17.499 ; 3.45 ; 6.61.

qu'il agit convenablement.¹⁵³ Il est à noter que les dieux peuvent également priver l'homme de ses φρένες – avec pour conséquence que ce dernier se conduise alors de manière incohérente, voire folle, azimutée.¹⁵⁴ La plupart du temps, les φρένες ne s'opposent toutefois pas à leur hôte, – au contraire du θυμός, qui peut donner des ordres ou engendrer des excitations contraires aux aspirations de l'individu.¹⁵⁵

Notre interprétation est confirmée : si Phémios se qualifie d'autodidacte, c'est qu'il est à l'écoute de ses propres φρένες dans lesquels un dieu dépose des chants.¹⁵⁶ A l'instar du θυμός, les φρένες apparaissent comme une sorte de réceptacle de l'inspiration musicale, par lequel et avec lequel le chanteur est en mesure d'écouter et de transmettre ses chants. Avec Snell (1978, 57 n. 14) : il ne s'agit pas ici « de la simple mémoire, mais de l'organe qui accueille l'enseignement divin et rend ainsi la louange du divin possible ». D'où notre traduction par *cœur*, mot français dans lequel les indications ci-dessus résonnent le mieux. Loin donc d'invoquer, pour sa survie, l'originalité de sa personne ou le caractère indépendant de ses qualités techniques,¹⁵⁷ Phémios en appelle ici par deux fois à l'origine ultime de ses chants : la divinité qui s'exprime au plus profond de lui-même, dans son cœur,¹⁵⁸ la Muse.

C'est en ce sens qu'il vient ajouter que c'est le θεός qui a fait apparaître (ἐνέφυσεν) dans son cœur des chants variés. Le verbe ἐμφύειν (composé du suffixe ἐν, *dans* et de φύειν, *faire croître, pousser, éclore*) – hapax homérique – atteste doublement notre lecture : il montre d'une part que les chants font, en leur variété, partie intégrante de ce que les Grecs appellent φύσις et que les Romains ont traduit par *natura* : ils apparaissent, croissent, poussent, éclosent à partir des profondeurs, comme le fait tout ce qui est vivant, selon le contexte, le climat, les circonstances, etc. ; et d'autre part que la musique divine se fait littéralement entendre, éclot dans le cœur de celui à qui il est donné de l'écouter et de la transmettre : le chanteur. Avec Citati (2004, 53), qui reprend plusieurs éléments ren-

---

153 Cf. Snell 1978, 53-90.
154 Par exemple Hom. *Il.* 6.234 ; 7.360 ; 9.377 ; 12.234 ; 18.311.
155 Cf. Darcus Sullivan 1979.
156 Cf. encore Svenbro 1976, 35.
157 Assaël 2001, 20 : « Phémios, Thamyris ou Hermès pratiquent un art autonome, inventant des genres poétiques et musicaux, sans autre initiation que l'émotion produite par l'harmonie de leur instrument. [...] l'aède d'Ithaque exerce un art moins autorisé, dont les textes grecs ne dévoilent que ponctuellement la concurrence établie avec l'activité suscitée et protégée par les Muses. »
158 Après avoir donné les noms des premiers Achéens qui s'élancent pour défendre le corps de Patrocle, le chanteur se demande qui serait capable de trouver dans ses φρένες les noms de ceux qui suivent (Hom. *Il.* 17.260) ; tout porte à croire qu'il ne pense à nul autre qu'à la Muse.

contrés plus haut : « La Muse plante, engendre, fait croître la poésie dans le poète, comme un paysan plante un arbre ou une vigne dans la terre. L'inspiration divine est perçue comme une maturation naturelle, mais elle descend également d'en haut. Sans ce souffle ou cette germination, le poète ne sait rien : il ne possède qu'une connaissance indirecte, un bruit, une rumeur, une information ou une opinion sans fondement, dont la poésie ne peut naître ». Avec Marg (1957, 9) : « Le chanteur est le sol, la matière du chant les graines et la divinité la croissance ». Phémios est autrement dit sous influence divine. Raison pour laquelle Ulysse ne doit pas le tuer – à la différence des prétendants qu'il vient de massacrer. Dans le cœur du chanteur, le divin fait pousser des chants une nouvelle fois désignés par le terme οἴμαι, – signifiant implicitement, en écho à la φύσις, qu'ils sont en mouvement, en chemin, vivants. Ils sont, de plus, παντοῖαι, *variés* – qualificatif qui correspond à Phémios lui-même, dont le nom signifie qu'il est riche en récits (φήμη).[159] Un peu plus tard (22.376), Ulysse qualifie d'ailleurs explicitement le chanteur de πολύφημος, *riche en récits, aux multiples paroles*, du fait qu'il est en mesure de chanter, de faire apparaître de très nombreux chants. Il se confirme par là une nouvelle fois que le chant, loin d'être la seule affaire du chanteur et loin d'être fixe, est au contraire d'obédience divine et toujours mouvant.

Ces vers laissent à nouveau apparaître la relation qu'entretient le chanteur avec la divine Muse. C'est toujours elle qui fait venir au jour les chants à partir des profondeurs cachées de sa mémoire : c'est elle qui élève, pousse, anime le cœur du chanteur de sorte qu'il soit capable de chanter. Mais le don des Muses n'est en même temps pas le simple fait de l'inspiration musicale : il se gagne à la fois par une certaine sensibilité, un certain rapport à soi et au monde. En généralisant les propos de Phémios à tous les chanteurs, nous pouvons dire que les porte-paroles des Muses sont privilégiés du fait qu'ils arrivent à se plonger dans leur intériorité, à se fondre dans les organes et forces qui les dépassent et traversent de fond en comble. C'est ainsi qu'ils parviennent à faire résonner musicalement les hauts-faits du monde voilés d'oubli : portés, poussés, inspirés en leur cœur par les divines Muses.

Reprise odysséenne

L'image des Muses dans l'*Odyssée* est à première vue la même que dans l'*Iliade*. En tant que divines filles de Zeus, les divinités inspiratrices sont influentes tant dans la sphère divine que par l'intermédiaire des chanteurs du côté des hommes. Toutefois, à la différence de l'*Iliade*, les occurrences musicales de l'*Odyssée*

---

[159] Cf. von Kamptz 1982, 268.

concernent moins directement nos déesses que leur rapport aux chanteurs. Leurs douze apparitions sont toutes, à deux exceptions près, des témoignages indirects : on y apprend comment les chanteurs expérimentent les Muses, combien ils en sont tributaires et dans quelle mesure elles conduisent leurs chants. Ulysse lui-même, principal témoin quant à la musique odysséenne – témoin d'autant plus intéressant qu'il se montre sceptique –, permet au chanteur Démodocos de prouver le privilège musical dont il bénéficie. Privilège qui, si on valorise la qualification de son chant en termes de pleine réjouissance (τέρπειν), s'avère combler tout auditeur.

Bien que les Muses ne soient la plupart du temps pas actives directement, leur présence, savoir et puissance ne sont pas moindres : nos divinités travaillent dans l'ombre, tant derrière le chanteur-narrateur que derrière Démodocos et Phémios. Comme dans l'*Iliade*, ce sont elles qui possèdent la connaissance des événements et l'insufflent à ceux qu'elles aiment, aux chanteurs ; tantôt directement, après avoir été invoquées, tantôt de manière plus détournée, en plaçant l'impulsion à chanter dans les organes récepteurs de leurs bien-aimés : θυμός et φρένες. C'est ainsi que l'élu se fait jour en tant qu'intermédiaire entre les forces musicales et le commun des mortels. Place qui fait de lui un homme honoré (τιμή) et respecté (αἰδώς) au sein de la communauté humaine, au point d'apparaître divin (θεῖος) et fidèle (ἐρίηρος). Par le contact entretenu avec nos déesses, le chanteur Phémios se dévoile αὐτοδίδακτος : il s'enseigne lui-même en se plongeant dans son intériorité, en écoutant, dans ses organes, les forces qui le dépassent et en laissant résonner les chants divins qui rappellent les hauts-faits enfouis dans la mémoire musicale. Non pas n'importe comment, mais comme il se doit, κατὰ κόσμον et κατὰ μοῖραν : dans des chants ordonnés et en parfait accord avec les événements tels qu'ils se sont déroulés. Toujours grâce à l'omniprésence, l'omniscience et omnipotence, fût-elle indirecte, des Muses.

Il convient encore de relever que, lors de leur rassemblement autour du cadavre d'Achille, les Muses apparaissent pour la première fois en chair et en os. En relatant leur présence à ce moment, Agamemnon indique que nos déesses ne sont pas l'exclusivité des chanteurs, mais peuvent, dans certaines circonstances, imprégner tout un chacun. Le même passage nous permet de confirmer notre interprétation iliadique concernant les emplois des Muses au pluriel et au singulier : si, alors qu'elles sont neuf lorsqu'elles chantent en chœur, la Muse se retrouve seule quand Agamemnon décrit son implication sur les hommes, c'est bien au sens de la totalité musicale qu'elles incarnent toutes et chacune à la fois.

Reprise homérique

Sur les dix-neuf passages où elles se font jour chez Homère, les Muses sont invoquées à huit reprises directement : d'abord au début de l'*Iliade* (sous le terme générique θεά – qui s'avère être une Muse) et de l'*Odyssée* (par les termes Μοῦσα puis θεά), respectivement comme source du chant et du savoir transmis par le chanteur ; puis, par cinq fois dans l'*Iliade*, lorsque le chanteur passe à un sujet particulièrement difficile. Ouvrant les deux chants, elles ne peuvent figurer en meilleure place ; appelées dans les moments périlleux, leur importance est redoublée. Ainsi apparaissent-elles comme garantes de l'inspiration du chanteur et du contenu du chant. Et même plus : à prendre nos vers à la lettre, ce sont elles qui s'expriment par son intermédiaire, sinon à sa place.

Dans les onze autres passages – qui les font survenir à quatorze reprises –, les divinités inspiratrices apparaissent comme personnages du récit transmis par le chanteur principal : une fois concernant sa propre activité ; neuf à propos de celle des fameux chanteurs que sont Thamyris, Démodocos et Phémios ; et quatre dans le cadre de la narration d'un épisode du chant (banquet sur l'Olympe, funérailles d'Achille et récit d'Ulysse).

Toutes les mentions des Muses rappellent le même : leur nature et puissance divine, leur rapport avec le chanteur ainsi que le rôle et statut privilégié de ce dernier vis-à-vis de ses congénères. C'est ainsi que, lorsque le chanteur appelle et mentionne nos divinités, l'enjeu n'est pas tant de faire référence à elles que de souligner, en démarcation d'avec ses propres possibilités humaines, les qualités divines qui le caractérisent. Inspiré et soutenu par les Muses, notamment à travers ses organes récepteurs, le chanteur joue le rôle d'interface entre les forces musicales et le commun des mortels, auxquels il peut par suite rappeler les phénomènes du monde qui, sans elles et sans lui, sombreraient dans l'oubli.

Si les Muses interviennent chez Homère, c'est pour élever le chanteur et ses auditeurs au-dessus d'eux-mêmes, leur permettre de s'ouvrir à une sphère qui, sinon, est inaccessible aux mortels : sphère de la mémoire musicale dans laquelle se trouvent les hauts-faits des grands hommes du passé. Si nos divinités accordent à leurs fidèles serviteurs une place de choix, ce serait donc en tant qu'éducateurs : pour que les récits traditionnels soient ravivés et imprègnent l'esprit de tout un chacun.

Alors que l'influence des Muses est complète dans l'*Iliade* – disparition du chanteur derrière sa divinité, qui parle par sa bouche –, elle s'avère moindre dans l'*Odyssée*, où la tâche du chanteur est bien plutôt celle de formuler le savoir des Muses. Dans le même sens, à la différence de l'*Iliade*, les occurrences de nos divinités dans l'*Odyssée* concernent moins directement nos déesses elles-mêmes que leur rapport au chanteur. Le chanteur-narrateur donne plusieurs indications sur les conditions de travail des chanteurs, la considération dont ils jouissent, mais aussi sur l'importance de leur rôle. Contrairement à ce qui se joue dans l'*Iliade*, certains hommes (Agamemnon, Ulysse) en viennent ainsi à s'exprimer sur le statut et l'influence de la musique. Il n'en va pas autrement au niveau du vocabulaire : alors que l'*Odyssée* comprend un grand nombre de termes et expressions signalant les actions des Muses en lien avec les chanteurs et les hommes, l'*Iliade* est remplie de mots signifiant des qualités purement musicales.

Mais pourquoi seule l'*Odyssée* fait-elle un cas des chanteurs et de leurs activités ? Le chanteur y est-il plus soucieux de sa personne et de son travail que dans l'*Iliade* ? Eprouve-t-il soudain un besoin de valorisation ? Refuse-t-il son rôle de simple instrument de la divinité ? Aussi stimulantes que soient ces hypothèses, rien ne permet de trancher. D'autant moins qu'il est fort possible que les différences entre les deux textes découlent de leur thématique : récit guerrier ne laissant que peu de place à la musique et aux questions cultu(r)elles pour le premier ;[160] voyage en contexte de vie quotidienne par tradition marquée par la musique pour le second.

---

160 Cf. Maehler 1963, 9.

2ᵉ mouvement
La vie des Muses chez Hésiode

Hésiode est généralement situé après Homère, entre les 8ᵉ et 7ᵉ siècles.[1] Explicitement dédié à nos divinités, le prologue de sa *Théogonie*[2] est de grande instruction. Accompagné des onze autres passages hésiodiques laissant apparaître les Muses – trois extraits de la suite de la *Théogonie*, trois des *Travaux et les Jours*, un du *Bouclier* et quatre fragments –,[3] il nous renseigne comme nul autre sur la nature, le nombre, la naissance, les activités, les rôles, en un mot la vie des Muses.

Bien qu'il ne provienne pas d'Hésiode lui-même, mais de la tradition,[4] le titre Θεογονία est à lui seul bien parlant. Il indique le contenu du chant : l'apparition, la naissance (-γονία de γίγνεσθαι) du divin (θεο-) dans son ensemble, dont bien entendu les Muses.

Comme chez Homère, les Muses inspiratrices occupent une place liminaire :

Μουσάων Ἑλικωνιάδων ἀρχώμεθ' ἀείδειν

Par les Muses de l'Hélicon, commençons à chanter[5]

S'il est vrai que le premier mot des chants épiques en indique le sujet,[6] les Muses devraient occuper le centre de la *Théogonie*. Or il n'en est pas ainsi : elles ne sont que le sujet du prologue. Le verbe employé (ἀρχώμεθ' d'ἄρχεσθαι, *commencer*) a

---

[1] Par exemple West 1966, 40 ; 1995, 218-219 qui situe Hésiode entre 750 et 650 avant J.-C. ; Janko 1982, 94-98. Leclerc 1993, 12 place Homère après Hésiode. Kivilo 2010, 45-52 discute les diverses sources antiques.
[2] Dès le 19ᵉ siècle, le prologue de la *Théogonie* suscite de nombreuses interrogations quant à son authenticité, sa construction interne et sa place vis-à-vis du reste de l'œuvre (cf. par exemple Friedländer 1914, 16 ; Blössner 2005, 23-25). Depuis le début du 20ᵉ siècle, la tendance est de défendre l'unité, cohérence et authenticité du tout. Schlesier 1982, 139-144 présente les diverses positions.
[3] Selon notre édition de référence : Solmsen/Merkelbach/West 1990.
[4] Même si Hdt. 2.53.4-8 parle d'une θεογονία produite par Homère et Hésiode, l'appellation n'est formellement attestée qu'à l'époque hellénistique, la première fois chez Chrysippe (*SVF* 2.908.33).
[5] Hes. *Th*. 1.
[6] Cf. par exemple Pagliaro 1971, 3-46 ; Romeo 1985, 7-17. Dans les fragments des autres chants épiques en notre possession, les Muses sont également invoquées pour chanter un sujet présenté dans le(s) premier(s) mot(s) : « Argos, chante-la, déesse, la très aride [...] (Ἄργος ἄειδε, θεά, πολυδίψιον [...]) » (*Thebaïs*, fr. 1 Allen) ; « Maintenant de nouveau par les hommes plus jeunes commençons, Muses (νῦν αὖθ' ὁπλοτέρων ἀνδρῶν ἀρχώμεθα Μοῦσαι) » (*Epigoni* 1 Davies = 1 Bernabé) ; « Muse, dis-moi les actions, pas celles qui ont été auparavant | ni celles qui seront

ici un sens performatif – performativité encore soutenue par l'emploi de la voix moyenne qui intensifie l'idée d'apparition du chant ;[7] ce dernier débute exactement au moment où l'expression Μουσάων Ἑλικωνιάδων est prononcée, à l'instant où le chanteur entonne son chant. Bien qu'on sache que les vers hésiodiques étaient traditionnellement chantés par une seule personne et non par un chœur, la forme verbale ἀρχώμεθ' est à la première personne du pluriel. Il s'agit sans doute d'un pluriel emphatique, fréquent dans la littérature grecque.[8] Dans l'*Iliade* (7.196) par exemple, Ajax demande à ses compagnons de prier Zeus, d'abord silencieusement, afin que les Troyens ne les entendent pas, ensuite ouvertement : « Car nous ne craignons après tout personne ». Ajax parle en son nom ainsi qu'en celui des gens qui l'entourent : ses compagnons, voire tous les Achéens. De même, après la mort d'Hector, Achille ordonne aux Achéens de retourner aux bateaux, d'y amener le corps du Troyen, avant d'ajouter : « Nous avons tué le divin Hector » (22.393). A entendre le premier vers de la *Théogonie* en écho aux exemples précédents, le « nous » englobe le chanteur et son entourage, c'est-à-dire les auditeurs qui participent au chant par leur présence et écoute. Ainsi, à la différence de l'*Iliade* et de l'*Odyssée*, si les Muses sont bien présentes dès le premier vers, elles ne paraissent pas y jouer le même rôle : actif et direct dans les invocations liminaires chez Homère, il est plus passif et indirect ici. La présence de ces dernières reste toutefois indispensable.

Le lieu qui caractérise les Muses diffère lui aussi : elles ne sont pas olympiennes, mais héliconiennes, du nom d'une autre montagne, située en Béotie, au-dessus du village d'Ascra, où Hésiode (*Op.* 640-641) raconte habiter. Ce nouvel endroit incite certains philologues à distinguer deux sortes de Muses.[9] D'autres y voient une tentative de lier une croyance locale (culte béotien aux Muses ou aux Nymphes de l'Hélicon) à un culte panhellénique déjà existant (Muses olympiennes).[10] D'autres encore sont comme nous d'avis qu'il s'agit là d'un lieu de résidence parmi d'autres. D'autant plus qu'elles se rendent dans leur demeure olympienne une trentaine de vers plus loin.[11]

---

plus tard (Μοῦσά μοι ἔννεπε ἔργα, τὰ μήτ' ἐγένοντο πάροιθε | μήτ' ἔσται μετόπισθεν) » (*Il.Parv.* 1.1-2 Bernabé).
7 Cf. Pucci 2007, 35. Il s'appuie sur Chantraine 1953a, 176 : « Le moyen souligne la participation du sujet qui porte au procès-verbal un intérêt particulier ».
8 Cf. Schwyzer 1950, 45 ; 443 ; Chantraine 1953a, 33-34.
9 Par exemple Friedländer 1914 ; Minton 1970, 366 ; Marquardt 1982 ; Hamilton 1989, 11. Schlesier 1982, 148 parle de « médiation » entre Muses héliconiennes et olympiennes. Cf. encore Vergados 2014, 126-127.
10 Notamment Latte 1946, 157 ; van Groningen 1948 ; Kambylis 1965, 35-37 ; von der Mühll 1970 ; Verdenius 1972, 225-226. Von Fritz 1956, 32 critique cet avis.
11 Par exemple West 1966, 152 ; Thalmann 1984, 135 ; Calabrese de Feo 2004, 40-41 ; Pucci 2007, 34 ; Frazier 2013, 223.

2.1 Divine filiation des Muses

S'il est vrai que la *Théogonie* chante l'apparition des dieux, qu'en est-il donc des Muses ? Où, quand, comment et pourquoi sont-elles apparues ? Les vers 53 à 55 nous donnent de premiers renseignements. Les Muses,

> Τὰς ἐν Πιερίῃ Κρονίδῃ τέκε πατρὶ μιγεῖσα
> Μνημοσύνη, γουνοῖσιν Ἐλευθῆρος μεδέουσα,
> λησμοσύνην τε κακῶν ἄμπαυμά τε μερμηράων.
>
> en Piérie, après s'être unie au Cronide leur père, elle les a enfantées,
> Mnémosyne, qui prend soin des hauteurs arrondies d'Eleuthère,
> comme oubli des maux et suspension des préoccupations.[12]

Même si le premier vers les présente comme provenant de la montagne de Béotie qu'est l'Hélicon, les Muses n'y sont pas nées. Leur naissance est située en Piérie, région au pied septentrional du divin mont Olympe, dans la plaine où Héra et Apollon atterrissent lorsqu'ils en quittent d'un bond le sommet.[13] Dans le *Bouclier* (206), les Muses sont également « de Piérie (Πιερίδες) ». Elles ont ainsi une double origine : elles sont piéridéennes de naissance, héliconiennes d'adoption. Nous lisons les deux lieux comme autant de couleurs locales inspiratrices du chanteur, pénétré aussi bien par les traditions que le paysage qui l'entoure.[14]

Il est ensuite fait mention de leurs parents : le Cronide, Zeus (fils de Rhéa et Cronos)[15] et Mnémosyne, *Mémoire* (fille de Gaïa et d'Ouranos).[16] Alors que Zeus est présenté chez Homère comme leur géniteur – garant de leur puissance musicale –,[17] Mnémosyne apparaît ici explicitement comme leur mère.[18] Cette mention permet de confirmer notre lecture : si les Muses voient et savent tout, c'est bien en tant que filles de Mémoire. Si, par leur père, elles sont en lien avec la génération des Olympiens, elles descendent, par leur mère, de la génération précédente des Titans. Fortes de toute l'histoire divine, présentes par procuration dès les premiers instants du monde, les Muses ont tous les avantages requis pour dévoiler la théogonie.

---

[12] Hes. *Th*. 53-55.
[13] Hom. *Il*. 14.226 ; *h.Ap*. 3.216.
[14] Les Zacharia, vignerons au Domaine des Muses (« Κτῆμα Μουσων ») à Ascra, racontent que les vernaculaires voient aujourd'hui encore dans l'Hélicon une Muse endormie.
[15] Hes. *Th*. 478-479.
[16] Hes. *Th*. 135.
[17] Cf. Hom. *Il*. 2.491 ; 598 ; *Od*. 8.488.
[18] Cf. encore Eumel. dubia 2 Davies = fr. 16 Bernabé : « Les neuf filles de Mnémosyne et de Zeus olympien (Μνημοσύνης καὶ Ζηνὸς Ὀλυμπίου ἐννέα κοῦραι) ».

En plus de donner implicitement à ses filles l'accès aux premiers phénomènes du monde, Mnémosyne est elle aussi, par l'expression « qui prend soin des hauteurs arrondies d'Eleuthère », en lien avec un endroit géographique humain. Il existe en effet, non loin d'Ascra et de l'Hélicon, au Sud du mont Cithéron, dans une région à reliefs, une cité appelée Eleuthère (Ἐλευθήρ, du nom de son héros fondateur, ou Ἐλευθεραί, dans sa forme plus courante).[19] Mnémosyne en prendrait soin, s'en occuperait, au sens où elle y règne (μεδέουσα). Dans l'*Iliade*, l'épithète μεδέων est attribuée à cinq reprises à Zeus, pour souligner le rapport du dieu avec le mont Ida (3.276 ; 3.320 ; 7.202 ; 24.308) et avec Dodone (16.234), considérés comme lieux, respectivement de sa naissance et de son oracle, sur lesquels il règne. A la suite de Sellschopp (1967, 19-20), nous y reconnaissons un lien indirect entre les deux amants donnant naissance aux Muses. Etant donné que nul culte à Mnémosyne n'est attesté à Eleuthère – situés à Tégée et Athènes, les premiers témoignages d'une telle célébration religieuse ne datent que du 4ᵉ siècle avant J.-C.[20] –, tout porte à croire que le chanteur cherche simplement, comme déjà avec l'Hélicon, à ancrer Mnémosyne et ses filles dans un environnement familier : le sien et probablement celui de son auditoire.

En dépit de ce double rôle de mère et de gardienne-protectrice, Mnémosyne n'apparaît jamais directement dans les chants, pas davantage d'ailleurs chez Hésiode que chez les autres chanteurs(-poètes) qui nous sont parvenus.[21] Elle est toutefois présente de manière latente, comme soutenant et sous-tendant la musique de ses filles, apparemment seules à avoir la capacité ou puissance (grâce à leur père) d'exprimer sa mémoire.

Le dernier vers du passage indique que les Muses sont apparues comme oubli des maux (λησμοσύνην κακῶν) et suspension des préoccupations (ἄμπαυμα μερμηράων). N'est-ce pas paradoxal, voire contradictoire ? Appartenant à la famille de λανθάνειν, λησμοσύνη est littéralement *ce qui cache, ce qui voile* et signifie donc l'*oubli* :[22] exact antonyme de μνημοσύνη, – comme l'indique également la position métrique des deux termes en tête de vers. A part une occurrence chez Sophocle (*Ant.* 151), λησμοσύνη ne se retrouve pas avant l'époque romaine. C'est un autre terme, construit sur la même racine, qui signifie également l'oubli, λήθη, qui est employé dans l'*Iliade* (2.33-34) lorsqu'Agamemnon reçoit en rêve le conseil de ne pas laisser l'oubli envahir son esprit à son réveil. Chez Hésiode

---

19 Cf. « Eleuther » *RE* 5.2 2343-2344.
20 Paus. 8.47.3 ; 1.2.5 raconte avoir vu les statues des Muses et de Mnémosyne respectivement sur l'autel d'Athéna à Tégée et dans un portique du Céramique.
21 Mnémosyne revient explicitement à treize reprises dans notre corpus. Cf. encore l'analyse par Bouvier 1997, 1137-1138 de certaines de ses occurrences.
22 Cf. par exemple Kerényi 1945, 91-104.

(*Th.* 227), la Λήθη personnifiée est significativement la petite-fille de Νύξ, *Nuit*. Ces indications permettent d'observer, comme le relève Ramnoux (1959, 115 n. 6), que λησμοσύνη et λήθη dépassent le simple oubli du passé ; qu'ils sont proches de « la moderne inconscience », du « sommeil ». Il nous importe en outre de lier, comme le veut la tradition, l'oubli à l'obscurité et la mémoire à la lumière.[23] Ainsi, loin d'être uniquement des contraires – comme on le croit de prime abord –, λησμοσύνη et μνημοσύνη sont en même temps complémentaires, comme la nuit est finalement inséparable du jour.[24] Complémentarité qui caractérise les Muses elles-mêmes : en tant que filles de Μνημοσύνη et enfantées comme λησμοσύνη, les Muses sont en même temps mémoire et oubli, lumière et obscurité, en ce sens claires-obscures.[25] Et ce même doublement : en elles-mêmes et dans l'effet qu'elles produisent sur leurs auditeurs. En elles-mêmes en ce qu'elles éclairent certaines parties du monde dans leur chant et en laissent d'autres dans l'ombre (cachées dans la mémoire) ; et sur leurs auditeurs en ce qu'elles les ouvrent à une certaine réalité musicale les divertissant de leurs souffrances. C'est ainsi qu'elles sont enfantées comme λησμοσύνη κακῶν, *oubli des maux*. Les différents emplois hésiodiques du second terme sont eux aussi significatifs. Il désigne notamment ce que Prométhée prévoit pour les mortels (*Th.* 551) ou ce que Pandore incarne pour eux (585) ; il caractérise également l'ὕβρις des hommes (*Op.* 214) ainsi que la pauvreté dans laquelle Zeus les destitue (638). Est-ce à dire que les Muses ne naissent que pour les hommes, pour leur faire oublier leurs maux inhérents à leur existence de mortels ? Si, chez Hésiode comme chez Homère, les Muses chantent également chez et pour les dieux, le chanteur souligne bien ici l'influence bénéfique de nos divinités sur la vie humaine.

L'oubli des maux n'est pas tout. La seconde qualification des Muses va dans le même sens. Les Muses font également cesser, suspendent (ἄμπαυμα – provenant d'ἀναπαύειν, *mettre fin, faire se reposer, arrêter*) les μέρμηραι, les *préoccupations* : terme unique chez Hésiode, qui n'apparaît pas non plus sous cette forme chez Homère. On trouve cependant chez ce dernier différentes occurrences du verbe μερμηρίζειν, employé aussi bien pour les dieux (principalement Zeus) que pour les hommes. Il exprime la méditation divine sur une décision à prendre, et l'hésitation que les hommes, contrairement aux dieux, ressentent quand il s'agit de faire un choix.[26] N'ayant aucune influence sur les événements, puisque c'est finalement Zeus qui décide de tout, les hommes peuvent bien être inquiets de ce qui va leur arriver. Cependant, alors que ces maux et préoccupations les tiennent

---

[23] Pi. *N.* 7.15 mentionne « Mnémosyne au bandeau brillant (Μναμοσύνας λιπαράμπυκος) ».
[24] Cf. Nagy 1990a, 58.
[25] Dans le même sens, Detienne 1995, 75 parle « d'ambigüité du monde divin ».
[26] Par exemple Zeus (Hom. *Il.* 2.3 ; 20.17), Achille (1.189), Ulysse (5.571).

prisonniers, les Muses sont en mesure de les suspendre. Voici en quel sens elles sont selon nous en même temps la (lumineuse) mémoire (divine) et l'(obscur) oubli et suspension des maux et préoccupations (humains) : transportant les hommes dans la dimension musicale, poétique, artistique, elles font, en chantant, disparaître celle, habituelle, de la vie quotidienne.

Si le passage présente bien un paradoxe, il ne s'agit donc nullement d'une contradiction. A l'écoute de la voix des Muses médiatisée par le chanteur, chacun dépasse, dans un enthousiasme musical, sa propre réalité. Dépassement qui est loin d'être une transformation définitive, comme le laisse entendre la connotation de repos appartenant à la famille d'ἀναπαύειν et ἄμπαυμα : l'oubli et la suspension sont un détour, une pause, un répit, le temps du chant, dans la réalité quotidienne des hommes.[27]

L'incipit des *Travaux et les Jours* place lui aussi les Muses au centre du propos. Il rappelle l'origine et la filiation paternelle de nos divinités, tout en précisant la nature de la puissance qu'elles tiennent de leur géniteur :

Μοῦσαι Πιερίηθεν, ἀοιδῇσι κλείουσαι,
δεῦτε, Δί' ἐννέπετε σφέτερον πατέρ' ὑμνείουσαι
ὅν τε διὰ βροτοὶ ἄνδρες ὁμῶς ἄφατοί τε φατοί τε
ῥητοί τ' ἄρρητοί τε Διὸς μεγάλοιο ἕκητι.

Muses de Piérie, vous qui accomplissez des célébrations dans des chants,
allons, dites en chantant votre père Zeus
par qui les hommes mortels peuvent pareillement être énoncés et ne pas être énoncés,
être formulés et ne pas être formulés, par la volonté du grand Zeus.[28]

Les Muses sont exhortées à dire, par l'intermédiaire d'un chant, l'omnipotent Zeus, qui a le pouvoir sur la présence et l'absence des hommes dans les compositions musicales. Même si le texte ne le dit pas explicitement, on devine que, pour ce faire, elles doivent quitter leur lieu de naissance (Πιερίηθεν, *de Piérie*, le suffixe -θεν marque la provenance) pour s'en aller auprès du chanteur et de son public. Le déplacement est indiqué par l'adverbe δεῦτε qui – même dans son sens faible : *allons*[29] – signifie un appel à s'approcher, du type *(venez) ici, par ici*.[30] A la différence du premier vers de la *Théogonie*, mais comme chez Homère, les Muses

---

[27] Selon Paus. 2.31.3, il existe à Trézène des sacrifices dédiés aux Muses et au Sommeil (Ὕπνος) – le dieu qui leur serait le plus cher.
[28] Hes. *Op.* 1-4.
[29] Par exemple Hom. *Od.* 8.133.
[30] Notamment Hom. *Il.* 13.481 ; 22.450 ; *Od.* 2.410 ; cf. également Verdenius 1985, 1-2.

sont donc ici convoquées par le chanteur à dire ce qu'il désire faire entendre à ses auditeurs.

Elles sont d'abord présentées comme celles qui accomplissent des célébrations (κλείουσαι) dans des chants (ἀοιδῇσι). Si, chez Homère, elles permettent au chanteur de faire apparaître et perdurer les hommes, les héros et les dieux dans des κλέα, les voici capables de κλείειν, au sens de *louer, célébrer* et *faire connaître* à tous certains événements. Les Muses sont ensuite doublement exhortées à chanter leur puissant père : elles doivent à la fois le dire (ἐννέπετε d'ἐννέπειν) et le chanter (ὑμνείουσαι). De ce second verbe, ὑμνεῖν, provient le terme français hymne : un chant qui, pour le prendre dans son sens le plus général, *célèbre, loue* quelqu'un ou quelque chose, en l'occurrence Zeus. C'est en effet selon son bon vouloir que les hommes peuvent être φατοί ou ἄφατοι, ῥητοί ou ἄρρητοι. Deux couples d'opposés très proches et donc difficiles à traduire, auxquels on donne le plus souvent les sens génériques d'*illustres, connus, nommés* et *obscurs, inconnus, sans nom*.[31] Comme nous l'avons fait chez Homère avec les verbes du dire,[32] leur déploiement n'est pas sans intérêt. Φατός et son opposé ἄ-φατος sont apparentés à φάναι, *dire, énoncer*. Enoncer quelque chose signifie l'expliciter, le présenter afin de le rendre clairement audible. La racine indo-européenne de la famille veut d'ailleurs également dire *briller, éclairer*. Ainsi, ce qui est φατός (respectivement ἄφατος) signifie ce *qui peut* (respectivement *ne peut pas*) *être énoncé, rendu clair, montré à la lumière*, littéralement ce *qui est illustre* (ou *non*). Ῥητός et son opposé ἄρ-ρητος sont pour leur part construits sur la même racine que le verbe εἴρειν qui exprime l'idée de *formuler, donner une forme*. Ce qui est ῥητός (respectivement ἄρρητος) signifie donc ce *qui peut* (ou *ne peut pas*) *être formulé*, c'est-à-dire ce *qui est nommé, connu* (ou *non*).

Ainsi, si dans la *Théogonie* la lumineuse mémoire musicale, l'obscur oubli des maux et la non moins obscure suspension des préoccupations proviennent indirectement de Mnémosyne, c'est finalement du grand Zeus que, dans *Les Travaux et les Jours*, tout dépend. La triple répétition de son nom aux deuxième, troisième et quatrième vers du passage le souligne : Δί' et Διός ainsi qu'indirectement dans la préposition διά. C'est par sa volonté que les mortels peuvent tantôt apparaître à la lumière, être formulés par les Muses (s'ils sont dignes de rester dans la mémoire), tantôt demeurer dans l'ombre (s'ils ne valent pas la peine qu'on s'en souvienne).[33]

---

[31] Mazon 1996, 86 ; Schönberger 1996, 5 ; Most 2006a, 87 ; Arrighetti 1998, 53.
[32] 1.1.2 « Nature et savoir des Muses et des hommes ».
[33] Cf. encore Rousseau 1996, en particulier 98.

2.1.1 Divin engendrement et divine naissance

Après avoir présenté les parents des Muses, la *Théogonie* relate comment les choses se sont jouées avant leur naissance :

> ἐννέα γάρ οἱ νύκτας ἐμίσγετο μητίετα Ζεὺς
> νόσφιν ἀπ' ἀθανάτων ἱερὸν λέχος εἰσαναβαίνων·
> ἀλλ' ὅτε δή ῥ' ἐνιαυτὸς ἔην, περὶ δ' ἔτραπον ὧραι,
> μηνῶν φθινόντων, περὶ δ' ἤματα πόλλ' ἐτελέσθη,
> ἣ δ' ἔτεκ' ἐννέα κούρας ὁμόφρονας, ᾗσιν ἀοιδὴ
> μέμβλεται ἐν στήθεσσιν ἀκηδέα θυμὸν ἐχούσαις,
> τυτθὸν ἀπ' ἀκροτάτης κορυφῆς νιφόεντος Ὀλύμπου·

> Pendant neuf nuits en effet, l'intelligent Zeus s'unissait à elle <Mnémosyne>
> loin à l'écart des immortels, s'élevant dans le lit sacré ;
> et après une année, lorsque les saisons sont retournées,
> alors que les mois sont écoulés, quand de nombreux jours sont accomplis,
> elle a enfanté neuf filles au même cœur, qui prennent soin du chant
> dans leurs poitrines, possédant un *thumos* sans souci,
> non loin du plus haut sommet de l'Olympe neigeux ;[34]

Ces vers commencent par mettre en lumière Zeus dans son caractère μητίετα, *intelligent*, au sens où il possède la μῆτις, l'*intelligence rusée*. Provenant d'une racine verbale qui signifie *mesurer*, le terme implique un calcul employé avec une habileté et efficacité extraordinaires. Avec Frontisi-Ducroux (1975, 79) : « La μῆτις, subtilité avisée qui recourt pour s'assurer le succès à des procédés plus efficaces que la force, ruses, feintes, tromperie et illusion ». C'est donc l'adresse, l'ingéniosité rusée du dieu tout puissant qui est ici relevée. Le même qualificatif est employé lorsque Zeus agit pour ou contre quelqu'un, exauce ou non sa prière,[35] tout comme lorsqu'il engendre Sarpédon et Héraclès.[36] Cette épithète découle à vrai dire du fait que le dieu a jadis avalé Métis, « celle qui sait le plus de choses parmi les dieux et les mortels »,[37] l'a faite sienne.[38] En dépit de sa puissance, il est ainsi un dieu « réfléchi, pondéré, respectueux », « prudent et sage », en opposition à l'égarement frénétique d'Ouranos et de Cronos.[39] Autant de qualités dont ont pu hériter ses filles.

---

[34] Hes. *Th.* 56-62.
[35] Zeus exauce par exemple la prière d'Achille (Hom. *Il.* 16.240), de Priam (24.315) et d'Ulysse (*Od.* 20.102).
[36] Hom. *Il.* 6.198 ; Hes. *Sc.* 33.
[37] Hes. *Th.* 887.
[38] Hes. *Th.* 886-900.
[39] Detienne/Vernant 1974, 101.

L'engendrement des Muses est présenté comme de la plus haute importance. Tout est majestueux : la durée de l'union (neuf nuits), la distance d'avec les autres dieux (loin, à l'écart), la situation (s'élevant) et le caractère (sacré) du lit où l'accouplement a eu lieu. Une importance également soulignée par le temps qui s'écoule jusqu'à leur venue au monde : un cycle complet de la nature. Hésiode emploie ici les mêmes expressions qu'Homère (*Od.* 10.469-470) pour désigner l'année qu'Ulysse et ses compagnons passent chez Circé :⁴⁰ ce n'est que lorsque tout – année, saisons, mois, jours – s'est écoulé et est prêt à retourner que Mnémosyne enfante les Muses. Le lieu de leur naissance, juste en-dessous du plus haut sommet de l'Olympe neigeux, souligne lui aussi la spécificité de cette venue au monde : si les Muses sont enfantées tout près de la cime de la fameuse montagne divine, dont l'enneigement est moins symbole d'hiver que d'éternité et d'immuabilité,⁴¹ c'est qu'il s'agit d'une naissance de haute facture, qui se joue bien au-dessus des régions peuplées par les hommes. Quant au nombre de nuits que dure l'union, il correspond à la croyance grecque qui identifie nombre d'unions et nombre d'enfants.⁴²

Le fait que les Muses soient en même temps plusieurs et une seule – au sens de l'ensemble musical qu'elles forment – se retrouve doublement dans ce passage. Mnémosyne enfante neuf filles caractérisées par un seul mot : « ὁμόφρονας, *au même* (ὁμοῖος) *cœur* (φρήν) ». Elles ne font qu'une en ce qui concerne leur organe vital ; à la différence par exemple des loups et des moutons dont les θυμοί ne sont pas ὁμόφρονες.⁴³ Ainsi cultivent-elles dans leur poitrine un seul chant (ἀοιδή). L'expression ἐν στήθεσσιν est fréquemment employée dans les compositions grecques. C'est là, dans le στῆθος, difficile aujourd'hui à localiser plus précisément que dans la *poitrine*, que se trouvent les organes des sentiments, sensations, idées et pensées (θυμός, φρένες, etc.).⁴⁴ Les Muses possèdent en outre – confirmation de nos déductions homériques – un seul θυμός, en l'occurrence qualifié de sans souci (ἀκηδέα).⁴⁵ Comme les hommes, nos divinités ont donc un

---

40 Pénélope explique à l'aide de la même mention de mois et de jours la période durant laquelle elle a tissé sa toile et éconduit les prétendants (Hom. *Od.* 19.152-153 ; 24.142-143).
41 L'épithète *neigeux* désigne souvent de hautes montagnes : notamment celles aux hauts sommets des Thraces (Hom. *Il.* 14.227), celles de Crète (*Od.* 19.338), le Tmôle (*Il.* 20.385), l'Olympe (1.420 ; 18.186 ; 616). Dans le sens des neiges éternelles, l'Olympe est également qualifié de μακρός, *haut* (par exemple 15.193) et d'αἰγλήεις, *éclatant* (notamment 1.532).
42 Par exemple Héraclès et Iphiclès chez Hes. *Sc.* 34-54.
43 Hom. *Il.* 22.263.
44 Par exemple Hector sent son *thumos* palpiter dans sa poitrine (Hom. *Il.* 7.216) ; la colère gonfle l'esprit de Méléagre dans sa poitrine (9.554) ; Patrocle enlève le cœur de la poitrine de Sarpédon (16.503) ; Achille propose à Agamemnon de dompter leur *thumos* dans leur poitrine (19.66).
45 Cette même expression qualifie les hommes de l'âge d'or et les héros (Hes. *Op.* 112 ; 170).

cœur et un *thumos* dans leur poitrine. Cependant, si les humains peuvent tantôt être en proie à des maux[46] – ressentis dans leurs organes, et que la musique peut pour un temps faire oublier –, celui des Muses est comme elles, à leur image, libre de souci.

Bien après le prologue, lors de l'exposition de la *Théogonie* proprement dite, les parents et la naissance des Muses sont à nouveau exprimés. Rappelant les multiples unions de Zeus (886-962), le chant précise la spécificité de leur mère : après Métis, Thémis, Eurynomé et Déméter,

> Μνημοσύνης δ' ἐξαῦτις ἐράσσατο καλλικόμοιο,
> ἐξ ἧς οἱ Μοῦσαι χρυσάμπυκες ἐξεγένοντο
> ἐννέα, τῇσιν ἅδον θαλίαι καὶ τέρψις ἀοιδῆς.
>
> il <Zeus> a aimé à son tour Mnémosyne à la belle chevelure,
> de laquelle sont apparues les neuf Muses au bandeau d'or,
> auxquelles l'abondance festive et la pleine réjouissance du chant ont plu.[47]

Le chant présente une nouvelle fois les Muses, au nombre de neuf, comme le fruit de l'union amoureuse de Zeus et de Mnémosyne, qui se distingue en l'occurrence par sa belle chevelure (καλλικόμοιο).[48] Nos divinités sont dépeintes de trois manières inédites, qui s'inscrivent parfaitement dans ce que nous avons vu jusqu'ici. Elles apparaissent d'abord comme possédant un bandeau d'or (χρυσάμπυκες) qui tient leur chevelure, – comme c'est volontiers le cas sur les représentations iconographiques. Précieux bandeau qui reflète leur brillance, richesse et majesté. Le fait que les chevaux d'Arès et d'Héra en possèdent également un[49] nous conduit à l'interpréter en même temps comme symbole de tenue, de droiture, de force de synthèse et de concision.[50] A la différence des divinités aux cheveux défaits – telles les Erinyes et les Gorgones[51] –, la coiffure des Muses signifie leur ordonnance, leur accord, pour ne pas dire leur harmonie.

---

46 Prométhée prépare pour les hommes non seulement des κακά (Hes. *Op.* 551 ; 585), mais également des κήδεα (49 ; 95).
47 Hes. *Th.* 915-917.
48 Cette distinction n'est pas davantage propre à Mnémosyne qu'aux déesses ; le même adjectif qualifie par exemple les cheveux des Heures (Hes. *Op.* 75), de Némésis (*Cypr.* fr. 9.2 Bernabé), d'une Nymphe (Hes. fr. 141.10 Merkelbach-West), de la maîtresse d'Amyntor (Hom. *Il.* 9.449), d'Hélène (*Od.* 15.58).
49 Arès : Hom. *Il.* 5.358 ; 5.363 ; Héra : 5.720 ; 8.382. Les Saisons (*h.Ven.* 6.5) ou Pallas (Pi. *O.* 13.65) en portent également un.
50 Cf. Chevalier/Gheerbrant 1982, 234-237.
51 Notamment A. *Eu.* 48-59 ; Pi. *P.* 10.46 ; 13.9.

Les deux autres caractéristiques des Muses concernent ce qui leur est agréable, ce qui leur a plu (ἅδον) quand elles sont nées : les θαλίαι et la τέρψις ἀοιδῆς. Les nombreux emplois chez Homère et Hésiode des termes de la famille de θαλία dévoilent deux significations, – dont la seconde découle de la première. Le θαλλός est la *jeune pousse* qu'on porte comme nourriture aux chevreaux :[52] herbe primesautière qui se caractérise par une grande fraîcheur et vitalité, une importante force de croissance. Aussi l'adjectif θαλερός qualifie-t-il tant ce qui est *fort*, *vigoureux* (le jeune époux ou l'homme dans la fleur de l'âge)[53] que ce qui est *florissant* et par suite *abondant* (les épouses, le mariage ou encore les larmes).[54] Θαλία – qui s'avère d'ailleurs être le nom d'une Muse, tout comme d'une Charite chez Hésiode (*Th.* 77 ; 909), et d'une Néréide dans l'*Iliade* (18.39) – s'inscrit dans cette ligne : le mot signifie ce qui croît en *abondance* et réjouit ceux qui se trouvent en sa présence.[55] Ainsi traduit-on fréquemment le mot par *fête*.[56] Pour garder le lien implicite qu'expriment les θαλίαι avec le cycle naturel dans lequel est inscrite la gestation des Muses, nous traduisons le mot par *abondance festive*, en y entendant tant la fraîcheur, la vitalité, l'abondance que l'idée de fête. Τέρψις est lié à τέρπειν : le nom signifie la *pleine satisfaction* du chant, le chant qui comble, qui réjouit pleinement. Tel celui qu'un dieu donne à Démodocos, – chant qui réjouit quel que soit l'endroit où le θυμός du chanteur le conduit.[57] Il est intéressant de relever que la pleine satisfaction se trouve également en lien avec les θαλίαι dans un vers des *Travaux et les Jours* (115) : les hommes de la race d'or sont « comblés (τέρπονт') dans les θαλίῃσι, loin de tous les maux (κακῶν ἔκτοσθεν ἁπάντων) ». Ce passage nous permet d'une part de confirmer notre choix de traduction : il n'y aurait pas de pleine réjouissance sans abondance festive. D'autre part de consolider notre hypothèse : les hommes de la race d'or vivant comme des dieux,[58] l'oubli des maux apparaît bien comme un effet musical qui concerne en particulier les humains – à la différence de la pleine réjouissance, partagée par les dieux comme par les hommes.

---

[52] Hom. *Od.* 17.224.
[53] Par exemple Hom. *Il.* 8.190 ; 3.26.
[54] Par exemple Hes. *Th.* 921 ; Hom. *Od.* 6.66 ; *Il.* 6.496. Pour les larmes en particulier, cf. Monsacré 1984, 176-179.
[55] C'est ainsi qu'Oreste est élevé dans une grande θαλία (Hom. *Il.* 9.143 ; 285) et qu'Héraclès y est comblé (*Od.* 11.603).
[56] Par exemple Mazon 1996, 64. Pareillement Most 2006a, 77 choisit *festivities* ; Schönberger 1999, 71 *Feste* ; Arrighetti 1998, 49 *feste*. Au contraire, Wacziarg Engel 2014, 159 traduit θαλίαι par *réjouissances*.
[57] Hom. *Od.* 8.45.
[58] Hes. *Op.* 112.

2.1 Divine filiation des Muses — 67

En rassemblant les éléments ci-dessus, nous pouvons retenir que les Muses se réjouissent et sont caractérisées par l'abondance plénière, expression de joyeuse force vitale, et par la pleine satisfaction du chant. Caractéristiques qu'elles ne convoitent et cultivent apparemment pas pour elles-mêmes, mais jusque dans l'esprit et la bouche des chanteurs, et partant, indirectement, dans les oreilles des auditeurs.

Mais qu'en est-il une fois les filles de Zeus et Mnémosyne venues au monde ? Où séjournent-elles et que font-elles ?

> ἔνθα σφιν λιπαροί τε χοροὶ καὶ δώματα καλά·
> πὰρ δ' αὐτῆς Χάριτές τε καὶ Ἵμερος οἰκί' ἔχουσιν
> ἐν θαλίης· ἐρατὴν δὲ διὰ στόμα ὄσσαν ἱεῖσαι
> μέλπονται, πάντων τε νόμους καὶ ἤθεα κεδνὰ
> ἀθανάτων κλείουσιν, ἐπήρατον ὄσσαν ἱεῖσαι.

> Là <en Piérie> sont leurs chœurs brillants et leurs belles demeures ;
> auprès d'elles les Charites et Himéros ont leur maison,
> au milieu d'une abondance festive ; lançant par leur bouche une aimable voix,
> elles chantent et dansent, les lois et les coutumes dignes d'égards de tous
> les immortels elles célèbrent, lançant une aimable voix.[59]

Les Muses hésiodiques ne font pas que naître en Piérie, mais y séjournent également. Elles y possèdent des chœurs λιπαροί, *opulents, riches, brillants* – au sens où ils sont prospères, ne manquent de rien – ainsi que de belles demeures. Le mot χορός a d'autres significations que celle de *chœur* au sens du *groupe de chanteurs-danseurs* : il signifie également l'*emplacement où le chœur s'exprime* ainsi que le *chant* et la *danse du chœur* eux-mêmes. Accompagné qu'il est ici du terme demeures, il est d'abord à prendre dans sa deuxième acception : en Piérie, à côté des maisons des Muses, se trouvent leurs lieux de performance. Nos déesses n'y sont toutefois pas seules : les Charites et Himéros habitent dans des logements voisins. Les Χάριτες sont – comme la *Théogonie* (907-909) elle-même l'indique plus loin – les trois filles de Zeus et d'une Océanide, Eurynomé (littéralement *au large pâturage* ; nom également de l'intendante de Pénélope à Ithaque).[60] Leurs appellations – Aglaé, Euphrosyne et Thalie – expriment selon Saintillan (1996, 320) ce qu'elles sont et font apparaître : l'éclat, la brillance (ἀγλαία), la joie, la gaieté (εὐφροσύνη) et la jeunesse, l'abondance festive (θαλία) : « Ce n'est rien moins que la puissance même de la vie envisagée dans ce qui en constitue l'excel-

---
59 Hes. *Th.* 63-67.
60 Par exemple Hom. *Od.* 17.495 ; cf. von Kamptz 1982, 74.

lence, c'est-à-dire *l'ensemble des valeurs que doit réunir en elle la vie pour pouvoir être dite la plus vivante*. [...] En elles se trouve alors exprimée *la manière dont la vie vient à s'épanouir, dans la cité comme dans l'univers, lorsqu'un roi y exerce normalement la justice*. L'excellence de la vie implique en effet toujours aux yeux des Grecs (d'innombrables textes sont là pour en témoigner) que s'y trouvent réunies trois dimensions considérées par eux comme indissociables – celles précisément auxquelles les trois noms des Charites hésiodiques font référence : celle d'abord suivant laquelle elle n'est vivante qu'à la proportion d'un surcroît, d'un trop-plein qui est en elle, commandant qu'elle s'exprime sur le mode de la prodigalité, de la dépense (*Thalie*) ; celle d'autre part suivant laquelle elle n'est vivante qu'en se montrant, qu'en se donnant à voir dans le rayonnement d'une belle apparence (beauté, gloire, majesté, *Aglaé*) ; et celle enfin suivant laquelle, en se dépensant et en se montrant de la sorte, elle s'éprouve elle-même sur le mode du plaisir, de la joie (*Euphrosyne*). » Cette description s'inscrit dans le cadre de nos lectures. D'autant plus à prendre le voisinage des Muses et des Charites au sens symbolique : si elles habitent les unes à côté des autres, c'est bien qu'elles partagent certaines caractéristiques.[61] Non seulement en tant que groupes de divinités féminines du panthéon grec – définis comme une entité plurielle, exprimée le plus souvent comme telle, mais dont les membres individuels ont également des noms distincts –,[62] mais aussi en ce qui les caractérisent et constituent. Quant à Ἵμερος, il incarne le *désir*, souvent agréable,[63] beau,[64] parfois lié à la ruse,[65] auquel on ne peut résister.[66] Le fait qu'il habite également auprès des Muses[67] indique qu'il épaule et nourrit lui aussi à sa manière les chants et danses musicaux. C'est donc en ce sens que nous comprenons que les demeures des Muses, des Charites et d'Himéros se trouvent ἐν θαλίης : tous séjournent dans un environnement musical marqué par l'exubérance, la vigueur et les forces (sur)abondantes.

---

[61] Selon les *Schol. in Il.* 14.275-277 (3.629-630 Erbse) et Eust. *Il.* 982.48 (3.630 van der Valk), les Charites descendraient de Léthé et seraient liées au sommeil ; à l'instar des Muses enfantées comme λησμοσύνη.

[62] Burkert 2011, 266-267 relève que ces groupes sont pour la plupart composés de trois divinités accompagnant un des grands dieux olympiens.

[63] Par exemple le doux désir d'un époux (Hom. *Il.* 3.139).

[64] Chez Hes. *Th.* 201, le désir est καλός.

[65] C'est le cas du désir qui trompe l'esprit des sages (Hom. *Il.* 14.216-217).

[66] C'est par le désir qu'Aphrodite dompte dieux et mortels (Hom. *Il.* 14.198) ou qu'on ne peut s'empêcher de gémir (23.153). On n'en est libéré que lorsqu'il nous quitte (24.514).

[67] L'association Muses-Charites-Ἵμερος est courante. Elle apparaît également chez Sapph. fr. 44A b col. ii.5-6 ; 103.5 ; 128 Voigt ; Thgn. 15-18 Young ; par exemple Pi. *N.* 4.7 ; *Pae.* 6 D6.6 Rutherford ; B. *Ep.* 5.9 ; *Dith.* 5(19).6.

2.1 Divine filiation des Muses — 69

Cette tonalité se renforce encore lorsqu'il est question de la voix que les Muses lancent (ἰεῖσαι) par leur bouche. Il s'agit d'une ἐρατὴ ὄσσα, d'une *voix érotique*, au sens où elle a trait à ἔρως, l'*amour*, où elle suscite le désir. La répétition de l'attribut de cette voix deux vers plus bas – ἐπήρατος ne diffère quasi pas d'ἐρατός – redouble son importance.[68] Or cette voix chante et danse (μέλπονται), célèbre (κλείουσιν – comme auparavant Zeus) les lois (νόμοι) et les coutumes (ἤθεα) de tous les immortels. A la différence d'ἀείδειν, μέλπεσθαι renvoie à un ensemble composé de chants et de mouvements exécutés en rythme.[69] Aussi le traduisons-nous par *chanter et danser*. Il nous permet de rappeler que ce que nous considérons aujourd'hui comme deux activités artistiques distinctes n'en font qu'une chez les Grecs – et ce même si, selon les occurrences, seule l'une ou l'autre entre en jeu :[70] la musique (au sens de ce qui a trait aux Muses) n'est pas un art parmi d'autres, mais englobe toujours chant, danse et accompagnement musical.

Les termes νόμοι et ἤθεα sont tous deux employés dans l'*Iliade* pour désigner les pâturages des chevaux,[71] les lieux propices à un troupeau. Les νόμοι proviennent de νέμειν, *attribuer, répartir, régler* selon la coutume, la convenance, la bienséance. Ils sont ce qui, partagé par tous, règle le comportement de chacun : les bonnes *mœurs* traditionnelles, les *usages* devenus au fil du temps de véritables *lois*, répartissant les rôles de chacun, hommes et dieux, dans le monde.[72] Si les Muses les célèbrent, c'est évidemment pour les rappeler ; l'oubli n'est pas moins à l'œuvre dans ce domaine que dans les autres. Les ἤθεα sont les endroits où le berger mène son troupeau afin qu'il y soit au mieux, tant pour une question de pâture que de protection. Concernant les hommes, ils signifient, pareillement, les lieux salubres où il fait bon vivre – tels les demeures que Zeus donne à certains héros ou le repaire du poulpe.[73] Par suite, le terme signifie les *séjours*, les *lieux familiers*, le *caractère habituel*, l'*usage*, la *coutume*, comme par exemple dans l'expression ἦθος ἐπίκλοπον, le *caractère rusé* dont Hermès gratifie Pandore.[74]

Mais quels séjours et coutumes familiers à tous les immortels les Muses chantent, dansent et célèbrent-elles ici d'une aimable voix ? Ceux qui sont κεδνά, *dignes d'égards*, qui méritent d'être loués. Une nouvelle fois : si le chanteur ne précise pas le contenu des chants musicaux, c'est qu'ils sont réservés au monde divin.

---

68 D'aucuns ont par suite choisi de supprimer le vers. Comme West 1966, 178, nous le gardons.
69 Cf. Georgoudi 2001, 154.
70 Cf. Fitton 1973.
71 Hom. *Il.* 6.511 ; 15.268. Νομός (dans l'*Iliade*) et νόμος (dans la *Théogonie*) se distinguent toutefois par leur accent. Cf. pour une comparaison de ces deux mots, Duchemin 1960, 244-252.
72 Heinimann 1945, 59-63 traduit νόμος par *das Zugeteilte* ou *das Beweidete*, au sens de la *loi* établie par Zeus pour les hommes (cf. Hes. *Op.* 276).
73 Hes. *Op.* 167 ; 525.
74 Hes. *Op.* 67.

2.2 Déplacement vers l'Olympe

Après avoir exposé la naissance des Muses en Piérie suite à leur conception non loin du plus haut sommet de l'Olympe neigeux, le prologue précise la manière par laquelle elles y rejoignent leur père Zeus :

> Αἵ τότ' ἴσαν πρὸς Ὄλυμπον ἀγαλλόμεναι ὀπὶ καλῇ,
> ἀμβροσίῃ μολπῇ· περὶ δ' ἴαχη γαῖα μέλαινα
> ὑμνεύσαις, ἐρατὸς δὲ ποδῶν ὕπο δοῦπος ὀρώρει
> νισομένων πατέρ' εἰς ὅν· [...]

> Celles-ci allaient alors vers l'Olympe, se réjouissant d'une belle voix
> à l'aide d'un immortel chant dansé ; la sombre terre résonnait tout autour
> à leurs chants, un aimable bruit sourd s'élevait de sous leurs pieds
> s'avançant vers leur père ; [...]⁷⁵

Le verbe ἀγάλλεσθαι explicite dans quel état d'esprit sont les Muses lors de leur déplacement : elles se réjouissent, sont glorifiées, honorées, comme le sont chez Homère par exemple Hector de porter les armes d'Achille (*Il.* 17.473), les juments par leurs pouliches (20.202), les navires par un vent favorable envoyé par Zeus (*Od.* 5.176). Loin de se réjouir en formant un cortège cacophonique et hétérogène, le texte précise que les Muses le font d'une belle voix (ὀπὶ καλῇ). Sans doute la même voix symphonique que chez Homère lorsqu'elles accompagnent Apollon sur l'Olympe (*Il.* 1.603-604) et chantent aux funérailles d'Achille (*Od.* 24.60-62).

Tout comme elles se réjouissent uniment d'*une* belle voix, elles s'avancent en exécutant, toutes ensemble, *un* immortel chant dansé (μολπῇ, substantif apparenté à μέλπεσθαι). C'est poussées, portées, enthousiasmées par leur réjouissante belle voix guidant leur chant dansé – qui a pour caractéristique d'être, comme elles, immortel (ἀμβροσίη)⁷⁶ – que nos divinités cheminent en formant un ensemble. Nous le devinons : si le chant dansé qui accompagne le cortège euphonique et euphorique des Muses est immortel, c'est d'une part qu'il perdure à tout jamais, d'autre part qu'il est gage d'immortalité, non seulement pour les événements et héros qu'il met en scène, mais encore pour les Muses elles-mêmes, dont la pérennité s'atteste à chaque fois que leur musique retentit.

Le chanteur énonce ensuite les deux effets que produit leur enjoué cheminement musical. Aux alentours, c'est-à-dire aux environs des lieux où retentissent leurs chants, résonne la sombre terre. Cette dernière apparaît doublement chez Homère : d'une part recouverte du sang des morts (terre mortifère), d'autre part

---

75 Hes. *Th.* 68-71.
76 Cf. pour ce terme Ballabriga 1997.

comme terre nourricière.⁷⁷ Personnifiée chez Hésiode, elle est la terre mère, à la fois grand-mère maternelle et arrière-grand-mère paternelle des Muses. Nous y entendons aussi bien la terre destructrice que productive qui fait écho aux chants musicaux des divinités en route vers l'Olympe. Lié au premier, le deuxième effet vient préciser le genre d'écho : un aimable bruit sourd (ἐρατὸς δοῦπος) s'élève de sous leurs pieds. La plupart des emplois homériques de δοῦπος indique qu'il s'agit d'un *bruit* étouffé, qui résonne ou se répercute au loin, comme celui des pas (*Od.* 16.10), des lances (*Il.* 11.364) ou encore des vagues contre les rochers (*Od.* 5.401).⁷⁸ Bruit aimable, à l'image de la voix des Muses.

Non seulement les Muses, mais toute la surface de la terre, et même ce qui se cache en-dessous, les profondeurs du monde, se réjouissent à leur passage. Tout résonne, vibre lors de leur avancée vers leur père ; comme si leur déplacement en direction des plus hautes cimes de l'Olympe où siège Zeus déclenchait tout un émoi musical. Les vers qui suivent rappellent l'importance du roi des dieux : il règne en maître, depuis le ciel, fort du tonnerre et de la foudre. Ce qu'éveille joyeusement le chant des Muses lors de leur voyage est son pouvoir, sa puissance, sa victoire sur Cronos et l'établissement d'un nouvel ordre du monde ;⁷⁹ chant qui peut bien réjouir le monde entier, tant tout est tributaire de la nouvelle ère.

Une fois les Muses arrivées à destination,

> [...] γελᾷ δέ τε δώματα πατρὸς
> Ζηνὸς ἐριγδούποιο θεᾶν ὀπὶ λειριοέσσῃ
> σκιδναμένῃ· ἠχεῖ δὲ κάρη νιφόεντος Ὀλύμπου
> δώματά τ' ἀθανάτων. [...]

> [...] rient les demeures de leur père
> Zeus au bruit retentissant, la voix de lis des déesses
> se répandant ; y font écho la cime de l'Olympe neigeux
> et les demeures des immortels. [...]⁸⁰

La voix des Muses est qualifiée de lis (λειριοέσσῃ). Lorsqu'on pense aujourd'hui à cette fleur, c'est sa blancheur, symbole de pureté et d'innocence qui vient à l'esprit. D'après Irwin (1974, 209-210), il s'avère que l'emploi grec du mot ne se

---

77 Terre mortifère : par exemple Hom. *Il.* 15.715 ; 20.494 ; terre nourricière : *Od.* 9.111 ; 11.365.
78 La clameur de la mêlée est également comparée au bruit du torrent que le berger perçoit au loin dans la montagne (Hom. *Il.* 4.455).
79 Nous paraphrasons Hes. *Th.* 71-75. Le dernier vers de ce passage rappelle l'action des divinités : « Les Muses qui ont des demeures olympiennes chantaient cela (ταῦτ' ἄρα Μοῦσαι ἄειδον Ὀλύμπια δώματ' ἔχουσαι) ».
80 Hes. *Th.* 40-43.

limite pas à la couleur. En atteste par exemple la finesse de la chair des guerriers transpercée par la lance d'Hector dans l'*Iliade* (13.830). Aussi est-ce une voix tant éclatante, pure, que délicate, qui se répand dans l'Olympe, jusqu'à son sommet enneigé ; voix reprise en écho par sa cime et les maisons des dieux elles-mêmes. Mais comment se fait-il qu'à son écoute les demeures de Zeus se mettent à rire (γελᾷ) ? Le verbe γελᾶν signifie non seulement *rire* au sens d'un retentissant éclat de rire, mais également *briller, scintiller*. Hésychius (γ 297) glose le verbe par λάμπειν, *briller, resplendir* et *éclater, retentir*, et ἀνθεῖν, *pousser, croître, fleurir*. Cela signifie que le rire de Zeus n'est pas seulement audible, mais encore visible, en ce qu'il éclaire, illumine le dieu.[81] Aussi est-ce un brillant, bruyant et puissant éclat de rire qui se fait entendre, qui illumine et ébranle Zeus et les lieux olympiens où il se trouve, touchés qu'ils sont tous par la voix des Muses. L'épithète du dieu le caractérise d'ailleurs indirectement par un tel éclat (ἐριγδούποιο, *au fort* [ἐρι-] *bruit sourd* [δοῦπος], soit *au bruit retentissant*) et fait écho au son sourd que les pieds de ses filles soulèvent. Et l'Olympe entier, jusqu'à son plus haut sommet, y compris les demeures des autres dieux – et par métonymie probablement ces derniers eux-mêmes – sont ravis par la voix musicale. Notons que tout apparaît d'un éclat d'une pureté bien peu humaine : à la voix de lis des Muses, au rire lumineux de Zeus répond le haut sommet de l'Olympe, recouvert d'une couche de neige immaculée. Encore une fois, la musique n'est pas expérimentée de la même manière chez les dieux et chez les hommes : loin de toute idée de détournement, de pause ou de répit, le chant des Muses emporte le monde divin dans la joie et la brillance.

Mais quelles sont les paroles prononcées par cette voix à l'origine de l'éclatante joie divine qui résonne à travers l'Olympe ? Le prologue en souligne d'emblée la nature à la suite du passage ci-dessus : ce que fait jaillir la « voix immortelle » des Muses concerne tous les êtres vivants d'exception, à commencer par les dieux. En premier, les Muses énoncent « le genre digne de respect des dieux » ; en deuxième, elles célèbrent « Zeus, le père des immortels et des mortels » ; et enfin « le genre des hommes et des géants les plus forts ».[82] Est-ce à dire que, contrairement au chant des Muses lors du banquet des dieux dans l'*Iliade*, il est ici possible au chanteur et à ses auditeurs d'entendre la musique qui résonne au sommet de l'Olympe ? Les hommes se seraient-ils rapprochés des dieux ? Non : il ne s'agit pas de la retranscription d'un chant, mais d'un résumé général, thématique, de ce que les Muses peuvent exprimer aux dieux, toujours situés loin au-dessus des hommes. Le chanteur ne fait apparemment que rappeler la nature et l'influence

---

[81] Cf. Lopez Eire 2000, 14 ; 33-37. En ce qui concerne le rire des dieux, cf. Kerényi 1940, 163-165.
[82] Nous paraphrasons Hes. *Th*. 43-52.

des Muses dans le monde divin, en imaginant ce qu'elles pourraient chanter sur l'Olympe et l'effet qu'auraient leurs chants sur les dieux.

2.3 Séjour sur l'Hélicon

Le premier vers nous l'a déjà appris : les Muses ne séjournent pas toujours dans leur lieu de naissance en Piérie ou sur l'Olympe, ni cheminent entre ces deux endroits, mais habitent également une autre fameuse montagne grecque, l'Hélicon. Voici comment le chanteur le précise, – directement après le premier vers : les Muses sont celles

> αἵ θ' Ἑλικῶνος ἔχουσιν ὄρος μέγα τε ζάθεόν τε
> καί τε περὶ κρήνην ἰοειδέα πόσσ' ἁπαλοῖσιν
> ὀρχεῦνται καὶ βωμὸν ἐρισθενέος Κρονίωνος·
> καί τε λοεσσάμεναι τέρενα χρόα Περμησσοῖο
> ἢ Ἵππου κρήνης ἢ Ὀλμειοῦ ζαθέοιο
> ἀκροτάτῳ Ἑλικῶνι χοροὺς ἐνεποιήσαντο
> καλοὺς ἱμερόεντας, ἐπερρώσαντο δὲ ποσσίν.

> qui possèdent la grande et très divine montagne de l'Hélicon
> et, autour de la source aux reflets de violette, de leurs pieds délicats
> dansent, ainsi qu'autour de l'autel du très fort fils de Cronos ;
> et qui, après avoir lavé leur tendre peau dans le Permesse,
> l'Hippocrène ou le très divin Olmée,
> au sommet de l'Hélicon, ont produit des chœurs
> beaux et désirables et agité vivement leurs pieds.[83]

Si dans le vers liminaire les Muses sont de l'Hélicon, c'est au sens où elles possèdent et habitent cette grande et très divine montagne, comme l'indique également l'expression « Ἑλικωνιάδεσσ' » qu'on trouve dans *Les Travaux et les Jours* (658) lorsque le chanteur mentionne avoir consacré un trépied aux Muses de l'Hélicon. D'après Plutarque (*Mor.* 706d), un culte aux Muses y était régulièrement célébré ;[84] les *Mouseia* organisés par la cité de Thespies ne semblent cependant pas remonter plus haut que le 3e siècle.[85] Quoi qu'il en soit, l'épithète ζάθεος, *très divin* présente cette montagne comme étant de part en part divine, au sens où elle

---

83 Hes. *Th.* 2-8.
84 Cf. encore Roux 1954. Argoud 1996 situe l'Hélicon géographiquement, historiquement et littérairement. Otto 1971, 63-64 recense de nombreuses références sur les mythes liés à cette montagne.
85 Cf. Lamberton 1988 ; van Groningen 1948, 288 y voit un festival plus ancien. Corinn. fr. 674 Page parle de Thespies comme aimée de la Muse (μωσοφίλειτε).

n'est pas seulement habitée par les Muses, mais également par d'autres dieux : Zeus, Poséidon et les Nymphes – pour ne citer que ceux nommés chez Homère (*Il.* 20.404) et Hésiode (*Th.* 4).[86]

La première activité des Muses selon l'ordre du texte est la danse (ὀρχεῦνται), exécutée au moyen de leurs pieds délicats (ἁπαλοῖσιν). L'adjectif ἁπαλός, *tendre*, *délicat* qualifie chez Hésiode également la peau de la jeune fille qui demeure cloîtrée à la maison et ne subit pas les assauts du vent (*Op.* 519) ; ou encore les bouches des choreutes (*Sc.* 279).[87] Selon Treu (1955, 179-180), cet adjectif suggère tantôt un manque de force, de résistance, une vulnérabilité ; et tantôt, par extension, appliqué aux pieds, une modalité de leur fonction : la légèreté, telle celle d'Até qui ne touche pas le sol lorsqu'elle se déplace de sorte que personne ne l'entend venir.[88] Cette délicatesse et légèreté est cependant en même temps énergique : le verbe ὀρχεῖσθαι signifie *danser* au sens de *s'agiter*, de *bouger vivement*. Les divers emplois homériques du verbe (ou d'autres termes de la famille) indiquent que ce type de danse a lieu en frappant le sol du pied. Chez les Phéaciens par exemple, les jeunes gens habiles à la danse frappent de leurs pieds la place de danse ou dansent en frappant souvent le sol ; Ulysse demande tantôt au chanteur de conduire avec sa *phorminx* la danse afin que celui qui se trouve à l'extérieur pense, en entendant frapper et résonner le sol, qu'on célèbre un mariage.[89] La danse des Muses s'avère ainsi en même temps délicate, tendre, légère et vive, rythmée.

La danse que les Muses accomplissent ici est circulaire, à l'instar de la nature de ronde qu'a le chœur d'après Hésychius (χ 645) : elle a lieu autour de deux endroits que les divinités paraissent vénérer tout particulièrement : une source et un autel. La première peut aussi bien être naturelle que travaillée, artificielle : une fontaine.[90] La couleur de l'eau qui y coule est semblable à celle de la violette (ἰοειδέα, composé d'ἴον, *violette*, et d'εἶδος, *aspect*), autrement dit plutôt sombre, – et non claire ou limpide comme on aurait de prime abord tendance à imaginer

---

86 Sans être explicitement présentées par Hésiode comme habitant l'Hélicon, on sait que les Nymphes vivent volontiers dans les cours d'eau, arbres et autres rochers, notamment de montagnes.
87 Chez Homère, ἁπαλός désigne volontiers la partie corporelle entre le cou et l'épaule ; partie où la lance s'enfonce aisément (par exemple *Il.* 18.177 à propos de Patrocle ; *Od.* 22.16 pour Antinoos).
88 Hom. *Il.* 19.91-93.
89 Hom. *Od.* 8.263-264 ; 378-379 ; 23.134.
90 Cf. Wycherley 1937. Pour une mise en parallèle archéologique des différents termes grecs pour la source, cf. Tölle-Kastenbein 1985. Otto 1971, 29-31 relève que le chanteur inspiré apparaît comme s'abreuvant à la source (ou fontaine) des Muses. Cf. aussi les trois Muses aquatiques d'Eumel. dubia 3 Davies = fr. 17 Bernabé.

l'eau de source.[91] Chez Homère (par exemple *Il.* 9.14 ; *Od.* 20.158) également, les sources sont à plusieurs reprises μελάνυδρες, *à l'eau noire* ou *sombre*. L'aspect de violette est d'ailleurs volontiers aussi appliqué à la mer.[92] La ronde des Muses a donc lieu autour d'une source qui fait jaillir à la lumière une eau foncée – sans doute au sens où elle provient des profondeurs de la terre – et qui rappelle les ondulations des pétales de violettes.[93] Quant à l'autel – pour sa part forcément artefact –, il est dédié au fils de Cronos, c'est-à-dire à Zeus lui-même. De même qu'il est courant que les montagnes soient des lieux divins, il est habituel de placer des sanctuaires ou des lieux de culte au sommet de celles-ci.[94] Présenté comme le très fort fils de Cronos, Zeus se fait à nouveau jour comme le dieu le plus puissant, celui qui est parvenu à renverser son père. Aussi les Muses célèbreraient-elles, par leurs danses circulaires, les deux éléments que sont l'eau pure sourdant des profondeurs de la terre et la force divine de Zeus tout puissant.

Danser ainsi n'est cependant pas la seule activité de nos divinités sur l'Hélicon ; le chant révèle également qu'elles y lavent leur tendre (τέρενα, au sens de *jeune, frais*)[95] peau dans deux cours d'eau, le Permesse et le très divin Olmée, ainsi que dans une autre source, l'Hippocrène. Cette dernière est à vrai dire écrite en deux mots : « Ἵππου κρήνης, *source du cheval* ». Selon le mythe, c'est Pégase, le cheval ailé, qui l'a fait jaillir en frappant la divine montagne de son sabot.[96] Comme la plupart des lieux géographiques présentés dans la mythologie, l'existence de ces deux rivières et de cette source est difficile à prouver et leur localisation aussi hypothétique que peu productive.[97] Si les Muses y lavent leur tendre peau, c'est probablement que cette dernière a été souillée par leurs pérégrinations. Loin d'être négligentes, nos divinités apparaissent minutieuses, soucieuses de propreté, à commencer par la leur. Le bain peut également être un moyen pour elles de se ressourcer et de gagner les forces nécessaires aux chants et danses futurs.[98]

Suite à leur bain, les Muses en viennent justement à produire de beaux (καλούς) et désirables (ἱμερόεντας, adjectif qui rappelle Himéros) chœurs (χορούς). Si nous comprenons sans autre que la beauté et le désir accompagnent

---

91 Waern 1972, 5 voit toutefois dans ἴον une espèce de violette de couleur claire (blanc-crème).
92 Notamment Hom. *Il.* 11.298 ; Hes. *Th.* 844.
93 Benaky 1915.
94 Cf. West 1997, 36.
95 Cet adjectif est également employé chez Hésiode à propos de la fleur de la jeunesse (*Th.* 988 ; fr. 132 Merkelbach-West) et de la peau de jeunes filles (*Op.* 522).
96 Cf. Ov. *Met.* 5.256-263.
97 Von Fritz 1956, 33-34 remarque que la source du vers 3 se trouve forcément près de l'Hippocrène et ne peut donc correspondre à la source Aganippé qui jaillit au pied de l'Hélicon.
98 Kambylis 1965, 25 voit dans l'eau un élément salubre, purificateur, voire même thérapeutique.

les chœurs des Muses, il s'agit cette fois d'entendre le dernier terme dans sa troisième acception, comme *chant et danse* du chœur lui-même. Les deux autres sens sont en effet impossibles à lier au verbe produire (ἐνεποιήσαντο) qui qualifie l'activité à laquelle s'adonnent les Muses. Remarquons que ce verbe est de la même famille que les mots, plus tardifs, de ποίησις, ποιητής, ποίημα, dont dérivent nos concepts de *poésie, poète, poème*.[99] La production de chœurs à laquelle se consacrent les Muses peut ainsi se lire comme une sorte de poïèse – sinon d'activité poétique avant l'heure. La dernière expression du passage précise finalement que, lors de cette production, les Muses agitent vivement (ἐπερρώσαντο) leurs pieds. Le verbe ἐπιρρῶσθαι signifie *se démener, mettre en mouvement, mouvoir, agiter vivement* – et ce non pas confusément, mais là aussi de manière cadencée, rythmée. Il semble donc que ce soit leur exécution parfaite qui rende les chœurs des Muses beaux et désirables. Elles paraissent en outre les produire pour elles-mêmes, comme si leur beauté et caractère désirable les comblaient.

Les temps verbaux qui déterminent les activités des Muses sur l'Hélicon alimentent les discussions des commentateurs. Si on est le plus souvent d'accord pour affirmer que les deux premiers verbes au présent indiquent une certaine continuité et habitude, le fait que les deux suivants soient à l'aoriste pose problème. Une explication possible est qu'ils marquent le passage à des événements plus particuliers ou, s'ils sont toujours quotidiens, qu'ils sont circonscris à un temps limité.[100] Assaël (2006, 122-123) part du point de vue du chanteur et les comprend comme le signe du passage à un souvenir ponctuel. Dans ce sens, pour Calame (2000, 60), « les vers 2-4, au présent, décrivent les attributions générales des Muses, en revanche au vers 5 commence la narration (au passé) des qualités des Muses dans laquelle s'insère la description de la vision que le poète a eue du groupe divin ». Mais qu'importe que le chanteur décrive ici des scènes qu'il a vues, cru voir ou qu'il imagine : les différentes actions des Muses demeurent les mêmes. Aussi, à la suite de West (1966, 155) qui considère toutes ces formes verbales comme « *timeless* », comme l'est le temps propre aux activités divines, le passage du présent à l'aoriste ne fait selon nous que renforcer temporellement la localisation d'éléments au même titre marqués par l'habitude.[101]

Les adjectifs beaux, désirables, délicats et tendre qui caractérisent ici les chœurs, les pieds et la peau des Muses – tout comme précédemment leur belle voix aimable et immortelle, éclatante et délicate comme le lis, leur bandeau d'or, leurs chœurs brillants, leurs belles demeures – font apparaître nos divinités sous un jour enchanteur : comme de jeunes filles, telles les Nymphes, tout droit sorties

---

99 Cf. par exemple Bouvier 2003.
100 Von Fritz 1956, 33 ; Kambylis 1965, 50.
101 Cf. encore Péristérakis 1962, 1-5.

d'un rêve de nature idyllique. Ces dernières incarnent les forces de la nature et sont présentes dans l'eau (sources, ruisseaux ou fleuves), les montagnes, les forêts, les arbres. Elles sont en outre presque toujours mentionnées en âge de mariage et en train de danser.[102] Koller (1995, 99) les décrit comme de mystérieuses et incompréhensibles forces surgissant de toute forme vivante et expérimentées par les hommes lorsqu'ils se trouvent au milieu de la nature. Le rapprochement Muses-Nymphes n'est pas une invention de notre part. Un fragment les met bel et bien en rapport, tout comme avec d'autres jeunes filles encore : les progénitures de Porthaon sont les « compagnes des Nymphes aux belles boucles (Νυμφάων καλλιπ[λο]κάμ[ω]ν συνοπηδοί) | [...] et des Muses (Μο[υ]σέων) ».[103] En s'appuyant sur ces vers, Arthur (1983, 98-99) fait de la description des Muses sur l'Hélicon une image typique des activités de jeunes vierges. Sans aller aussi loin, nous reconnaissons dans leur rapprochement une illustration du caractère merveilleux et pur dont est auréolée leur existence dans les inaccessibles hauteurs divines. Seules la sombre terre et la source violette jaillissant des profondeurs nuancent le tableau.

Loin de se contenter de couler des jours heureux sur l'Hélicon, les Muses viennent tantôt à quitter leur lieu de rêve et de ressource :

> ἔνθεν ἀπορνύμεναι, κεκαλυμμέναι ἠέρι πολλῷ,
> ἐννύχιαι στεῖχον περικαλλέα ὄσσαν ἱεῖσαι
>
> Partant de là-haut, voilées d'une brume épaisse,
> elles marchaient dans la nuit, lançant une voix de toute beauté[104]

A l'instar de leurs activités précédentes, le départ des Muses du sommet de l'Hélicon n'est pas fixé dans le temps. Le chanteur ne précise pas davantage la durée que la direction de leur marche.[105] Ce qui compte est qu'elles s'en vont dans la nuit, voilées d'une brume épaisse. Quasi indiscernables, seule leur voix (ὄσσαν) – dès lors par contraste de toute beauté (περικαλλέα) – dévoile leur présence. Au lieu d'ouvrir l'œil, il s'agit de tendre l'oreille pour ne pas manquer leur voix jaillissant (ἱεῖσαι, *lançant* une voix) hors de la sombre nuit et du voile de brume épaisse qui rappellent la sombre terre et la source de violette évoquées plus haut.

---

102 Cf. Larson 2001.
103 Hes. fr. 26.10-11 Merkelbach-West. Voir encore pour un rapprochement Muses-Nymphes, par exemple Paus. 9.34.4 ; Larson 2001, 7-8.
104 Hes. *Th.* 9-10.
105 Pour Kambylis 1965, 50, s'il va de soi que les Muses ne marchent pas indéfiniment, elles réitèrent leurs pérégrinations.

Les teintes du tableau sont inversées : l'idylle, la pureté, la brillance, l'abondance festive, la pleine satisfaction, le désir et l'éclat sont désormais cachés ; seule la beauté de leur voix transparaît de leur aspect nouvellement nocturne, brumeux, impénétrable, à la limite de l'inquiétant. Les Muses ne se présentent de toute clarté que dans leur environnement divin. Notons au passage que bien que le sujet soit *les* Muses et que les verbes soient conjugués au pluriel, c'est toujours *une* seule et même voix qu'elles font jaillir, ensemble, en chœur.

Le chant ne rapporte pas précisément ce que dit cette voix. Nos deux vers sont suivis d'une série de noms et d'épithètes divins, résonnant dans le large ciel.[106] Comme s'il s'agissait de poser le décor, d'esquisser le contexte.

2.4 Les Muses rencontrent Hésiode

Loin d'être confinées aux hauteurs, aux sphères supérieures de toute pureté propres aux dieux, les Muses en viennent tantôt, la nuit, à s'élancer de là-haut et, auréolées d'une épaisse brume, à cheminer en chantant en direction des hommes, du moins de certains d'entre eux. C'est ainsi qu'elles rencontrent un jour Hésiode.

2.4.1 Enseignement et guides musicaux

Chez Homère, sans les Muses, l'homme ne peut être un véritable chanteur. Ce n'est que lorsqu'elles lui accordent leur chant et dévoilent leur savoir qu'il le devient. Contrairement à l'*Iliade* et l'*Odyssée*, où le lien Muses-chanteur n'est jamais exposé – soit que le chanteur invoque simplement les Muses, soit qu'elles sont mentionnées dans le cours du récit –, la rencontre entre Hésiode et les Muses apparaît clairement dans le prologue de la *Théogonie* :

> Αἵ νύ ποθ' Ἡσίοδον καλὴν ἐδίδαξαν ἀοιδήν,
> ἄρνας ποιμαίνονθ' Ἑλικῶνος ὑπὸ ζαθέοιο.
>
> Ce sont elles qui un jour ont enseigné à Hésiode un beau chant,
> alors qu'il faisait paître des agneaux sous le très divin Hélicon.[107]

Un jour (ποθ'), au pied du très divin Hélicon – non loin donc d'un de leurs lieux de séjour divins, mais chez les hommes –, les Muses se manifestent pour ainsi dire en chair et en os à Hésiode, berger auquel elles enseignent un beau chant.

---

106 Hes. *Th.* 11-21.
107 Hes. *Th.* 22-23.

L'adverbe ποτέ marque une séparation entre l'atemporalité de la vie divine et l'instant précis auquel les Muses apparaissent dans la sphère humaine.[108] Il n'est cependant pas défini pour autant : il est impossible de savoir quand la rencontre a eu lieu ni combien de temps s'est écoulé entre l'événement et son évocation dans le chant. Seul l'écart temporel est certain : un jour, par le passé, les Muses ont enseigné (ἐδίδαξαν) un beau chant à ce berger nommé Hésiode.

Nous l'avons relevé chez Homère, διδάσκειν signifie *enseigner, faire savoir*, au sens où le maître conduit son élève d'un état d'ignorance à celui de connaissance. Brillante (1992a, 10 ; 2009, 23 n. 13) distingue un double travail dans l'instruction : l'élève reçoit une aptitude, une capacité de la part de l'enseignant et s'implique lui-même dans le processus d'apprentissage. Le berger ne se limiterait donc pas à accueillir le don divin, à se laisser traverser par lui, mais ferait en même temps un effort pour se faire guider, enseigner par les Muses les techniques nécessaires à la composition. Raison peut-être pour laquelle il est capable de commencer de lui-même « par les Muses » le présent chant.

Dans *Les Travaux et les Jours*, le chanteur indique à son auditoire pourquoi il est en mesure de dire l'esprit de Zeus, alors même qu'il est loin de posséder l'expérience de toute chose. Parce que « les Muses m'ont enseigné à chanter un chant divin (Μοῦσαι γάρ μ' ἐδίδαξαν ἀθέσφατον ὕμνον ἀείδειν) ».[109] La puissance reçue de leur père transparaît là aussi dans l'enseignement des Muses, en l'occurrence de l'ordre d'un ὕμνος ἀθέσφατος. L'adjectif θέσφατος signifie littéralement *qui est dit ou fixé par le divin*. Avec l'ajout d'un α, le terme soit garde le sens de l'adjectif simple (*alpha* privatif pléonastique), soit prend celui de ce *qui n'est pas dit* ou *fixé par le divin, qui échappe à toute règle* (*alpha* privatif).[110] Sachant qu'il s'agit ici du chant que les Muses apprennent au chanteur, le qualificatif apparaît comme le signe de la puissance musicale : le chant est divin en ce qu'il dépasse les capacités humaines et les dires des autres dieux eux-mêmes. Il est ainsi *immense, illimité, merveilleux, inconcevable*, comme on traduit volontiers le terme.[111]

L'enseignement des Muses est mentionné à une troisième reprise chez Hésiode. Quatre vers plus haut dans *Les Travaux et les Jours*, le chanteur raconte avoir consacré un trépied « aux Muses de l'Hélicon, | là où, pour la première fois, elles m'ont fait avancer sur le chant pénétrant (Μούσῃσ' Ἑλικωνιάδεσσ' […] | ἔνθα

---

108 Cf. Pucci 2007, 56, avec de nombreuses références.
109 Hes. *Op.* 662.
110 Chantraine 1999, 433 ; cf. également Kaimio 1977, 120-121.
111 Pucci 1977, 1-6 ; Fränkel 1923, 281-282 et West 1978, 322 ; Mazon 1996, 110 ; Most 2006a, 140. Le chant apparaît même indicible, comme l'indique la traduction de Bailly 1950, 34 : *dont on ne peut dire la grandeur, la beauté*.

με τὸ πρῶτον λιγυρῆς ἐπέβησαν ἀοιδῆς) ».[112] L'instruction des Muses apparaît alors non pas en termes didactiques, mais, à l'instar de chez Homère, comme une avancée sur ou dans le chant. Même s'il n'est pas possible de savoir comment cette dernière se déroule, nous comprenons d'une part que le chanteur est littéralement poussé, porté par les déesses à se mettre à chanter et d'autre part que cette action n'est pas unique, mais récurrente. La sphère musicale ainsi ouverte est exprimée par le qualificatif λιγυρός, *clair, aigu, strident, perçant, pénétrant*, telles les Muses elles-mêmes.[113]

Revenons à la rencontre des Muses avec Hésiode dans la *Théogonie*. Calame (1996a, 52 ; 2000, 76) voit dans la mention du nom du chanteur une σφραγίς, une *signature*. Sans être forcément autobiographique, ce procédé donne une identité précise à celui qui s'exprime ainsi qu'à la situation de communication. D'autres chercheurs y reconnaissent davantage un terme générique.[114] Il nous importe d'observer que la signification du nom souligne l'activité de celui qu'il désigne ;[115] comme le relève Judet de la Combe (1993, 33), selon le schéma traditionnel, le nom propre correspond à ce que l'individu devient. Toutes les traces étymologiques du nom Ἡσίοδος vont dans le sens de ce que nous appelons la musique : on s'accorde pour considérer que le premier terme du doublon Hési-ode est lié à des racines présentes dans les verbes se réjouir (ἥδεσθαι), aller ou lancer (ἱέναι) ; quant au second, il provient soit de ὁδός, *chemin*, soit d'un terme construit sur une racine signifiant le chant, analogue à la voix (ὄσσα).[116] Chacune des hypothèses s'insère dans des expressions déjà rencontrées : le fait de se réjouir, de s'avancer sur le chemin (du chant) ou encore de lancer une voix. Cette dernière lecture fait d'ailleurs résonner le nom d'Hésiode lui-même lors des nombreuses occurrences de la formule ὄσσαν ἱεῖσαι, *lançant une voix*[117] – formule qui qualifierait certes toujours les Muses, mais rappellerait à la fois en creux le lien qu'elles entretiennent avec le chanteur Hésiode.

---

112 Hes. *Op.* 658-659.
113 Les termes λιγύς (qui qualifie la Muse chez Hom. *Od.* 24.62) et λιγυρός (qui qualifie ici le chant) sont de la même famille. Cf. par exemple Frisk 1970, 121.
114 Notamment Murray 1981, 91 ; Stein 1990, 8-9 ; Strauss Clay 2003, 3 n. 6.
115 Cf. Miralles/Pòrtulas 1998, 28-29 ; Bouvier 2002, 446.
116 Cf. Meier-Brügger 1990. Selon Most 2006a, xiv, c'est en tant que fils de commerçant qu'Hésiode se réjouit du chemin. Sa rencontre des Muses lui aurait permis d'entendre d'une nouvelle façon son nom.
117 Hes. *Th.* 10 ; 43 ; 65 ; 67.

2.4.2 Contexte d'apparition et premières paroles

Tels sont les premiers mots du témoignage de l'homme que les Muses instruisent :

> τόνδε δέ με πρώτιστα θεαὶ πρὸς μῦθον ἔειπον,
> Μοῦσαι Ὀλυμπιάδες, κοῦραι Διὸς αἰγιόχοιο
>
> Les déesses m'ont adressé en tout premier la parole comme ceci,
> les Muses olympiennes, filles de Zeus qui tient l'égide[118]

Celles qui s'adressent au chanteur en devenir sont nommées ici par trois appellations déjà rencontrées, à vrai dire formulaires :[119] elles sont d'abord θεαί, *divines*, comme la divinité exhortée dans le vers liminaire de l'*Iliade* ; elles sont ensuite liées à l'Olympe où nous savons qu'elles séjournent parfois ; elles sont enfin, comme nous le savons également déjà, évoquées comme filles de Zeus qui, tenant l'égide, règne sur le monde. Loin d'être purement ornementales, ces dénominations rappellent et célèbrent le fait que les Muses sont d'un autre ordre que les hommes, qu'elles leur sont supérieures, les dépassent : de nature divine, olympienne, fortes d'une puissance digne de leur père.

Alors que le récit du berger se déroulait jusqu'ici à la troisième personne, les divines Muses s'adressent soudain à un moi (με). Dans l'*Odyssée* (16.205 ; 21.207-208), on trouve à deux reprises un tel changement énonciatif : à chaque fois dans la bouche d'Ulysse, qui parle d'abord de lui à la troisième personne avant de continuer à la première, révélant ainsi son identité. Dans nos vers, il se peut que la présence de la première personne soit due, comme le suggère Rudhardt (1996, 28-29), à « la vivacité d'une expérience qu'il <Hésiode> ressent fortement comme sienne et qui est subjective », et non objective comme la troisième personne. Interprétation qui ne rend pas pour autant caduque la possibilité que tout chanteur récitant ces vers puisse en quelque sorte se glisser dans la peau d'Hésiode et se trouve élevé par ce qui peut être considéré comme un tremplin au niveau de l'inspiration musicale. Qu'importe finalement qui s'exprime ici : les Muses lui font entendre « cette parole que voici », au sens des mots qui vont suivre.[120]

Avant de nous occuper de ce que les Muses disent à Hésiode, relevons comment cet épisode de la *Théogonie* a été interprété au cours des âges. Si, dans l'antiquité,

---

118 Hes. *Th.* 24-25.
119 Par exemple Hom. *Il.* 2.491. Chez Hésiode lui-même, trois passages (*Th.* 966 ; 1022 ; fr. 1.2 Merkelbach-West) contiennent mot pour mot le vers 25. Le vers précédant ces passages qualifie les Muses par leurs doux mots (ἡδυέπειαι) et les invoque à chanter (ἀείσατε). Pour une analyse de ces formules dans leur contexte d'apparition, cf. Minton 1962.
120 Cf. par exemple Pucci 2007, 58-59.

on y a tantôt vu un rêve du chanteur,[121] deux opinions prédominent parmi les philologues modernes : l'une valorise le contenu et le sens du récit et y voit une vision sincère, une expérience religieuse, probablement influencée par la vie solitaire de berger ;[122] l'autre se concentre sur la forme et la manière dont l'épiphanie divine est décrite pour y reconnaître une convention littéraire propre à l'époque d'Hésiode.[123] Selon la position synthétique de West (1966, 160) que nous suivons, la présence de ces éléments dans la vision d'Hésiode n'hypothèque nullement sa sincérité : le berger se trouve dans une situation propice à l'inspiration musicale.

Les vers suivants mentionnent les premières paroles des Muses :

> «ποιμένες ἄγραυλοι, κάκ' ἐλέγχεα, γαστέρες οἶον,
> ἴδμεν ψεύδεα πολλὰ λέγειν ἐτύμοισιν ὁμοῖα,
> ἴδμεν δ', εὖτ' ἐθέλωμεν, ἀληθέα γηρύσασθαι.»
> ὣς ἔφασαν κοῦραι μεγάλου Διὸς ἀρτιέπειαι·
>
> « Bergers qui demeurez aux champs, mauvais opprobres, vous qui n'êtes que des ventres,
> nous savons dire beaucoup de faux semblable au réel,
> et nous savons, quand nous le voulons, faire entendre le vrai. »
> Ainsi parlaient les filles aux justes mots du grand Zeus ;[124]

Les premiers mots explicites de nos divinités sont denses. Ils attestent qu'elles ne s'adressent pas à Hésiode en tant qu'individu particulier ; le texte présente en effet des destinataires multiples : ποιμένες, des *bergers*. Mais pourquoi les Muses ont-elles choisi des bergers ? Habitués qu'ils sont à écouter la nature, à être attentifs à ce qui les entoure, ils nous semblent prédestinés. Nombreux sont les bergers qui rencontrent les dieux ; tant d'ailleurs en Grèce que dans d'autres cultures.[125] A l'intersection entre le monde humain, civilisé et le monde sauvage, les bergers apparaissent volontiers comme intermédiaires entre la cité et la nature, voire entre les hommes et les dieux.[126] Les trois caractéristiques que les Muses leur

---

[121] Fro. *Ep.* 1.4.6.
[122] Notamment Latte 1946 ; Dodds 1951, 117 ; Kambylis 1965, 53-61 ; Harriott 1969, 35 ; Otto 1971, 32 ; Gentili 1984, 110 ; Rudhardt 1988, 40.
[123] Par exemple Calame 1982, 24. West 1966, 158-161 recense les éléments hésiodiques repris dans diverses œuvres antiques : la rencontre sur une montagne d'un dieu et d'un berger ; l'adresse divine fortement péjorative ; le don d'un objet divin en guise de signe de la rencontre ; la grande éloquence soudaine de l'homme.
[124] Hes. *Th.* 26-29.
[125] Par exemple Archiloque (*Marm. Par.* E1 2.22-40, retenu notamment par Bonnard/Lasserre 1958) ; Orphée (cité par exemple par Paus. 9.30.10) ; ou encore David ou Moïse dans la culture judéo-chrétienne.
[126] Cf. Rudhardt 1996, 26.

donnent vont dans ce sens : en même temps évidentes, anodines et provocantes, voire péjoratives, elles indiquent la nature rurale qui les distinguent des autres hommes et des dieux.[127]

Les Muses rappellent d'abord aux bergers une évidence : qu'ils demeurent aux champs (ἄγραυλοι). Tout homme sait que, gardant leur troupeau, les bergers se trouvent le plus souvent dans leurs champs, tantôt nuit et jour. En comparaison des divines Muses et des autres hommes, cette qualification peut bien paraître critique, dénigrant leur niveau de vie (rudimentaire) campagnarde, presque de sauvages.

Les Muses rappellent ensuite que les bergers sont des bons à rien, des mauvais opprobres (κάκ' ἐλέγχεα). Faut-il à nouveau y entendre une distinction d'avec les dieux et les autres hommes ? Dans l'*Iliade*, l'épithète est employée à trois reprises pour dénigrer des personnes : les Achéens qui n'ont pas encore réussi à s'emparer de Troie (2.235) ; les guerriers qui dorment encore (5.787) ; et les hommes d'Agamemnon qui ne tiennent pas tête au seul Hector (8.228).[128] Mais qu'en est-il des bergers ? Si, par rapport aux dieux, tous les hommes peuvent être qualifiés de bons à rien, dans une perspective purement humaine, ceux qui, jour après jour, traînent dehors et ne font que s'occuper de leurs bêtes peuvent l'être également, comparés aux activités auxquelles s'adonnent leurs congénères.

Les Muses les taxent finalement de simples ventres (γαστέρες). A la différence des dieux qui se nourrissent du fumet des sacrifices, de nectar et d'ambroisie, les hommes ont besoin d'avaler des nourritures conséquentes, roboratives pour (sur)vivre.[129] Dans l'*Odyssée*, le terme ventre est le plus souvent accompagné d'épithètes négatives, telles στυγερός, *haïssable* (7.216), οὐλόμενος, *funeste* (15.344), λυγρός, *triste, méprisable* (17.473), μάργος, *insensé, vorace* (18.2), κακοεργός, *malfaisant* (18.53), ἄναλτος, *insatiable* (18.364). Toutes soulignent les viles conséquences qu'implique l'instinct le plus élémentaire de se nourrir : l'appétit pousse à mendier, confine à la paresse, rend dépendant d'autrui, écarte de la société, rapproche davantage des animaux que des dieux.[130]

Si les trois appellations dont les Muses taxent les bergers servent à marquer leurs différences d'avec les dieux et les autres hommes, nous n'y voyons pas qu'une critique. Chaque épithète peut en même temps être entendue dans un sens positif, justifiant d'une certaine manière le fait que les Muses s'adressent

---

127 Cf. par exemple Arthur 1983, 101-104. Selon Thalmann 1984, 144, les paroles des Muses et surtout leur don du chant élèvent le niveau des bergers, les font passer d'hommes non civilisés à citoyens, les affranchissent de la nature et les font accéder à la culture.
128 Les deux derniers emplois sont suivis de l'expression-contraste « admirables en apparence (εἶδος ἀγητοί) ». Leur nature de bons à rien n'est donc pas visible d'emblée.
129 Cf. Vernant 1979, 92-98.
130 Cf. Svenbro 1976, 57-59. Leclerc 1993, 169 fait remarquer que le ventre des dieux n'est pas exprimé par γαστήρ, mais par νηδύς.

à des bergers. Si ces derniers demeurent aux champs, cela signifie qu'ils sont profondément ancrés dans la nature : par leur rapport à la terre, leur sensibilité aux animaux, aux conditions climatiques, en un mot au monde, les bergers sont bien prédisposés à entendre les Muses. L'appellation de bons à rien pourrait en outre les stimuler à tout mettre en œuvre pour dépasser leur état de prime abord honteux. Les voilà qui se mettraient à faire un usage exceptionnel de leurs ventres, ne l'employant plus seulement comme simple organe de digestion, mais le sublimant en centre des passions. Leur savoir-vivre de grande sensibilité et réceptivité leur permettrait tout compte fait d'ingérer, de digérer et de transmettre les paroles des Muses.[131] Certes condescendants, les propos des Muses auraient pour vocation de chatouiller les bergers, dans l'espoir de les éveiller à la musique.

Après avoir rappelé ces trois épithètes pastorales, les Muses présentent de manière succincte et énigmatique ce dont elles sont capables : elles savent (εἰδέναι) dire, rassembler en mots choisis (λέγειν)[132] beaucoup de faux (ψεύδεα) semblable au réel (ἐτύμοισιν ὁμοῖα) et faire entendre (γηρύσασθαι), quand elles le veulent, le vrai (ἀληθέα). Ce fameux passage est un véritable casse-tête.

Il existe deux tendances interprétatives. La première y voit une opposition entre deux termes : le vrai et le faux (qui, en tant que semblable au réel, ne s'en différencierait pas). Ne pouvant imaginer qu'Hésiode présente ses propres chants comme faux, on le place en opposition à d'autres chanteurs qui, contrairement à lui, ne feraient pas entendre le vrai, mais diraient quantité de choses fausses : Homère,[133] des chanteurs anonymes,[134] dépendants de patrons aristocratiques (alors qu'Hésiode serait autonome),[135] ou encore producteurs de théogonies locales (dans l'idée qu'Hésiode chante une théogonie panhellénique).[136] Dans une semblable lecture binaire, mais sans chercher à faire correspondre le faux à l'œuvre d'auteurs particuliers, certains voient dans les ψεύδεα une possible activité de tout chanteur contre laquelle les Muses mettraient Hésiode en garde. Arrighetti (1996, 58) parle à ce propos d'un avertissement contre l'habileté à parler qui « permet de faire apparaître comme vrais également les mensonges », habileté propre à certains caractères, tel notamment le πολύτροπος Ulysse. Rudhardt (1996, 30) y lit une distinction générale entre deux types de langage (de fiction et de vérité) et deux niveaux de poésie (inférieur et supérieur). Alors que Wismann

---

131 Katz/Volk 2000, 127 parlent pour leur part de « récipient ou réceptacle de l'inspiration ».
132 Voir nos remarques sur ce verbe dans 1.2.3 « Ulysse et les Muses ».
133 Lanata 1963, 24 ; Lenz 1980, 153 ; Puelma 1989, 75.
134 Neitzel 1980, 395 ; Buongiovanni 1987, 11 ; Strauss Clay 2003, 58.
135 Svenbro 1976, 62-67.
136 Nagy 1990b, 45.

(1996, 17) distingue les ψεύδεα, en tant que réalités sensibles et éléments du langage, des ἀληθέα, réalités vraies provenant du registre de la parole.

La seconde voie interprétative est ternaire : elle distingue le faux du réel et du vrai. Pour ne pas se fourvoyer, il convient de bien entendre les trois termes. Est-ce que nos traductions correspondent aux notions grecques ? Comme souvent, seule une analyse détaillée nous permet de mieux comprendre ce que les Muses expriment.

Les passages rencontrés précédemment nous ont appris qu'εἰδέναι signifie *savoir* au sens d'*avoir une vue* ; et que le savoir des Muses découle de leur mère Mnémosyne : c'est parce qu'elles ont, grâce à leur mère, continuellement en vue, en mémoire, l'ensemble du monde, qu'elles en possèdent le savoir ; savoir qu'elles peuvent, par la puissance qu'elles tiennent de leur père Zeus, transmettre aux hommes. Notre passage indique comment elles sont capables de le faire.

Les Muses affirment d'abord savoir dire beaucoup de ψεύδεα semblables aux ἐτύμοισιν. Ψεῦδος signifie *faux* au sens de *trompeur, fourvoyant, voilant*. Personnifiés, les Ψεύδεα sont les frères de Λήθη et les petits-fils de Nuit.[137] Aujourd'hui encore, un pseudonyme est un nom qui cache, masque la vraie identité d'une personne. Quand les Muses s'expriment ainsi, leurs paroles sont donc fausses parce que trompeuses : elles voilent ou masquent quelque chose d'autre.

Avant de chercher à déterminer ce que les paroles des Muses cachent, intéressons-nous au deuxième terme. On rapproche l'adjectif ἔτυμος de la famille d'ἐτάζειν, *examiner, vérifier*. Est alors ἔτυμος ce dont les hommes sont sûrs et sur lequel ils s'appuient : la réalité vérifiable des choses présentes et visibles, les faits avérés, comme l'est par exemple le retour effectif d'Ulysse à Ithaque (νόστος ἐτήτυμος).[138] Comment comprendre que les premiers sont semblables aux seconds ?[139] Nous proposons l'interprétation suivante : si en disant des ψεύδεα les Muses expriment des choses voilées semblables à la réalité (factuelle) telle qu'elle apparaît aux hommes, c'est que ce que les ψεύδεα cachent est justement les ἔτυμα. Les premiers seraient alors semblables aux seconds en ce qu'ils disent eux aussi la réalité, toutefois non pas directement, mais sous couvert de voiles. Cette interprétation renoue avec le vers de l'*Odyssée* (19.203) où Ulysse raconte à Pénélope, sous une fausse identité (un pseudonyme), qu'il a rencontré Ulysse en Crète : ce faisant, il dit « de nombreux ψεύδεα semblables à la réalité (ἐτύμοισιν ὁμοῖα) » : les événements racontés par Ulysse ne sont pas vrais mais ressemblent de manière voilée à la réalité. Ils sont autrement dit faux, mais vraisemblables.

---

137 Hes. *Th.* 229.
138 Hom. *Od.* 3.241. L'adjectif ἐτήτυμος est de la même famille qu'ἔτυμος.
139 Pour une analyse complète du terme ὁμοῖος dans ce contexte, cf. Heiden 2007.

Mais les Muses s'expriment encore d'une troisième manière. Quand elles le veulent,[140] elles sont également en mesure de faire entendre (γηρύσασθαι) des ἀληθέα. Γηρύεσθαι veut dire *faire résonner une voix*. Si le verbe est rare – il n'apparaît jamais chez Homère et à une seule autre reprise chez Hésiode (*Op.* 260), quand Diké révèle à Zeus l'esprit des hommes injustes –,[141] il s'accorde toutefois lui aussi avec ce que nous connaissons de l'expression musicale. Ἀληθής est pour sa part très fréquent. Puelma (1989, 76) fait remarquer que, chez Homère, les termes ἀληθής / ἀλήθεια apparaissent toujours en relation avec des verbes du dire, caractérisant les paroles d'une personne qui ne manque pas de partager ce dont elle se rappelle. Leur sens courant serait alors celui de *parler ouvertement sans cacher ni oublier quelque chose*, en ce sens *dire la vérité*. L'étude de la vérité est bien entendu marquée par la philosophie, et depuis 1927 en particulier par les travaux de Heidegger, qui lit l'ἀλήθεια au sens du dé-voilement, de la dés-occultation.[142] Conséquence : de nombreux philosophes et philologues estiment qu'il faut entendre l'ἀλήθεια comme l'exclusion de la λήθη ;[143] exclusion qui peut être comprise soit comme action, mouvement de dé-voilement, soit comme résultat de ce dernier, c'est-à-dire comme absence complète de voile revenant à la plus grande clarté possible. Deux exemples : Detienne (1960 ; 1995, 69-70) se situe dans le premier groupe lorsqu'il affirme : « Il n'y a pas d'Alètheia sans une part de Léthé. [...] Léthé n'est pas l'obscurité épaisse ; elle est l'ombre, l'ombre qui cerne la lumière, l'ombre d'Alètheia ». Voyant la vérité comme ce qui est retenu dans une mémoire sans faille, sans λήθη, Snell (1975b, 14) se situe dans le second.[144]

Nous suivons la voie du processus de dévoilement et traduisons ἀληθέα par le *vrai*, les *choses vraies*, au sens où elles passent de leur absence, de leur obscurité et invisibilité première à la claire présence visible. Interprétation qui abonde dans le sens de la nature claire-obscure des Muses. Mais en quoi ces choses vraies diffèrent-elles des ἔτυμα ? Justement au sens de la vérité claire-obscure, marquée par le mouvement de dévoilement des phénomènes ; les ἀληθέα comportent ainsi tant des éléments clairs, visibles que d'autres obscurs, voilés. Avec Daix (2006, 150) : alors que la réalité est conforme à ce qui est (ἔτυμος est également lié au verbe

---

140 Pour Wheeler 2002, 35, εὖτ' ἐθέλωμεν est moins l'allusion à un caprice que l'expression du pouvoir des Muses. Nous y entendons les deux à la fois : leur pouvoir est aussi de décider quand et comment elles s'expriment.
141 Voir aussi *h.Merc.* 4.426 : Hermès fait entendre sa cithare.
142 Pour une discussion de cette position, voir par exemple Friedländer 1964, 234-235.
143 Par exemple Adkins 1972 ; Daix 2006, 143-144. Heitsch 1962, 31 reconnaît cet emploi dans d'innombrables passages de la littérature antique : notamment Hom. *Il.* 23.359-361 ; 647-649 ; Hes. *Th.* 226-236 ; E. *IT* 1024-1027 ; Hdt. 3.75.1 ; Th. 1.23.6 ; 7.8.2. Voir encore Levet 1976, 1-17.
144 Cf. aussi Cole 1983, 12 ; Pratt 1993, 20 ; Judet de la Combe 1993, 32 et n. 19 ; Nagy 1996, 51-52 ; Levet 2008, 16.

être), « la vérité peut être invraisemblable, quand elle échappe, précisément, à l'expérience et au témoignage des hommes ». Avec Citati (2004, 24-25), dans une interprétation plus symbolique : « La vérité des Grecs archaïques n'était pas la nôtre : comme le chant des Muses [...], elle pouvait coïncider avec son contraire. Héraclite l'a expliqué : "Le seigneur dont l'oracle est à Delphes ni ne dit ni ne dissimule : il signifie." L'oracle d'Apollon n'était ni clair ni obscur. Il ne disait pas la vérité, il ne la dissimulait pas. Il ne s'exprimait ni ne taisait. Il *signifiait* : il donnait des signes, comme la foudre de Zeus traversant les cieux ; des signes qui possédaient une valeur absolue parce qu'ils étaient au-dehors et au-dessus de la raison et de la compréhension. Bien des siècles plus tard, Plutarque eut ce commentaire : "Le dieu n'a certes pas l'intention d'occulter la vérité, mais il en voile la manifestation, tel un rayon qui dans la poésie s'irise de reflets et se brise de toutes parts" ». Tel serait donc ce que les Muses savent dire et faire entendre : la vérité qui comprend à la fois la réalité visible, factuelle et son pendant, une réalité voilée, cachée aux yeux des mortels. C'est en ce sens qu'elles sauraient, quand elles le veulent, dévoiler la vérité, par-delà le réel et le faux qui lui est semblable.

A la différence des vagabonds qui voilent la réalité afin d'obtenir un toit et de la nourriture[145] et des trois Moires, vierges ailées qui disent le vrai quand elles sont repues de miel mais du faux quand elles sont privées de nourriture,[146] les Muses ont donc selon Hésiode le pouvoir de dévoiler ou non, à leur guise, les phénomènes du monde qui reposent dans leur mémoire. Or elles sont capables de le faire de trois manières : par du faux, qui ressemble à la réalité mais vient voiler celle-ci ; par du réel qui correspond à ce qui est directement visible, perceptible ;[147] et en dé-voilant la vérité, sinon inaccessible aux mortels. Quoi qu'elles disent, quel que soit leur mode d'expression, nos divinités trouvent les mots justes, comme le souligne le chanteur lui-même après avoir cité leurs premières paroles : elles sont les filles aux justes mots (ἀρτιέπειαι) du grand Zeus, au sens où elles ont le pouvoir de proférer au bon moment les paroles qui conviennent. Une justesse des mots qui est selon nous à entendre en lien avec les expressions κατὰ κόσμον et κατὰ μοῖραν qui reviennent au chanteur chez Homère (*Od.* 8.489 ; 496). Calame (1977b) montre qu'ἄρτι appartient à la racine ἀρ- liée au sens de *joindre, mettre en rapport, assembler* (comme par exemple les termes ἀραρίσκειν, *adapter, ajuster, convenir* ; et ἁρμονία, *harmonie*, au sens de l'*arrangement*, la *juste proportion*, l'*accord*).[148] Lorsque Hector traite Achille de « beau parleur

---

145 Hom. *Od.* 14.124-125.
146 *H.Merc.* 4.552-563.
147 C'est en ce sens qu'Hésiode (*Op.* 10) apprend à Persès qu'il lui dira (μυθησαίμεν) des ἐτήτυμα.
148 Le sens musical de ἁρμονία est tardif. Cf. Ilievski 1993 ; Citati 2004, 60.

(ἀρτιεπής) »,¹⁴⁹ c'est après que ce dernier lui a fait croire qu'il allait le tuer, mais n'y est pas parvenu : le discours du Grec a été tellement bien agencé qu'il a trompé le Troyen, avant que les faits le démasquent. Les paroles des Muses seraient ainsi justement adaptées, harmonieuses ; au moins pour ceux qui savent les entendre. Comme le montre Pratt (1993, 110), l'épithète ἀρτιέπειαι indique que le contexte des paroles des Muses est toujours énigmatique. Difficiles à comprendre, évasifs, voire même insaisissables, les mots ne sont riches de sens que s'ils sont correctement interprétés.

2.4.3 Le don des Muses et la tâche du chanteur

Le chanteur vient d'indiquer dans quel contexte les Muses se présentent aux bergers ainsi que la nature de ce qu'elles sont capables de dire. Le voilà qui expose les deux dons qu'il reçoit et qui le mettent sur la voie de son chant :

> καί μοι σκῆπτρον ἔδον, δάφνης ἐριθηλέος ὄζον
> δρέψασαι θηητόν· ἐνέπνευσαν δέ μοι αὐδὴν
> θέσπιν, ἵνα κλείοιμι τά τ' ἐσσόμενα πρό τ' ἐόντα,
> καί μ' ἐκέλονθ' ὑμνεῖν μακάρων γένος αἰὲν ἐόντων
> σφᾶς δ' αὐτὰς πρῶτόν τε καὶ ὕστατον αἰὲν ἀείδειν.
>
> Et elles m'ont donné un sceptre, branche cueillie d'un laurier très florissant,
> digne d'admiration ; elles m'ont insufflé une voix
> divine, m'amenant à faire connaître ce qui sera et est auparavant,
> et m'invitaient à chanter le genre des fortunés qui sont toujours
> et, quant à elles, de les chanter toujours en premier et en dernier.¹⁵⁰

Le premier don est un sceptre (σκῆπτρον), bâton sur lequel on s'appuie, garant d'une tenue ferme, au sens propre et figuré. Il confère à son détenteur une certaine assise, une autorité le démarquant comme privilégié des dieux parmi les hommes. Le sceptre est l'apanage de rois, de hérauts, et notamment de Chrysès, le prêtre prophétique d'Apollon.¹⁵¹ De même, lorsque dans l'*Iliade* les chefs achéens se rassemblent pour prendre une décision, le signe d'autorité et de justice (tenu avant tout par Agamemnon) est un σκῆπτρον. Il convient de relever que ce dernier est alors décrit comme un bâton sur lequel jamais plus ne pousseront ni feuilles ni branches, et qui, coupé qu'il est du tronc dont il est né dans les montagnes,

---
149 Hom. *Il.* 22.281.
150 Hes. *Th.* 30-34. A la différence de Solmsen 1990, 6, mais à l'instar de la plupart des autres éditeurs, nous transformons au vers 33 με κέλονθ' en μ' ἐκέλονθ'.
151 Hom. *Il.* 1.279 ; 7.277 ; 1.15. Voir également Stoddard 2003, 7.

jamais plus ne fleurira (1.234-236). Le sceptre que reçoit notre chanteur est bien différent : les Muses ne lui donnent pas un bâton sec, incapable de produire ni pousses ni fleurs ; mais une branche digne d'admiration, qui attire les regards et provient d'un laurier très florissant. C'est donc par une autorité vivante, exubérante que le chanteur se distingue de la foule.

Notons que le texte hésiodique possède dans l'antiquité déjà deux variantes : le participe δρέψασαι ou l'infinitif δρέψασθαι. Si la première signifie, comme nous l'avons traduit à la suite de West (1966, 165),[152] que le sceptre a été cueilli par les Muses, la seconde indique que le chanteur est invité à le cueillir lui-même – l'infinitif dépendant alors de la forme verbale ἔδον. Cette lecture accorde un rôle actif à l'homme et laisse ainsi ouverte la question de la présence effective des Muses auprès du berger.[153] Elle place toutefois le chanteur à un niveau d'autonomie qui ne correspond pas à ce que nous avons vu jusqu'à présent. Aussi, dans l'idée que le participe ne contraint pas forcément les Muses à donner le sceptre en mains propres, nous estimons que ce sont bien elles qui cueillent et donnent la branche à Hésiode, – serait-ce dans l'imagination du chanteur.[154]

Cueilli à un laurier très florissant (δάφνης ἐριθηλέος), arbre traditionnel d'Apollon, le sceptre des Muses est proche de la φύσις, au contraire de celui d'Agamemnon qui, coupé puis travaillé par Héphaïstos,[155] n'a plus grand-chose à voir avec la branche d'arbre qu'il était. Nous retrouvons par analogie cette différence entre les attributs du chef et du chanteur dans leurs tâches : alors qu'Agamemnon est, par son sceptre, le possesseur de l'autorité, garant des lois immémoriales, fixées par la tradition, le chanteur possède la florissante et vivante assurance et autorité musicales, conjointement patronnées par les Muses et Apollon.

Ce signe d'autorité ou de pouvoir n'est pas la seule faveur reçue par le berger. Les Muses lui insufflent (ἐνέπνευσαν) également une voix divine (αὐδὴν θέσπιν).[156] Θέσπιν est la correction par Goettling (1843, 8-9) du terme θείην, *divin*, contenu dans les manuscrits mais posant un problème métrique. En outre, certains éditeurs lisent ἀοιδήν.[157] Le second don consisterait alors simplement en un chant divin – comme celui que les Muses enlèvent à Thamyris ou celui qu'un dieu donne à Démodocos.[158] Même si ces différences sont minimes – que le chanteur reçoive une

---

152 Cf. aussi Verdenius 1972, 236 ; Calabrese de Feo 2004, 44 n. 12.
153 Par exemple Kambylis 1965, 65 ; Strauss Clay 2003, 65 n. 64.
154 Pour une position contraire, cf. par exemple Pucci 2007, 71.
155 Hom. *Il.* 2.101.
156 D'après un fragment attribué à Hésiode (fr. 310 Merkelbach-West) par Clem.Al. *Strom.* 1.6.36, les Muses (Μουσάων) accorderaient à une autre reprise une voix divine (θέσπιον αὐδήεντα) à un homme.
157 Rzach 1958, 4 sur la base du *codex* K (Ravennas 120, 14ᵉ siècle) et d'un manuscrit d'Aristide.
158 Hom. *Il.* 2.599-600 ; *Od.* 8.498.

voix (αὐδή) ou un chant (ἀοιδή) revient quasi au même –, nous gardons le texte de Solmsen (1990, 6). Non seulement parce que le don de la voix est en accord avec l'ordre de célébration qui suit – comme le serait d'ailleurs également le don du chant –, mais surtout parce que c'est précisément une telle αὐδή que le chanteur laisse par la suite s'écouler de sa bouche. Une αὐδή, une voix dont ce n'est ni les paroles ni le son, la mélodie qui sont valorisés, mais le ton, l'inflexion.[159]

Il convient encore de relever que cette voix est littéralement soufflée (πνεῖν) dans (ἐν) le berger. Même si on parle couramment d'inspiration du chanteur hésiodique (du latin *in-spirare*), il s'agit à vrai dire là, dans notre corpus, de la seule occurrence du verbe en contexte musical.[160] Assaël (2006, 106) note que « les verbes composés sur la racine de πνέω servent à indiquer une forme de vie privilégiée et passionnée, suggérant ainsi l'intensité ou la plénitude d'une respiration, dans des circonstances particulières ». Les Muses doublent donc en quelque sorte la voix humaine du chanteur d'une autre, proprement divine, musicale, qui dépasse les paroles généralement proférées par sa bouche d'homme. Nous le comprenons sans peine : avec une telle voix surhumaine, il peut être à même de mener à bien sa tâche : faire connaître (κλείοιμι) ce qui est à venir (τά ἐσσόμενα) et est passé (πρὸ ἐόντα). L'expression est fameuse ; nous nous y arrêtons plus loin, quand elle réapparaît de manière plus complète encore, à propos du chant des Muses lui-même.[161] Remarquons pour l'instant, à la suite de Neitzel (1980, 397) et Strauss Clay (2003, 66), que, non répété, le sujet (τά) du premier participe porte également sur le second.[162] Il s'agit donc de ne pas traiter séparément ce qui sera et ce qui est auparavant, mais au contraire de les prendre ensemble, uniment. Grâce aux Muses, le chanteur est désormais en mesure de célébrer les phénomènes du monde qui concernent à la fois le futur et le passé. Il est capable de dire ce qui est toujours : ce qui appartient inlassablement aux cycles de futurs et de passés qui se suivent, se répètent, voire co-appartiennent sans fin.[163] De plus, il doit chanter en particulier « le genre des fortunés (μακάρων) qui sont toujours (αἰὲν ἐόντων) ». De Heer (1968, 6) montre qu'être μάκαρ signifie être divin, vivre

---

[159] Selon Ford 1992, 174 et Calabrese de Feo 2011, 8-9, αὐδή, apparentée à αὐδᾶν, *parler*, sans mention de (contenu de) paroles, est essentiellement la *voix* humaine ; également lorsque les dieux l'emploient pour communiquer avec les hommes.

[160] Chez Homère, les occurrences d'ἐμπνεῖν indiquent également une action des dieux sur l'homme : le fait d'insuffler la force de vie qu'est le μένος (par exemple *Il.* 10.482 ; 15.262 ; *Od.* 24.520), la hardiesse (9.381) et en particulier à Pénélope le fait de dresser un métier à tisser dans sa chambre (19.138).

[161] Hes. *Th.* 38.

[162] Strauss Clay argumente à l'aide de S. *Aj.* 34-35 : « τά τ' οὖν πάρος | τά τ' εἰσέπειτα » ; et Pl. *Ti.* 37e : « τό τ' ἦν τό τ' ἔσται ».

[163] Cf. Semenzato (à paraître).

sans trouble et perpétuellement dans la joie ; définition qui correspond bien à ce que nous avons vu jusqu'ici des dieux, à commencer par leur rire sur l'Olympe et le θυμός sans soucis des Muses.[164] Otto (1963, 13) estime que « les dieux [...] ne s'appellent pas les fortunés (μάκαρες) parce qu'ils possèdent une force créatrice et un pouvoir infinis, mais parce que, libres de tout souci, de toute inquiétude, de toute peine, ils jouissent de la joie propre à l'existence la plus accomplie ». Ce sont ces dieux immortels et fortunés que le chanteur est invité à célébrer ; dans un chant qui ne doit pas manquer de louer, au début et à la fin, les divines Muses elles-mêmes. Nous comprenons sans autre pourquoi : parce qu'elles (ap-)portent non seulement la voix divine, musicale, mais encore le contenu du chant au chanteur – qui se dévoile une nouvelle fois fondamentalement tributaire de nos divinités. Comment, seul, le chanteur pourrait-il chanter la théogonie ?

2.4.4 La voix réparatrice des chanteurs

Les vers suivants présentent d'abord les bienfaits dont bénéficie le chanteur privilégié par les Muses ; puis l'influence – pour ne pas dire l'utilité – de ce dernier vis-à-vis du commun des mortels :

> [...] ὃ δ' ὄλβιος, ὅντινα Μοῦσαι
> φίλωνται· γλυκερή οἱ ἀπὸ στόματος ῥέει αὐδή.
> εἰ γάρ τις καὶ πένθος ἔχων νεοκηδέι θυμῷ
> ἄζηται κραδίην ἀκαχήμενος, αὐτὰρ ἀοιδὸς
> Μουσάων θεράπων κλεῖα προτέρων ἀνθρώπων
> ὑμνήσει μάκαράς τε θεοὺς οἳ Ὄλυμπον ἔχουσιν,
> αἶψ' ὅ γε δυσφροσυνέων ἐπιλήθεται οὐδέ τι κηδέων
> μέμνηται· ταχέως δὲ παρέτραπε δῶρα θεάων.

> [...] fortuné celui que les Muses
> aiment : de sa bouche coule une douce voix.
> En effet, si quelqu'un, affecté dans son *thumos* soudain souffrant,
> a le cœur desséché et est affligé, alors un chanteur,
> serviteur des Muses, chante les *kléa* des hommes d'autrefois
> et les dieux fortunés qui possèdent l'Olympe,
> ainsi celui-ci, rapidement, oublie ses déraisons et du moindre de ses soucis
> ne se rappelle pas ; les dons des déesses l'en ont détourné subitement.[165]

---

[164] Hes. *Th.* 40 ; 61 (ἀκηδέα θυμὸν ἐχούσαις).
[165] Hes. *Th.* 96-103.

Même si le passage ne le dit pas, nous devinons sans autre que celui qui est aimé (φίλωνται) par les Muses n'est autre que le chanteur. Nous nous rappelons l'amour des Muses pour le fidèle Démodocos et l'espèce des chanteurs en général.[166] Ici, leur amour a pour conséquence de rendre le chanteur fortuné (ὄλβιος). Comme le montre de Heer (1968, 19-21), ce terme est le plus souvent employé pour exprimer l'état que procure une possession matérielle. La phrase est ici à connotation religieuse :[167] le chanteur est divinement favorisé, littéralement porté, possédé par nos divinités inspiratrices. Leur amour fait la bonne fortune du serviteur qu'il est, désormais en mesure de laisser couler de sa bouche une douce voix (γλυκερὴ αὐδή). Il ne s'agit bien sûr pas d'un bonheur égoïste : le flux de paroles qui s'écoule ne le comble pas lui seul, mais également tous les hommes qui l'entendent. Comment ? En les détournant de leurs déraisons et soucis. Le texte est explicite : lorsque quelqu'un éprouve une douleur, lorsque son élan vital (θυμῷ) vient à souffrir (νεοκηδέι signifie littéralement *souffrir nouvellement*), lorsque son cœur (κραδίην) est desséché et affligé, la voix du chanteur peut tout faire changer. Nous le comprenons bien : quand un homme est pris par une douleur si forte qu'elle lui fait perdre son allant, il a tendance à se replier sur lui-même, à ne se préoccuper que de sa petite personne, de ses malheurs et soucis. Or, dans de telles circonstances, l'intervention du chanteur est des plus favorables : le serviteur des Muses lui change les idées en lui rappelant les bruits (κλεῖα) des (grands) hommes d'autrefois et les dieux fortunés (μάκαρας) de l'Olympe. Si la langue française parle à deux reprises de fortune, celle des dieux dépasse de loin le caractère ὄλβιος du chanteur.

La fortune du chanteur consiste ainsi en ce qu'il peut faire entendre, grâce aux Muses, des hauts-faits capables de détourner ses congénères de leurs peines. Son chant leur fait oublier leurs déraisons (δυσφροσυνέων, *pensées erronées*) et le moindre des soucis (κηδέων – en écho à νεοκηδέι et à nouveau en opposition au *thumos* ἀκηδέα des Muses). Cette capacité renoue avec les deux caractéristiques des Muses en tant qu'oubli des maux et suspension des préoccupations lors de leur naissance en Piérie.[168] Porté par la douce voix musicale, l'auditeur se plonge dans une autre réalité que la sienne : il se laisse détourner, ou divertir, de sa sphère privée pour s'ouvrir au monde musical, où résonnent les bruits des héros et des dieux. C'est donc au sens fort que le chanteur est le θεράπων, le *serviteur* des Muses : il agit en *thérapeute*, en médecin sur ses congénères.[169] Grâce

---

166 Hom. *Od.* 8.63 ; 481.
167 *H.Cer.* 2.480 : l'homme ὄλβιος est celui qui est initié aux mystères d'Eleusis.
168 Hes. *Th.* 55.
169 Nagy 1990a, 211 fait remarquer que ce terme est attesté en hittite au sens du substitut rituel. En tant que représentant des Muses, le chanteur donne ainsi aux hommes accès à la musique.

à nos découvertes précédentes, nous ne sommes pas étonnés d'apprendre, en fin de passage, que les dons des filles de Zeus permettent au chanteur de détourner rapidement (αἶψ'), subitement (ταχέως), ses auditeurs de leurs soucis : de manière foudroyante – tel l'éclair venant rétablir l'équilibre entre ciel et terre.[170]

2.4.5 La langue des rois

La musique n'est pas, comme on aurait tendance à le croire, l'apanage des seuls chanteurs. Aussi étonnant que cela soit suite à nos investigations antérieures, certains rois s'avèrent également tributaires des Muses.[171]

> ὅντινα τιμήσουσι Διὸς κοῦραι μεγάλοιο
> γεινόμενόν τ' ἐσίδωσι διοτρεφέων βασιλήων,
> τῷ μὲν ἐπὶ γλώσσῃ γλυκερὴν χείουσιν ἐέρσην,
> τοῦ δ' ἔπε' ἐκ στόματος ῥεῖ μείλιχα· οἱ δέ τε λαοὶ
> πάντες ἐς αὐτὸν ὁρῶσι διακρίνοντα θέμιστας
> ἰθείῃσι δίκῃσιν· ὃ δ' ἀσφαλέως ἀγορεύων
> αἶψά τε καὶ μέγα νεῖκος ἐπισταμένως κατέπαυσεν.
> τοὔνεκα γὰρ βασιλῆες ἐχέφρονες, οὕνεκα λαοῖς
> βλαπτομένοις ἀγορῆφι μετάτροπα ἔργα τελεῦσι
> ῥηιδίως, μαλακοῖσι παραιφάμενοι ἐπέεσσιν.
> ἐρχόμενον δ' ἀν' ἀγῶνα θεὸν ὣς ἱλάσκονται
> αἰδοῖ μειλιχίῃ, μετὰ δὲ πρέπει ἀγρομένοισιν·
> τοίη Μουσάων ἱερὴ δόσις ἀνθρώποισιν.
> Ἐκ γάρ τοι Μουσέων καὶ ἑκηβόλου Ἀπόλλωνος
> ἄνδρες ἀοιδοὶ ἔασιν ἐπὶ χθόνα καὶ κιθαρισταί,
> ἐκ δὲ Διὸς βασιλῆες· [...]

> Celui que les filles du grand Zeus honoreront
> et qu'elles verront apparaître parmi les rois nourrissons de Zeus,
> elles lui répandent une douce goutte de rosée sur la langue,
> et de sa bouche coulent des mots doux comme le miel ; le peuple
> entier le voit, prenant ses décisions
> à l'aide de droits jugements ; lui, parlant de manière sûre,
> avec un savoir ferme, a fait aussi rapidement cesser toute grande querelle.
> Ainsi en effet, avisés, les rois, en faveur du peuple
> lésé, accomplissent dans l'assemblée des retournements de situation

---

[170] La plupart des impulsions divines vues jusqu'à présent est rapide et énergique : Thétis fait se lever (ὀρώρει) un cri (Hom. *Od.* 24.48) ; la Muse anime (ἐπώροπε) les Argiens (24.62) ; le θυμός de Démodocos le pousse (ἐποτρύνῃσιν) à chanter (8.45) ; la Muse soulève (ἀνῆκεν) le chanteur à chanter (8.73).
[171] Concernant la présence des rois dans le prologue, cf. Stoddard 2003, 4-5.

> facilement, l'apaisant avec de doux mots.
> Celui qui s'avance dans l'assemblée, comme s'il était un dieu, on se le concilie,
> porté par un respect doux comme le miel, il se distingue parmi ceux qui sont assemblés ;
> tel est le don sacré des Muses aux hommes.
> C'est en effet des Muses et d'Apollon qui tire de loin que
> proviennent sur terre les hommes chanteurs et citharistes,
> et de Zeus <que proviennent> les rois. [...][172]

Les Muses accompagnent ici des rois (βασιλήων, βασιλῆες). Non pas des rois tels que nous les connaissons aujourd'hui : βασιλεύς désigne tout homme qui s'élève au-dessus du peuple et en est respecté,[173] au point tantôt d'être davantage considéré comme un dieu que comme un homme.[174] C'est dans ce sens que les rois sont appelés nourrissons de Zeus (διοτρεφέων). Comme l'indique également un fragment hésiodique,[175] la puissance des rois provient bien de leur divine filiation paternelle. Chez Homère, Achille (*Il.* 9.229), Ménélas (7.109), Agamemnon (*Od.* 24.122) et Ulysse (4.391) sont également de tels descendants. Ces rois sont honorés ici par les Muses en ce qu'elles répandent une douce goutte de rosée sur leur langue. Ils sont ainsi doublement affiliés aux dieux : forts de la parenté avec Zeus et riches du don de ses filles.

Le lien rois-Muses est largement déployé. Le chant énumère les privilèges que les premiers possèdent grâce à leur relation aux secondes. La douce goutte de rosée qu'elles déposent sur leur langue est à l'origine des mots doux comme le miel (μείλιχα)[176] s'écoulant de leur bouche – mots qui ont pour conséquence un non moins doux respect de la part des hommes. Waszink (1974, 6-7) remarque que d'après les croyances antiques, le miel n'est pas forcément produit par les abeilles, mais, telle la rosée, tombe du ciel (divin), se déposant sur les fleurs et les feuilles, – voire sur la bouche de certains hommes. C'est donc portés par ces paroles onctueuses, douces, agréables, désirables, en ce sens mielleuses, ou plutôt moelleuses, que les rois règnent – de main de maître grâce à Zeus.

Ainsi privilégiés, les rois sont en mesure de rendre justice comme il se doit : ils prennent (διακρίνοντα – littéralement *distinguant*, *décidant*) leurs décisions

---

[172] Hes. *Th.* 81-96.
[173] Cf. Janko 2014, riche de nombreuses références bibliographiques.
[174] Cf. Mondi 1980.
[175] Hes. fr. 1.14-16 Merkelbach-West : « Dites, Muses, toutes celles <les humaines> | auprès desquelles Zeus olympien à la grande voix s'est couché, | fécondant le premier genre des rois rayonnants de force (τάων ἔσπετε Μ[οῦσαι | ὅσσ[αι]ς δὴ παρελ[έξατ' Ὀλύμπιος εὐρύοπα Ζεύς | σπερμαίων τὰ πρῶτα γένος κυδρῶν βασιλήων) ».
[176] Chantraine 1937 relève que même si μείλιχα n'a étymologiquement rien à voir avec le miel, mais fait partie d'une famille exprimant la douceur, l'amabilité, il est certain que l'étymologie populaire a rapproché ces deux termes.

(θέμιστας) à l'aide de droits jugements (ἰθείῃσι δίκῃσιν), – expressions difficiles, et partant largement commentées.[177] Deux occurrences de κρίνωσι θέμιστας[178] permettent de comprendre que les θέμιστες sont le résultat du règlement d'une dispute : des *jugements, sentences, décisions*. Résultats qui ne sont pas à prendre à la légère, puisqu'ils proviennent de la θέμις, du *droit*, de la *loi* immémoriale qui, transmise de génération en génération, détermine l'ensemble du monde en limitant le comportement et indiquant la place de chacun.[179] A la suite de Fränkel (1913) et Frisk (1950) qui lient θέμις à τιθέναι et traduisent le nom par *ce qui est placé, fixé*, à savoir l'*ordre établi*, le *droit fixe*, Chantraine (1953b) y entend l'*ordre établi par les dieux*.[180] Il n'est alors permis à personne – pas même aux dieux – de la transgresser, comme le rappelle par exemple Athéna à Arès dans le *Bouclier* (447). Les θέμιστες sont autrement dit des décisions sans appel – à moins de toucher à l'ordre du monde lui-même (et donc de commettre une ὕβρις). Or le peuple a besoin de quelqu'un qui sache les faire respecter. Comment ? A l'aide de δίκαι. En admettant que δίκη appartient à la racine sur laquelle est construit *dicere* et qu'il signifie par là une *déclaration autoritaire*, les δίκαι sont une collection de règles qu'un garant (roi ou juge) porte en lui : les *sentences, décisions* ou *jugements* qu'il s'agit de prendre.[181] Exprimées par des rois dont la langue a reçu une douce goutte de rosée musicale, les δίκαι sont forcément droites, directes (ἰθείῃσι) – au contraire des jugements qualifiés de σκολιαί, *obliques, tortueux* que prennent les rois « mangeurs de présents (δωροφάγοι) », autrement dit focalisés sur leur personne sans tenir compte de l'harmonie du tout dans *Les Travaux et les Jours* (221). De tels jugements droits sont évidemment aussi rendus par Zeus[182] – d'autant plus que Diké est sa fille.[183] Portés par Zeus et les Muses, faisant régner musicalement le bon ordre du monde, les rois peuvent donc bien être dignes de respect et se distinguer dans l'assemblée. Comme l'indique le premier vers de notre passage, tous ne jouissent cependant pas de ces privilèges : seuls les non mangeurs de cadeaux sont honorés (τιμήσουσι) par les Muses, respectables et

---

177 Cf. pour une ample discussion de différentes interprétations de ces deux termes, Bouvier 2002, 248-270. Voir aussi West 1966, 183-184 ; Verdenius 1972, 253.
178 Hom. *Il.* 16.387 (cf. le commentaire de Janko 1992, 366) ; Hes. *Op.* 221.
179 La θέμις est en cela le remède à l'ὕβρις. Cf. Vos 1956, notamment 30. Pour Corsano 1988, 5, les θέμιστες, les *normes* de compétence royale sont également de provenance divine et donc préexistantes à la communauté.
180 Pour un recensement des différentes acceptions de θέμις dans la littérature grecque, cf. notamment Harrison 1927, 480-535.
181 Cf. Roth 1976. Elle s'appuie sur Benveniste 1969, 107-110.
182 Hes. *Op.* 9.
183 Hes. *Th.* 902 ; *Op.* 256.

respectés (αἰδοῖ),[184] sans doute du fait qu'ils ne cherchent pas à satisfaire leur(s) ambition(s) personnelle(s), mais cherchent, justement, à contribuer au bon ordre et à l'harmonie en général.

Le texte présente ensuite un cas particulier. Que se passe-t-il lors d'une grande querelle ? Le ferme savoir que les bons rois (dignes de respect) tiennent de leur inspiration leur permet de trancher ἀσφαλέως, *de manière sûre, stable* : guidés qu'ils sont par la puissante musique, leurs propos ne sont pas seulement doux, mais également convaincants et assurés. Toute dispute vient alors à cesser ; et ce, de plus, sans délai (comme auparavant αἶψα). Ainsi les rois sont-ils avisés (ἐχέφρονες) : ils sont en pleine possession (ἔχειν) de leur cœur (φρήν). On dirait aujourd'hui qu'ils sont en pleine possession de leurs moyens – à cette différence que ceux-ci semblent les dépasser finalement eux-mêmes. Nous connaissons la φρήν d'Homère : interface entre l'homme et le monde, elle est l'organe qui permet à l'homme d'agir convenablement.[185] Aussi, tout comme le font les chanteurs, cette possession permet aux rois d'accomplir sans autre les retournements de situation (μετάτροπα ἔργα, littéralement des *actions retournées*) qui s'imposent en faveur des gens lésés. Le passage signifie ainsi selon nous que, lorsque l'harmonie du monde est troublée par une quelconque distorsion ou dissonance, par un quelconque désaccord – finalement par une ὕβρις –, comme cela semble être le cas au début des *Travaux et les Jours*, les bons rois, riches de leur puissantes paroles musicales, agissent de façon à ce que le tout retrouve son équilibre et harmonie. Le chant ne manque d'ailleurs pas de souligner qu'ils y parviennent non seulement en prenant les bonnes décisions, en jugeant droitement, mais aussi en faisant entendre de douces, tendres, c'est-à-dire délicates paroles – et non par des coups de gueule. On retrouve ici la double face, à la fois douce et ferme, de la musique.

Si ces hommes apparaissent divins, s'ils se distinguent dans l'assemblée, c'est que, soutenus qu'ils sont par les Muses, tout le monde vient non seulement à accepter, mais encore à vénérer les propos et actes par lesquels ils légifèrent. Bien que sévères, ils sont toujours en même temps doux, justes et convaincants. Aussi cette vénération, ce respect sont-ils finalement semblables aux paroles des rois-législateurs eux-mêmes : doux comme le miel (μειλιχίη).

Les dernières lignes du passage rappellent que les chanteurs et citharistes proviennent des Muses et d'Apollon, et les rois de Zeus.[186] Littéralement, l'épithète d'Apollon ἑκηβόλος signifie *qui lance au loin, qui tire de loin*. Chantraine (1999, 380) propose d'y entendre l'archer « qui tire à son gré, qui atteint son but ». Mais pour

---

[184] Nous avons déjà rencontré les familles de τιμή et αἰδώς : Ulysse les mentionne pour exprimer ce que les chanteurs reçoivent de la part de leurs congénères (Hom. *Od.* 8.480).
[185] Cf. 1.2.4 « Statut et rôle du chanteur ».
[186] Pour un historique des commentaires de ces vers, cf. Stoddard 2003, 4-5.

quelle raison Apollon est-il cité ici en tant qu'archer ? Est-ce que, comme l'estime Pucci (2007, 119), Hésiode emploie cette épithète faute de mieux, pour mentionner Apollon et sa lyre – lyre et arc qui ne font en effet traditionnellement qu'un ?[187] En qualifiant Apollon de ἑκηβόλος, le texte emploie non seulement une épithète traditionnelle et le lie ainsi aux citharistes, mais indique encore que le dieu possède lui aussi en même temps un côté clair, lumineux et une face destructrice, violente, obscure ;[188] qu'il œuvre tel un archer : ses traits tranchants trouvent toujours leur cible – comme les paroles des chanteurs et des rois. Loin d'opposer les uns aux autres, le texte les rapproche bien plutôt. Nos interprétations l'ont montré : qu'importe que les hommes privilégiés soient appelés à chanter ou à régner et rendre justice, même s'ils possèdent un protecteur divin particulier, ils sont aimés par les mêmes Muses. Si les uns détournent des peines, les autres retournent les situations ; et leurs paroles sont toujours à la fois douces et efficaces, révélant ou imposant aux humains le comportement à adopter.[189]

2.5 Un chant qui dit tout ce qui est

Obéissant à l'ordre de chanter les Muses au début et à la fin de chaque chant, le chanteur ne manque pas de leur accorder une évocation liminaire avant de s'engager dans la théogonie proprement dite :

> Τύνη, Μουσάων ἀρχώμεθα, ταὶ Διὶ πατρὶ
> ὑμνεῦσαι τέρπουσι μέγαν νόον ἐντὸς Ὀλύμπου,
> εἰρεῦσαι τά τ' ἐόντα τά τ' ἐσσόμενα πρό τ' ἐόντα,
> φωνῇ ὁμηρεῦσαι· τῶν δ' ἀκάματος ῥέει αὐδὴ
> ἐκ στομάτων ἡδεῖα· [...]

> Quant à toi, par les Muses, commençons, elles qui pour leur père Zeus
> chantant, réjouissent son grand esprit dans l'Olympe,
> formulant ce qui est, ce qui sera et est auparavant
> à l'unisson ; une douce voix infatigable coule
> de leurs bouches ; [...][190]

Le chanteur commence par se donner à lui-même le signal de départ (τύνη – forme épique du pronom de la deuxième personne σύ). Selon Leclerc (1993, 172), « Hésiode s'éveille enfin à son nouvel état de poète et y est encore si peu habitué

---

[187] Cf. par exemple Sauzeau 2002, 298-300.
[188] Notamment Citati 2004, 13-28.
[189] Cf. encore Laks 1996.
[190] Hes. *Th.* 36-40.

qu'il s'interpelle, comme les Muses peu avant, pour pouvoir effectivement commencer. Mieux, peut-être : la partie divine et initiée du poète semble inviter l'autre, celle qui traîne encore avec les moutons, à la rejoindre ». Dès le deuxième mot, nous retrouvons la même expression que dans le vers liminaire du prologue : le verbe performatif ἄρχεσθαι à la première personne du pluriel rassemble une nouvelle fois le chanteur et ses auditeurs. « Par les Muses, commençons », tels sont les premiers mots du berger devenu chanteur, dès lors prêt à être porté par la divine musique et sur le point de la transmettre à ses congénères.

Conformément à l'ordre reçu, le chanteur débute son chant par les Muses elles-mêmes. La seule nouveauté de ces deux premiers vers concerne le destinataire et l'effet du chant des Muses : en chantant pour leur père Zeus, elles comblent son grand esprit (μέγαν νόον) dans l'Olympe. Nous apprenons par là que, de même que les Muses ont un θυμός et une φρήν dans leurs poitrines, comme à vrai dire les hommes eux-mêmes, Zeus possède également un νοῦς. Chez les hommes, le νοῦς est généralement considéré comme l'organe de perception intellectuelle, de sélection et d'interprétation leur permettant d'agir au mieux ;[191] organe tributaire des dieux qui peuvent, à leur guise, guider ou détourner les mortels dans leurs décisions.[192] Il va sans dire que le roi des dieux est de part en part maître de son esprit, d'autant plus que ce dernier se distingue par sa grande taille. Comment se fait-il donc que les Muses réjouissent Zeus et en particulier la part en lui qui perçoit et réfléchit ? Le texte présente deux raisons : la première découle de ce que ses filles formulent ; la seconde de la manière dont elles le font.

Première raison : les Muses expriment ce qui est ainsi que ce qui sera et est auparavant (τά τ' ἐόντα τά τ' ἐσσόμενα πρό τ' ἐόντα). Cette triple expression complète les vers 31-32 dans lesquels le chanteur a affirmé que les Muses lui insufflent une voix l'amenant à faire connaître ce qui sera et est auparavant (τά τ' ἐσσόμενα πρό τ' ἐόντα). S'il était précédemment question du futur et du passé, voici qu'intervient, en tête, la troisième dimension temporelle alors absente, le présent. Que les Muses soient capables d'exprimer le passé ne nous étonne pas. En tant que filles de Mémoire, elles peuvent bien être en mesure de rappeler tous les événements tels qu'ils se sont déroulés. Mais comment se fait-il qu'elles puissent également formuler le présent et le futur ? Il s'agit de l'interpréter au sens de leur omniscience : vue englobante, savoir intégral leur permettant d'exprimer toutes les dimensions temporelles. Capacité que les prophètes apolliniens, par exemple Calchas, le devin attitré de l'expédition grecque à Troie, possèdent eux aussi, toutefois pour un autre usage. Calchas est ainsi pareillement présenté

---
191 Cf. Sauge 1992, 36 ; Janda 2014, 382-396 ; Stella 2016, 4-8.
192 Athéna détourne par exemple le νοῦς de Pénélope pour qu'elle ne comprenne pas certains signes (Hom. *Od.* 19.479).

comme « celui qui sait ce qui est, ce qui sera et ce qui est auparavant (ὃς ᾔδη τά τ' ἐόντα τά τ' ἐσσόμενα πρό τ' ἐόντα) ».[193] L'ordre dans lequel interviennent à chaque fois les trois formes verbales (présent, futur, passé) ainsi que l'apparition du passé comme présent écoulé (« ce qui est auparavant ») s'inscrit dans le temps tel qu'il est expérimenté à l'époque archaïque : non pas comme suite linéaire des maintenants présents,[194] mais comme durée, sans distinction nette entre ses différentes parties ; un temps en ce sens cyclique.[195] Ce qui prime est ainsi ce qui est, quelle que soit sa forme au cours du temps.[196] Etre que les divines Muses peuvent bien exprimer sous toutes ses déclinaisons, tant elles sont elles-mêmes toujours : musicalement omniprésentes, omniscientes et omnipotentes.[197]

« Φωνῇ ὁμηρεῦσαι » signifie littéralement *unies par la voix* :[198] le terme φωνή, *voix* est à entendre au sens du *son*, de la *mélodie*, indépendamment des *paroles* qui l'accompagnent. Quant à ὁμηρεῖν, il veut dire *être uni* au sens de l'otage (ὅμηρος) qui est forcé de suivre, qui accompagne obligatoirement son maître. L'expression est donc à comprendre au sens où les différents sons qui émanent des Muses prennent la même direction, se faisant harmonieusement écho. Si les Muses réjouissent le grand esprit de leur père, ce n'est donc pas uniquement grâce au contenu de leur chant, mais aussi par leur manière – en ce sens musicale – de le formuler.

La deuxième raison pour laquelle les Muses comblent leur père renoue davantage encore avec des éléments déjà vus, tout en redoublant l'idée d'unité des Muses découlant de leur voix. C'est à nouveau *une* voix (αὐδή) qui s'écoule de *leurs* bouches (στομάτων). Voix qui n'est pas une φωνή, mais une αὐδή et doit ressembler par la valorisation de son ton, de son inflexion à celle insufflée au chanteur. A l'instar du sceptre florissant que les Muses donnent au chanteur, leur voix apparaît pleine de force, d'une vitalité surabondante : en écho à ce qui est toujours, elle est ἀκάματος, *sans fatigue*, *sans peine*, tel par exemple le feu.[199] Sans toutefois être outrée, désagréable : elle est en même temps ἡδεῖα, *douce*, *caressante*, *mélodieuse*. Deux termes à priori contraires, rencontrés plus haut à propos de la voix des rois, se trouvent à nouveau juxtaposés : force, puissance et

---

193 Hom. *Il.* 1.70.
194 Notre compréhension du temps provient d'Arist. *Ph.* 4.11 219b 1-2 : « Le temps est en effet ceci : le nombre du mouvement selon l'antérieur et le postérieur (τοῦτο γάρ ἐστιν ὁ χρόνος, ἀριθμὸς κινήσεως κατὰ τὸ πρότερον καὶ ὕστερον) ».
195 Cf. Crielaard 2002.
196 Cf. Rudhardt 1988, 52.
197 Cf. Semenzato (à paraître).
198 L'expression fait entendre par homophonie le nom d'Homère et rappellerait selon Wismann 1996, 19 que les Muses formulent un vers homérique.
199 Hom. *Il.* 5.4 ; *Od.* 20.123 ; Hes. *Th.* 563.

douceur. Aussi le grand esprit du dieu peut-il bien se réjouir, tant elles honorent sa personne et le monde qu'il a produit.

2.6 Noms significatifs

Nous l'avons avancé en ouverture : les Muses apparaissent pour la première fois nominalement dans le prologue de la *Théogonie*. Est-ce à dire qu'elles se trouvent soudain distinguées les unes des autres ?

> ἐννέα θυγατέρες μεγάλου Διὸς ἐκγεγαυῖαι,
> Κλειώ τ' Εὐτέρπη τε Θάλειά τε Μελπομένη τε
> Τερψιχόρη τ' Ἐρατώ τε Πολύμνιά τ' Οὐρανίη τε
> Καλλιόπη θ'· ἣ δὲ προφερεστάτη ἐστὶν ἁπασέων.
> ἣ γὰρ καὶ βασιλεῦσιν ἅμ' αἰδοίοισιν ὀπηδεῖ·

> Les neuf filles apparues du grand Zeus,
> Clio, Euterpe, Thalie, Melpomène,
> Terpsichore, Erato, Polymnie, Uranie
> et Calliope ; celle-ci l'emporte de loin sur toutes.
> C'est en effet elle qui accompagne les rois dignes de respect ;[200]

A les regarder de près, chacun des neuf noms des Muses s'avère significatif : comme déjà dit, toutes les appellations expriment un certain caractère ou aspect de la même musique.

Clio fait connaître, célèbre (κλείειν) littéralement les hauts-faits (κλέα) qui se trouvent dans la mémoire musicale. Nous le savons : elle n'est cependant pas la seule à le faire. Parfois, ce sont toutes les Muses qui, sans doute sous sa direction, célèbrent les différents dieux ;[201] comme le fait tantôt le chanteur lui-même, sûrement lui aussi sous son influence.[202] Clio personnifie ainsi la diffusion des grands événements, des dieux et des hommes véhiculés par la musique. Au point d'apparaître en creux dans les très nombreux termes de la famille de κλέος, κλείειν.[203]

La tâche d'Euterpe est de réjouir pleinement, de combler (τέρπειν) mortels et immortels ; et ce de plus de la bonne manière (εὖ), autrement dit, avec les for-

---

[200] Hes. *Th.* 76-80.
[201] Hes. *Th.* 44 ; 67 (κλείουσιν) ; 105 (κλείετε) ; *Op.* 1 (κλείουσαι).
[202] Hes. *Th.* 32 (κλείοιμι) ; 100 (κλεῖα).
[203] Hes. *Th.* 815 (κλειτοί) ; *Sc.* 479 (κλειτάς) ; 380 (κλειτή) ; 474 (κλειτήν) ; fr. 33a.11 ; 193.15 Merkelbach-West (κλειτόν) ; *Sc.* 473 (κλειτοῦ) ; *Th.* 530 ; *Sc.* 107 ; fr. 37.1 ; 70.5 ; 70.7 ; 199.9 Merkelbach-West (κλέος).

mules homériques, κατὰ κόσμον, κατὰ μοῖραν.[204] S'il est vrai que les deux termes qui composent son nom ne sont sinon jamais employés ensemble, τέρπειν est régulièrement employé en lien avec la musique :[205] il exprime le fait de combler toute faille. L'adverbe εὖ est lui aussi volontiers lié à la musique : tellement qu'il est impossible d'imaginer un chant des Muses non pas eu- mais caco-phonique, inadapté, désaccordé.

Thalie incarne, comme la Charite homonyme,[206] la jeunesse, la force (sur-)abondante et le caractère florissant, festif (θαλία) de la musique. C'est probablement sous son influence que le chant acquiert dynamisme, fraîcheur, nouveauté et caractère de fête.[207] A ce lien entre musique et vigoureuse force vivante est tantôt aussi associé l'élément aquatique : dans l'*Iliade* (18.39) Thalie est également une des filles de Nérée, lui-même fils de Pontos (*Mer*) et de Doris, et petit-fils par sa mère d'Océan.[208]

Melpomène chante et danse, conjointement à la signification de μέλπεσθαι, qui exprime la musique comme un ensemble de chants et de danses.[209] Melpomène serait ainsi responsable de l'unité des arts musicaux.

Le nom de Terpsichore est composé du substantif polysémique χορός et de τέρπειν. Littéralement, elle personnifie le chœur que forme l'ensemble des Muses ;[210] chœur qui, comme Euterpe – et sans doute en lien avec elle – réjouit pleinement celui qui l'écoute, le comble. Tels les dieux, et en particulier Zeus, sur l'Olympe.

Erato incarne le caractère aimable, désirable, érotique (ἐρατός) de la musique. Comme déjà vu, cette particularité transparaît notamment dans la voix que les Muses font entendre.[211] A l'instar de Thalie, Erato est également le nom d'une Néréide.[212]

---

204 Les occurrences d'εὖ chez Hésiode présentent sans ambiguïté le sens de *bon, comme il convient* (par exemple *Th.* 73 ; *Op.* 107 ; 706 ; 765).
205 Hes. *Th.* 37 ; 51 (τέρπουσι) ; *Op.* 115 (τέρποντ') ; 487 (τέρπει). Des mots de la même famille apparaissent également dans un contexte non (ou moins) musical : *Op.* 358 (τέρπεται) ; *Op.* 58 (τέρπωνται) ; *Sc.* 47 (τερπόμενος).
206 Hes. *Th.* 909.
207 Hes. *Th.* 65 ; 917 ; *Sc.* 284. Voir aussi *Op.* 115 (θαλίῃσι) ; 231 (θαλίης) ; 742 (θαλείῃ).
208 Hes. *Th.* 233-243.
209 Hes. *Th.* 66 (μέλπονται) ; *Sc.* 206 (μελπομένης).
210 Chez Hésiode, le chœur des Muses apparaît à trois reprises (*Th.* 7 ; 63 ; *Sc.* 201), des chœurs humains quatre fois (*Sc.* 272 ; 277 ; 280 ; 284).
211 Hes. *Th.* 65 ; 67 ; 70. Les nombreuses occurrences des mots de cette famille expriment le sentiment d'amour et le caractère aimable d'une personne.
212 Hes. *Th.* 246. Plus tard, Paus. 8.4.2 parle d'une Nymphe Erato et Hyg. *Fab.* 182 d'une Erato, fille d'Océan.

Polymnie fait apparaître le chant (ὕμνος) en son caractère multiple (πολύς). Nous le savons, ὑμνεῖν est couramment employé pour qualifier l'activité des Muses.[213] Que le ὕμνος de Polymnie soit multiple signale en outre le caractère complexe, volontiers ambigu, des chants musicaux. Plutarque (*Mor.* 743d) fait pour sa part dériver le nom de Polymnie de deux autres termes : μνήμη, *mémoire* et πολλῶν, *de nombreuses choses*. Bien que fallacieuse, cette dérivation s'inscrit elle aussi dans la nature musicale rencontrée jusqu'à présent.

Uranie personnifie le ciel (οὐρανός), dans lequel résonne et qui (trans)porte la musique. Elle fait ainsi écho à Ouranos et aux forces primordiales dont les Muses sont également les descendantes.[214] Au contraire de ses sœurs qui, ailleurs chez Hésiode, ne réapparaissent qu'indirectement, dans les mots qui leur sont apparentés, elle serait nommée chez lui une seconde fois, en tant que mère du chanteur Linos.[215] Comme pour Thalie et Erato, une autre Uranie est fille d'Océan.[216]

Calliope, la dernière Muse mentionnée, fait pour sa part entendre une belle (καλός) voix (ὄψ) : celle qui parvient aux oreilles des dieux et des hommes. Construite, comme ὄσσα, sur la même racine que le verbe εἰπεῖν, il s'agit d'une *voix qui parle, qui laisse entendre des paroles bien déterminées*, qui ont en l'occurrence pour avantage d'être belles.[217] Ces deux mots interviennent eux aussi couramment pour caractériser l'ensemble des Muses : en tout, nous pouvons compter six mentions de leur voix[218] et trois de leur beauté, tantôt en lien avec leur voix, tantôt avec leurs maisons et leurs chœurs.[219]

En rebondissant sur ce que nous avons reconnu vis-à-vis de la seule et même belle voix des Muses, nous pouvons conclure que si nos divinités se distinguent ici par leurs noms, elles expriment pourtant au fond le même phénomène musical en sa multiplicité propre : les diverses faces de la même musique. Ainsi Murray (2004, 367) : « Malgré l'individualité de leurs noms, on ne peut pas parler de Muses singulières avec des sphères de compétences individuelles ; elles existent plutôt comme une pluralité, comme des sœurs de même sensibilité, une impli-

---

213 Hes. *Th.* 11 ; 37 ; 51 (ὑμνεῦσαι) ; 48 (ὑμνεῦσι) ; 70 (ὑμνεύσαις) ; *Op.* 2 (ὑμνείουσαι). Pour l'activité du chanteur : *Th.* 33 (ὑμνεῖν) ; 101 (ὑμνήσει) ; *Op.* 657 (ὕμνῳ) ; 662 (ὕμνον).
214 West 1966, 181. Cf. aussi 4.2 « Deux générations de Muses chez Mimnerme ».
215 Eust. *Il.* 1163.62 (4.258 van der Valk) attribue à Hésiode la phrase suivante : « Uranie enfantait un fils très aimé, Linos (Οὐρανίη δ' ἄρ' ἔτικτε Λίνον πολυήρατον υἱόν) » (fr. 305.1 Merkelbach-West).
216 Hes. *Th.* 350.
217 Pour une recherche spécifique des occurrences de ce terme chez Hésiode, cf. Collins 1999 ; Berlinzani 2002.
218 Hes. *Th.* 10 ; 43 ; 65 ; 67 (ὄσσαν) ; 41 ; 68 (ὀπί).
219 Hes. *Th.* 68 ; 63 ; 8. Le chant qu'elles enseignent à Hésiode est lui aussi beau (καλήν ; 22).

quant toutes les autres » ; et Harriott (1969, 16) : « Les noms d'Hésiode expriment l'union de la poésie, du chant, de la musique instrumentale et de la danse et leurs fonctions de répandre la gloire des dieux et des hommes ainsi que celle d'amener leurs charmes aux banquets et festivals ».[220]

Il s'avère toutefois que les Muses ou leurs faces n'ont pas toutes la même importance. Pour Deichgräber (1965, 177-189), si Clio et Euterpe (au début) ainsi que Calliope (en fin) encadrent les six autres, c'est que la célébration, la pleine réjouissance adéquate et la belle voix sont au fondement et au faîte de tout chant, qu'importe qu'il soit exprimé à la manière de Melpomène, de Terpsichore, d'Erato, de Polymnie ou encore d'Uranie. Le texte nous indique en effet que, comme c'est d'ailleurs l'usage dans les énumérations grecques, le dernier élément est le plus important :[221] c'est Calliope qui l'emporte, et même de loin (προσφερεστάτη), sur toutes les autres. Il convient de l'entendre au sens où c'est finalement sur sa belle voix articulée que repose l'ensemble de la musique, que c'est elle qui guide le tout : sans elle, la musique serait tout simplement incompréhensible. Le redoublement du syntagme οπη (Καλλιόπη – ὁπηδεῖ) dans les deux derniers vers renforce d'ailleurs encore sa nature capitale.[222]

Dans l'ordre du prologue, l'énumération nominale des Muses précède le passage sur les rois nourrissons de Zeus.[223] Aussi s'est-on souvent interrogé sur le pourquoi de cette transition.[224] La réponse la plus courante se base à juste titre sur la rhétorique ou éloquence que Calliope incarne par son nom et qui irait de pair avec celle des bons rois.[225] Faut-il le souligner une nouvelle fois ? Les filles de Zeus (les Muses), ses nourrissons (les rois) et les chanteurs eux-mêmes s'expriment finalement de la même manière, avec force, autorité et douceur. Si c'est avant tout Calliope qui accompagne les rois, elle n'est toutefois pas la seule à les soutenir : ce sont finalement toutes les (neuf) filles du grand Zeus qui, à l'instar des chanteurs, rendent les rois respectables par une douce goutte de rosée sur leur langue.

---

220 Cf. encore Vergados 2014, 114.
221 Styx l'emporte sur ses sœurs, les filles d'Océan (Hes. *Th.* 361) ; Atropos sur ses sœurs, les Kères (*Sc.* 260) ; Callithoé sur ses sœurs, les filles du roi d'Eleusis (*h.Cer.* 2.110).
222 Cf. Duban 1980, 10.
223 Hes. *Th.* 81-96.
224 Par exemple Laks 1996 ; Stoddard 2003.
225 Solmsen 1954, 7 ; Duban 1980, 10 ; Havelock 1982, 111. Au contraire, pour Blössner 2005, les Muses ne sont pas liées à la rhétorique ; aussi conclut-il à une altération du texte : les vers 80 à 93 seraient une variante des vers 94 à 103.

2.7 Chanter la théogonie

Selon l'agencement de la *Théogonie*, les vers 104 à 115 marquent le terme du prologue. Les Muses ont rencontré le berger Hésiode, l'ont élevé au rang de chanteur. Alors que ce dernier vient de commencer comme il se doit, en les chantant tout d'abord, l'heure est venue de leur demander d'entonner la *Théogonie* proprement dite :

> Χαίρετε, τέκνα Διός, δότε δ' ἱμερόεσσαν ἀοιδήν·
> κλείετε δ' ἀθανάτων ἱερὸν γένος αἰὲν ἐόντων,
> οἳ Γῆς ἐξεγένοντο καὶ Οὐρανοῦ ἀστερόεντος,
> Νυκτός τε δνοφερῆς, οὕς θ' ἁλμυρὸς ἔτρεφε Πόντος,
> εἴπατε δ' ὡς τὰ πρῶτα θεοὶ καὶ γαῖα γένοντο
> καὶ ποταμοὶ καὶ πόντος ἀπείριτος, οἴδματι θυίων,
> ἄστρα τε λαμπετόωντα καὶ οὐρανὸς εὐρὺς ὕπερθεν.
> οἵ τ' ἐκ τῶν ἐγένοντο θεοὶ δωτῆρες ἐάων,
> ὥς τ' ἄφενος δάσσαντο καὶ ὡς τιμὰς διέλοντο
> ἠδὲ καὶ ὡς τὰ πρῶτα πολύπτυχον ἔσχον Ὄλυμπον.
> ταῦτά μοι ἔσπετε Μοῦσαι Ὀλύμπια δώματ' ἔχουσαι
> ἐξ ἀρχῆς, καὶ εἴπαθ' ὅτι πρῶτον γένετ' αὐτῶν.

> Réjouissez-vous, enfants de Zeus, accordez un chant désirable ;
> célébrez le genre sacré des immortels qui sont toujours,
> ceux qui sont apparus de Gé et d'Ouranos étoilé,
> de la sombre Nux, et ceux que nourrissait Pontos salé,
> dites comment sont apparus en premier les dieux, la terre,
> les fleuves, la mer infinie qui s'élance dans un gonflement,
> les étoiles brillantes et le large ciel là-haut.
> Et ceux qui sont apparus de ceux-ci, les dieux donateurs de biens,
> comment ils ont divisé les richesses, comment ils ont réparti les honneurs,
> et comment, d'abord, ils ont eu l'Olympe aux nombreux replis.
> Dites-moi cela, Muses qui avez des demeures olympiennes,
> dès les débuts, et dites ce qui de cela est apparu en premier.[226]

Dans son ultime invocation avant le véritable début de la théogonie, le chanteur commence par inviter les Muses elles-mêmes – de nouveau invoquées comme enfants de Zeus – à se réjouir (χαίρετε). Si, dans un tel contexte d'invocation, on traduit couramment le verbe par *saluer*, s'il exprime bien une salutation, cette dernière – à la différence de ce que laisse entendre la racine latine du mot français (*salvere*) – contient toutefois, en plus de l'idée de bonne santé, l'acte de *se réjouir*, d'*avoir du plaisir*, d'*être comblé*. Mais pourquoi les Muses devraient-elles se réjouir d'accorder aux hommes un chant désirable ? Sûrement parce que,

---

[226] Hes. *Th.* 104-115. Nous enlevons les crochets que Solmsen 1990, 9 met aux vers 108-110.

fidèle aux ordres précédemment reçus, le chanteur se souvient d'elles, se plonge en elles en leur demandant de lui faire la faveur d'un chant désirable – que nous savons ne pas réjouir uniquement le chanteur et les Muses, mais enchanter tout ce qui les entoure, à commencer par les hommes et les dieux. L'homme jubile lui-même à l'idée de laisser les Muses s'exprimer par sa bouche, de faire résonner la divine musique.

Le chanteur évoque ensuite ce qu'il voudrait que les Muses fassent connaître, célèbrent. Or ce dont il s'enquiert est justement la théogonie, la naissance des dieux : le genre sacré des immortels qui sont toujours ; sujet que les Muses elles-mêmes avaient d'ailleurs auparavant déjà invité le futur chanteur à chanter.[227] Pour se mettre sur la voie, le chanteur ne manque pas de mentionner les noms (et épithètes) des diverses divinités traditionnelles qui lui viennent à l'esprit, selon un ordre étonnant, largement discuté dans la littérature secondaire : les enfants de Gê et d'Ouranos (étoilé), ceux de (la sombre) Nux et ceux nourris par Pontos (salé). Poursuivant, il indique qu'il aimerait également savoir en premier lieu la manière dont sont apparus les dieux ainsi que la terre, les fleuves, la mer (illimitée, s'avançant en gonflant), les étoiles (brillantes) et le (large) ciel. Ces derniers termes peuvent certes être compris comme personnifications : Gê, Pontos, Ouranos. Il convient pourtant de remarquer, avec Brelich (1985, 53), qu'on parle « un peu trop facilement de "personnification", mais ce concept présuppose une nette perception de la différence entre une chose (comme par exemple le soleil, la terre) ou une idée (par exemple la justice, la jeunesse etc.) et la personnalité qui "se prêterait" à elles. Dans l'expérience religieuse concrète des Grecs – comme du reste des autres peuples – il manque cette distinction première. Le fait qu'une chose [...] ou la réalité indiquée par un concept apparaisse comme quelque chose de divin est déjà "personnel" ». On le sait : les majuscules ne sont qu'un choix arbitraire de l'éditeur. Bien que nous suivions l'édition de Solmsen (1990, 6), nous y entendons l'ensemble des phénomènes qui constituent le monde, de part en part divin. Pucci (2007, 132) relève en outre que la mention des θεοί avant les autres termes cosmiques indique une différence entre ces divinités : le chanteur se rappellerait que c'est de ces divers dieux qu'est apparue cette autre génération, qu'il appelle donateurs de biens (δωτῆρες ἐάων), épithète réservée aux dieux olympiens.[228] Le vers 111 pose problème. Comme l'explique Rudhardt (1996, 36), les règles de la syntaxe rapportent le pronom τῶν à tous les noms énumérés auparavant. Autrement dit : les dieux donateurs de biens seraient les enfants tant des θεοί que de la terre, des fleuves, de la mer, des étoiles et du ciel. Pourtant « selon la mythologie, les enfants que ces mots distinguent se situent à des rangs inégaux

---

227 Hes. *Th.* 33.
228 Hom. *Od.* 8.325 ; Hes. *Th.* 46 ; 633 ; 664.

dans l'ordre des générations divines, ils remplissent des fonctions si diverses qu'il est impossible de les situer tous dans une même catégorie ». Aussi certains éditeurs – comme Rzach (1958, 9) et West (1966, 115) – condamnent-ils ce vers. Soucieux de former un tout cohérent, Solmsen (1990, 9) met quant à lui les vers 108 à 110 entre crochets. La suite et fin de l'explicitation du passage dévoile notre position, légèrement différente.

L'invocation aux Muses n'est à ce stade pas complètement terminée, mais se poursuit à l'aide de trois requêtes qui toutes concernent la manière dont les dieux répartissent les biens du monde : comment ils partagent les richesses, puis les honneurs, et d'abord – tel est ce que le chanteur veut savoir avant tout les concernant – comment il se fait qu'ils séjournent sur l'Olympe aux nombreux replis (πολύπτυχον) ; aux nombreux replis sans doute au sens où, loin d'être une surface lisse (où tout est apparent, clair), la montagne est bien plutôt – comme le mont Ida auquel l'épithète s'applique également – complexe, faite de multiples anfractuosités insondables.[229]

Les deux derniers vers viennent finalement boucler la boucle : le chanteur y reprend synthétiquement sa demande, exhortant les Muses à dire dès les débuts (ἐξ ἀρχῆς) ce qu'il vient d'évoquer ; non plus à sa manière, confuse, mais selon l'ordre musical du monde lui-même, en commençant par le début, c'est-à-dire les dieux apparus en premier. Nous savons que, même qu'elles sont les petites-filles d'Ouranos, les Muses sont bel et bien en mesure de dire les débuts en question : leur mère Mnémosyne leur a assurément transmis un savoir complet.[230] Cette explication va dans le sens du caractère tout à fait naturel des vers précédents pour Hésiode. Ils n'ont donc pas forcément été ajoutés par un commentateur dans le besoin de préciser la relation entre les dieux et les entités cosmiques. En effet, suivant l'idée que le chanteur donne aux Muses les quelques informations qu'il possède – par ses connaissances humaines découlant d'autres chants –, l'étonnement quant à leur présence et à leur ordre de présentation s'estompe.

C'est ainsi que se clôt le prologue consacré aux Muses et que s'ouvre à proprement parler la *Théogonie* ; théogonie qui enseigne, conformément à la demande du chanteur, tant une généalogie qu'une cosmologie divines. A prendre le texte à la lettre, c'est bien le berger Hésiode désormais inspiré par les Muses qui la chante. L'ensemble du chant étant ainsi sous-tendu par les Muses, d'obédience musicale, elles n'apparaissent dès lors plus qu'à trois reprises, d'ailleurs de manière anecdotique : soit dans le fil de ce que le chanteur est en train de raconter (comme filles de Mnémosyne dans l'énumération des générations divines), soit lorsqu'il

---

[229] Pour l'Olympe : Hom. *Il.* 8.411 ; 20.5 ; pour l'Ida : 21.449.
[230] Cf. encore Lenz 1980, 196.

est confronté à une difficulté majeure (deux fois à propos des noms des nouvelles générations – celles provenant d'une part des déesses unies à des mortels et d'autre part des humaines unies à des dieux).[231] Si les Muses ne se font pas jour davantage, c'est selon nous qu'il est désormais évident qu'elles ne manquent pas de soutenir le chanteur dans l'ensemble de ses mouvements et propos.

Reprise hésiodique

Un simple coup d'œil sur la pléthore d'éléments musicaux rencontrés permet de remarquer que, comparé à ce que nous avons reconnu chez Homère, la présence des Muses hésiodiques est quantitativement et qualitativement plus grande chez Hésiode. Nos divinités ne se font pas seulement jour plus souvent (38 occurrences contre 22), mais encore de manière plus précise et dans un rapport plus étroit, tant avec les dieux, les chanteurs, les hommes en général que l'ensemble des phénomènes du monde.

Si, à une exception près, les Muses apparaissent uniquement en acte dans l'*Iliade* et l'*Odyssée* – comme puissances inspiratrices prédonnées –, elles acquièrent chez Hésiode une dimension physique et thématique. Elles sont décrites, de leur engendrement par Zeus et Mnémosyne à leurs manifestations chez les dieux et les hommes en passant par leur gestation pendant un cycle entier de la nature, leur naissance en Piérie, leurs déplacements et leur rencontre avec Hésiode. Elles possèdent nouvellement divers organes corporels, une histoire, un ancrage géographique et partant une vie, une existence propres. Alors que nos divinités se font jour comme chez Homère dans un tableau pour le moins idyllique, la musique s'avère toutefois être une médaille à plusieurs faces : faces claires, dévoilantes, productrices avant tout, mais aussi sombres, mystérieuses, destructrices, comme l'indique notamment leur apparition voilée d'une brume épaisse lorsqu'elles cheminent dans la nuit. Leur caractère ambigu, voire inquiétant, apparaît aussi dans leur capacité à faire oublier, suspendre, détourner l'homme de ses peines et activités quotidiennes ainsi que dans ce qu'elles disent : comme elles l'avouent elles-mêmes, elles font entendre tantôt le faux, semblable au réel – présentant de manière voilée la réalité telle que la conçoit l'homme –, tantôt le vrai, faisant émerger les phénomènes hors de l'absence dans la présence.

Concernant leurs paroles, elles ne se confinent pas aux seuls événements du passé, mais s'étendent aux trois dimensions temporelles : les Muses expriment aussi bien ce qui est, ce qui sera, que ce qui est auparavant. Comme dans l'*Iliade* et l'*Odyssée*, elles sont en outre portées par une seule, belle et aimable voix, avant

---

231 Hes. *Th.* 916 ; 966 ; 1022.

tout affaire de Calliope, épaulée par huit consœurs, dont chacune présente par son nom un aspect de la musique en sa complexité même.

Toujours dans le sens de la précision qui caractérise l'apparition des Muses chez Hésiode, cette fois concernant le vocabulaire : à la différence de ce qui a cours chez Homère, où seuls les mots du chant et du dire reviennent à nos déesses, leur expression se trouve démultipliée, précisée, complexifiée. Ἔπος, γηρύεσθαι, κλείειν, λέγειν, μῦθος, ὑμνεῖν, ὕμνος, φάναι sont les principaux mots du dire, auxquels s'ajoutent de nombreux autres liés à la performance musicale en général, et en particulier à la danse, tels χορός, μολπή, ἐπιρρῶσθαι, μέλπεσθαι, ὀρχεῖσθαι.

La relation des Muses aux autres dieux est elle aussi plus nette que chez Homère. Les chants pour leurs semblables ont pour conséquence de les réjouir, les égayer et les faire rire. Au-delà de cet effet général, non différencié, nos divinités cultivent des liens étroits avec cinq divinités : Zeus, Mnémosyne, Apollon, les Charites et Himéros. Fréquent également dans l'*Iliade* et l'*Odyssée*, leur lien filial avec le tout puissant Zeus est évoqué à pas moins de treize reprises, sans compter les trois fois où le dieu apparaît aux côtés de Mnémosyne comme géniteur. Concernant Apollon, sa relation à nos divinités est elle aussi reprise et renforcée. De pair avec nos déesses, il apparaît non seulement aux côtés des chanteurs et citharistes en guise de soutien mélodique et prophétique de leurs œuvres, mais se dévoile encore en relation avec Hésiode lui-même : le signe d'autorité musicale que ce dernier reçoit, le sceptre, provient de l'arbre du dieu qu'est le laurier. Quant aux autres divinités qui côtoient les Muses, les Charites et Himéros, apparues en filigrane chez Homère, Hésiode les mentionne clairement aux côtés de nos déesses. Continument présents, leurs attributs de beauté, d'éclat, de douceur, de joie et de désir viennent même à se confondre avec ceux des Muses.

Forte de ce quintuple soutien divin et des divers chants lexicaux qu'il ouvre, la musique est en mesure de marquer et émouvoir le monde dans son ensemble. L'influence des chants et des danses des Muses ne se limite pas à un cercle restreint de privilégiés, mais touche la totalité du monde, du plus haut sommet de l'Olympe neigeux à la sombre terre, dieux et hommes y compris.

Vis-à-vis des hommes, comme chez Homère, nos divinités gratifient certains individus bien aimés de leurs chants, faisant d'eux des chanteurs (ἀοιδός) et serviteurs (θεράπων). Leur don s'avère toutefois plus large que chez Homère : chez Hésiode, l'inspiration musicale ne se limite pas aux seuls chanteurs, mais concerne également certains rois d'exception, nommés nourrissons de Zeus. A l'instar de ce qu'elles font avec les chanteurs, les Muses les épaulent dans leurs décisions, leurs discours et résolutions de conflits ; grâce à leur soutien, ils deviennent avisés et capables d'agir en toute justesse, douceur et autorité.

Si, dans l'*Iliade*, la Muse chante par la bouche du chanteur et si, dans l'*Odyssée*, un dieu fait directement éclore en lui le chant – phénomènes d'inspiration qui vont dans le sens d'une fusion Muses-chanteur –, chez Hésiode, l'accent est davantage mis sur le savoir transmis par nos divinités ; savoir qui permet au chanteur entouré et porté par les Muses de dévoiler comme il se doit non seulement les grands hommes et hauts-faits du passé, mais aussi le temps présent et à venir ; faisant par là résonner jusque dans son nom (Ἡσί-οδος) la réjouissance qu'impliquent les voies et voix musicales. Loin pourtant d'être transmises spontanément, comme chez Homère, les paroles musicales apparaissent volontiers préalablement modalisées, selon le bon vouloir de nos déesses ou de leur père Zeus. Dans le même sens, le chanteur présente à trois reprises son activité comme le fruit d'un enseignement reçu des Muses : de fusionnelle qu'elle était, la relation musicale se trouve marquée par une certaine distance, une certaine éducation préalable. Le chanteur se trouve élevé au-dessus de son état de simple mortel et appelé à guider ses congénères.

Ces deux éléments sont-ils, comme la multiplication, spécification et complexification du vocabulaire, signes d'un certain éloignement entre le chanteur et les Muses ? Impossible de répondre. Tout ce que nous pouvons dire est que la relation Muse-chanteur paraît moins directe chez Hésiode que chez Homère. Le chanteur se met à présenter, expliquer, sinon justifier ses étonnantes capacités, tout comme la mystérieuse rencontre initiatrice vécue alors qu'il n'était qu'un simple berger.

3ᵉ mouvement
Musiques apollinienne et hermaïque
dans les *Hymnes homériques*

Le corpus des 33 *Hymnes homériques*[1] présente les Muses tant comme divinités inspiratrices que comme personnages dans la narration.

Selon l'état des textes des éditions modernes, et notamment d'après notre édition de référence de Càssola (1975), 15 des 33 *Hymnes* contiennent dans leur(s) premier(s) vers une invocation. Dix sont personnellement adressées aux Muses, sous forme tout à fait traditionnelle : « Muse chante <tel dieu qui> » (5x),[2] « Muse dis-moi <tel dieu qui> » (2x),[3] « Muses dites <tel dieu qui> » (2x)[4] et « Muse commence à chanter <tel dieu qui> » (1x).[5] A cinq reprises, la divinité chantée – Apollon, Arès, Dionysos et deux fois Hestia – est elle-même convoquée en amorce de sa célébration. Invocation plus vaste, plus générale que celle rencontrée dans nos deux mouvements précédents. Alors que, chez Homère et Hésiode, les invocations sont purement musicales – le chanteur s'en remet aux Muses pour qu'elles l'épaulent ou portent dans son travail –, un appel d'un autre ordre se présente ici ; appel de pure célébration. Si le chanteur mentionne le dieu en question, ce n'est pas vraiment pour que celui-ci vienne, à la manière des Muses, l'inspirer dans sa performance, mais pour qu'il honore le chant de sa divine présence, qu'il participe activement à l'ensemble musical de sa célébration. Finalement, dans les dix-huit *Hymnes* restants, le chant débute par le chanteur lui-même, sans la moindre invocation préliminaire : « Je commence à chanter » (8x), « Je chanterai » (5x), « Je chante » (3x), « Je me souviendrai » (2x). Comment expliquer cette hétérogénéité ? La réponse semble découler de la nature multiple des compositions et réceptions.

Le fait que le chanteur commence de son propre chef va à l'encontre de ce qu'exigent les Muses hésiodiques : débuter et terminer chaque chant en les invoquant, elles, les Muses inspiratrices.[6] Est-ce la trace d'une autre relation aux Muses ? Pour pouvoir répondre, il faudrait pouvoir dater les divers *Hymnes*, parvenir à les classer et analyser selon leur ordre chronologique, ce que l'état de la

---

[1] Seuls les *Hymnes à Pan*, *Hélios* et *Séléné* semblent postérieurs au 5ᵉ siècle avant J.-C. – et donc hors de la limite temporelle de notre corpus (cf. notamment Janko 1982, 7-17 ; Faulkner 2011a, 7-16). Nous nous contentons de les mentionner.
[2] *H.Merc.* 4.1 ; *h.Dian.* 9.1 ; *h.Mat.Deorum* 14.2 ; *h.Diosc.* 17.1 ; *h.Vulcan.* 20.1.
[3] *H.Ven.* 5.1 ; *h.Pan.* 19.1.
[4] *H.Lun.* 32.1 ; *h.Diosc.* 33.1.
[5] *H.Sol.* 31.1.
[6] Hes. *Th.* 34.

recherche ne permet pas. D'autant moins que, comme tous les textes antiques qui nous sont parvenus, les *Hymnes* sont également marqués par bon nombre de modifications et d'évolutions dues aux copistes.[7] Rien ne permet ainsi d'affirmer, comme on aurait spontanément envie de le faire, que les textes qui ne présentent pas d'invocation musicale liminaire sont les plus récents ; tout comme il est impossible de repérer un quelconque tournant en la matière.

La situation est telle qu'on considère et traite aujourd'hui volontiers les *Hymnes homériques* comme un répertoire de débuts et de fins de chants destinés à des chanteurs d'une époque où la créativité du genre archaïque se trouve en déclin (fin du 4ᵉ siècle avant J.-C. – début de la période hellénistique).[8] Certains des courts *Hymnes* ne sont en tout cas que des parties de textes plus longs, marqués par un autre début, un autre milieu ou une autre fin, sans doute d'ailleurs de plusieurs mains. Au vu des circonstances, il est donc non seulement impossible de répondre à la question de savoir s'il existe des textes archaïques véritablement dénués d'invocation aux Muses, mais encore peine perdue de chercher à démêler une quelconque logique quant à la question de l'invocation en général dans les *Hymnes*.

Il n'en demeure pas moins intéressant de chercher à reconnaître, dans les 22 apparitions de nos déesses dans les *Hymnes homériques*, les constantes et divergences musicales vis-à-vis de la tradition homérique et hésiodique. Si la plupart des apparitions des Muses ne sont pas d'une grande nouveauté, deux mettent significativement nos divinités en relation avec Apollon – nous permettant d'étayer nos interprétations sur leur rapport – et trois de manière tout à fait inédite avec Hermès.

Les dix invocations que le chanteur adresse aux Muses – à chanter les divinités que sont Aphrodite, Artémis, Hélios, Héphaïstos, Hermès, la mère des dieux, Pan, Séléné et les Dioscures (deux fois) – sont truffées de marques courantes : par trois fois, les Muses sont qualifiées de λίγειαι ;[9] et à trois reprises présentées comme filles de Zeus.[10] Parmi elles, Calliope est la seule à apparaître nommément.[11] Nos déesses se font également jour comme « Muses aux douces paroles (ἡδυεπεῖς) qui connaissent le chant (ἵστορες ᾠδῆς) ».[12] Bien qu'absents précédemment, les termes de cette appellation s'inscrivent parfaitement dans l'horizon de savoir – le nom ἵστωρ appartient à la famille d'εἰδέναι – propre à nos

---

7 Cf. Bona 1978, 225-227.
8 Cf. Càssola 1975, lx-lxi ; Calame 2005, 44 ; Faulkner 2011b.
9 *H.Mat.Deorum* 14.2 ; *h.Diosc.* 17.1 ; *h.Vulcan.* 20.1.
10 *H.Musas et Ap.* 25.6 (τέκνα Διός) ; *h.Sol.* 31.1 (Διὸς τέκος) ; *h.Lun.* 32.2 (κοῦραι Κρονίδεω Διός).
11 *H.Sol.* 31.2.
12 *H.Lun.* 32.1-2.

divinités. Au fil des chants, on trouve encore les chœurs que les Muses forment avec les Charites[13] et une apparition des chanteurs sous le nom de θεράποντες.[14]

Pour ce qui est de l'*Hymne homérique aux Muses et à Apollon*, il reprend quasi mot à mot certains vers de la *Théogonie* : ceux, fameux, qui rappellent que chanteurs, citharistes et rois proviennent de nos déesses, et qui présentent l'influence de celles-ci sur celui qu'elles aiment.[15]

La grande majorité des qualificatifs et thèmes musicaux des *Hymnes homériques* se dévoile comme des *topoi* littéraires archaïques.[16] Tributaire de ses prédécesseurs, chaque chanteur semble mêler des éléments traditionnels, formulaires à d'autres inédits, propres ; éléments qui émanent visiblement, les uns de son éducation ancestrale, les autres de sa propre inspiration musicale. Bien entendu, seules les marques inédites offrent de nouvelles perspectives sur la nature, la place et le rôle des Muses vis-à-vis des hommes, des chanteurs et des autres dieux.

3.1 Musique apollinienne

Dans son *Hymne*,[17] Apollon apparaît en lien avec les Muses à deux reprises, chaque fois dans ce qu'on appelle la suite pythique : d'abord lorsque le dieu rejoint l'Olympe, initiant une fête divine ; ensuite lorsqu'il est sur le point de fonder son sanctuaire à Delphes. Les Muses n'inspirent pas explicitement le chanteur. Ce dernier commence en effet directement : à la première personne du singulier, il annonce qu'il se souviendra d'Apollon, avant de lui demander comment le célébrer. Le chanteur semble poser cette question pour se distinguer de la quantité de chants précédemment consacrés à Apollon ; question d'ailleurs réitérée au début de la suite pythique, après la présentation du dieu entouré de ses semblables. Compte tenu du fait que les événements du chant se déroulent loin du chanteur, non seulement dans l'espace (sur l'Olympe), mais aussi dans le temps (avant la fondation du sanctuaire de Delphes), comment expliquer sa capacité à transmettre – et partant à connaître – ce qu'il raconte ? Ne fait-il que l'inventer ? Ou est-il là aussi tributaire d'une inspiration d'ordre musical, en l'occurrence impli-

---

[13] *H.Dian.* 27.15 (Μουσῶν καὶ Χαρίτων καλὸν χορόν).
[14] *H.Lun.* 32.20.
[15] *H.Musas et Ap.* 25.2-5 et Hes. *Th.* 94-97. La plupart des commentateurs situe la *Théogonie* avant cet *Hymne homérique*.
[16] Pour une analyse détaillée des caractéristiques formelles communes à tous les *Hymnes*, cf. Calame 1995.
[17] Humbert 1936, 67-72, Càssola 1975, 97-102 et Chappell 2011 donnent de nombreuses références au sujet de la structure du chant. Pour la question de sa datation (7e-6e siècles avant J.-C.), cf. par exemple Förstel 1979, 200-211 ; Janko 1982, 132 ; Aloni 1989, 107-120.

cite, tacite ? S'il est impossible de répondre, il est toutefois évident qu'Apollon n'insuffle pas au chanteur la matière et/ou forme de son chant – comme le font les Muses –, mais lui vient en aide pour trouver la meilleure façon de le célébrer.

3.1.1 Un divin chœur

Au début de ladite suite pythique, Apollon est présenté comme quittant la terre, lieu de séjour des hommes, pour l'Olympe, domaine des dieux. A son arrivée parmi ses semblables,

> αὐτίκα δ' ἀθανάτοισι μέλει κίθαρις καὶ ἀοιδή.
> Μοῦσαι μέν θ' ἅμα πᾶσαι ἀμειβόμεναι ὀπὶ καλῇ
> ὑμνεῦσίν ῥα θεῶν δῶρ' ἄμβροτα ἠδ' ἀνθρώπων
> τλημοσύνας, ὅσ' ἔχοντες ὑπ' ἀθανάτοισι θεοῖσι
> ζώουσ' ἀφραδέες καὶ ἀμήχανοι, οὐδὲ δύνανται
> εὑρέμεναι θανάτοιό τ' ἄκος καὶ γήραος ἄλκαρ·
> αὐτὰρ ἐυπλόκαμοι Χάριτες καὶ ἐύφρονες Ὧραι
> Ἁρμονίη θ' Ἥβη τε Διὸς θυγάτηρ τ' Ἀφροδίτη
> ὀρχεῦντ' ἀλλήλων ἐπὶ καρπῷ χεῖρας ἔχουσαι·
> τῇσι μὲν οὔτ' αἰσχρὴ μεταμέλπεται οὔτ' ἐλάχεια,
> ἀλλὰ μάλα μεγάλη τε ἰδεῖν καὶ εἶδος ἀγητή,
> Ἄρτεμις ἰοχέαιρα ὁμότροφος Ἀπόλλωνι.
> ἐν δ' αὖ τῇσιν Ἄρης καὶ ἐύσκοπος Ἀργειφόντες
> παίζουσ'· αὐτὰρ ὁ Φοῖβος Ἀπόλλων ἐγκιθαρίζει
> καλὰ καὶ ὕψι βιβάς, αἴγλη δέ μιν ἀμφὶ φαεινή,
> μαρμαρυγαί τε ποδῶν καὶ ἐυκλώστοιο χιτῶνος.
>
> aussitôt la cithare et le chant sont un objet de soin pour les immortels.
> Les Muses toutes ensemble, en alternance d'une belle voix,
> célèbrent les dons immortels des dieux et des hommes
> les malheurs, tout ce qu'ils possèdent des dieux immortels,
> vivant sans cœur ni moyens, ils ne sont même pas capables
> de trouver un remède à la mort et un secours contre la vieillesse ;
> or les Charites aux belles boucles et les Heures au bon cœur,
> Harmonie, Hébé et Aphrodite, la fille de Zeus,
> dansent en se tenant les unes les autres la main par le poignet ;
> elle chante et danse parmi elles, ni laide ni petite,
> mais très grande à voir et d'aspect admirable,
> Artémis qui lance des traits et a été élevée avec Apollon.
> Au milieu d'elles, Arès et Argeiphontès qui voit de loin
> jouent ; quant à Phoibos Apollon, il joue de la cithare
> en faisant de belles et hautes enjambées, un éclat brillant l'entoure,
> ainsi que les scintillements de ses pieds et de son vêtement bien filé.[18]

---

18 *H.Ap.* 3.188-203.

Dès qu'Apollon rejoint l'assemblée des dieux sur l'Olympe, la musique et le chant prédominent. Sa venue génère tout un enthousiasme musical. Alors qu'au début de l'*Hymne* (3.2-13) les dieux tremblent de peur à l'entrée d'Apollon dans la demeure olympienne de Zeus,[19] il apparaît ici sous une autre face, entraînant une situation et des émotions tout autres : les immortels s'adonnent à la cithare et au chant (κίθαρις καὶ ἀοιδή), activités musicales qui semblent conduire au point d'orgue de la fête à laquelle ils prennent part. Notons en passant qu'ils le font sans délai (αὐτίκα), avec une rapidité qui atteste que les effets de la musique sont toujours vifs et instantanés. Et pas seulement pour les hommes. Les Muses ne sont évidemment pas absentes de la divine fête qui se fait jour. Bien que leur présence et manière d'apparaître n'ont rien d'inédit, le contenu de leur chant ainsi que l'intervention, la description et les activités des différents protagonistes ne sont pas sans intérêt.

Commençons par Apollon lui-même. Alors qu'il apparaît une *phorminx* à la main dans l'*Iliade* (1.603), il se montre ici comme joueur d'un autre instrument, de la même famille : la cithare (ἐγκιθαρίζει). C'est donc à nouveau comme musicien que le dieu apparaît sur l'Olympe, dans toute sa splendeur, comme l'indiquent sa fameuse épithète – Φοῖβος, *Pur, Rayonnant* – et les vers qui suivent la mention de son nom : il est auréolé d'un éclat brillant (αἴγλη φαεινή) et ses pieds et ses habits, d'ailleurs bien tissés (ἐϋκλώστοιο), de bonne facture, signe de prestige et indirectement de son caractère prophétique,[20] scintillent (μαρμαρυγαί). Finalement décrit comme faisant de belles et hautes enjambées (καλὰ καὶ ὕψι βιβάς), il se dévoile comme guide et maître de cérémonie, marquée par les trois composants propres à la musique : mélodie instrumentale, danse et chant.

Conformément à l'attente, Apollon musicien se fait jour en lien avec les Muses. Toutes ensemble, en alternance, d'une belle voix (ἅμα πᾶσαι ἀμειβόμεναι ὀπὶ καλῇ), elles accomplissent bon nombre de célébrations. Inutile de nous arrêter une nouvelle fois sur l'expression homérique qui rappelle la manière qu'a le chœur des Muses de chanter sur l'Olympe.[21] Intéressons-nous plutôt aux célébrations accomplies par nos divinités. Elles concernent les dons immortels des dieux (θεῶν δῶρ' ἄμβροτα) et les malheurs des hommes (ἀνθρώπων τλημοσύνας). Les Muses commémorent le privilège d'immortalité qui revient aux dieux et, en oppo-

---

19 Cf. Strauss Clay 1989, 54.
20 La famille du verbe κλώθειν, d'où provient la seconde partie du composé εὔκλωστος, est souvent employée pour exprimer le destin filé par les Moires (dont l'une s'appelle précisément Klotho) ou les dieux (par exemple Hom. *Il.* 24.525). Pour le thème du tissage musical, cf. encore Pi. *N.* 7.75-79 ; B. *Ep.* 5.9-14 ; 13.221-224 ; *Dith.* 5(19).1-14.
21 Cf. Hom. *Il.* 1.604.

sition, le malheur qui incombe aux hommes.²² Selon certains commentateurs, les deux objets de célébration sont bien plus complémentaires qu'ils ne paraissent. Tout dépend de la manière d'entendre la nature des dons. S'agit-il d'un génitif subjectif ou objectif, de dons propres aux dieux ou des faveurs qu'ils accordent aux hommes ?²³ L'analyse des termes grecs est précieuse.

L'adjectif ἄμβροτος (de la même famille qu'ἀμβρόσιος lié au chant dansé des Muses chez Hésiode [*Th.* 69]) qualifie d'*immortels* ceux qui ingèrent de l'ambroisie : les dieux. Comme le fait remarquer Heitsch (1964, 262-263), même si les hommes souhaitent les faveurs divines et les reçoivent avec reconnaissance, elles ne sont pas toutes de l'ordre du bien – tels les dons accordés par la Muse à Démodocos.²⁴ Les τλημοσύναι, *malheurs*, comptent eux aussi parmi les dons divins dispensés aux hommes. Par sa position en enjambement ainsi que son triple déploiement dans les deux vers suivants, le malheur d'obédience divine qui affecte les humains est d'importance : il définit le genre des mortels comme étant d'une part ἀφραδής, *sans φρήν*, c'est-à-dire *sans cœur*, et ἀμήχανος, *sans moyens, ressources, habileté, ingéniosité*, d'autre part tout à fait incapable de trouver remède ou refuge face la mort et à la vieillesse. L'enjeu du chant des Muses est de souligner le caractère inexorablement tragique, inéluctablement limité de l'existence humaine. Pour Förstel (1979, 228 ; 233), ce thème de célébration des Muses annonce la fondation de l'oracle delphique présentée quelques vers plus loin : l'oracle divin aidera les hommes à vivre en leur indiquant comment s'en sortir malgré tout, malgré le destin malheureux qui les accable. Mais comment se fait-il que ce soit un tel sujet qui soit chanté lors de la fête divine ? Tout porte à croire qu'il s'agit de relever la situation fortunée, éclatante de joie des Olympiens en démarcation du terrible quotidien sans autre issue que la mort auquel sont confinés les hommes.

Une fois le contenu du chant des Muses énoncé, le texte renoue avec la splendeur divine en s'intéressant aux danseuses qui accompagnent en ronde les chanteuses : les Charites, les Heures, Harmonie, Hébé, Aphrodite et Artémis qui, parmi elles, occupe une place privilégiée. Comme le plus souvent, impossible de dire ici si les Muses se contentent de chanter, ou si elles participent également à la danse ; tout comme reste ouverte la question de savoir si les danseuses chantent avec elles ou non. La forme verbale ὑμνεῦσιν ne portant que sur les Muses, il est toutefois fort probable qu'elles seules chantent ;²⁵ même s'il se peut que les danseuses participent d'une certaine manière au chant, par exemple en reprenant le

---

22 Telle est l'interprétation de Càssola 1975, 498.
23 Cf. Heitsch 1964 ; de Martino 1982, 42.
24 Hom. *Od.* 8.62-64.
25 Cf. Förstel 1979, 227 ; Murray 2014, 13 n. 2.

refrain ou en scandant leur danse de cris ou d'onomatopées selon les différents types d'exécutions musicales déjà évoqués.[26] Ce qui prime est évidemment l'idée d'ensemble formé par les divines chanteuses et danseuses : nous savons que les Charites sont au nombre de trois ; tout comme les Heures ; avec les trois déesses qui complètent le plateau de danse, cela fait neuf : trois triades qui répondent à l'ensemble des neuf Muses.

Cet équilibre entre les chanteuses et les danseuses se retrouve dans ce qu'elles sont et font apparaître, non sans enrichir le nombre de dieux avec lesquels les Muses sont en rapport. Chez Hésiode (*Th.* 64), nous avons repéré l'éclat, la brillance, la joie, la gaieté, la jeunesse et l'abondance festive des Charites. Les Heures, filles de Zeus et de Thémis, littéralement la *loi*, l'*ordre divin*, sont liées par leurs noms même à la justice, à l'ordre et à l'équilibre : Εὐνομίη est la *bonne législation*, l'*équité*, l'*ordre bien réglé*, Δίκη la *justice*, Εἰρήνη la *paix*. Elles possèdent encore un autre aspect, en lien avec l'exubérance de la nature :[27] suivant Hésiode (*Th.* 902 ; *Op.* 75), toutes trois offrent à Pandore des guirlandes de fleurs printanières, et la troisième est spécifiquement taxée de florissante (τεθαλυῖαν), alors que chez Pindare (*O.* 13.17), elles sont décrites comme très fleuries (πολυάνθεμοι). Dans l'*Hymne homérique à Aphrodite* (6.5 ; 12), elles apparaissent finalement comme compagnes de la déesse éponyme. Les Heures sont par suite semblables aux Charites, d'où leurs épithètes ἐϋπλόκαμοι et εὔφρονες, qui dévoilent, l'une leur aspect extérieur – de bonnes (εὖ) boucles (πλόκαμοι) comme il convient, c'est-à-dire belles, bien ordonnées –, l'autre leur qualité intérieure, au bénéfice d'une bonne (εὖ) φρήν. Ces deux attributs s'opposent bien entendu à ceux, négatifs, employés juste auparavant pour les hommes. Les six déesses sont donc caractérisées par leur richesse et équilibre, tant extérieure qu'intérieure. Tous leurs attributs font écho aux différents aspects des Muses que nous avons relevés jusqu'ici. L'ensemble s'étend bien au-delà du rapport numérique.

Mais qu'en est-il des trois dernières danseuses, Harmonie, Hébé et Aphrodite ? En tant que fille de la troisième et d'Arès,[28] Harmonie unit en elle les contraires qu'incarnent ses parents, amour et guerre, et signifie d'une manière générale le bon ordre, l'ajustement équilibré, harmonieux – ordre et ajustement qui sont autant de qualités musicales de première nécessité.[29] En tant que fille de Zeus et d'Héra,[30] Hébé personnifie la jeunesse. Il convient à ce propos de relever que, mis

---

26 1.1.1 « Chants des Muses parmi les dieux ».
27 Selon Paus. 9.35.1-2, les Béotiens connaissent deux Heures nommées Καρπώ, *Fruit* et Θαλλώ (de la même famille que Thalia).
28 Hes. *Th.* 937.
29 Cf. Ilievski 1993.
30 Hes. *Th.* 922.

à part Aphrodite, toutes sont, ailleurs, couramment mentionnées comme filles de Zeus. Or c'est en l'occurrence Aphrodite qui est présentée comme telle, la seule dont la filiation n'est pas évidente : si dans la *Théogonie* (190-195) elle naît du sperme d'Ouranos tombé dans la mer et est donc la tante de Zeus, elle apparaît dans l'*Iliade* (5.131 ; 370) comme fille de Zeus et de Dioné. Le rappel de sa filiation semble nécessaire pour assurer que toutes sont bien des sœurs, filles du dieu tout puissant. L'unité qu'elles présentent est finalement confirmée par le cercle qu'elles forment : elles dansent ensemble, liées les unes aux autres en se tenant la main par le poignet.

Artémis – que nous avons à dessein omis jusqu'ici – se distingue de cet ensemble tout de fraîcheur et d'harmonie de neuf Muses et neuf divinités par sa taille et sa beauté. En tant que sœur d'Apollon – non seulement par son père, mais également par sa mère ; ils ont partagé la même nourriture (ὁμό-τροφος) –, elle dispose d'une place particulière dans la fête : elle est la seule dont il est explicitement dit qu'elle chante et danse (μεταμέλπεται – au sens de Melpomène),[31] incarnant par là en même temps les actions respectives de toutes les déesses.[32]

A l'intérieur du cercle formé par les déesses se trouvent Arès et Argeiphontès, en train de jouer (παίζουσ'). Si le verbe est couramment employé pour exprimer le jeu de l'enfant (παῖς), l'observation de ses diverses mentions indique qu'il signifie tantôt aussi l'action de danser.[33] Ainsi les deux dieux jouent-ils une danse – comme les acrobates homériques à l'occasion d'un banquet chez Ménélas[34] – au milieu de la ronde formée par les déesses. Leur participation à la fête nous donne une indication sur la puissance de la musique. Si le dieu de la guerre lui-même, à priori étranger aux beaux-arts, et si Hermès caractérisé ici par son côté violent et sanguinaire (« meurtrier d'Argos ») ne sont pas insensibles à la musique, c'est que cette dernière est assurément d'une force des plus pénétrantes. Il semble que la cithare d'Apollon et le chant des Muses métamorphosent les dieux.[35] Même si, de pair avec l'archère qu'est Artémis, ils contrastent avec le chœur des déesses qui

---

31 Forderer 1971, 120 ; 209 rappelle que cette famille décrit l'unité de la danse et du chant – d'où notre traduction ; même si par exemple Humbert 1936, 87 ; Càssola 1975, 123 ; Vernhes/Jacquin 1997, 57 n'en tiennent pas compte et traduisent la forme verbale par *chante*. Weiher 1986, 45 élude le problème en traduisant *gestellt sich zum Reigen* ; West 2003, 87 emploie pour sa part le terme générique de *perform*.
32 Dans son propre *Hymne* 27.15-18, Artémis est d'ailleurs la guide du chœur des Muses et des Charites.
33 Par exemple Humbert 1936, 87 ; Càssola 1975, 123 ; Vernhes/Jacquin 1997, 57 ; Zanetto 2006, 109. Conformément à deux notes plus haut, Weiher 1986, 45 traduit *mit im Spiele* ; West 2003, 87 par *sport*.
34 Hom. *Od.* 4.18-19. Cf. aussi *Il.* 18.604-605.
35 Cf. Miller 1986, 68 n. 173.

se démarque par sa douceur et son caractère pacifique, l'arrivée d'Apollon ne les laisse pas non plus indifférents : tous les dieux, quels qu'ils soient, participent en toute harmonie à l'élan musical insufflé.

Contrairement à chez Homère et Hésiode, les Muses ne sont pas ici les vecteurs primordiaux, les initiatrices du chant, de la célébration ou fête. Elles jouent néanmoins un rôle d'importance dans le tout musical en train de se déployer : elles chantent et dévoilent les caractéristiques propres aux genres divin et humain, participent de l'élan enthousiaste qui s'étend jusqu'aux dieux les plus rétifs à l'art. L'élan proprement dit est pour sa part donné par Apollon lui-même qui, par-delà son seul rôle d'accompagnant musical, apparaît non seulement comme le premier moteur de la divine cérémonie musicale à venir, mais encore comme le chef d'orchestre des divers participants, Muses y compris.

Si, chez Homère et Hésiode, Apollon apparaît en contexte musical, c'est uniquement pour épauler les Muses, chanteurs et citharistes dans leur évolution. L'explication de ce renversement de rôles est sans doute à chercher dans le lieu de performance de la fête et le destinataire-même de l'*Hymne* : loin des hommes, la célébration d'Apollon a lieu sur l'Olympe, pour ainsi dire en terrain conquis, purement divin.

3.1.2 Le péan crétois

Une fois la fête olympienne terminée, Apollon redescend sur terre en vue de bâtir un temple et fonder un oracle en son nom et honneur. Après moult pérégrinations et difficultés, une fois le sanctuaire de Pythô élevé, le dieu se remet en route à la recherche d'hommes capables de prendre en charge son culte. Ceux qu'il choisit sont des marins crétois.

> [...] ἦρχε δ' ἄρα σφιν ἄναξ Διὸς υἱὸς Ἀπόλλων,
> φόρμιγγ' ἐν χείρεσσιν ἔχων, ἐρατὸν κιθαρίζων,
> καλὰ καὶ ὕψι βιβάς· οἱ δὲ ῥήσσοντες ἕποντο
> Κρῆτες πρὸς Πυθὼ καὶ ἰηπαιήον' ἄειδον,
> οἷοί τε Κρητῶν παιήονες οἷσί τε Μοῦσα
> ἐν στήθεσσιν ἔθηκε θεὰ μελίγηρυν ἀοιδήν.
>
> [...] Les guidait le seigneur Apollon, fils de Zeus,
> tenant dans ses mains la *phorminx*, jouant d'une belle manière de la cithare,
> faisant de belles et hautes enjambées ; frappant le sol, ils le suivaient,
> les Crétois, vers Pythô, et ils chantaient le péan,
> tels que sont les péans des Crétois, pour lesquels la Muse,
> divine, a placé dans leurs poitrines un chant au son doux comme le miel.[36]

---

[36] *H.Ap.* 3.514-519.

Loin de conduire les matelots par la force, Apollon – dont le chanteur rappelle ici à la fois la filiation (fils de Zeus) et le rang (ἄναξ, *seigneur, maître*) – les charme bien plutôt par sa musique : il tient dans ses mains la *phorminx* (φόρμιγγ'), en jouant de la cithare (κιθαρίζων) d'une belle manière[37] – ce qui atteste que *phorminx* et cithare sont bien synonymes. Pour accompagner sa musique, le dieu fait comme précédemment sur l'Olympe de belles et hautes enjambées (καλὰ καὶ ὕψι βιβάς). C'est donc pour ainsi dire en dansant qu'il s'avance. Et c'est ainsi, de manière musicale, qu'il donne la cadence aux marins qui le suivent en direction de Pythô. Ceux-ci forment apparemment un cortège et évoluent au rythme du pas d'Apollon, en frappant le sol et en chantant le péan, chant traditionnellement dédié au dieu. Les matelots apparaissent transportés, possédés par la divine musique. Ils n'entonnent pas n'importe quel péan, mais celui propre aux Crétois qu'ils sont ; peuple connu dans l'antiquité pour la grandeur et qualité de ses cultes et compétence en matière de rites, de danses et de chants.[38]

A bien y regarder, ce chant ne provient pas seulement des hommes ; il est lui aussi d'origine divine. Le chanteur ne manque pas de préciser que les marins sont inspirés par nos déesses : nulle autre que la divine Muse – terme générique pour les divines Muses dans leur ensemble, comme lors des funérailles d'Achille[39] – a placé le chant dans leurs poitrines. Chant caractérisé par le son doux comme le miel (μελίγηρυν) qu'il fait entendre, à la manière des paroles des rois aimés des Muses chez Hésiode (*Th.* 84).[40] Les marins sont donc guidés par une double force divine, apollinienne et musicale. Double force qui leur permet non seulement d'avancer, enthousiastes, en direction de Delphes, mais encore d'initier le chant de prière et de remerciement qui sera régulièrement repris dans l'enceinte du temple delphique. Double puissance qui se distingue finalement du fait qu'elle ne conduit pas seulement les marins de l'extérieur, mais aussi, et peut-être même avant tout, de l'intérieur, en l'occurrence à partir de leurs poitrines (ἐν στήθεσσιν), comme c'est le cas chez Homère pour Phémios (*Od.* 22.347) et Démodocos (*Od.* 8.45).[41]

La Muse fait à nouveau partie d'un enthousiasme musical généralisé. Nos déesses et Apollon jouent ici leur rôle habituel : si le second s'occupe de guider

---

37 Ou d'une manière aimable (ἐρατόν), selon la lecture du manuscrit qu'on suit. Cf. West 2003, 111.
38 Bien qu'il soit aujourd'hui impossible de déterminer la spécificité régionale des œuvres crétoises, de nombreux textes attestent l'admiration qu'on leur porte dans toute l'antiquité (par exemple Str. 10.4.16 ; 18 ; Ath. 5.181b).
39 Cf. Hom. *Od.* 24.62.
40 Nous déployons encore μελίγηρυς chez Pi. *N.* 3.4 ; *I.* 2.3.
41 Chez Homère, les Muses stimulent les organes que sont le θυμός et les φρένες, tous deux situés dans la poitrine. D'autres occurrences homériques présentent la poitrine comme réceptacle surhumain : c'est là par exemple qu'un dieu octroie à Automédon de la volonté (*Il.* 17.470) et qu'Athéna gratifie Ménélas d'audace (570).

le chœur crétois en donnant le ton et le rythme du mouvement mélodique, la Muse apparaît comme principale ressource de l'activité musicale. La question du moment de l'inspiration musicale est ici laissée ouverte : la Muse soutient-elle, comme cela a été le cas jusqu'ici, les Crétois au moment même de l'exécution du péan ou le chant a-t-il au préalable été placé dans leurs poitrines ? Le cas échéant, les Muses se dévoileraient à nouveau dans un rapport indirect – et partant non fusionnel – avec les chanteurs.

3.2 Musique hermaïque

A la différence de l'*Hymne homérique à Apollon*, celui dédié à Hermès est explicitement le fruit d'un chanteur sous influence musicale. « Muse, chante Hermès... »,[42] tel est son incipit. Il n'y a pas de doute possible, c'est grâce au soutien de la Muse que le chanteur est en mesure de raconter la naissance du dieu ainsi que les événements qui le distinguent, entre sa venue au monde et son intégration au sein de la communauté olympienne. Les Muses apparaissent ensuite à trois autres reprises au cours du récit,[43] dans des passages qui, même si la présence de nos divinités semble banale, méritent qu'on s'y arrête.

3.2.1 Chant théogonique

Lorsque, après avoir inventé la lyre, Hermès se met à chanter, ses paroles sont logiquement inaccessibles aux oreilles humaines. Du moins directement, sans l'intervention médiatrice des chanteurs. Nous le savons : eux seuls, portés qu'ils sont par leur enthousiasme musical, sont en mesure de transmettre comme il se doit les paroles et événements divins, serait-ce sous forme de résumé. Tel est ce que fait l'auteur de l'*Hymne homérique à Hermès* : il raconte comment chante Hermès, en

> κραίνων ἀθανάτους τε θεοὺς καὶ γαῖαν ἐρεμνὴν
> ὡς τὰ πρῶτα γένοντο καὶ ὡς λάχε μοῖραν ἕκαστος.
> Μνημοσύνην μὲν πρῶτα θεῶν ἐγέραιρεν ἀοιδῇ,
> μητέρα Μουσάων, ἡ γὰρ λάχε Μαιάδος υἱόν·

---

42 *H.Merc.* 4.1.
43 Pour une présentation des différentes lectures du contexte et de l'unité de l'*Hymne*, cf. par exemple Johnston 2002. Pour des hypothèses de datation, cf. Janko 1982, 133 ; 140-143. Voir aussi Humbert 1936, 104-115 ; Càssola 1975, 171-174.

> accomplissant les dieux immortels et la terre ténébreuse,
> comment, en premier, ils ont été et comment chacun a obtenu sa *moira*.
> Mnémosyne, il l'honorait dans son chant en premier parmi les dieux,
> la mère des Muses, elle a en effet obtenu le fils de Maïa comme part.[44]

Il ne s'agit pas là des mots explicitement proférés par Hermès, mais du résumé médiatisé par le chanteur inspiré par la Muse. Résumé qui rappelle la demande hésiodique de célébration musicale à la fin du prologue de la *Théogonie* (105-113) : le début de toutes choses, les premières divinités ainsi que la part attribuée à chacune. Le tout est de même teneur, porté cependant par un autre vocabulaire.

Le premier vers est aussi étrange que général : en chantant, Hermès accomplit (κραίνων) les dieux immortels et la terre ténébreuse. Κραίνειν signifie *achever, réaliser, accomplir*, tel le vœu de Thétis que Zeus accomplit ou celui de Chrysès réalisé par Apollon.[45] Cela ne veut cependant pas dire, comme le fait remarquer Benveniste (1969, 36-37) à propos de ces exemples, que les dieux susnommés – Zeus et Apollon – réalisent vraiment, *de facto*, les vœux en question. Ils ne font bien plutôt que les accepter, au sens où ils offrent une ratification divine permettant aux vœux d'exister comme tels, et par suite de s'accomplir. Qu'en est-il ici avec Hermès ? A vrai dire, nul vœu n'a été prononcé avant notre passage, pas davantage que lors des deux autres occurrences de κραίνειν dans le même *Hymne* : d'abord (4.528-532) lorsque le dieu, après avoir promis à son grand frère Apollon de ne plus rien lui dérober, reçoit de ce dernier une branche capable de faire s'accomplir (ἐπικραίνουσα) l'ensemble des décrets énoncés par Apollon ;[46] puis (4.559), alors qu'Apollon partage avec lui les divinités responsables de son art mantique, les trois Moires, celles-ci sont décrites comme accomplissant (κραίνουσιν) toutes choses. Les deux apparitions du verbe sont univoques : κραίνειν signifie *accomplir* au sens de *donner* une existence, *permettre* de se réaliser.[47] En transposant ce sens à l'accomplissement tel qu'il intervient dans notre extrait, Hermès se trouverait à l'origine des dieux immortels et de la terre ténébreuse. Interprétation qui ne concorde pas avec les mythes. Pas davantage d'ailleurs avec les commentaires antiques, tel celui d'Hésychius (κ 3922), qui glose κραίνειν par τιμᾶν, *honorer, célébrer* ; glose sur laquelle rebondit la plupart des interprètes modernes.[48] Pourtant, suivant ce que nous avons appris des Muses,

---

44 *H.Merc.* 4.427-430.
45 Hom. *Il.* 1.504 ; 41.
46 Nous suivons la lecture courante de ce passage. Pour une discussion des problèmes textuels, cf. par exemple Càssola 1975, 541.
47 Cf. Strauss Clay 1989, 138.
48 Humbert 1936, 133 ; Zanetto 2006, 153. Càssola 1975, 536-537 est certain de la traduction par *célébrer, chanter*.

il semble possible qu'Hermès ne se contente pas, dans son chant, d'honorer les dieux et la terre, mais leur confère bien, par leur énonciation même, une réelle existence. Est-ce à dire qu'Hermès crée les dieux ? Evidemment non. Il y va comme les Muses le font par l'intermédiaire de la bouche du chanteur : l'existence que confère Hermès aux immortels est musicale, inhérente au chant. Existence dont les dieux ont bien besoin pour ne pas rester plongés dans les ténèbres de l'oubli. Le seul fait de les dire, de les exprimer leur donne une existence, leur permet de se réaliser, musicalement.

Il convient en outre de relever que, comme les Muses qui célèbrent le monde entier en le va-et-vient constitutif de son harmonie, le chant d'Hermès ne concerne pas uniquement les dieux immortels, qu'on s'imagine séjourner dans la divine et claire sphère céleste, mais s'occupe également de la terre ténébreuse, en ses profondeurs obscures, abyssales. Voilà donc comment, dans son chant, Hermès accomplit l'ensemble du monde, tant en ses dimensions les plus hautes que les plus basses : il lui donne une présence, une existence, une réalité dans l'esprit de tout un chacun en train de l'écouter. Nous voyons réapparaître ici ce que nous avons appelé la performativité des chants divins : l'expression et l'existence des dieux vont finalement de pair.

Le deuxième vers explicite ce dont le chant s'occupe en particulier : la manière par laquelle les dieux sont d'abord apparus, puis comment chacun a obtenu sa μοῖρα. Nous retrouvons ici le terme rencontré chez Homère pour désigner la provenance de l'honneur et du respect attribués aux chanteurs (*Od.* 8.480) ainsi que la manière avec laquelle Démodocos énumère l'histoire du cheval de Troie (496). A en croire le résumé de notre chanteur, Hermès aurait donc, d'une façon générale, rappelé dans son chant la naissance et le partage des diverses parts ou sphères revenant aux divinités ;[49] rappel habituellement affaire de l'omniscience musicale.

Or, la première divinité mentionnée et glorifiée n'est autre que Mnémosyne, présentée comme mère des Muses. Celle-ci aurait, dans la répartition des dons, été gratifiée... d'Hermès lui-même, en l'occurrence qualifié de fils de la Nymphe Maïa. Nous voyons survenir ici un intéressant rapprochement entre Hermès et les Muses, qui nous permet de mieux comprendre la capacité du premier à chanter les dieux. Si Hermès donne la plus grande importance à Mnémosyne,[50] c'est assu-

---

49 Le partage des différents dons divins est un trait récurrent des *Hymnes homériques*. Cf. Jaillard 2007.
50 Jaillard 2010, 57 entend dans ἐγέραιρε l'idée de conférer un γέρας, une *part d'honneur* : Hermès ne glorifie pas seulement Mnémosyne, mais célèbre également la part d'honneur (Hermès) qui lui revient.

rément pour souligner la mémoire dont elle est porteuse.[51] Son lien avec Mnémosyne explique comment, à l'instar des Muses, il est en mesure de chanter des chants d'ampleur théogonique et plus généralement de diffuser, tant d'ailleurs aux dieux qu'aux hommes, des messages d'obédience divine. Capacité qu'il est le seul de notre corpus à partager avec les Muses.

3.2.2 Musique inédite

Après avoir entendu Hermès chanter, Apollon en personne s'enquiert auprès de son jeune frère d'où lui viennent ses qualités musicales. Sont-elles innées ? Sont-elles le fruit d'un don divin ? Ou alors, sinon, humain ? Telles sont les questions du dieu.[52] Loin d'être omniscient, il tient à en savoir davantage sur l'origine et la nature de la musique hermaïque :

> τίς τέχνη, τίς Μοῦσα ἀμηχανέων μελεδώνων,
> τίς τρίβος; ἀτρεκέως γὰρ ἅμα τρία πάντα πάρεστιν,
> εὐφροσύνην καὶ ἔρωτα καὶ ἥδυμον ὕπνον ἑλέσθαι.
> καὶ γὰρ ἐγὼ Μούσῃσιν Ὀλυμπιάδεσσιν ὀπηδός,
> τῇσι χοροί τε μέλουσι καὶ ἀγλαὸς οἶμος ἀοιδῆς
> καὶ μολπὴ τεθαλυῖα καὶ ἱμερόεις βρόμος αὐλῶν·
> ἀλλ' οὔ πώ τί μοι ὧδε μετὰ φρεσὶν ἄλλο μέλησεν
> οἷα νέων θαλίῃς ἐνδέξια ἔργα πέλονται·

> Quel est ce savoir-faire, quelle est cette Muse des soucis irrésistibles,
> quel est ce chemin ? Tous trois sont en effet présents exactement en même temps.
> joie, amour et doux sommeil au choix.
> Et en effet je suis le compagnon des Muses olympiennes,
> qui se soucient des chœurs, du chemin brillant du chant,
> du florissant chant dansé et du grondement désirable des *auloi* ;
> mais rien d'autre que ceci n'a encore à tel point soucié mon cœur
> parmi les œuvres adroites qui se trouvent dans l'abondance festive des jeunes gens ;[53]

Chacune des trois questions que pose Apollon détermine à sa manière la voix et la musique qu'il vient d'entendre. Chacune permet de dessiner une image inédite des Muses en lien avec Hermès. Apollon commence par s'interroger sur le genre de τέχνη dont il bénéficie. Ce terme exprime l'*habileté* et la *maîtrise*, tant celle

---

51 Un papyrus appelle d'ailleurs Hermès « fils de Mnémé » (Henrichs/Preisendanz 1973, 1.194.415).
52 Nous paraphrasons h.Merc. 4.441-446.
53 H.Merc. 4.447-454. Contrairement à Càssola 1975, 214 qui écrit μοῦσα au vers 447, nous écrivons, par souci de cohérence, le terme avec une majuscule.

spécifique au monde de l'artisanat que celle, plus générale, liée à l'artifice et à la ruse stratégique de tout un chacun.[54] Le mot a été traduit en latin par *ars*, d'où le fait que la plupart des traducteurs y voit un *art*.[55] Le terme le mieux à même d'exprimer la double dimension, en même temps intellectuelle et factuelle, spirituelle et manuelle du mot, est sans conteste *savoir-faire*[56] – tel celui du menuisier qui, à l'aide de sa hache, fabrique une rame avec τέχνη ou celui des forgerons qui chauffent l'étain avec τέχνη.[57] Parmi les dieux, les principaux détenteurs de τέχναι sont Héphaïstos – qui, d'ailleurs, l'emporte par sa τέχνη sur tous les autres[58] – et Athéna, dont la τέχνη est qualifiée de multiple, variée (παντοῖος).[59] Dans son *Hymne* (4.108 ; 511 ; 317 ; 76), Hermès lui-même apparaît comme possesseur de différentes τέχναι : outre celle du feu, il découvre celle de la *syrinx* (sorte de flûte), possède des τέχναι et des paroles séduisantes permettant de tromper Apollon, et n'oublie pas sa τέχνη rusée quand il renverse les empreintes des sabots du troupeau d'Apollon. La question initiale d'Apollon indique qu'il est bien conscient de la multiplicité de τέχναι de son frère. Mais de laquelle s'agit-il en l'occurrence ?

La deuxième question – construite exactement sur le même modèle que la première – donne une ébauche de réponse : « Quelle est cette Muse des soucis irrésistibles ? » Muse et τέχνη apparaissent synonymes. De même qu'il était clair pour Apollon que son frère possède une multiplicité de τέχναι, de même il lui est évident que son divin don de chanteur lui provient des Muses. Sa question est simplement de savoir de quelle Muse il s'agit : laquelle d'entre elles le porte dans son *savoir-faire* musical ? Pour la première fois dans notre corpus, la plupart des éditeurs choisit ici d'écrire « muse » avec une minuscule. Apparemment pour signifier qu'il ne s'agit pas d'une des neuf Muses en personne, mais plutôt de la μουσικὴ τέχνη.[60] Ainsi, dans les plus importantes langues de la philologie moderne, on traduit ici μοῦσα par *inspiration*, *canto*, *art* ou encore *Meister-*

---

54 Lorsque par exemple Prométhée partage les diverses parts de sacrifice, il le fait avec une τέχνη δολίη, *rusée* (Hes. *Th.* 540).
55 Humbert 1936, 134 ; Càssola 1975, 215 ; Weiher 1986, 87. West 2003, 149 traduit le mot par *skill*, *habileté*.
56 Cf. notamment Chantraine 1999, 1112.
57 Hom. *Il.* 3.61 ; Hes. *Th.* 863.
58 Par exemple Hom. *Od.* 8.327 ; 23.161 ; Pi. *O.* 7.35 ; *Pae.* 8 B2.102 Rutherford.
59 Notamment Hom. *Od.* 23.161 ; Hes. *Th.* 929 ; Pi. *P.* 12.6 ; *Pae.* 8 B2.102 Rutherford.
60 On retrouve dans notre corpus le même phénomène chez Ion Chius fr. 32 West = fr. 5 Gentili-Prato : lorsqu'il se présente comme l'inventeur de la lyre à onze cordes, il fait remarquer que la lyre à sept cordes ne fait selon lui entendre qu'une « muse rare (σπανίαν μοῦσαν) », peu abondante – à laquelle la plupart des éditeurs lie la musique de la lyre, l'écrivant par suite avec une minuscule. Dans notre corpus, l'expression μουσικὴ τέχνη n'apparaît explicitement que chez Ibyc. fr. S 255.4 Davies et Pi. *O.* 1.14-15 ; *Hymn.* I, fr. 32 Maehler.

schaft.⁶¹ Pour Brillante (2009, 43), le fait que le même terme désigne la parole poétique (humaine) et la divinité qui la dirige signifie toutefois que cette dernière est toujours présente dans le chant, l'homme pouvant selon son besoin invoquer le soutien divin.⁶² Il en va ainsi tout au long des siècles, au point que les deux sens se trouvent sous la même entrée dans nos dictionnaires. Si donc Apollon entend un son musical, propre à la « muse », c'est qu'il s'agit, au moins par métonymie, d'une Muse. Selon Assaël (2001, 14), la suite du chant – dans laquelle Apollon se dit le compagnon des Muses olympiennes et ne pas connaître le son entendu – annule toutefois cette possibilité. Elle y reconnaît un nom commun qui évoque « la résolution des angoisses humaines à laquelle permet d'aboutir la divine pratique poétique ». Position qui représente à nos yeux une réduction de la multiplicité musicale. Pourquoi les Muses ne pourraient-elles pas être les compagnes à la fois d'Apollon et d'Hermès, – et ce même si les deux dieux eux-mêmes ne savent pas qu'ils ne sont pas seuls à bénéficier du soutien musical ? S'il est vrai que chaque chanteur expérimente à sa manière les Muses, pourquoi n'en irait-il pas de même pour les dieux ? L'ensemble de nos analyses nous les ont en tout cas fait apparaître comme ayant la capacité de s'exprimer chez chacun à leur guise, selon sa sensibilité. Quelle est donc cette Muse ?

La Muse en question est auréolée de deux qualificatifs au génitif, l'un négatif, l'autre positif : ἀμηχανέων μελεδώνων. Le premier renoue avec le terme employé pour cerner ce que les hommes reçoivent des dieux dans notre premier passage de l'*Hymne homérique à Apollon* (3.192). Si nous l'y avons traduit par *sans moyens, sans ressources, sans habileté, sans ingéniosité*, il peut également signifier, dans une entente passive, *dont on ne peut venir à bout, irrésistible* et par suite *que l'on ne peut atteindre* ou *concevoir, extraordinaire*.⁶³ Le second est le substantif μελεδών – apparenté au verbe μέλειν, être objet de soin, *prendre soin, s'occuper de* –, généralement traduit par *soin, souci*.⁶⁴ Si les préoccupations dont parle Apollon sont irrésistibles, c'est vraisemblablement au sens où celui qui en est la proie en est pris tout entier, au point d'être alors sans autre intérêt ni ressource. Mais le lien entre ces soucis irrésistibles et la Muse n'est pas évident. Ἀμηχανέων μελεδώνων est-il un génitif subjectif ou objectif ? Brillante (2009, 177 n. 9) choisit la seconde possibilité, valorisant le caractère soignant – thérapeutique – de la Muse. Il se peut toutefois aussi qu'elle soit elle-même, par métonymie, les préoccupations irrésistibles. Forts de nos investigations précédentes, nous l'interprétons au sens

---

61 Humbert 1936, 134 ; Càssola 1975, 215 ; West 2003, 149 ; Weiher 1986, 87. Tout en gardant la minuscule en grec, Vernhes/Jacquin 1997, 111 écrivent « Muse ».
62 Cf. encore Murray 2005, 150 ; 2008, 213.
63 Par exemple Hom. *Il.* 13.726 ; *Od.* 19.560.
64 Les hommes, au contraire des dieux, possèdent dans leur θυμός de tels soucis (*h.Ap.* 3.532).

où la Muse fait apparaître, inspire des soucis[65] qui envahissent de manière irrésistible – on ne peut rien faire contre eux, on est à leur merci – l'auditeur de la musique qu'elle est elle-même.

La troisième et dernière question d'Apollon abonde dans ce sens : « De quel τρίβος » s'agit-il ? Le substantif est peu courant, et même absent des corpus homérique et hésiodique. Il signifie le *chemin fréquenté*, le *sentier battu*, notamment par les chars.[66] Par extension, il peut également signifier le *frottement*, l'*usure* et le *temps passé*, le *délai*.[67] Comment traduire ici τρίβος ? La traduction de *chemin* semble la plus appropriée :[68] comme le chant-chemin homérique (par exemple *Od.* 8.74), l'astucieux son de la lyre qu'entend Apollon produit une sorte de chemin musical qu'il s'agirait de suivre du fait même qu'il concerne, ou justement préoccupe, tout un chacun.

Mais comment se fait-il qu'Apollon use de trois questions pour déterminer le bruit entendu ? Il donne lui-même la réponse dans ce qui suit. Le son produit par un savoir-faire, inspiré par une Muse, dévoilant ce qui travaille et conduit tous ceux qui l'entendent, a une triple conséquence simultanée : il génère joie (εὐφροσύνην), amour (ἔρωτα) et doux sommeil (ἥδυμον ὕπνον) au choix (ἑλέσθαι) ; « tous trois sont présents exactement en même temps ». Aussi le son de la lyre comprend-il à la fois la τέχνη, la Muse et le τρίβος et fait-il ressentir, au choix, c'est-à-dire selon les circonstances et les sensibilités, joie, amour et doux sommeil.

Le terme grec pour joie est le nom d'une des trois Charites. Rien d'étonnant donc à ce que le son de la lyre d'Hermès procure joie, gaité musicale.[69] Concernant l'amour, il est déjà apparu à maintes reprises en lien avec les Muses, notamment pour décrire le rapport qui les unit aux chanteurs.[70] Le seul terme inédit de cette triade quant à son lien direct avec nos divinités est celui de sommeil. Indirectement, il l'a toutefois déjà été, lié à l'oubli des maux inhérents à la réalité quotidienne qu'elles sont capables de transmettre. Nous l'avons relevé : le sommeil et l'oubli ont tous deux pour origine la nuit.[71] De plus, lorsque Ménélas énumère

---

65 Si Humbert 1936, 134 traduit l'expression par *inspiration qui apaise les soucis inéluctables* et Càssola 1975, 215 par *canto che inspira passioni irresistibili*, Weiher 1986, 87 et West 2003, 149 proposent respectivement *Meisterschaft voll mühsamer Sorgen* et *art of these baffling diversions*.
66 E. *Or.* 1251.
67 A. A. 391 ; 197.
68 Au contraire, Strauss Clay 1989, 140 n. 140 préfère rapporter τρίβος à τριβή, au sens d'étude, *pratique, compétence*.
69 Les cinq occurrences d'εὐφροσύνη chez Homère (*Od.* 6.156 ; 9.6 ; 10.465 ; 20.8 ; 23.52) sont toutes liées au monde du banquet et des chœurs.
70 Cf. Hom. *Od.* 8.63 ; 481 ; Hes. *Th.* 96-97.
71 Plus précisément, Sommeil est l'oncle d'Oubli et le frère jumeau de Mort (Hes. *Th.* 212) ; et Oubli est le petit-fils de Nuit (229). Cf. 2.1 « Divine filiation des Muses ».

ce que les Grecs convoitent, au contraire des Troyens qui n'aiment prétendument que la guerre, il mentionne le sommeil aux côtés de l'amitié (φιλότητος), du doux chant dansé (μολπῆς γλυκερῆς) et de la danse irréprochable (ἀμύμονος ὀρχηθμοῖο).[72] Le sommeil peut donc bien être un des effets du chant musical d'Hermès. Et sa qualification de doux (ἥδυμον) renoue elle aussi avec l'état dans lequel Hermès feint de se trouver au moment où Apollon arrive vers lui.[73] Chez Homère (par exemple *Il.* 2.2 ; 14.242 ; *Od.* 4.793 ; 13.79), il existe d'ailleurs un terme proche qui joue souvent le rôle d'épithète du sommeil : νήδυμος, *doux, agréable, délicieux*. A bien y regarder, les trois composants de l'état auquel conduit la musique d'Hermès rappellent, voire correspondent, à trois aspects et mêmes divinités traditionnellement liés aux Muses : Euphrosyne, Eros et Hypnos.

Après avoir expliqué l'effet du son de la lyre et de la voix d'Hermès, Apollon en vient à se présenter lui-même comme compagnon (ὀπηδός) des Muses olympiennes. Muses dont les préoccupations, les soucis sont déclinés en quatre éléments : les chœurs (χοροί), le chemin brillant du chant (ἀγλαὸς οἶμος ἀοιδῆς), le chant dansé florissant (μολπὴ τεθαλυῖα) et le grondement désirable des *auloi* (ἱμερόεις βρόμος αὐλῶν). Aussi anodines qu'elles paraissent, les sollicitudes des Muses sont riches d'enseignement – de nouveau par simple analyse des mots qui les expriment.

Le premier élément (χοροί) dont elles prennent soin apparaît implicitement chez Homère (*Il.* 1.604 ; *Od.* 24.60) et est explicite chez Hésiode (*Th.* 7 ; 63). Apollon peut bien mentionner les chœurs des Muses ; il les connaît parfaitement, musicien qu'il en est parfois. Χοροί fait d'ailleurs également écho au nom de Terpsichore.

Le deuxième souci (ἀγλαὸς οἶμος ἀοιδῆς) nous rappelle également certains passages homériques. Bien que peu employé dans un contexte musical,[74] οἶμος est apparenté à οἴμη. Il existe d'ailleurs pour ce passage une variante manuscrite qui propose ὕμνος au lieu d'οἶμος : il s'agirait alors littéralement du *chant brillant du chant* ; expression aussi redondante qu'incompréhensible, même si on la traduit par *hymne brillant du chant*. Raison pour laquelle, comme Càssola (1975, 214) et la plupart des éditeurs, nous préférons la variante οἶμος. Que le chemin du chant soit brillant (ἀγλαός) le lie en outre aux Charites et en particulier à Aglaé.

Le troisième objet de préoccupations (μολπὴ τεθαλυῖα) est, par son épithète, en relation à une autre Charite et à une Muse : la forme τεθαλυῖα vient de θάλλειν, de la même famille que Thalie. De même qu'Hésiode (*Th.* 64) a présenté les Muses comme habitant aux côtés des Charites, de même Apollon les présente ici impli-

---

[72] Hom. *Il.* 13.636-637.
[73] *H.Merc.* 4.241.
[74] Pi. *O.* 9.47 parle d'« un chemin (οἶμον) pénétrant de mots ».

citement en lien. Quant au terme μολπή, il fait lui aussi résonner le nom d'une Muse, Melpomène, rappelant au passage que la musique est un ensemble de chants et de danses.

Le quatrième et dernier élément mentionné par Apollon est le grondement (βρόμος) désirable (ἱμερόεις) des *auloi*. L'adjectif n'est pas sans rappeler de manière implicite qu'Himéros habite comme les Charites aux côtés des Muses. Quant au nom βρόμος, il ne signifie pas seulement le *grondement*, mais aussi le *pétillement*, par exemple du feu.[75] Son attribut αὐλῶν est l'instrument à vent typique de certains chants.[76] Même s'il est souvent traduit par *flûte*, l'*aulos* comporte toutefois une anche ; ce qui le rapproche plutôt de nos clarinette et hautbois actuels.[77] Comment entendre le fait que les *auloi* grondent ? Sans doute au sens où ces instruments rendent un son rauque, sourd, de l'ordre du souffle, du râle, bien davantage en tout cas que les instruments à cordes, dont le son est plus précis, plus pointu, plus éthéré. Mais comment se fait-il qu'Apollon, dieu de la lyre par excellence, mette ici en relation ses compagnes avec les grondants *auloi* ? Sur la base de sa célébration à Délos par des chœurs et des sacrifices accompagnés par des *auloi*, il pourrait être non seulement l'inventeur de la cithare, mais aussi celui de cet instrument.[78] On peut aussi y reconnaître le fait que chaque *Hymne* façonne le panthéon du point de vue particulier du dieu célébré. Tributaire d'un monde d'avant la naissance d'Hermès et de ses inventions, l'*Hymne* en question part logiquement de ce point de vue. Hermès étant l'inventeur de la lyre, celle-ci ne peut exister avant et sans lui ; raison pour laquelle Apollon parlerait de l'*aulos*.

Dans les deux derniers vers de notre passage, Apollon surenchérit l'impression que le son de la lyre et le chant d'Hermès ont produit sur lui : jamais il n'a senti quelque chose d'aussi fort dans son cœur, dit-il, lui qui a pourtant déjà souvent, très souvent, expérimenté les œuvres adroites des jeunes gens dans l'abondance festive (θαλίης). Tout cela pour souligner que la lyre d'Hermès fait entendre une musique d'une puissance inédite qui transporte celui qui l'entend dans une multiplicité d'états, plus harmonieux et musicaux les uns que les autres.

Reprise hymnique

Les 22 apparitions musicales dans les *Hymnes homériques* s'inscrivent dans les découvertes précédentes, tant homériques qu'hésiodiques : au niveau des dieux,

---

[75] Hom. *Il.* 14.396.
[76] Cf. encore pour l'expression βρόμος αὐλῶν, *h.Mat.Deorum* 14.3.
[77] Cf. Papadopoulou/Pirenne-Delforge 2001, 37.
[78] Cf. Ps.-Plu. *De musica* 14 1135f-1136b.

en tant que chanteuses, même si elles ne sont pas les seules maîtresses du chant, nos divinités semblent d'importance capitale pour toute fête et célébration ; parmi les hommes, comme filles de Zeus et de Mnémosyne, elles ont la puissance et mémoire nécessaires pour dévoiler aux chanteurs bien aimés les événements et phénomènes dignes d'être chantés. Comme chez Homère et Hésiode, les hommes sont relégués au bout de la chaîne musicale : soit ils ont le privilège d'être élus par les dieux (Apollon et les Muses) et de devenir chanteurs – appelés comme chez Hésiode ἀοιδός et θεράπων ; soit ils ont simplement vent de la musique – tant celle des Muses, d'Apollon que d'Hermès – par le vecteur du chanteur inspiré. Conformément au contexte éminemment divin des *Hymnes homériques*, l'influence de la musique sur les hommes n'intervient toutefois qu'en filigrane : la reprise des vers de la *Théogonie* mise à part, la seule mention explicite de la relation Muses-chanteur concerne le péan placé par la Muse dans les poitrines des Crétois ; sinon, les textes sont dénués de traces de l'enseignement ou du don mentionnés dans les vers homériques et hésiodiques.

La nouveauté des *Hymnes homériques* en matière de Muses se restreint à leur rapport aux deux divinités que sont Apollon et Hermès. Qu'en est-il donc de la musique apollinienne et hermaïque ? Quel est leur statut, leur rôle ? Quels rapports entretiennent-ils avec les Muses, les dieux en général et finalement les hommes ?

Si Apollon apparaît comme musicien, c'est d'abord sur l'Olympe, en tant que guide, avec son instrument qu'est la cithare, de la divine fête qui s'y déroule en son honneur. Il se fait jour comme chef d'orchestre du divin ensemble musical dans lequel les Muses interviennent comme simples chanteuses. Chez les hommes, Apollon joue le même rôle : il conduit, grâce à sa belle musique et ses dansantes enjambées, ceux qu'il a choisis comme serviteurs en direction de son sanctuaire. Le dieu est ainsi lié d'au moins trois manières à la musique au sens large : comme chef d'orchestre, musicien (lyre, cithare, *phorminx* et *auloi*) et danseur. Mais d'où le dieu tient-il son savoir et sa puissance musicaux ? Nul passage ne nous l'apprend. Le début de l'*Hymne* qui lui est consacré indique qu'ils sont innés : juste après sa naissance, il demande spontanément son arc et sa cithare aux déesses qui ont aidé sa mère à l'enfanter (3.131). La musique apparaît ainsi comme un de ses attributs originaires. Qu'est-ce à dire quant à sa relation aux Muses ? Il n'y a pas davantage d'extraits où il en est question. En outre, contrairement à elles, Apollon n'est présenté qu'une seule fois dans les *Hymnes homériques* comme chanteur : suite à la réception de la lyre d'Hermès, il fait vibrer ses cordes en s'accompagnant de sa voix (*h.Merc.* 4.502). Davantage, visiblement, pour tester l'instrument que pour proférer un véritable chant. Si la musique apollinienne ne se confond pas avec celle des Muses, ce serait donc qu'elle est moins complète, qu'il lui manque son troisième composant : le chant. D'où le fait que le dieu soit volontiers accompagné par des chanteurs dans ses œuvres musicales : à deux reprises par les Muses elles-mêmes ; dans notre premier extrait apparemment par l'ensemble des divinités présentes sur l'Olympe ; et dans le second par les Crétois en train de répandre, comme le veut la coutume, un péan en son honneur.

Si Hermès se fait lui aussi jour comme musicien, c'est de manière plus prégnante que son frère. Alors qu'Apollon a pour qualité innée de savoir jouer de la cithare, Hermès ne fait pas que jouer de la lyre, mais a, auparavant, eu l'ingéniosité de l'inventer. De plus, contrairement à Apollon qui se contente de faire résonner son instrument, Hermès s'accompagne lui-même en chantant. Pas n'importe comment, mais de la plus belle des manières, au point d'impressionner le musicien Apollon en personne. A comparer les capacités et connaissances musicales des deux dieux telles qu'elles apparaissent dans leur *Hymne*, celles du frère cadet sont plus complètes. Sans doute parce qu'il a reçu comme part Mnémosyne et se trouve ainsi plus directement lié aux Muses ; et que, par sa capacité de chanteur, il est en mesure de faire entendre et par suite exister les dieux en leur naissance et évolution. A la différence d'Apollon – qui se distingue comme conducteur musical, au sens où il orchestre Muses, dieux et hommes –, Hermès se fait jour comme l'égal de nos divinités. Grâce à son talent multiple, comme elles, et d'ailleurs volontiers de pair avec elles, il est capable d'agrémenter ses semblables et tout un chacun de joie, d'amour et de doux sommeil, au choix.

Les analyses des *Hymnes homériques* renforcent et troublent en même temps les deux images initiales des Muses, respectivement du fait des nombreux éléments identiques ou semblables apparus et en ce que les puissances musicales, à priori réservées à nos divinités, se sont également dévoilées comme étant l'apanage d'Apollon et d'Hermès. Si, en sphère divine, les deux dieux viennent même à prendre le dessus sur les Muses, soudain confinées au rôle d'accompagnatrices, ce sont néanmoins toujours elles qui sont à l'origine de l'inspiration et partant du savoir des chanteurs.

4ᵉ mouvement
Actualisations des Muses

Changement de terrain dans notre cheminement musical : suite à Homère, Hésiode et les *Hymnes homériques*, traditionnellement regroupés sous l'appellation de poésie épique, composée en hexamètres dactyliques, les auteurs à venir sont nommés lyriques.[1] Si le nouveau sol n'a rien d'inédit en ses profondeurs, les divers genres et phénomènes musicaux qui en émergent présentent un certain nombre de nouveautés, principalement liées aux circonstances de composition et d'exécution. Le changement majeur, dont découlent les autres, concerne la nature des événements exprimés. Alors que les vers vus jusqu'ici véhiculent des savoirs et sagesses propres à un passé relativement lointain, détaché du moment de l'énonciation, les chants lyriques sont nouvellement ancrés dans le présent de l'actualité. S'ils naissent toujours dans le cadre des rites et cultes traditionnels, atemporels qui ponctuent la vie quotidienne des diverses régions de la Grèce archaïque, ils sont désormais inscrits dans un espace-temps précis : plongés dans l'ici et maintenant de la réalité présente. Actualisation qui n'est pas sans conséquences sur les Muses qui, moins que de dévoiler au chanteur – et par son intermédiaire à l'auditoire – les hauts-faits du glorieux passé, l'épaulent, le soutiennent dans le déploiement d'événements récents, actuels, amenés à rester dans la mémoire.

D'une manière générale, on peut dire que la focalisation sur le présent a pour effet d'accorder une nouvelle place au monde humain : les hommes sont directement impliqués dans la divine musique. Focalisation et privilège qui influent sur l'élaboration, l'expression, l'activité du chanteur, désormais reconnu comme chanteur-poète – au sens où la composition et l'exécution du chant peuvent être l'affaire de personnes distinctes, voire d'un collectif. A la différence des chanteurs épiques, qui sont le plus souvent effacés, les chanteurs-poètes lyriques acquièrent une place de choix dans le chant.

Sur la cinquantaine d'auteurs lyriques archaïques recensés aujourd'hui par le *TLG*, dix-neuf seulement laissent apparaître les Muses. Est-ce à dire que les chanteurs-poètes ne sont guère touchés et influencés par nos divinités ? Leur absence est-elle due à la nature volontiers très fragmentaire des écrits en notre possession ? Ou leur présence est-elle tellement évidente que la plupart n'a pas même besoin de les mentionner ? Impossible de répondre, tout comme de mesurer la réelle présence quantitative des Muses chez les lyriques.

---

[1] Cf. Briand 2016, 1-7.

Notre quatrième mouvement regroupe 48 extraits de 8 chanteurs-poètes situés entre la fin du 8ᵉ siècle et le début du 5ᵉ : Archiloque, Mimnerme, Alcman, Sappho, Solon, Théognis, Ibycos et Simonide.² Ils se distinguent tant par l'époque à laquelle ils vivent, le lieu dans lequel ils se font connaître que l'actualisation de la forme et du contenu de leurs œuvres. La nature fragmentaire des écrits qui nous sont parvenus rend parfois l'investigation aléatoire, voire périlleuse. Bien que démunis face à l'expérience musicale proprement dite de nos auteurs, nous sommes en mesure de dégager pour chacun d'entre eux un ou plusieurs aspects ou traits musicaux saillants. En raison du grand nombre de vers qui nous sont parvenus d'eux, Pindare et Bacchylide sont traités à part, dans les deux mouvements suivants.

4.1 Archiloque, guerrier et musicien

Œuvrant aux 8ᵉ et 7ᵉ siècles (env. 740/730-670) sur deux îles des Cyclades (Paros et Thasos),³ Archiloque est dès l'antiquité considéré comme l'un des chanteurs-poètes les plus importants de son époque, aussi bien pour la quantité que la qualité de ses productions.⁴ Le hasard a cependant voulu que seules deux épigrammes et un peu plus de trois cents fragments de sa part nous parviennent. Parmi ces derniers, on peut dénombrer neuf références à l'activité du chanteur-poète,⁵ mais une seule occurrence explicite des Muses. Certaines éditions, dont celles de West (1989) que nous suivons, en présentent une seconde,⁶ toutefois d'attribution erronée.⁷ Le lien d'Archiloque à nos divinités apparaît encore sur une inscription du mur d'un sanctuaire de Paros – présentant notamment le récit de leur rencontre –, mais ce texte date du milieu du 3ᵉ siècle avant J.-C., hors donc de notre cadre chronologique.⁸

---

2 Terpandre, Eumélos, Stésichore, Anacréon, Hipponax, Tynnichos, Timocréon, Ion et Dionysos Chalcos n'apparaissent pour leur part qu'en notes, tant leurs vers, peu nombreux et très fragmentaires, renouent avec le fond musical déjà repéré.
3 Pour une description détaillée des hypothèses biographiques d'Archiloque, cf. Bonnard/Lasserre 1958 ; Arrighetti 1988, 94-96 ; Neri 2004, 160-162.
4 Cf. par exemple West 1994, x-xi ; Gerber 1997, 43-45.
5 Ce qui équivaut à moins de trois pourcents. Voici le genre d'occurrences qu'on y trouve concernant le travail du chanteur-poète : « Je sais entonner le dithyrambe (ἐξάρξαι [...] | οἶδα διθύραμβον) » (Archil. fr. 120) ; « entonnant un péan (ἐξάρχων [...] παιήονα) » (fr. 121 West). Comme elles ne font pas mention des Muses, nous nous contentons de les mentionner.
6 Archil. fr. 328.17 West : « Des Muses et d'une vie modérée nous nous | préoccupons [...] (ἡμῖν δὲ Μουσῶν καὶ βίου σαόφρονος | μέλοι [...]) ».
7 Cf. notamment Tarditi 1961.
8 La première édition de cette inscription se trouve chez Contoléon 1952. Breitenstein 1971 met cette rencontre en parallèle avec celle énoncée par Hésiode dans la *Théogonie*. Pour une

4.1 Archiloque, guerrier et musicien — 133

L'unique apparition des Muses provient d'un couple de vers élégiaques qui présente, à l'aide de formules traditionnelles et inédites, le chanteur-poète comme serviteur d'Enyale, dieu de la guerre, et comme récipiendaire de certaines connaissances musicales :

> εἰμὶ δ' ἐγὼ θεράπων μὲν Ἐνυαλίοιο ἄνακτος
> καὶ Μουσέων ἐρατὸν δῶρον ἐπιστάμενος
>
> Moi, je suis le serviteur du seigneur Enyale
> et connais un aimable don des Muses[9]

A lire les vers rapidement, il semble évident que le chanteur-poète parle en son nom propre, s'accordant une place inédite dans le chant. « Εἰμὶ δ'ἐγώ, *moi je suis* » indique en effet doublement que l'énoncé le concerne personnellement. On y a ainsi reconnu une tentative de la part d'Archiloque de se démarquer sinon de son auditoire, du moins des chanteurs-poètes de l'époque.[10] Mais les choses n'apparaissent si simples qu'en omettant la périlleuse question de la subjectivité poétique.[11] Où placer la ligne de démarcation entre ce qui est autobiographique et ce qui ne l'est pas ?[12] L'analyse des vers élégiaques montre que les déclarations et récits exprimés reposent sur des valeurs générales, partagées par l'ensemble de l'auditoire.[13] Le chanteur-poète semble parler au nom de la communauté à laquelle il appartient ; ses opinions et sentiments reflètent ceux du groupe dont il est le porte-parole.[14]

Qu'expose donc notre chanteur-poète ici ? D'abord qu'il est le θεράπων, le *serviteur* de la divinité qu'est Enyale. Si, chez Hésiode (*Th.* 100) et dans l'*Hymne homérique à Séléné* (32.1-2), le θεράπων est le chanteur qui sert les Muses et agit en thérapeute sur ses congénères, leur accordant par ses chants équilibre et santé,[15] de très nombreuses occurrences sont liées à une autre tâche que la musique. Chez Homère (par exemple *Il.* 4.227 ; 11.488 ; *Od.* 18.287 ; 4.784), les θεράποντες sont les *serviteurs* des différents héros ; ils endossent les rôles d'écuyers, de cochers, de domestiques, de matelots, etc. Si Patrocle est celui d'Achille (notamment

---

bibliographie récente et un commentaire des différentes hypothèses de lecture de l'inscription, cf. Suarez de la Torre 2000 ; Brillante 2009, 75-89 ; Aloni 2011. Berranger 1992 en présente une traduction française.
9 Archil. fr. 1 West. Monaco 1950 discute les problèmes textuels du fragment.
10 Telle est la position d'Ath. 14.627c, qui transmet ces deux vers.
11 Slings 1990 en présente l'évolution.
12 Nous reprenons la question (aporétique) à Arrighetti 1988, 92.
13 Cf. Bowie 1986.
14 Cf. Schneider 1993, 21.
15 Cf. encore Thgn. 769 Young ; B. *Ep.* 5.14.

Il. 17.271), l'ensemble des Danaens est, devant Troie, celui d'Arès (par exemple 2.110 ; 6.67). Assimilée qu'elle est à ce dieu,[16] la force divine au service de laquelle se trouve le chanteur-poète s'avère ici guerrière. Elle est accompagnée du nom ἄναξ, *seigneur*, *maître*, qui qualifie également Apollon dans notre passage de son *Hymne homérique* (3.514) ; tout comme Héraclès, Héphaïstos, Poséidon et Dionysos chez Archiloque (fr. 324.2 ; 108.1 ; 12.1 ; 120.1 West) ; à chaque fois en tant que possesseurs d'un certain domaine. C'est donc au nom du maître du combat guerrier Enyale que le chanteur-poète prend ici la parole. Θεράπων de son dieu,[17] il se dévoile investi d'une tâche militaire.

A première vue, cette relation est en contradiction avec la seconde, où le chanteur-poète se présente comme possesseur du don des Muses. Avant de chercher à comprendre le rapport guerre-musique, intéressons-nous au don de nos divinités. Le terme ἐπιστάμενος spécifie la relation du chanteur-poète aux Muses. Le participe provient du verbe ἐπίστασθαι, signifiant *connaître*, *savoir*, *posséder un savoir pratique* sur lequel on peut s'appuyer, qui donne une base (στάσις). C'est ainsi par exemple que les gens d'Arcadie sont instruits à la bataille ; qu'un homme expert en *phorminx* et en chants parvient à tendre la corde autour de la cheville de son instrument ; ou encore que la cithare inventée par Hermès est en mesure d'exprimer les choses de belle manière.[18] Aussi traduit-on volontiers le participe par *expert*, *habile*, *instruit*, *versé en*. De même, c'est par un savoir habile (ἐπισταμένως) que les rois nourrissons de Zeus font cesser chez Hésiode (*Th.* 81) toute grande querelle – savoir somme toute musical.

De quoi le chanteur-poète est-il ici l'expert ? Sur quel savoir pratique peut-il s'appuyer ? Le texte le dit lui-même : sa connaissance consiste en un don aimable, érotique (ἐρατὸν δῶρον) des Muses. Non pas donc en un savoir théorique, acquis de son propre chef, mais en une faveur accordée par les Muses. Si le savoir du chanteur-poète découle du don des Muses, ce dernier ne paraît toutefois pas avoir besoin d'invoquer nos divinités pour l'actualiser. Dans le sens de ce que nous suggérons dans l'*Hymne homérique à Apollon*,[19] ses capacités musicales semblent avoir été acquises par le passé : tout en renouant à sa manière avec l'horizon lexical de l'enseignement apparaissant chez Homère et Hésiode[20] au moyen du participe ἐπιστάμενος, l'inspiration musicale apparaît ici comme don musical

---

[16] Enyale est l'épithète d'Arès (notamment Hom. *Il.* 17.211), mais très souvent aussi un nom propre remplaçant celui d'Arès (2.651 ; Pi. *O.* 13.106).
[17] Chez Alcm. fr. 54 Davies se trouve un θεράπων d'Artémis ; chez Sapph. fr. 159 Voigt d'Eros.
[18] Hom. *Il.* 2.611 ; *Od.* 21.406 ; *h.Merc.* 4.479. Voir encore Sol. fr. 13.52 West et Thgn. 772 Young.
[19] 3.1 « Musique apollinienne ».
[20] Cf. 1.2.3 « Ulysse et les Muses », 1.2.4 « Statut et rôle du chanteur », 2.4 « Les Muses rencontrent Hésiode ».

préalablement accordé au chanteur-poète. Est-ce à dire que ce dernier peut en disposer à sa guise ?[21] Le texte ne le dit pas.

Mais quel est finalement le lien entre les deux tâches du chanteur-poète ? Se pourrait-il que ses connaissances lui servent pour son rôle de serviteur ? Est-ce à dire que sa musique vient le stimuler, le porter, l'enthousiasmer lui-même et/ou ses « collègues » soldats lors de combats ?[22] Ou affirme-t-il simplement qu'il a plus d'une corde à son arc : de guerrier et de musicien ? Les deux activités l'occuperaient en alternance, sans interférer l'une avec l'autre, à la manière d'Achille qui, dans l'*Iliade* (9.189), chante et joue de la cithare quand il s'est retiré du combat. S'il semble évident que ces deux vers n'ont pas été prononcés sur un champ de bataille, il convient toutefois de relever que musique et guerre ne sont pas aussi incompatibles qu'on le croit de prime abord. Quintilien (*Inst.* 1.10.16) voit par exemple dans la première un soutien rythmique permettant aux soldats de supporter plus aisément les fatigues.[23] On sait aussi, grâce à Plutarque (*Lyc.* 21.7), qu'à l'époque archaïque le roi de Sparte ne manque jamais de faire un sacrifice aux Muses avant de partir en expédition militaire ; sacrifice pour garantir la présence du λόγος (au sens de la *raison* logique, morale, courageuse) dans l'esprit des soldats (*Mor.* 458e) ; présence indispensable pour éviter les comportements inadéquats. Dans le même sens, Pausanias (3.17.5) précise qu'un sanctuaire des Muses se trouve sur l'acropole de Sparte – lieu de départ de toute expédition militaire. Aussi, Brillante (1992b, 16-21) relève la capacité des Muses à faire régner, par l'intermédiaire du chanteur-poète, l'harmonie et la sérénité dans les esprits guerriers.[24] Voici ce qui est à retenir : nos divinités sont en lien avec le dieu de la guerre et en mesure d'influer sur l'esprit des guerriers et sur l'issue des combats.

---

21 Telle est la position de Neri 2011, 181-182, qui ajoute par suite à sa traduction d'ἐπιστάμενος par *padrone, expert, patron* l'adjectif *conscio, conscient*. Un tel ajout apporte toutefois selon nous une consonance trop rationnelle à l'expression.
22 Cf. par exemple Gentili 1984, 236-237.
23 Bélis 1999, 75-76 mentionne en particulier les aulètes de trières qui rythment les mouvements des rameurs. Gostoli 1988 donne d'autres exemples.
24 Cf. aussi l'analyse des effets de la musique sur le guerrier chez Plu. *Lyc.* 21.1 ; et en général Mojsik 2011c.

4.2 Deux générations de Muses chez Mimnerme

Selon un témoignage de Pausanias (9.29.4), Mimnerme, chanteur-poète d'Asie Mineure, actif durant la seconde moitié du 7ᵉ siècle,[25] différencie deux types de Muses :

> Μίμνερμος δὲ ἐλεγεῖα ἐς τὴν μάχην ποιήσας τὴν Σμυρναίων πρὸς Γύγην τε καὶ Λυδούς, φησὶν ἐν τῶι προοιμίωι θυγατέρας Οὐρανοῦ τὰς ἀρχαιοτέρας Μούσας, τούτων δὲ ἄλλας νεωτέρας εἶναι Διὸς παῖδας.

> Mimnerme, ayant produit une élégie pour la bataille des Smyrniens contre Gygès et les Lydiens, dit dans le proème que les Muses plus anciennes sont filles d'Ouranos, mais que d'autres, plus nouvelles que celles-là, sont les enfants de Zeus.[26]

Bien que certains éditeurs pensent reconnaître dans quelques fragments de Mimnerme les traces de l'élégie dont parle Pausanias,[27] elle n'est connue aujourd'hui que par ce témoignage. Il en va de même des Muses : parmi la petite centaine de vers de Mimnerme qui nous est parvenue, nul d'entre eux ne fait mention de nos divinités.

Il n'en demeure pas moins que, selon Pausanias, Mimnerme a bel et bien parlé des Muses en introduction de son élégie. Comment ? En y distinguant, une fois n'est pas coutume, deux générations de Muses : si la seconde renoue avec celle d'Hésiode (*Th.* 53-54) – où nos divinités sont filles de Zeus et de Mnémosyne –, la première les présente soudain comme les filles d'Ouranos, autrement dit des Titans, des sœurs de Mnémosyne et des autres divinités qu'on nomme volontiers primordiales ou chtoniennes.[28] Souvent caractérisées par leur nature obscure, leurs forces profondes, leur violence, allant jusqu'à la démesure, ces divinités sont finalement vaincues par Zeus et les Olympiens et partant contraintes à se soumettre au nouvel ordre du monde.[29]

La mention de deux générations de Muses vaut à Mimnerme de ne pas passer inaperçu des divers commentateurs antiques. C'est ainsi qu'à la suite d'un vers d'Alcman, dont seul nous reste une prière à la Muse,[30] on peut lire que ce dernier reconnaît dans nos divinités les « filles de Gê, comme Mimnerme en a fait la

---

[25] Cf. Dihle 1962 ; Gianotti 1985, 42 ; Allen 1993, 9-12 ; Neri 2004, 131-132. Sanz Morales 2000 argumente en faveur d'une datation plus tardive.
[26] Mimn. fr. 13 West = fr. 22 Gentili-Prato = fr. 14 Allen.
[27] Par exemple Neri 2004, 131-132. Cf. encore Allen 1993, 23-26.
[28] Cf. Hes. *Th.* 116-219 ; 697.
[29] Cf. par exemple Hes. *Th.* 617-735.
[30] Alcm. fr. 5 fr. 2 col. ii.22-23 Davies = fr. 81 (a).22-23 Calame : « Je te supplie, Muse (σὲ Μῶ]σα λίσσομαι) ». Le commentaire se trouve aux vers 23-29.

généalogie (Γῆς [...] θυγατέρας ὡς Μίμνερμ[ος .]τας ἐγε|[νεαλόγησε) ».[31] Gê, la Terre, et comme telle génitrice avec Ouranos de la génération des Titans. D'après les scholies à Apollonios de Rhodes (*3.1* [214 Wendel]), Musée (2 B 15 Diels-Kranz) a lui aussi présenté deux générations de Muses : l'une, ancienne, du temps de Cronos (qui pourrait correspondre à celle des filles de Gê et d'Ouranos dont Cronos est un fils) ; l'autre, récente, née de Zeus et de Mnémosyne.[32]

Pourquoi deux générations musicales ? Finkelberg (1998, 72) suggère que si certains auteurs « ont créé un set additionnel de Muses », c'est pour parer à la difficulté que présente la naissance relativement tardive des filles de Zeus et Mnémosyne dans les générations divines eu égard à leur présence à des événements des tout débuts de la théogonie. C'est là toutefois considérer le monde divin de manière bien linéaire, partant humaine ; et ne pas tenir compte de l'héritage maternel de nos divinités. Pour Chmielewska-Bzostowska,[33] les deux générations servent à distinguer le nouveau genre élégiaque de l'ancien, hexamétrique. Avec pour difficulté qu'au vu des nombreuses mentions de Zeus et de Mnémosyne comme géniteurs chez Homère et Hésiode, l'ancienne génération devrait être à l'origine de la nouvelle forme élégiaque, ce qu'elle n'est nulle part. Mojsik (2011a, 31-32) y voit une faute de lecture de Pausanias : Mimnerme aurait mentionné deux versions de la naissance des Muses et non deux générations. L'ensemble de ces interprétations considère les Muses davantage comme des métaphores de la poésie que comme des divinités proprement dites.

Nous partons du principe que ce sont bien là aussi nos déesses inspiratrices qui nourrissent le chant : la célébration de la bataille entre les habitants de Smyrne et les Lydiens sous l'égide du roi Gygès. Bien qu'on ne s'accorde guère sur les dates du règne de Gygès et de cette bataille,[34] plusieurs faits sont avérés : la ville de Smyrne est d'abord grecque avant de passer sous domination lydienne ; les armées se sont affrontées dans la vallée du fleuve Hermos ;[35] les Smyrniens l'emportent contre Gygès ; avant que, plus tard, sous le règne d'Alyatte, les Lydiens finissent par conquérir Smyrne.[36] Le chanteur-poète annonce-t-il ainsi à son auditoire qu'à l'image des deux générations divines, dont la seconde a fini

---

31 Commentaire à Alcman, *P. Oxy.* 2390 Lobel. Cf. encore *Schol. in Pi. N. 3.16b* (3.43-44 Drachmann) : « La Muse est fille d'Ouranos comme Mimnerme et Alcman en témoignent ».
32 Mayer « Musen » *RE* 16.1 680-757, en particulier 687 comprend l'expression κατὰ Κρόνον du scholiaste comme indication de la filiation des Muses, filles de Cronos lui-même.
33 Exemple donné par Mojsik 2011a, 33 n. 43.
34 Pour la chronologie des rois lydiens, cf. Kaletsch 1958.
35 Cf. Mimn. fr. 14 West = fr. 23 Gentili-Prato = fr. 15 Allen. Pasquali 1935, 115 propose d'entendre dans Mimnerme « celui qui résiste sur l'Hermos ». Pour d'autres interprétations de ce nom, cf. Allen 1993, 14-15.
36 Cf. Hdt. 1.14.4-1.16.2 ; Paus. 4.21.5 ; Allen 1993, 9-14 avec des références.

par succéder à la première, il y va de la succession de pouvoir des deux peuples ? Ou même de la prédominance de la seconde – olympienne, en ce sens grecque, et donc smyrnienne – sur la première, titanesque, et peut-être en ce sens barbare, lydienne ? D'un point de vue plus général, les Muses seraient, en tant que filles d'Ouranos, en possession de savoirs et de pouvoirs particuliers, liés aux mystères des profondeurs de la terre ; savoirs et pouvoirs qui auraient été assimilés, intégrés, puis digérés et affinés par les filles de Zeus et Mnémosyne.[37]

4.3 Alcman : chant musical pour jeunes filles

Alcman compose de nombreux chants pour les fêtes et rituels de Sparte dans la seconde moitié du 7ᵉ siècle (de 670 à 590 environ).[38] Une part importante de ceux-ci – deux des six livres du canon hellénistique – est destinée à des (chœurs de) jeunes filles.[39] Si, parmi les quelques 300 fragments qui nous sont parvenus, on dénombre une trentaine de mentions de l'activité du chanteur-poète,[40] on y trouve dix-sept occurrences proprement musicales. Quatre d'entre elles sont d'attribution tellement incertaine ou présentent de si grandes difficultés grammaticales ou dialectales que leur exposition est vaine ;[41] en raison de leur thématique, trois autres ont été présentées ci-dessus dans nos lignes sur Mimnerme.[42]

---

37 Cf. notamment Simon. F 264a Poltera.
38 Calame 1977a, 21-22 signale que certains situent l'*acmé* d'Alcman plus tôt, vers 672/669 déjà.
39 Pour l'histoire de l'appellation parthénée, cf. notamment Calame 1977a, 149-166.
40 Par exemple Alcm. fr. 90 : « Jeunes filles à la voix douce comme le miel qui font entendre un son sacré (παρσενικαὶ μελιγάρυες ἱαρόφωνοι) » ; fr. 138 : « On accompagnera notre chant dansé sur l'*aulos* (ἁμὶν δ' ὑπαυλησεῖ μέλος) » ; fr. 140 : « Je sais les nomes de tous les oiseaux (οἶδα δ' ὀρνίχων νόμως | παντῶν) ». On trouve également les termes de péan (παιᾶνα ; fr. 98) et hyménée (ὑμεναίων ; fr. 159 Davies).
41 Toutes vont dans le sens de nos découvertes précédentes : 1) Alcm. fr. 271 Calame : « Chants dansés et accompagnés musicalement aux ailes de miel des Muses (μέλεα μελιπτέρωτα Μωσᾶν) » ; bien que ce vers figure aujourd'hui dans la plupart des éditions d'Alcman, Ath. 14.633a le cite sans lui attribuer de nom d'auteur. 2) Alcm. fr. 8 fr. 4 col. ii.11 Davies = fr. 21 Calame : « Muses Mnémosyne (Μῶσαι Μ[ν]αμοσύνα μ[) » ; reconstruire une liaison syntaxique entre les deux noms est impossible. 3) Alcm. fr. 26.1-5 Calame = 3 fr. 1.1-5 Page : « Olympiennes à mon sujet cœurs | … chants | … puisse-t-il écouter | … de la voix | … de celles qui chantent un beau chant dansé et accompagné musicalement (Ὀλ]υμπιάδες περί με φρένας |]ς ἀοιδας |]ωδ' ἀκούσαι |]ας ὀπός |].ρα καλὸν ὑμνιοισᾶν μέλος) » ; Barrett 1961, 683-684 l'attribue à Alcman uniquement par l'analyse du dialecte, du mètre et du contenu. 4) Alcm. fr. **282.2 Calame = fr. ad. 1016 Page : « Muses, filles de Zeus (Μοῦσαι Διὸς ἔκγονοι) » ; l'absence du dialecte laconien rend son appartenance à l'œuvre d'Alcman incertaine.
42 Alcm. fr. 5 fr. 2 col. ii.22-29 Davies = fr. 81 Calame : « σὲ Μῶ]σα λίσσομαι τ[…]ῶν μά|λιστα » ; le commentaire du passage cite par deux fois la Muse (Μο]ύσας ; Μούσα[ς). Pour une analyse du fragment, cf. Ricciardelli Apicella 1979, 9-10 ; Calame 1983, 437-443.

Les dix restantes nous donnent plusieurs indications sur le rapport Muses-chanteur-poète-jeunes filles. Nous les traitons selon les éditions de Davies (1991) et de Calame (1983).

La question de la première personne du singulier rencontrée chez Archiloque réapparaît chez Alcman. Elle est d'autant plus problématique qu'elle est redoublée par la présence du chœur qui, le plus souvent, prononce les vers.[43] Nous sommes comme Gentili (1990, 21) d'avis que la première personne peut être identifiée aussi bien au « je » autobiographique de l'auteur, au chœur et occasionnellement à la personne célébrée qu'à la communauté et à l'auditoire dont le chœur est le porte-parole. On le sait : ce chœur, de nature forcément humaine, chez Alcman volontiers féminine, est traditionnellement constitué de choreutes (de nombre, d'âges et de rangs sociaux variables), guidés par un chef, le chorège.[44]

Alors que la question de l'attribution du « je » semble ainsi résolue, elle se corse lorsque le chanteur-poète – et donc le chœur – s'exhorte lui-même à agir, employant pour ce faire un « tu », comme dans le fragment suivant, composé de trois mots cités par Eustathe (*Od.* 5.490 [1547.60 Dindorf]) :

> τὰν Μῶσαν καταυσεῖς
>
> Tu appelleras à grands cris la Muse[45]

Le chanteur-poète se rappelle ici, à l'aide d'une formule rhétorique,[46] qu'il s'agira d'invoquer la Muse. Il emploie la forme verbale καταυσεῖς, dont les traductions divergent selon qu'on y reconnaît, à la suite du préfixe κατα-, le verbe avec un esprit rude ou doux. Pour Eustathe, il s'agit du verbe αὕειν, *allumer, enflammer, brûler* ; Hésychius (κ 1479) glose καταῦσαι par καταντλῆσαι, *répandre, verser* et καταδῦσαι, *(s')enfoncer*. Parmi les philologues, Borthwick (1969) y voit une métaphore de ce qu'on peut tirer d'une source d'inspiration divine ; ainsi le chanteur-poète s'exhorterait-il à extirper la musique contenue dans la source divine qu'est la Muse. Selon Calame (1983, 469-470), il s'agirait plutôt du verbe αὔειν, signifiant *pousser un cri, appeler à grands cris, faire retentir*. C'est de cette manière par exemple que, chez Homère, Athéna et Arès crient pour encourager leurs armées respectives (*Il.* 20.48 ; 20.51) et que Nestor parle aux Argiens (6.66). Si dans ces exemples αὔειν est intransitif, il peut cependant également avoir un complément, comme ci-dessus la Muse, ou lorsqu'Ulysse crie par trois

---

43 Cf. Calame 1977a, 436-437.
44 Cf. Calame 1977a, 10-11.
45 Alcm. fr. 31 Davies = fr. 88 Calame.
46 Comme par exemple Alcm. fr. 1.50 Davies : les « vois-tu ? (ὁρῇις;) ».

fois le nom de chaque compagnon disparu (*Od.* 9.65). Tel serait justement, toujours selon Calame, le rôle du préfixe κατα- : rendre transitif le verbe qui ne l'est habituellement pas.⁴⁷ Aussi la forme verbale signifierait-elle – conformément à notre traduction – l'incitation à invoquer à grands cris la Muse afin qu'elle intervienne dans le chant. Invocation qui, même s'il s'agit pour nous d'une nouveauté linguistique et même si elle est formulée à la deuxième personne du singulier, renoue avec ce que nous avons vu dans les chants épiques et signale à sa manière l'importance des Muses pour le chanteur-poète.

Calame (1977c, xxiv) indique que les exécutions chorales représentent la partie musicale de l'éducation archaïque grecque. C'est en récitant les mythes, en comprenant et assimilant les comportements à adopter qui en résultent ainsi qu'en apprenant à invoquer les dieux ancestraux que les jeunes gens sont introduits au système de règles et de valeurs qui régule la vie de la cité. Les trois vers qu'Athénée (13.601a) cite en guise de notice biographique d'Alcman⁴⁸ vont dans ce sens :

> τοῦτο ϝαδειᾶν ἔδειξε Μωσᾶν
> δῶρον μάκαιρα παρσένων
> ἁ ξανθὰ Μεγαλοστράτα.
>
> Ce qui vient des douces Muses, elle l'a montré,
> ce don, elle la fortunée parmi les jeunes filles,
> la blonde Mégalostrata.⁴⁹

Les jeunes filles que le chanteur-poète mentionne dans ce passage sont sans doute les membres du chœur en train de chanter.⁵⁰ Parmi elles, une blonde (ξανθά) répond au nom de Mégalostrata. Chez Alcman lui-même (fr. 26 Calame), d'autres jeunes filles se distinguent par la blondeur de leurs cheveux. Nombreux sont en outre les héros et divinités blonds : entre autres Ménélas, Achille, Ganymède, Ariane, Déméter, Athéna ou encore les Charites.⁵¹ Symboliquement, on peut dire que la blondeur reflète une certaine brillance, un certain éclat, indice de charme et de beauté.

Mégalostrata ne se démarque toutefois pas seulement par la couleur de ses cheveux, mais encore par sa nature fortunée (μάκαιρα). Nous avons déjà rencontré

---

47 Cf. également Leumann 1957.
48 Selon lui, Alcman aurait été amoureux de la jeune fille en question. La voix qui s'exprime ne serait que celle d'Alcman. Nous l'interprétons de manière plus large.
49 Alcm. fr. 59b Davies = fr. 149 Calame.
50 Cf. Calame 1983, 561. Cela signifie que le chœur parle ici de lui-même à la troisième personne.
51 Hom. *Il.* 3.284 ; Pi. *N.* 3.43 ; *h.Ven.* 5.202 ; Hes. *Th.* 947 ; Hom. *Il.* 5.500 ; Pi. *N.* 10.7 ; 5.54.

le terme, mais en relation avec les dieux, dans le sens de « baigné de joie ».[52] Cette définition ne vaut logiquement pas pour les mortels qui, ballottés qu'ils sont par le va-et-vient des phénomènes, ne peuvent faire davantage qu'aspirer à la fortune sans jamais la posséder définitivement. Si les humains sont μάκαρες, *fortunés*, c'est toujours à un certain degré, selon la faveur que leur octroient les dieux. Ainsi un mortel peut-il à sa manière ressembler à un dieu, être plus ou moins fortuné.[53] Pour ce qui est de Mégalostrata, son avantage semble découler du don accordé par les Muses ; don qui n'est autre que le chant qu'elle dirige comme chorège : il lui confère une place de choix parmi ses semblables.[54] D'autant plus que, loin de garder sa faveur pour elle, elle la montre, la révèle (ἔδειξε) aux jeunes filles. Même si le verbe employé n'est pas διδάσκειν, *enseigner* mais δεικνύναι, *montrer*, nous pouvons à nouveau parler à bon droit ici d'éducation, par le partage, à la musique.

Le nom de Mégalostrata n'est pas anodin. Composé de μεγάς, *grand* et de στρατός, *armée, troupe*, on peut le lire de plusieurs façons. Anecdotique : comme nom aléatoire donné en écho aux moult activités guerrières propres à la cité de Sparte. Imagée : en regard à sa physionomie par suite fort impressionnante. Ou encore littérale, interprétation la plus probable, renouant avec le lien apparu précédemment entre la musique et la guerre : comme indication du guide de chœur qu'elle semble être. Rappelons la double pratique d'attribution des noms en Grèce, de naissance et de circonstance :[55] un premier nom est donné entre une semaine et dix jours après la venue au monde, en fonction des premiers signes de comportement ; avec Calame (2000, 249) : « Pour autant qu'on les énonce avec une intention signifiante, ces noms, attribués peu après la naissance, projettent les valeurs qu'ils désignent dans l'avenir possible des enfants ainsi dénommés ; il s'agit en somme de l'énonciation de virtualités ». Un second nom, pour ainsi dire d'emprunt, « de scène », est attribué lors d'un changement de statut ou de rôle. En devenant chorège, Mégalostrata aurait ainsi soit réalisé sa virtualité de cheffe de la grande troupe musicale que représenterait le chœur, soit été renommée en fonction de son nouveau rôle – faisant de son nom un terme générique. Quoi qu'il en soit, en tant que telle, elle est capable de révéler tout ce qu'elle tient du don des douces Muses. Favorisée par les dieux, elle mène le chœur de jeunes filles sur le chemin de l'éducation et de l'harmonie musicales.

---

52 Cf. 2.4.3 « Le don des Muses et la tâche du chanteur ».
53 Cf. de Heer 1968, 10-11. Stesich. fr. 172 Davies-Finglass distingue trois types d'êtres vivants : dieux, fortunés et simples hommes. Chez lui, la Muse (Μοῖσα) célèbre les mariages des premiers, l'abondance festive des deuxièmes et les repas des troisièmes.
54 Cf. encore Alcm. fr. 224.4 Calame : « ἀ]κούειν Μουσῶ[ν ». Selon Calame 1983, 615, « quand leur chorège chante, les choreutes croiraient [...] entendre les Muses ».
55 Cf. « Namenswesen » *RE* 16.2 1615-1616.

Trois autres fragments vont dans le sens que la musique ne peut pas exister chez les hommes sans les Muses. Le premier est visiblement le début d'un chant composé pour un chœur féminin :

Μῶσ' ἄγε Μῶσα λίγηα πολυμμελὲς
    αἰὲν ἀοιδὲ μέλος
νεοχμὸν ἄρχε παρσένοις ἀείδην

Muse, allez, pénétrante Muse aux nombreux chants,
    toi qui chante toujours, un chant
nouveau commence à chanter pour les jeunes filles[56]

Le chanteur-poète emploie deux impératifs pour exhorter la Muse à chanter : ἄγε et ἄρχε, deux expressions qui renforcent sa présence tant dans l'invocation que dans le chant ; double marque de ce que nous appelons l'actualisation de la Muse. Celle-ci reçoit ici trois épithètes : λίγηα, πολυμμελές et αἰὲν ἀοιδέ. La première est la forme féminine dorienne du fameux adjectif λιγύς, volontiers employé pour qualifier la Muse et son chant.[57] Πολυμμελές est pour sa part un hapax. Composé des deux éléments que sont πολύς et μέλος, il signifie littéralement *aux nombreux chants accompagnés de danse et de musique*. La troisième, αἰὲν ἀοιδέ, peut être lue de deux manières : soit, à l'instar de ce que nous avons fait avec Davies, comme deux mots distincts – l'adjectif ἀοιδός au vocatif suivi de l'adverbe αἰέν ; l'expression se traduit alors par *qui chante toujours*. Soit, en suivant Calame, un autre hapax, αἰενάοιδε, signifiant *au chant qui est toujours*. Que la Muse soit celle qui chante toujours ou qui possède un chant qui est toujours revient toutefois par métonymie au même : la Muse ne cesse de (se) déployer (en) un chant pérenne. Relevons encore que – quelle que soit la lecture choisie – les deux qualificatifs laissent apparaître le couple un/plusieurs déjà vu pour les Muses elles-mêmes : de même que les Muses sont tantôt une et plusieurs, de même les multiples chants apparaissent tantôt comme un seul.

Si la Muse est invoquée, c'est qu'elle doit entonner pour les jeunes filles un chant qualifié de nouveau (νεοχμόν).[58] Comment l'entendre ? Dans l'*Odyssée* (1.351-352), Télémaque rappelle que ce que les hommes louent est le chant le plus nouveau, le plus neuf. Le critère de jugement de l'auditoire homérique vis-à-vis d'un chant est

---

56 Alcm. fr. 14a Davies = fr. 4 Calame, qui lit au vers 2 : αἰενάοιδε.
57 Cf. aussi Stesich. fr. 277a : « Viens ici, allez, pénétrante Calliope (δεῦρ' ἄγε Καλλιόπεια λίγεια) » ; 277b : « pénétrante Calliope (Καλλιόπεια λίγεια) » ; 327.1 Davies-Finglass (probablement composé par un Stésichore hellénistique) : « Allez, pénétrante Muse, commence les chants [...] (ἄγε Μοῦσα λίγει' ἄρξον ἀοιδᾶς [...]) ».
58 Cf. la glose d'Erot. 63.11 Nachmanson : « νεοχμόν signifie le plus nouveau (νεώτατον) ».

autrement dit sa nature innovante. Selon Brillante (2009, 34), cette dernière est à entendre au sens de ce qui stimule la curiosité et l'attention de l'auditoire, bien plus que des modifications qu'apporterait le chanteur à une version dite traditionnelle. Même si nous sommes ici chez Alcman et non chez Homère, nous entendons aussi dans le qualificatif nouveau le fait que le chant attendu doit être inédit, plein de fraîcheur, de vigueur, bien que toujours sur fond de tradition. Cette nouveauté semble être le gage de l'enthousiasme des jeunes filles et de leur entourage.

Mais en quoi le μέλος diffère-t-il de l'ἀοιδή et du ὕμνος, les deux autres termes qui expriment ce qu'on appelle aujourd'hui sans distinction le chant ?[59] Le μέλος désigne divers types de chants : aussi bien les dithyrambes, les chants réalisés en l'honneur d'un vainqueur de concours que ceux qui sont accompagnés par des *auloi* ou par la *phorminx* et l'*aulos* à la fois.[60] Μέλος peut d'ailleurs également figurer comme suite des verbes ὑμνεῖν, ἀείδειν ou même αὐλεῖν.[61] Platon (*R.* 3.398d) y reconnaît trois composants : parole (λόγος), harmonie musicale (ἁρμονία) et rythme (ῥυθμός). Comment alors traduire le mot ? Μέλος possède à vrai dire un sens premier de *membre, articulation* ou *partie* ; par dérivation, il signifie la *phrase*, le *développement musical*, d'où le *chant*. Aussi, les entrées des dictionnaires vont dans le sens du *chant avec accompagnement de musique*, défini comme un assemblage, d'où *mélodie*.[62] Nous proposons la traduction suivante : *chant rythmé par de la danse et soutenu par une mélodie* ou, plus simplement, *chant accompagné de danse et de musique*.[63]

Deuxième témoignage de la présence des Muses chez les hommes, qui relève lui aussi la complexité de la musique :

> Μῶσ' ἄγε Καλλιόπα θύγατερ Διὸς
> ἄρχ' ἐρατῶν Ϝεπέων, ἐπὶ δ' ἵμερον
> ὕμνωι καὶ χαρίεντα τίθη χορόν.
>
> Muse, allez, Calliope, fille de Zeus,
> commence par des paroles aimables, le désir
> ajoute-le au chant ainsi qu'un chœur gracieux.[64]

---

59 Les trois termes sont récurrents chez les chanteurs-poètes lyriques. Par exemple, parmi nos auteurs, Alcm. fr. 26 Calame (μέλος) ; Ibyc. S 257a fr. 27.3 Davies (ὕ[μνος) ; Simon. fr. 11.23 West (ἀο]ιδῆς).
60 Notamment Archil. fr. 120.1 West ; Pi. *P.* 2.4 ; fr. 140b.17 Maehler ; Thgn. 761 Young.
61 Par exemple respectivement Alcm. fr. 3 fr. 1.5 Davies ; Sapph. fr. 44.26 Voigt ; Alcm. fr. 126 Davies.
62 Bailly 1950, 1247 ; Liddell/Scott/Jones 1976, 1099 traduit le terme par *music to which a song is set*.
63 Cf. aussi Cingano 2003, 17.
64 Alcm. fr. 27 Davies = fr. 84 Calame.

Ces vers, cités par Héphaistion (*Ench.* 7.4) pour leur structure métrique, constituent vraisemblablement l'entame d'un chant choral. Nous retrouvons la même formule d'invocation que précédemment : ἄγε. La Muse, en particulier cette Muse qu'est Calliope, comme toutes les autres filles de Zeus,[65] est exhortée à commencer par des paroles aimables, érotiques, attirantes (ἐρατῶν ϝεπέων). Si c'est Calliope qui est invoquée, c'est sans doute, comme chez Hésiode (*Th.* 79), parce qu'elle l'emporte sur ses consœurs par sa belle voix. Elle doit de plus ajouter[66] deux éléments au chant ainsi initié : le désir (ἵμερον) et un chœur plein de grâce (χαρίεντα χορόν). Double ajout qui nous fait une nouvelle fois suggérer qu'Himéros et les Charites ne font pas que côtoyer nos divinités dans leurs lieux de séjour hésiodiques (*Th.* 64), mais les accompagnent implicitement lors de l'exécution du chant. Garanti qu'il est par la triple présence divine de Calliope, d'Himéros et des Charites, il y a fort à parier que le chœur humain s'exprime lui aussi de cette façon : avec de belles voix et danses, aimables, désirables, charmantes et gracieuses, en écho à la divine musique. Dans l'idée où ce chant serait, comme c'est le plus souvent le cas, composé pour un chœur de jeunes filles, ces dernières seraient par là initiées aux précieuses qualités dont elles devront faire preuve à l'avenir.

Si nos passages font apparaître les Muses comme inspiratrices préalables ou actuelles du chant, elles ne sont toutefois pas décrites, comme par exemple chez Hésiode. Le fragment suivant est le seul, chez Alcman, qui accorde une présence physique à nos divinités. Constitué d'une seule phrase, il énonce côté à côte Apollon et les Muses : « Celui qui lance au loin, le fils de Zeus, cela, les Muses au *péplos* de crocus (ἕκατον μὲν Διὸς υἱὸν τάδε Μῶσαι κροκόπεπλοι) ».[67] Si le fragment ne permet pas de déceler la nature de la relation entre les divinités évoquées, il convient toutefois de relever que les Muses sont qualifiées par leur vêtement : un *péplos*, sorte de tunique,[68] de la couleur du crocus, c'est-à-dire du safran, entre jaune pâle et rouge orangé, telles les premières lueurs de l'aube.[69] Chez Homère (*Il.* 8.1 ; 19.1 ; 23.227 ; 24.695), Eos, *Aurore*, elle-même possède un tel habit.[70] Tout en dénotant l'aspect lumineux, éclatant que nous connaissons des

---

65 Cf. encore Alcm. fr. 28 Davies = fr. 85 Calame : « Muse, fille de Zeus, je chanterai de manière pénétrante, céleste (Μῶσα Διὸς θύγατερ λίγ' ἀείσομαι ὠρανίαφι) ».
66 Selon Calame 1983, 463, il s'agit de lire ces vers de la façon suivante : « ἐπιτίθη δὲ ἵμερον ὕμνωι καὶ χαρίεντα τίθη χορόν, *ajoute le désir au chant et rend le chœur gracieux* ».
67 Alcm. fr. 46 Davies = fr. 114 Calame.
68 Pour une description du *péplos*, cf. Losfeld 1991, 210-218.
69 Cf. Irwin 1974, 3 ; Grand-Clément 2011, 103.
70 Chez Hésiode, c'est la Grée Enyo (*Th.* 273) et la Nymphe Telesto (358) qui sont qualifiées ainsi.

Muses, leur épithète leur confère en outre une dimension qui les ancre dans le présent du chant et les relie à la sphère charnelle de la séduction.[71]

Tous nos exemples chez Alcman présentent les Muses et leurs chants pour les jeunes filles auréolés de douceur, d'amour, de désir et de grâce. Comme nous l'avons vu, la musique ne possède toutefois pas que cet aspect avenant. Notre dernier fragment d'Alcman – que le rhéteur Aélius Aristide (*Or.* 28.51-53) cite dans un passage à propos de l'inspiration – vient à sa manière rappeler que la musique a plusieurs faces :

> ἁ Μῶσα κέκλαγ' ἁ λίγηα Σηρήν
>
> La Muse a poussé un cri aigu, la pénétrante Sirène[72]

Selon Aristide, Alcman exprime ici la nécessité pour le chanteur-poète de recevoir l'aide de la Muse au début de son chant ; aide qui se propagerait aux choreutes dès que ceux-ci se mettent à chanter. On considère aujourd'hui ce court extrait comme une partie du début d'un chant choral. Au vu du manque de contexte, l'interprétation en est difficile. Quels vers précèdent et suivent le fragment ? Quelle est la nature du rapport entre la Muse et la Sirène ?[73] L'analyse des six mots n'en est pas moins intéressante qu'instructive, notamment en distinguant les deux divinités juxtaposées.

Commençons par la forme verbale désignant l'activité de la Muse. Elle provient de κλάζειν, *pousser un cri, faire retentir*, qui s'emploie aussi bien pour les cris stridents d'oiseaux,[74] les cris humains d'horreur, de lamentation ou de prophétie[75] que pour les sons d'instruments de musique.[76] La voix que fait entendre ici la Muse semble loin de celles, claires, belles, attirantes rencontrées précédemment. Elle se présente au contraire comme désagréable : stridente, aigüe, à la limite de l'audible. Nous y reconnaissons le reflet du côté sombre, grave, inquiétant de la vie que dévoile tantôt la musique.

---

71 Cf. Brulé 1987, 240-245. Irwin 1984 parle du crocus comme la fleur des déesses terriennes et des divinités préposées à la croissance.
72 Alcm. fr. 30 Davies = fr. 86 Calame.
73 Cf. notamment Janni 1962, 183.
74 Par exemple l'aigle (Hom. *Il.* 12.207) ; les geais et les étourneaux (17.756) ; la grue (Hes. *Op.* 449).
75 Les cris des compagnons d'Ulysse en train de se faire dévorer par Scylla (Hom. *Od.* 12.256) ; les lamentations d'un chœur tragique (A. *Pers.* 948) ; la prophétie de Chalcas (A. 156) ; celle d'un homme qui célèbre Zeus (174) ; celle d'un devin (201).
76 Par exemple le δόναξ, *roseau* (h.*Pan.* 19.15) et la *salpinx*, sorte de trompette (B. *Dith.* 4[18].3).

Telle est du moins l'interprétation qui découle de l'analyse de la divinité apposée à la Muse : la Sirène (Σηρήν). On le sait : dans l'*Odyssée*,⁷⁷ Circé avertit Ulysse de se détourner des Sirènes, dont le chant pénétrant (λιγυρὴ ἀοιδή) charme (θέλγειν) à tel point les humains qu'il leur fait oublier maison, femme et enfants et les fait sombrer dans la mort. Raison pour laquelle les déesses se trouvent dans une prairie jonchée d'ossements humains : débris des hommes qui n'ont pu résister de s'arrêter pour les écouter. Telle est la sombre image courante des Sirènes. Ulysse lui-même parle d'abord du « son des Sirènes qui disent le divin (φθόγγον Σειρήνων θεσπεσιάων) », puis de leur « chant pénétrant (λιγυρὴν ἀοιδήν) », tout en taxant leur voix (ὄπα) de « belle (κάλλιμον) ». S'adressant à Ulysse, elles qualifient pour leur part elles-mêmes leur voix de « douce comme le miel (μελίγηρυν) », prétendant combler pleinement (τερψάμενος) les hommes d'un savoir plus grand (πλείονα εἰδώς) que celui qu'ils ont d'ordinaire. Elles savent (ἴδμεν) non seulement tout ce que les Argiens et les Troyens ont souffert par la volonté des dieux, mais finalement tout ce qui a lieu sur terre. Savoir immense, de tout ce qui est, petit et grand, plaisir et souffrance, vie et mort. Autant de caractéristiques familières à nos oreilles. Muses et Sirènes jouiraient-elles des mêmes attributs et qualités ?⁷⁸

Bon nombre de témoignages vont dans ce sens. Dans un autre fragment d'Alcman (fr. 1.96-97 Davies = fr. 3.96-97 Calame), le chœur affirme que la chorège n'a pas une voix plus mélodieuse (ἀοιδοτέρα) que les Sirènes (Σηρην[ί]δων). Calame (1983, 347) émet l'hypothèse que Σειρηνίδες pourrait désigner les Muses elles-mêmes : le chœur comparerait ici la voix de sa chorège avec celles des Muses Sirénides. Comme Alcman ci-dessus, Hésiode (fr. 150.33 Merkelbach-West) parle explicitement de la voix λίγεια des Sirènes.⁷⁹ Hors de notre corpus, Sophocle (fr. **852.3 Radt) identifie lui aussi les deux divinités, parlant d'« une seule Muse et Sirène (μοῦσα καὶ σειρὴν μία) » ; expression reprise par Plutarque (*Mor.* 518bc). Chez Euripide (*Hel.* 167-169), outre leurs qualités harmonieuses, les Sirènes se font jour comme possédant une voix juvénile : invoquées par Hélène pour accompagner de leurs chants sa plainte funèbre, elles sont successivement nommées « jeunes filles (νεάνιδες) », « vierges (παρθένοι) » et « filles de Terre (Χθονὸς κόραι) » – ce qui n'est pas non plus sans nous rappeler les Muses. Finalement, plus tardivement encore, les mystiques voient dans leurs chœurs des jeunes filles ailées qui se tiennent aux portes de l'Hadès et accompagnent en chantant les

---

77 Nous paraphrasons dans ce qui suit les paroles de Circé (Hom. *Od.* 12.37-58) et le récit d'Ulysse (158-200). Gresseth 1970 donne un aperçu des différentes hypothèses philologiques émises au sujet des Sirènes homériques.
78 Pucci 1998, 1-9 soutient cette hypothèse à l'aide d'une analyse détaillée des différents passages de l'*Odyssée* mentionnant les Sirènes.
79 Voir aussi Hes. fr. 27 et 28 Merkelbach-West.

morts, – image traditionnelle récurrente dans toute l'iconographie et l'art funéraire hellénistiques et romains.[80]

Les Sirènes ont habituellement pour père le dieu-fleuve Achéloos (par exemple Paus. 9.34.3) ; Sophocle (fr. 861 Radt) mentionne Phorkys, autre divinité marine. Leur mère est tantôt appelée Steropé, Chton ou encore Melpomène, Terpsichore ou Calliope.[81] Elles vivent sur une île qu'Hésiode (fr. 27 Merkelbach-West) et à sa suite Apollonios de Rhodes (4.892) nomment Anthemoussa. Quant à leurs noms, ils sont au nombre de quatre dans les scholies à l'*Odyssée* (*12.39* [531 Dindorf]) : Ἀγλαοφήμη, *Au renom éclatant*, Θελξιέπεια, *Aux mots charmants*, Πεισινόη, *A l'esprit convainquant* et... Λίγεια. Sans les nommer, Homère les présente au nombre de deux. Apollonios de Rhodes (4.892-896) en mentionne trois : Θελξιόπη, *A la voix charmante* ou Θελξινόη, *A l'esprit charmant*, Μολπή, *Chant dansé* et Ἀγλαόφωνος, *Au son éclatant*. Impossible d'en douter : l'ensemble de ces appellations est d'obédience musicale.[82] Les Sirènes s'avèrent liées au chant et aux Muses.[83]

Dans notre passage, Muse et Sirène, apparaissent de manière ambigüe, chiasmatique : la Muse, habituellement douce, pousse un cri désagréable ; la Sirène qui lui est apposée, considérée depuis Homère comme danger mortel, est qualifiée de λίγεια, *claire*, *aiguë*, *percutante*, *pénétrante*, comme l'est généralement la Muse. Aussi démunis que nous sommes en matière de contexte, nous l'entendons de la manière suivante : si le chant des Muses apparaît λιγύς au sens où il vient dévoiler à l'homme le monde en sa nature musicale, le détournant pour un temps de ses vues quotidiennes, le divertissant de ses soucis de mortel, celui des Sirènes, accolé qu'il est à la Muse au cri désagréable, l'est dans un autre sens ; irrésistible, il vient détourner pour toujours celui qui l'entend, le conduisant à la mort. Toutes deux musicales, Muses et Sirènes peuvent ainsi, selon les circonstances, présenter les deux faces de la même vie. Loin de l'image idyllique première de la musique, elles dévoilent, de pair, la sombre nature de la vie : leurs révélations sont tantôt si claires, si pénétrantes, si criantes de vérité, qu'elles en viennent à faire sombrer dans l'abîme de la nuit celui qui les entend.[84]

---

80 Buschor 1944 analyse les figures que prennent les Sirènes au cours des siècles dans la littérature et l'iconographie antiques. Voir également Kaiser 1964.
81 Cf. pour les références antiques, Ouverture 2 « Images des Muses dans l'antiquité » ; de Sanctis 2003, 199 n. 10.
82 Roscher 1909-1915, 604 cite d'autres noms, toujours musicaux : Παρθενόπη, *A la voix de jeune fille*, Λευκοσία, *Blanche*, Ἀγλαόπη, *A la voix éclatante*.
83 Doherty 1995 reconnaît également un certain nombre de similarités entre les Muses et les Sirènes homériques. La seule différence serait selon elle que les secondes sont féminines, séductrices, alors que les premières ont un caractère virginal et donc « *sexless* »... D'autres voient dans les Sirènes tout le contraire des Muses, cf. par exemple Pollard 1952.
84 Pour une mise en parallèle détaillée des Muses et des Sirènes, cf. Semenzato 2014.

4.4 Groupe féminin autour de Sappho

Au tournant du 6ᵉ siècle (naissance entre 650 et 630 et *acmé* autour de 612-609) sur l'île de Lesbos, Sappho produit et chante de nombreux chants, pour la plupart amoureux, à forte consonance féminine.[85] Dans les quelques 300 textes recueillis dans les éditions de Voigt (1971) et de Page (1974), on trouve aujourd'hui six occurrences explicites du mot Muse, deux mentions particulières de Calliope[86] et un fragment qui présente un terme construit sur la racine μουσ-.[87] Au début des années 2000, une collection de papyri a laissé apparaître deux nouveaux fragments[88] qui, selon la lecture choisie, présentent une ou deux occurrences supplémentaires des Muses.

L'état très fragmentaire de la plupart de ces passages et l'absence presque complète de contexte hypothèquent très fortement leur interprétation. A titre d'exemple les deux fragments on ne peut plus brefs constitués du seul terme « Μοισάων, *des Muses* »,[89] qui permettent tout au plus d'affirmer que nos divinités ne sont pas étrangères au chanteur-poète.

La tradition retient de Sappho qu'elle s'occupe d'un groupe ou cercle féminin, parmi et pour lequel elle compose et chante. Ses fragments présentent des indices de performance se référant à une exécution soit chorale, devant un large public, soit chorale ou soliste, devant un cercle plus restreint, probablement des jeunes filles, éduquées à leur vie adulte.[90] On parle ainsi de thiase cultuel, d'école de préparation au mariage, ou encore de groupe initiatique.[91] Ambiance teintée de féminité, d'éclat, de brillance, de joie, de gaieté, de jeunesse, d'abondance, etc. Climat propice à l'intervention de nos divinités, tout comme également de leurs compagnes les Charites.

---

85 On trouve d'amples renseignements biographiques chez Schadewaldt 1950, 9-10 ; et plus sobrement chez Tsomis 2001, 18-19 ; Neri 2004, 200-202. Pour une discussion de la filiation de Sappho, cf. notamment Di Benedetto 1982. Concernant les problèmes textuels de ses fragments, cf. avant tout Gallavotti 1948, 8-9.
86 Sapph. fr. S 260.11 Page (Καλ]λιόπης []) ; fr. 124 Voigt (αὖτα δὲ σὺ Καλλιόπα). Au sujet du problème grammatical et métrique que pose ce dernier fragment – Καλλιόπα est-il un nominatif ou un vocatif ? –, cf. Tzamali 1996, 451-452.
87 A la différence par exemple de Burzacchini 2007, 40 et Bettarini 2008, 23, nous ne retenons pas dans notre corpus Sapph. fr. 32 Voigt : la présence ou non des Muses dépend de l'interprétation du pronom féminin pluriel.
88 Ces fragments sont édités par Gronewald/Daniel 2004a et 2004b. Pour l'histoire de la découverte du papyrus et de sa constitution textuelle, cf. Hammerstaedt 2009 ; Obbink 2009.
89 Sapph. fr. 187 Voigt ; fr. S 261a fr. 2 col. i.10 Page.
90 Cf. parmi la quantité de références notamment Merkelbach 1957, 3-7 ; Calame 1996b.
91 Pour des références à ce sujet, cf. Ferrari 2003, 42-44 n. 3-4 et 6-7.

Les deux groupes de déesses sont tantôt invoquées de pair, sur le modèle : « Allons maintenant, délicates Charites et Muses à la belle chevelure (Δεῦτέ νυν ἄβραι Χάριτες καλλίκομοί τε Μοῖσαι) ».[92] Les deux épithètes des divinités présentent d'emblée l'ambiance : les Charites sont qualifiées d'ἄβραι, *tendres, délicates, gracieuses*, – attribut fréquent chez Sappho.[93] Les Muses sont pour leur part décrites comme possédant une belle chevelure (καλλίκομοι), comme leur mère chez Hésiode (*Th.* 915).[94] Relevée par les particules d'actualisation δεῦτε et νῦν[95] signifiant que les déesses sont sur le point de venir occuper le lieu et le chant, leur présence s'inscrit parfaitement dans le contexte de performance annoncé : climat de grâce et de beauté divines ; bien éloigné du quotidien humain, mais auquel les jeunes mortelles peuvent tendre.

Deux autres fragments mentionnent encore les Charites aux côtés des Muses. Le premier présente le terme « Μοισαν » dans un vers, et « Χαρίτων » au suivant, dans un état toutefois trop mutilé pour qu'on puisse en faire quelque chose.[96] Le deuxième, un peu plus étoffé, mentionne d'un trait les « pures Charites et Muses de Piérie (ἄγναι Χάριτες Πιέριδέ[ς τε] Μοῖ[σαι] ».[97] Alors que le qualificatif des secondes rappelle leur lieu de naissance chez Hésiode (*Th.* 53 ; *Op.* 1 ; *Sc.* 206), l'adjectif ἁγνός confère au chant un aspect inédit de pureté[98] qui concorde lui aussi avec le contexte général évoqué.

Il en va de même dans le fragment suivant : « Venez ici maintenant à nouveau Muses, laissant le doré... (Δεῦρο δηὖτε Μοῖσαι χρύσιον λίποισαι...) ».[99] Amputé de sa fin, le texte rend énigmatique le phénomène doré que les Muses doivent abandonner pour pouvoir remplir le chant de leur présence. Les éditeurs proposent différentes hypothèses : Neue (1827, 83) complète le vers par δῶμα πατρός ; Diehl (1936, 83) écrit ὠράνω δόμον. Propositions qui sont autant de lieux de séjour des

---

92 Sapph. fr. 128 Voigt.
93 Sapph. fr. 44.7 ; 100.1 ; 128.1 ; 140.1 Voigt. Voir aussi Alc. fr. 42.8 Voigt.
94 Dans notre corpus, Anacr. fr. 92 Gentili accorde ce même attribut (καλλίκομοι) aux « filles de Zeus <qui> ont dansé avec légèreté (κοῦραι Διὸς ὠρχήσαντ' ἐλαφρῶς) » et pourraient bien être des Muses ; Simon. F 264a.2 Poltera explicitement à nos déesses. L'épithète qualifie d'ailleurs aussi la chevelure des Charites (Stesich. fr. 173.1 Davies-Finglass ; Ibyc. fr. 288.2 Page), tout comme celle de mortelles : les femmes d'Argos (Pi. *N.* 10.10) et la fille d'Antée (*P.* 9.106).
95 Pour des précisions sur νῦν, cf. Tzamali 1996, 454-455.
96 Sapph. fr. 44A b col. ii.5-6 Voigt. Rappelons que ce fragment correspondrait selon Lobel/Page 1955, 237 à Alc. fr. 304 col. ii.7 : seule occurrence des Muses aujourd'hui chez ce chanteur-poète.
97 Sapph. fr. 103.5 Voigt. On trouve également chez Anacr. fr. 62.9-10 Gentili, sur deux vers fragmentaires, les expressions « Πιερίδων » et « κα[ὶ] Χάρισιν ».
98 Cet adjectif qualifie également les Muses chez E. *Med.* 830 et Ar. *Ra.* 875. Il revient également à Artémis (par exemple Hom. *Od.* 11.386 ; A. *Supp.* 1030), Déméter (*h.Cer.* 2.439) et Apollon (Pi. *P.* 9.64).
99 Sapph. fr. 127 Voigt.

Muses : *demeure de leur père* et *maison céleste*. Ce qu'il convient de retenir est la venue des Muses dans l'ici et maintenant du chant. Δεῦρο est un adverbe de lieu : même s'il est le plus souvent traduit par le déictique *ici*, il contient également l'idée de mouvement, de direction ; aussi signifie-t-il quelque chose comme *viens ici*. Δηὖτε, composé de δή et d'αὖτε, veut pour sa part dire *en ce moment* (δή) *de nouveau* (αὖτε).[100] Tous deux attestent que le chanteur-poète demande aux Muses de venir à ses côtés au moment où le chant débute. Sans doute pour l'épauler. Comme auparavant, la présence des Muses apparaît nécessaire au bon déroulement du chant.[101] Et ce non seulement en cet instant unique, mais à chaque fois que le chant est proféré : δηὖτε indique que l'invocation peut se répéter.

Les deux dernières occurrences qui nous sont parvenues ne détonnent nullement dans cette délicate et gracieuse ambiance. La première apparaît à la dernière ligne d'un chant,[102] après que les vers précédents aient fait entendre l'abondance festive (θαλ[ί]α), un nom féminin qualifié de clair, aigu, pénétrant (λιγύραν)[103] et une harpe (πᾶκτιν) : « Belle, Muse, je chante (κάλα, Μοισ', ἀείδω) ».[104] Si tels sont les mots qu'on lit généralement, Gronewald et Daniel (2004a, 6) indiquent qu'une « autre séparation de mots, moins probable, donnerait καλάμοις (ou καλάμοισ') ». Signifiant le *roseau*, la *tige*, le κάλαμος désignerait alors l'*aulos*, ou même ici le double *aulos* au vu de son emploi au pluriel. Comme tel, le κάλαμος n'apparaît cependant pas avant Pindare.[105] De plus, sa présence dans un chant monodique, en association avec la harpe, serait peu habituelle.[106] Autre lecture possible : θαλάμοισ', comme le propose West (2005, 3), en remarquant que chez Sappho les

---

[100] Cf. Calame 1997. Mace 1993 met cet adverbe en relation avec les invocations rituelles d'ordre érotique qu'on trouve chez Alcman, Sappho, Ibycos et Anacréon. La divinité invoquée n'étant cependant pas Aphrodite mais les Muses, elle propose de lire δεῦτε, *allons*, et non δηὖτε, réservant ce dernier aux seules invocations d'Aphrodite et d'Eros. Nous décidons de garder le texte de Voigt, suivant l'hypothèse que ces adverbes d'invocation ne sont pas forcément limités à une divinité ou un domaine particuliers.
[101] Stésichore emploie lui aussi ce genre d'adverbe en lien avec les Muses : « Viens ici, allez, pénétrante Calliope (δεῦρ' ἄγε Καλλιόπεια λίγεια) » (fr. 277a) ; « Allez, pénétrante Muse, commence les chants [...] (ἄγε Μοῦσα λίγει' ἄρξον ἀοιδᾶς [...]) » (fr. 327.1) ; et plus implicitement : « Viens ici, à nouveau, | divinité qui aime le chant dansé (δεῦρ' αὖ- | τε θεὰ φιλόμολπε) » (fr. 90.9-10 Davies-Finglass). Cf. aussi la mention d'une θεά et trois vers plus bas « maintenant allez (νῦν δ' ἄγε) » dans le fr. 100.6-9 Davies-Finglass.
[102] Cf. Gronewald/Daniel 2004a, 2.
[103] Pour Gronewald/Daniel 2004a, 6, cet adjectif pourrait qualifier un chant.
[104] Sapph. *P. Köln 21351*.8 Gronewald-Daniel.
[105] Pi. *O.* 10.84 ; *N.* 5.38 ; *Pae.* 9 A1.36 Rutherford. Alc. fr. 115.9 Voigt présente le nom κάλαμος, mais le contexte fragmentaire ne permet pas de déterminer sa signification exacte.
[106] Cf. West 1992b, 336.

Muses sont, sinon, toujours au pluriel.[107] Ce serait alors dans des *chambres*, des lieux intérieurs que le chanteur-poète chanterait. Toujours dans une ambiance musicale, mais sans présence explicite de nos divinités.[108]

Situation semblable dans le deuxième fragment tracé sur le papyrus de Cologne : seul l'adjectif ἰ]οκ[ό]λπων est visible, accompagné par de beaux dons (κάλα δῶρα), une invocation d'enfants (παῖδες)[109] ainsi qu'à la ligne suivante une lyre pénétrante qui aime le chant (φιλάοιδον λιγύραν χελύνναν), mais sans Muses explicites.[110] Editeurs et commentateurs partent cependant du principe que ce sont là des Muses, qui se distinguent par leur κόλπος de violette (ἴον). Κόλπος signifie le *pli*, le *creux*, dans un sens géographique,[111] mais aussi vestimentaire (le bouffant de l'étoffe au-dessus de la ceinture) et surtout physique comme le *sein*, la *poitrine*.[112] Si, joint à la violette, ce nom se retrouve dans quatre autres vers de Sappho (fr. 21.13 ; 30.5 ; 103.3 ; 103.4 Voigt),[113] c'est là sa première et unique occurrence musicale. La sombre couleur de violette est certes déjà apparue chez Hésiode (*Th*. 3), non pas toutefois pour évoquer les Muses, mais la source autour de laquelle elles chantent et dansent sur l'Hélicon. Voici donc que nos divinités sont décrites par leurs plis et creux, tels ceux soulignés par une ceinture,[114] et/ou dessinés par une poitrine.[115] L'image suave apparue jusqu'ici chez Sappho s'enrichit non seulement d'une teneur sombre, onduleuse et intense, mais nos divinités gagnent à la fois une dimension matérielle, physique, en lien avec le *péplos* de crocus d'Alcman (fr. 46 Davies) et leur belle chevelure apparue plus haut.[116]

---

107 Cette lecture est adoptée par exemple par Obbink 2009. Il est vrai que seul « αλάμοις » est lisible sur la photo digitalisée du papyrus (disponible sur le site de l'université de Cologne ; l'adresse précise se trouve chez Gronewald/Daniel 2004a, 4 n. 5).
108 West 2005, 3 propose de restituer au vers 5, comme épithète qualifiant γέρας, « Μοίσει]ον ». La marque d'honneur obtenue proviendrait alors des Muses (cf. encore pour ce terme Pi. *N*. 8.47 ; *I*. 8.61). Mais il n'y a là rien d'explicite non plus.
109 Pour l'interprétation de ces enfants, cf. Rawles 2006, 4, avec des références.
110 Sapph. *P. Köln 21351*.9-10 Gronewald-Daniel. Ces vers complètent Sapph. fr. 58.11-12 Voigt.
111 Par exemple un golfe (Hom. *Il*. 2.560) ; les creux marins (*Od*. 5.52).
112 C'est ainsi que κόλπος n'est pas uniquement féminin : c'est la poitrine de Trôs qui se remplit de sang quand Achille le frappe (Hom. *Il*. 20.471). Cf. encore Losfeld 1991, 226-228.
113 Ces occurrences, très fragmentaires, qualifieraient à trois reprises Aphrodite et une fois des νύμφαι. Le composé ne se retrouve sinon chez aucun autre de nos auteurs.
114 Telles les traductions de Gronewald/Daniel 2004a, 5 et 2004b, 2 : *purpurgegürtet* ; Di Benedetto 2004, 5 : *dal cinto purpureo*. Sans commentaire pour l'interprétation d'ἴον en termes de pourpre.
115 West 2005, 5 et Hammerstaedt 2009, 22 : *fragrant-bosomed* ; Rawles 2006, 1 : *violet-breasted* ; Bierl 2016, 325 *violet-bosomed*. Obbink 2009, 15 choisit une traduction plus générale : *violet-rich* et *violet-laden*.
116 Lien renforcé si, comme Waern 1972, 5, on voit dans la violette une espèce dont la couleur est davantage claire (blanc-crème) que foncée.

Notre dernier fragment de Sappho – aux texte et mètre à nouveau très incertains – vient, comme auparavant chez Alcman, obscurcir l'agréable image ci-dessus. Selon Maxime de Tyr (18.9.265) qui cite les vers, le chanteur-poète s'adresse à sa propre fille en train de se lamenter :

> οὐ γὰρ θέμις ἐν μοισοπόλων <δόμωι>
> θρῆνον ἔμμεν' <........> οὔ κ' ἄμμι πρέποι τάδε
>
> Il n'est en effet pas permis dans la maison de ceux qui cultivent les Muses qu'il y ait un thrène <...> cela ne nous conviendrait pas.[117]

Le passage commence par exprimer une interdiction dépendant de la θέμις, la *loi divine*. Comme nous l'avons vu chez Hésiode (*Th.* 85), cette loi détermine l'ensemble du monde ; elle est inaltérable, à moins de commettre une ὕβρις. Aussi, ce qu'exprime ici le chanteur-poète est bien plus qu'une simple interdiction, comme notre traduction le laisse entendre.[118] Chaque occurrence homérique de l'expression οὐ θέμις se réfère à une sanction divine imparable.[119] Le texte lui-même indique de laquelle il s'agit : qu'il y ait un thrène (θρῆνον) dans la maison de ceux qui s'occupent des Muses (μοισοπόλων).

Nous savons que le thrène est un chant de lamentations, un chant funèbre, tel celui entonné par les Muses pour Achille.[120] L'interdiction porte sur le fait de chanter ce type de chant : les μουσοπόλοι n'y sont pas autorisés, du moins dans leur maison. En déployant ce mot, on reconnaît dans sa seconde partie le verbe πέλεσθαι, qui signifie *se mouvoir, se trouver* ainsi que *s'occuper* de quelque chose. C'est ainsi que les termes qui se terminent par le suffixe -πολος expriment le déroulement, l'accomplissement, en toute sollicitude, d'une activité. Exemples : le νηοπόλος et le ὑμνοπόλος s'occupent respectivement d'un temple (ναός) ou du chant (ὕμνος).[121] Pour ce qui est de μουσοπόλος, le *TLG* ne recense que huit apparitions en tout et pour tout dans la littérature grecque préchrétienne. Après celle de Sappho,[122] deux se trouvent chez Euripide : les « μουσοπόλοι » y sont des citharèdes qui chantent en l'honneur de la défunte Alceste (*Alc.* 444-447) ;[123]

---

[117] Sapph. fr. 150 Voigt. Pour une autre lecture de la fin de ce fragment (« οὐκ ... πρέποι »), cf. Tzamali 1996, 497.
[118] Brunet 1991, 117 traduit par *le thrène est proscrit...* ; Battistini 2005, 129 par *coutume défend que....* Il en va de même en italien : *Non conviene...* (Guidorizzi 1993, 43) ; en allemand : *Kein Klagelied darf...* (Treu 1954, 85) ; ou en anglais : *It is not right ...* (Hardie 2005, 14).
[119] Hom. *Il.* 14.386 ; 16.796 ; 23.44 ; *Od.* 10.73 ; 14.56.
[120] Hom. *Od.* 24.60-61.
[121] Hes. *Th.* 991 ; Simon. 7.25.2 Beckby.
[122] Ferrari 2014, 15 restitue dans la lacune de Sapph. fr. 17.1 : « μ[οισοπ]όλοις ».
[123] Hsch. μ 1754 emploie cet exemple pour gloser μουσοπόλος par ποιητής.

et Antigone ne sait quelle plainte « μουσοπόλον » invoquer pour pleurer la mort de sa mère et de ses frères (*Ph.* 1499-1501). Bien qu'à ce stade toute conclusion soit hâtive, on remarque que, comme Sappho, Euripide associe les Muses et leurs serviteurs aux lamentations funèbres. Les autres occurrences ne vont toutefois pas dans ce sens, du moins pas explicitement. Dans la troisième – citation par Athénée (14.616f-617a) du chanteur-poète Telestes (fr. 1b.2 Page) –, il est question d'une rumeur (indistincte) de « μουσοπόλων ». Chez Castorion (fr. 310.5 Campbell) et Cléarque (fr. 88.9 Wehrli), c'est Pan qui est par deux fois invoqué sous l'épithète de bête sauvage « μωσοπόλε/μουσοπόλε ». Hermesianax (fr. 7.28 Powell) mentionne pour sa part le δαίμων des « μουσοπόλων » que serait Homère. Finalement, une inscription béotienne parle d'une association d'artisans-serviteurs des Muses (τεχνιτῶν μουσοπόλων).[124] Impossible donc, à partir de ces passages, de déterminer μουσοπόλος de manière plus précise que comme *serviteur des Muses*, *chanteur-poète*, voire *membre de chœur*. Les occurrences de l'*Anthologie grecque* qui datent de l'époque impériale ne nous renseignent pas davantage : le sens neutre de *chanteur-poète* ou d'*artiste musical* y prédomine également.[125] Nous ne pouvons donc définir la maison des μουσοπόλοι autrement que comme la demeure de ceux qui s'occupent des Muses, autrement dit qui chantent, dansent et s'accompagnent de musique.

Mais qui sont ces chanteurs-poètes qui cultivent les Muses ? Forment-ils un groupe officiel ? L'énonciateur en fait-il partie ? La présence au second vers de la première personne du pluriel (ἄμμι, *nous*) abonde dans ce sens : celui qui s'exprime semble bien se compter parmi les μουσοπόλοι. Par extension, nous pouvons imaginer qu'il s'agit du groupe de Sappho, composé de son chœur et, à sa tête, du chanteur-poète qu'elle est elle-même. Mais comment comprendre ces vers ? Comme déjà dit, Maxime de Tyr lie cette interdiction à la transgression accomplie par la fille de Sappho. Il est également possible d'y entendre, comme le propose Hardie (2005, 20), une mise en garde globale de Sappho à ses jeunes filles désireuses de chanter des thrènes. L'optatif πρέποι conférerait ainsi une portée générale et éducative à l'interdiction. Les deux interprétations sous-entendent une distinction entre ἄμμι et un « vous » ou « eux », englobant d'autres chanteurs-poètes et groupes musicaux. L'incompatibilité musicale du thrène ne serait donc pas reconnue par toutes les maisons de μουσοπόλοι.

Une fois ce cadre esquissé, la question se pose de savoir quel rôle joue la communauté rassemblée autour des divinités. Est-il strictement lié aux Muses et

---

124 *IG* 7.2484 = Poland 1909, 206.
125 *Anthologia Graeca* 6.322.4 ; 9.270.4 ; 799.5 ; 7.698.11 ; 8.108.1 ; 12.257.6 ; 9.356.2 ; 9.350.3 ; 9.248.4 ; 11.373.1 ; *Epigramma sepulcralia* 319.2 ; *Epigramma demonstrativa* 256.2 ; *Epigramma dedicatoria* 158.2.

à leur musique ? Exclut-il les cultes d'autres divinités, par exemple celui d'Aphrodite, déesse de l'amour, traditionnellement rattachée aux jeunes filles sur le point de se marier et par maintes fois invoquée ou nommée par Sappho ?[126] La foisonnante littérature secondaire présente grosso modo deux lectures : soit on affirme que les serviteurs appartiennent à une association strictement liée au culte des Muses ;[127] soit, comme nous le faisons, on est d'avis que le mot renoue avec l'expression de θεράπων des Muses : *serviteur* lié à la musique au sens le plus large du terme, sans tâche et action propres à un culte ou rite précis.[128]

Cette réponse ne nous aide cependant pas à comprendre comment il se fait que de tels serviteurs ne doivent pas chanter de thrène. D'autant plus que, comme nous l'avons déjà relevé, notre lecture d'Homère (*Od.* 24.60-62) montre les Muses chantant elles-mêmes un thrène lors des funérailles d'Achille. Et qu'il paraît évident que Sappho a elle aussi composé de tels chants.[129] Pourquoi donc cette interdiction ici ? Différentes hypothèses sont émises.

Rappelant le déroulement des rituels funéraires – toilette du mort, exposition sur un lit, convoi funèbre, inhumation ou crémation, cérémonies de purification, banquet, sacrifices –, Delavaud-Roux (2002) associe l'exposition et le convoi au thrène, tous deux accompagnés de moult manifestations gestuelles exprimant la douleur.[130] Les représentations figurées dépeignent d'ailleurs celles-ci comme très violentes : frappement de poitrine avec les mains et arrachement de cheveux y semblent d'usage. Pour canaliser ces débordements, certains législateurs ont ainsi, à partir du 6ᵉ siècle avant J.-C., édicté des lois interdisant les manifestations trop violentes et limitant le nombre de pleureuses.[131] Ferrari (2003, 87-88) y voit un argument pour restituer dans la lacune un impératif du genre « cessez ! » et comprend la présence du γάρ, *en effet* du premier vers comme suite explicative de ce dernier. Il prolonge d'ailleurs son interprétation en historicisant lui aussi le contexte à la manière de Maxime de Tyr, voyant finalement dans ces vers la conséquence d'un thrène qui viendrait d'être entonné à mauvais escient dans la maison de Sappho, contraignant celle-ci à rappeler à ses jeunes filles les conve-

---

126 Par exemple Sapph. fr. 1.1 ; 33.1 ; ou sous le nom de Cypris : fr. 2.13 ; 5.1 Voigt.
127 Notamment Lanata 1966, 67 qui se base pour ce faire sur l'inscription citée plus haut ; Gentili 1984, 119.
128 Par exemple Aloni 1997, 248 ; Burzacchini/Degani/Magnani 2005, 185 qui traduisent μοισοπόλων par *molteplicità di espressioni artistiche*.
129 Cf. par exemple, d'après son contenu, Sapph. fr. 140 Voigt.
130 Cf. aussi Reiner 1938, 55 ; Stears 1998 ; Burkert 2011, 293.
131 Par exemple D. *Contra Macartatum* 43.62 (décret de Solon : seules les femmes de plus de 60 ans et les proches parentes ont le droit de pénétrer dans la maison du mort ou de suivre son convoi) ; Plu. *Sol.* 12.8 ; *SIG* 3.3.1218. Pour une analyse de ces lois, cf. Bouvier 2008, 250-266.

nances musicales. Le problème est que rien dans les deux vers transmis ne justifie une telle réponse.

L'interprétation de Bertolin Cebrian (2006, 51) nous semble tout aussi impossible. Elle voit dans l'interdiction du chanteur-poète une démarcation féminine, de la part de Sappho, d'avec l'exécution habituellement masculine des thrènes ; l'appellation consacrée des chants funéraires féminins n'étant selon elle, sur la base de ce que présentent les chants homériques, pas θρῆνος (exécuté par des professionnels masculins), mais γόος. S'il existe bien une différence entre hommes et femmes en matière de genre de chants, et si celle-ci est établie comme loi, pourquoi Sappho devrait-elle rappeler que le thrène leur est interdit ? Autre problème : les serviteurs des Muses auxquels elle s'adresse ne portent aucune marque féminine explicite.

Selon une troisième hypothèse, c'est la croyance eschatologique de Sappho qui la pousse à demander l'abandon des pratiques traditionnelles de lamentations.[132] Pour l'illustrer, certains commentateurs se basent sur un autre de ses fragments, qui fait apparemment intervenir ensemble la mort et les Muses : ce dernier comporte une annonce, à une femme, de ce qui l'attend une fois décédée.[133] D'après Plutarque (Mor. 646f) qui cite ces vers, les propos sont adressés à une femme non musicale (ἀμούσων) et ignorante (ἀμαθῶν) qui n'a, comme le dit Sappho, jamais cueilli les roses de Piérie (βρόδων τῶν ἐκ Πιερίας). Demeurant dans l'anonymat, elle sera oubliée sitôt disparue, et son âme flottera sans distinction pour la nuit des temps dans l'Hadès. Là encore, rien dans le texte transmis ne permet de justifier cette interprétation.

Notre position s'inscrit dans la ligne modérée de Palmisciano (1998, 202). Selon lui, le passage n'interdit pas toute lamentation, mais seulement celles qui dépassent les prescriptions rituelles. L'interdiction pourrait alors se restreindre au lieu de culte qu'est la demeure des serviteurs des Muses. Qu'en est-il d'ailleurs de cette demeure ? Le fait que δόμῳ soit une conjecture de Hartung (1857, 89) pour le métriquement inacceptable οἰκίᾳ figurant dans les manuscrits ne nous avance guère. S'agit-il d'une simple maison ? D'un temple ? D'un sanctuaire ? Les autres occurrences des deux mots chez Sappho ne nous aident pas davantage : οἰκία est employé uniquement dans ce fragment, et les deux mentions de δόμος interviennent pour nommer la demeure de Zeus et celle d'Hadès, peut-être au sens d'un temple érigé en leur honneur.[134] S'il est impossible de trancher sur la sorte

---

132 Par exemple Gentili 1984, 119.
133 Sapph. fr. 55 Voigt. Pour une interprétation complète de ce fragment, voir notamment Usener 1896, 329 n. 13 ; Page 1959, 137 ; Snell 1965, 100 n. 72 ; Gentili 1977, 153 ; 1984, 118. Pour le thème général de l'au-delà chez Sappho, cf. Burzacchini 2007 ; Bettarini 2008 ; Bierl 2016.
134 Sapph. fr. 1.7 ; 55.3 Voigt.

de demeure qui serait la cause de l'interdiction, l'hypothèse la plus probable est toutefois que c'est uniquement au sein de cette maison, lieu sacré d'exécutions musicales propres à la communauté de jeunes filles, qu'il serait interdit de composer et de formuler de tels chants. Le fragment viendrait rappeler que, même s'il existe une multiplicité de chants, ceux-ci s'inscrivent toujours dans un ensemble musical, rituel, dont le chanteur-poète est tributaire lorsqu'il compose et exécute ses œuvres, choisissant tel ou tel genre, tel ou tel mètre, tel ou tel ton. Toujours en complète conformité avec l'immémoriale θέμις transmise aux hommes par les divines Muses.

4.5 Solon et la mesure de la sagesse

Vivant à Athènes entre les 7ᵉ et 6ᵉ siècles (de 640 à 560 environ), Solon est surtout connu aujourd'hui comme magistrat, réformateur et législateur de la cité. Il occupe, entre 592 et 591, la fonction d'archonte. Il n'est pas moins chanteur-poète, auteur d'une œuvre imposante.[135] Sur les près de 5000 vers qu'il aurait composés, un seizième seulement nous est parvenu, dont trois occurrences de nos divinités.

Un fragment cité par Plutarque (*Mor.* 751e)[136] présente des Muses (Μουσέων) dont les travaux (ἔργα) réjouissent les hommes (ἃ τίθησ' ἀνδράσιν εὐφροσύνας).[137] Affirmation qui ne nous étonne guère. Son contexte contient deux nouveautés : d'abord, nos déesses ne sont pas les seules à combler les hommes par leurs travaux ; elles sont nommées de pair avec Aphrodite, née des eaux chypriotes (Κυπρογενοῦς) et Dionysos (Διονύσου). Si la première, déesse de l'amour et du mariage, apparaît dans le chœur de déesses qui accompagne les Muses sur l'Olympe,[138] le second, symbole des forces productrices de la terre et protecteur du banquet, fait ici sa première et unique apparition dans notre investigation.[139] Par déduction, le joyeux climat de musique, d'amour et d'ivresse qui rend les hommes de bonne humeur est celui du banquet.[140] Les Muses apparaissent pour la première fois explicitement insérées dans le monde symposial humain.

---

[135] Cf. par exemple Gianotti 1985, 49-50 ; Neri 2004, 135-136.
[136] Voir aussi *Mor.* 156b-e.
[137] Sol. fr. 26 West.
[138] *H.Ap.* 3.195.
[139] Dionysos est toutefois tantôt également considéré comme un dieu musicien. Pour Plu. *Mor.* 717a par exemple, il a trouvé refuge chez les Muses et s'y tient caché.
[140] Anacr. fr. 56.3-4 Gentili met en lien, dans le cadre du banquet, les brillants dons des Muses et d'Aphrodite (Μουσέων τε καὶ ἀγλαὰ δῶρ' Ἀφροδίτης) ainsi que l'aimable joie (ἐρατῆς εὐφροσύνης).

4.5 Solon et la mesure de la sagesse — 157

Les deux autres occurrences des Muses chez Solon possèdent elles aussi certains aspects inédits. Elles proviennent d'une même élégie, longue de 76 vers, rétrospectivement intitulée *Elégie aux Muses* en raison de sa prière introductive.[141] Tel est son début selon l'édition de West (1992a) :

> Μνημοσύνης καὶ Ζηνὸς Ὀλυμπίου ἀγλαὰ τέκνα,
>   Μοῦσαι Πιερίδες, κλῦτέ μοι εὐχομένωι·
> ὄλβόν μοι πρὸς θεῶν μακάρων δότε, καὶ πρὸς ἁπάντων
>   ἀνθρώπων αἰεὶ δόξαν ἔχειν ἀγαθήν·

> Brillantes enfants de Mnémosyne et de Zeus olympien,
>   Muses de Piérie, écoutez-moi qui prie ;
> donnez-moi la prospérité de la part des dieux fortunés, et de la part de tous
>   les hommes d'avoir toujours une bonne réputation ;[142]

Si les deux épithètes musicales qui ouvrent le chant sont traditionnelles,[143] la double demande à laquelle les Muses doivent répondre l'est moins : écouter (κλῦτε) le chanteur-poète (μοι) et lui (μοι) donner (δότε) deux choses : l'ὄλβος et une bonne δόξα. A la différence des chants épiques où les Muses sont invoquées pour remplir le chant de leur savoir et présence, elles sont ici appelées à tendre l'oreille et à accorder ce qui leur est demandé. Appel exigeant, exprimé par deux impératifs et deux pronoms personnels à la première personne. Il semble ainsi que les Muses peuvent rester à une certaine distance du chanteur-poète pour répondre à ses besoins ; et que le chanteur-poète entretient un rapport distancé, voire utilitaire avec elles. Immédiatement après sa première exhortation,[144] ce dernier se présente toutefois comme un homme pieux, en train d'accomplir une prière (εὐχομένωι). Εὔχεσθαι signifie certes *prier* au sens large de déclarer quelque chose de solennel, mais est le plus souvent employé en contexte de culte : c'est de cette façon que, dans l'*Iliade* (6.240), Hector engage les Troyennes à prier les dieux en faveur de leurs parents ; ou que Pindare (*O.* 14.5) prie les Charites, lui

---

[141] Cette élégie est l'objet de nombreuses études : pour l'histoire du texte et une bibliographie exhaustive, cf. Mülke 2002, en particulier 232-240. Büchner 1959 en propose une traduction complète ainsi qu'une analyse passage par passage. Pour des hypothèses de lecture, voir surtout Allen 1949 ; Alt 1979 ; Eisenberger 1984 ; Christes 1986.
[142] Sol. fr. 13.1-4 West.
[143] Cf. encore, dans un contexte semblable, Terp. fr. 8.1 Gostoli : « Faisons des libations aux Muses, enfants de Mnémé (σπένδωμεν ταῖς Μνάμας παισὶν Μούσαις) » ; avec Gostoli 1990, ix-xi.
[144] L'impératif κλῦτε est souvent employé dans les premiers mots de discours ou de prières : par exemple lorsqu'Agamemnon s'adresse au conseil (Hom. *Il.* 2.56) ; Thétis à ses sœurs (18.52) ; Pénélope à ses servantes (*Od.* 4.722) ; dans une prière aux Muses (Pi. *Pae.* 6 D6.58 Rutherford) ; lorsqu'Electre prie la Terre (A. *Ch.* 399).

aussi en faisant usage de l'impératif κλῦτε. Nous pouvons ainsi reconnaître un chanteur-poète autoritaire, distant, mais pieux et fidèle à la fois.[145]

Les deux choses que les Muses sont censées lui assurer sont centrées sur sa personne. L'ὄλβος, couramment traduit par *bonheur, félicité, richesse*, est la *prospérité* divine accordée aux hommes. Nausicaa rappelle ainsi à Ulysse que c'est Zeus qui répartit l'ὄλβος parmi les humains ;[146] selon Hésiode (*Op.* 281 ; *Th.* 420), c'est soit le même Zeus, soit Hécate qui s'en charge. Dans notre passage aussi, l'ὄλβος apparaît explicitement d'obédience divine : la prospérité que les Muses doivent accorder au chanteur-poète provient des dieux fortunés (θεῶν μακάρων). En ce sens, de Heer (1968, 33) affirme que « l'ὄλβος se réfère à la richesse vertueusement acquise et durablement garantie par les dieux ». Alors que chez Hésiode (*Th.* 96-97), le chanteur est fortuné (ὄλβιος) parce que les Muses l'aiment, Solon exige de lui-même qu'elles lui accordent cette faveur. Mais si le chanteur-poète se montre décidé, il n'est pas moins dépendant des Muses. Celles-ci apparaissent fortes d'un nouveau pouvoir : celui de transmettre, au nom de tous les dieux, la prospérité divine en général, agissant par là directement sur le présent, non plus du chant, mais du chanteur-poète lui-même.

Le second élément que le chanteur-poète souhaite obtenir consiste en une bonne (ἀγαθή) δόξα. Ce terme est habituellement traduit par *opinion, avis, réputation* ou même *gloire*. Rien d'étonnant à ce que, contrairement à l'ὄλβος, d'origine divine, la δόξα que le chanteur-poète souhaite recevoir de la part des Muses soit spécifiée comme provenant des hommes : ce sont bien eux qui, certes sous influence d'une volonté divine première, sont finalement responsables de la réputation et gloire de tout un chacun. Mais n'est-il pas étonnant que Solon place sa double demande sous la garantie et protection des Muses ? D'autres divinités ne seraient-elles pas plus à même de l'aider ?

La suite de l'élégie semble fournir la réponse à nos questions.[147] Elle porte sur le succès et l'échec des hommes, la qualité de certaines de leurs actions et l'influence des dieux sur le monde. Le chant vise à éduquer les auditeurs, par l'exposition de divers comportements humains, à la loi incontestable de Zeus, père des Muses : quête juste ou frauduleuse de richesse ; incapacité de discerner le bien du mal ; conséquences découlant de toute action marquée d'ὕβρις. Aussi l'ὄλβος et la δόξα réclamés se dévoilent-ils finalement comme justes récompenses et couronnement des actions de l'homme pieux. Solon en serait l'exemple-type. En ce sens, sa prière initiale aux filles de Mnémosyne et de Zeus – et donc gages de mémoire et de puissance – imprègne l'ensemble de l'élégie : bien qu'à une

---

145 Selon Mülke 2002, 240-241, une telle invocation est typique des banquets aristocratiques.
146 Hom. *Od.* 6.188.
147 Cf. Blaise 2005 qui présente les liens entre le prologue et le reste de l'élégie.

certaine distance, le chanteur-poète invoque nos divinités comme patronnes, juges et promotrices non seulement de ses propres actes et chants, mais en fin de compte des actions de tout un chacun.

La troisième occurrence – la seconde dans l'*Elégie aux Muses* – intervient dans le cadre d'une énumération de diverses occupations et aspirations des hommes pour parer au caractère insatisfaisant de leur situation de mortels. Ainsi le marin de mettre tout en œuvre pour rentrer enrichi chez lui ; ou le paysan de s'adonner au dur travail de la terre. Solon ne manque pas de souligner le soutien divin dont certains bénéficient. C'est ainsi que, suite à notre passage, le devin apparaît comme tributaire d'Apollon, le médecin de Péan ; et que, juste avant, l'artisan est porté par Athéna et Héphaïstos à rassembler de quoi bien vivre. De même

> ἄλλος Ὀλυμπιάδων Μουσέων πάρα δῶρα διδαχθείς,
> ἱμερτῆς σοφίης μέτρον ἐπιστάμενος·
>
> un autre, instruit des dons de la part des Muses olympiennes,
> versé dans la mesure de la sagesse désirable ;[148]

L'homme auquel les Muses olympiennes ont enseigné (διδαχθείς) des dons (δῶρα), lui permettant lui aussi de bien vivre, ne peut être que chanteur-poète, – qu'importe qu'il s'agisse de Solon lui-même ou de quelque autre.[149] Le participe aoriste de διδάσκειν n'indique pas si cette instruction a eu lieu une fois pour toutes ou est réitérée. Elle est en tout cas mise en relation explicite avec les dons musicaux et le participe ἐπιστάμενος rencontrés chez Archiloque (fr. 1 West). A l'instar de ce dernier, le chanteur-poète expérimente ici les dons musicaux comme fruit d'une instruction qui lui permet d'en bénéficier à sa guise. Grâce à de tels dons et enseignements, il peut s'adonner tant qu'il veut à ladite mesure de la sagesse (σοφίης μέτρον)[150] désirable (ἱμερτῆς). Pour comprendre l'expression, Gladigow (1965, 16-17) la lie au fragment 16 West qui mentionne une mesure qualifiée d'invisible (ἀφανές) et porteuse des buts ou termes (πείρατα) de toute chose. Conduisant à la perception des phénomènes les plus cachés, elle consisterait en la mesure de la plus haute connaissance. Si les Muses peuvent bien accorder une telle connaissance au chanteur-poète, nous sommes pourtant d'accord avec Lanata (1963, 46) que le terme μέτρον n'est pas ici quantitatif, mais qualitatif. Elle-même entend

---

148 Sol. fr. 13.51-52 West.
149 D'après Mülke 2002, 303 le chanteur-poète occasionnel Solon parle ici des chanteurs-poètes professionnels dont il ne fait pas partie ; même qu'il n'est pas exclu qu'il emploie la même description pour parler de ses propres vers.
150 Thgn. 876 Young emploie la même expression.

la formule au sens de la perfection technique du chanteur-poète, tout comme en même temps de l'accomplissement harmonieux du chant. Dans un vocabulaire légèrement différent, nous traduisons μέτρον par *mesure* au sens de l'équilibre, de la modération et de la convenance... musicale.

Pour ce qui est de σοφία, il va sans dire qu'il s'agit de la *sagesse*. Mais le terme est lui aussi à significations multiples. On le traduit également volontiers par *connaissance, savoir, habileté, qualité*. Σοφία a en effet une connotation tant pratique que théorique, les Grecs archaïques ne faisant pas de différence entre sagesse et savoir, autrement dit entre le fait d'avoir un rapport avisé à la vie et une large connaissance. Chez eux, les deux ne font qu'un : le sage est un savant, le savant un sage, comme l'illustrent les diverses occurrences du mot chez nos auteurs. Chez Homère, Hésiode, dans les *Hymnes homériques*, chez Archiloque, Alcman et Sappho, la σοφία se fait jour comme *sagesse* dans et *savoir* d'un certain domaine : ainsi le charpentier, le pilote de bateau et le cavalier possèdent-ils une σοφία dans et de leur métier.[151] Le terme apparaît à trois reprises en lien avec la musique. D'après Clément d'Alexandrie (*Strom.* 1.4.25), Hésiode (fr. 306 Merkelbach-West) dirait à propos du citariste Linos qu'il « a reçu l'enseignement d'une sagesse variée (παντοίης σοφίης δεδαηκότα) ». Il s'agirait là de la première apparition de la σοφία en contexte musical, en l'occurrence accordée à l'un des mythiques musiciens grecs.[152] Conformément à l'emploi du participe parfait, la sagesse – judicieusement qualifiée de variée (παντοίης), au sens de ses multiples aspects – apparaît ici comme le résultat durable d'un enseignement musical passé. Les deux autres occurrences musicales se trouvent dans l'*Hymne homérique à Hermès* (4.483 ; 511) et correspondent à la σοφία que possède le dieu.[153] Mis à part Linos et Hermès, nul chanteur-poète n'est qualifié de sage. Serait-ce que le domaine de la musique est trop vaste pour qu'un simple mortel puisse en posséder à lui seul, dans toute son ampleur, la sagesse, le savoir, l'habileté ? Sans pouvoir en être certains, c'est selon nous dans ce sens que, chez Solon, le chanteur-poète est versé dans la mesure de la σοφία : grâce aux dons et à l'enseignement des Muses, il est initié à la musique. Ainsi inspiré, il possède l'équilibre, la modération et la convenance propres à cette sagesse. Sagesse qui peut bien être entendue comme connaissance, savoir, habileté ou encore qualité musicaux, mais qui, d'après ce que nous savons, n'est pas identique à la mémoire, la

---

[151] Chez les auteurs de notre corpus, la famille de σοφία s'applique jusqu'ici à un charpentier (Hom. *Il.* 15.412) ; à la navigation et aux bateaux (Hes. *Op.* 649) ; à un pilote de bateau (Archil. fr. 211 West) ; aux cavaliers Castor et Pollux (Alcm. fr. 2i.1 ; fr. 2iv.6) ; à un citoyen (fr. 10a.38 Page) ; à des jeunes filles (fr. 13a.9 Davies ; Sapph. fr. 56.2 Voigt).
[152] Cf. par exemple D.S. 3.67.
[153] Pour ces passages, voir encore Maier 1970.

vue et au savoir des Muses elles-mêmes. Bien qu'elle ne soit pas intégralement divine, cette sagesse n'en est pas moins désirable et désirée. Grâce à elle, le chanteur-poète est en mesure de parer à sa situation de mortel : elle lui permet de bien se comporter, de se mettre sur le chemin de la prospérité divine, de la bonne réputation et partant de l'éducation de ses congénères.

4.6 Les tâches du chanteur-poète selon Théognis

Le recueil qui nous est parvenu sous le nom de Théognis – situé aux 7e et 6e siècles – est d'origine et d'histoire obscures.[154] Il est constitué de groupes de vers élégiaques portant sur divers sujets, sinon liés au monde du banquet, plus généralement au comportement à privilégier dans la vie et dans les relations humaines. Dans l'édition de Young (1971), il représente un total de 1431 vers, dont une cinquantaine en rapport avec les chants et les banquets[155] et quatre faisant intervenir les Muses.

La première mention musicale est tout à fait traditionnelle. Quatre vers présentent, ensemble, les Muses (Μοῦσαι) et les Charites comme filles de Zeus et évoquent un chant qu'elles ont entonné lors du mariage de Cadmos et d'Harmonie : rappelant le caractère bifide de toute chose, leurs bouches immortelles ont instruit les hommes du fait que le beau et l'aimable, le laid et le haïssable vont de pair.[156]

Dans un passage plus long (dix-huit vers),[157] le chanteur-poète s'adresse à un dénommé Cyrnos pour l'informer du présent dont il le gratifie : des ailes lui permettant de se déplacer sur la terre entière, d'être chanté et célébré par de nombreuses bouches et, une fois mort, ne jamais être oublié. Faveur de légèreté, de gloire et d'immortalité musicales qui s'avère ne provenir qu'indirectement du chanteur-poète lui-même : il s'agit à vrai dire des « brillants dons des Muses, couronnées de violettes (ἀγλαὰ Μουσάων δῶρα ἰοστεφάνων) ».[158] Aussi bien la

---

[154] Pour l'histoire de ce recueil et une présentation générale de l'œuvre de Théognis, cf. notamment Peretti 1953 ; Selle 2008, 20-34 ; 372-391.
[155] Par exemple Thgn. 533 : « Je prends plaisir à bien boire et à écouter le joueur d'*aulos* (χαίρω δ' εὖ πίνων καὶ ὑπ' αὐλητῆρος ἀκούων) » ; 759-761 Young : « Qu'Apollon à son tour dirige notre langue et notre esprit. Puissent en retour la *phorminx* et l'*aulos* faire entendre un chant dansé sacré (αὐτὰρ Ἀπόλλων | ὀρθώσαι γλῶσσαν καὶ νόον ἡμέτερον. | φόρμιγξ δ' αὖ φθέγγοιθ' ἱερὸν μέλος ἠδὲ καὶ αὐλός) ».
[156] Nous paraphrasons Thgn. 15-18 Young. Pi. *P.* 3.88 rappelle ce même événement.
[157] Thgn. 237-254 Young.
[158] Thgn. 250 Young.

présentation et le qualificatif des dons[159] que l'épithète des Muses nous sont familiers. A la suite de la source de l'Hélicon[160] ainsi que de leurs plis et creux,[161] voici nos divinités coiffées de violette :[162] couronne fleurie qui rappelle la profonde, intense et ressourçante couleur ou ondulation de l'eau de leur divine montagne d'origine.[163]

La troisième occurrence renforce la distanciation chanteur-poète-Muses esquissée précédemment :

> ἀλλὰ λόγον μὲν τοῦτον ἐάσομεν, αὐτὰρ ἐμοὶ σύ
> αὔλει, καὶ Μουσῶν μνησόμεθ' ἀμφότεροι·
> αὗται γὰρ τάδ' ἔδωκαν ἔχειν κεχαρισμένα δῶρα
> σοὶ καὶ ἐμοί, <μελέ>μεν δ' ἀμφιπερικτίοσιν.

> Mais laissons cette parole, quant à toi,
>   joue-moi de l'*aulos*, et souvenons-nous tous deux des Muses ;
> celles-ci ont en effet donné ces dons réjouissants
>   à toi et à moi, et nous sommes un objet de soin pour nos voisins tout alentours.[164]

Ces vers semblent intervenir suite à une discussion entre le chanteur-poète et son interlocuteur, un joueur d'*aulos*. Le premier commence par s'adresser au second pour lui demander d'interrompre le dialogue et de se mettre à jouer de son instrument. Plusieurs éléments inédits se font jour : d'une part, le chanteur-poète n'intervient pas qu'en son nom propre, mais en celui d'un « toi (σύ, σοί) » et d'un « moi (ἐμοί) » participant du même chant. D'autre part, présentée comme dons réjouissants (κεχαρισμένα δῶρα) – au sens où ils proviennent des complices des Muses que sont les Charites –, l'activité musicale donne aux deux hommes un certain prestige auprès de leurs semblables, appelés ceux qui sont autour (ἀμφιπερικτίοσιν). Proposant μεταδοῦν, *faire part* pour le verbe lacunaire du quatrième vers, Carrière (1948, 75) l'interprète autrement : les musiciens ne brillent pas aux yeux de la foule avoisinante mais leur font part de leurs dons. Qu'importe la lecture, chanteur-poète, musicien et auditeurs se réjouissent de partager les dons musicaux.

---

159 Cf. le chemin du chant brillant dans *h.Merc.* 4.451 et les brillantes enfants de Zeus et Mnémosyne que sont les Muses chez Sol. fr. 13.1 West.
160 Hes. *Th.* 3.
161 Sapph. *P. Köln* 21351.9 Gronewald-Daniel.
162 Chez Thgn. 1304 ; 1332 ; 1382 Young, Aphrodite est également couronnée de violette.
163 Cf. 2.3 « Séjour sur l'Hélicon ».
164 Thgn. 1055-1058 Young.

4.6 Les tâches du chanteur-poète selon Théognis — 163

Les vers indiquent en outre que, pour que le chant puisse se dérouler comme il se doit, il ne suffit pas que la mélodie de l'*aulos* retentisse, mais il convient également de se souvenir (μνησόμεθ') des Muses. Est-ce à dire que le chanteur-poète a précédemment oublié nos divinités inspiratrices et les dons réjouissants accordés ? Bien qu'il soit impossible de le savoir, nous pouvons y déceler une nouvelle marque de distanciation : loin d'invoquer les Muses pour en être enivré, le chanteur-poète ne fait que les mentionner, sous forme d'un rappel à l'ordre quant à sa tâche musicale. « Souvenons-nous des Muses » n'est en effet pas une formule d'invocation, mais bien plutôt d'introduction, vraisemblablement à la fois liée au genre du chant.

La quatrième et dernière occurrence musicale chez Théognis va elle aussi dans le sens de la prise de distance – et visiblement d'indépendance – du chanteur-poète par rapport aux Muses :

> χρὴ Μουσῶν θεράποντα καὶ ἄγγελον, εἴ τι περισσόν
>   εἰδείη, σοφίης μὴ φθονερὸν τελέθειν,
> ἀλλὰ τὰ μὲν μῶσθαι, τὰ δὲ δεικνύεν, ἄλλα δὲ ποιεῖν·
>   τί σφιν χρήσηται μοῦνος ἐπιστάμενος;
>
> Il faut que le serviteur et messager des Muses, s'il sait quelque chose de remarquable,
>   ne soit pas jaloux de sa sagesse,
> mais ait des aspirations, les révèle, et en produise d'autres ;
>   que lui servirait d'être seul à avoir cette connaissance ?[165]

Ces vers parlent du devoir du serviteur (θεράποντα) et messager (ἄγγελον) de nos divinités qu'est le chanteur-poète. Nous savons que ce dernier, au bénéfice du don des Muses, est volontiers qualifié de serviteur, au sens où il entretient une relation avec elles, où il se met à leur service, où c'est d'elles que découlent ses connaissances et capacités, et où c'est finalement leur vie et leur mémoire qu'il célèbre dans ses chants. En tant que tel, le chanteur-poète est le porte-parole des Muses ou, comme le texte l'indique nouvellement, leur messager.[166] Or son lien privilégié aux déesses lui confère une vue, un savoir (εἰδείη) remarquable (περισσόν), hors norme.[167] Chez Homère (*Il.* 2.485), εἰδέναι est explicitement attribué aux Muses. Même si tout est hypothétique – le texte dit « s'il sait quelque chose de remarquable » –, le chanteur-poète se distingue ici de ses prédécesseurs et collègues par la faculté, jadis exclusivement divine, de voir et donc de savoir

---

[165] Thgn. 769-772 Young.
[166] L'ἄγγελος des Muses se trouve également chez Pi. *O.* 6.90 ; *P.* 4.278 ; *N.* 6.57b.
[167] Tel le don de Zeus à Cypris faisant qu'aucun homme ne peut lui échapper (Thgn. 1386 Young).

ce que nos divinités lui accordent. Le fait que le savoir est mis en parallèle avec la σοφία étoffe notre interprétation : considérée dans une perspective humaine chez Solon (fr. 13.52 West), la sagesse est de l'ordre d'une vue, d'un savoir éminent, exceptionnel, quasi divin. Le chanteur-poète a-t-il gagné la vue et la présence qui, dans l'*Iliade*, confèrent aux Muses leur savoir ? Il semble plutôt que ses connaissances remarquables lui viennent de celles-ci.

Qu'importe le caractère humain de cette divine sagesse, elle ne doit pas être gardée jalousement (φθονερόν) pour soi, mais être extériorisée, exprimée. Le quatrième vers l'indique en renouant avec un terme qui nous est déjà bien connu : à quoi bon rester seul avec sa connaissance (ἐπιστάμενος) ? Même si le chanteur-poète est versé dans un certain savoir, s'il possède de sages et donc solides acquis, son rôle de serviteur et messager des Muses demeure celui de transmettre à ses congénères la musique dont il bénéficie.

Or il s'agit de le faire à l'aide de sa science et expérience musicales, décrites par trois verbes à l'infinitif : μῶσθαι, δεικνύεν (forme dorienne pour δεικνύναι) et ποιεῖν. Si Hudson-Williams (1910, 224) y reconnaît la quête de nouvelles vérités (μῶσθαι), la présentation de vérités générales et reconnues (δεικνύναι) et l'application de celles-ci à la vie (ποιεῖν), Kroll (1936, 243-244) y voit une description du déroulement de l'acte de composition tel qu'il nous apparaît aujourd'hui : imagination (μῶσθαι), fonction créatrice (δεικνύναι), activité pratique (ποιεῖν) ; Garzya (1955, 249) parle des aspects de méditation et de ré-élaboration (μῶσθαι et δεικνύναι) puis de création (ποιεῖν). Van Groningen (1966, 298) y repère la description de trois genres poétiques : didactique (μῶσθαι), satyrique (δεικνύναι) et narratif (ποιεῖν).[168] Comme toujours, nous restons le plus littéral possible. Notre lecture suit les traces de Carrière (1948, 249), qui traduit les trois verbes par chercher (μῶσθαι), instruire (δεικνύναι) et composer (ποιεῖν), et celles de Bagordo (2000, 197) qui traduit μῶσθαι par *chercher* (le chanteur-poète cherche en se laissant inspirer par les Muses, étant ainsi leur serviteur), δεικνύναι par *indiquer* (il montre ce qu'il a trouvé) et ποιεῖν par *composer* (il transmet, en tant que messager, ce qu'il a cherché et trouvé).

Peu courant et d'étymologie incertaine, μῶσθαι est le mot sur lequel Platon fonde dans le *Cratyle* (406a) le terme Μοῦσα lui-même. S'il signifie bien, comme on a tendance à le dire, *s'efforcer, aspirer* à, *désirer* quelque chose, il signifierait que le chanteur-poète doit, en tant que serviteur des Muses, commencer par avoir des aspirations, être mu par un désir de partager la musique qu'il entend.

Δεικνύναι ne pose pas problème. Il signifie *faire voir, montrer, indiquer*. Comme chez Alcman (fr. 59b Davies) où la choreute partage le don des Muses à ses compagnes à l'aide du même verbe, la tâche du chanteur-poète-messager de

---

[168] D'autres exemples se trouvent chez Selle 2008, 286 n. 230.

nos divinités est alors de faire connaître, révéler les fruits de son aspiration et inspiration.

Mais sa tâche ne s'arrête pas là. Ποιεῖν – verbe à la base des termes de la famille de la poésie – signifie au sens large *produire*, dans quelque domaine que ce soit. Les Muses produisent chez Hésiode (*Th.* 7) des chœurs ; et ici, fort de son statut de serviteur et de messager, le chanteur-poète est finalement à même de produire et faire entendre la musique.

Bien qu'il se dise serviteur et messager des Muses, la relation qu'il entretient à nos divinités se distingue de celle d'Homère et d'Hésiode. Les termes employés pour exposer son travail sont plus factuels, pour ne pas dire pragmatiques, voire utilitaires. L'éducation musicale paraît n'être qu'un simple moment, un apprentissage qui permet d'acquérir les outils nécessaires à la production d'œuvres musicales. Au point que le chanteur-poète n'ait plus besoin d'invoquer les Muses ? Qu'elles deviennent accessoires, tels des suppléments d'âme ? Si nos quelques occurrences le font penser, impossible toutefois de l'affirmer.

4.7 Ibycos et la sagesse des Muses

Ibycos naît à Rhégion, en Grande-Grèce, au début du 6ᵉ siècle et vit la plus grande part de son existence sur l'île de Samos, où il compose des chants pour le tyran Polycrate. L'antiquité y voit un chanteur-poète de cour. L'édition de Davies (1991) contient 138 fragments épars, dont trois font mention des Muses. Les deux premières apparitions se font jour dans un texte tellement éclaté que seul le vocabulaire employé est instructif. Vocabulaire traditionnel dans le premier cas : elles se font jour comme Piérides (Μοισᾶν Πιε[ρίδων) et sont associées à l'expression de chant chatoyant (ποικίλος ὕ[μνος).[169] Vocabulaire inédit, promis à un bel avenir, dans le second, avec la première mention du terme qualificatif de l'activité musicale : «].μουσικη[».[170]

Evoqués jusqu'ici dans un lexique riche et varié, les compositions, chants, danses et autres musiques n'ont cependant jamais été conceptualisés, déterminés, ou encore définis comme tels, pas davantage en termes de poésie que de musique. En nous basant sur les textes que nous possédons aujourd'hui, Ibycos est le premier chanteur-poète à employer l'adjectif μουσική, dérivé du nom Μοῦσα, précédé du suffixe -ικός, qui signifie *ce qui a trait aux Muses*. Grammaticalement, tous les mots se terminant par -ικός sous-entendent ἡ τέχνη comme

---

[169] Ibyc. fr. S 257a fr. 27.3-4 Davies. Pour une analyse détaillée de ποικίλος, cf. Grand-Clément 2011, 420-488, en particulier en lien avec la musique 452-457.
[170] Ibyc. fr. S 255.4 Davies.

suite implicite ; τέχνη reconnue comme *savoir-faire* dans l'*Hymne homérique à Hermès* (4.447). Littéralement, l'ensemble signifie *le savoir-faire qui a trait aux Muses*, la prise en compte, l'écoute des Muses en vue de la production : en ce sens la *musique*.

Si, chez Homère (*Il.* 2.485) et Hésiode (*Th.* 27-28), les Muses possèdent une vue, un savoir (εἰδέναι) qu'elles transmettent aux chanteurs, nous venons de voir apparaître, avec Solon (fr. 13.52 West), puis Théognis (770 Young), le terme σοφία pour exprimer la *compétence*, la *sagesse*, le *savoir* musicaux du chanteur-poète lui-même. Compétence, sagesse, savoir divins exprimés dans une perspective humaine. Chez Ibycos, il n'est plus question de σοφία, mais de μουσικὴ τέχνη. Cette nouvelle appellation s'inscrit-elle dans le sens de la prise de distance et l'humanisation précédemment aperçues ? Une chose est sûre : comme τέχνη, la musique apparaît sur le modèle d'autres termes qui apparaissent à l'époque : rhétorique, politique, mantique, gymnastique, etc.[171] – sans même parler des activités artisanales. L'activité musicale se trouve thématisée comme un *savoir-faire* parmi d'autres. Est-ce à dire qu'elle n'est pas considérée comme un don divin, mais est entendue comme le fruit d'un travail humain (théorique et pratique), accessible à tout un chacun ? Aussi stimulantes que soient ces réflexions, elles débordent largement notre fragment d'Ibycos.

Pour parvenir à différencier en bonne et due forme les trois mots du savoir musical (εἰδέναι, σοφία et [μουσικὴ] τέχνη), il faudrait pouvoir s'appuyer sur de solides occurrences. Chose inespérée, étant donné que mis à part le fragment d'Ibycos, notre corpus ne contient que trois occurrences du terme μουσική ; terme qui pourtant s'impose dès la fin de l'époque archaïque. Toutes trois interviennent chez Pindare, objet du mouvement suivant. Chez lui, l'une mentionne le savoir-faire de certains hommes ; les deux autres celui des dieux et en particulier des Muses.[172] Impossible donc de classer, comme on aurait envie de le faire, εἰδέναι et σοφία du côté des dieux et de leurs serviteurs et τέχνη du côté du commun des mortels. Tout comme la σοφία est le propre de certains dieux (notamment Hermès) et hommes, la τέχνη en général revient également à bon nombre de divinités (avant tout Héphaïstos et Athéna) ; et la τέχνη musicale non seulement aux Muses, mais encore – là aussi – à Hermès.

La troisième et dernière occurrence des Muses chez Ibycos[173] présente justement nos divinités, non comme possédant la τέχνη, mais la σοφία. Elle provient d'un

---

171 En vogue à l'époque, ces expressions n'apparaissent toutefois pas chez nos chanteurs-poètes.
172 Pi. *O.* 1.16 ; *Hymn.* I, fr. 32 Maehler ; *Pae.* 9 A1.39 Rutherford.
173 Transmis sans nom d'auteur par un papyrus hellénistique, on s'accorde aujourd'hui pour l'attribuer à Ibycos. Cf. Barron 1969, 132-133 ; Müller-Goldingen 2001, 20 ; Wilkinson 2013, 49-50.

fragment d'ἐγκώμιον, *chant de louange*, composé pour un dénommé Polycrate – supposé tyran de Samos.[174] Après quelques vers aujourd'hui perdus,[175] le chanteur-poète annonce qu'il ne veut pas chanter certains héros et événements troyens : Pâris, Cassandre, le jour proprement dit de la chute de la cité, la valeur des héros achéens. Puis il poursuit en ces termes :

καὶ τὰ μὲ[ν ἂν] Μοῖσαι σεσοφι[σ]μέναι
εὖ Ἑλικωνίδ[ες] ἐμβαίεν † λόγω[ι,
θνατ[ὸ]ς † δ' οὔ κ[ε]ν ἀνὴρ
διερὸς τὰ ἔκαστα εἴποι,
ναῶν ὅ[σσος ἀρι]θμὸς ἀπ' Αὐλίδος
Αἰγαῖον διὰ [πό]ντον ἀπ' Ἄργεος
ἠλύθο[ν ἐς Τροία]ν
ἱπποτ'ρόφο[ν, ἐν δ]ὲ φῶτες
χαλκάσπ[ιδες, υἷ]ες Ἀχα[ι]ῶν·

Et cela, les Muses bien sages
de l'Hélicon pourraient l'engager dans la parole,
mais un homme mortel
agile ne pourrait pas dire chaque chose,
le nombre de bateaux qui, depuis Aulis
à travers la mer Egée, depuis Argos,
est venu à Troie
nourricière de chevaux, et parmi eux les hommes
aux boucliers de bronze, fils des Achéens ;[176]

Le contenu de ces neuf vers ressemble considérablement à ceux du début du Catalogue des vaisseaux homérique, dans lesquels le chanteur distingue ses capacités propres – humaines, restreintes – de l'omniscience des divines Muses.[177] Ici, l'opposition concerne un mortel (θνατ[ὸ]ς ἀνήρ) et nos divinités. Or le premier a beau être διερός, *agile*, au sens de la formule homérique désignant le caractère bien vivant (réceptif, vif) des mortels,[178] il ne peut énumérer chaque chose (τὰ ἔκαστα) en question : ni le grand nombre de bateaux grecs partis d'Aulis et d'Argos sur la mer Egée, en direction de Troie, ni les soldats achéens embarqués. Les Muses sont quant à elles capables de le faire, littéralement d'engager (ἐμβαίεν)[179] ces choses

---

174 Cf. Cavallini 1997.
175 Pour la description du papyrus et son apparat critique, cf. Barron 1969.
176 Ibyc. fr. S 151.23-29 Davies.
177 Hom. *Il.* 2.484-493.
178 Hom. *Od.* 6.201 : « ἀνὴρ διερὸς βροτός ».
179 Wilkinson 2013, 74 met en parallèle le verbe ἐμβαίνειν qui signifie en particulier *s'embarquer* avec le thème du chant, et l'emploi de σεσοφισμένος en lien avec la navigation chez Hes. *Op.* 649.

(τά) dans la parole (λόγωι) ;¹⁸⁰ nos divinités ont la puissance de mettre en mots, de faire résonner n'importe quel phénomène.

Le participe qualificatif attribué aux Muses semble le gage de leur suprématie : elles sont « σεσοφι[σ]μέναι εὖ, *bien sages* ». Alors que chez Solon (fr. 13.52 West) et Théognis (770 Young), la σοφία caractérise le chanteur-poète en sa connaissance et son habileté, elle est ici pour la première fois explicitement associée aux Muses. Chez Homère (*Il.* 2.485), ce n'est pas σοφία, mais εἰδέναι qui est employé pour signifier leur vue et donc savoir. Nos déesses apparaissent donc ici nouvellement comme sages. Non pas d'ailleurs fortes de n'importe quelle sagesse, mais d'une bonne (εὖ) sagesse, autrement dit celle qui convient.¹⁸¹ Relevons que le participe σεσοφι[σ]μέναι peut s'entendre de deux manières : au sens du moyen, Bowra (1961, 256) y voit la preuve que les Muses ont déjà souvent chanté le mythe troyen et sont donc capables de le chanter à nouveau ; au sens du passif, Maier (1970, 35) y reconnait celles qui ont été musicalement éduquées. Qu'importe : il y va toujours de l'omniscience des Muses qui leur permet de partager tous les hauts-faits de leur mémoire musicale. Alors que dans le Catalogue des vaisseaux, les Muses sont savantes, Ibycos les présente comme sages.

4.8 Muse auxiliaire et aquatique de Simonide

Né vers 556 sur l'île de Céos, Simonide compose et chante notamment à Athènes, en Thessalie et finalement en Sicile où il meurt vers 468. La tradition garde de lui l'image d'un chanteur-poète prolifique et innovateur : ses compositions sont de genres variés, de thématiques tant traditionnelles que contemporaines, notamment en lien avec les guerres médiques. On le considère comme un des premiers chanteurs-poètes à s'interroger sur son art et à se faire payer pour ce dernier.¹⁸² Selon l'édition de West (1992a), seuls 92 fragments de son œuvre nous sont parvenus. Parmi eux, on trouve une occurrence des Piérides et cinq des Muses, dont quatre des plus problématiques : deux sont le fruit d'une reconstitution terminologique sur la base de la seule présence des lettres « v » (Μουσέω[v]) et « Mo » (Μο[ύσαις]) ;¹⁸³ deux sont sans doute l'œuvre d'un homonyme d'époque

---

180 Barron 1969, 128 et Wilkinson 2013, 74-75 présentent le problème métrique entre les termes λόγωι et θνατός.
181 Cf. Woodbury 1985, 200.
182 Plusieurs témoignages sont recensés par Christ 1941, 43 ; 61 ; 75-78. Voir aussi Detienne 1964 ; Obbink 2001, 74-75.
183 Simon. fr. 22.6 ; 17 West. Pour le fragment entier ainsi qu'un apparat critique de ces deux vers, cf. West 1993, 12-13. Mace 2001, 188 présente d'autres hypothèses de lectures pour la première occurrence : Néréides, Nymphes ou Hespérides.

postérieure.¹⁸⁴ A ces occurrences, nous en ajoutons trois, extraites de l'édition de Poltera (2008) : l'une concerne la Muse qu'est Clio, les deux autres les Muses en général. Dans les autres éditions à notre disposition, on trouve encore deux apparitions de nos divinités chez Campbell (1991), mais trop aléatoires et fragmentaires pour être instructives ;¹⁸⁵ et une dans l'*Anthologie grecque*, probablement de la main d'un autre.¹⁸⁶ Cinq occurrences nous occupent donc dans ce qui suit.

Le premier fragment que nous traitons (en deux parties) provient d'une élégie dont le sujet principal est la bataille de Platées (479 av. J.-C.). Simonide y célèbre les soldats grecs qui y ont vaincu les Perses. Bien qu'il commémore un événement récent, dont les auditeurs ont de près ou de loin été témoins, le chant est marqué par une invocation à la Muse, garante de ses paroles. Après avoir rappelé les principaux hauts-faits de la guerre de Troie, mentionné son issue (destruction de la ville et retour des Grecs), le chanteur-poète poursuit en ces termes : les Danaens

> οἷσιν ἐπ' ἀθά]νατον κέχυται κλέος ἀν[δρὸς] ἕκητι
> ὃς παρ' ἰοπ]λοκάμων δέξατο Πιερίδ[ων
> τὴν αὐδὴν] θείην, καὶ ἐπώνυμον ὁπ[λοτέρ]οισιν
> ποίησ' ἡμ]ιθέων ὠκύμορον γενεή[ν.

> pour lesquels un *kléos* immortel est répandu par la volonté d'un homme
> qui a reçu de la part des Piérides aux boucles violettes
> une voix divine, et a produit le genre qui, pour les plus jeunes, prend le nom
> des demi-dieux, lui qui meurt d'une mort rapide.¹⁸⁷

Les Danaens font l'objet d'un κλέος immortel ; *bruit* provenant d'un homme qui possède, grâce aux Piérides aux boucles violettes (ἰοπ]λοκάμων Πιερίδ[ων), une voix divine (τὴν αὐδὴν] θείην). Le texte se décode aisément : l'homme en question est le chanteur-poète dont la volonté humaine (ἕκητι) – au sens neutre du gré ou du projet de tout un chacun –, liée au soutien des divines Muses, permet de chanter les fameuses actions de la guerre de Troie. Les Muses sont pour leur

---

184 Simon. fr. 92 West = *Anthologia Graeca* 13.30 : « Muse chante-moi le fils d'Alcmène aux belles chevilles | le fils d'Alcmène aux belles chevilles, chante<-le> moi Muse (Μοῦσά μοι Ἀλκμήνης καλλισφύρου υἱὸν ἄειδε· | υἱὸν Ἀλκμήνης ἄειδε Μοῦσά μοι καλλισφύρου) ».
185 Simon. fr. 519.22.3 : « Des Muses (].ι Μοισᾶν[) » ; fr. 519b.32.6 Campbell : « Des Muses (Μο[ισ]ᾶ[ν) ».
186 Simon. 7.25.1-2 Beckby (1957-1958), qui mentionne un « serviteur-chanteur des Muses (Μουσέων ὑμνοπόλον) ».
187 Simon. fr. 11.15-18 West. Nous suivons la conjecture de Catenacci 2002, 31 dans la première lacune du vers 17. Pour les détails du papyrus dont la plupart des fragments a été publiée pour la première fois par Parsons 1992, 4-50, cf. notamment Rutherford 1996, 167-169.

part à nouveau auréolées de couleur violette, cette fois non pas par l'intermédiaire d'une couronne mais directement par les boucles – ou ondulations – de leurs cheveux.[188] Alors que nous suivons au début du troisième vers la conjecture de Catenacci (2002, 31), celle proposée par Parsons (1992, 30) et suivie par West (1992a, 119) voit les Muses donner à cet homme privilégié non pas une voix divine mais toute la vérité (πᾶσαν ἀλη]θείην). Pourtant, jamais encore, à ce stade de notre parcours, la vérité n'a été offerte en partage. Les Muses font certes chez Hésiode (*Th.* 28) entendre le vrai, mais sans pour autant en faire explicitement don au chanteur, lui aussi gratifié d'une voix divine (cf. *Th.* 31-32). Mais qui est cet homme qui, ainsi soutenu par les Piérides, bénéficie d'un tel organe vocal ? S'agit-il de Simonide lui-même, en train de réfléchir sur sa propre vocation ? La seconde partie de l'extrait vient infirmer cette idée. Comme le chant en général, les trois épithètes qui qualifient le genre qu'il produit renouent avec Homère. L'homme en question ne peut donc être que ce dernier. Reprenons ces épithètes, dans un ordre plus propice à l'exposition :

Le terme ἡμίθεος ne se trouve qu'à une seule reprise chez Homère et intervient très rarement ailleurs. Si, littéralement, il désigne les hommes fils d'une divinité et d'un(e) mortel(le), il décrit dans l'*Iliade* (12.23) la génération illustre qui combat sous les murs de Troie. Il devient alors un terme commun pour désigner les héros de Troie et plus généralement l'époque chantée par Homère ; comme par exemple chez Hésiode (*Op.* 159-160), où il désigne la génération des guerriers qui se battent à Troie et Thèbes.[189]

Ὠκύμορος va dans le sens d'ἡμίθεος. Il s'agit d'une des épithètes d'Achille chez Homère ; épithète qui lui revient en écho à son choix de vie.[190] Elle signifie *qui meurt rapidement* ou *tôt*. Bien que tous les membres dudit genre ne se distinguent pas par la brièveté de leur existence, celle d'Achille apparaît comme paradigme de la vie héroïque.

Ἐπώνυμος signifie généralement *qui donne* ou *prend son nom* de, *titulaire* de, *dénommé* par. Il est employé pour exprimer le nom que transmettent les parents à leurs enfants[191] ou, plus tard, l'origine du nom de cités.[192] Mais quelle signification prend-il dans notre contexte ? Pavese (1995, 13) propose d'y entendre l'antonyme d'ἀνώνυμος, *anonyme*, au sens où le genre en question se distinguerait par

---

188 Cf. McCracken 1934, 343 ; et Pi. *P.* 1.1 ; *I.* 7.23 ; B. *Ep.* 3.71.
189 Cf. encore Strauss Clay 1996.
190 Par exemple Hom. *Il.* 1.417 ; 18.95. Dans *Od.* 1.266 ; 4.346, ce sont les prétendants qui sont qualifiés ainsi.
191 Une jeune fille appelée Alcyone par ses parents (Hom. *Il.* 9.562) ; Autolycos ordonne que son petit-fils soit nommé Ulysse (*Od.* 19.409) ; explication du nom Cyclope (Hes. *Th.* 144).
192 Par exemple Pl. *Lg.* 12.969a ; D.H. 1.9.4.

un nom auprès des plus jeunes (ὁπ[λοτέρ]οισιν), c'est-à-dire auprès des générations postérieures aux événements iliadiques. Nous suivons pour notre part Capra et Curti (1995, 29-30) qui, rattachant l'adjectif au génitif ἡμ]ιθέων, y entendent le nom de demi-dieux que prend le genre. Relevons que ces derniers comblent de plus le début du quatrième vers par ἄειδ' et non ποίησ' comme West (1992a). Etant donné que ποιεῖν n'intervient jamais chez Homère, ni d'ailleurs chez Simonide, pour désigner l'activité du chanteur-poète – nous avons rencontré son seul emploi musical chez Théognis (771 Young) –, Homère, au lieu de produire ledit genre, le chanterait donc pour les générations futures. Si nous gardons le texte de West, c'est parce que sa conjecture s'inscrit dans le vocabulaire de nos autres chanteurs-poètes lyriques. Au niveau du sens, les deux hypothèses reviennent toutefois au même : en tant que chanteur, Homère est en même temps le producteur du genre auquel il (re)donne vie.

Il n'y a pas de doute possible : en reprenant ainsi les propos d'Homère, Simonide renoue avec l'illustre passé des Grecs. Au point de se confondre avec son fameux prédécesseur ?

> ἀλλὰ σὺ μὲ]ν νῦν χαῖρε, θεᾶς ἐρικυ[δέος υἱέ
> κούρης εἰν]αλίου Νηρέος· αὐτὰρ ἐγώ[
> κικλήισκω] σ' ἐπίκουρον ἐμοί, π[ολυώνυμ]ε Μοῦσα,
> εἴ πέρ γ' ἀν]θρώπων εὐχομένω[ν μέλεαι·
> ἔντυνο]ν καὶ τόνδ[ε μελ]ίφρονα κ[όσμον ἀο]ιδῆς
> ἡμετ]έρης, ἵνα τις [μνή]σεται ὕ[στερον αὖ
> ἀνδρῶ]ν, οἳ Σπάρτ[ηι τε καὶ Ἑλλάδι δούλιον ἦμ]αρ
> ἔσχον] ἀμυνόμ[ενοι μή τιν' ἰδεῖν φανερ]ῶ[ς
>
> Allons réjouis-toi maintenant, fils de la divine et très glorieuse
>   fille de Nérée qui vit dans la mer ; quant à moi
> je t'appelle comme mon auxiliaire, Muse aux multiples noms,
>   si d'ailleurs tu prends soin des hommes qui prient ;
> prépare aussi ce *kosmos* au cœur de miel de notre chant,
>   afin qu'on se souvienne plus tard à nouveau
> des hommes qui ont tenu le jour de la servitude au loin de Sparte et de la Grèce,
>   afin que personne ne le voie ouvertement[193]

Changement de ton. A la suite de son rappel précédent, Simonide s'adresse soudain directement à Achille, fils de la divine et très glorieuse fille de Nérée, Thétis. Nos hypothèses de lecture se confirment : c'est bien lui qui était visé plus haut comme membre fondateur du genre des héros, demi-dieu et modèle de ceux

---

[193] Simon. fr. 11.19-26 West.

qui sont morts dans la force de l'âge sur le champ de bataille. Le voilà appelé à se réjouir avec le chanteur-poète et son auditoire de ses exploits passés. Le fait de l'évoquer suffit à le rendre présent. Présence inédite, telle une caution, jusqu'ici exclusivement l'apanage des dieux. Si Simonide convoque ainsi Achille, c'est que la musique l'a rendu immortel. D'après Sourvinou-Inwood (1995, 199), l'emploi de la forme verbale χαῖρε l'indique d'emblée. Sachant que l'époque était marquée par des festivals ou rituels en l'honneur de héros, certains commentateurs y reconnaissent un chant produit pour une telle occasion.[194]

A ce stade, le chanteur-poète se tourne résolument vers la Muse, à la manière d'Homère au début de l'*Odyssée*. « Quant à moi (αὐτὰρ ἐγώ) », dit-il, « je t'appelle ». Selon les conjectures de Parsons (1992, 32) et West (1992a, 119), Simonide emploie le verbe κικλήισκειν,[195] récurrent pour signaler le nom de quelqu'un ou quelque chose : c'est ainsi que les hommes appellent la fille du ciel Aphrodite et les mortels l'île de Délos.[196] Chez Bacchylide et Eschyle, il désigne explicitement l'invocation divine.[197] A la différence de ce que fait Homère, Simonide ne demande à la Muse ni de chanter ni de lui dire quelque chose, mais se contente de l'appeler. Ce faisant, il la qualifie par une nouvelle épithète, guère étonnante : « π[ολυώνυμ]ε, *aux multiples noms* ». Une et plusieurs à la fois, la Muse peut bien posséder quantité d'appellations. Pour appuyer sa demande, le chanteur-poète emploie ensuite un autre nom encore, inédit lui aussi, mais plus surprenant : il l'invite à venir le soutenir en tant que son ἐπίκουρος.

Ce substantif est habituellement employé en contexte militaire, pour exprimer les auxiliaires étrangers. Ainsi, dans l'*Iliade*, il désigne ceux qui se battent aux côtés des Troyens.[198] Stehle (1996, 208-209) prend le mot à la lettre et voit dans la Muse l'*auxiliaire militaire*, le *mercenaire étranger* du chanteur-poète ; interprétation qu'on pourrait rapprocher du chanteur-poète serviteur d'Enyale chez Archiloque (fr. 1.1 West). Ἐπίκουρος se trouve toutefois aussi dans d'autres contextes, le plus souvent pour caractériser des dieux : chez Hésiode (*Th.* 815), les Hécatonchires sont les ἐπίκουροι de Zeus ; les Erinyes sont chez Héraclite (22

---

[194] Par exemple West 1993, 5. Capra/Curti 1995, 3 réfutent cet avis. On y voit tantôt aussi une célébration en l'honneur des morts de Platées (Pavese 1995, 24 ; Rutherford 1996, 174 ; Stehle 1996, 221).
[195] Pour les deux écritures possibles du verbe, cf. Pavese 1995, 14.
[196] Hes. *Th.* 197 ; Pi. *Hymn.* fr. 33e.5 Maehler.
[197] Invocation d'Artémis (B. *Ep.* 11.99 Maehler) ; invocation d'une divinité (A. *Supp.* 217).
[198] Il y a par exemple dans la grande cité de Priam de nombreux ἐπίκουροι (Hom. *Il.* 2.803) ; les Troyens ont des ἐπίκουροι dardaniens (7.348).

B 94 Diels-Kranz) ceux de Diké.¹⁹⁹ Chez Pindare (O. 13.96-97), le terme est tantôt employé pour désigner les chanteurs-poètes eux-mêmes.

En taxant la Muse d'auxiliaire, Simonide ne la considère pas comme indispensable origine du chant, mais comme soutien, complément ou encore assistante de ses propres capacités. Loin de l'invoquer pour se fondre en elle et proférer ses vérités, il se dévoile ainsi lui-même comme source du chant, épaulé par la Muse. La nature apparemment hypothétique du quatrième vers renforce encore la position marginale de la Muse : le chanteur-poète n'est pas même sûr qu'elle prenne véritablement soin des hommes qui prient ; autrement dit qu'elle soit vraiment en mesure de venir le renforcer dans son travail.

Malgré ses doutes, il exprime ensuite l'assistance musicale qu'il espère recevoir : selon la reconstruction que propose West (1992a), la Muse doit préparer (ἔντυνο]ν) le *kosmos* (κ[όσμον) du chant (ἀο]ιδῆς).²⁰⁰ Nouveau renvoi à Homère ? C'est en tout cas à l'aide du même verbe que les Sirènes préparent leur chant (Od. 12.183) ;²⁰¹ et nous nous rappelons le chant λίην κατὰ κόσμον de Démodocos (8.489) et le κόσμος du cheval qu'Ulysse lui demande de chanter (492).²⁰² C'est dans ce sens qu'il s'agit d'entendre le terme ici : l'*ordonnance*, la bonne *mise en ordre* des éléments du chant. Bien qu'annexe, la tâche de la Muse n'est nullement superfétatoire : même si Simonide prend une place considérable dans le chant, conformément à l'usage, la divinité apparaît finalement toujours comme garante du bon ordre, du bon équilibre, convenable, harmonieux, qui doit régner dans le chant. Reconstitution et interprétation justifiées par le fait que c'est sur elle que repose la juste célébration des soldats de Platées.²⁰³ C'est ainsi de pair que Muse et chanteur-poète leur assurent le statut de nouveaux héros aux yeux de leurs contemporains. Nouveaux héros qui ont permis non seulement aux Spartiates mais à tous les Grecs de préserver leur liberté, comme semblent le dire de manière redondante les deux derniers vers du passage.

Simonide est plongé dans la tendance à la distanciation apparue précédemment. Sa détermination de la Muse en termes d'auxiliaire et les doutes exprimés à son égard vont dans le sens de la mention de la divinité à la manière d'un

---

199 Sapph. fr. 1.28 Voigt demande pour sa part à Aphrodite d'être sa σύμμαχος, celle *qui l'assiste dans le combat*, son *alliée*.
200 Capra/Curti 1995, 31 proposent κ[όλλοπα χο]ρδῆς : Simonide inviterait la Muse à régler *la clé de la corde* de la lyre lorsqu'il passerait du rappel homérique à son propre chant. Cf. encore Lulli 2011, 72-74. Perysinakis 2006 préfère κ[όμπον ἀο]ιδῆς, *bruit retentissant du chant*.
201 Dans *h.Ven.* 6.20, la déesse est elle-même exhortée à préparer le chant (ἐμὴν δ' ἔντυνον ἀοιδήν).
202 Sol. fr. 1.2 West parle d'un κόσμος des mots (ἐπέων).
203 Κόσμος signifie tantôt également l'*ordre* militaire (A. *Pers.* 400 ; Hdt. 8.86 ; 9.66.3). Voir encore Stehle 1996, 211-212.

« supplément d'âme » pour ainsi dire utilitaire. La seule aide que semble pouvoir amener la Muse au chanteur-poète – aide dont il n'est pas même sûr – concerne l'arrière-fond du chant, le monde musical dans lequel il s'inscrit : la bonne mise en forme, la bonne ordonnance, harmonieuse, de son savoir d'homme.[204] Imprégné qu'est le chant de présence iliadique, pour ne pas dire culturelle, Homère, Achille et Simonide lui-même semblent jouir de plus de crédit que nos divinités inspiratrices.

Deux occurrences musicales de Simonide présentent une autre innovation. Elle concerne le lien des Muses avec l'eau. Chez Hésiode (*Th.* 5-6), nos divinités se lavent et se baignent dans des sources et rivières du massif de l'Hélicon. Plus tard, elles sont assimilées aux Nymphes aquatiques ou à d'autres divinités des sources, notamment chez Varron (*Myth. Vat.* 2.64), où Muses et Nymphes sont même synonymes, naissant de semblables clapotis de l'eau. De même, Isidore de Séville (*Etym.* 8.11.96) reconnaît dans la musique que produit le mouvement de l'eau une identité symbolique entre les Muses et les Nymphes.[205] Entre deux, Simonide expérimente la musique comme mystérieux fluide.

Dans un de ses dialogues, Plutarque (*Mor.* 402cd) mentionne des personnages qui, à Delphes, se demandent pourquoi la Pythie ne parle plus en vers. C'est alors que l'un d'eux souligne la pertinence de leur lieu de discussion, perché sur l'ancien site du sanctuaire des Muses, entouré par l'exhalaison (ἀναπνοήν) d'un cours d'eau (νάματος)[206] ayant jadis servi aux libations (λοιβάς) et autres ablutions (χέρνιβας). En guise de témoignage du temps passé, ce personnage cite deux vers de Simonide :

[...]· ἔνθα χερνίβεσσιν ἀρύεται
Μοισᾶν καλλικόμων ὑπένερθεν
ἁγνὸν ὕδωρ

[...] ; là est puisée pour les ablutions,
au-dessous des Muses à la belle chevelure,
une eau pure[207]

---

204 Brillante 2007, 104 relève que l'accent est mis sur le moment de la composition plutôt que de l'exécution.
205 Voir encore Graziani 2006, 109-110.
206 Pour cette expression, cf. Pouilloux 1963, 92 n. 2. Selon lui, ἀναπνοή est à rapprocher de πνέω et à traduire par *respiration, exhalaison, soupirail*. L'idée est que le courant, l'exhalaison aident la Pythie.
207 Simon. F 264a Poltera = fr. 577a Page.

L'eau est qualifiée par le même terme que certaines divinités, telles Artémis et Perséphone dans l'*Odyssée* (par exemple 5.123 ; 11.386), Déméter chez Hésiode (*Op*. 465) et les Charites chez Sappho (fr. 103.5 Voigt) : elle est pure (ἁγνόν), c'est-à-dire limpide, non mêlée, dénuée de tout élément étranger, de toute saleté.[208] Nous pouvons y reconnaître par métonymie les Muses elles-mêmes,[209] à nouveau présentées par leur belle chevelure (καλλικόμων). Dans ce contexte cultuel, il est évident que la présence de l'eau est d'importance.[210] Le texte précise d'ailleurs que l'eau servant aux ablutions est puisée sous (ὑπένερθεν) les Muses. Loin d'être là par hasard, nos divinités apparaissent comme les gardiennes et garantes de la pureté de l'eau.

Le même personnage indique ensuite que si le temple des Muses a été construit à cet endroit, c'est qu'il avoisine le sanctuaire, la source et l'oracle de Gê dont elles sont les assistantes et gardiennes divinatoires (παρέδρους τῆς μαντικῆς καὶ φύλακας). Deux nouveaux noms viennent décrire la tâche de nos divinités : elles sont assistantes, au sens littéral de celles qui sont assises auprès de (παρ-έδρους)[211] l'oracle, et gardiennes, en ce qu'elles l'encadrent, le surveillent (φύλακας).[212] Les deux appellations vont dans le sens de la Muse auxiliaire : si, en tant qu'assistantes, elles paraissent marginalisées, leur importance et autorité est redoublée par leur statut de gardiennes. Comme le relève finalement le protagoniste de Plutarque lui-même à la suite des deux vers cités, nous comprenons bien dans quelle mesure l'oracle de Gê pouvait alors s'exprimer en vers et en chants. En écho à Mimnerme (fr. 13 West), leur lien avec Gê peut également être filial et renforcer la capacité oraculaire de la musique.

Dans la droite ligne de ce qui précède, le même protagoniste de Plutarque (*Mor*. 402cd) mentionne un autre passage de Simonide, toutefois quasi impossible à restaurer de manière convaincante.[213] Simonide s'adresserait à la Muse Clio en termes de

---

208 Chez Homère, l'eau est blanche ou limpide (λευκόν – par exemple *Il*. 23.282), éclatante (ἀγλαόν – 2.307) ou non mêlée (ἀκήρατον – 24.303). Même si le contexte et le vocabulaire sont différents, Eumel. fr. 696 Page décrit lui aussi la Muse (Μοῖσα) comme propre, pure (καθαρά) ; et parle de trois Muses aquatiques (dubia 3 Davies = fr. 17 Bernabé).
209 Poltera 2008, 490 parle d'« emploi poétologique ».
210 Cf. encore Hom. *Od*. 10.520 ; Hes. *Op*. 337.
211 Dans notre corpus, ce nom n'apparaît pas avant Pindare où il qualifie notamment Ilithye comme l'assistante des Moires (*N*. 7.1), Dionysos comme celui de Déméter (*I*. 7.3) ainsi que Thémis et Rhadamante comme ceux de Zeus (*O*. 8.22 ; 2.76).
212 Tels par exemple les gardes du camp achéen (Hom. *Il*. 10.97).
213 Nous suivons la lecture proposée par Poltera 2008 et ses explications métriques aux pages 488-489. Comme le texte renoue avec l'idée précédente et se réfère également aux cultes del-

ἁγνᾶν ἐπίσκοπε χερνίβων

gardienne des pures ablutions[214]

En plus d'être assistante et gardienne, la tâche de la déesse est décrite d'une troisième manière : le mot ἐπίσκοπος signifie *gardien, protecteur, observateur*.[215] À l'instar du terme ἐπίκουρος intervenant dans l'élégie de Platées,[216] il est le plus souvent employé en contexte militaire, non sans apparaître lui aussi pour qualifier des dieux tutélaires.[217] La Muse se fait jour comme soutien dans le cadre d'un rituel, comme garante du bon déroulement de ce dernier. Rituel qui, comme auparavant, exige des ablutions d'une pureté qui rappelle l'eau puisée sous les Muses.

Problématique parce que fragmentaire, la suite du fragment semble préciser la tâche de Clio : elle serait la divinité « invoquée dans de nombreuses prières (πολύλ<λ>ιστε) » et posséderait « un péplos en or (χρυσόπεπλε) ».[218] Suivent alors, après une lacune de seize ou vingt lettres (selon les manuscrits), sept mots qui pourraient eux aussi se référer à la tâche de la Muse : « Recueillant à partir des fonds d'ambroisie une aimable eau qui exhale une odeur agréable (εὐῶδες ἀμβροσίων ἐκ μυχῶν ἐραν<ν>ὸν ὕδωρ †λαβόν) ».[219]

Clio apparaît comme divinité préposée à l'eau destinée aux ablutions, sur laquelle – en juxtaposant ce passage au précédent – elle siègerait avec ses sœurs. Eau qui, du fait qu'elle soit l'apanage d'une Muse, peut bien posséder un caractère aimable, être agréablement parfumée et provenir des fonds d'ambroisie ; caractéristiques lui conférant un statut divin-musical. Si nous comprenons sans autre qu'une Muse puisse être invoquée pour assurer la bonne conduite du rituel, pourquoi Clio ? Chez Hésiode (*Th.* 77), nous avons déduit de son nom qu'elle fait

---

phiques, Barrigon Fuentes 1996, 239 y reconnaît deux fragments d'un même péan. La répétition des thèmes pousse Rutherford 1990, 197 à affirmer que les deux fragments proviennent au contraire de chants distincts. De même Poltera 2008, 487.
214 Simon. F 264b.1 Poltera = fr. 577b.1 Page.
215 Cf. par exemple Hom. *Il.* 10.38 ; 342 ; 24.729.
216 Simon. fr. 11.21 West.
217 Notamment les Charites (Pi. *O.* 14.4) ; Zeus (A. *Supp.* 381 ; 646) ; les dieux des maisons paternelles (*Ch.* 126).
218 Entre les deux adjectifs au vocatif, Poltera 2008, 215 écrit « †αραιοντεεστιναt ». Page 1962, 297 propose au contraire « ἀρυόντεσσι, †ἀχρυσόπεπλον » : Clio serait alors invoquée *par ceux qui puisent* et aurait *un péplos sans or*. Suivant cette lecture, Roux 1976, 142 voit dans un tel *péplos*, terne, ordinaire, un lien avec les habits de la Pythie, que Plutarque (par exemple *Mor.* 397a) signale n'être en rien exceptionnel.
219 Simon. F 264b.2-3 Poltera. Poltera 2008, 491 est d'avis que λαβόν, bien que formellement correct, ne fait pas sens.

connaître, célèbre (κλείειν) littéralement les hauts-faits (κλέα) qui se trouvent dans la mémoire musicale. Les hommes qui viennent puiser de l'eau en invoquant Clio souhaitent-ils qu'elle leur fasse connaître certains événements enfouis dans le passé ? Le lien avec l'oracle de Gê le laisse penser. Quant au *péplos* doré, brillant, lumineux, de la Muse, il fait écho au vêtement de crocus que les Muses ont chez Alcman (fr. 46 Davies).[220]

A la différence de nos exemples précédents, notre dernier fragment de Simonide présente à nouveau une Muse indépendante.

> ἁ Μοῦσα γὰρ οὐκ ἀπόρως γεύ-
> ει τὸ παρ<ε>ὸν μόνον, ἀλλ' ἐπέρχεται
> πάντα θεριζομένα
>
> La Muse en effet ne fait pas, sans ressource, goûter
> le seul présent, mais s'approche de
> tout en moissonnant[221]

La Muse est déterminée par trois actions dont les deux dernières explicitent la première, présentée par la négative.[222] Il y a d'abord une chose que la Muse ne fait pas : elle ne fait pas goûter, sans ressource, ce qui est seulement présent ; par contre, elle s'approche de tout et le moissonne.

Γεύειν signifie *faire goûter* non seulement des aliments,[223] mais aussi, plus largement, ce dont on peut faire expérience, qu'on peut ressentir, à l'instar de la pointe d'une lance,[224] ou, chez Pindare (*I.* 5.20), des chants. Loin de faire goûter au chanteur-poète – et par son intermédiaire à tous les hommes – seulement τὸ παρεόν,[225] ce *qui est présent*, la Muse s'occupe de πάντα, *tout*. En écho à l'omniprésence de nos divinités dans l'*Iliade* (2.485) et leur capacité de tout chanter, présent, passé et futur chez Hésiode (*Th.* 37), le chanteur-poète rappelle ici l'omnipotence musicale : la Muse ne se contente pas du seul présent, mais s'approche de tout, a tout en vue, s'occupe de tout ;[226] non seulement de l'extérieur, mais en le travaillant, le moissonnant, pour en récolter le meilleur et le faire goûter aux hommes.

---

220 Mnémosyne (Pi. *I.* 6.75) et Héra (B. *Dith.* 5[19].22) sont elles aussi drapées d'un tel *péplos*.
221 Simon. F 254a Poltera = fr. 947 Page. Cité par Aristide (*Or.* 28.67) pour illustrer la louange de soi, sans nom d'auteur explicite, ce fragment a vu sa paternité simonidéenne rejetée par certains éditeurs. Cf. Albini 1963 ; Poltera 2003, 207-209.
222 Cf. aussi Poltera 1997, 327.
223 Par exemple Hom. *Od.* 17.413 ; 20.181 ; E. *IA* 423 ; *Cyc.* 149 ; 150 ; 155 ; 559.
224 Hom. *Il.* 21.61.
225 Pour la restitution de la forme en diphtongue, cf. Poltera 1997, 484 n. 34 ; 2008, 427.
226 Cf. Nünlist 1998, 243.

C'est ainsi que les actions musicales sont οὐκ ἀπόρως, *non sans πόρος*.[227] Concrètement, πόρος signifie la *route*, le *passage*,[228] et par extension, l'*expédient*, la *ressource*.[229] Si la Muse fait goûter le seul présent, ce n'est jamais sèchement, froidement, à distance, en ce sens sans ressource, mais toujours en l'enrichissant d'un soubassement musical pour ainsi dire atemporel. Si dans les chants lyriques, c'est en particulier et en premier l'actualité qui compte, il y a toujours en même temps le passé et le futur, comme ressources du présent. La puissance musicale est telle que nos divinités, et avec elles le chanteur-poète, ne sont jamais aporétiques :[230] il y a toujours un moyen, une voie pour s'en sortir, une ressource qui met en mouvement, émeut, permet de continuer à avancer, cheminer, chanter.[231]

Reprise lyrique

Les chanteurs-poètes lyriques se trouvent dans le prolongement d'Homère et Hésiode. Dans les 48 passages traités, les Muses apparaissent comme leur soutien, le plus souvent clair, mais tantôt aussi clair-obscur. Soubassement homérique et hésiodique marqué par quelques variantes et surtout la présence de l'ici et maintenant de l'actualité. Actualisation qui n'est pas sans conséquences sur les Muses et leur influence.

Aussi hétérogènes et fragmentaires qu'ils soient, les chants lyriques contiennent moult traces du moment actuel de l'exécution : les chanteurs-poètes n'invoquent pas les Muses sur le modèle du « Chante » ou « Dis-moi » épique, mais convoquent leurs paroles, beauté, grâce, désir, brillance et clarté dans l'ici et maintenant du chant à l'aide de divers impératifs (ἄγε, ἄρχε, τίθη chez Alcman ; κλῦτε, δότε chez Solon ; ἔντυνον chez Simonide) et adverbes de circonstance (δεῦτε, δεῦρο, δηὖτε, νυν chez Sappho). Leur soutien semble davantage

---

[227] A la différence par exemple du chanteur-poète pindarique qui emploie à quatre reprises de telles expressions pour souligner son embarras (*O.* 1.55 ; 10.40 ; *N.* 4.71 ; 7.105).
[228] West 1967, 3 n. 3 remarque que πόρος n'est jamais employé pour une route terrestre, mais seulement pour des voies maritimes ou fluviales. L'expression peut ainsi être mise en rapport avec la nature fluide de la musique.
[229] Par exemple les expédients que Prométhée donne aux hommes (A. *Pr.* 477). Cf. aussi Vernant 1970.
[230] Cf. Poltera 2008, 425. Pour Nünlist 1998, 243, le chanteur-poète lyrique doit toujours être actif vis-à-vis du substrat de ses compositions.
[231] Si Simonide passe par la négative pour exprimer la capacité de la Muse à tout moissonner, c'est selon Poltera 1997, 326-327 pour introduire la digression mythique qu'il est sur le point de faire. Poltera comprend ἀπόρως de deux manières : soit comme « l'embarras de ne pas pouvoir rendre justice au passé glorieux de la famille célébrée », soit comme « celui, topique, du manque de ressources matérielles ».

dépendre de ce qu'elles apportent à et dans la performance que de ce qu'elles sont et font en tant que telles.

Dans le même sens, le chanteur-poète apparaît de manière plus directe, plus centrale : d'une part au moyen d'impératifs performatifs indiquant que ce dernier appelle (καταύειν [Alcman] ; κικλῄσκειν [Simonide]) la Muse ; d'autre part par divers pronoms qui le désignent (troisième personne du pluriel [Alcman et Sappho], première personne du singulier [Archiloque, Alcman, Solon, Théognis, Ibycos, Simonide], deuxième personne du singulier [Alcman], première personne du pluriel [Sappho]). La présence du chanteur-poète (ou chœur) est ainsi plus marquée que dans les chants épiques.

Liée aux deux précédentes, la troisième nouveauté concerne la prise de distance du chanteur-poète d'avec les Muses et leurs connaissances. Celle-ci se montre notamment dans l'apparition de mots tels ἐπιστάμενος (Archiloque, Solon et Théognis), σοφία (Solon, Théognis et Ibycos) et μουσική sous-entendu τέχνη (Ibycos). Même si ces derniers se rapportent tant aux qualités divines qu'humaines, et bien qu'on ne puisse proprement distinguer connaissance, sagesse, savoir et pouvoir divins de l'habileté et du savoir-faire humains, ils vont dans le sens d'une distanciation du chanteur-poète eu égard à son activité. Tendance qui se repère aussi dans les diverses manières qu'ont les chanteurs-poètes de mentionner l'origine de leurs qualités musicales et le phénomène de l'inspiration en général. Alors que les chanteurs épiques parlent de leurs capacités comme un don divin en acte dans toute production musicale, les chanteurs-poètes lyriques disposent à leur guise d'avantages un jour reçus de la part de nos divinités : Archiloque au profit de sa tâche guerrière ; Théognis est devenu θεράπων et ἄγγελος des Muses lors de son éducation – qui lui a permis d'acquérir les outils nécessaires à ses compositions (εἰδέναι, μῶσθαι, δεικνύναι, ποιεῖν) ; Solon et Simonide invoquent les Muses comme patronnes, aides ou soutiens (ἐπίκουρος, ἐπίσκοπος) de la bonne ordonnance de leurs propres chants.

Si les chanteurs-poètes mentionnent les Muses et leur activité, ce n'est pas tant pour s'y plonger, mais pour y réfléchir et la penser. Loin de la fusion chanteur-Muses, ils semblent – pour le dire dans une terminologie moderne – en voie d'objectiver leur expérience et par suite leur rapport à la musique. Ils acquièrent ainsi une nouvelle place, de choix, dans le chant. Sans négliger le pouvoir et savoir des Muses – Zeus et Mnémosyne demeurent nettement présents à l'arrière-fond –, ils s'en servent comme il leur chante.[232]

Dans l'horizon de ces nouveautés, une thématique déjà présente de manière larvée dans les mouvements précédents émerge toujours davantage : celle du

---

[232] Gianotti 1975, 49 y reconnaît une certaine « conception, même si cette dernière n'est pas clairement exprimée, de l'autonomie du poète ».

caractère éducatif et autoritaire de la musique. Si Homère et Hésiode ainsi que les auteurs des *Hymnes homériques* éduquent grâce aux Muses les auditeurs aux événements du glorieux passé – événements qui présentent des fameux exemples et contre-exemples de comportements à suivre et ne pas suivre dans la vie –, chez les chanteurs-poètes lyriques, l'instruction musicale devient thématique et se trouve immergée dans le présent de l'actualité, comme le dévoilent le participe ἐπιστάμενος (Archiloque, Solon, Théognis) et les verbes δεικνύναι (Alcman, Théognis) et διδάσκειν (Solon). De plus, le chœur ou le soliste qui exprime les chants est lui aussi redevable d'une instruction et autorité musicales ; le fait que la performance se déroule volontiers en groupe va d'ailleurs dans le sens d'un apprentissage organisé, pour ne pas dire scolaire. A cela s'ajoute que les contenus des chants sont eux-mêmes riches d'enseignement pour les activités de l'auditoire : les membres du chœur sont amenés à exprimer en chantant et dansant la double nature de la musique ; non seulement en ses beaux et aimables côtés, mais également, comme le montrent les Sirènes et les chants funèbres, en ses aspects sombres, déroutants et effrayants. Les paroles de Théognis instruisent explicitement les auditeurs quant aux comportements à suivre dans la vie ; et Solon de rappeler aux siens la loi incontestable de Zeus. Si c'est comme chez les chanteurs épiques en tant que serviteurs des Muses que les chanteurs-poètes lyriques exposent et font connaître les savoirs musicaux, c'est toutefois de manière renforcée et plus autoritaire.

5ᵉ mouvement
Relation bilatérale aux Muses chez Pindare ?

Né entre 522 et 518 avant J.-C. à Cynoscéphale, près de Thèbes, et probablement mort en 438,[1] Pindare passe pour être l'un des premiers chanteurs-poètes à se faire officiellement engager pour composer des chants ;[2] non seulement en vue de célébrations divines, cultuelles, mais aussi en l'honneur de victoires humaines individuelles. Cette nouvelle fonction n'est pas sans implications sur le statut, le rôle et la tâche de musicien ainsi que le rapport entretenu à nos divinités.

Sur les dix-sept livres dans lesquels l'œuvre de Pindare a été rassemblée à l'époque hellénistique,[3] seuls les quatre derniers nous sont parvenus de manière complète, hormis la toute fin de l'ultime. La plupart des textes consiste en épinicies (ἐπινίκια). Composées à la demande du vainqueur ou d'un de ses proches, ces chants de victoires aux jeux helléniques célèbrent le triomphateur, sa famille, sa cité, le moment et lieu de la victoire ainsi que volontiers également la performance du chant et les divinités permettant la réussite et transmission de l'exploit. Les Muses ne sont nullement étrangères à de telles louanges. Aussi, parmi les 46 épinicies pindariques en notre possession, l'édition de Maehler (1987) présente un total de 60 occurrences musicales, parmi lesquelles apparaissent Calliope, Clio et Terpsichore à une reprise, les Héliconiennes deux fois, les Piérides six, le terme μουσική une et l'adjectif μοισαῖος trois. Chiffres élevés en comparaison de ceux précédemment observés ? Sachant que chaque chant comporte entre 19 et 299 vers, loin de signifier une relation particulièrement étroite ou intense de Pindare avec nos divinités, le nombre s'inscrit dans les proportions rencontrées jusqu'à présent chez les chanteurs-poètes lyriques.

Outre les épinicies, on possède également, grâce à des papyri ainsi qu'un livre hellénistique, des fragments d'autres types de chants pindariques, la plupart destinés à des célébrations divines. Au total, on y dénombre selon les éditions de Maehler (1989) et Rutherford (2001) 29 occurrences musicales, dont une de Calliope, Clio et des Héliconiennes, trois des Piérides ainsi qu'une apparition des termes μουσική, μοισαῖος et Μοισαγέτας.

---

[1] Cf. Gianotti 1985, 319-321 ; Gerber 1997, 253-265.
[2] A vrai dire, la majorité de nos chanteurs-poètes chante sur commande, Ibycos et Simonide aussi pour célébrer des hommes. Mais rien dans nos extraits ne le laisse transparaître.
[3] Cf. Burnett 2008, 10.

5.1 Les épinicies : célébrations de victoires humaines

Le fait que les épinicies sont des chants qui célèbrent des hommes contemporains ne remet nullement en cause la présence des Muses.[4] Celles-ci se font jour à la fois sous des aspects innovants, propres à Pindare, et de manière traditionnelle, douées de qualités qui ne sont pas sans intéresser le chanteur-poète. C'est ainsi que

> [...] μεγάλων δ' ἀέθλων
> Μοῖσα μεμνᾶσθαι φιλεῖ.
>
> [...] des grands jeux
> la Muse aime à se souvenir.[5]

Selon Homère et Hésiode, la Muse, fille de Mnémosyne, se caractérise par sa capacité à voir et garder en mémoire l'ensemble des hauts-faits humains et divins. Vue et mémoire qu'elle a, en digne enfant de Zeus, le pouvoir de dévoiler au chanteur-poète. Pindare renoue avec cette capacité : il présente la Muse en bonne héritière de sa mère, comme aimant à se souvenir (μεμνᾶσθαι) des grands jeux. En prenant plaisir à rappeler à tout un chacun, par l'intermédiaire des chanteurs-poètes, les joutes et leurs vainqueurs, elle leur permet de ne pas tomber dans l'oubli.

Ces deux vers indiquent d'une première manière, larvée, que, comme la Muse homérique et hésiodique, la Muse pindarique est douée d'une présence, d'un savoir et d'un pouvoir. Il n'en va pas autrement pour les autres occurrences de nos divinités. Comme le veut la coutume, leurs qualités se font volontiers jour dans le cadre d'invocations : à quatre reprises dans les vers liminaires et six fois en cours de chant. Trois d'entre elles sont tout à fait traditionnelles : les Muses sont exhortées à venir sur le lieu d'exécution du chant et à participer à la célébration (cf. N. 3.1 ; 9.1 ; O. 11.17). Plus innovantes, six autres appellent les Muses à repousser un reproche (10.3), à augmenter ou maintenir le vent de chants (P. 4.3 ; N. 6.28), à faire retentir une récompense (P. 1.58), à déchaîner leur voix (11.40) ou encore à écouter le chanteur-poète (I. 6.57). Chanteur-poète qui demande : « Muse, éveille-moi (Μοῖσ', ἀνέγειρ' ἐμέ) ».[6] Bien qu'arraché aujourd'hui de son contexte, cet appel présente un homme qui en appelle à la Muse pour sortir de son état endormi. Alors que les trois autres occurrences pindariques du verbe ἀνεγείρειν exposent l'éveil procuré par le chanteur-poète au cortège musical (I.

---
4 Cf. notamment Svoboda 1952 ; Svenbro 1976, 189-193 ; Auger 1987 ; Vissicchio 1997.
5 Pi. N. 1.11-12.
6 Pi. I. fr. 6a.e.3 Maehler.

8.3), à la mémoire de la victoire (*O.* 8.74) et aux célèbres actions (*I.* 3/4.41),[7] il exhorte ici lui-même la divinité à l'éveiller, à lui ouvrir les yeux, à l'inspirer, lui insuffler son savoir ; sans doute pour pouvoir le transmettre comme il se doit à ses congénères. Chez Homère (*Od.* 8.499), plutôt que d'être éveillé, le chanteur est excité, poussé à chanter par les Muses. La relation de Pindare aux divinités est-elle, comme nous l'avons suggéré pour les premiers chanteurs-poètes lyriques, moins directe que celle entretenue par ses illustres prédécesseurs ?

En guise d'indication préliminaire, relevons l'exhortation que le chanteur-poète adresse soudain à son θυμός : Je te dis d'apporter la Muse à Eaque et à son genre (Αἰακῷ σε φαμὶ γένει τε Μοῖσαν φέρειν) ».[8] Au contraire de ce qui se joue dans l'*Odyssée* (8.45) où c'est l'organe de Démodocos qui l'incite à chanter, sous une impulsion divine implicite, il semble que, par un dédoublement de personnalité, le chanteur-poète s'octroie ici une place privilégiée dans le chant : il dirige non seulement lui-même son élan vital, le rappelle à l'ordre, mais c'est ce dernier qui est censé amener la Muse chez le vainqueur. Les diverses invocations pindariques du θυμός ainsi que d'autres organes vont dans le même sens : le chanteur-poète ordonne à son θυμός de tendre l'arc vers le but (*O.* 2.89), de cueillir les amours au bon moment (*Encom.* fr. *123.1) et de ne pas poursuivre une entreprise au-delà du temps qui lui est imparti (fr. *127.4 Maehler) ; il demande en outre à son cœur (ἦτορ) de cultiver son désir de célébrer les jeux (*O.* 1.3) et à sa bouche (στόμα) de rejeter la parole hostile aux dieux (9.36).[9] S'il est vrai que ces organes sont des interfaces entre nos divinités et les hommes, ces adresses indiquent le rapport privilégié du chanteur-poète avec les Muses. Même si, au premier abord, la Muse paraît passive, Assaël (2006, 246) peut à bon droit parler d'une « force qui entraîne le poète inspiré au-delà des effets propres à une volonté délibérée ».

Quand elles sont présentes sans être invoquées, les Muses apparaissent comme protagonistes du récit, dans ce qu'on appelle aujourd'hui les parties mythiques des épinicies (5x) ; alors qu'elles jouent le rôle d'arbitres dans les incises dans lesquelles le chanteur-poète exprime ses propres opinions, les ainsi nommées parties gnomiques (45x). Dans les récits mythiques, nos déesses

---

[7] Le chanteur-poète s'adresse encore deux fois, avec le même verbe, mais sans préfixe, à sa propre bouche : « Eveille (ἔγειρ') pour eux le chemin pénétrant des mots » (*O.* 9.47) ; « Eveille (ἔγειρε) la lyre bien cordée » (*N.* 10.21).
[8] Pi. *N.* 3.28.
[9] Avant Pindare, on trouve dans notre corpus sept invocations du chanteur-poète à son θυμός : Archil. fr. 128.1 West l'exhorte à repousser ses ennemis ; Théognis à diriger vers ses amis un caractère chatoyant comme le poulpe (213), à lui procurer tout un attirail (695), à avoir la jeunesse (877), à oser (1029) et à se réjouir (1070a Young) ; la nature de l'invocation d'Ibyc. fr. 317b.1 Davies a été perdue.

interviennent lors de certains grands événements : ainsi, les Muses (Μοισᾶν) au bandeau d'or (χρυσαμπύκων) chantent et dansent (μελπομενᾶν) au mariage de Cadmos et d'Harmonie ainsi qu'à celui de Pélée et Thétis,[10] où le plus beau chœur des Muses (Μοισᾶν ὁ κάλλιστος χορός) chante (ἄειδ') accompagné par Apollon et sa *phorminx*.[11] La troisième occurrence des Muses en contexte mythique les fait survenir parmi les dieux qui, sur l'Olympe, aiment Sémélé suite à son foudroiement par Zeus.[12] A deux reprises finalement, la Muse se trouve chez les Hyperboréens, séjour d'Apollon durant les mois d'hiver.[13] Nous nous contentons de mentionner ici ces cinq apparitions musicales qui prolongent ce que nous avons déjà vu, pour mieux nous concentrer sur les passages moins conventionnels, extraits des invocations et parties gnomiques.

5.1.1 La Muse nourricière

Le thème de la Muse nourricière s'est déjà fait jour à plusieurs reprises en creux chez et à partir d'Hésiode : d'une part avec la goutte de rosée déposée par les Muses sur la langue de certains rois (*Th.* 83), d'autre part avec les termes et expressions en lien avec le miel (μελίγηρυς, μελιπτέρωτος, μελίφρων et indirectement μείλιχος).[14] Dans les épinicies pindariques, l'influence nutritive – au sens large du mot, nourritures solides, liquides, spirituelles – de la Muse devient explicite, exprimée notamment par le verbe τρέφειν, *nourrir* : la Muse nourrit les œuvres du chanteur-poète au sens où elle leur confère substance ou matière.

Dans la première *Olympique*, Pindare exprime l'espoir de pouvoir célébrer de nouvelles victoires du tyran de Syracuse Hiéron ; espoir dont l'accomplissement dépend du puissant Zeus, garant de la réalisation de tout vœu et de toute prospérité. Ainsi le chanteur-poète pourra-t-il une nouvelle fois faire montre de ses qualités de musicien ; car, comme il le souligne,

[...] ἐμοὶ μὲν ὦν
Μοῖσα καρτερώτατον βέλος ἀλκᾷ τρέφει·

---

10 Pi. *P.* 3.88-92. Cf. la représentation du « Vase François » (Ouverture 2 « Images des Muses dans l'antiquité »).
11 Pi. *N.* 5.22-26. Cf. pour une analyse de ce passage Cannatà Fera 2000, 141-143.
12 Pi. *O.* 2.27a. Pour le problème métrique que pose ce vers, cf. Farnell 1961, 14 ; Gentili 2013, 394.
13 Pi. *O.* 13.22-23 : « La Muse au doux souffle (Μοῖσ' ἀδύπνοος) » fleurit chez les Hyperboréens ; *P.* 10.37-38 : « La Muse n'est pas absente (Μοῖσα οὐκ ἀποδαμεῖ) » des manières des Hyperboréens.
14 Cf. *h.Ap.* 3.519 ; Alcm. fr. 271 Calame ; Simon. fr. 11.23 West ; et Hes. *Th.* 84 ; 92.

[...] pour moi précisément,
la Muse nourrit avec force le trait le plus fort ;[15]

Si le chanteur-poète affirme posséder ici, comme à trois autres reprises,[16] un βέλος, *arme de trait, javelot, flèche*, ce n'est évidemment pas parce qu'il s'est lui-même mué en sportif, lanceur de javelot ou archer, mais pour exprimer que ses paroles s'élancent telle une lance de sa bouche aux oreilles des auditeurs. Envol dû à une certaine force, donnée par la Muse. Liée au verbe ἀλέξειν, *repousser l'ennemi*, ἀλκή signifie littéralement la *force défensive*. Benveniste (1969, 73) y reconnaît l'acte de « faire face au péril, sans jamais reculer, ne pas céder sous l'assaut, tenir fermement dans le corps à corps ». Appartenant à la même famille que κράτος, *force, vigueur, puissance*, καρτερώτατος est davantage marqué par l'idée de dureté, de solidité et d'allant, voire de supériorité et de pouvoir.[17] La force avec laquelle la Muse confère au chant substance ou matière se caractérise donc par sa nature défensive et protectrice, sans doute en ce qu'elle assure les arrières du chanteur-poète ;[18] alors que le trait le plus fort est pour sa part qualifié par la fermeté, l'engagement et la puissance. Le passage peut se comprendre de diverses façons, selon la manière d'interpréter le trait. S'il s'agit d'un terme générique désignant la totalité du travail de Pindare, les vers font entendre que la Muse assure – même doublement – la force de l'ensemble. S'il ne renvoie au contraire qu'aux passages les plus importants, les plus périlleux, ce ne sont que ceux-ci que la Muse nourrit avec force, soit en laissant Pindare seul pour le reste de sa composition, soit en le soutenant alors d'une moindre mesure.

Notre lecture part du principe que « pour moi (ἐμοί) » correspond à Pindare, au sens où il est lui-même nourri par la Muse lors de sa composition. Mais qu'en est-il lors de l'exécution ? La référence exclusive à Pindare ne vaut que s'il pronnonce lui-même ses vers. Or on sait depuis l'antiquité que les œuvres pindariques sont le plus souvent proférées par un chœur.[19] Nous retrouvons ainsi la difficulté rencontrée dans le mouvement précédent : notre logique moderne voudrait que

---

15 Pi. *O.* 1.111-112. Nous traduisons le datif ἀλκᾷ comme complément de τρέφει, comme le fait par exemple Farnell 1961, 11 ; Briand 2014, 11. Gentili 2013, 388-389 cite d'autres possibilités.
16 Pi. *O.* 2.83 ; 9.8 ; 13.95. Les huit autres occurrences de βέλος dans les épinicies concernent les flèches d'Artémis (*P.* 4.90), les traits de Pâris (*P.* 6.33), d'Aphrodite (4.213), d'un fils que Thémis aurait eu si Zeus ne l'avait pas avalée (*I.* 8.34), d'Ino (*P.* 4.162), d'Héraclès (*N.* 1.68) ainsi que les traits de la foudre de Zeus (*N.* 10.8 ; 80).
17 Cf. Benveniste 1969, 77.
18 Cf. aussi Verdenius 1988, 50-51.
19 Cf. notamment Carey 1991. Le fait que certains chercheurs (par exemple Lefkowitz 1988) estiment que les épinicies étaient le plus souvent exécutées par un soliste avec ou sans accompagnement de danseurs ne change rien à notre propos.

le chœur s'exprime à la première personne du pluriel ou, du moins, qu'il ne s'approprie pas sans autre les propos et le sujet de Pindare. Cependant, comme le rappelle Duchemin (1955, 26), chez les Grecs, « la signification d'un singulier apparent peut être en réalité celle d'un collectif ». Nous avons d'ailleurs vu précédemment que les propos à priori personnels ou subjectifs du chanteur-poète sont régulièrement assumés par l'ensemble des choreutes. Ainsi, la première personne du singulier peut sans autre représenter l'ensemble des membres du chœur.[20] Mais comment entendre alors la relation Muse-moi ? Est-ce finalement pour le chœur que la divinité nourrit un trait ? L'observation de la totalité de nos passages faisant intervenir une telle subjectivité nous pousse à répondre par la négative ; ou du moins à suggérer que ce n'est pas directement le cas. Chez Pindare, la première personne du singulier semble en effet toujours se référer à lui-même, qu'importe qu'il soit ou non l'exécutant du chant ; chant lors duquel il est tout compte fait toujours présent, ne serait-ce qu'à travers l'expression de ses paroles.[21] Si la Muse nourrit avec force le trait le plus fort, c'est donc d'abord et avant tout pour Pindare en train de composer, voire de chanter, puis éventuellement ensuite, par procuration, pour le chœur qui performe la composition. Aussi, l'emploi du terme de chanteur-poète implique dès lors autant Pindare que le soliste ou chœur qui exprime ses vers. Quant à la Muse, la question ne se pose même pas : conformément à la présence qui la caractérise traditionnellement, elle est forcément présente, aussi bien lors de la composition qu'au moment de l'exécution.

L'image pindarique de la nourriture musicale est particulièrement prégnante dans la sixième *Isthmique*. Présentée en lien avec l'éclosion de la nature, elle s'inscrit dans le cadre de la correspondance entre le nombre de chants et de libations lors du banquet en l'honneur du vainqueur :

> Θάλλοντος ἀνδρῶν ὡς ὅτε συμποσίου
> δεύτερον κρατῆρα Μοισαίων μελέων
> κίρναμεν Λάμπωνος εὐαέθλου γενεᾶς ὕπερ, [...]

> Comme lorsque le banquet fleurit parmi les hommes,
> un deuxième cratère de chants dansés et musicalement accompagnés des Muses mélangeons, en l'honneur de la famille bon athlète de Lampon, [...][22]

---

20 Cf. le résumé des diverses positions donné par Calame 2011, 115-117.
21 Cf. encore Dornseiff 1921, 81.
22 Pi. *I*. 6.1-3.

Le premier terme dénote la force nutritive et croissance de la nature. Le participe θάλλων provient de θάλλειν signifiant *fleurir, être florissant*.²³ Pindare présente le phénomène du banquet en écho à l'apparition d'une plante qui éclot, croît pour fleurir et devenir pleinement manifeste. L'événement s'avère s'épanouir parmi les hommes sous l'influence de forces cachées. Incarnant de manière implicite ces puissances, les Muses (et parmi elles en particulier Thalia) sont liées à l'acte de mélanger – et par suite faire surgir, émerger, à l'instar du banquet qui s'épanouit – un cratère²⁴ de chants dansés et musicalement accompagnés en l'honneur de la famille de Lampon, dont on célèbre le fils cadet victorieux Phylacidas. Apparenté à κεραννύναι, *mélanger*, κρατήρ est le nom du grand récipient, sorte de chaudron, dans lequel on mêle le vin et l'eau avant d'y puiser le breuvage à l'aide de coupes. Si Pindare écrit « mélangeons (κίρναμεν) », utilisant donc la première personne du pluriel, c'est, conformément à ce que nous avons relevé plus haut, au nom de l'ensemble qu'il forme avec le chœur et l'auditoire,²⁵ mais également avec les Muses. Tous contribuent, ensemble, à ce que la famille de Lampon soit dignement célébrée.

Mélanger un cratère : si l'expression signifie en contexte musical l'union harmonieuse des divers composants de la musique en vue de la production du chant le plus mélodieux possible,²⁶ elle désigne littéralement le mélange eau-vin lors des banquets. Il s'agit de l'entendre ici au sens d'une divine ivresse à la fois du vin et du verbe. Si Pindare parle d'un deuxième cratère, c'est qu'un premier a été mélangé dans la cinquième *Néméenne* (41-43) pour commémorer un autre fils de Lampon. De fait, la famille peut sans autre être appelée εὔαθλος, *bon athlète*, – d'autant plus que le beau-frère de Lampon est lui aussi connu comme glorieux vainqueur de jeux.²⁷ A l'instar de la triple libation qui a généralement cours lors des banquets – consacrée respectivement à tous les dieux, aux héros et à Zeus Sôter –,²⁸ Pindare en vient finalement à souhaiter à cette famille une troisième victoire et par suite commande de chant. Victoire qui serait parfaite si, comme l'expriment les vers qui suivent (*I*. 6.7-9), après les triomphes de Némée et de Corinthe, elle était remportée à Olympie, dont le site est justement consacré à Zeus.

---

23 Cf. aussi l'homme qui, à partir du divin, fleurit (ἀνθεῖ) en pensées sages (Pi. *O*. 11.10) ; et la Muse qui fleurit (ἀνθεῖ) chez les Hyperboréens (13.22-23).
24 Le cratère est aussi appelé le doux prophète du cortège musical qu'est le κῶμος (Pi. *N*. 9.50).
25 Selon Neumann-Hartmann 2005, 153, on trouve de telles formes verbales dans la plupart des chants exécutés lors de banquets.
26 L'union musicale est à vrai dire exprimée dans le mot μέλος lui-même. Cf. encore un mélange réussi de *phorminx*, d'*auloi* et de mots bien ordonnés (Pi. *O*. 3.8-10).
27 Pi. *I*. 6.57-58.
28 Cf. *Schol. in Pi. I. 6.10a* (3.251 Drachmann).

Dans les quatre derniers vers du même chant, Pindare renoue avec l'image nourricière :

πίσω σφε Δίρκας ἁγνὸν ὕ-
   δωρ, τὸ βαθύζωνοι κόραι
χρυσοπέπλου Μναμοσύνας ἀνέτει-
   λαν παρ' εὐτειχέσιν Κάδμου πύλαις.

Je leur donnerai à boire l'eau pure de Dircé,
   que les filles à la ceinture aux plis profonds
de Mnémosyne au *péplos* d'or ont fait
   jaillir près des portes bien fortifiées de Cadmos.[29]

S'il s'agit, lors des banquets, de mélanger l'eau et le vin, il ne faut visiblement pas employer n'importe quelle eau, mais une eau pure (ἁγνός), – adjectif qui qualifie également le liquide sacré mentionné par Simonide (F 264a.2 Poltera). Les autres occurrences du terme chez Pindare caractérisent toujours un objet, un lieu ou une personne dont la pureté relève des dieux.[30] Ici, il s'agit de l'eau de Dircé, présentée par les dictionnaires comme une source ou fontaine près de Thèbes, ville aux « portes bien fortifiées de Cadmos ». Chez Euripide (*Antiop.* fr. 223.109-114 Kannicht), Dircé apparaît comme la femme du roi de Thèbes Lycos ; épouse assassinée par les jumeaux Amphion et Zéthos et dont les cendres ont été jetées dans une source de la ville qui a par suite pris son nom.[31] Lorsqu'elle est mentionnée chez Pindare (*O.* 10.85 ; *P.* 9.88 ; *I.* 1.29 ; 8.20),[32] c'est toujours en tant que source ou rivière thébaine. Aussi indique-t-elle la région de composition du chant. Compte tenu du lieu de résidence de Lampon, l'exécution de l'épinicie se déroule à Egine.

Il convient de ne pas manquer de relever que ce sont les Muses qui ont fait jaillir cette pure eau thébaine ; Muses qui se distinguent ici par leur habit βαθύζωνος, littéralement *à la ceinture profonde* ou *aux plis profonds*.[33] Alors qu'elles possèdent un *péplos* chez Alcman (fr. 46 Davies) et Simonide (F 264b.2 Poltera), les Muses apparaissent ici avec une pièce de vêtement apparentée. La

---

29 Pi. *I.* 6.74-75.
30 Par exemple le sanctuaire d'Athéna (Pi. *O.* 5.10), d'Hélios (7.60), de Poséidon (*P.* 4.204), les sources de l'Etna (1.21), les filles du Centaure (4.103), Apollon (9.64) ou les héros (*Thren.* fr. **133.5 Maehler).
31 Cf. aussi Paus. 9.25.3 ; Berman 2007, 30-34. Call. *Del.* 76-77 fait de Dircé la fille du fleuve thébain Isménos.
32 Comme chez E. *Ba.* 522 ; 519 et jusqu'à la fin du 5ᵉ siècle chez A. *Th.* 273 et S. *Ant.* 844. Berman 2007 discute la situation géographique de la source.
33 Chez Pindare, Léda (*O.* 3.35), les Charites (*P.* 9.2) et Léto (fr. 89a.2 Maehler) portent également un tel vêtement. L'adjectif qualifie aussi de simples femmes (Hom. *Il.* 9.594) ou filles (A. *Ch.* 169).

ζωνή est en effet la ceinture qui permet de relever et fermer le *péplos*. Losfeld (1991, 225) explique sa profondeur en ce qu'elle recouvre le bouffant du tissu et est elle-même prise dans une seconde ceinture.³⁴ Loin d'être lisses et serrés, les vêtements des Muses sont boursouflés et amples, ceints de telle manière qu'ils dessinent de profonds plis et soulignent les formes.³⁵ Accoutrement qui reflète la somptuosité, la richesse et le prestige de nos divinités, non sans aller dans le sens de leur caractère ambigu, clair-obscur. Vêtue d'un *péplos* doré (χρυσοπέπλου) dont la couleur rappelle l'éclat divin, leur mère Mnémosyne est elle aussi présentée par un vêtement majestueux, du même genre et quasi de même couleur que celui de ses filles chez Alcman (fr. 46 Davies) et Simonide (F 264b.2 Poltera).

Le jaillissement de l'eau sacrée de Dircé sur le point d'être mélangée au vin renoue avec l'éclosion des phénomènes rencontrés précédemment. Les Muses en gratifient ici le chanteur-poète – et par son intermédiaire le vainqueur, sa famille et tous les participants à la fête, comme l'indique le « leur (σφε) » du premier vers – en la faisant jaillir en toute sa pureté, afin que tout le monde puisse s'en abreuver.³⁶ Kirkwood (1982, 297) de conclure que l'eau symbolise ici le chant de Pindare.

Terminons l'analyse du passage en nous arrêtant sur le statut de la première personne du singulier de la forme verbale πίσω. Au vu de l'indication du lieu de composition, il semble évident qu'elle se réfère à Pindare, qui viendrait ainsi signer son œuvre. Mais pourquoi emploie-t-il le futur ? Pfeijffer (1999, 16-17) fait remarquer que, même si les verbes conjugués à la première personne du singulier du futur sont traditionnellement des formes performatives de louange, à vrai dire sans portée temporelle, elles expriment chez Pindare des renvois à divers moments, internes ou non, du chant. Il s'agirait en l'occurrence d'une annonce de la performance du chant dans son ensemble qui, grâce au soutien aquatico-musical, sera en mesure de combler son auditoire. Selon Cole (1992, 23), Pindare fait usage du futur non seulement pour mentionner la performance à venir, mais encore la grande portée du chant, qui subsiste pour toujours.³⁷ Conformément à nos observations précédentes, ces vers présentent à la fois une marque de composition du chant sous forme d'annonce de sa future exécution et large portée ainsi qu'un rappel, pendant la performance, de l'origine thébaine de la nourriture musicale offerte par Pindare à la famille de Lampon.

---

34 Slater 1969a, 87 traduit βαθύζωνος par *low waisted, with dress bound low*.
35 Nous refusons par conséquent la traduction par *svelte* de Savignac 2004, 383. Cf. aussi le κόλπος de violette qui appartiendrait aux Muses chez Sapph. *P. Köln 21351*.9 Gronewald-Daniel.
36 Le chanteur-poète se distingue encore en guérissant la soif de chants (Pi. *P*. 9.103-104). Chez A. *Th*. 308, l'élément ondoyant s'avère le plus nourrissant (εὐτραφέστατον) pour le chœur.
37 Pour d'autres interprétations de l'usage pindarique du futur, cf. D'Alessio 2004.

Dans la droite ligne de nos découvertes épiques, mais plongé dans le contexte nutritif, un autre passage indique que, pour le vainqueur, elles « nourrissent un large *kléos* | les Piérides, filles de Zeus (τρέφοντι δ' εὐρὺ κλέος | κόραι Πιερίδες Διός) ».[38] En plus de pourvoir le chant de substance ou de matière, en plus d'abreuver tout un chacun, les Muses sont donc en mesure d'alimenter (τρέφοντι) un large κλέος ; pas tant au sens d'une ample circulation après la première exécution du chant, mais davantage, comme dans l'*Odyssée* (8.74), au sens où le κλέος s'étend dans le large ciel et atteint le monde entier.[39] C'est ainsi que nos divinités font fructifier la *renommée* du vainqueur.

Les cinq vers suivants – exorde d'une célébration de l'attelage victorieux du roi de Cyrène, Archésilas IV, aux jeux pythiques – vont dans le même sens :

Σάμερον μὲν χρή σε παρ' ἀνδρὶ φίλῳ
στᾶμεν, εὐίππου βασιλῆι Κυράνας,
    ὄφρα κωμάζοντι σὺν Ἀρκεσίλᾳ,
Μοῖσα, Λατοίδαισιν ὀφειλόμενον Πυ-
θῶνί τ' αὔξῃς οὖρον ὕμνων

Aujourd'hui il te faut auprès d'un homme ami
te tenir, le roi de Cyrène aux bons chevaux,
    afin que pour Archésilas, célébrant par un cortège musical,
Muse, le dû aux enfants de Léto et à Pythô,
    le vent des chants, tu aides à l'accroître[40]

Pindare s'adresse directement à la Muse pour l'inciter à venir auprès de son commanditaire et ami Archésilas, roi de la cité « aux bons chevaux (εὐίππου) »[41] de Cyrène : à la manière des adverbes de circonstance qui, dans le mouvement précédent, indiquent où la Muse est attendue, c'est aujourd'hui (σάμερον), le jour où ces paroles sont prononcées, que la Muse doit se tenir (στᾶμεν) à Cyrène. Le verbe ἱστάναι signifiant aussi bien *se tenir* que *rester, venir se placer, s'arrêter*, on peut imaginer une Muse itinérante qui, comme Pindare lui-même, se déplace çà et là chez les hommes, le temps de la réalisation de son chant.

L'influence de la divinité ne fait pas de doute : elle contribue à ce que le vent (οὖρον) des chants augmente (αὔξῃς), ne reste pas à l'état de germe, mais prenne de l'ampleur, grandisse, se développe.[42] Son souffle inspirateur apparaît comme une condition de la célébration du vainqueur, de sa cité et des dieux qui l'ont

---

38 Pi. *O.* 10.95-96.
39 Cf. Hubbard 1985, 66-67 n. 162.
40 Pi. *P.* 4.1-3.
41 Cf. par exemple Hdt. 4.189.
42 Cf. encore la délicate parole, secourable aux morts, qui croît par le divin (Pi. *N.* 7.32).

soutenu. L'οὖρος est un vent le plus souvent favorable. Chez Homère, Apollon l'envoie aux Achéens pour qu'ils puissent regagner leur camp (*Il.* 1.479) ; Circé le fait se lever pour favoriser le navire d'Ulysse (*Od.* 12.149).[43] Attisé par la Muse, soulevant et poussant les chants,[44] il possède assurément ici un tel caractère bénéfique.

Quelque 200 vers plus loin, après avoir rappelé l'histoire de la cité de Cyrène, le chanteur-poète presse le roi Archésilas de faire honneur aux dieux en rappelant les nobles qu'il a précédemment exilés (dont le dénommé Damophile, réfugié à Thèbes et ami de Pindare).[45] En écho à Homère, on retrouve de manière inversée la même idée de croissance musicale qu'au début du chant :

> τῶν δ' Ὁμήρου καὶ τόδε συνθέμενος
> ῥῆμα πόρσυν'· ἄγγελον ἐσλὸν ἔφα τι-
>   μὰν μεγίσταν πράγματι παντὶ φέρειν·
> αὔξεται καὶ Μοῖσα δι' ἀγγελίας ὀρ-
>   θᾶς. [...]

> Parmi celles d'Homère, recueille aussi cette
> parole en l'honorant : un excellent messager, dit-il,
>   apporte à toute affaire le plus grand honneur ;
> la Muse aussi est grandie par une nouvelle
>   ciblée. [...][46]

A première vue, Pindare cite ici un passage homérique, qui ne se trouve toutefois pas tel quel dans l'*Iliade* ou l'*Odyssée*. Gentili (1995, 505) propose de le rapprocher de Hom. *Il.* 15.207 : « Cela aussi est rendu excellent, lorsque le messager sait des choses conformes à l'arrêt du destin (ἐσθλὸν καὶ τὸ τέτυκται, ὅτ' ἄγγελος αἴσιμα εἰδῇ) » ; paroles prononcées par Poséidon qui reconnaît l'excellence de la mise en garde exprimée par la divine messagère Iris. Homère indiquerait que la qualité du messager dépend du caractère ciblé de ses propos. S'il sait dire ou conseiller des choses opportunes, telle Iris – et comme cela semble être aussi le cas pour Pindare –, il honore (πόρσυν', τιμάν) on ne peut plus grandement l'affaire en question. Aussi délicate que soit la demande du chanteur-poète – on n'exige pas sans autre d'un roi de faire revenir des citoyens exilés –, elle est rendue respec-

---

[43] Voir encore le vent qui permet de passer d'Egypte à l'îlot de Pharos en un jour de bateau (*Od.* 4.360) ; celui qui mène Télémaque tout droit à Ithaque (17.148) ; ou celui d'un δαίμων pour le vainqueur (Pi. *O.* 13.28).
[44] Selon Giannini 1979, 39 n. 23, chants est au pluriel parce qu'il s'agit à la fois de cette quatrième *Pythique* ainsi que de la cinquième, composée pour la même occasion.
[45] Cf. les explications et références de Gentili 1995, 506-510.
[46] Pi. *P.* 4.277-279.

table, honorable par référence à Homère. A tel point que l'annonce ciblée, digne de foi (ἀγγελίας ὀρθᾶς),[47] la composition réussie ont finalement pour conséquence – reprise inversée de l'idée précédemment rencontrée – de faire se développer, grandir, magnifier la Muse elle-même. Développement et amplification musicaux dont les hommes ne tardent pas à profiter en retour. Chaque élément participe finalement d'un seul et même mouvement, sorte de spirale musicale : si Pindare peut donner des conseils avisés à Archésilas et faire grandir la Muse, c'est toujours sous la bonne influence de cette dernière, elle-même à l'origine de l'événement musical. La déesse donne ainsi l'élan, l'énergie, la justesse et l'honneur aux développements des célébrations humaines ; et celles-ci, si elles sont correctement exécutées, rejaillissent à leur tour favorablement sur la divinité qui, par suite, les enrichira et fortifiera à nouveau, etc. Aussi, mi-humaine, mi-divine, la musique se présente comme un ensemble s'amplifiant de l'intérieur et de l'extérieur ; ensemble musical convaincant, même pour un roi mandé de rappeler à lui des citoyens précédemment bannis.

Le nectar, aliment divin par excellence, apparaît lui aussi en lien avec les Muses.[48] En tant que boisson immortelle, on ne le trouve logiquement jamais en lien direct avec les hommes. Ainsi par exemple dans l'*Odyssée* (5.199), lorsque la Nymphe Calypso en boit, le mortel Ulysse reçoit du vin. Pourtant, dans la septième *Olympique*, le nectar revient soudain aux vainqueurs, du moins de manière imagée :

> καὶ ἐγὼ νέκταρ χυτόν, Μοισᾶν δόσιν, ἀεθλοφόροις
> ἀνδράσιν πέμπων, γλυκὺν καρπὸν φρενός,
> ἱλάσκομαι,
> Ὀλυμπίᾳ Πυθοῖ τε νικών-
>   τεσσιν· [...]

> Et moi, le nectar répandu, don des Muses,
> l'envoyant aux hommes qui remportent les concours, le doux fruit du cœur,
> je demande faveur,
> pour les vainqueurs à Olympie et
>   Pythô ; [...][49]

---

[47] Coin-Longeray 2007, 24-25 recense les différentes occurrences de la famille d'ὀρθός chez Pindare. Elle traduit en l'occurrence l'adjectif par *droit*, *dressé*, *élevé*, au sens de la qualité sublime de la musique.
[48] Pi. *O.* 1.62-63 rappelle que le nectar et l'ambroisie rendent ἄφθιτος, *impérissable*, comme l'est le κλέος d'Achille (Hom. *Il.* 9.413).
[49] Pi. *O.* 7.7-10.

Le nectar en question n'est autre que le don des Muses au chanteur-poète :[50] le chant qu'il a pour tâche de transmettre (πέμπων)[51] aux vainqueurs. Nous retrouvons ici le chanteur-poète à sa place d'intermédiaire entre le monde des dieux et celui des hommes. La nouveauté réside dans le phénomène qu'il transmet : le *nectar liquide*, comme propose de le traduire Bailly (1950, 2162).[52] Que le nectar soit liquide est attesté par quantité d'autres occurrences, comme celle qui dépeint Ganymède en train de le puiser dans un cratère.[53] L'adjectif χυτός signifie *ce qui se répand* ou *est versé, répandu* et n'est pas seulement employé pour des liquides, mais aussi, par exemple chez Homère, pour exprimer l'acte de recouvrir de terre un cadavre (*Il.* 6.464 ; 14.114 ; 23.256 ; *Od.* 3.258). Telle est la raison pour laquelle Verdenius (1987, 48) préfère la traduction de *poured out*, au sens où le nectar qu'est le chant a été précautionneusement préparé avant d'être servi.[54] Pindare indique-t-il par là que, loin d'être spontanée, l'inspiration des Muses est le fruit d'un travail préalable ? Impossible à dire. En déployant l'action de répandre qui caractérise nos divinités, nous pouvons par contre deviner que – à l'instar du défunt corps de Patrocle qui ne s'altère pas grâce au nectar que lui instille Thétis[55] –, les vainqueurs reçoivent à leur manière un don d'immortalité, en ce qu'ils continuent à vivre dans le chant. Plus qu'une image, le nectar apparaît comme un véritable symbole de l'éternité musicale que le chant accorde à certains hommes. C'est sans doute en ce sens que le don est finalement caractérisé de doux fruit du cœur (καρπὸν φρενός).[56] Mais de quel cœur s'agit-il ? Celui du chanteur-poète ou celui du vainqueur ? Adorjáni (2011, 33) choisit la première possibilité, voyant dans le fruit une image pour le chant provenant du cœur de Pindare. Nous sommes d'avis qu'il s'agit du cœur du vainqueur : le nectar, don des Muses, lui apporte la douceur que procure l'idée d'être célébré ainsi que la subsistance ou divine nourriture musicale gage d'immortalité. L'organe joue bien

---

50 Le don (δῶ[ρ-) des Muses (Μω[σάων) se trouve également chez Corinn. fr. 654b.13-14 Campbell.
51 Loscalzo 2003, 112 fait remarquer que l'envoi peut avoir lieu dans toutes les directions ; non seulement celle du commanditaire du chant. Cf. notre analyse du verbe πέμπειν et de ses interprétations chez B. *Ep.* 5.12.
52 Liddell/Scott/Jones 1976, 2013 donnent pour ce passage en particulier *liquid, fluid, flowing* ; Slater 1969a, 551 *liquid* ; Gentili 2013, 181 *liquido*, qui relève que chez Alcm. fr. 42 Davies le nectar est associé au verbe manger (ἔδμεναι).
53 *H.Ven.* 5.206.
54 Briand 2014, 96 traduit par *le nectar versé*.
55 Hom. *Il.* 19.38.
56 Rhadamante reçoit le fruit irréprochable du cœur qui le rend heureux (Pi. *P.* 2.73-74) ; alors que Talaos et Lyncée bénéficient du fruit du cœur en association avec la justice bienveillante (*N.* 10.12).

le rôle que nous lui reconnaissons depuis Homère :[57] celui d'interface divine dans l'homme, alimenté directement ou indirectement par nos divinités. Il convient toutefois de relever que ce privilège n'est pas accordé d'office, comme l'indique le chanteur-poète en accompagnant son acte d'une prière exprimée par le verbe ἱλάσκεσθαι : il *demande une faveur*, cherche à *se rendre favorable*, à *se concilier* les nourricières forces musicales, sous-entendu pour qu'elles l'épaulent dans la célébration des vainqueurs.[58] Le don des Muses ne se présente pas comme un simple objet utilitaire, accessible à tout un chacun.

A l'image de certains de ses prédécesseurs, Pindare compte lui aussi le miel parmi les aliments musicaux par excellence. Dans ses épinicies, pas moins de vingt occurrences de composés de la famille du miel viennent attester son importance dans l'imaginaire poétique. Lorsqu'il s'agit d'un contexte explicitement musical,[59] ils qualifient principalement la douceur du son ou des chants,[60] à une reprise également les Muses en général[61] et à une autre cette Muse qu'est Terpsichore.[62] Plus tard, Pausanias (9.23.2) en vient d'ailleurs à raconter que les abeilles elles-mêmes se seraient un jour posées sur les lèvres du jeune Pindare endormi pour les recouvrir de miel ; présage et signe de la douceur de ses futurs chants.[63]

5.1.2 Avancée du char des Muses sur la route du chant

L'image du chant-chemin musical nous est connue d'Homère (*Od.* 8.74). Pindare la réalimente à plusieurs reprises dans ses épinicies, de deux manières : d'une part en lien avec l'idée de route du chant,[64] d'autre part, comme ci-dessous, avec celle du char des Muses :[65]

---

[57] Cf. 1.2.4 « Statut et rôle du chanteur ».
[58] Bien que nous suivions la traduction de Fränkel 1930, 10 : *Bitte die Götter um ihren Segen für die Sieger*, reprise par Slater 1969a, 245 : *Ask (the gods') blessing for*, nous sommes d'avis avec Adorjáni 2011, 35 que le chanteur-poète remercie ici les dieux pour les faveurs accordées aussi bien aux vainqueurs qu'à lui-même.
[59] A vrai dire, seules six occurrences ne sont pas directement musicales : Pi. *O.* 1.98 ; 6.47 ; *P.* 4.60 ; 6.54 ; 9.37 ; *N.* 7.53.
[60] Pi. *O.* 10.98 ; 11.4 ; *P.* 3.64 ; 10.54 ; *N.* 3.4 ; 7.11 ; 11.18 ; *I.* 2.3 ; 32 ; 5.54 ; 6.9.
[61] Pi. *O.* 6.21 : « Muses au son de miel (μελίφθογγοι [...] Μοῖσαι) ».
[62] Pi. *I.* 2.7.
[63] Chez Pindare, les chants de louange sont précisément comparés à l'abeille en ce qu'ils s'élancent d'une parole à l'autre (*P.* 10.53-54).
[64] Par exemple Pi. *O.* 1.110 : « trouvant le chemin (ὁδόν) des paroles » ; 9.47 : « le chemin (οἶμον) pénétrant des mots » ; *N.* 7.51 : « le chemin (ὁδόν), maître des paroles ».
[65] Voir encore le char du vainqueur qui pousse le chanteur-poète à atteler son chant (Pi. *N.* 1.7).

Κωμάσομεν παρ' Ἀπόλλωνος Σικυωνόθε, Μοῖσαι,
τὰν νεοκτίσταν ἐς Αἴτναν, ἔνθ' ἀναπεπταμέναι
    ξείνων νενίκανται θύραι,
ὄλβιον ἐς Χρομίου
    δῶμ'. ἀλλ' ἐπέων γλυκὺν ὕμνον πράσσετε.
τὸ κρατήσιππον γὰρ ἐς ἅρμ' ἀναβαίνων
    ματέρι καὶ διδύμοις παίδεσσιν αὐδὰν μανύει
Πυθῶνος αἰπεινᾶς ὁμοκλάροις ἐπόπταις.

Célébrons le *kômos*, par Apollon et de Sicyone, Muses,
dans la nouvellement fondée Etna, là où, ouvertes,
    les portes sont vaincues par les étrangers,
vers la maison fortunée de Chromios.
    Allons, faites un doux chant de mots.
Montant en effet sur le char qui l'emporte par ses chevaux,
    il révèle une voix pour la mère et les enfants jumeaux,
veilleurs à la part égale de l'élevée Pythô.[66]

L'épinicie commence par une exhortation à célébrer le κῶμος (κωμάσομεν) – terme difficile à traduire, tant on peine aujourd'hui à comprendre sa nature. Les différents témoignages antiques nous y font voir un *cortège musical*, une *procession* de fête *mêlant chants et danses*.[67] Il a le plus souvent lieu en fin de banquets,[68] mais tantôt aussi dans le cadre de cultes,[69] de mariages[70] ou, comme ici, d'épinicies.[71] Le succès présentement célébré est celui de Chromios aux jeux de Sicyone ; jeux institués en l'honneur d'Apollon par Adraste, roi d'Argos, lors de son séjour dans la cité. Raison sans doute pour laquelle Pindare évoque Apollon ainsi que sa mère Léto et sa sœur Artémis qui veillent tous trois sur Pythô et parle encore, juste après notre passage (*N.* 9.9), du « sommet des jeux hippiques que, pour Phoibos, Adraste a placé sur les rives de l'Asopos ».

Le premier terme de cette épinicie marque le début du κῶμος.[72] Mullen (1982, 25) rappelle que le κῶμος d'épinicies peut se dérouler de deux manières : soit il mène d'un lieu à un autre, soit il dessine une boucle, débutant et se terminant au

---

66 Pi. *N.* 9.1-5.
67 Cf. Cole 1992, 18-19.
68 Par exemple Pl. *Smp.* 212c.
69 Notamment E. *Hipp.* 55 ; Ar. *Th.* 104 ; 988 ; *Ra.* 218.
70 Par exemple E. *Alc.* 918.
71 Cf. encore Pi. *O.* 6.18 ; 9.4 ; *P.* 3.73 ; 4.2 ; 8.70 ; *N.* 1.8 ; 2.24 ; 3.5 ; 10.35 ; 11.28 ; *I.* 3/4.8 ; 90b ; 6.58 ; 7.20 ; 8.4.
72 A quatre reprises chez Pindare (*O.* 4.9 ; 8.10 ; 14.16 ; *P.* 5.22), la mention du κῶμος est déterminée par un τόνδε, *ce*, qualificatif de l'événement en train de se dérouler. Dans la onzième *Olympique* (16-19), le chanteur-poète promet aux Muses de leur fournir une troupe hautement sage et belliqueuse pour célébrer le κῶμος.

même endroit.⁷³ Si notre passage présente un cortège festif partant de Sicyone (au Nord-Est du Péloponnèse) en direction d'Etna, nouvelle cité fondée par Hiéron en Sicile et lieu de l'heureuse maison du vainqueur Chromios, les centaines de kilomètres qui séparent les deux endroits rendent le voyage irréaliste. Aussi ne s'agit-il vraisemblablement pas de le comprendre au sens du κῶμος proprement dit sur le point de s'engager, mais du cheminement préalable de celui-ci : les participants viendraient, par leur cortège, parachever l'annonce de la victoire. Selon Heath (1988), le κῶμος ne se déroule d'ailleurs jamais en même temps que l'épinicie, mais toujours avant ou après l'exécution de celle-ci.⁷⁴ Le véritable κῶμος ne débuterait donc qu'après le chant ci-dessus. Interprétation qui ne s'accorde pourtant pas avec l'impératif performatif du début du passage : le κῶμος semble bien être célébré au moment même où l'ordre de l'engager est prononcé. L'exhortation initiale serait ainsi un moyen pour le chanteur-poète d'inciter les participants à faire débuter une certaine partie de la fête. Alors que pour les scholies (N. 9.1a [3.150 Drachmann]), le « nous » de la forme impérative comprend uniquement le chœur, nous y reconnaissons avec Braswell (1998, 46) tous ceux qui prennent part au cortège, ne serait-ce qu'en pensée : chanteur-poète, chœur, vainqueur, invités... et donc aussi, ajoutons-nous, les divines Muses elles-mêmes.

L'exhortation de nos divinités vient rendre anecdotique la question de savoir comment, quand et où se déroule le κῶμος. Ce qui prime est le doux chant (γλυκὺν ὕμνον) de mots (ἐπέων) qu'elles composent pour célébrer le vainqueur. L'image du char (ἅρμ') sur lequel monte le chant développe celle du trajet précédemment évoqué. En tant que moyen de transport, notamment employé par les dieux pour se rendre du ciel à la terre et vice-versa,⁷⁵ caractérisé qu'il est de plus par la force de ses chevaux (κρατήσιππον), le char et son avancée expriment ici le puissant déploiement de la divine musique jusqu'aux oreilles humaines. Ils indiquent le caractère dynamique et à grande portée de la musique. Elevé sur le char des Muses, cheminant du lieu de victoire jusqu'au domicile de Chromios, le chant consiste bien en une voix (αὐδάν) qui célèbre le vainqueur et les dieux qui l'ont soutenu. Outre la célébration du succès, l'image du voyage musical évoque également l'inspiration du chanteur-poète : ce dernier semble lui-même grimper sur le char et se laisser emporter par son élan. Loin d'être maître de ses paroles, le chanteur-poète se laisse entraîner par le mouvement musical ; enivrement divin qui lui permet de médiatiser comme il faut la gloire du vainqueur.

---

73 Pour le recensement des différentes hypothèses quant à l'exécution du κῶμος de la neuvième *Néméenne* en particulier, cf. Neumann-Hartmann 2009, 42.
74 Pour une interprétation plus large du κῶμος épinicique, cf. Eckerman 2010.
75 Par exemple Zeus, de l'Ida à l'assemblée des dieux (Hom. *Il.* 8.438).

La provenance des chevaux qui donnent l'élan au char est précisée dans un autre passage :

> πέποιθα ξενίᾳ προσανέι Θώρα-
> κος, ὅσπερ ἐμὰν ποιπνύων χάριν
> τόδ' ἔζευξεν ἅρμα Πιερίδων τετράορον
>
> Je fais confiance à l'hospitalité favorable de Thorax
> qui, prenant soin de ma *charis*,
> a attelé ce char de quatre chevaux des Piérides[76]

Le char doit son attelage à un dénommé Thorax décrit par les scholies (*P. 10.99a* [2.251 Drachmann]) comme ami du vainqueur appartenant à la riche famille thessalienne des Aleuades. Ce dernier a accueilli favorablement (ξενίᾳ προσανέι) le chanteur-poète. Pindare emploie couramment des mots de la famille de ξενία pour désigner l'hôte qui l'accueille (tantôt le vainqueur lui-même, tantôt celui qui le fait pour lui).[77] En relevant le caractère favorable de cette hospitalité – telles les boissons qu'Asclépios fournit aux malades pour leur faire recouvrer la santé (Pi. *P. 3.52*) –, Pindare souligne la générosité de celui qui l'a invité à se rendre en Thessalie pour chanter la victoire de son protégé, en personne ou par l'intermédiaire d'un chœur.[78] La situation est évidente : Thorax est le commanditaire du chant.

Thorax ne se distingue pas seulement par sa commande et son hospitalité. Il prend également soin (ποιπνύων) de la χάρις du chanteur-poète. Les occurrences de ποιπνύειν désignent chez Homère des dieux ou des hommes qui s'affairent à, s'empressent de faire quelque chose.[79] Hésychius (π 2743) glose le participe par ἐνεργεῖν, *agir, produire, accomplir* et θεραπεύειν, *être serviteur, servir, s'occuper de*. Le second sens ne convient guère ici : Pindare ne peut avoir soumis Thorax à son service ; d'autant moins qu'il s'agit d'une de ses premières commandes – le chant date de 498, année où Pindare est âgé d'une petite vingtaine d'années –, ce qui implique qu'il n'a sans doute pas pu se montrer exigeant quant à la rétribution. C'est pourquoi les scholies (*P. 10.99b* [2.252 Drachmann]) explicitent cet hapax pindarique par désirer (ἐπιθυμεῖν), présentant Thorax comme ayant attelé le quadrige musical pour répondre à son désir de voir le chanteur-poète

---

[76] Pi. *P.* 10.64-65.
[77] Par exemple le vainqueur Hiéron (Pi. *P.* 3.103) ; le vainqueur qui se réjouit d'une hospitalité accueillant tout le monde (*O.* 4.15) ; ou celui qui a une table hospitalière (*I.* 2.39).
[78] Cf. Gentili 1995, 644.
[79] Héphaïstos s'affaire sur l'Olympe (*Il.* 1.600) ; Poséidon se démène dans la bataille (14.155) ; les servantes de l'Olympe (18.421) et celles de Pénélope (*Od.* 20.149) s'affairent ; les Achéens s'empressent d'accomplir le sacrifice (3.430).

mettre sa χάρις à son service. Notre traduction par *prendre soin* découle des divers exemples homériques et va dans le sens du zèle de Thorax en faveur de la χάρις du chanteur-poète.

Mais que faut-il entendre ici par χάρις ? Nous y reconnaissons le singulier des Charites. Chez Pindare, la χάρις intervient souvent au singulier, comme terme générique de ce que les trois sœurs personnifient : l'éclat, la brillance, la joie, la gaieté, la jeunesse, l'abondance festive, la grâce.[80] Nous devinons qu'elle correspond au chant, auquel elle donne une connotation joyeuse.[81] Et non seulement joyeuse : comme nous le savons d'Hésiode (*Th.* 64), et comme le relève encore Duchemin (1955, 60 ; 93) à propos de Pindare, le rôle des Charites est également « d'embellir, en le parant d'ornements brillants, le chant », de le garnir « des couleurs les plus fraîches ». En ce sens, la Charis « est le lien entre l'acte d'un individu et la communauté », et aussi bien le chanteur-poète que le vainqueur sont appelés à la faire apparaître.[82] Le comportement choisi par Thorax semble judicieux : s'il prend soin de la Charis du chanteur-poète, c'est par souci de ce que la divinité lui accorde, et par son intermédiaire à son chant. En offrant une hospitalité favorable au chanteur-poète, en s'occupant de sa Charis, en lui donnant le loisir de se déployer à sa guise, il attelle donc bien le quadrige des Piérides. Il donne au char musical la force nécessaire à sa mise en branle et avancée de par le monde. Echange de bons procédés.

Les deux vers ci-dessous indiquent que la présence du chanteur-poète sur le char des Muses ne va pas de soi :

εἴην εὑρησιεπὴς ἀναγεῖσθαι
πρόσφορος ἐν Μοισᾶν δίφρῳ·

Pourvu que je sois trouveur de mots
adapté pour m'avancer sur le char des Muses ;[83]

Le chanteur-poète souhaite être un εὑρησιεπὴς πρόσφορος, un *trouveur de mots adapté*. Hapax pindarique non problématique : le préfixe εὑρησι- provient du

---

[80] Par exemple la χάρις du banquet (Pi. *O.* 7.5) ; celle que Zeus donne au vainqueur de la part du peuple (89) ; celle, prestigieuse, de la famille du vainqueur (8.80) ; celle éponyme de la victoire (10.78) ; celle que répandent sur le vainqueur la lyre et l'*aulos* (10.94) ; celle, charmante, que distille le chanteur-poète (*I.* 3/4.90b). Quant à la Charis personnifiée, elle fabrique pour les mortels ce qui est doux comme le miel et leur dépose de l'honneur (*O.* 1.30-31).
[81] Cf. Adorjáni 2011, 39.
[82] Gundert 1935, 30.
[83] Pi. *O.* 9.80-81.

verbe εὑρίσκειν, *trouver* ;[84] le suffixe -επης découle de la même famille qu'ἔπος, *mot*. Le tout décrit d'une nouvelle façon, anthropocentrée, l'activité du chanteur-poète comme recherche de mots. Quant à l'adjectif πρόσφορος – que Pindare emploie également en relation avec la musique lorsqu'il dit se réjouir de faire résonner un bruit *adapté* dans son travail (*N.* 8.48-49) ou qu'il désigne simplement le chant d'*adapté* (*N.* 9.7 ; fr. 94b.37 Maehler) –, il confère une note qualitative à la tâche du chanteur-poète. Ce dernier n'espère pas être capable de trouver n'importe quels mots, mais les mots qui sont littéralement portés (-φορος) vers (πρόσ-) : les mots qui conviennent, qui forment des paroles adaptées, harmonieusement ordonnées, qui lui permettent de prendre place sur le char (δίφρῳ) des Muses.[85] Le fait que la présence du chanteur-poète sur le char ne lui soit pas donnée d'office est-il dû à l'emploi d'un autre mot grec qu'auparavant pour char ? Non : dans la littérature grecque, δίφρος est mentionné en alternance et sans réelle différence, avec ἅρμα.[86]

Si le chanteur-poète ne trouve pas les mots appropriés, si ses paroles ne lui viennent pas comme il faut, il ne pourra donc s'avancer sur le char musical. L'extrait indique que, pour être véritablement inspiré, emporté par les Muses, le chanteur-poète doit d'abord lui-même posséder certaines qualités, se hisser au préalable à un certain niveau pour ainsi dire pré-musical : selon Pindare, on ne devient pas sans autre, du jour au lendemain, un chanteur-poète inspiré. Pouvoir s'avancer sur le char des Muses apparaît comme une récompense de tout un travail préparatoire, toute une quête en matière de langage. Travail pas toujours évident, comme le montrent encore les vers qui suivent notre passage (*O.* 9.81-82), dans lesquels le chanteur-poète souhaite que l'audace (τόλμα) et la puissance preneuse de place (ἀμφιλαφὴς δύναμις) le suivent. Pourquoi un tel souhait ? Est-ce pour répondre à un problème propre à la neuvième *Olympique* ? Ou est-ce de manière générale au sujet de son travail de chanteur-poète ? Même s'il est évident que ces vers, comme tous les autres, sont liés au contexte, il est possible, au vu de nos autres extraits, d'étendre le propos à la tâche du chanteur-poète en général.[87]

---

84 Cf. aussi le chanteur-poète qui trouve un nouveau mode musical en ayant la Muse à ses côtés (Pi. *O.* 3.4). Tynnichos fr. 707 Page parle pour sa part d'« une trouvaille des Muses (εὕρημά τι Μοισᾶν) ».
85 Certains traducteurs voient dans πρόσφορος un adjectif prédicatif qualifiant le verbe de cette phrase (*m'avançant de manière adaptée*) – ce qui ne change rien à notre analyse.
86 Ἅρμα, qui désigne aussi le *siège*, est le *char* au sens littéral du plateau porté de part et d'autre ; δίφρος désigne surtout le *char* de combat ou de course. Pindare semble employer les deux termes sans distinction, par exemple dans la deuxième *Pythique* (10-11).
87 Cf. aussi Loscalzo 2003, 122.

A bien y regarder, ces vers renouent avec l'idée, présente chez Homère, qu'il existe deux types de chants : purement humains, non inspirés d'une part, et proprement musicaux, au sens fort de l'inspiration musicale de l'autre.[88] Chez Pindare, le chanteur-poète doit lui-même acquérir certaines qualités pour être emporté par le divin char des Muses.

Une fois en route, le char musical est en mesure de célébrer aussi bien les héros du passé que les vainqueurs actuels.

> ἀλλά οἱ παρά τε πυ-
>   ρὰν τάφον θ' Ἑλικώνιαι παρθένοι
> στάν, ἐπὶ θρῆνόν τε πολύφαμον ἔχεαν.
> ἔδοξ' ἦρα καὶ ἀθανάτοις,
> ἐσλόν γε φῶτα καὶ φθίμε-
>   νον ὕμνοις θεᾶν διδόμεν.
> τὸ καὶ νῦν φέρει λόγον, ἔσ-
>   συταί τε Μοισαῖον ἅρμα Νικοκλέος
> μνᾶμα πυγμάχου κελαδῆσαι. [...]

> Mais pour lui près du bûcher
>   et du tombeau, les jeunes filles de l'Hélicon
> se sont tenues, ont répandu un thrène dont on parle beaucoup.
> Et il a semblé bon aussi aux immortels
> de livrer le noble homme même mort
>   aux chants des divinités.
> Cela apporte maintenant aussi une parole,
>   et le char des Muses s'élance pour de Nicoclès
> faire retentir la mémoire, l'athlète qui lutte au pugilat. [...][89]

L'extrait se réfère aux funérailles du noble héros Achille, pour lequel les jeunes filles de l'Hélicon se sont jadis déplacées afin d'entonner un thrène auprès de son bûcher et tombeau. Il s'agit là d'une reprise d'un passage de l'*Odyssée* (24.60-62) dont nous avons interprété la présence musicale autour du corps du héros comme confirmation et célébration exemplaire de son choix de vie : après sa mort, les Muses sont sans délai venues le gratifier d'un κλέος impérissable. Pindare va dans le même sens : ce sont, indique-t-il, les immortels qui ont décidé de livrer le héros aux chants de nos divinités. Décision qui permet au défunt de vivre dans le chant. L'adjectif πολύφημος qui qualifie le thrène en fait un chant *fameux, dont on parle beaucoup*, désignant les nombreuses voix en train de célébrer le héros : d'abord celle(s) des Muses, ensuite celles des participants aux funérailles, et fina-

---
[88] Cf. 1.2.3 « Ulysse et les Muses ».
[89] Pi. *I.* 8.57-62.

lement celles de tous ceux qui reprennent le chant et rappellent pour la nuit des temps l'événement en question.

Si Pindare renoue avec l'illustre événement héroïque, c'est pour le mettre en perspective avec la mort récente du pugiliste Nicoclès – cousin de Cléandre, en l'honneur duquel est composée l'épinicie.[90] Il inscrit par là le défunt dans la grande tradition musicale où, « même mort (καὶ φθίμενον) », on continue à vivre dans le chant, puisque la décision des dieux se rapporte désormais également au présent (καὶ νῦν, *maintenant aussi*).[91] Le chant apparaît alors explicitement comme un char (ἅρμα) musical qui s'élance (ἔσσυται) – les Muses agissent énergiquement –[92] en faisant retentir la mémoire (μνᾶμα) des grands hommes.

Le passage suivant concerne la nature du chemin musical :

οὐ γὰρ πάγος οὐδὲ προσάντης
  ἁ κέλευθος γίνεται,
εἴ τις εὐδόξων ἐς ἀν-
  δρῶν ἄγοι τιμὰς Ἑλικωνιάδων.

En effet ni une montagne ni escarpé
  le chemin ne devient
si quelqu'un, aux hommes célèbres,
  mène les honneurs des Héliconiennes.[93]

L'extrait énonce une vérité générale qui ne concerne pas uniquement le chanteur-poète : quiconque (τις) honore les Muses de l'Hélicon aura pour privilège de s'avancer sur un chant-chemin ni montagneux ni escarpé, c'est-à-dire une voie aisée, dénuée d'embuches et de difficultés. Implicitement, Pindare distingue à nouveau les chants inspirés de ceux qui ne le sont pas : si l'activité du chanteur-poète peut être laborieuse, voire périlleuse, elle est de toute facilité lorsqu'elle est soutenue par les divinités musicales. Or, pour qu'elles emportent les chanteurs-poètes sur leur chemin lors d'une célébration d'hommes illustres, à la bonne δόξα (εὐδόξων), il faut entretenir un rapport privilégié avec elles : savoir conduire (ἄγοι), dit Pindare, leurs honneurs (τιμάς) jusque chez les hommes qui y ont droit. Autrement dit faire profil bas. Ce n'est qu'en se mettant à disposition, à la merci des Muses que l'activité musicale devient soudain aisée, légère.

---

90 Il en va de même chez Pi. *N.* 8.47 : le chanteur-poète dresse son chant comme un deuxième monument des Muses (λίθον Μοισαῖον) à la mémoire du père du vainqueur, décédé au moment de l'exécution.
91 Cf. Thummer 1968, 137-138.
92 Cf. encore ci-dessous n. 97.
93 Pi. *I.* 2.33-34.

Prenant ainsi la route, les chants acquièrent un caractère dynamique, comme ils atteignent chez Homère (*Od.* 8.74) le large ciel. A cette différence que l'image employée par Pindare est plus visuelle, plus phénoménale, pour ne pas dire plus matérielle, voire humaine que l'expression homérique.

5.1.3 Au travail, Muse !

Absents chez les auteurs précédents, les commanditaires ou patrons des chants ont chez Pindare une influence sur la présence des Muses, l'attelage du char et d'une manière générale l'inspiration et le travail du chanteur-poète.[94] Ils jouissent d'un statut privilégié dans le chant.

Dans le premier extrait, d'interprétation problématique, Pindare relève dans quelle mesure le contexte d'intervention des Muses se distingue de celui qui avait cours par le passé :

> Οἱ μὲν πάλαι, ὦ Θρασύβουλε,
>   φῶτες, οἳ χρυσαμπύκων
> ἐς δίφρον Μοισᾶν ἔβαι-
>   νον κλυτᾷ φόρμιγγι συναντόμενοι,
> ῥίμφα παιδείους ἐτόξευον μελιγάρυας ὕμνους,
> ὅστις ἐὼν καλὸς εἶχεν Ἀφροδίτας
> εὐθρόνου μνάστειραν ἀδίσταν ὀπώραν.
> ἁ Μοῖσα γὰρ οὐ φιλοκερδής
>   πω τότ' ἦν οὐδ' ἐργάτις·
> οὐδ' ἐπέρναντο γλυκεῖ-
>   αι μελιφθόγγου ποτὶ Τερψιχόρας
> ἀργυρωθεῖσαι πρόσωπα μαλθακόφωνοι ἀοιδαί.

> Ceux d'autrefois, Thrasybule,
>   les hommes qui
> sur le char des Muses au bandeau d'or
>   montaient, rencontrant la *phorminx* dont on entend parler,
> lançaient vivement des chants au son doux comme le miel adressés aux enfants,
> celui qui, beau, tenait
> la plus douce arrière-saison qui rappelle Aphrodite au beau vêtement.
> La Muse en effet n'était alors pas encore avide de gain
>   ni travailleuse ;
> et ils n'étaient pas vendus les doux
>   chants de Terpsichore au son doux comme le miel,
> eux dont la face est d'argent et le son agréable.[95]

---

94 Pour le thème du commanditaire en général, cf. Svenbro 1976, 173-186.
95 Pi. *I.* 2.1-8.

Dans ce début d'épinicie, le chanteur-poète s'adresse au commanditaire du chant Thrasybule, fils du défunt vainqueur Xénocrate. Il commence par rappeler ce qui arrivait jadis aux hommes qui montaient sur le char (δίφρον) des Muses. Muses qui se distinguent – comme chez Hésiode (*Th.* 916), à une autre reprise chez Pindare (*P.* 3.89) et deux fois chez Bacchylide (*Ep.* 5.13 ; *Dith.* fr. 29a.3 Maehler) – par leur bandeau d'or (χρυσαμπύκων), symbole de leur tenue et de leur brillance.[96] Autrefois, indique-t-il, les chanteurs ainsi élevés au niveau de la musique rencontraient cet instrument bien connu qu'est la *phorminx*, ici qualifiée par sa capacité à se faire entendre et donc à valoriser les grands hommes célébrés dans le chant (κλυτᾷ). Ce faisant, ils lançaient avec vivacité (ῥίμφα),[97] telle une flèche (ἐτόξευον) – sans délai ni détour – des chants doux comme le miel (μελιγάρυας) à des enfants (παιδείους).[98]

Naguère, grâce aux Muses, les chanteurs étaient donc portés à proférer, pour ainsi dire spontanément, des œuvres en même temps ciblées et agréables, soutenues, renforcées par un accompagnement instrumental. Suite à ces remarques liminaires, empreintes de tradition, le chanteur-poète relève que ces compositions provenaient de quelqu'un[99] qui se distinguait par sa beauté : littéralement un homme dans la plus douce saison des fruits (ὀπώραν). Cela sans doute au sens de la plus agréable période de la vie : celle, en même temps automnale, apaisée et encore jeune, chaude et fraîche, où se récoltent les fruits les plus délicieux.[100] Saison qui ne manque pas de rappeler la puissance d'Aphrodite, dont l'épithète souligne la beauté harmonieuse de son vêtement (εὐθρόνου),[101] au sens de la couverture sous laquelle, selon Scheid et Svenbro (1994, 87), « s'unissent les amants,

---

96 Duchemin 1952 souligne que chez Pindare la famille de termes signifiant le doré exprime une notion d'éclat : « Lumière et or sont toujours, chez lui, étroitement unis. Si fort est ce lien que, même dans les passages où il semble considérer d'abord la valeur marchande de l'or, la nuance d'éclat n'est jamais absente ».
97 Cet adverbe est employé à dix-neuf reprises chez Homère (par exemple *Il.* 6.511 ; *Od.* 8.193) pour désigner la rapidité d'un déroulement. Il fait écho à αἶψα et ταχέως (Hes. *Th.* 102-103) ainsi qu'aux actions rapides et énergiques des Muses ; les chants non spontanés, commandés seraient à l'opposé.
98 L'adjectif παιδεῖος peut s'entendre en deux sens : *qui concerne les enfants* et *qui convient aux enfants*. Avec Pavese 1966, 106, nous sommes d'avis qu'il s'agit de prendre le terme de manière générale, sans y chercher un genre de louange déterminé (érotique, pédérastique).
99 Le pronom relatif ὅστις est à lire comme εἴ τις, *si quelqu'un* (cf. Verdenius 1982, 6).
100 Les Suppliantes ont par exemple cet âge qui attire les yeux des hommes : ὀπώρα pas évidente à protéger (A. *Supp.* 998).
101 La même épithète qualifie Aurore (Hom. *Il.* 8.565 ; *Od.* 6.48 ; 15.495 ; 17.497 ; 18.318 ; 19.342) les filles de Cadmos (Pi. *O.* 2.22), les Heures (*P.* 9.60). Cf. ci-dessous les occurrences de l'adjectif en lien avec Clio (*N.* 3.83) et Uranie (B. *Dith.* 2[16].3).

que l'union soit légitime ou non, hétérosexuelle ou non ».[102] La déesse de l'amour paraît jouer un rôle d'importance dans la production. Le chanteur-poète indique ici à son commanditaire dans quelle mesure c'était autrefois l'attrait, l'amour pour une beauté de toute fraîcheur et douceur qui était à l'origine des chants.[103]

Suite à cette présentation – à consonance idyllique – de l'activité de ses prédécesseurs, Pindare ajoute soudain, dans le même sens : que la Muse de ces temps passés n'aimait pas le gain (φιλοκερδής) et n'était pas travailleuse (ἐργάτις) – contrairement à aujourd'hui, lisons-nous entre les lignes. Fréquents dans la prose de l'époque pindarique, les deux termes ne se font jour qu'à une autre reprise chez nos auteurs, sans que leur occurrence nous soit d'une grande aide : Théognis (199 Young) emploie φιλοκερδής pour qualifier le θυμός d'un homme qui acquiert injustement quelque chose ; chez Archiloque (fr. 208 West), on trouve ἐργάτις, mais sans qu'on parvienne à le déterminer précisément.[104] Le premier qualificatif de la Muse contient le préfixe φιλο- (de φιλεῖν) et un suffixe de la famille de κέρδος, *gain*, *avantage*, *profit*. Si ce dernier apparaît déjà chez Homère, c'est toutefois dans un autre sens que chez Pindare. Chez Homère (*Od.* 23.140 ; 16.311), le κέρδος est par exemple l'avantage que Zeus offre à Ulysse et ses compagnons après qu'ils aient tués les prétendants ; ou alors le profit qu'Ulysse et Télémaque doivent tirer du fait que tous les prétendants se trouvent dans le palais. A l'époque de Pindare, où l'argent est devenu monnaie courante, le terme désigne avant tout le gain financier, tel celui d'Asclépios qui, avant l'heure, a employé sa σοφία contre de l'argent pour guérir un homme auquel il n'aurait pas dû permettre de recouvrer la santé (*P.* 3.54). Mais il signifie aussi toutes sortes de gains, par exemple le présent amené de bon cœur par un hôte (*P.* 8.13) ou les bonnes paroles prononcées à l'égard d'un vainqueur (*I.* 1.51). Dans le second terme qualifiant la Muse, on trouve la même racine que dans ἔργον, *travail*, *action*, *ouvrage*, *œuvre* : non seulement le travail de la terre[105] ou tout ouvrage manuel,[106] comme par exemple, en contexte épinicique, les prix remis aux vainqueurs des jeux (*O.* 7.84 ; 13.38), mais également musical, tel par exemple celui qui réjouit les jeunes gens et Apollon dans l'*Hymne homérique à Hermès* (4.454).

En signalant que la Muse n'aimait autrefois pas le gain et n'était pas travailleuse, le chanteur-poète indique que les choses ont changé. D'une part en ce que,

---

102 Pour l'analyse des épithètes en -θρονος : 61-91. Voir aussi Risch 1981.
103 Selon Nisetich 1978, 140, si Pindare et Thrasybule avaient vécu à cette ancienne époque, le premier aurait composé un chant en raison de la beauté du second.
104 D'aucuns donnent au terme d'Archiloque le sens de prostituée (cf. par exemple von Wilamowitz-Moellendorff 1922, 311 n. 1). Verdenius 1988, 123 reconnaît toutefois qu'une telle interprétation dépasse le contexte et les propos pindariques.
105 Par exemple Hom. *Il.* 12.283 ; *Od.* 14.344.
106 Notamment Pi. *P.* 3.30.

contrairement à l'époque où la musique ne consistait pas en un travail financièrement rétribué, les chanteurs-poètes se font désormais payer – tantôt même grassement, comme Pindare lui-même.[107] D'autre part du fait que, à la différence de ce qui a cours dès lors, l'activité du chanteur-poète se déroulait jadis pour ainsi dire spontanément, sans consister en un véritable travail, sous-entendu exigeant, pénible, méritant un salaire en proportion.

En fin de passage, le chanteur-poète mentionne encore le visage argenté (ἀργυρωθεῖσαι πρόσωπα),[108] l'aspect d'argent, de la couleur, de l'éclat de l'argent, des chants de la Muse Terpsichore, que nous savons réjouir pleinement et qui joue probablement ici le rôle de porte-parole de ses sœurs. Comme le note Privitera (1982, 157), « l'opposition n'est pas entre diverses Muses, de l'amour et de la lyrique chorale, mais entre passé et présent ». En plus d'avoir un visage argenté, les chants sont une nouvelle fois – et même triplement – caractérisés par leur suavité : au son doux comme le miel (μελιφθόγγου), doux (γλυκεῖαι) et agréable (μαλθακόφωνοι).[109] Ces mentions ne sont toutefois pas le plus important. Pindare ne fait que renouer avec sa distinction précédente entre doux temps passé et pragmatique temps présent. Si, à la différence des chants de jadis, ceux d'aujourd'hui sont vendus (ἐπέρναντο), ils ne sont pas moins agréables et imprégnés de douceur. Comment interpréter leur visage argenté ? Le sens de l'expression dépend de l'époque en question. Si Terpsichore et ses doux chants font partie du temps révolu, il s'agit d'y entendre avec Privitera (1982, 159) le bel éclat lumineux des compositions ancestrales ; éclat argenté faisant écho au bandeau d'or qui reflète la brillance et tenue des Muses. Si le qualificatif porte sur les chants présents, marqués par un certain prix, il s'agit d'un symbole pécuniaire – valeur financière qui n'exclut évidemment pas leur éclat et beauté.[110]

Mais que veut faire entendre Pindare à Thrasybule et à son auditoire en entonnant ainsi son chant, en vantant, voire idéalisant une époque révolue ? Depuis l'antiquité, la question torture les esprits. Nous retraçons ci-dessous les deux lectures apparues dans les scholies ainsi que les interprétations modernes les plus intéressantes.

---

[107] A en croire les *Schol. in Pi. N. 5* (3.89 Drachmann), Pindare s'en sortait très bien : il aurait notamment exigé 3000 drachmes pour la composition de la cinquième *Néméenne* ; à une période où 120 drachmes semblent suffire à un homme pour vivre toute une année (cf. Svenbro 1976, 180).
[108] Chez Pi. *P*. 11.40-41, c'est la voix (φωνάν) de la Muse (Μοῖσα) qui est en argent (ὑπάργυρον).
[109] Bien que ce soit Terpsichore qui soit qualifiée par un son doux comme le miel, compte tenu de ce que nous savons, ce dernier se confond sans autre avec ses chants. Heyne 1807, 503 lit d'abord μελίφθογγοι avant de proposer μελιφθόγγοι.
[110] Cf. par exemple Verdenius 1988, 123-124.

Les scholies (*I. 2.9a* [3.214 Drachmann]) présentent la Muse travailleuse comme métaphore de la vénalité de Simonide qui, du vivant de Xénocrate, a célébré contre paiement la victoire isthmique de ce dernier.[111] Le présent chant est en effet une seconde épinicie en son honneur, commandée par Thrasybule suite à la mort récente de son père.[112] Œuvre que Pindare, au contraire de Simonide, aurait composée gratuitement, comme hommage spontané à Thrasybule, ami dont il se serait entiché dans sa jeunesse ; l'évocation dans notre passage du beau jeune homme stimulant la musique en serait une indication.[113] Présentant un Pindare nostalgique, abandonnant par amour ses habitudes, cette lecture, taxée de romantique, est doublement réfutée par la critique.[114] D'une part parce que la relation de Pindare à Thrasybule n'est pas attestée : les louanges qu'il lui adresse dans la sixième *Pythique* sont ce qu'il y a de plus conventionnel.[115] D'autre part en raison du dicton sans équivoque intervenant quelques vers plus bas qui affirme que l'homme dépossédé de ses richesses n'est plus rien, au point que même ses amis l'abandonnent, incapable qu'il est dès lors de réciprocité.[116] Aussi, l'interprétation de Bury (1892, 34) selon laquelle Pindare indique ici à Thrasybule, laissé sans le sou à la mort de son vainqueur de père décédé avant paiement de la composition, qu'il renonce pour une fois à encaisser sa rétribution, n'est pas non plus convaincante. Pourquoi, de plus, Pindare soulignerait-il l'ancienne gratuité des chants ?

Selon la seconde interprétation des scholies (*I. 2 Inscr. a* [3.213 Drachmann]), Pindare signale à Thrasybule son manquement vis-à-vis du paiement du chant. A leur suite, Farnell (1961, 342) voit dans ces vers la demande d'honorer un paiement que Xénocrate devait à Pindare ; Bowra (1964, 126) y distingue la requête de payer un chant composé spontanément ; et Verdenius (1982, 12 ; 1988, 127) une précision à Thrasybule que, s'il a eu la chance de bénéficier par le passé d'un chant gratuit (la sixième *Pythique*), il devra cette fois délier sa bourse. Nous suivons pour notre part Privitera (1982, 28), qui s'étonne du caractère public que prendrait dans ce cas le rappel, alors que les transactions financières se font de

---

[111] Cf. Simon. fr. 513 Page ; Call. fr. 222 Pfeiffer : « Je ne nourris pas une Muse travailleuse (ἔργατις) comme le petit-fils céen d'Hylicos », à savoir Simonide.
[112] La victoire de Xénocrate à l'Isthme date de 476 ; sa mort est située quelque deux ans plus tard. Informations biographiques chez Privitera 1982, 27.
[113] Pour des références de philologues modernes en accord avec cette interprétation, cf. Pavese 1966, 105 n. 5.
[114] Par exemple Pavese 1966, 105 ; Woodbury 1968, 529-530.
[115] Cf. par exemple Pavese 1966, 106 ; Privitera 1982, 28 ; Morrison 2007, 90.
[116] Pi. *I.* 2.9-11 : il s'agit d'une parole de l'Argien, qui disait « "argent, argent est l'homme" après avoir perdu en même temps ses biens et ses amis ».

coutume en privé. Il semble de plus curieux de réclamer un tel salaire en valorisant une époque où, justement, les chants étaient gratuits.

En conséquence, outre le rappel de l'importance et de l'influence des Muses sur la production des doux chants du chanteur-poète, c'est selon nous l'apparition du chant comme fruit d'un travail pénible, concernant aussi bien les Muses que le chanteur-poète, et méritant d'autant plus un bon salaire, qu'il convient avant tout de retenir. Pour la première fois en effet, la composition du chanteur-poète est réfléchie et présentée comme ayant une valeur financière ;[117] valeur qui demande d'être reconnue par le commanditaire et qui pousse le chanteur-poète à employer un vocabulaire inédit. Aussi, comme Pavese (1966, 111-112) et Woodbury (1968, 540), nous sommes d'avis que Pindare ne rappelle pas seulement la manière passée de procéder, mais expose – par la négative – les avantages qu'offre à son époque le bon usage de la richesse. Non sans louer au passage l'utilisation avisée que fait Thrasybule de son argent.[118]

Nous l'avons compris : si l'œuvre musicale du chanteur-poète a un prix, c'est qu'elle n'est pas donnée à tout le monde et représente tout un travail. Très imagés, les vers ci-dessous présentent successivement les activités qui reviennent à nos divinités et à notre compositeur :

> [...] νικῶντί γε χάριν, εἴ τι πέραν ἀερθείς
> ἀνέκραγον, οὐ τραχύς εἰμι καταθέμεν.
> εἴρειν στεφάνους ἐλαφρόν, ἀναβάλεο· Μοῖσά τοι
> κολλᾷ χρυσόν ἔν τε λευκόν ἐλέφανθ' ἁμᾶ
> καὶ λείριον ἄνθεμον ποντίας ὑφελοῖσ' ἐέρσας.

> [...] la *charis* pour le vainqueur, si je me suis en quelque manière élevé au-delà
> en criant à haute voix, je ne suis pas rude à la déposer.
> Entrelacer des couronnes est facile, lance-toi ; la Muse
> unit fortement en même temps l'or à l'ivoire blanc
> et à la fleur de lis soustraite à la rosée de la mer.[119]

Quelques vers avant le passage (*N*. 7.70-72), suite à une large exposition du récit de Néoptolème à Delphes, Pindare est intervenu dans le chant pour indiquer

---

117 Nagy 1989, 141 indique à juste titre que la valeur financière des chants pindariques ne remet nullement en cause leur caractère sacré. Dans la société grecque archaïque, récompenser un chanteur-poète pour son travail fait selon lui partie d'une chaîne de réciprocités dont la valeur, même matérielle, est sacrée.
118 Thummer 1968, 40 adopte la position contraire : la Muse est selon lui coupable de ne se mettre au travail que contre de l'argent.
119 Pi. *N*. 7.75-79.

qu'il a beau avoir lancé au loin, tel un trait, sa langue rapide, il n'a pas pour autant perdu le fil de son affaire. Fidèle à la tradition, rebondissant sur celle-ci pour illustrer l'actualité, c'est en toute conscience qu'il a fait son excursus, pour mieux se tourner désormais à la louange proprement dite du vainqueur.[120] Dans la première phrase de notre extrait, prenant à nouveau la parole à la première personne, il renoue avec son indication pour relever la facilité avec laquelle il accomplit sa tâche : même s'il s'est auparavant élevé au-delà du chant en criant (ἀνέκραγον), plutôt au sens d'une déclaration faite d'une voix forte que d'un cri strident, désagréable,[121] c'est sans rudesse (οὐ τραχύς) – sans peine, volontiers et facilement – qu'il dépose maintenant la χάρις, la *faveur joyeuse* et *abondante*, l'accordant par son chant au vainqueur.

A la suite de ces indications, le chanteur-poète exhorte un individu à la première personne de l'impératif. Le sens du verbe dépend de l'interprétation des mots qui le précèdent. Si on voit dans l'entrelacement facile des couronnes une tâche humaine, donnant un résultat éphémère, on traduit la forme verbale ἀναβάλεο par *rejette-la !*, *lass es sein !*, *néglige !* :[122] le travail serait à abandonner au profit d'un autre, celui de la forte union musicale des divers éléments mentionnés juste après.[123] Mais dans l'idée où l'entrelacs n'est facile que pour le chanteur-poète inspiré, il convient de voir dans ἀναβάλεο, comme nous l'avons fait, une auto-stimulation du chanteur-poète lui-même. Le verbe ἀναβάλλειν est d'ailleurs souvent employé en guise d'amorce de prélude ;[124] et, à l'instar de tous les impératifs initiant la musique, ἀναβάλεο apparaît volontiers également en milieu de chant, en guise de réinvestissement musical.[125]

Mais quelles couronnes le chanteur-poète est-il amené à entrelacer ? La suite du texte l'indique, non sans procéder au passage à un troisième renversement de personne : suite aux « je » de la première phrase et à l'impératif précédent, Pindare fait intervenir la Muse comme sujet des deux vers suivants. Il en va comme si toutes les personnes – le « je », le « tu » et la Muse – venaient à se mêler. Tout compte fait au sens où elles ne font qu'une : le chanteur-poète inspiré, porté et élancé par la divine Musique. C'est en effet en tant que tel qu'il

---

[120] Pour la question du lien entre ces deux parties (mythique et de louange) du chant, cf. Most 1986, 197-198.
[121] Par exemple le discours que tient Ulysse à Eumée (Hom. *Od.* 14.467). Dionys.Eleg. fr. 7 West mentionne pour sa part le « cri de Calliope (κραυγὴν Καλλιόπης) ».
[122] Puech 1923, 100 ; Fränkel 1962, 560 ; Savignac 2004, 319.
[123] Cf. par exemple Fränkel 1962, 560 ; Carey 1981, 171.
[124] Pour les *Schol. in Pi. N.* 7.114a (3.132-133 Drachmann), ἀναβάλεο signifie *mets-toi à jouer le prélude*, marquant ainsi un nouveau départ dans le chant.
[125] Cf. Loscalzo 2000, 205. Chez Pi. *O.* 1.18, le chanteur-poète s'exhorte aussi à prendre (λάμβαν') la *phorminx*, indiquant par là le moment de l'accomplissement de la louange principale.

lui revient d'unir fortement trois matières précieuses : l'or, l'ivoire blanc et la fleur de lis (λείριον ἄνθεμον) soustraite à la rosée marine (ποντίας ὑφελοῖσ' ἐέρσας). Les deux premiers éléments se comprennent sans peine : nous savons que l'or est associé à la brillance, à l'éclat, à la beauté et au prestige des chants ; et même si nous le rencontrons ici pour la première fois, l'ivoire peut facilement être affilié à leur grande valeur et solidité, à l'instar des nombreux objets produits dans cette matière.[126] Le fait qu'il soit qualifié de blanc ne fait que souligner le symbole de pureté qu'il représente.

Pour les scholies (*N. 7.116* [3.133 Drachmann]), la fleur de lis soustraite à la mer n'est autre que le corail qui, aussi longtemps qu'il est dans la mer, est mou et ressemble à une fleur. Fleur de lis ? Chez Hésiode (*Th.* 41), la voix des Muses est qualifiée ainsi, l'adjectif relevant son caractère de pureté et d'éclat. Selon Irwin (1974, 206-208), λείριον ne peut cependant ici désigner la couleur blanche : l'arrangement de trois composants, du jaune or au blanc ivoire, serait gâché par la combinaison de deux éléments de la même couleur. Autre argument dans ce sens : la seule variété de corail connue en Grèce à cette époque semble être rouge.[127] Les lis étant d'ailleurs tantôt également rouges, l'expression rappellerait ici la couleur de la fleur ; tout en faisant référence à sa texture, fine et délicate. Et la Muse d'entrelacer, d'unir fortement une brillante, solide, pure et raffinée couronne d'or, d'ivoire blanc et d'un délicat corail rouge.[128]

Ces trois éléments peuvent aussi bien être mis en relation avec la septième *Néméenne* qu'avec les chants de Pindare en général. Pour Norwood (1956, 107-109), l'éclat (or), le pouvoir de séduction (ivoire) et la grâce (corail) des chants annoncent les trois thèmes du chant : l'éloge du vainqueur, le pouvoir du chant et le récit de Néoptolème. Dans une vue plus large, Snell (1975a, 89-90) y voit un exemple de l'entrelacement des diverses parties des chants pindariques, parties qui resplendissent dans une lumière propre sans constituer un ensemble d'une pièce. Sans réfuter ces deux explications, nous adhérons à la lecture de Brillante (2009, 193), qui relève l'intérêt du chanteur-poète pour des chants composés d'éléments hétérogènes, aussi précieux que d'origines diverses, élaborés avec art, en vue de produire un ensemble plaisant. Ces trois composants unissent non seulement éclat, beauté et solidité, dureté, mais également le plus haut, le plus élancé avec le plus profond, les sphères célestes et les mystérieux bas-fonds marins. Tel est comment le chanteur-poète dépose la *charis* pour le vainqueur.

---

126 Par exemple le mors du cheval (Hom. *Il.* 4.141), les rênes (5.583), le plafond d'une maison (*Od.* 4.73), un siège (19.56), un cadre de lit (23.200). Voir encore Segal 1967, 461.
127 Cf. Thphr. *Lap.* 38.
128 Carey 1981, 172 relève que ce sont ici pour Pindare davantage la texture, l'éclat et la rareté des matériaux que leur couleur qui comptent.

L'expression entrelacer des couronnes (εἵρειν στεφάνους) revient à deux autres reprises dans l'œuvre pindarique à l'aide d'un verbe quasi synonyme (πλέκειν, *tresser*) : elle désigne alors d'une part l'activité de tressage effectuée par les camarades d'un vainqueur ; d'autre part, dans une partie mythique, celle des habitants de l'île des fortunés.[129] Pour ce qui est des couronnes, elles apparaissent régulièrement en tant que marques de victoire et récompenses pour les vainqueurs.[130] Bien que ce ne soit guère relevé, il va de soi qu'elles ont été tressées, avec des branchages, feuillages ou encore des fleurs. Les couronnes entrelacées par le chanteur-poète se distinguent de celles-ci du fait qu'elles lient des éléments qui ne peuvent être unis, tissés par nulle autre force que la puissance musicale. L'acte de tressage ou de tissage se réfère forcément à l'activité musicale, comme assemblage de mots, d'idées, de paroles, de sons, de rythmes, de mélodies, etc. Pindare le montre lui-même à quatre reprises, lorsqu'il assemble des paroles ou un chant varié ;[131] Scheid et Svenbro (1994, 20) le relèvent à leur manière : « Tisser c'est entrelacer ce qui est différent, contraire, hostile, afin de produire une toile harmonieuse ».

Bien que déjà apparue comme grande, l'influence du chanteur-poète sur le vainqueur ne se réduit pas au tressage de couronnes musicales assurant à ce dernier une excellente renommée. Dans la première *Isthmique*, Pindare va plus loin encore, se présentant comme garant des futures victoires : c'est parce qu'il est « élevé par les ailes éclatantes des Piérides à la belle voix (εὐφώνων πτερύγεσσιν ἀερθέντ' ἀγλααῖς Πιερίδων) »[132] que le triomphateur sera en mesure d'obtenir d'autres couronnes de jeunes pousses cueillies à l'endroit de la victoire. Si la belle voix et le caractère brillant de nos divinités nous sont bien connus, nous les rencontrons ici pour la première fois explicitement dotées d'ailes.[133] En plus

---

129 Pi. *I.* 8.67 ; *O.* 2.74.
130 Pi. *O.* 3.18 ; 4.23 ; 5.1 ; 6.26 ; 8.76 ; 9.19 ; 10.61 ; 11.13 ; 13.29 ; *P.* 1.100 ; 2.6 ; 3.73 ; 9.124 ; 10.26 ; 58 ; 11.14 ; *N.* 3.8 ; 4.17 ; 77 ; 5.5 ; 6.26 ; 10.26 ; *I.* 1.10 ; 21 ; 3/4.11 ; 5.8 ; 62 ; 6.4 ; 7.51.
131 Pi. *O.* 6.86-87 : « Tressant (πλέκων) | un chant chatoyant » ; *N.* 4.94 : « Tressant (πλέκων) des paroles » ; 44-45 : « Tisse (ἐξύφαινε), douce *phorminx*, [...] un chant » ; fr. 179 Maehler : « Je tisse (ὑφαίνω) pour les Amythaonides un bandeau chatoyant ». B. *Ep.* 5.9 ; *Dith.* 5(19).8 emploie lui aussi le verbe ὑφαίνειν.
132 Pi. *I.* 1.64-65. Le vainqueur est encore en lien avec les Muses en ce qu'il est présenté comme cueillant sa sagesse « dans les replis des Piérides (ἐν μυχοῖσι Πιερίδων) » (*P.* 6.48) ; replis qui sont liés aux vallées du massif de l'Hélicon par Slater 1969a, 342, et qui pourraient indiquer une certaine ressource musicale (cf. encore Simon. F 264b.2-3 Poltera).
133 Pour autant qu'on ne tienne pas compte du fragment douteux d'Alcm. fr. 271 Calame qui mentionne des Muses aux ailes de miel (μελιπτέρωτα). L'aile (πτερόν) de la Muse apparaît une seconde fois chez B. *Encom.* 20b.4. Chez Pindare, le vainqueur est ailé (ποτανός) chez les Muses (ἔν τε Μοίσαισι) au sens où il est élevé à leur niveau, c'est-à-dire chanté (*P.* 5.114) ; de même que

de renouer avec l'horizon musical rencontré jusqu'ici – teinté de légèreté, facilité, amplitude, rapidité de déplacement, etc. –, les ailes des Muses permettent nouvellement au vainqueur lui-même d'élever son niveau, sous-entendu de performance ; de sorte qu'il soit capable de s'avancer dans des sphères supérieures, rendant l'acquisition de futures couronnes plus aisée. Nous l'entendons ainsi : la présente célébration du vainqueur confère à ce dernier la renommée et conséquemment la confiance nécessaires pour de nouveaux triomphes.

La dixième *Olympique* célèbre le jeune Hagesidamos. En son début, le chanteur-poète se présente dans une situation inédite, pour le moins étonnante, sinon fâcheuse, de manque ; état que la Muse et une autre divinité jusque-là absente viennent combler afin qu'il puisse honorer comme il se doit la commande de chant qui lui a été faite :

> Τὸν Ὀλυμπιονίκαν ἀνάγνωτέ μοι
> Ἀρχεστράτου παῖδα, πόθι φρενός
> ἐμᾶς γέγραπται· γλυκὺ γὰρ αὐτῷ μέλος ὀφείλων
> ἐπιλέλαθ'· ὦ Μοῖσ', ἀλλὰ σὺ καὶ θυγάτηρ
> Ἀλάθεια Διός, ὀρθᾷ χερί
> ἐρύκετον ψευδέων
> ἐνιπὰν ἀλιτόξενον.

> Faites-moi connaître le vainqueur olympique,
> l'enfant d'Archestratos, là où dans mon cœur
> il est écrit ; le doux chant dansé et musicalement accompagné qui lui est dû,
>   je l'ai en effet oublié ; ô Muse, et toi aussi, fille
> de Zeus, Alétheia, d'une main droite
> repoussez du faux
> le reproche qui viole l'hospitalité.[134]

Loin de vanter ses mérites, le chanteur-poète commence par un aveu de faiblesse : il expose qu'il a oublié le doux chant dansé et musicalement accompagné qu'il doit au fils d'Archestratos. Après l'avoir dûment composé, il ne s'en souvient plus. Grâce à notre lecture d'Hésiode (*Th.* 102), nous savons toutefois qu'oublier quelque chose ne veut nullement dire l'avoir perdu pour toujours.[135] En effet, le chant de Pindare existe bel et bien encore, simplement caché là où il a été écrit, dans son cœur (φρενός) ; à tel point enfoui qu'il lui est devenu inaccessible. Aussi

---

le char musical (πο]τανόν – *Pae.* 7b C2.13 Rutherford). Autant d'exemples faisant écho aux ἔπεα πτερόεντα, *mots ailés* d'Homère (par exemple *Il.* 5.123).
134 Pi. *O.* 10.1-6.
135 Le seul exemple d'oubli définitif de notre corpus se trouve chez le même Hes. *Op.* 275 : Persès doit oublier la violence à tout jamais (πάμπαν).

le chanteur-poète se voit-il contraint de débuter en demandant qu'on lui vienne en aide, qu'on lui lise (ἀνάγνωτε) le chant en question.[136] Bien que le verbe ἀναγιγνώσκειν possède également le sens plus large de *connaître, reconnaître, faire connaître* – les signes d'Ulysse permettent par exemple à Pénélope et Laërte de reconnaître leur époux et fils[137] –, au sens où on acquiert une connaissance (-γιγνώσκειν) à force d'efforts (ἀνα-), on le traduit ici généralement par *lire* en écho à la forme verbale γέγραπται de γράφειν, *écrire*, située deux vers plus bas. L'intérêt pour nous est de voir que la lucidité, ou l'inspiration, ne marque le chanteur-poète que par moments : si, pendant un instant, il est en mesure de stimuler ses organes, de transmettre les hauts-faits cachés dans la mémoire musicale, si, parfois, les choses s'ouvrent à lui, elles ne demeurent cependant pas à sa disposition, mais ont tôt fait de se refermer.

Pour sortir de son impasse, Pindare invoque deux filles de Zeus : la première n'est autre que la Muse ; la seconde, inédite dans notre parcours, rarement personnifiée, jamais sinon comme fille du roi des dieux : Alétheia – la vérité en personne. Leur tâche consiste à ce qu'elles lui fassent connaître, ensemble, le doux chant inscrit dans son cœur. Travail qu'elles sont doublement capables de faire : d'une part par l'accès qu'elles ont à sa φρήν, organe que nous savons relier l'homme aux dieux ; d'autre part en tant que divinités caractérisées par leur pouvoir de dévoiler, déceler, faire apparaître ce qui est dissimulé. Nous nous en souvenons : chez Hésiode (*Th.* 28), les Muses apparaissent comme sachant elles-mêmes faire entendre le vrai (ἀληθέα) : ce qui se dévoile, passe de l'absence à la présence, de l'obscurité, de l'invisibilité à la clarté et visibilité.[138] En démarcation du faux, du voilé (ψευδέων) qui intervient juste après. L'appel à Alétheia vient ainsi sinon préciser du moins renforcer, doubler celui à la Muse : « et toi aussi (σὺ καί) » va d'ailleurs bien dans ce sens. Pindare souligne la qualité de la Muse d'exprimer la vérité.

Et voilà que Pindare peut honorer la dette qu'il a vis-à-vis du vainqueur. Or s'il ne le faisait pas, ajoute-t-il, ce dernier pourrait en toute légitimité lui reprocher

---

136 Pour les *Schol. in Pi. O.* 10.1a (1.308 Drachmann), la demande d'aide est adressée soit aux Muses soit au chœur ; pour Hubbard 1985, 67, c'est le public qui est appelé à lire dans le cœur du chanteur-poète, comme lorsque ce dernier lui ordonne d'écouter (ἀκούσατ') (Pi. *P.* 6.1). Refusant de lier la Muse et Alétheia à la lecture et donc l'écriture, Gentili 2013, 555 est d'avis que seule l'adresse au public – effectif ou idéal – est plausible. Cf. encore D'Alessio 2004, 291 n. 89.
137 Hom. *Od.* 19.250 ; 24.346.
138 Par exemple le sanctuaire de l'Isménion (oracle d'Apollon) comme siège des paroles dévoilantes des devins (Pi. *P.* 11.6) ; Olympie comme maîtresse d'Alétheia au sens où cette dernière permet de révéler au monde les hommes d'exception que sont les vainqueurs (*O.* 8.2). Les dix autres occurrences du terme vont dans le même sens (1.28 ; 2.92 ; 6.89 ; 7.69 ; 10.54 ; 13.98 ; *P.* 3.103 ; *N.* 5.17 ; 7.25 ; *I.* 2.10).

son oubli. Si son chant était resté prisonnier de son cœur, Pindare aurait violé les lois d'hospitalité (ἀλιτόξενον) : il n'aurait pas été à la hauteur des attentes de son hôte. Mais, grâce au soutien favorable des deux divinités, le reproche n'a pas lieu d'être : la Muse et Alétheia le repoussent (ἐρύκετον)[139] de la main droitement dressée (ὀρθᾷ χερί), comme lorsqu'on jure.[140] C'est ainsi que sera écarté le caractère faux, voilant (ψευδέων) qui recouvrait jusqu'ici le reproche. Une fois le voile levé, l'accusation est caduque : la victoire est célébrée non seulement loyalement et dignement, mais encore en toute vérité.

L'aveu de faiblesse de Pindare n'est finalement que de courte durée. La défaillance de sa mémoire se retourne en sa faveur : soutenu qu'il est par les deux filles de Zeus, il est d'autant plus à même de proférer brillamment son chant.[141] Au point que sa crédibilité de chanteur-poète se trouve renforcée. Mais Pindare est-il sincère ? Est-il vraiment en proie à l'oubli ? Ou use-t-il d'un stratagème discursif (litote, voire antiphrase) pour accentuer ses mérites ? Selon leur manière de suivre le contexte historique, les commentateurs ne sont pas unanimes. Fernandez-Galiano (1956, 271) et Gentili (2013, 556) estiment que, pris par la composition d'une autre épinicie, en l'honneur de la victoire de Théron, frère du tyran Hiéron, aux mêmes jeux, Pindare a effectivement oublié le chant.[142] Plus modéré, Lehnus (1981, 161) relève que Pindare sait exploiter en sa faveur le contretemps en question ; alors que Thummer (1968, 87) et Hubbard (1985, 61) y reconnaissent une convention valorisant la louange du vainqueur. Conformément à notre position : nous croyons à la sincérité de Pindare ; non sans observer que le hasard fait bien les choses...

5.1.4 Un chant aux nombreux effets

Soutenue qu'elle est par les divines Muses, l'activité du chanteur-poète n'est pas sans conséquences sur l'ensemble des participants à la célébration. Pindare ne manque pas de préciser les effets bénéfiques de la musique. En tant que célébrations de victoires, les épinicies apparaissent d'une manière générale comme de joyeux dédommagements des peines endurées. Pindare le relève notamment à propos de Hiéron et de son fils Deinoménès : le chant que fait retentir pour eux

---

139 Le verbe au duel indique qu'il s'agit bien là de la tâche des deux divinités.
140 Cf. Coin-Longeray 2007, 12-13.
141 D'autant plus si, en suivant Chantraine 1950, 116, on entend dans ἀνάγνωτε *lisez à haute voix*, comme dans les discours des orateurs (par exemple And. *De myst.* 47 ; D. *De coron.* 118).
142 Bowra 1964, 19 est d'avis que le retard a été causé par le voyage – source de nombreuses charges inattendues – de Pindare chez Théron en Sicile.

la Muse (Μοῖσα) est appelé « récompense des quadriges (ποινὰν τεθρίππων) »,[143] non seulement au sens du prix offert aux vainqueurs, mais aussi de la compensation des efforts consentis. Voici comment le chant vient également apaiser et même guérir le lutteur Timasarque de ses souffrances :

> Ἄριστος εὐφροσύνα πόνων κεκριμένων
> ἰατρός· αἱ δὲ σοφαί
> Μοισᾶν θύγατρες ἀοιδαὶ θέλξαν νιν ἁπτόμεναι.
> οὐδὲ θερμὸν ὕδωρ τόσον γε μαλθακὰ τεύχει
> γυῖα, τόσσον εὐλογία φόρμιγγι συνάορος.
> ῥῆμα δ' ἐργμάτων χρονιώτερον βιοτεύει,
> ὅ τι κε σὺν Χαρίτων τύχᾳ
> γλῶσσα φρενὸς ἐξέλοι βαθείας.

> Des peines endurées, la joie est le meilleur
> médecin ; les sages
> chants, filles des Muses, les charment en les touchant.
> L'eau chaude ne rend pas les membres autant détendus
> que l'éloge uni à la *phorminx*.
> La parole vit plus longtemps que les actions,
> elle que, avec la faveur divine des Charites,
> la langue extrait des profondeurs du cœur.[144]

L'ordonnance médicale est sans équivoque : pour récupérer des efforts réalisés pour remporter la victoire, rien de tel que la joie (εὐφροσύνα) que procurent les sages chants (σόφαι ἀοιδαί). Appelés « filles des Muses » – ἀοιδή est féminin –, ces derniers ont pour qualité de toucher (ἁπτόμεναι) et charmer (θέλξαν) le vainqueur ; au point qu'il en oublie le pénible chemin qui a précédé le triomphe. Le verbe ἅπτειν veut dire *toucher* aussi bien de manière littérale (un bateau poussé à la mer ou des traits qui atteignent leur cible)[145] que figurée (la jalousie qui touche même les hommes excellents).[146] Signifiant *charmer, séduire, apaiser*, θέλγειν est employé pour exprimer la conséquence tant d'une puissance divine que d'une ruse humaine. Ainsi, chez Homère, les dieux charment les hommes afin d'intervenir dans la bataille ;[147] Circé envoûte ceux qui jettent l'ancre sur son île (*Od.* 10.213 ; 291 ; 318) ; et Pénélope les prétendants à l'aide de douces paroles (18.282).

---

[143] Pi. *P.* 1.58-59.
[144] Pi. *N.* 4.1-8.
[145] Hom. *Il.* 2.152 ; 17.631.
[146] Pi. *N.* 8.22.
[147] Par exemple Zeus (Hom. *Il.* 12.255), Poséidon (13.435) ou Apollon (15.322).

Depuis l'antiquité, ces vers sont lus de deux manières.[148] Soit on identifie l'antécédent du pronom νιν (au vers 3) avec εὐφροσύνα : les chants charment donc la joie en la touchant. Soit, comme nous l'avons fait, on le lie à πόνων : aidés par la joie, les chants touchent et charment les peines.[149] Personnifiée, la joie devient la Charite Euphrosyne, elle aussi, comme ses sœurs, compagne des Muses. La lecture devient d'autant plus prégnante : ensemble, les divinités génèrent des chants capables de soulager, voire guérir les souffrances, blessures et autres courbatures provoquées par l'entraînement et la compétition.[150]

Le chanteur-poète ne s'arrête pas là. Pour valoriser encore la nature bénéfique de ses compositions, il poursuit en affirmant que l'eau chaude – remède par excellence des sportifs aux muscles ou articulations endoloris – est, en comparaison, d'une efficacité moindre. Il n'y a pas d'ambiguïté : uni à la *phorminx*, l'éloge sagement chanté du vainqueur est le meilleur moyen de régénérer les membres, rendus mous, tendres, doux (μαλθακά), comme le sont les muscles détendus et reposés et comme l'est le son des chants lui-même.[151]

Le chanteur-poète en vient alors à expliciter l'avantage du puissant charme musical : au contraire des actions, qui ont tôt fait de disparaître – à peine réalisés, les exploits ont tendance à être oubliés –, la ῥῆμα est de longue portée. Apparaissant comme *parole, formule, verbe* chez Homère,[152] ῥῆμα signifie les différents mots récoltés et formulés lors de la composition et exécution du chant. Si la parole est moins éphémère que les actions, c'est par nature : du fait qu'elle est, grâce à la faveur divine des Charites, extraite des profondeurs du cœur (φρενός) par la langue (γλῶσσα). De manière plus explicite : le talent langagier du chanteur-poète, grâce au soutien divin dont il bénéficie, fait émerger le chant de sa propre φρήν, qui apparaît une nouvelle fois comme interface entre la sensibilité, les passions humaines et les indications divines. De même qu'Euphrosyne aide les filles des Muses à charmer les peines, de même les Charites aident le chanteur-poète à faire éclore ses paroles qui, vivant dans la mémoire musicale, dépassent de loin la durée de vie des actions humaines condamnées à l'oubli.[153]

Nous l'avons compris depuis longtemps : pour ne pas rester dans l'obscurité ou ne pas, sitôt devenu célèbre, sombrer dans l'oubli, il ne suffit pas de réaliser un bel

---

148 Cf. *Schol. in Pi. N. 4.5* (3.64 Drachmann).
149 Pour des références modernes, cf. Machemer 1993, 114 n. 4.
150 Pour le sens spécifique de πόνοι comme *efforts* athlétiques, cf. Pi. *N.* 6.24 ; *I.* 3/4.17. Mais les πόνοι étant inhérents à la condition mortelle (par exemple Hom. *Il.* 10.54 ; Hes. *Op.* 113 ; *h.Ap.* 3.533 ; Pi. *O.* 2.34 ; *P.* 5.54), un tel pouvoir porte au-delà des peines sportives.
151 Pi. *I.* 2.7.
152 Cf. notre analyse des verbes du dire dans 1.1.2 « Nature et savoir des Muses et des hommes ».
153 La victoire fait elle aussi oublier les efforts accomplis (Pi. *N.* 10.24).

exploit, mais il faut encore que ce dernier soit médiatisé, mis en lumière, glorifié par un chanteur-poète. Comme l'est le victorieux Aristocleidès d'Egine : grâce à la volonté de Clio au beau vêtement (εὐθρόνου Κλεοῦς ἐθελοίσας), le chanteur-poète place le vainqueur et son succès en une lumière qui brille (δέδορκεν φάος).[154] Pour son compatriote Cléandre, il demande à une Muse en or (χρυσέαν Μοῖσαν) de le faire.[155] Eclat de l'or qui se retrouve dans celui du feu,[156] lorsque Strepsiade est enflammé (φλέγεται) par les Muses, qualifiées en contraste par leurs boucles violettes (ἰοπλόκοισι Μοίσαις).[157] Ou encore lorsque le chanteur-poète exprime le souhait que les Muses – ouvertes à autrui (προφρόνων Μοισᾶν), comme elles le sont selon Ulysse avec Démodocos[158] – allument un feu de chants (ἄψαι πυρσὸν ὕμνων) en l'honneur de Mélissos.[159] Le chant qui est adressé à ce dernier apparaît également comme un rayonnement qui ne s'éteint jamais (ἄσβεστος).[160] Si la musique a toujours pour caractéristique de mettre au jour des hauts-faits, elle les place ici dans une lumière remarquable.

Le passage suivant précise la situation en soulignant les effets de mise en lumière et de soulagement qui découlent du chant :

εἰ δὲ τύχῃ τις ἔρδων, μελίφρον' αἰτίαν
ῥοαῖσι Μοισᾶν ἐνέβαλε· ταὶ μεγάλαι γὰρ ἀλκαί
σκότον πολὺν ὕμνων ἔχοντι δεόμεναι·
ἔργοις δὲ καλοῖς ἔσοπτρον ἴσαμεν ἑνὶ σὺν τρόπῳ,
εἰ Μναμοσύνας ἕκατι λιπαράμπυκος
εὕρηται {τις} ἄποινα μόχθων κλυταῖς ἐπέων ἀοιδαῖς.

Si quelqu'un accomplit quelque chose grâce à une faveur divine, un motif au cœur de miel
il le jette aux courants des Muses ; les grands exploits
qui manquent de chants ont en effet une obscurité abondante ;
pour les belles actions nous savons un miroir d'une seule manière,
si par la volonté de Mnémosyne au bandeau brillant
une récompense des peines est trouvée dans les chants illustres des mots.[161]

La première image réalimente le lien déjà rencontré des Muses avec l'eau :[162] celui qui accomplit un grand exploit à l'aide d'une faveur divine (τύχῃ) jette un motif

---

154 Pi. *N.* 3.83-84.
155 Pi. *I.* 8.5-6.
156 Par exemple Pi. *O.* 1.1.
157 Pi. *I.* 7.23.
158 Hom. *Od.* 8.498.
159 Pi. *I.* 3/4.61-62.
160 Pi. *I.* 3/4.59.
161 Pi. *N.* 7.11-16.
162 4.8 « Muse auxiliaire et Muse aquatique de Simonide » et 5.1.1 « La Muse nourricière ».

(αἰτίαν) dans les courants (ῥοαῖσι) des Muses. Le nom ῥοαί apparaît à d'autres reprises dans les épinicies pindariques, notamment pour signifier le va-et-vient de la vie, source de bonne humeur et de peines (*O*. 2.33). Tout flux est par nature difficile à saisir : certains effacent, submergent ce qu'ils trouvent sur leur passage,[163] d'autres – ceux de l'ordre de la προμήθεια, de la *prévoyance* ou *préméditation*, liés à l'avenir – gisent au loin, sont inaccessibles (*N*. 11.46). Concernant les flux musicaux, en plus de faire écho à l'eau autour de laquelle les Muses dansent et dans laquelle elles se lavent chez Hésiode (*Th*. 3 ; 5), dont elles sont les gardiennes chez Simonide (F 264a et b Poltera) et qu'elles font jaillir chez Pindare (*I*. 6.75), ils reflètent ici la fluidité et en même temps immuabilité de la mémoire et du savoir musicaux.[164] Conformément à ce que nous savons des divines filles de Zeus et de Mnémosyne, leurs flux transmettent[165] tous les grands moments récoltés et célébrés au fil du temps dans des courants de mots, – dont les hommes se souviennent.[166] C'est en ce sens que le chanteur-poète affirme que la grande action humaine – promue et soutenue par la τύχη – nourrit d'une douceur mielleuse (μελίφρον')[167] les courants des Muses, permettant qu'un nouveau chant, suave pour le cœur, à l'instar de tous les autres, s'écoule pour tout avenir de leur mémoire vers les oreilles de tout un chacun.

Mais pourquoi Pindare emploie-t-il le terme αἰτία pour désigner ce que le vainqueur apporte au flux musical ? Rationaliste, la tradition y entend la *cause* de l'émergence du chant. Selon Loscalzo (2000, 122), le terme marque la douce interdépendance entre le chant et la victoire : le premier a besoin d'une cause (la victoire) pour exister ; la seconde un médiateur (le chant) pour être connue. Mais selon Most (1986, 141-142), ce sens est anachronique. Il y reconnaît un mot du domaine législatif : l'αἰτία, l'*imputation*, l'*accusation*, exigeant ou provoquant une réponse de la part de l'αἴτιος, le *coupable*, l'*accusé*, afin qu'il se disculpe publiquement. Aussi, lorsqu'un homme accomplit quelque chose que la faveur divine approuve, il sollicite une réponse publique de la part des Muses et de leur serviteur ; au point que le chanteur-poète qui ne compose pas de chant, laissant l'αἰτία sans réponse, est coupable de négligence. Most voit dans l'αἰτία μελίφρων, l'*accusation au cœur de miel*, un oxymore. Notre traduction par *motif* se trouve au carrefour des interprétations : elle exprime aussi bien l'idée du mobile que du sujet.

---

[163] Le fait que la victoire d'Hagesidamos n'ait pas été célébrée doit être submergé par la vague qu'est le chant (Pi. *O*. 10.9-11).
[164] Cf. encore Gianotti 1975, 112-113.
[165] Le chant s'écoule du chanteur-poète au vainqueur (Pi. *N*. 7.62).
[166] Pi. *I*. 7.17-19.
[167] Cet adjectif qualifie dans l'*Iliade* le sommeil (2.34) et le vin (6.264), ainsi que probablement le *kosmos* du chant chez Simon. fr. 11.23 West. Chez Pindare, il réapparaît pour le chant (fr. *122.14 Maehler) et la voix (*Pae*. 8 B2.115 Rutherford).

La deuxième phrase révèle – pour la première fois de notre corpus – qu'il existe de grands exploits qui ne sont pas chantés, du fait que la faveur divine ne les a pas placés dans l'onde musicale. A peine accomplis, ces exploits se voient plongés dans l'obscurité : personne ne les chante et partant ne les connaît. Ils se dissolvent dans l'indistinction de la nuit, sombrent dans l'oubli. Pindare est-il stratégique ? La remarque semble en effet lui permettre de valoriser son propre talent de chanteur-poète, fort d'un moyen à toute épreuve pour rendre visibles les belles actions :[168] il leur tend un miroir (ἔσοπτρον). Miroir qui a pour caractéristique de refléter d'une seule manière (ἐνὶ σὺν τρόπῳ), c'est-à-dire on ne peut plus fidèlement, à l'identique, les événements qui se sont déroulés. Et qui a même pour avantage de refléter les aspects manqués, vus de travers, voire oubliés par les personnes effectivement présentes. Le miroir est gage de vérité. Comme par exemple chez Eschyle (A. 839), où le reflet du miroir (κάτοπτρον) informe Agamemnon de son fourvoiement vis-à-vis de ses proches.[169] Par l'image du miroir, Pindare valorise la véracité, la précision et le caractère indispensable de son travail de chanteur-poète. Loscalzo (2000, 124) y voit non seulement un moyen de renvoyer une image sans la déformer, mais lui reconnaît encore une capacité à la conserver : le chant est ainsi l'unique moyen de garder en vue les événements importants.[170] Moyen que Pindare affirme littéralement savoir (ἴσαμεν), avoir en vue, tel le savoir des Muses que possède le chanteur-poète chez Théognis (770 Young). Le verbe est pourtant au pluriel : le chanteur-poète n'est-il pas le seul à posséder cette connaissance ? Si c'est le cas, c'est toujours dans le même sens : en ce qu'il est soutenu, porté, inspiré par les dieux : les Muses, bien entendu, mais surtout, comme le précise le texte, leur mère Mnémosyne. C'est de concert avec elle(s) qu'il est capable d'accomplir ses œuvres. Et voilà que sont trouvés (εὕρηται),[171] se font jour d'illustres chants, en guise de récompense (ἄποινα)[172] pour les peines endurées

---

[168] Cf. aussi les nobles actions qui ne doivent pas être cachées sous terre ou dans le silence (Pi. N. 9.6-7).

[169] Cf. aussi les coupables qui se voient tels qu'ils sont dans le miroir que leur présente le temps (E. *Hipp.* 429) ; *Schol. in Pi. N. 7.20b* (3.119-120 Drachmann).

[170] Otto 1963, 83 donne une autre perspective : « La Muse présente à tous les entités et destins son miroir divin. Et elle prend possession de l'homme et transforme par sa présence l'âme sinon si égoïste de ce dernier dans ce miroir divin, de sorte que l'âme s'oublie elle-même et oublie ses devoirs et soucis terrestres et n'est plus qu'une langue pour tout le vivant qui subsiste : la langue de la Muse ».

[171] Comme les qualités langagières (εὑρησιεπής) que le chanteur-poète doit posséder pour pouvoir s'avancer sur le char des Muses (Pi. O. 9.80).

[172] Pindare emploie à nouveau ici le langage du droit : littéralement, une ἄποινα est une *amende* ou *compensation* qu'on doit fournir afin de se libérer, par exemple d'une accusation (notamment Hom. *Il.* 9.120 ; *h.Ven.* 5.210 ; Pi. O. 7.16). Le terme réapparaît à trois autres reprises chez lui en lien avec le chant (P. 1.14 ; I. 3/4.7 ; 8.4).

(μόχθων).¹⁷³ Et ce par la volonté de Mnémosyne au bandeau brillant (λιπαράμπυκος) – bandeau auquel nous pouvons par suite donner trois fonctions : éclairer les belles actions, les refléter dans le miroir musical et les faire tenir ensemble, les synthétiser brillamment.

Alors que les chants ont jusqu'à présent concerné les hommes victorieux et leur entourage, le début de la première *Pythique* s'inscrit dans un contexte divin.¹⁷⁴ Voici les quatre premiers vers :

> Χρυσέα φόρμιγξ, Ἀπόλλωνος καὶ ἰοπλοκάμων
> σύνδικον Μοισᾶν κτέανον· τᾶς ἀκούει
>   μὲν βάσις ἀγλαΐας ἀρχά,
> πείθονται δ' ἀοιδοὶ σάμασιν
> ἁγησιχόρων ὁπόταν προοιμίων
>   ἀμβολὰς τεύχῃς ἐλελιζομένα.

> *Phorminx* dorée, propriété commune d'Apollon
> et des Muses aux boucles violettes : il t'écoute
>   le pas, commencement de l'éclat,
> les chanteurs obéissent aux signes
> quand des proèmes qui conduisent le chœur
>   tu façonnes les préludes en retentissant.¹⁷⁵

Si la *phorminx* inventée par Hermès dans son *Hymne homérique* (4.32-54) est en carapace de tortue et que ses seize autres occurrences pindariques ne précisent pas son matériau,¹⁷⁶ elle apparaît ici en or, plaquée du précieux métal doré, bien adapté à la brillance des possessions divines. Nombreux sont en effet les objets divins dorés, tel notamment, sur un plan musical, le plectre avec lequel Apollon parcourt sa *phorminx* pour accompagner le chœur des Muses sur le Pélion (Pi. *N.*

---

173 Cf. aussi Pi. *I.* 5.56-57 : « Il n'est pas rendu aveugle (τετύφλωται) le grand | effort (μόχθος) des hommes ».
174 Il est intéressant de relever que les cinq premiers vers représentent les paroles de l'unique mélodie musicale (au sens restreint, moderne du terme) qui nous est parvenue de nos auteurs. Retrouvée par le père jésuite Athanase Kircher au 17ᵉ siècle dans un manuscrit d'une bibliothèque de Messine (cf. notamment Pöhlmann 1970, 47-49 ; Draheim 1981, 251-252), son authenticité est cependant mise en doute : certaines harmonies sont estimées plus tardives que l'époque de Pindare, le nombre de notes est difficile à faire correspondre à celui de syllabes, les notes vocales et instrumentales sont apparemment mélangées. Friedländer/Birtner 1935 et Friedländer 1959 y reconnaissent toutefois bel et bien une mélodie antique.
175 Pi. *P.* 1.1-4. Kollmann 1989, 10-11 présente de nombreuses références et interprétations de ces vers. Voir encore Carey 1991, 200 ; Brillante 1992b.
176 Pi. *O.* 1.17 ; 3.8 ; 7.12 ; 9.13 ; *P.* 1.97 ; 2.71 ; 4.176 ; 296 ; *N.* 4.5 ; 44 ; 5.25 ; 9.8 ; *I.* 2.2 ; 5.27 ; fr. 128.9 ; fr. 140a.61 Maehler.

5.24). Le plus souvent seul propriétaire de l'instrument, il en partage ici la possession avec les Muses, dont l'épithète (ἰοπλοκάμων) relève à nouveau la couleur (foncée) et la forme (ondulée) de leurs cheveux, tout en rappelant leur beauté.[177] L'expression de propriété commune (σύνδικον κτέανον) est à entendre au sens du droit (-δικον) de possession (κτέανον) qui leur revient ensemble (σύν-) ;[178] signe de leur rapport harmonieux.[179] A placer les vers dans leur circonstance d'exécution – à Etna, cité nouvellement fondée par le vainqueur Hiéron –, nous pouvons imaginer qu'ils inspirent conjointement le chanteur-poète en train de jouer de la *phorminx*. Ainsi le commencement du chant rappelle-t-il la musique divine, tout en annonçant la performance humaine : l'éclat de la *phorminx* d'Apollon et des Muses se répercute sur l'instrument du chanteur-poète.

La *phorminx* dorée invoquée en tête de chant est personnifiée. Sous l'égide d'Apollon et des Muses, elle apparaît forte d'un certain pouvoir : elle écoute le pas (sous-entendu de danse) que Pindare nomme le commencement de l'éclat (ἀγλαΐας), c'est-à-dire l'amorce de la fête (patronnée par la Charis Aglaé). C'est là dans notre corpus le premier instrument de musique à posséder par lui-même une influence. Influence telle que les chanteurs obéissent aux signes qu'il donne quand il façonne (τεύχῃς) les préludes (ἀμβολὰς)[180] des proèmes (προοιμίων).[181] Les deux termes sont quasi synonymes : ils signifient tous deux l'introduction, l'ouverture qui précède le chant. L'épithète ἀγησίχορος vient en préciser la fonction : il introduit et conduit (ἀγησι- de ἡγεῖσθαι, *conduire, guider*) les évolutions du chœur. Mais comment la *phorminx* agence-t-elle tout ceci ? Le verbe τεύχειν a deux sens : *mettre dans tel état*, comme l'éloge et la *phorminx* amollissent les membres du vainqueur ;[182] et *façonner, fabriquer, produire, construire, équiper*,

---

177 Cf. principalement 2.3 « Séjour sur l'Hélicon ».
178 Cf. par exemple Farnell 1961, 107 : *That which goes with the δίκη of some one* ; Fränkel 1962, 521 et n. 26 : *Von Rechts wegen*. Kollmann 1989, 52 y voit une allusion à la situation historique de l'épinicie, le commanditaire et vainqueur (Hiéron) pouvant à bon droit revendiquer la cité d'Etna qu'il vient de fonder comme sa possession.
179 Cf. Angeli Bernardini 1979. Pi. *P.* 5.65 montre au contraire une Muse dépendant d'Apollon qui « procure la cithare, donne la Muse à ceux qu'il veut (πόρεν τε κίθαριν, δίδωσί τε Μοῖσαν οἷς ἂν ἐθέλῃ) ».
180 Le nom ἀμβολή est de la même famille que le verbe ἀναβάλλειν (cf. Pi. *N.* 7.77). Voir aussi Hom. *Od.* 1.155 ; 8.266 : « Jouant sur sa *phorminx*, il commençait à chanter d'une belle manière (ὁ φορμίζων ἀνεβάλλετο καλὸν ἀείδειν) ».
181 Il s'agirait là d'une des premières occurrences du terme προοίμιον (au sens de ce qui vient avant [προ-] le chant [-οίμιον]), fréquent par la suite. Cf. Koller 1956, 159 ; 187 ; 192 ; Costantini/Lallot 1987, 17 ; 21-22 ; 27. On le trouve à trois autres reprises chez Pi. *P.* 7.2 ; *N.* 2.3 ; *Dith.* fr. 78.2 Maehler, toutefois sans lien explicite avec les Muses.
182 Pi. *N.* 4.4.

tels le mur d'enceinte de Troie, des maisons ou encore des bateaux.[183] Nous voyons s'élargir ici le champ lexical de la fabrication aperçu avec les occurrences de ποιεῖν. Pindare emploie d'ailleurs à deux autres reprises τεύχειν en contexte musical : le chanteur-poète façonne une marque d'honneur pour le vainqueur (*I.* 1.14) ; et la Charis produit tout ce qui est mielleux pour les mortels (*O.* 1.30).[184] L'usage du terme va dans le sens de la Muse travailleuse traitée ci-dessus. Bien que provenant d'un instrument divin, l'activité musicale se dévoile comme un travail, semblable aux professions manuelles. En mêlant ainsi facilité divine et travail humain, la *phorminx* apparaît comme un vecteur de l'activité musicale : un relais entre les puissances divines et les qualités spécifiquement humaines du chanteur-poète.

Comme on peut s'y attendre, et comme l'indique le participe de la fin du quatrième vers, c'est en faisant retentir, vibrer (ἐλελιζομένα)[185] les cordes que le façonnement des préludes a lieu. Mais qui sont ces chanteurs dépendants de la vibration des cordes de la *phorminx* ? S'agit-il des divines Muses elles-mêmes ? Ou du chœur humain qui célèbre Hiéron ? Si les scholies (*P. 1.5a* [2.9 Drachmann]) y reconnaissent nos divinités, nous y voyons à nouveau un ensemble. Nous percevons la situation de la manière suivante : la fête est initiée par la vibration des cordes de la *phorminx* qui non seulement amorce la danse, mais encore la partie initiale du proème, mettant en branle le chœur et faisant entendre les premières paroles. Unité des divers composants musicaux : musique instrumentale, danse et chant se fondent, unissant musicalement humains et divins, terre et ciel.

Le tableau de situation brossé, le chant en arrive aux effets de la *phorminx* dorée :

    καὶ τὸν αἰχματὰν κεραυνὸν σβεννύεις
    αἰενάου πυρός. εὕδει δ' ἀνὰ σκά-
        πτῳ Διὸς αἰετός, ὠκεῖ-
    αν πτέρυγ' ἀμφοτέρωθεν χαλάξαις,
    ἀρχὸς οἰωνῶν, κελαινῶπιν δ' ἐπί οἱ νεφέλαν
    ἀγκύλῳ κρατί, γλεφάρων ἁδὺ κλάι-
        θρον, κατέχευας· ὁ δὲ κνώσσων
    ὑγρὸν νῶτον αἰωρεῖ, τεαῖς
    ῥιπαῖσι κατασχόμενος. καὶ γὰρ βια-

---

183 Pi. *O.* 8.32 ; *P.* 7.12 ; *P.* 4.164.
184 On trouve également τεύχειν en contexte musical chez Homère : les immortels fabriqueront pour les hommes un chant charmant en l'honneur de Pénélope (*Od.* 24.197). Pour la notion de fabrication dans l'acte poétique, cf. Durante 1960, 334-335.
185 La deuxième occurrence du verbe ἐλελίζειν chez Pindare se trouve dans le même contexte : faire vibrer la *phorminx* pour les exploits du vainqueur (*O.* 9.13). La troisième concerne également le chant (fr. *107a.3 Maehler).

> τὰς Ἄρης, τραχεῖαν ἄνευθε λιπών
> ἐγχέων ἀκμάν, ἰαίνει καρδίαν
> κώματι, κῆλα δὲ καὶ δαιμόνων θέλ-
>   γει φρένας ἀμφί τε Λατοΐ-
>   δα σοφίᾳ βαθυκόλπων τε Μοισᾶν.

> Et tu éteins la foudre belliqueuse
> du feu inépuisable. Il s'endort sur
>   le sceptre de Zeus l'aigle,
>   ayant relâché des deux côtés son aile rapide,
> lui le commandant des oiseaux, et un nuage à l'aspect sombre,
> sur sa tête courbée, doux fermoir des paupières,
>   tu as répandu ; lui, endormi,
> balance son dos onduleux,
> enveloppé par tes poussées. Et en effet le fort
>   Arès, laissant à l'écart la rude
> pointe des lances, adoucit son cœur
> par un sommeil profond, tes flèches charment également
>   les cœurs des divinités grâce à la sagesse du fils
>   de Léto et celle des Muses aux profonds replis.[186]

Les effets de la *phorminx* concernent le monde divin. Ils sont doubles : apaisants sur les dieux et symboles belliqueux ; charmeurs sur l'ensemble des divinités. La foudre belliqueuse (αἰχματὰν) du feu éternel (αἰενάου πυρός), symbole du puissant Zeus, s'éteint (σβεννύεις) ; l'aigle, autre symbole de Zeus, s'endort (εὕδει). Le cœur d'Arès, dieu de la guerre, s'adoucit (ἰαίνει) dans un sommeil profond (κώματι). Et les cœurs (φρένας) des divinités sont charmés (θέλγει).

Le terme αἰχμητής signifie littéralement *qui manie le javelot, armé d'un javelot, guerrier* ou *semblable à un javelot, pointu, acéré*. Il qualifie ici de manière figurée le caractère acéré, perçant, vif de l'éclair de Zeus.[187] Valorisant la portée de sa puissance, l'expression αἰενάου πυρός indique en outre, comme le relève Bonelli (1987, 86), que le feu de l'éclair s'étend sans fin, de manière inépuisable, telle l'eau en sa mobilité surabondante. Et pourtant, la musique de la *phorminx* l'emporte sur cette puissance ciblée : elle l'éteint (σβεννύεις), comme sont éteints dans l'*Iliade* un feu (par exemple 23.237 ; 250 ; 24.791), une colère (9.678) ou l'ardeur (16.621).

L'aigle de Zeus se trouve également chez Homère (*Il.* 24.292-293), en tant que rapide messager du puissant père des dieux. Pindare souligne la rapidité de l'aile (ὠκεῖαν πτέρυγ')[188] du commandant des oiseaux. Or son aile véloce est relâchée :

---

[186] Pi. *P.* 1.5-12.
[187] Pour une discussion des sens d'αἰχμητής, cf. Kollmann 1989, 61-62.
[188] Dans le contexte des épinicies, la louange de la rapidité concerne également celle des pieds (par exemple Pi. *O.* 1.95 ; 4.24 ; *P.* 11.50 ; *I.* 5.10).

posé sur le sceptre de Zeus, la tête baissée, le plus fort des oiseaux se laisse envahir, enivrer, embrumer, par le son de la *phorminx*, qui a répandu sur lui un sombre nuage taxé de doux fermoir des paupières. Qu'importe la force de l'oiseau de proie, il s'assoupit, s'endort (εὕδει)[189] sous l'effet de la musique. Enveloppé par les poussées, les élancements (ῥιπαῖσι) de la *phorminx* – tels les poussées des vagues, les bourrasques du vent ou encore les élancements des traits d'Héraclès[190] –, le voilà endormi (κνώσσων), plongé dans un sommeil profond, peuplé de rêves inconscients.[191] Désormais paisible, docile, il participe lui aussi à la fête : en balançant son dos onduleux au rythme du va-et-vient de la musique, bercé par les vagues mélodiques, il figure le repos du guerrier en pleine régénération.

A partir du vers 10, le pouvoir de la *phorminx* est encore accentué par l'expression καὶ γάρ, *et en effet*. Le divin instrument ne fait pas qu'éteindre la foudre et assoupir l'aigle, il a encore une influence sur Arès, dont le caractère fort, violent et la rudesse de ses pointes de lances viennent valoriser la nature dangereuse et agressive. Mais le voilà lui aussi pris de sommeil, d'une troisième sorte de sommeil (κώματι), plus profonde encore que les précédentes : le κῶμα, qui désigne chez Homère notamment la torpeur dans laquelle Hypnos, dieu du sommeil, place Zeus pour mieux le tromper (*Il.* 14.359) ; ou alors celle dans laquelle Athéna laisse glisser Pénélope pour apaiser sa détresse (*Od.* 18.201). Engourdissement complet des membres et des sens : état proche de la mort, tel notre coma moderne.[192] En ce sens, Hésiode (*Th.* 798) le qualifie de mauvais (κακόν) pour les dieux : les privant d'ambroisie et de nectar, il les rend vulnérables. Tel est ce qui survient au terrible Arès à l'écoute de la musique.

Suite à la présentation des effets lénifiants de la *phorminx*, le chanteur-poète élargit son propos à l'ensemble du monde divin : les κῆλα – qui désignent dans l'*Iliade* (1.53 ; 383) les flèches mortifères d'Apollon – que lance l'instrument charment le cœur des divinités, comme Euphrosyne les peines du vainqueur.[193] Equilibre entre violence mortelle et douceur charmeuse. Equilibre dû à la *phorminx* dorée, soutenue – Pindare de le rappeler – par Apollon et les Muses ; et plus particulièrement par leur σοφία. C'est finalement la sagesse musicale qui enchante les dieux, jusqu'aux plus menaçants. Une fois de plus, le chanteur-poète s'en remet aux divinités musiciennes : si la *phorminx* dont il joue a une

---

189 Le verbe εὕδειν revient autant aux hommes qu'aux dieux (par exemple Hom. *Il.* 2.2 ; 24.678).
190 Par exemple pour la mer : Pi. fr. 220.3 ; *Parth.* II, fr. 94b.20 ; pour le vent : fr. 33.3 Maehler ; *P.* 4.195 ; 9.48 ; pour Héraclès : *N.* 1.68.
191 C'est dans ces moments que les dieux parlent aux hommes, comme par exemple Athéna à Pénélope (Hom. *Od.* 4.809) et à Bellérophon (Pi. *O.* 13.71).
192 Cf. Wiesmann 1972.
193 Pi. *N.* 4.3.

telle puissance d'harmonisation, ce n'est que grâce à Apollon et aux Muses, qualifiées par leur habillement aux profonds replis (βαθυκόλπων) qui proviennent, comme chez Sappho (*P. Köln 21351*.9-10 Gronewald-Daniel), soit du tissu remonté au-dessus de leur ceinture,[194] soit de leur poitrine. En plus d'une marque de beauté, de séduction, d'opulence et de noblesse, nous y reconnaissons à nouveau la complexité claire-obscure – opposée à la simplicité lisse –, de nos divinités. Qualification qui renforce le charme savoureux, tout de douceur, pour ainsi dire magique, de la musique.

Pindare ne s'arrête pas en si bon chemin. Les vers suivants vont plus loin encore :

> ὅσσα δὲ μὴ πεφίληκε Ζεύς, ἀτύζονται βοάν
> Πιερίδων ἀΐοντα, γᾶν τε καὶ πόν-
>   τον κατ' ἀμαιμάκετον,

> Tout ce que Zeus n'aime pas se trouble
> en entendant le cri des Piérides, sur terre et dans
>   la mer invincible,[195]

Les ennemis de Zeus eux-mêmes – puissances constituées en une vaste masse informe hostile à l'ordre olympien[196] – se troublent, sont bouleversés (ἀτύζονται) à l'écoute de ce que le chanteur-poète nomme le cri (βοάν) des Piérides. Pindare emploie le même terme pour décrire le son de la lyre (*P*. 10.39) et de l'*aulos* (*O*. 3.8 et *N*. 5.38), la voix du héraut (*O*. 13.100), le cri poussé par Athéna à sa naissance (*O*. 7.37) ainsi que ceux proférés en l'honneur des vainqueurs (*O*. 9. 93 et *N*. 3.67). Βοή dénote ici à la fois le son (de la musique) et la voix (des Muses). La seconde occurrence pindarique de la forme verbale ἀτύζονται – que les scholies (*P. 1.25b* [2.12 Drachmann]) glosent par ἀποστρέφεται, *il est détourné* – indique comment il faut l'entendre : le verbe intervient pour décrire ce qui arrive à deux serpents lors de la construction du mur de Troie : ils meurent frappés de stupeur (*O*. 8.39). Chez Homère, le verbe intervient pour exprimer l'effroi des servantes cloîtrées dans leur chambre durant le massacre des prétendants (*Od*. 23.42), l'affolement des chevaux à la mort de leur cocher (*Il*. 6.38), ou encore le grand trouble d'Héra face aux projets de Zeus (15.90). Le verbe manifeste donc le soudain affolement – que Brillante (1992b, 12) taxe d'universel et irrationnel – qui prend parfois animaux, hommes et dieux. Le message du chanteur-poète à son auditoire est clair : la musique est d'une telle puissance qu'elle assure paix, harmonie et repos tant

---

[194] Losfeld 1991, 226-227.
[195] Pi. *P*. 1.13-14.
[196] Cf. Bonelli 1987, 91.

aux phénomènes terrestres qu'aux profondeurs informes de la mer invincible. La *phorminx* en est à la fois l'élément déclencheur et le symbole.

En mentionnant le trouble occasionné par le cri des Piérides jusqu'aux éléments, hommes, animaux et dieux les plus rétifs aux arts, le chanteur-poète relève l'immense portée, force de pénétration et puissance d'harmonisation de la musique.

5.1.5 Les images du chanteur-poète

Nous avons vu dans quelle mesure le chanteur-poète vraiment talentueux, trouveur de mots, a pour avantage de s'élever sur le char des Muses et se laisser emporter par l'élan de la divine musique.[197] Il est apparu ainsi comme une sorte de cocher musical. Les extraits ci-dessous présentent d'autres noms et tâches qu'il se donne et par lesquels il qualifie ses compagnons musicaux. Tous sont significatifs du rapport entretenu avec nos divinités.

Dans le cadre de la célébration de Phylacidas, dernier vainqueur en date de la famille aux moult triomphes de Lampon,[198] le chanteur-poète s'adresse à la Muse en se présentant comme intendant :

Φυλακίδᾳ γὰρ ἦλθον, ὦ Μοῖσα, ταμίας
Πυθέα τε κώμων Εὐθυμέ-
νει τε· [...]

Je suis en effet venu pour Phylacidas, Muse, en intendant
des cortèges musicaux, pour Pythéas et pour Euthymenès ;
[...][199]

Le chanteur-poète parle à la Muse comme si elle se trouvait à ses côtés, comme s'il était évident qu'elle se trouve là, prête à intervenir et à le soutenir dans son travail.[200] Il s'adresse à elle pour lui exposer la situation : suite à l'excursus mythique qui précède le passage, il s'agit de passer au sujet proprement dit du chant, la louange. C'est alors que le chanteur-poète se qualifie de ταμίας des cortèges musicaux. Le ταμίας est l'*intendant* au sens de celui qui gère, administre,

---

197 Pi. *O.* 9.80-81.
198 Cf. Pi. *I.* 6.1-3.
199 Pi. *I.* 6.57-58.
200 Cf. encore Pi. *O.* 3.4 : « La Muse était quelque part près de moi qui ai trouvé une éclatante nouvelle tournure (Μοῖσα δ' οὕτω ποι παρέστα μοι νεοσίγαλον εὑρόντι τρόπον) » ; 10.14 : Calliope (Καλλιόπα) se préoccupe des Locriens Zéphyriens, peuple du vainqueur qu'il s'agit de célébrer.

surveille et distribue des biens : à la fois *trésorier, économe* et *dispensateur*. Les dieux le sont pour les hommes ;[201] les hommes pour les dieux et leurs congénères.[202] En contexte épinicique, la famille d'Alcidamas gère par exemple les couronnes de victoire,[203] au sens où elle les dispense dans des chants gages de gloire. De même le chœur des Eginètes, qualifiés par le chanteur-poète de « sages intendants des Muses (ταμίαι σοφοὶ Μοισᾶν) » ,[204] distille le savoir musical à ses concitoyens. Il n'en va pas autrement ci-dessus : Pindare administre les cortèges musicaux, conduit leurs membres à être de bons musiciens. Unique différence entre le commun des intendants et notre chanteur-poète : lui seul semble bénéficier d'un rapport direct avec la Muse, qui lui accorde un pouvoir supplémentaire, de direction musicale.[205]

Ainsi privilégié, le chanteur-poète ne jouit pourtant pas que d'avantages. Il le sait bien : le pouvoir que lui confèrent les divinités ne va pas sans devoirs : « Je me porterai garant, Muses, que ce ne sera une troupe ni inhospitalière, ni ignorante des biens, mais hautement sage et combative qui vous parviendra (ἐγγυάσομαι | ὔμμιν, ὦ Μοῖσαι, φυγόξεινον στρατόν | μήτ' ἀπείρατον καλῶν | ἀκρόσοφόν τε καὶ αἰχματὰν ἀφίξεσθαι) »,[206] tels sont les propos de l'intendant Pindare, premier chanteur-poète de notre corpus à endosser explicitement une responsabilité vis-à-vis de nos divinités. Aussi s'engage-t-il à ce que la troupe de musiciens responsables de la célébration musicale soit non seulement sans reproche, mais encore de grande qualité. Une lecture moins crédule reconnaît là aussi une marque de distanciation et de stratégie : loin d'être une vraie discussion entre le chanteur-poète et les Muses – qui apparaissent comme ses patronnes –, il s'agirait d'une flatterie détournée envers ses compagnons de chant.[207]

Dans les riches premiers vers de l'épinicie en l'honneur d'Aristocleidès d'Egine, c'est également toute une troupe que le chanteur-poète dirige :

---

201 Les Heures distribuent la richesse (Pi. *O.* 13.7) ; les Charites dispensent toute œuvre céleste (14.9) ; les Dioscures sont les intendants de Sparte (*N.* 10.52)
202 Le vainqueur est le ταμίας de l'autel de Zeus (Pi. *O.* 6.5). On trouve aussi le terme pour exprimer les trésoriers du temple sur l'Acropole (Hdt. 8.51.7 ; And. *De myst.* 77 ; 132) ; le héraut détenteur d'un message (E. *Tr.* 231) ; ou simplement l'homme qui dispose de quelque chose (Th. 6.78.2).
203 Pi. *N.* 6.26.
204 Pi. *I.* 9.7-8.
205 Cf. Pi. *P.* 4.67 : « Moi, aux Muses je le <le vainqueur> donnerai (ἀπὸ δ' αὐτὸν ἐγὼ Μοίσαισι δώσω) ».
206 Pi. *O.* 11.16-19.
207 Par exemple Verdenius 1988, 87.

Ὦ πότνια Μοῖσα, μᾶτερ ἁμετέρα, λίσσομαι,
τὰν πολυξέναν ἐν ἱερομηνίᾳ Νεμεάδι
ἵκεο Δωρίδα νᾶσον Αἴγιναν· ὕδατι γάρ
μένοντ' ἐπ' Ἀσωπίῳ μελιγαρύων τέκτονες
κώμων νεανίαι, σέθεν ὄπα μαιόμενοι.
διψῇ δὲ πρᾶγος ἄλλο μὲν ἄλλου,
ἀεθλονικία δὲ μάλιστ' ἀοιδὰν φιλεῖ,
στεφάνων ἀρετᾶν τε δεξιωτάταν ὀπαδόν·
τᾶς ἀφθονίαν ὄπαζε μήτιος ἁμᾶς ἄπο·
ἄρχε δ' οὐρανοῦ πολυνεφέλα κρέοντι, θύγατερ,
δόκιμον ὕμνον· ἐγὼ δὲ κείνων τέ νιν ὀάροις
λύρᾳ τε κοινάσομαι. […]

Ô souveraine Muse, notre mère, je te supplie,
pendant le mois sacré de Némée, dans la très hospitalière
île dorienne d'Egine, viens ; en effet sur l'eau
de l'Asopos demeurent les jeunes gens artisans
des cortèges musicaux au son de miel, eux qui désirent vivement ta voix.
Une chose a soif d'une chose, une autre d'une autre,
la victoire aux jeux aime au plus haut point le chant,
le plus favorable compagnon des couronnes et de l'excellence ;
fais-le suivre en abondance à partir de mon intelligence ;
commence pour le chef du ciel couvert de nuages, toi sa fille,
un chant estimé ; quant à moi, avec les entretiens de ceux-ci
et la lyre, je le partagerai. […][208]

Le chanteur-poète commence par invoquer la Muse en lui expliquant où (sur l'île d'Egine) et quand (pendant la trêve pour les jeux néméens) elle doit venir honorer le chant de sa présence.[209] Avant de lui apprendre que des jeunes gens vivement désireux (μαιόμενοι) d'entendre sa divine voix (ὄπα) se trouvent sur l'eau de l'Asopos. Asopos est le nom d'un dieu-fleuve. Mais il n'y a pas de fleuve sur l'île d'Egine. Où la voix de la Muse est-elle donc attendue ? Les commentateurs hellénistiques résolvent le problème de trois manières,[210] sur lesquelles ne manquent pas de rebondir les modernes :

Aristarque identifie l'Asopos au fleuve qui coule à Sicyone, cité proche de Némée où Aristocleidès a remporté sa victoire. Les jeunes gens en question seraient les membres du chœur chantant un chant de victoire préliminaire, improvisé sur le lieu de triomphe en attendant l'épinicie pindarique composée

---

[208] Pi. *N.* 3.1-12.
[209] Nous choisissons de traduire ἵκεο par *viens*, au sens où la Muse doit se rendre là où le chant est en train d'être prononcé. Loscalzo 2003, 115 propose *va*, du fait que selon lui Pindare ne s'est pas rendu sur le lieu de performance, mais qu'il y envoie à sa place la Muse.
[210] *Schol. in Pi. N. 3.1c* (3.41-42 Drachmann).

pour la grande célébration à Egine. L'hypothèse est toutefois douteuse, tant Sicyone est éloignée de Némée et qu'il n'y a guère de raison pour laquelle Pindare ferait soudain mention du fleuve de cette cité.

L'Asopos coulant aussi à Thèbes, ville de Pindare, un scholiaste y voit une indication du lieu de composition, où les jeunes gens seraient instruits avant de se mettre en route pour Egine.[211] Plus probable, cette interprétation fait toutefois étrangement coïncider les indications textuelles de la venue de la Muse à Egine – venue que l'invocation rend performative – avec l'attente des jeunes gens qui aurait alors lieu à Thèbes.

En dépit de l'absence de fleuve à Egine, Didyme et Callistrate y reconnaissent une eau coulante de l'île que Pindare mentionnerait en écho au mythe faisant d'Egine la fille de l'Asopos béotien. La structure syntaxique et la présence de la particule γάρ, *en effet* irait dans ce sens.[212] De plus, les scholies rappellent l'existence, à Egine, d'une course, nommée « Concours des amphores »,[213] où il s'agissait d'aller chercher et ramener au plus vite une amphore remplie d'eau située à une certaine distance. Or cette course aurait eu lieu dans les environs d'une fontaine sise sur la route du port et alimentée par un aqueduc transportant l'eau des montagnes à la cité – aqueduc attesté par les fouilles archéologiques. Se déroulant au même moment que les jeux néméens, ce concours viendrait justifier l'association que fait Pindare entre les indications temporelle (le mois sacré de Némée) et topographique (sur l'eau de l'Asopos). Aussi est-ce vraisemblablement à Egine que la Muse doit venir.[214]

Mais revenons aux indications musicales de nos vers. La Muse est invoquée par deux épithètes qui relèvent sa puissance et son caractère vénérable : souveraine (πότνια) et notre mère (μᾶτερ ἀμετέρα), signes du haut respect qu'on lui doit, à l'instar de nombreuses autres déesses et femmes.[215] Notre souveraine, puissante mère : celle bien sûr du chanteur-poète et des autres protagonistes

---

[211] Erbse 1969, 274 argumente en faveur de l'Asopos béotien à l'aide des vers 76 à 79 qui présentent selon lui l'envoi du chant au-delà de la mer. Il traduit néanmoins ἵκεο par *viens*, au sens de « secoue-toi pour un chant qui concerne principalement les récits éginètes ». Cf. aussi Tedeschi 1985, 36-38.

[212] Nous suivons dans ce qui suit Privitera 1988, qui reprend et modifie son analyse de 1977b. Pour un même avis, cf. par exemple Instone 1993, 15. Pour Tedeschi 1985, 36-38 au contraire, comme l'Asopos est le nom d'un dieu-fleuve, il ne peut être un simple point d'eau.

[213] *Schol. in Pi. O. 7.156c* (2.232 Drachmann) qui citent Call. fr. 198 Pfeiffer.

[214] Radicale, Lefkowitz 1988, 8-9 estime qu'il est tout bonnement impossible de savoir ce que Pindare a voulu dire.

[215] Héra (notamment Hom. *Il.* 1.568), Artémis (21.470), Déméter (*h.Cer.* 2.54), Aphrodite (Pi. *P.* 4.213), mais également Hécube (Hom. *Il.* 6.264), Andromaque (471) ou différentes mères anonymes (par exemple 11.452) sont aussi interpellées comme souveraines. Chez Pindare, Olympie (*O.* 8.1), Thèbes (*I.* 1.1) et Théia (5.1) sont appelées mères.

mentionnés, celle aussi du vainqueur et des auditeurs. S'il est vrai que la Muse n'est pas directement responsable de la victoire d'Aristocleidès, c'est cependant bien elle qui, en la célébrant dans le chant, l'accomplit et la fait vivre pour la nuit des temps. Comme le nom du vainqueur contient la racine du bien connu κλέος, il n'est pas étonnant que ce soit Clio (Κλεοῦς) qui fasse briller une lumière (δέδορκεν φάος) en son honneur.[216]

Le chanteur-poète supplie la Muse de se déplacer avec une voix vivement attendue et désirée par les jeunes gens, appelés τέκτονες κώμων. Alors que nous avons déjà rencontré le κῶμος, nous voyons apparaître pour la première fois τέκτων – de la même famille que τέχνη – dont les diverses occurrences enseignent qu'il signifie l'*artisan* caractérisé par son habileté, son savoir-faire, et en particulier cet artisan qu'est le *charpentier*.[217] Son emploi en lien avec la musique permet à Pindare de relever l'habileté et la maîtrise de ceux qui possèdent un tel savoir-faire. Dans un autre passage, il use d'ailleurs, comme l'auteur de l'*Hymne homérique à Hermès* (4.447) et comme Ibycos (fr. S 255.4 Davies), de l'expression promise à un bel avenir de μουσική (τέχνη) : lorsque le chanteur-poète fait se répandre le chant d'Olympie au foyer de Hiéron, celui-ci se pare, resplendit (ἀγαλίζεται – comme toute Charis, à commencer par Aglaé) de la μουσική la plus fine (ἐν ἀώτῳ),[218] au sens où, reconnaissant l'importance des chants, leur faisant honneur, Hiéron et par métonymie sa maison sont eux-mêmes célébrés et parés.[219] D'après Silk (1983, 316-317), un ἄωτον est littéralement un *flocon de laine*[220] et désigne par extension ce qu'il y a de plus fin, de plus raffiné : par exemple la fine fleur de couronnes, de la victoire ou de la musique.[221] Il en va quasi de même pour les jeunes gens τέκτονες qui célèbrent Aristocleidès : ils possèdent une certaine *habileté* et *maîtrise* dans l'art des cortèges musicaux traditionnellement qualifiés au son de miel. Or pour pouvoir en faire preuve, il faut d'abord que la Muse entonne le chant. C'est en effet à elle qu'incombe la tâche d'ouvrir la cérémonie festive. Raison pour laquelle ils désirent vivement sa voix. La bonne mise en branle des cortèges nécessite non seulement des qualités humaines, mais également un soutien divin.

---

[216] Pi. *N.* 3.83-84. Tel est aussi l'avis de Privitera 1977b, 258.
[217] Par exemple Hom. *Od.* 17.384 ; Hes. *Op.* 25 ; *h.Ven.* 5.12 ; Sapph. fr. 111.3 Voigt. Voir encore S. fr. 159 Radt : « Muse, chef des artisans (τεκτόναρχος μοῦσα) ».
[218] Pi. *O.* 1.14-15.
[219] Cf. Vissicchio 1997, 284.
[220] Dans ce sens Hom. *Il.* 13.599 ; 716 ; *Od.* 1.443 ; 9.434. La cinquième occurrence homérique d'ἄωτον désigne une fine toile de lin (*Il.* 11.661).
[221] Pour les couronnes : Pi. *O.* 5.1 ; 9.19 ; *I.* 6.4 ; pour la victoire : *O.* 8.75 ; *N.* 2.9 ; pour la musique : *O.* 3.3-4 ; *P.* 10.53 ; *I.* fr. 6b.7.

De son côté, le vainqueur attend chant et renommée : « Chaque chose a soif d'une chose », généralise le chanteur-poète, en appelant le chant le compagnon (ὀπαδόν)[222] le plus favorable des couronnes (c'est-à-dire des victoires) et de l'excellence (de l'athlète victorieux). Couronnes et excellence, victoires et athlète qui, grâce à la Muse, au chanteur-poète et à l'habileté des τέκτονες, résonnent de par le monde. Pour que ce soit le cas, le chanteur-poète demande à la Muse de faire suivre (ὄπαζε – de la même famille que le compagnon ci-dessus)[223] le chant en abondance ; autrement dit de l'alimenter à partir de sa μῆτις, son *intelligence, habileté rusée*. Nous nous souvenons de la μῆτις de Zeus chez Hésiode (*Th*. 56), à cette différence que l'adresse, l'ingéniosité est ici celle du chanteur-poète humain. Si une telle possession n'est pas l'exclusivité de Pindare – d'autres hommes, dont chez Homère principalement Ulysse,[224] en font preuve –, elle lui accorde toutefois ici un rôle inédit : loin de se montrer à la merci de la souveraine Muse à qui il a pourtant précédemment demandé de venir à Egine, le chanteur-poète souligne ses qualités propres. Est-ce à dire que celles-ci priment sur l'inspiration musicale ? Que la tâche de la Muse est de second rang ? La suite du texte y répond.

Outre son habileté rusée, le chanteur-poète possède encore une autre qualité présente dans la forme verbale κοινάσομαι, dont la traduction n'est pas sans difficultés : est-ce que le chanteur-poète saura *confier* le chant aux entretiens (ὀάροις – au sens des paroles, de la voix) des jeunes gens et à la lyre ou est-ce qu'il saura le *communiquer* au moyen des voix et de la lyre ? Si la plupart des traducteurs choisissent la première possibilité,[225] Hubbard (1987) opte pour la seconde,[226] à la suite des scholies (*N. 3.18a* [3.44 Drachmann]) qui proposent de comprendre les datifs comme des instrumentaux. Nous le suivons tout en entendant communiquer au sens de *partager*.[227] Aussi comprend-on mieux la tâche du chanteur-poète : s'il invoque la Muse, s'il lui demande non seulement d'alimenter, de faire prospérer le chant à partir de son intelligence, mais encore de le commencer (ἄρχε), c'est que c'est au fond toujours elle qui tient les rênes de l'inspiration musicale. Lui-même ne fournit finalement que le cadre de l'événement à l'aide des jeunes gens musiciens, exécuteurs du chant et habiles artisans pré-

---

222 Dans le même sens, Apollon est l'ὀπηδός des Muses olympiennes (*h.Merc.* 4.450).
223 Pi. *N.* 9.30 emploie le même verbe lorsqu'il demande à Zeus de faire suivre un bon destin pour les enfants des habitants d'Etna.
224 Par exemple Hom. *Il.* 2.169 ; 10.137 ; *Od.* 2.279. A vrai dire tout homme possède la μῆτις, fût-elle λεπτή, *fine, mince* (*Il.* 10.226 ; 23.290). Parmi eux notamment Hector (7.47 ; 11.200), Pénélope (*Od.* 19.326) ou Télémaque (2.279). Côté divin, on trouve encore la μῆτις d'Athéna (*Il.* 10.497).
225 Par exemple Nisetich 1980, 240 : *I will entrust the words to the young men's voices and to the lyre*. Slater 1969a, 283 donne comme traduction *confide, entrust*.
226 Il va jusqu'à proposer le sens de *communiquer au public*.
227 Dans ce sens, cf. aussi Savignac 2004, 285-287 : *Aux motets de ceux-là et à la lyre je l'allierai*.

sentés comme chanteurs et danseurs accompagnés de la lyre ainsi qu'à l'aide de sa propre intelligence. Le but est de faire connaître et partager des éléments qui, grâce à tout le monde, forment un ensemble musical. Le chanteur-poète apparaît comme un chef d'orchestre qui, fort de son habileté et de l'inspiration de la Muse, fille de Zeus, dirige ses compagnons musicaux par le rythme de ses vers. Et s'il entonne le chant, ce n'est finalement pas pour sa petite personne ; ni uniquement pour le vainqueur et son entourage, mais, comme le veut la tradition, pour Zeus, le chef du ciel couvert de nuages.[228]

Dans l'extrait suivant, le chanteur-poète se présente doublement, d'une part comme lanceur de javelot, d'autre part comme assistant des Muses :

ἐμὲ δ' εὐθὺν ἀκόντων
ἱέντα ῥόμβον παρὰ σκοπὸν οὐ χρή
τὰ πολλὰ βέλεα καρτύνειν χεροῖν.
Μοίσαις γὰρ ἀγλαοθρόνοις ἑκὼν
Ὀλιγαιθίδαισίν τ' ἔβαν ἐπίκουρος.

Moi qui lance l'ample
rhombe des javelots, il ne faut pas qu'à côté du but
je tienne fortement dans mes mains les nombreux traits.
C'est en effet volontiers qu'aux Muses aux vêtements éclatants
et aux Oligaithides je suis venu comme auxiliaire.[229]

Le chanteur-poète renoue ici avec une image athlétique déjà rencontrée. Il se figure en lanceur de l'ample rhombe (εὐθὺν ῥόμβον) des javelots.[230] Comme l'illustrent ses deux autres occurrences pindariques, le rhombe signifie tantôt le son d'un instrument de musique (rhombe du tambour), tantôt, par extension, un mouvement circulaire (rhombe de l'aigle qui plonge sur sa proie).[231] Le rhombe ci-dessus peut être entendu dans les deux sens : son produit par la vibration du trait fendant l'air et mouvement circulaire ou hélicoïdal en route vers sa cible. A l'instar de tout athlète, le chanteur-poète doit tenir fermement ses nombreux

---

228 Aristarque (*Schol. in Pi. N. 3.16b* [3.43-44 Drachmann]) lit οὐρανῷ πολυνεφέλᾳ : le chef *Ouranos couvert de nuage* ; la Muse ne descendrait alors pas du traditionnel Zeus – fait unique chez Pindare.
229 Pi. *O.* 13.93-97.
230 Cf. également Pi. *N.* 9.55 : « Lançant un javelot au plus près du but des Muses (ἀκοντίζων σκοποῖ' ἄγχιστα Μοισᾶν) ». Pour d'autres images du javelot, voir notamment Pi. *P.* 1.43-45 ; *N.* 7.70-72 ; et en général Auger 1987.
231 Pi. *Dith.* II, fr. 70b.9 Maehler ; *I.* 3/4.65. Chez E. *Hel.* 1362, il s'agit d'une sorte de tambour (rhombe tendu de cuir) ; Anacr. fr. 156.12 Page emploie le nom accompagné du participe lançant.

traits, afin qu'ils atteignent leur cible. C'est précisément pour cela, ajoute-t-il, qu'il s'est déplacé (ἔβαν) :[232] pour venir en aide, assister, jouer le rôle d'auxiliaire (ἐπίκουρος) des Muses et de la famille des Oligaithides. A la différence de Simonide (fr. 11.21 West) dans son chant en l'honneur des morts de Platées, Pindare ne prie pas la Muse de devenir son assistante, mais se présente lui-même comme soutien. Bien que ce soit nos divinités aux vêtements éclatants (ἀγλαοθρόνοις)[233] qui priment, le chanteur-poète n'est pas en reste : l'assistant contribue lui aussi au bon usage des traits musicaux de célébration. L'aide fournie par Pindare participe donc d'un échange de bons procédés : il assiste les Muses qui, en contrepartie, assurent à ses traits fermeté et puissance (καρτύνειν) ; le tout en écho au passage de la première *Olympique* dans lequel le chanteur-poète affirme que la Muse nourrit pour lui le trait le plus fort.[234]

Une nouvelle image et une nouvelle appellation apparaissent dans le passage suivant :

> [...] ἔλπομαι
> μέγα εἰπὼν σκοποῦ ἄντα τυχεῖν
>   ὥτ' ἀπὸ τόξου ἱείς· εὔ-
> θυν' ἐπὶ τοῦτον, ἄγε, Μοῖσα,
> οὖρον ἐπέων
> εὐκλέα· παροιχομένων γὰρ ἀνέρων,
> ἀοιδαὶ καὶ λόγοι τὰ καλά σφιν ἔργ' ἐκόμισαν·
> Βασσίδαισιν ἅ τ' οὐ σπανίζει, παλαίφατος γενεά,
> ἴδια ναυστολέοντες ἐπι-
>   κώμια, Πιερίδων ἀρόταις
> δυνατοὶ παρέχειν πολὺν ὕμνον ἀγερώχων ἐργμάτων
> ἕνεκεν. [...]

> [...] j'espère,
> ayant parlé grandement, toucher droit au but
>   comme en lançant des flèches d'un arc ;
> dirige, allez, Muse,
> ce vent des mots
> bien renommé ; en effet, les hommes disparus,
> les chants et les paroles s'occupent de leurs belles œuvres ;

---

[232] Pour Slater 1969b, 87-88, les formes verbales à l'aoriste comme ἔβαν sont une convention pindarique désignant le moment où le chœur arrive sur l'emplacement de célébration avant le chant proprement dit.
[233] Comme également les filles de Danaos (Pi. *N.* 10.1).
[234] Pi. *O.* 1.111-112. Le vers 110 de cette *Olympique* contient la seconde occurrence pindarique d'ἐπίκουρος : si Hiéron remporte une nouvelle victoire, Pindare trouvera un chemin auxiliaire de mots.

5.1 Les épinicies : célébrations de victoires humaines — 233

> cela ne manque pas aux Bassides, genre dont on parle depuis longtemps,
> qui gouvernent leurs propres
>   éloges, aux laboureurs des Piérides
> ils sont capables de fournir un chant abondant en raison de leurs fières
> actions. [...][235]

Dans la première phrase de l'extrait, le chanteur-poète se montre moins sûr de lui qu'à l'accoutumée. Il parle de son espoir (ἔλπομαι)[236] de voir ses grandes paroles toucher droit au but, telles des flèches. Il se figure comme archer,[237] à l'instar de ce qu'il fait à propos des Muses.[238] Comme le veut la tradition, c'est bien la Muse qu'il invoque ensuite, afin qu'elle dirige (εὔθυν') le vent bien renommé des mots (οὖρον εὐκλέα ἐπέων) ; autrement dit qu'elle permette, grâce à son souffle glorieux, aux flèches de voler droit au but.[239] La troisième phrase consiste en une vérité générale, attestée par les temps passés : les chants et les paroles musicales ont toujours consacré les belles œuvres des hommes disparus, faisant qu'elles ne sombrent pas dans l'oubli. La dernière phrase vient finalement illustrer le propos par l'exemple des Bassides, fameuse famille du vainqueur célébré. Pindare indique qu'ils gouvernent (ναυστολέοντες de ναυστολεῖν, qui signifie littéralement *diriger, gouverner un bateau*) leurs propres éloges. Non pas qu'ils soient eux-mêmes chanteurs-poètes, mais en ce qu'ils alimentent, par leurs victoires, la richesse des chants. Les derniers vers le précisent : par leurs fières actions, ils fournissent du travail à ceux que Pindare nomme les laboureurs (ἀρόταις) des Piérides.

En employant le terme de laboureur, le chanteur-poète ne présente plus son activité en écho à celle de l'athlète, mais du paysan qui travaille la terre : comme ce dernier ouvre, retourne et aère le sol avant d'y semer des graines qui éclosent et deviennent des plantes susceptibles de porter des fruits, le chanteur-poète travaille le terreau musical que représentent les victoires. Campagner (1993, 46) relève que l'agriculture est considérée à partir d'Hésiode « comme une expérience religieuse qui signale une participation de l'homme à un ordre naturel et divin, un échange entre les dieux et l'agriculteur ». C'est bien d'un tel échange qu'il s'agit ici entre le chanteur-poète et les Muses. Dans la seconde occurrence pindarique du labour musical, les Muses (Μοίσαισι) elles-mêmes sont amenées à

---

235 Pi. *N.* 6.26-35.
236 Le chanteur-poète espère également lancer son javelot au loin et dépasser ainsi ses adversaires (Pi. *P.* 1.43) ou rendre le vainqueur plus admirable encore grâce à ses chants (10.55).
237 Pindare se figure à deux autres reprises comme archer (*O.* 2.89-90 ; *I.* 5.46-48).
238 Pi. *O.* 9.5 : « Depuis les arcs des Muses qui lancent des flèches au loin (ἑκαταβόλων Μοισᾶν ἀπὸ τόξων) ».
239 Nous nous rappelons le vent des chants que la Muse accroît pour les enfants de Léto (Pi. *P.* 4.3).

labourer (ἀρόσαι).²⁴⁰ Loin d'être aisée, spontanée, l'activité musicale apparaît à nouveau comme fruit d'un véritable travail, tant pour le chanteur-poète que les divinités inspiratrices.

La fin de la sixième *Olympique* présente trois autres appellations, dont la première est aussi employée par Théognis (769 Young).

> ἐσσὶ γὰρ ἄγγελος ὀρθός,
> ἠϋκόμων σκυτάλα Μοι-
> σᾶν, γλυκὺς κρατὴρ ἀγαφθέγκτων ἀοιδᾶν·
>
> Tu es en effet le droit messager,
> scytale des Muses à la belle chevelure,
> doux cratère des chants retentissants ;²⁴¹

Les vers précédents indiquent que le chanteur-poète s'adresse ici à un dénommé Enée qui, selon les scholies (*O. 6.148a* ; *149a* [1.186 ; 188 Drachmann]), est le χοροδιδάσκαλος, le *chef et instructeur du chœur* que Pindare a chargé de chanter.²⁴² Il s'agit là de la seule référence explicite d'un auxiliaire pindarique. Au vu de sa tâche sur le lieu d'exécution du chant, nous estimons cependant comme d'autres commentateurs²⁴³ qu'Enée se confond avec Pindare.

La première expression qui leur revient est celle de messager (ἄγγελος), terme qui intervient à une autre reprise encore dans les épinicies (*N. 6.57b*). L'adjectif ὀρθός qui l'accompagne souligne la droiture, justesse, rigueur et précision avec lesquelles le chanteur-poète transmet ses messages.²⁴⁴

La deuxième appellation est inédite. Une scytale (σκυτάλη) est à l'origine un bâton de bois utilisé par les Spartiates pour transmettre une dépêche codée. Enroulant une fine lanière de cuir ou de parchemin sur la scytale, on y inscrit un message en plaçant une lettre à chaque circonvolution. Une fois terminé, le texte est déroulé et rendu illisible. Pour le déchiffrer, le destinataire ré-enroule ce dernier sur un bâton de même diamètre que celui employé pour l'encodage.²⁴⁵ Par extension, le bâton-dépêche signifie également le messager et interprète, ou encore le κῆρυξ, *héraut*, comme le glosent les scholies (*O. 6.154c* [1.190 Drach-

---

240 Pi. *N.* 10.26.
241 Pi. *O.* 6.90-91.
242 Selon les scholies (*O. 6.148a* [1.186 Drachmann]), Pindare ne chante pas lui-même, parce que sa voix est trop faible. Cf. aussi Lefkowitz 1988, 6-7 ; Giannini 2014, 48.
243 Notamment Slater 1969b, 88-91 ; Carey 1991, 195 ; Vigneri 2000, 101.
244 Cf. encore Pi. *P.* 4.279.
245 Cf. Plu. *Lys.* 19.8-12.

mann]).²⁴⁶ Le chanteur-poète s'avère ainsi être doublement messager des Muses, dont l'adjectif ἠΰκομος rappelle au passage la *belle chevelure*, bien arrangée. Il est à la fois ciblé et rigoureux, transmettant fidèlement aux hommes le message divin, ainsi qu'énigmatique et mystérieux, puisque seul à posséder la clé de décodage du message musical.

La troisième et dernière dénomination, celle de doux cratère des chants retentissants (γλυκὺς κρατὴρ ἀγαφθέγκτων ἀοιδᾶν), renoue avec le passage où il est question d'un cratère qui unit harmonieusement, dans une ivresse du vin et du verbe, les divers composants de la musique en vue de produire un chant le plus mélodieux possible.²⁴⁷ Le chanteur-poète figure ici le messager scytale comme contenant capable de répandre l'ensemble de la célébration musicale à ses auditeurs.

Reprise des épinicies

Comme tous les auteurs précédents, Pindare renoue dans les 60 occurrences musicales de ses épinicies avec l'image traditionnelle des Muses. Hormis leur cri qui trouble tout ce qui n'aime pas Zeus ainsi que d'une certaine manière leurs boucles violettes, les plis de leurs vêtements et leurs arcs et flèches, l'ensemble des épithètes qui qualifient nos divinités s'inscrit dans la face idyllique courante, que ce soit à propos de leur origine, leur talent de chanteuses, danseuses et instrumentistes ou encore leurs qualités, aspects, actions et effets. Dans la droite ligne de ses prédécesseurs, Pindare réinvestit la teneur musicale générale de termes, formules et images inédites, parfois denses, à priori absconses, mais finalement aisément saisissables à partir des éléments et figures musicaux reconnus précédemment. D'une manière générale, nous pouvons dire que l'expression pindarique est plus visuelle, plus phénoménale et plus matérielle que chez ses prédécesseurs, avant tout les chanteurs épiques, mais aussi lyriques. Ainsi les Muses apparaissent-elles au doux souffle, à la voix d'argent, à la belle chevelure, à la ceinture aux plis profonds, aux vêtements éclatants, fortes d'ailes éclatantes, d'un char et de courants.

Outre le fait que nos divinités se font jour comme génitrices et nourricières des chants et du chanteur-poète, la principale nouveauté est que l'activité musicale est marquée par un travail : loin d'aller de soi, de se faire sans autre, elle se

---

246 Le terme σκυτάλη possède quatre sens à l'époque archaïque-classique : celui de *bâton* contenant les noms de personnes à arrêter (X. *HG* 3.3.8 ; 9) ou un *message* (5.2.37) ; celui de *messager* (Archil. fr. 185.2 West) ; ainsi que celui de *massue* (Hdt. 3.137 ; X. *An.* 7.4.15).
247 Pi. *I.* 6.1-3.

présente comme le résultat momentané d'un dur labeur pour l'homme non encore emporté par le char musical. Si le chanteur-poète se montre à la merci des Muses, leur relation, volontiers familiale, apparaît comme une collaboration : leur force, énergie et savoir sont aussi nécessaires à l'existence et à l'expression du chant que son propre travail. Le chanteur (ἀοιδός) se présente comme aide, échanson, cocher, guide, expéditeur, chef d'orchestre, archer, lanceur de javelots ou se décrit en termes de messager (ἄγγελος), scytale (σκυτάλη), cratère (κρατήρ), intendant (ταμίας), auxiliaire (ἐπίκουρος), trouveur de mots (εὑρησιεπής) et même – activité lourde, pénible – laboureur (ἀρότης). C'est ainsi, grâce à ce soutien, à cette assistance réciproque, que resplendit finalement, de la plus fine μουσική, le foyer du vainqueur : Pindare apparaît comme garant de la reconnaissance publique des exploits sportifs. Et la gloire n'est pas le seul bienfait de sa musique : les compositions ont de surcroît un effet apaisant, lénifiant et régénérant sur les sportifs eux-mêmes.

Cet échange de bons procédés n'est toutefois pas si simple et pur qu'il n'y paraît. Un troisième facteur, aussi inédit qu'important, vient jouer les trouble-fêtes : la musique est explicitement inscrite dans un contexte financier. Les Muses sont avides de gain ; leurs chants possèdent un visage (πρόσωπον) argenté (ἀργυροῦν). Le fait que Pindare se fasse payer pour ses compositions n'est pas sans conséquences. D'une part le chanteur-poète se valorise régulièrement et souligne son lien privilégié avec nos divinités ; sans doute pour distinguer ses qualités de celles de ses collègues et par suite se faire engager plus souvent et payer plus grassement. D'autre part il accorde dans le chant un statut privilégié au commanditaire généreux. A tel point que Pindare fait tantôt mine d'être moins sincère que nous voudrions le croire ; nombreuses sont les situations où on ne peut s'empêcher de le suspecter d'être plus intéressé que possédé.

Autre fait étonnant : aussi nettes que soient les affirmations du chanteur-poète sur son rapport aux Muses, les forces inspiratrices apparaissent par deux fois médiatisées par des objets : le miroir et la *phorminx*, dévoilés comme autant d'interfaces et symboles matériels de l'influence musicale. Ainsi, lorsque l'activité musicale n'est pas matérialisée, les Muses semblent tantôt n'être que des succédanés employés par le chanteur-poète pour renforcer sa crédibilité. Bien que les signes de prise de distance vis-à-vis de son activité et partant de nos divinités soient récurrents, rien ne permet cependant de prouver que Pindare en use sciemment comme supplément d'âme ou valeur ajoutée.

5.2 Les chants en l'honneur des dieux

Bien que largement majoritaires, les épinicies ne sont pas les seuls chants de Pindare à avoir traversé les siècles. D'autres textes, volontiers fragmentaires, nous sont parvenus. La majorité des 29 occurrences musicales pindariques restantes se trouve dans des fragments de péans de longueur et de complexité variables ; genre chanté et dansé par un chœur, lors de cultes, dans le cadre de banquets, ou sur le champ de bataille, généralement en l'honneur d'Apollon.[248] Deux apparitions musicales ont lieu dans des dithyrambes exécutés en l'honneur de Dionysos à l'occasion de festivals tels les Grandes Dionysies athéniennes.[249] On trouve encore les Muses dans un vers d'hymne, un autre de parthénée et un autre encore de thrène. Onze occurrences sont en outre tellement fragmentaires que leur genre reste indécelable.[250] Le seul phénomène qui rassemble ces textes est ce qui les sépare des épinicies : ils ne sont pas composés en l'honneur d'hommes, mais de dieux. Comme pour les épinicies, les Muses semblent à l'origine de l'ensemble des chants.

Un fragment de thrène rappelle la filiation divine des productions musicales : après les péans liés aux enfants de Léto et les dithyrambes à Dionysos, Calliope (Καλλιόπας) est célébrée comme mère de trois garçons devenus, suite à leur décès, des types de chants funèbres : Linos (Λίνον), Hyménée (Ὑμέναιον) et Ialémos (Ἰάλεμον).[251] Triple progéniture qui n'est pas sans intérêt.

Linos est parfois le fils de la mortelle Psamathée et d'Apollon ; abandonné par sa mère, il se voit dévoré par les chiens de son grand-père maternel.[252] A maintes reprises, il est également considéré comme fils d'une Muse : non seulement de Calliope,[253] mais aussi d'Uranie.[254] On rapporte qu'il est tué par Héraclès alors même qu'il est en train de lui enseigner la musique ;[255] ou encore par Apollon auquel il a l'outrecuidance de se comparer dans un de ses chants.[256] Le genre

---

[248] Cf. Rutherford 2001, 3-136. Voir aussi, pour l'histoire du genre et du terme, Privitera 1977a, 17-20 ; Käppel 1992, 3-31.
[249] Cf. van der Weiden 1991, 1-33 ; Zimmermann 1992, 9-18.
[250] Par exemple Pi. fr. 287 Maehler : « Μοῖσαι ἀργύρεαι, *les Muses d'argent* ».
[251] Pi. *Thren*. III, fr. 128c.4-10 Maehler = fr. 56.4-10 Cannatà Fera. Cf. Cannatà Fera 1980 ; Maehler 1993, 456.
[252] Call. fr. 26-31 Pfeiffer ; Paus. 1.43.7.
[253] Asclep. *FGrH* 12 F 6 ; Apollod. 1.3.2.
[254] Apollod. *FGrH* 244 F 146 ; Eust. *Il*. 1163.62 (4.258 van der Valk), qui dit citer Hes. fr. 305 Merkelbach-West.
[255] D.S. 3.67.2 ; *Schol. in Il. 18.570* (4.560 Erbse).
[256] Paus. 9.29.6.

funèbre proviendrait de sa mort prématurée ;[257] alors même que l'*Iliade* (18.570) le présente comme un chant de vendanges, expression du cycle vie-mort-vie.[258] Le fait qu'il soit qualifié d'αἴλινος, *plaintif* – adjectif qui compose la base du cri-refrain rituel entonné à plusieurs reprises lors de funérailles[259] – va lui aussi dans le sens du chant de deuil, d'autant plus si on y entend l'homophonie αἶ (interjection de désespoir)-Linos. Chez Pindare, le personnage n'apparaît que dans ce fragment de thrène.

Le deuxième fils, Hyménée, n'est pas toujours l'enfant de Calliope, mais parfois également d'Uranie, de Clio ou de Terpsichore.[260] Peu clairs, les vers de Pindare laissent entendre que, lors de son union matrimoniale, la progéniture musicale qu'il est a pris (λάβεν) le dernier chant, probablement au sens où il l'a incorporé : ultime chant qui n'est autre que le chant de la mort. On se souvient volontiers d'Hyménée comme mourant la nuit même de son mariage,[261] ou d'un mariage auquel il aurait participé en tant que chanteur.[262] S'il est vrai que le genre de l'hyménée est chez les Alexandrins davantage un chant nuptial que funèbre, on peut sans autre imaginer que le premier hyménée, chanté aux noces du héros éponyme, a finalement contenu autant de tristesse que de joie – le chant de noces s'étant soudain retourné en chant de deuil.[263] Comme son frère Linos, Hyménée personnifie aussi un genre de chant funèbre. A la différence de Linos, il apparaît à deux autres reprises chez Pindare : dans un vers de péan (22 S9b.4 Rutherford) et dans la troisième *Pythique* (17). Si la première occurrence est dénuée de contexte, la seconde présente l'hyménée comme chant de mariage.

Il n'en va pas autrement du troisième fils : Ialémos. Le même fragment indique qu'il est mort d'une maladie qui a frappé sa chair et entravé sa force physique. Si, au contraire de ses frères, Ialémos n'est jamais mentionné comme personnage héroïque, son nom est par contre couramment employé pour signifier une plainte funèbre.[264] Chez Pindare, on le trouve par deux fois dans des thrènes (V, fr. 128e.a.2 ; e.b.6 Maehler) accompagné de l'adjectif ὄρθιος.

---

257 Hdt. 2.79.
258 Cf. encore Diehl 1940, 106-108.
259 Par exemple A. *A.* 121 ; S. *Aj.* 627 ; E. *Hel.* 171.
260 Pour Uranie : Catul. 61.2 ; Nonn. *D.* 24.88 ; pour Clio : Apollod. *FGrH* 244 F 146 ; pour Terpsichore : Alciphr. *Ep.* 1.13.
261 Par exemple Serv. *A.* 1.651.
262 Serv. *A.* 4.127.
263 Des hyménées de certaines tragédies présentent eux aussi des notes de tristesse : ceux entonnés par des jeunes filles dont les espoirs matrimoniaux sont marqués par une inexorable tendance mortifère (notamment E. *Tr.* 308-340 ; *IA* 1036-1097).
264 Par exemple A. *Supp.* 114 ; E. *Ph.* 1033.

Pindare présente ainsi trois types de chants funèbres (dont l'un nuptial-funèbre) d'obédience musicale.

5.2.1 Savoirs et sagesses musicaux

Les douze vers ci-dessous proviennent d'un péan chanté à Delphes dans le cadre du festival des Théoxénies. Suite à une grosse lacune, le chant se poursuit de la manière suivante :

> καὶ πόθεν ἀθάν[ατος πόνος ἄ]ρξατο.
> ταῦτα θεοῖσι [μ]ὲν
> πιθεῖν σοφοὺ[ς] δυνατόν,
> βροτοῖσιν δ' ἀμάχανο[ν
> εὑ]ρέμεν· ἀλλὰ - παρθένοι γάρ, ἴσατ[ε], Μο[ῖ]σαι,
> πάντα· κε[λαι]νεφεῖ σὺν
> πατρὶ Μναμοσ[ύν]ᾳ τε
> τοῦτον ἔσχετ[ε τεθ]μόν -
> κλῦτε νῦν· ἔρα[ται] δέ μο[ι]
> γλῶσσα μέλιτος ἄωτον γλυκὺν [
> ἀγῶνα Λοξίᾳ καταβάντ' εὐρὺν
> ἐν θεῶν ξενίᾳ.

> Et d'où le travail immortel a commencé.
> Cela, pour les dieux,
> il est possible d'en convaincre les sages,
> pour les mortels il n'y a pas moyen
> de le trouver ; mais – jeunes filles en effet, vous savez, Muses,
> tout ; avec celui aux sombres nuages
> votre père et Mnémosyne
> vous avez cette loi –
> écoutez maintenant ; elle désire, ma
> langue, ... un doux flocon de miel,
> alors que je m'avance vers le large rassemblement en l'honneur de Loxias,
> à l'occasion de l'hospitalité des dieux.[265]

En distinguant ainsi le pouvoir (δυνατόν) divin du manque de moyens (ἀμάχανό[ν) humains, le chanteur-poète renoue à sa manière avec l'opposition apparue dans l'*Hymne homérique à Apollon* (3.192). Si le manque de moyens des hommes portait alors sur leur caractère de mortels (en proie aux malheurs, à la vieillesse et finalement à la mort), l'objet de la distinction concerne ici le ταῦτα qui, selon la conjecture de Rutherford (2001, 299), reprend l'origine (ἄ[ρξατο) du travail immortel

---

[265] Pi. *Pae.* 6 D6.50-61 Rutherford.

(ἀθάν[ατος πόνος) du premier vers.²⁶⁶ Or celle-ci serait précisément liée au festival des Théoxénies en train de se dérouler : fête annuelle consistant en un sacrifice et un banquet nommément caractérisés par la présence hospitalière (ξενία) des dieux (θεῶν), tant comme invitants que comme invités.²⁶⁷ Bien que généralement démunis quant à la question des origines, certains hommes privilégiés par les dieux, y ont toutefois accès : les sages (σοφού[ς]). Les divinités sont en mesure de les en convaincre (πιθεῖν), dit le texte, suggérant que la question est si problématique que seuls les sages peuvent finir par ne pas douter de leurs explications. Mais qui sont donc ces sages ?

Suite à la distinction entre immortels et mortels, le chanteur-poète en vient à apostropher les Muses, dont il rappelle la jeunesse, pureté et féminité (παρθένοι)²⁶⁸ ainsi que la vue illimitée et omniscience (ἴσατ[ε] πάντα). Si le chanteur-poète invoque nos divinités, c'est que celles-ci, à la différence des hommes, connaissent ladite origine du travail immortel. Avec leurs parents, Mnémosyne et Zeus, dont l'épithète traditionnelle (κε[λαι]νεφεῖ, *aux sombres nuages*)²⁶⁹ rappelle le pouvoir qu'il a entre ciel et terre, les Muses possèdent en effet cette loi (τεθ]μόν). Provenant de τιθέναι, le mot signifie littéralement *ce qui est posé, établi*, en ce sens la *loi*, l'*institution*, le *rite*.²⁷⁰ Aussi Radt (1958, 125-126) y reconnaît-il le rituel évoqué plus haut, dont, forcément, seuls les dieux connaissent la véritable origine. Forts de nos découvertes, nous y voyons avec Gundert (1935, 62)²⁷¹ une affirmation plus large, indiquant que les Muses sont elles-mêmes tributaires de cette loi qu'elles partagent avec leurs parents : tout savoir et pouvoir dévoiler ce qu'il convient aux sages.²⁷²

---

266 Radt 1958, 121-122 recense d'autres conjectures au sujet de la lacune du vers 50.
267 Cf. « Theoxenia » *RE* 5.2 2256-2257 ; Radt 1958, 83-84 ; Bruit Zaidman 1989, 19-21 ; Jameson 1994 ; Rutherford 2001, 310 ; Kurke 2005, 95-103. Pour les *Schol. in Pi. O. 3* (1.105 Drachmann), à cette occasion, « les dieux résident dans la cité ».
268 Pindare emploie cette même épithète de παρθένος à propos des Muses en *I.* 8.57 ; une troisième occurrence (*Pae.* 2 D2.100 Rutherford) concerne les jeunes filles de Delphes aux bandeaux brillants qui dressent un chœur – probablement les représentantes des Muses sur terre. Cf. encore Rutherford 2001, 273-274.
269 Par exemple Hom. *Il.* 1.397 ; 2.412 ; 22.178 ; *Od.* 9.552 ; 13.147 ; *h.Ven.* 5.220 ; *h.Cer.* 2.91 ; 316 ; Hes. *Sc.* 53 ; Pi. *Pae.* 12 G1.9 Rutherford.
270 Voir aussi la loi (τεθμόν) indigène des fortunés (Pi. *Pae.* 4 D4.47 Rutherford). Dans les épinicies, il s'agit à plusieurs reprises du rite des jeux (par exemple *O.* 6.69 ; 7.88 ; *N.* 10.33).
271 Gundert parle d'*Amt* et pense que cette tâche est donnée aux Muses par leurs parents. Rutherford 2001, 305 traduit le mot par *prerogative*.
272 Une idée semblable se trouve chez Corinn. fr. 654a.19-22 Page : la Muse (Μώση) prescrit (ἔ[τ]αττον) aux fortunés la manière de procéder pour le vote du concours musical entre l'Hélicon et le Cithéron. Relevons encore que la prescription de la Muse a lieu rapidement (αὐτίκα).

Le chanteur-poète demande à nos divinités de l'écouter (κλῦτε). Comme chez Solon (fr. 13.1-4 West), où les Muses sont exhortées à tendre l'oreille pour venir en aide au chanteur-poète, Pindare en appelle à l'attention de nos déesses. Il ne les prie cependant pas de lui accorder prospérité et bonne réputation, mais de combler le désir (ἔρα[ται]) de sa langue ; désir indirectement lié à un doux flocon de miel (μέλιτος ἄωτον γλυκύν). A l'instar de ce que font tous ses collègues chanteurs(-poètes), il leur demande à sa façon, imagée, de lui insuffler un chant. Comme l'infinitif dépendant du désir fait défaut, on postule que le chanteur-poète souhaite faire retentir (κελαδῆσαι), faire tomber goutte à goutte (καταλείβειν), faire passer (παραπέμπειν) ou encore répandre (καταχεῖσθαι) le flocon en question.[273] Aussi laconique que soit le texte, l'image est facile à décrypter : le chanteur-poète souhaite exprimer un chant qui possède la douceur et la finesse du miel et qui soit capable de célébrer l'origine du travail immortel dont seuls les dieux sont en mesure de convaincre les sages. Cela ne fait pas de doute : Pindare se compte lui-même parmi ces derniers, au bénéfice d'un appui divin. Ce n'est donc que parce qu'il est gratifié de la force de persuasion divine que les Muses réalisent son désir de lui dévoiler en toute douceur le contenu du chant. Il convient de relever que le privilège du chanteur-poète dépasse ici celui de nos seules déesses pour s'étendre au soutien divin en général. Ainsi, le contenu de la composition n'est pas une invention de sa part,[274] mais l'expression de la source du festival des Théoxénies comme telle. Les deux derniers vers indiquent finalement que le chant musical se fera entendre sur la large place, là où a lieu l'ample rassemblement (ἀγῶνα εὐρύν)[275] en l'honneur d'Apollon, pour l'occasion appelé Loxias en référence au caractère oblique, obscur (λοξός) de ses oracles ;[276] rassemblement qui a précisément lieu lors de ladite présence hospitalière (ξενίᾳ) des dieux (θεῶν), – et donc des Muses et du chanteur-poète.[277]

L'extrait de péan suivant – d'interprétation problématique en raison des nombreuses conjectures textuelles – distingue lui aussi les savoirs humain et divin, tout comme la tâche du chanteur-poète et celle du chœur :

---

[273] Radt 1958, 128-129 cite ces variantes et prend position pour le dernier verbe mentionné, mais à l'aoriste (καταχεῦαι). Rutherford 2001, 305 se contente d'ajouter *to sing* dans sa traduction.
[274] Wüst 1967, 131 : « *Ich folge geheiligter Tradition und trage nicht eigene Erfindung vor* ».
[275] Pour l'ἀγών au sens du (lieu de) *rassemblement* : par exemple Hom. *Il.* 23.258 ; Pi. *P.* 10.30.
[276] Chez A. *Ch.* 1030, Loxias est le πυθόμαντις, *devin pythique* ; chez Pindare, il est le roi du temple de Delphes (*P.* 3.27-28) ; alors que B. *Ep.* 13.115 parle explicitement du seigneur Apollon Loxias.
[277] Cf. encore Pi. *Pae.* 14 S3.32 Rutherford : la Muse (Μοῖσ') λίγεια confie (ὀαρίζε[ι) un récit (λόγον) de mots charmants lors des accomplissements (τελευταῖς). Rutherford 2001, 407-408 et n. 3 traduit ce dernier terme par *rites*.

κελαδήσαθ' ὕμνους,
Ὁμήρου [ἑκὰς ἄτρι]πτον κατ' ἀμαξιτὸν
ἰόντες, ἀ[εὶ οὐκ ἀλ]λοτρίαις ἀν' ἵπποις
ἐπεὶ αὐ[τοὶ τὸ πο]τανὸν ἅρμα
Μοισα[ῖον ἐλαύνο]μεν.
ἐ]πεύχο[μαι] δ' Οὐρανοῦ τ' ἐϋπέπλῳ θυγατρὶ
  Μναμ[ο]σύ[ν]ᾳ κόραισί τ' εὐ-
  μαχανίαν διδόμεν.
τ]υφλα[ὶ γὰ]ρ ἀνδρῶν φρένες,
ὅ[στις ἄνευθ' Ἑλικωνιάδων
βαθεῖαν ε..[..].ων ἐρευνᾷ σοφίας ὁδόν.

Faites retentir des chants,
loin d'Homère, allant le long d'une route accessible aux chars
non usée par le frottement, jamais sur des chevaux d'autrui,
car nous-mêmes, le char volant
des Muses, nous le conduisons.
Je prie la fille au beau *péplos* d'Ouranos,
  Mnémosyne et ses filles de
  donner l'habileté.
Les cœurs des hommes sont en effet aveugles,
celui qui sans les Héliconiennes
cherche ... le chemin profond de la sagesse.[278]

La forme verbale à la deuxième personne du pluriel (κελαδήσαθ')[279] qui initie le passage ne se trouve que dans les notes marginales des deux papyri qui transmettent le péan. Pour autant qu'elle soit correcte, elle représente une adresse soit du chœur à lui-même – à l'instar de ce que nous avons vu chez Alcman, mais cette fois à « vous » –, soit, pour la première fois, du chanteur-poète à son chœur. Dans les deux cas, il s'agit d'une exhortation à faire entendre des chants. Persuadé que la lacune contient davantage de lettres, D'Alessio (1992, 359 ; 1995, 169) propose κελαδήσομεν, *faisons retentir* ; proposition qui présente un chanteur-poète tout à fait traditionnel, faisant partie intégrante de l'ensemble musical.

Pour connaître le sujet de l'exhortation ainsi que la manière par laquelle les chants doivent retentir, il convient d'abord de reconstituer la suite de la phrase, elle aussi marquée par des espaces vides. Les questions sont de savoir 1) si le chœur marche ou non avec Homère (lacune après Ὁμήρου), 2) si la route acces-

---

278 Pi. *Pae.* 7b C2.10-20 Rutherford. A la suite de Rutherford 2001, 245-246, nous adoptons pour les vers 11 à 13 la reconstitution de D'Alessio 1995, 169.
279 Chez Homère, κελαδεῖν dénote le bruit du Zéphyr sur les vagues (*Od.* 2.421) et celui d'un fleuve (*Il.* 18.576). Chez Pindare, il désigne le plus souvent l'acte de chanter lui-même (par exemple *O.* 1.9 ; *P.* 1.58 ; *N.* 9.54 ; *Thren.* V, fr. 128e.a.3 Maehler).

sible aux chars est usée ou non (lacune avant -πτον) et 3) si le chœur se trouve ou non sur des chevaux d'autrui (lacune avant -λοτρίαις).
1) Comme Pindare n'emploie le plus souvent pas les versions homériques des mythes lorsqu'il chante les héros du passé, la tendance actuelle, notamment suivie par D'Alessio (1995, 169 ; 174) et Rutherford (2001, 245-246), est de supposer un ἑκάς, *loin de* dans la première lacune : Pindare prendrait explicitement ses distances vis-à-vis de son illustre prédécesseur.[280]
2) Si le chœur marche loin d'Homère, il n'emprunte pas la voie tracée par ce dernier, présentée comme usée par le frottement de nombreux chars, au sens des chants qui ne cessent de réinvestir les mythes traditionnels. Aussi D'Alessio et Rutherford complètent-ils l'espace par l'adjectif ἄτρι]πτον, *non usée par le frottement*, autrement dit neuve, inédite.[281] Nous rappelant la valeur positive qui revient aux chants les plus nouveaux,[282] nous pouvons y lire une allusion, de la part de Pindare, à son originalité en matière de production.
3) Concernant la troisième lacune, la majorité des commentateurs est d'avis que sa longueur est trop importante pour ne pas comporter de négation.[283] On s'accorde ainsi pour y lire que les chevaux sur lesquels se déplace le chœur ne sont pas ceux d'autrui. D'après la proposition de D'Alessio, elle aussi suivie par Rutherford, le chœur n'emprunte même jamais (ou littéralement « à chaque fois pas ») des chevaux d'un autre chanteur-poète. Aussi, loin d'Homère et peu fréquenté, le chemin suivi est-il entièrement original. Pindare de souligner son autonomie et originalité.

Si le chanteur-poète est en mesure de donner de telles indications concernant l'acte de chanter, c'est, poursuit le texte, qu'il fait lui-même partie des conducteurs du char volant des Muses, comme le montre la première personne du pluriel (ἐλαύνο]μεν, *nous conduisons*) dont la terminaison figure sur les papyri.[284] Nous comprenons alors pourquoi d'aucuns reconnaissent dans le premier vers une forme verbale à la première personne du pluriel. Mais nous saisissons en même temps mieux, dans l'hypothèse suivie d'une exhortation à « vous », la relation du chanteur-poète au chœur : si le char doit prendre une telle route, si le chant

---

280 Pour le rapport Homère-Pindare, cf. par exemple D'Alessio 1995, 178-181.
281 Les arguments contraires aux deux premiers sont également envisageables : pour Ferrari 2002, 201, le chœur marche le long de la route largement fréquentée d'Homère (Ὁμήρου [πολύτρι]πτον).
282 Cf. Alcm. fr. 14a Davies.
283 En plus de D'Alessio et Rutherford, cf. par exemple Di Benedetto 1991, 165-166 qui choisit la lecture : *allant le long de la route accessible aux chars, très usée par le frottement, d'Homère, mais pas sur des chevaux d'autrui*.
284 Seul le verbe pourrait changer. Snell 1964, 36 propose par exemple ἐζεύξαμεν, *nous avons attelé* ou ἀνέβαμεν, *nous sommes montés*.

doit posséder de tels aspects, c'est que le chanteur-poète se trouve lui-même sur le char, accompagné du chœur et probablement des Muses. Ce serait ainsi que, emportés par l'élan musical, les chants pindariques s'élèvent au-dessus des voies habituelles, usées, et sont capables de voguer dans les airs.[285]

Suite au « vous » et au « nous » rencontrés précédemment, un « je » apparaît au sixième vers du passage. Le chanteur-poète intervient soudain lui-même dans le texte : « Je prie (ἐπεύχο[μαι]) », dit-il, exhortant en son nom d'une part Mnémosyne, rappelée au passage être fille d'Ouranos au beau *péplos* (ἐϋπέπλῳ),[286] et d'autre part ses filles les Muses. Si le chanteur-poète n'était précédemment pas seul sur le char, la présente prière ne semble concerner que lui. Le chœur a beau parfois s'exprimer à la première personne du singulier, le fait que celle-ci intervienne juste après des formes verbales au pluriel semble bien distinguer les deux instances énonciatrices. Le chanteur-poète prie les Muses car il aimerait recevoir l'εὐμηχανία. La μηχανή signifie le *moyen*, tant au sens matériel de la *machine* que celui, plus général, de toute espèce de *combinaison*, d'*invention*, de *talent* ou d'*habileté* – moyens que, lorsqu'il s'agit de la mort ou des origines du monde, les hommes ne possèdent pas par eux-mêmes. Le préfixe εὐ- qui précède souligne la qualité, la convenance, l'harmonie qui caractérise cette μηχανή.[287] Bien que le chanteur-poète se soit auparavant présenté comme conducteur du char musical, il n'est tout compte fait pas en mesure de le conduire seul. Il ne s'en cache pas : son habileté technique, son talent est affaire divine ; comme l'ensemble de ses collègues, Pindare dépend bien lui aussi de la mémoire de Mnémosyne et de la musique des Muses.[288]

Les trois derniers vers de notre extrait explicitent cet état de fait : les cœurs (φρένες) des hommes sont aveugles (τ[υφλα[ί).[289] Faisant partie de la famille de τύφεσθαι, *fumer, être enfumé, être réduit en cendres*, τυφλός signifie *aveugle* au

---

285 Pi. fr. 334a.4 Maehler ne parle pas d'un char volant, mais place les Muses aux côtés de courants : « ῥοαὶ δὲ Μοῖσαι ».
286 Comme par exemple les Charites (B. *Dith.* 1[15].49), Nausicaa (Hom. *Od.* 6.49) ou les Achéennes (21.160).
287 Lorsqu'il remporte la victoire, le vainqueur fournit une pareille habileté au chanteur-poète (Pi. *I.* 3/4.20).
288 Cette différence de savoir entre dieux et hommes pourrait également expliquer le fait que le chanteur-poète s'enquiert de savoir « en faisant quoi te serais-je cher, fort grondant | Cronide, cher aux Muses | en s'occupant d'Euthymia, je te le demande (τί ἔρδων φίλος σοί τε, καρτερόβρεντα | Κρονίδα, φίλος δὲ Μοίσαις | Εὐθυμίᾳ τε μέλων εἴην, τοῦτ' αἴτημί σε » (Pi. fr. 155 Maehler). De même, c'est « par la volonté de Clio (Κλέος ἕκατι) » et non par celle des hommes que le chant obtient sa renommée (Pi. *Pae.* 7a C1.7 Rutherford).
289 Cf. aussi le cœur aveugle (τυφλὸν ἦτορ) de la foule (Pi. *N.* 7.23).

sens où on est enveloppé de fumée, d'obscurité.[290] Nous retrouvons ici l'opposition entre la divine vue, le savoir des Muses et la déficience des mortels.[291] Embrumés, aveugles, les hommes ont beau chercher le profond (βαθεῖαν)[292] chemin de la sagesse (σοφίας), seuls, ils sont incapables de le trouver. Superficiels, les mortels n'ont pas accès à ce qui se cache dans les profondeurs, à ce qui est invisible, et par suite insaisissable. Si Pindare renoue avec l'opposition homérique entre les qualités des Muses et des hommes, il le fait toutefois de manière légèrement modifiée : contrairement à ce qui a lieu chez Homère, où les hommes sont privés de la vue et doivent tendre l'oreille pour ne pas être complètement ignorants, ils semblent chez Pindare en possession des mêmes sens que nos divinités, mais dans une moindre mesure ; enfumés, aveuglés, leur vue est obstruée. Raison pour laquelle ils ont besoin des Héliconiennes :[293] sans leur pénétrante sagesse, les cœurs humains n'ont aucune habileté, et donc aucune chance de pouvoir conduire comme il se doit le char musical, de guider comme il faut le chœur. Pourtant, à la différence des simples hommes ainsi que même, semble-t il, des membres du chœur, le chanteur-poète se trouve soudain, grâce à l'aide de Mnémosyne et des Muses, les yeux grands ouverts : capable de conduire le char sur le chemin profond de la sagesse, faisant alors avancer, voire s'envoler chœur et chants.

Le fait que nos divinités en savent bien davantage que les hommes revient dans un autre extrait de péan. Le chanteur-poète y demande explicitement aux Muses (ὦ Μοῖσαι) de lui faire part de la forme, du rythme (ῥυθμός) du temple de Delphes construit grâce à la τέχνη d'Athéna et d'Héphaïstos.[294] Bien que la réponse soit perdue, il ne fait pas de doute que les filles de Mnémosyne sont en mesure de la donner. Conformément à ce que nous savons de leur filiation, qui les gratifie de la vue de tous les phénomènes du monde, Pindare les appelle du reste tantôt également « μνα<μο>νόοι, *à l'esprit qui se souvient* ».[295]

---

290 Chez Hom. *Il.* 6.139, Zeus rend aveugle Lycurgue pour le punir d'avoir poursuivi Dionysos. Dans *h.Ap.* 3.172, il s'agit d'un chanteur aveugle : très probablement Homère.
291 Par exemple 1.1.2 « Nature et savoir des Muses et des hommes ».
292 Comme le sont parfois aussi la ceinture et les plis des Muses (Pi. *I.* 6.74 ; *P.* 1.12).
293 La reprise de traits traditionnels pour les Muses se trouve également dans un autre fragment, quand le chanteur-poète fait quelque chose « avec les neuf Muses (ἐννέ[α Μοί]σαις) » (Pi. *Pae.* 12 G1.2 Rutherford).
294 Pi. *Pae.* 8 B2.102-104 Rutherford. Cf. pour l'histoire des quatre temples delphiques, Paus. 10.5.9-13 ; Power 2011, 67-76.
295 Hsch. μ 1488. Latte y attribue ce terme à Pi. fr. 341 Maehler.

Alors que les extraits précédents ont mentionné les termes εἰδέναι et σοφία pour exprimer le savoir et la sagesse des Muses, un troisième vient illustrer la manière dont ces derniers sont mis en œuvre :

> λιτανεύω, ἑκαβόλε,
> Μοισαίαις ἀν[α]τιθεὶς τέχνα[ι]σι
> χρηστήριον [...]

> Je te supplie, toi qui lance au loin,
> consacrant aux savoir-faire des Muses
> ton oracle [...][296]

Le chanteur-poète invoque ici Apollon, comme l'indique son épithète d'archer (ἑκαβόλε),[297] en tant que dieu-oracle. Le contexte nous apprend que la performance du chant n'a pas lieu à Delphes, où se situe son oracle le plus célèbre, mais au sanctuaire de l'Isménion à Thèbes, où le dieu est également invoqué comme prophétique, régnant sur son oracle (χρηστήριον).[298] Alors que chez Simonide (F 264a et b Poltera) les Muses veillent sur l'oracle de Gê, c'est celui d'Apollon que le chanteur-poète célèbre ici ; et ce en le consacrant (ἀν[α]τιθείς) explicitement aux savoir-faire des Muses (τέχνα[ι]σι Μοισαίαις). Comment entendre le verbe ἀνατιθέναι, sachant qu'il signifie *consacrer*, au sens de *faire une offrande*, le plus souvent à une divinité ? En suivant Hubbard (1987, 2 n. 7), il s'agirait de comprendre le datif τέχνα[ι]σι non pas comme ce à quoi le chanteur-poète consacre l'oracle, mais comme le moyen par lequel il y dépose son offrande : il chante un péan, décrit par l'appellation de savoir-faire des Muses. Le lien de ces dernières à Apollon consisterait donc en ce qu'elles veillent sur son oracle, au sens où leur musique ne permet pas seulement de célébrer les hauts-faits du passé, mais également les prédictions du dieu et pour finir ce dernier lui-même. Cela ne va pas sans rappeler la capacité musicale hésiodique (*Th.* 38) à dire ce qui est, sera et est auparavant.

L'expression τέχνα[ι]σι Μοισαίαις qui qualifie la musique est aussi inhabituelle que significative. Nous avons vu dans l'*Hymne homérique à Hermès* (4.447) et chez Ibycos (fr. S 255.4 Davies) que la τέχνη n'est pas réservée aux hommes. Il en va de même chez Pindare, dont l'ensemble des emplois est instructif : en lien avec les divinités que sont Zeus, Apollon, Asclépios, Héphaïstos et Athéna, la

---

[296] Pi. *Pae.* 9 A1.38-40 Rutherford.
[297] Par exemple aussi Pi. fr. 140a.61 Maehler ; *Pae.* 6 D6.79 ; 111 Rutherford.
[298] On trouve par exemple chez Hdt. 6.80.6 l'invocation à Apollon Χρηστήριος. Pi. *P.* 11.4-6 lui-même rappelle que Loxias honore par-dessus tout l'endroit sacré qu'il a nommé Isménion, siège dévoilant des devins.

τέχνη intervient dans des domaines aussi divers que celui de la toute-puissance du dieu, de la prophétie, de la médecine, de la forge et de la musique.[299] Alors que l'ensemble des passages rencontrés jusqu'ici met en valeur le savoir et la sagesse des Muses, un aspect plus technique, plus pratique se fait soudain jour : pour que l'oracle d'Apollon soit transmis aux hommes, il faut que leur savoir devienne littéralement un faire, que la musique soit mise en œuvre. Loin d'être spontanée, l'activité musicale apparaît à nouveau comme un travail exigeant certaines connaissances, une certaine habileté et coûtant un certain effort. En poussant l'interprétation à son extrême, et en la mettant en relation avec nos observations précédentes concernant la nouvelle place que se donne notre chanteur-poète, nous pouvons dire qu'il considère la divine musique à partir de sa propre expérience. Néanmoins, le fait que Pindare n'emploie pas le terme de μουσική mais rappelle explicitement l'activité de nos déesses souligne en même temps leur importance, qui demeure bien effective.

5.2.2 Le prophète des Muses

Lorsqu'il présente sa tâche de serviteur divin, le chanteur-poète mentionne à plusieurs reprises son rôle vis-à-vis des Muses et comment il en est venu à bénéficier de leur précieux soutien.

Si, d'une manière générale, le privilège de Pindare se confond avec celui, traditionnel, de ses collègues – c'est ainsi qu'il se taxe avec eux de « nourrissons des Muses (θρέμματα Μουσῶν) »[300] –, il s'en différencie toutefois lorsqu'il indique la provenance de ses qualités musicales. Un fragment indique que ce n'est « pas en étranger | et pas sans expérience des Muses <que> m'a éduqué la célèbre | Thèbes (οὔτοι με ξένον | οὐδ' ἀδαήμονα Μοισᾶν ἐπαίδευσαν κλυταί | Θῆβαι) ».[301] Pindare se dévoile par là comme étant davantage qu'un simple nourrisson des Muses : ce qui le distingue des autres chanteurs-poètes n'est pas sa vocation, mais son éducation, de nature particulière, dans sa ville d'origine qu'est Thèbes. Par voie négative, il semble signaler comment cette dernière, personnifiée, incarnant l'ensemble des phénomènes qui s'y déroulent, se serait occupée de lui : en tant

---

[299] Zeus est nommé ἀριστοτέχνης (Pi. *Pae.* fr. 57.2 Maehler) ; il fait s'évaporer les eaux du déluge grâce à ses τέχναι (*O.* 11.52) ; Apollon a des τέχναι prophétiques (*P.* 3.11) ; Asclépios est le τέκτων de l'absence de douleurs (6) ; grâce aux τέχναι d'Héphaïstos, Athéna naît de la tête de Zeus (*O.* 7.35) ; Athéna et Héphaïstos sont présentés avec des mains πάντεχνες (*Pae.* 8 B2.102 Rutherford) ; Athéna invente une τέχνη en tressant un thrène lorsque les Gorgones sont tuées (*P.* 12.6). Cf. Semenzato 2013.
[300] Pi. fr. 352 Maehler. L'expression est citée sans nom d'auteur par Aristid. *Or.* 45.3.
[301] Pi. fr. **198a Maehler.

que citoyen autochtone et en toute expérience des Muses ; expérience musicale bien réelle, comme le montrent les emplois homériques du même adjectif ἀδαήμων pour le combat ou les coups et jets endurés par les Achéens (*Il.* 5.634) et Ulysse (*Od.* 17.283). Il convient de ne pas manquer le verbe παιδεύειν utilisé pour exprimer l'origine thébaine du talent du chanteur-poète. S'agit-il d'une nouvelle marque de distanciation ou d'autonomie du chanteur-poète par rapport à nos divinités ? Loin d'être un pur don divin, les mérites musicaux de Pindare apparaissent comme résultat de l'excellente instruction qui a cours dans la ville de Thèbes, exceptionnelle de par son rapport aux Muses. Nous retrouvons ici le lien entre nos divinités et l'éducation, soutenue et garantie par celles-ci et pour la première fois de notre corpus mise en rapport avec παιδεύειν.[302]

Le chanteur-poète semble également souligner la provenance thébaine de son talent musical dans un autre fragment : « Il m'est possible | de ma patrie antique avec le peigne des Piérides (ἔστι μοι | πατρίδ' ἀρχαίαν κτενὶ Πιερίδ[ων) ».[303] Certes, le texte ne permet pas d'affirmer que ladite patrie antique est bien Thèbes, ni de cerner assurément l'action que le chanteur-poète est en mesure d'accomplir. Tout ce que nous savons est qu'elle est exécutée avec le peigne des Muses – et donc en lien avec la musique ; d'autant plus que les Muses sont volontiers caractérisées par la beauté, la forme et la couleur de leur chevelure :[304] agir avec leur peigne (κτενί) signifie ainsi procéder avec le langage comme elles le font avec leurs cheveux, avec maîtrise, capacité de les démêler, les disposer, les coiffer de toute beauté.

Un fragment d'un hymne ancre une troisième fois la musique de Pindare à Thèbes, cette fois en présentant une trace d'explication quant à l'exclusivité ou prérogative dont elle jouit. Plutarque (*Mor.* 397a) rapporte que, selon Pindare (*Hymn.* I, fr. 32Maehler), Cadmos a entendu Apollon lui montrer la droite musique (μουσικὰν ὀρθὰν ἐπιδεικνυμένου). Si la musique a bien été révélée au fondateur de Thèbes – révélation mystique ou oraculaire[305] –, ce dernier a par suite légué ses acquis, ses connaissances à sa cité. Le fait que la musique soit droite, toujours au sens de ciblée, ferme – Plutarque explicite cet adjectif par la négative : ni douce, ni délicate, ni efféminée –, peut bien s'interpréter comme marque d'influence divine. Pindare réaffirme d'ailleurs à d'autres reprises le lien du dieu avec l'art des Muses,

---

302 Parmi notre corpus, seule Sapph. fr. S 261 a1.8 Page l'emploie aussi.
303 Pi. fr. 215a.5-6 Maehler.
304 La chevelure des Muses (Μοῖσαι), invoquées pour augmenter le caractère jeune, florissant, vivant des chants, est également tenue par un beau bandeau (εὐάμπυκες) dans un dithyrambe (Pi. *Dith.* I, fr. 70a.13-15 Maehler). Dans le fr. 215b.8 Maehler, nos divinités (Μοίσαις) ont des boucles d'or (χρυ[σο]π[λόκοις).
305 Pour Hardie 2000, 33, le terme ἐπιδεικνυμένου indique une telle révélation.

par exemple dans la phrase suivante : « Le Musagète m'appelle à célébrer par un chœur, | Apollon ('Ο Μοισαγέτας με καλεῖ χορεῦσαι | [Ἀ]πόλλων[) ».³⁰⁶ Bien que l'appellation de Musagète n'apparaisse pas dans le reste de notre corpus,³⁰⁷ sachant qu'Apollon se fait volontiers jour comme conducteur du chœur des Muses à l'aide de sa musique, le terme ne nous étonne guère. Celui qui doit conduire ici le chœur n'est cependant pas Apollon, mais le chanteur-poète (με) lui-même. Là aussi, il est possible de reconnaître un nouveau témoignage, indirect, du statut privilégié que ce dernier se confère.

Etant né, ayant grandi et été formé dans un terreau on ne peut plus propice, Pindare est bien armé pour accomplir au mieux sa tâche au service d'Apollon, des Muses, de sa ville et de la Grèce toute entière. Comme il le fait dans les épinicies, il ne manque pas de se qualifier lui-même et son activité par certains noms et expressions valorisantes en lien avec sa ville d'origine. Dans le dithyrambe ci-dessous, justement consacré à Thèbes en tant que lieu de naissance de Dionysos, il se présente ainsi notamment comme héraut :

> [...] ἐμὲ δ' ἐξαίρετο[ν
> κάρυκα σοφῶν ἐπέων
> Μοῖσ' ἀνέστασ' Ἑλλάδι κα[λ]λ[ιχόρῳ
> εὐχόμενον βρισαρμάτοις ο[-. Θήβαις,
>
> [...] en héraut choisi
> de sages paroles
> la Muse m'a fait jaillir pour, en faveur de la Grèce au beau chœur
> et de Thèbes qui fait plier un char sous son poids, prier,³⁰⁸

Le chanteur-poète se décrit lui-même (ἐμέ) comme héraut de sages paroles musicales. Le propre du héraut est de transmettre un message, comme l'accomplit de manière paradigmatique Hermès aux hommes.³⁰⁹ Tel est bien ce que fait le chanteur-poète pour les Muses : il divulgue leurs sages paroles (σοφῶν ἐπέων). Si la Muse l'a choisi lui et le fait jaillir (ἀνέστασ')³¹⁰ en tant que héraut, c'est pour le voir prier, célébrer la Grèce et cette ville qu'est Thèbes. Les précisions quant aux deux lieux ne sont pas sans intérêt : la première possède un beau chœur (κα[λ]λ[ιχόρῳ), la seconde un poids (βρισαρμάτοις) tel qu'elle est en mesure de faire plier n'im-

---

306 Pi. *Parth.* II, fr. 94c Maehler.
307 Terp. fr. 8.2 Gostoli emploie une expression semblable : il parle d'Apollon en termes de commandant des Muses (Μουσάρχῳ).
308 Pi. *Dith.* II, fr. 70b.23-26 Maehler.
309 Par exemple Hes. *Th.* 939 ; Pi. *O.* 6.78.
310 Cf. aussi Pi. fr. 151 Maehler : « La Muse m'a élevé (Μοῖσ' ἀνέηκέ με) ».

porte quel char, tant elle est puissante, tel Arès.[311] Pindare relève une nouvelle fois la suprématie de Thèbes en matière de musique, non sans signaler au passage la grande portée de son travail qu'il accomplit finalement pour la Grèce tout entière.[312]

Les premiers vers du *Péan* traité plus haut font encore apparaître le chanteur-poète comme prophète.

> Πρὸς Ὀλυμπίου Διός σε, χρυσέα
>   κλυτόμαντι Πυθοῖ,
> λίσσομαι Χαρίτεσ-
>   σίν τε καὶ σὺν Ἀφροδίτᾳ,
> ἐν ζαθέῳ με δέξαι χρόνῳ
> ἀοίδιμον Πιερίδων προφάταν·

> Par Zeus olympien, dorée
>   Pythô, célèbre par tes devins,
> je te supplie avec les Charites
>   et Aphrodite
> de me recevoir, dans le temps très divin,
> moi le prophète du chant des Piérides ;[313]

Pindare commence son péan en s'adressant à Pythô. Au nom de Zeus olympien, il lui demande de bien vouloir le recevoir, lui, mais aussi les Charites et Aphrodite, dans ce qu'il nomme un temps (χρόνῳ) très divin (ζαθέῳ) et que nous reconnaissons à nouveau comme étant le festival des Théoxénies. De manière tout à fait convenue, il qualifie Pythô par sa brillance, son aspect doré, que nous connaissons comme couleur divine par excellence, et la célébrité qui lui vient des devins qu'elle possède (κλυτόμαντι).[314] Le fait que le chanteur-poète soit accompagné par les Charites et Aphrodite confère au tableau un éclat, une touche de joie et

---

311 Hes. *Sc.* 441 ; *h.Mart.* 8.1.
312 Si c'est ici la seule fois que Pindare mentionne la Grèce entière comme cible musicale, on trouve ailleurs, en plus de Delphes, Délos et Thèbes que nous avons déjà rencontrés, l'île de Céos et Sparte comme lieux de présence explicites de nos divinités : la première procure la Muse en abondance (Μοῖσαν παρέχων ἅλις) (*Pae.* 4 D4.24 Rutherford), alors qu'on trouve dans la seconde des chœurs, la Muse (Μοῖσα) et la Charis Aglaé (fr. 199.3 Maehler). Chez Terp. fr. 5 Gostoli, la Muse (Μῶσα) λίγεια se trouve également à Sparte ; chez Timocr. fr. 728 Page, la Muse (Μοῦσα) place le κλέος du chant sur tous les Grecs ; Corinn. fr. 655.1-3 Page mentionne l'action de Terpsichore (Τερψιχόρα) sur le chanteur-poète sur le point de chanter à Tanagra ; et fr. 674 Page rappelle l'amour entre Thespies et la Muse (μωσοφίλειτε).
313 Pi. *Pae.* 6 D6.1-6 Rutherford.
314 La même épithète apparaît également dans un contexte très fragmentaire (Pi. *Pae.* 10 A2.22 Rutherford).

de désir particuliers. Compte tenu du terme νέοι qui survient au vers 122, ces vers présentent sans doute l'arrivée enthousiaste d'un chœur de jeunes hommes sous forme d'un κῶμος dans la cité de Delphes.³¹⁵

C'est dans ce décor que le chanteur-poète se nomme προφήτης, littéralement *celui qui dit* (-φήτης de φάναι) *d'avance* (προ-), le *prophète*,³¹⁶ comme le sont aussi Tirésias (Pi. *N*. 1.60) et Ténéros (*Pae*. 9 A1.42 Rutherford). Non pas n'importe quel prophète, mais un prophète ἀοίδιμος des Piérides.³¹⁷ Qualifiant également chez Pindare les Charites (*O*. 14.3), Athènes (fr. 76.1 Maehler), Delphes (*P*. 8.59) ou encore simplement le chant (*N*. 3.79), l'adjectif a beau être le plus souvent traduit passivement par *qui est* ou *doit être chanté*, est donc *fameux*, il signifie activement *du chant*.³¹⁸ Cette expression vient corroborer ce que nous avons vu tout au long de notre parcours : le chanteur-poète se présente comme prophète au sens du porte-parole riche en chants des Muses, vecteur du dévoilement de leurs omniscientes paroles.³¹⁹ Selon Hardie (1996, 232), si le chanteur-poète parle ainsi de lui, ce n'est une nouvelle fois pas sans arrière-pensée, mais pour mieux parvenir à s'introduire dans la sphère de la Pythie de Delphes et la rendre plus disposée à l'accepter.³²⁰

C'est également en tant que prophète que, dans un autre fragment, le chanteur-poète s'exprime en ces termes : « Rends des oracles, Muse, quant à moi, je prophétiserai (μαντεύεο, Μοῖσα, προφατεύσω δ' ἐγώ) ».³²¹ Les deux verbes employés pour caractériser l'activité de la Muse et la sienne sont très proches : μαντεύειν signifie *rendre des oracles, prédire*, telle la tâche du devin (μάντις) ; προφητεύειν *prophétiser, prédire*, tel le prophète. En quoi leurs tâches se distinguent-elles ? L'absence de contexte ne permet que de supposer que le chanteur-poète expose à ses congénères l'oracle que lui a, auparavant, soufflé la Muse elle-même.³²²

Le passage suivant, le dernier concernant Pindare, confirme une nouvelle fois le lien étroit dont jouit le chanteur-poète avec les Muses :

[...] Μοισᾶν
ἐπαβολέοντ[α] πολλάκι, Παιάν, δέ-
ξ'] ἐννόμων ἐ[νοπ]ᾶν.

---

315 Cf. Cairns 1992, 71.
316 Cf. encore Motte 2013, 3.
317 Cf. aussi Pi. *Pae*. 22k Z4.3 Rutherford : « Piérides... (Πιερίδεσ[]) ».
318 Cf. Wüst 1967, 91.
319 C'est ainsi que le chant est le doux prophète du κῶμος (Pi. *N*. 9.50). Cf. Fascher 1927, 13.
320 Suarez de la Torre 1990, 358 reconnaît des liens très étroits « entre la parole poétique et la parole prophétique ».
321 Pi. fr. 150 Maehler.
322 Cf. encore Maslov 2015, 197 qui traduit προφατεύσω par *I will be a promulgator*.

> [...] des Muses,
> celui qui possède souvent, Péan,
> les voix bien réglées, reçois-le.[323]

Le chanteur-poète s'adresse à nouveau à Apollon, l'exhortant à le recevoir. Pour appuyer sa demande, il ne manque pas de souligner certaines de ses qualités : il est souvent, dit-il, en possession (ἐπαβολέοντ[α]) des voix bien réglées (ἐννόμων ἐ[νοπ]ᾶν) des Muses. Souvent, et donc pas toujours :[324] comme déjà chez les chanteurs et chanteurs-poètes précédents, l'inspiration musicale n'apparaît pas comme un acquis définitif, mais comme un don qui nécessite toujours de nouveau le soutien des divinités. L'adjectif ἐπήβολος le montre lui-même : le chanteur-poète doit littéralement se lancer vers, atteindre (ἐπι-βάλλειν) ou gagner sa possession et son avantage musicaux. Alors que nous avons déjà vu de nombreux termes pour exprimer la voix, un mot inédit apparaît ici : celui d'ἐνοπή. De la même famille qu'ὄψ, ὄσσα, il signifie aussi bien la *voix* divine ou humaine, le *cri* animal que le *son* instrumental.[325] Que le chanteur-poète puisse bénéficier d'une voix ne saurait nous étonner. Tout comme l'adjectif qui les caractérise : ἔννομος signifie littéralement *dans la loi, conforme à la loi*, au sens où l'objet ainsi qualifié est légitime, légal, bien réglé, juste, conforme à ce qu'il doit être.[326] L'adjectif a beau être nouveau, telle est bien traditionnellement la voix des Muses. Comment le dieu pourrait-il alors refuser de recevoir un si brillant chanteur-poète dans son sanctuaire ? Tout porte à croire que Pindare procède ici à une nouvelle valorisation de sa personne, tant vis-à-vis du dieu dont il exhorte l'accueil que, indirectement, de ses congénères qu'il semble vouloir impressionner.

---

[323] Pi. *Pae.* 6 D6.181-183 Rutherford. Nous suivons la reconstruction de D'Alessio/Ferrari 1988, 176-180. Snell 1964, 31, puis Maehler 1989, 31 lisent pour leur part : *De celui qui possède* (ἐπαβολέοντ[ι]) *les Muses bien réglées reçois, Péan, l'abondance* (θ[αλί]αν) ou *le sacrifice* (θ[υσί]αν). Cf. Kurke 2005, 110-115 pour une discussion des différentes lectures.
[324] Nous lisons πολλάκι avec ἐπαβολέοντα. Cf. aussi Kurke 2005, 114 et n. 98.
[325] Par exemple la voix d'Hermès lorsqu'il chante (*h.Merc.* 4.422) ; une voix humaine (Hom. *Od.* 10.147) ; la clameur de la bataille (*Il.* 12.35) ; la plainte qui sort de la maison de Priam à la mort d'Hector (24.160) ; les appels des Troyens semblables à des oiseaux (3.2) ; le son de la *syrinx* (*h.Merc.* 4.512). Chez Pindare, la seconde occurrence du mot concerne le son des chairs accompagné du profond gémissement des os de deux bœufs en train de rôtir (fr. 168b.5 Maehler).
[326] Cf. encore le θεσμός des Muses (Pi. *Pae.* 6 D6.57 Rutherford). Calame 2007, 203 fait remarquer que l'adjectif évoque également les sens musicaux de νόμος, à savoir les divers tons et mélodies.

Reprise des chants pour les dieux

Les 29 occurrences des Muses dans les chants pindariques en l'honneur des dieux se trouvent pleinement ancrées dans le terreau musical traditionnel idyllique : elles sont neuf filles λίγειαι de Zeus et de Mnémosyne, en provenance de l'Hélicon et de la Piérie ; elles savent tout et, en lien avec Apollon, les Charites ou Aphrodite, sont en mesure d'écouter, d'élever et de stimuler le chanteur-poète au-delà de lui-même. Nombreuses sont en outre les images inédites qui complètent le tableau : la chevelure de nos divinités est faite de boucles d'or, retenues par un beau bandeau et coiffée par un peigne ; leurs voix sont bien réglées ; elles possèdent une loi, des savoir-faire et un esprit qui se souvient ; au service de l'oracle d'Apollon, elles sont capables de rendre des oracles et d'aider les hommes à trouver le chemin profond de la sagesse. A ces attributs s'ajoutent quatre spécificités apparentées aux épinicies : elles sont d'argent, les conductrices d'un char volant, fortes de certains courants et Calliope est la génitrice de trois héros éponymes d'autant de genres de chants funèbres.

Le rapport de nos divinités au chanteur-poète est lui aussi marqué par quelques nouveautés sémantiques : les Muses le persuadent, lui donnent l'habileté, le font jaillir, augmentent le caractère florissant de ses chants. Dans ce contexte, le statut du chanteur-poète n'est pas aisément catégorisable : s'il entretient une relation privilégiée avec nos divinités, notamment en tant que leur nourrisson (θρέμμα), héraut (κῆρυξ) et prophète (προφήτης), il fait toutefois également preuve d'une certaine autonomie. Ne présentant que rarement les Muses en acte, le chanteur-poète a beau les mentionner et leur accorder l'une ou l'autre de leurs épithètes, il apparaît le plus souvent lui-même, à l'instar de ce qui se passe dans les épinicies, comme vecteur de la composition et/ou exécution des chants. Son inspiration musicale possède donc une double origine : non seulement divine (les Muses viennent lui insuffler leur savoir), mais encore humaine (éduqué qu'il est par la cité de Thèbes – forte d'un lien exceptionnel avec les Muses). A en croire un fragment toutefois douteux, Pindare serait ainsi le premier chanteur-poète à employer le verbe παιδεύειν. Doublée de son don musical, cette formation ou éducation semble se trouver à la base du prestige qui distingue Pindare de ses semblables.

Reprise pindarique

Au sortir du parcours à travers l'ensemble des 89 occurrences musicales pindariques, nous sommes en mesure de relever en quoi les diverses occasions de performance que sont les épinicies et les chants en l'honneur de dieux influent sur la nature et l'exposition des Muses.

Pour ce qui est des épinicies, aussi bien nos divinités que le chanteur-poète sont apparus dépendants du contexte pécuniaire dans lequel les célébrations des vainqueurs sont inscrites. Contrairement à ce qui avait cours jadis, où le chant apparaissait comme un acte gratuit, spontané, de glorification d'un grand homme ou événement du passé, il peut désormais être commandé et acheté. Le fait que la composition ait un certain prix n'est pas sans incidence sur le déploiement musical. Bien que les textes des épinicies ne fassent le plus souvent que l'indiquer, la position de tous les intervenants se trouve influencée par cet état de fait : vainqueurs, commanditaires et chanteurs-poètes sont tous, chacun à leur manière, intéressés par les compositions. Dans certains passages, les Muses elles-mêmes ne semblent pas indifférentes à la situation. Sur fond de tradition, le phénomène musical paraît pris dans un cercle qui peut être qualifié de vicieux : plus largement le vainqueur ou commanditaire du chant délie sa bourse, mieux la victoire sera chantée et, par suite, plus le vainqueur ou commanditaire sera glorifié, l'auditoire impressionné et en mesure de se souvenir de l'événement. Spirale musicale, ou ensemble qui tend à s'amplifier de l'intérieur et de l'extérieur : à tel point qu'il est possible que le chant ne soit pas uniquement composé en fonction de la victoire, mais également de la somme versée pour la célébrer ainsi que du degré d'hospitalité du commanditaire. De simple porte-parole ou intendant des Muses spontanément inspiratrices, le chanteur-poète se trouverait par là stimulé à valoriser également sa propre personne et le lien dont il bénéficie avec nos divinités pour exprimer sa louange.

Si le contexte cultu(r)el nous fait augurer qu'il en va de même en ce qui concerne les péans et autres genres musicaux qui célèbrent le divin, la mention et explication des conditions de production du chant ne se trouvent toutefois jamais exprimés. Loin d'être absent de ses compositions, le chanteur-poète ne manque par contre pas de s'illustrer en tant que serviteur d'exception des Muses : le plus dévoué, pour ne pas dire le seul apte, par ses travail, savoir-faire et inspiration musicaux, à célébrer comme il se doit les dieux.

Aussi, s'il est possible d'observer des différences quant au rapport entretenu par le chanteur-poète à nos divinités dans les épinicies et les chants consacrés aux dieux (différents lieux d'apparitions, autres vocabulaire, spécificités, actions et effets des Muses), celles-ci ne sont pas fondamentales : les Muses n'interviennent certes pas toujours de la même manière, mais les modifications s'avèrent de simple surface.

Selon cette perspective, le doute s'immisce soudain quant à la sincérité du chanteur-poète ; et ce aussi bien dans ses épinicies que dans les autres chants. Ses propos sont-ils intéressés ? Bon nombre de passages laissent augurer un Pindare en train de tirer les ficelles, soit qu'il se valorise lui-même dans le chant, soit qu'il cherche à souffler quelque chose à son commanditaire, voire même au dieu, lui rappelant qui il est, quels sont sa tâche, son rôle, son importance et ce que, comme tel, on lui doit. Une chose est sûre : conformément à l'échange de bons procédés qui a cours, Pindare ne manque jamais de remercier ni le premier, ni le second, ni bien entendu les Muses pour leur générosité, hospitalité et soutien.

Mais qu'en est-il alors de nos divinités ? En plus des constantes et variations relevées dans nos reprises, il est important de retenir qu'à l'instar des vers des autres chanteurs-poètes lyriques, les Muses sont nettement ancrées dans l'actualité : les victoires, les commandes, les moments de composition et d'exécution influent sur les chants et leur contenu. Nos divinités ne sont pas plus autonomes que le chanteur-poète, libres de choisir les thèmes à exprimer ou la manière de le faire. Tous deux apparaissent bien plutôt, sinon à la merci l'un de l'autre, dans un rapport de collaboration bilatérale, de jeu réciproque : l'importance des unes alimente, en balancement, celle de l'autre et vice-versa.

6ᵉ mouvement
Bacchylide et les Muses : un rapport inédit

Bacchylide naît à la toute fin du 6ᵉ siècle à Ioulis, cité de l'île de Céos, l'une des plus petites des Cyclades ; île qui a – comme le souligne volontiers le chanteur-poète – remporté quantité de victoires aux divers jeux helléniques.[1] Si l'encyclopédie byzantine de la *Suda* (β 59 [1.449 Adler]) observe que le grand-père homonyme de Bacchylide est un ancien vainqueur, c'est par un autre membre de sa famille qu'il est lié à la musique : Simonide est son oncle maternel.[2] Comme lui, Bacchylide accomplit une large part de son travail en Thessalie, pour les cités de la Grèce continentale et les colonies de Grande-Grèce, puis finalement en Sicile. Bien qu'on ignore l'année de sa mort, on la sait postérieure à 452, date de son dernier chant de victoire à notre disposition.

Bacchylide est un contemporain de Pindare. Et même plus : son principal rival en matière de commandes musicales, notamment auprès de Hiéron, le tyran de Syracuse. Cependant, à la différence de Pindare dont un large corpus a traversé les âges, on n'a pendant longtemps possédé qu'une centaine de lignes de Bacchylide, récoltées chez divers auteurs épars entre la chute de l'empire romain et la fin du 19ᵉ siècle. Jusqu'à ce que, en 1896, un papyrus contenant quelque 45 colonnes bacchylidiennes refasse surface. Sur les 9 livres jadis en possession des Alexandrins, d'importantes parts de 14 épinicies et de 6 dithyrambes ainsi qu'environ 70 fragments de tous genres nous sont ainsi parvenus.[3] Bien que l'apparition de ces vers soit « certainement l'une des découvertes les plus sensationnelles et excitantes de l'histoire de la philologie classique, les premières 70 années de la critique bacchylidienne forment facilement l'un des chapitres les plus décevants de son histoire ».[4] La plupart du temps, Bacchylide continue à être dans l'ombre de Pindare. La raison la plus évidente est l'existence même des épinicies de son rival : textes canonisés et considérés comme remarquables dès l'antiquité, loin du caractère souvent lacunaire – et donc problématique – des vers bacchylidiens.[5] Bien que recalé, Bacchylide n'est pas négligé pour autant. Le monde scientifique s'accorde depuis un demi-siècle pour affirmer que « dans certains aspects de sa poésie, Bacchylide atteint une perfection que Pindare n'accomplit jamais ».[6]

---

1 Cf. Gianotti 1985, 346 ; Maehler 1982, 6-9 ; Gerber 1997, 278 ; Hutchinson 2001, 321-328 ; Neri 2004, 271-272.
2 Voir aussi Str. 10.5.6.
3 Cf. Gerber 1997, 287 ; Dolfi 2010, 5-15.
4 Pfeijffer/Slings 1999, 10.
5 Cf. Fearn 2007, 1-2 ; Dolfi 2010, 15-23.
6 Kirkwood 1966, 98.

La réhabilitation de Bacchylide continue toutefois le plus souvent à se jouer en démarcation de Pindare, notamment en valorisant ses multiples inventions linguistiques,[7] amorces d'un rapport inédit entre les Muses et le chanteur-poète.

6.1 Muse indigène, connue et inédite à la fois

En tant que célébrations de victoires et concours dithyrambiques, les chants de Bacchylide sont comme ceux de Pindare nés dans un contexte pécuniaire, qui pousse le chanteur-poète à se valoriser et à vanter ses mérites. Bacchylide emploie pour sa part quantité de nouvelles expressions pour décrire les Muses et son travail. Au total, l'édition de Maehler (2003) présente 31 occurrences musicales – dont quatre des Piérides, une des Héliconiennes, quatre d'Uranie, quatre de Clio et deux de Calliope. Elles sont marquées par une alternance entre traits connus et éléments inédits.[8]

Quelques éléments bien connus pour débuter : la demande que le chanteur-poète adresse à la Muse sous forme d'invocation afin de pouvoir continuer son récit : « Muse, qui a commencé le premier par des paroles justes ? (Μοῦσα, τίς πρῶτος λόγων ἆρχεν δικαίων;) ».[9] De même, l'appellation des Muses comme « Piérides, jeunes filles de Zeus qui règne en haut (Δ[ιὸς ὑ-] | ψιμέδοντος παρθένοι, | Πι]ερίδες) »,[10] le lien établi entre elles et l'Hélicon (Ἑλι]κῶνα),[11] la description de leur « bandeau doré (χρυσάμ[πυκες) »[12] ou encore des « boucles aimables (ἐρασιπ[λοκάμου) »[13] de leurs cheveux. Mais tous les passages ne sont pas de cet ordre.

Côté nouveautés : dans les quatre derniers vers d'une courte épinicie, la Muse se voit qualifiée d'un attribut étonnant, jamais rencontré jusque-là. Après que la φήμα, la *réputation* a été exhortée à s'en aller de Corinthe, lieu de la victoire, vers

---

[7] Cf. Kyriakou 2001, 16 ; Dolfi 2010, 23-63.
[8] Pour des raisons de nombre et d'état des occurrences, nous ne séparons pas les épinicies des dithyrambes, comme nous le faisons pour Pindare.
[9] B. *Dith.* 1(15).47. Ce genre d'invocation musicale à dévoiler une part de savoir traverse la tradition grecque. Cf. encore pour notre corpus Hippon. fr. 128 West : la Muse (Μοῦσα) est exhortée à dire un certain homme.
[10] B. *Ep.* 1.1-3.
[11] B. *Dith.* fr. 29a.4 Maehler.
[12] B. *Dith.* fr. 29a.3 Maehler. La même épithète qualifie les Muses (Hes. *Th.* 916 et Pi. *P.* 3.89 ; *I.* 2.2) et Uranie (B. *Ep.* 5.13).
[13] B. *Dith.* fr. 29d.9 Maehler. Cassandre (Ibyc. fr. 303a.2 Davies) et Tyrô (Pi. *P.* 4.136) ont les mêmes boucles.

Céos, patrie du vainqueur, pour apporter la joyeuse nouvelle ; et après que les succès athlétiques passés de l'île ont été rappelés,

> καλεῖ δὲ Μοῦσ' αὐθιγενής
> γλυκεῖαν αὐλῶν καναχάν,
> γεραίρουσ' ἐπινικίοις
> Πανθείδα φίλον υἱόν.
>
> la Muse indigène appelle
> le doux bruit retentissant des *auloi*,
> honorant avec des épinicies
> le cher fils de Pantheidès.[14]

L'adjectif αὐθιγενής qui qualifie la Muse signifie littéralement *né* (-γενής) *sur place, aussitôt* ou *juste ici, là* (αὐθι-). Comme si la divinité – et avec elle l'épinicie – surgissait d'elle-même sur le lieu de victoire, à l'Isthme.[15] Bagordo (1995-1996) présente cette interprétation à l'aide d'une occurrence de l'adjectif dans le *Rhésos* (895) d'Euripide, où le mot apparaît comme signal de l'entonnement d'une plainte improvisée. Tel serait également le chant exécuté sur le lieu du concours. Pourtant, en partant du principe que la Muse est liée au chanteur-poète et donc à sa patrie, αὐθιγενής peut également indiquer le lieu d'origine de Bacchylide qu'est Céos. Deux lectures s'offrent alors : soit le chant est entonné dans la patrie du chanteur-poète, qu'il partage avec le vainqueur, comme le pense Jebb (1905, 253) lorsqu'il traduit l'expression par *the native Muse* ; soit la mention du lieu de composition et d'origine du chant et du chanteur-poète permet à Bacchylide de souligner, lors de la célébration à Corinthe, que c'est sa propre Muse, habitante de Céos, qui honore le succès isthmique en question. Gianotti (1985, 349) traduit ainsi, comme nous, l'adjectif par *indigena*. Traduction à dessein ambigüe, qui laisse entendre de pair les deux sens évoqués. Comme le dit Fink (1980, 99), « il est tentant de supposer que le poète emploie délibérément une seule épithète pour créer l'impression non seulement d'une Muse "locale", mais aussi d'un chant exécuté comme s'il était une réaction spontanée à la dernière victoire céenne ».[16] Ainsi la Muse fait-elle se rejoindre dans son chant lieux de composition et de célébration.

Dans *son* chant écrivons-nous, étant donné que la Muse y apparaît d'elle-même, sans avoir été au préalable invoquée : c'est spontanément qu'elle appelle

---

14 B. *Ep.* 2.11-14.
15 Comme d'autres, Maehler 1982, 30 ; Gelzer 1985, 104 ; Angeli Bernardini 2000, 139 ; Hose 2000, 162 ; Dolfi 2010, 152 ; Maslov 2015, 232 partagent cet avis.
16 Pour une Muse locale, cf. encore Eumel. fr. 696 Page et D'Alessio 2009b.

le bruit retentissant (καναχάν) des *auloi*.[17] Dans l'*Iliade* καναχή décrit le bruit du casque d'Ajax sous les coups ennemis (16.105), celui de Patrocle roulant sur le sol (794), ou encore des dents d'Achille se heurtant (19.365) ;[18] dans l'*Odyssée* (6.82) le mot est employé pour signifier le son rendu par les sabots des mules du char de Nausicaa. Autant de sonorités qui ne s'inscrivent nullement dans le cadre des chants de louange.[19] Une occurrence du mot va en outre dans le sens de la musique : le son rendu par le plectre d'Apollon sur sa *phorminx* ; son suivi de l'adjectif ἱμερόεσσα, apportant une touche désirable à un bruit de prime abord plutôt strident, en ce sens retentissant, pour ne pas dire désagréable.[20] Il n'en va pas autrement ci-dessus : le bruit des *auloi* – que Bacchylide (*Ep.* 9.68) caractérise aussi de βοαί, *cris* –[21] est comme adouci par l'épithète γλυκεῖα. Mis en branle par la Muse indigène, apparemment forte d'une certaine autonomie vis-à-vis du chanteur-poète, ce doux bruit apparaît bien capable d'honorer (γεραίρουσ')[22] le cher fils victorieux de Pantheidès. Mais qu'en est-il du rapport entre la Muse et le chanteur-poète ? Jouit-elle nouvellement chez Bacchylide d'une certaine indépendance ? Ou se fait-elle jour comme un masque, voire un substitut de ce dernier, qui se fondrait en elle pour mieux se confondre avec elle ?

En plus de l'expression de Muse indigène, il existe dix autres formules inédites en lien avec la musique ; formules qui représentent autant d'hapax dans la littérature grecque jusqu'à la fin du 5ᵉ siècle avant J.-C. Toutes vont dans le sens des innovations lexicales de Bacchylide. Non pas que le chanteur-poète emploie des mots inconnus – ces derniers nous sont au contraire presque tous familiers –, mais qu'il les assemble de manière originale. Ainsi les Muses sont-elles caractérisées par leur « *phorminx* célèbre (κλυτο-φόρμιγγες) », leur statut de « maîtresses des chœurs (ἀν]αξί-χοροι) ».[23] Elles possèdent des « voiles de pourpre (φοινικοκραδέμνοις) »,[24] des « paupières de violette (ἰο-βλεφάρων) »[25] et un ornement

---

17 La même expression se trouve chez Pi. *P.* 10.39.
18 Voir aussi B. *Ep.* 14.15 : « Bruit au résonnement de bronze (καναχὰ χαλκόκτυπος) ».
19 Voir par exemple encore les bruits de la Kère (Hes. *Sc.* 160 ; 164) ; le bruit qui ne s'accorde pas (S. *Tr.* 641) ; celui des larmes (A. *Ch.* 152).
20 *H.Ap.* 3.185.
21 Cf. également Pi. *O.* 3.8 ; et l'association de l'instrument avec l'idée de grondement (βρόμος) dans *h.Merc.* 4.452.
22 Ce verbe apparaît à trois autres reprises chez Bacchylide (*Ep.* 4.3 ; 6.14 ; 13.192) pour désigner le fait d'honorer le vainqueur. C'est par ce verbe qu'Hermès célèbre Mnémosyne (*h.Merc.* 4.429), alors que chez Pindare, il est employé aussi bien pour le vainqueur (*I.* 8.62) que pour un dieu (*N.* 11.5). A propos de γέρας, cf. B. *Dith.* 5(19).14.
23 B. *Ep.* 1.1 ; *Dith.* fr. 29a.1 Maehler.
24 B. *Ep.* 13.222. Comme Léto (φοινικο-κ[ραδέμνο]ιο ; 11.97).
25 B. *Ep.* 9.3. Comme les Charites (ἰο-βλέφαροι ; *Dith.* 5[19].5).

« aux doux dons (γλυκ[ύ]-δωρον) ».²⁶ Si Uranie se fait jour comme la « maîtresse du chant et de la danse (ἀναξι-μόλπου) », Clio apparaît comme « maîtresse du chant (ὑμνο-άνασσα) »,²⁷ se confondant avec ses sœurs en tant que détentrice de « doux dons (γλυκύ-δωρε) », mais s'en distinguant par son « caractère tout florissant (παν-θαλής) ».²⁸ Dans un contexte plus large, on trouve également, non loin de Terpsichore, des « chants aux mots qui comblent pleinement (ἀοιδαὶ τερψιεπεῖς) ».²⁹ Autant d'expressions de formation nouvelle, mais au fond tout à fait familières.

6.2 Multiples appellations du chanteur-poète

A l'instar de la plupart des chanteurs-poètes lyriques, Bacchylide se présente sous diverses appellations. Certaines d'entre elles nous sont bien connues, telle celle qui apparaît lorsqu'il demande aux Charites de donner au vainqueur la réputation qu'il mérite : il se décrit alors comme « le prophète divin des Muses aux paupières de violette (Μουσᾶν γε ἰοβλεφάρων θεῖος προφ[άτ]ας) » prêt (εὔτυκος) à chanter.³⁰ En employant comme Pindare (*Pae.* 6 D6.6 Rutherford ; fr. 150 Maehler) le nom de prophète, Bacchylide se présente en tant que porte-parole des chants musicaux dont l'origine et la puissance divines sont à même de louer le vainqueur. Si nous prenons à la lettre les sens du verbe τεύχειν dont provient εὔτυκος – comme nous le faisons pour les préludes que produit (τεύχῃς) la *phorminx* pindarique (*P.* 1.4) –, il s'avère que le chanteur-poète a lui-même été préparé, voire façonné (-τυκος) de manière convenable, harmonieuse (εὔ-) à sa tâche de musicien prophétique.³¹ Non seulement la musique, mais le chanteur-poète lui-même apparaissent comme produit d'une fabrication. Nous l'interprétons au sens où, loin de rester passif en attendant d'être inspiré, ce dernier doit au préalable se former afin d'accéder au niveau requis pour endosser son rôle de divin prophète des Muses. Relevons au passage que nos divinités sont à nouveau qualifiées par

---

26 B. *Ep.* 5.4. Comme Niké (γ[λυκύ-δωρε ; 11.1).
27 B. *Ep.* 6.10 ; 12.1.
28 B. *Ep.* 3.3 ; 13.229. Comme le sont également des fleurs (παν-θαλέων ; 36).
29 B. *Ep.* 13.230. Les vers de Bacchylide présentent encore quatre autres nouvelles expressions à consonance musicale : il est question de « la voix aux mots charmants (γάρυϊ θελξι-επεῖ) » de Ménélas (*Dith.* 1[15].48), de la corde d'un arc et de chœurs « au cri pénétrant (λιγυ-κλαγγῆ / λιγυ-κλαγγεῖς) » (*Ep.* 5.73 ; 14.14), d'une prière « au grand bruit (μεγ]αλο-κλέας) » (8.26) et d'un chœur « au bruit nouveau (νεο-κέλαδον) » (fr. 61 Maehler).
30 B. *Ep.* 9.3-4. La seconde occurrence du terme prophète chez Bacchylide désigne les hérauts qui, aux jeux, proclament le nom du vainqueur (10.28).
31 En ce sens, Maehler 1968, 51 traduit l'adjectif par *gerüstet*.

leur aspect violet, sombre, obscur, en l'occurrence appliqué à leurs paupières (ἰο-βλεφάρων).³² Sachant qu'au pluriel βλέφαρον signifie également les *yeux*, il se peut que le chanteur-poète-prophète évoque par là la vue des Muses dont il bénéficie et qu'il est chargé de révéler : vue pénétrante, en même temps claire et obscure pour l'entendement humain.

Dans l'épinicie ci-dessous composée en l'honneur de Hiéron, Bacchylide se présente sous trois autres noms : tisserand, hôte et θεράπων :

> ἦ σὺν Χαρίτεσσι βαθυζώνοις ὑφάνας
> ὕμνον ἀπὸ ζαθέας
> νάσου ξένος ὑμετέραν
> ἐς κλυτὰν πέμπει πόλιν,
> χρυσάμπυκος Οὐρανίας
> κλεινὸς θεράπων· [...]

> Oui, ayant tissé avec les Charites à la ceinture aux plis profonds
> un chant, de la tout à fait divine
> île, l'hôte
> l'envoie vers votre cité renommée,
> d'Uranie au bandeau doré
> l'illustre serviteur ; [...]³³

La première phrase de l'extrait nous apprend qu'un chant (ὕμνον) a été tissé (ὑφάνας) avec l'aide des Charites, significativement décrites comme possédant une ceinture aux plis profonds (βαθυζώνοις), à l'instar des Muses chez Pindare (*I.* 6.74).³⁴ En reprenant notre interprétation pindarique, nous pouvons dire que leur habillement ne reflète pas que somptuosité, richesse et prestige, mais aussi profondeur et complexité ; qualités qui, par métonymie, ne reviennent pas seulement aux habits des Charites, mais aux Charites elles-mêmes. Si l'activité du chanteur-poète de tresser et entrelacer des couronnes est présentée chez Pindare (*N.* 7.77) en lien avec les verbes εἴρειν et πλέκειν, le verbe ὑφαίνειν exprime explicitement celle du tissage. Lorsqu'il n'est pas employé pour la confection d'un tissu,³⁵ le verbe signifie le fait de tramer une ruse, préparer un plan ou des projets³⁶

---

32 Cf. principalement 2.3 « Séjour sur l'Hélicon ». Dans un passage fragmentaire, Bacchylide parle en outre de « la part des Muses aux boucles de violette (ἰοπλό]κων τε μέρο[ς ἔχοντ]α Μουσᾶν) » qui revient au vainqueur (*Ep.* 3.71).
33 B. *Ep.* 5.9-14.
34 Chez Bacchylide, Léto (*Ep.* 11.16) et une jeune fille nommée Dexithéa (1.117) portent la même ceinture.
35 Comme par exemple la toile que tisse, défait et retisse Pénélope (notamment Hom. *Od.* 2.94).
36 Par exemple Hom. *Il.* 7.324 ; *Od.* 4.678.

et, par extension – comme chez Pindare (*N.* 4.44 ; fr. 179 Maehler), comme cela semble être le cas ci-dessus et l'est dans le prochain extrait –, l'acte de composition d'un chant. La présence de ὕμνος comme nom du chant amplifie d'ailleurs, par jeu phonique, l'image du tissage.[37] Le chanteur-poète se fait donc jour comme tisserand. Tissage auquel les Charites contribuent. Le fait que ce soient elles et non les Muses qui soutiennent le chanteur-poète dans son activité peut s'expliquer par la mise en lien de ces vers avec un autre passage de Bacchylide (*Ep.* 9.1) qui présente les Charites en possession de cet objet propre au tissage qu'est la quenouille ou le fuseau d'or (χρυσαλάκατοι). Ailleurs, cette épithète est le plus souvent attribuée à Artémis, en guise de symbole de son pouvoir sur la vie et la mort[38] – tel celui des Moires filant le destin des hommes sur leur fuseau.[39] Si les Charites ne donnent pas ici la mort, elles permettent, en plus d'accorder à la trame musicale l'éclat, la joie et l'abondance qu'elles incarnent, de tisser comme il se doit le chant envoyé de l'île tout à fait divine (ζαθέας)[40] de Bacchylide (Céos) à la cité renommée du vainqueur. Présenté comme entrelacs ou intrication de plusieurs fils, les uns passant sur et/ou sous les autres pour former un tissu marqué par une tenue, pour ne pas dire solidité, le chant paraît comme un assemblage complexe de multiples éléments en même temps visibles et invisibles, explicites et implicites, sonores et sourds, clairs et obscurs, formant une trame de toute cohérence, à la fois claire et obscure. Comme le sont à vrai dire les Muses et leurs compagnes elles-mêmes.

Outre sa tâche de tisserand, le chanteur-poète se désigne encore de deux autres manières : il est d'une part l'hôte (ξένος), sous-entendu du vainqueur et commanditaire du chant qu'est Hiéron, d'autre part l'illustre serviteur (κλεινὸς θεράπων) d'Uranie au bandeau doré (χρυσάμπυκος). Ξένος pouvant signifier non seulement l'*hôte*, mais aussi l'*étranger*,[41] certains commentateurs y voient le signe que Bacchylide n'entretient pas encore, au moment de ce chant, de relation hospitalière avec Hiéron.[42] L'œuvre de Bacchylide contient, en plus de celle ci-dessus, six occurrences de mots de la famille de ξένος signifiant, comme chez

---

37 Eisler 1910, 130 n. 2 va même jusqu'à mettre en rapport étymologique ὕμνος et ὑφαίνειν. Chantraine 1999, 1156 relève l'hypothèse, mais demeure sceptique.
38 Par exemple Hom. *Il.* 20.70 ; *Od.* 4.122 ; *h.Ven.* 5.16 ; B. *Ep.* 11.38. Voir encore « Artémis » *RE* 2.1 1348. Les autres divinités qui reçoivent cette épithète jusqu'à la fin du 5ᵉ siècle avant J.-C. sont Léto (Pi. *N.* 6.36 ; fr. 128c.1 Maehler), les Néréides (*N.* 5.36) et parmi elles en particulier Amphitrite (*O.* 6.104) et la Nymphe Mélia (fr. 29.1 Maehler).
39 Par exemple Hom. *Il.* 24.209-210.
40 Cette épithète qualifie l'Hélicon et l'Olmée chez Hes. *Th.* 2 ; 6. Chez Bacchylide, elle concerne Olympie (*Ep.* 11.24), l'Isthme (12.38), le sanctuaire de Pythô (*Pae.* fr. 4.53 Maehler) et à une seconde reprise Céos (*Ep.* 2.7).
41 Dans ce sens par exemple chez B. *Ep.* 11.85 l'étrangeté d'un souci.
42 Cf. les exemples donnés par Fink 1980, 168.

Pindare (*O.* 10.6 ; *P.* 10.64), par deux fois l'hospitalité d'un vainqueur (*Ep.* 12.5 ; 13.224) et à une reprise des hôtes honorés par ce dernier (1.150).⁴³ Ce serait en ce sens comme hôte que le chanteur-poète enverrait son chant au vainqueur. Certains commentateurs supposent alors qu'il s'agit d'une commande passée par Hiéron non pas à Bacchylide mais à Pindare, dont la première *Olympique* célèbre cette même victoire. Dans cette optique, notre chanteur-poète serait d'autant plus l'hôte de Hiéron, puisqu'il aurait envoyé spontanément son chant, sous prétexte de ses liens de ξενία avec le tyran syracusain.⁴⁴ Comme l'observe Fink (1980, 169), le contexte du chant fait pencher la balance en faveur de cette seconde possibilité.

S'il est impossible de savoir si Bacchylide a été contacté ou non par le tyran, il est toutefois certain que le chant a été envoyé (πέμπει) de Céos en Sicile. Le verbe πέμπειν revient à quatre reprises dans ce mouvement, à chaque fois pour exprimer la transmission du chant.⁴⁵ Littéralement, cet envoi est effectué du lieu de composition à celui d'exécution. Même s'il affirme être le ξένος de Hiéron, il est bien possible que Bacchylide ne se trouve nullement en Sicile, pas davantage lors de la composition que de l'exécution du chant.⁴⁶

L'appellation de θεράπων est moins ambiguë : comme la plupart de ses prédécesseurs, Bacchylide se considère comme un *serviteur* musical. Il l'affirme d'ailleurs à une seconde reprise dans un fragment.⁴⁷ Serviteur particulier d'Uranie ? L'éclat du bandeau doré irradiant les cheveux de la Muse ainsi que le caractère céleste, voire cosmique lié à son nom semblent contribuer à l'aspect illustre (κλεινός – indirectement aussi lié à Clio)⁴⁸ du serviteur-chanteur-poète. Aspect illustre qui lui permet de faire en sorte que non seulement Hiéron, mais également sa ville deviennent, grâce à la victoire et au chant qui les célèbre, renommés (κλυτάν).

---

43 Trois occurrences sont trop fragmentaires pour qu'on sache qui elle détermine (B. *Ep.* 12.34 ; *Dith.* fr. 27.39 ; fr. 29c.3 Maehler).
44 Le chant de Bacchylide, comme la première *Olympique* de Pindare, célèbre la victoire au cheval monté de Hiéron aux jeux olympiques de 476. Pour la question de savoir si Hiéron a passé une double commande ou si Bacchylide a envoyé spontanément son épinicie, cf. par exemple Severyns 1933, 87 n. 60 ; Brannan 1972b, 210-216 ; Irigoin/Duchemin/Bardollet 2002, 115 ; Schade 2006.
45 B. *Ep.* 5.197 ; *Dith.* 2(16).2 ; *Encom.* 20b.3 ; 20c.5. Cf. encore Pi. *O.* 7.8.
46 Cf. Hadjimichael 2012, 346.
47 B. fr. 63.1 Maehler : « Serviteur des Piérides (Πιερ]ίδων θερα[π] ».
48 Selon Gentili 1958b, 14, le caractère illustre de Bacchylide s'explique par sa réputation au moment de la composition du chant.

A la suite du θεράπων, nous trouvons dans les vers de la même épinicie un second nom désignant le serviteur : πρόπολος, cependant attribué à un autre chanteur que Bacchylide :

> Βοιωτὸς ἀνὴρ τᾶδε φών[ησεν, γλυκειᾶν
>   Ἡσίοδος πρόπολος
> Μουσᾶν, ὃν <ἂν> ἀθάνατοι τι[μῶσι, τούτωι
>   καὶ βροτῶν φήμαν ἕπ[εσθαι.
> πείθομαι εὐμαρέως
>   εὐκλέα κελεύθου γλῶσσαν οὐ[
> πέμπειν Ἱέρωνι· [...]

> Un homme béotien a parlé ainsi,
>   Hésiode le serviteur
> des douces Muses : celui qu'honorent les immortels,
>   que la réputation des mortels le suive aussi.
> J'obéis aisément
>   d'envoyer une bien célèbre langue d'un chemin ...
> à Hiéron ; [...]⁴⁹

Si le premier vers du passage laisse planer le doute quant à savoir qui est l'homme d'origine béotienne en question, le second vient le lever sans délai : il s'agit d'Hésiode, à son tour qualifié de serviteur (πρόπολος) des douces (γλυκειᾶν) Muses.⁵⁰ Le πρόπολος est littéralement *celui qui marche, se trouve* (-πολος) *devant* (πρό-).⁵¹ L'analyse des μουσοπόλοι chez Sappho (fr. 150 Voigt) nous a permis de constater que le suffixe -πολος exprime l'accomplissement d'une action. La tâche qui revient à Hésiode est toutefois plus difficile à déterminer que celle des serviteurs sapphiques. Comment comprendre le préfixe προ- ? Probablement au sens où le chanteur inspiré par nos divinités représente pour ses congénères la face sensible de celles-ci. C'est ainsi qu'Hésiode – qui se nomme d'ailleurs lui-même ἀοιδός et θεράπων (*Th.* 99-100) – est le serviteur, l'interprète, le porte-parole des douces Muses : il transmet ce qu'elles lui insufflent.

Cette tâche confère au chanteur toute une autorité : ne provenant pas de lui-même, mais des divines Muses, ses paroles sont fortes d'une puissance et force de percussion de haut rang. En réalimentant dans son chant une parole de son illustre prédécesseur,⁵² Bacchylide s'inscrit explicitement dans sa lignée : « L'homme que les immortels honorent | que la réputation des mortels le suive aussi ». Si ce

---

49 B. *Ep.* 5.191-197.
50 Cf. encore B. *Encom.* 21.4 : « Et une douce Muse (Μοῦσά τε γλυκεῖα) ».
51 Comme Hécate précède en πρόπολος Perséphone (*h.Cer.* 2.440).
52 Selon Calame 2011, 122, Bacchylide mentionne Hésiode comme le représentant du genre didactique.

passage ne se trouve pas tel quel dans les vers hésiodiques, il ressemble toutefois à ces vers de la *Théogonie* (81-93) qui présentent certains hommes, nourrissons de Zeus, honorés par les Muses, faisant, grâce à la douce goutte de rosée déposée sur leurs langues, à leurs paroles douces comme le miel et à leurs droits jugements, l'objet d'un grand respect.[53] Dans le même sens, Théognis (169 Young) exprime que « celui que les dieux honorent, même le moqueur le loue ». Quelle que soit la source de Bacchylide – pour autant qu'il en suive bien une –,[54] nous retrouvons la φήμα exhortée ci-dessus à quitter le lieu de victoire pour celui d'habitation du vainqueur.[55] La citation est cependant moins restrictive : ce n'est plus seulement le vainqueur, mais tout homme privilégié par les dieux qui jouit d'une bonne réputation aux yeux des mortels. Si Bacchylide cherche à valoriser l'activité musicale au sens large en l'ancrant dans la tradition, seule la dernière partie de notre passage permet de comprendre l'enjeu proprement dit de l'exposition : il y va somme toute du chant qu'il s'agit d'envoyer à cet homme qu'est Hiéron, privilégié par les dieux et donc en droit de bénéficier de la renommée.

Si la présence du verbe πείθεσθαι peut suggérer que Bacchylide obéit à une commande humaine, le contexte indique que l'ordre est bien musical : en accomplissant sa composition, Bacchylide ne semble que servir les divines forces qui le dépassent. Sa composition ? Il s'agit littéralement de la langue[56] bien célèbre (γλῶσσαν εὐκλέα) d'un chemin, dont la spécificité est enfouie dans la lacune de la fin de l'avant-dernier vers.[57] L'expression de langue du chemin renoue non seulement avec le précédent envoi de chants, mais encore avec l'image courante de chant-chemin ; chant-chemin qui a ici pour caractéristique d'être bien célèbre, littéralement au bruit convenable (εὐ-κλεής), comme l'était à sa manière l'illustre (κλεινός) serviteur du passage précédent – à cette différence que l'envoi est ici adressé uniquement à Hiéron et non à sa cité.

Le cinquième *Dithyrambe* en notre possession commence par quatorze vers dans lesquels le chanteur-poète renoue avec les éléments précédents : il indique d'abord les conséquences du don musical sur sa personne et l'influence des Cha-

---

53 Nous n'allons pas pour autant jusqu'à voir, comme Lefkowitz 1969, 50, les vers de Bacchylide comme une paraphrase de ceux d'Hésiode.
54 Jebb 1905, 293 voit deux possibilités : soit Bacchylide se réfère à un passage hésiodique perdu, source possible de Théognis ; soit il a voulu citer ce dernier et s'est trompé de nom.
55 B. *Ep.* 2.11-14.
56 Pindare emploie également le nom γλῶσσα pour sa *langue* exprimant son chant (*O.* 9.42 : *N.* 4.86) ; l'organe est le moyen du chanteur-poète de faire entendre ses paroles (8 ; *Pae.* 6 D6.59 Rutherford).
57 Jebb 1905, 294 propose d'ajouter à la fin du vers 196 οὐ[κ ἐκτὸς δίκας], <un chemin> *pas hors de la justice*.

rites sur son travail, puis présente son activité en termes de tissage et finalement comment, grâce au soutien de Calliope, il est en mesure de s'avancer sur le meilleur chemin musical :

> Πάρεστι μυρία κέλευθος
> ἀμβροσίων μελέων,
> ὅς ἂν παρὰ Πιερίδων λά-
> χῃσι δῶρα Μουσᾶν,
> ἰοβλέφαροί τε κ<όρ>αι
> φερεστέφανοι Χάριτες
> βάλωσιν ἀμφὶ τιμάν
> ὕμνοισιν· ὕφαινε νυν ἐν
> ταῖς πολυηράτοις τι καινὸν
> ὀλβίαις Ἀθάναις,
> εὐαίνετε Κηΐα μέριμνα.
> πρέπει σε φερτάταν ἴμεν
> ὁδὸν παρὰ Καλλιόπας λα-
> χοῖσαν ἔξοχον γέρας.

> Est présent un innombrable chemin
> d'immortels chants dansés et musicalement accompagnés
> à celui qui, de la part des Muses Piérides,
> a obtenu des dons,
> et les jeunes filles aux paupières de violette,
> les Charites porteuses de couronnes
> jettent l'honneur autour
> des chants ; tisse désormais
> quelque nouveauté dans la très aimable
> Athènes fortunée,
> pensée bien louée de Céos.
> Il te convient d'aller sur le meilleur
> chemin qui, de la part de Calliope, a
> obtenu une marque d'honneur supérieure.[58]

Les premiers vers du passage présentent à nouveau le phénomène de l'inspiration musicale. Nous y apprenons que celui qui bénéficie (λάχῃσι – de λαγχάνειν, littéralement *obtenir par le sort, avoir sa part*)[59] des dons des Muses Piérides voit se dessiner un chemin innombrable (μυρία κέλευθος). Pris par le souffle musical, il voit apparaître une voie qui a pour caractéristique de ne pas être unique, mais

---

[58] B. *Dith.* 5(19).1-14.
[59] Ce verbe apparaît à d'autres reprises chez Bacchylide pour décrire ce qu'un homme reçoit du divin : Hiéron obtient par exemple de Zeus le pouvoir sur les Grecs (*Ep.* 3.11) ; un autre vainqueur en reçoit la gloire (3.2) ; le meilleur pour l'homme aimé des dieux est d'obtenir la part des excellents (4.20).

au contraire multiple, et même gage de possibilités illimitées.⁶⁰ Tout un monde s'ouvre selon Bacchylide à l'homme porté par nos divinités ; monde qui n'est autre que le chant-chemin musical : celui d'immortels chants accompagnés de danses et de musiques (ἀμβροσίων μελέων) – *immortels* au double sens bien connu où ils sont de provenance divine et capables de résonner pour la nuit des temps, à l'instar de la divine nourriture qu'est l'ambroisie.⁶¹

En plus d'être insufflés par les Muses, les chants s'avèrent en même temps soutenus, ou plutôt encadrés par les Charites, triplement qualifiées pour l'occasion : d'abord, comme ci-dessus les Muses,⁶² par leurs paupières de violettes (ἰοβλέφαροι) ; puis par leur caractère virginal (κ<όρ>αι) ; et enfin par les couronnes qu'elles portent (φερεστέφανοι). Triple qualification qui vient rappeler leur nature à la fois pure, immaculée, noble, majestueuse et profonde, sombre, ambigüe. En tant que telles, les déesses viennent jeter la τιμή, l'*honneur*, l'*estime* autour des chants : elles les inscrivent dans un contexte digne de considération et d'admiration. Comme la personnification d'Egine, à qui Zeus a accordé le grand honneur d'apparaître aux yeux de tous tel un brillant flambeau,⁶³ nous pouvons imaginer que les chants ainsi honorés par les Charites reflètent tout un éclat, qui va de pair avec la joie et l'abondance festive qui les caractérisent. De plus, dans le cadre des concours tels ceux dans lesquels ce dithyrambe est présenté, c'est la τιμή qui auréole finalement le vainqueur ; auréole ou couronne pour laquelle l'épithète des Charites est aussi de circonstance.

Comme le fait remarquer Maehler (2004, 211), si les Charites s'occupent de l'apparence et de l'influence du chant sur les hommes, elles ne sont toutefois pas responsables de son inspiration. C'est toujours sous celle des Muses que l'homme – le chanteur-poète lui-même – voit s'ouvrir toute une arborescence de voies (et voix) musicales, parmi lesquelles il semble pouvoir choisir. Quel que soit le chemin emprunté pour célébrer le ou les mythes en question, les dons des Muses et le soutien des Charites en assurent et renforcent les tenants et aboutissants.

La suite et fin du texte indique que le chanteur-poète ne doit pas s'engager sur tous les chemins possibles, ni en choisir un au hasard, mais prendre celui qui convient. Comme le fait remarquer l'antépénultième vers, le chanteur-poète finit par s'avancer sur le chemin le plus fort, le plus adapté, le meilleur (φερτάταν) ; adjectif qui distingue également Achille et Ajax vis-à-vis des Achéens, ou Zeus

---

60 L'expression de chemin innombrable revient encore à deux reprises chez Bacchylide : lorsque le chanteur-poète chante la vertu de Hiéron et Théron (*Ep.* 5.31) et à propos de la renommée des filles du fleuve Asopos (9.48). Voir aussi Pi. *I.* 3/4.19.
61 Cf. *h.Ap.* 3.190.
62 B. *Ep.* 9.3.
63 B. *Ep.* 13.47.

des autres dieux.⁶⁴ Alors que c'est l'ensemble des Muses qui ouvre au chanteur-poète les multiples voies musicales, ce chemin d'excellence est quant à lui l'affaire d'une seule, et pas n'importe laquelle : Calliope, la Muse à la belle voix – présentée par Hésiode (*Th.* 79) comme l'emportant sur ses sœurs à l'aide du mot προσφερεστάτῃ, de la même famille que φέρτατος. C'est finalement elle qui confère (λαχοῖσαν – comme les dons accordés au chanteur-poète) au chemin le plus approprié sa marque d'honneur supérieure (ἔξοχον γέρας) : marque d'estime qui le distingue de toutes les autres voies s'offrant d'abord à la vue du chanteur-poète, comme le taureau se démarque des autres bêtes du troupeau ou encore Ajax de l'ensemble des Argiens.⁶⁵

Le mot γέρας, *marque d'honneur*, est employé dans divers contextes et pour différents personnages. Du côté des dieux, il consiste par exemple en libations et autres fumets de sacrifices ;⁶⁶ en tant que maître des brigands et messager exclusif d'Hadès, Hermès en est lui aussi gratifié.⁶⁷ Côté humain, Pélée a l'honneur de recevoir Thétis en mariage,⁶⁸ les chefs achéens de partager leur butin,⁶⁹ ou alors l'athlète de terminer sa compétition en vainqueur⁷⁰ et de voir un chant entonné pour son exploit.⁷¹ Nous pouvons le deviner : ce sont à chaque fois des forces surhumaines qui, de près ou de loin, sont à l'origine du γέρας. Et il n'en va pas autrement pour ce qui est du (chant-)chemin (ὁδόν) que notre chanteur-poète se voit poussé à emprunter : sa marque d'honneur est de part en part musicale.

Privilégié par les dons des Muses, soutenu par les Charites, sur le point de s'élancer sur le chant-chemin accordé et honoré par Calliope, le chanteur-poète s'exhorte lui-même en début de deuxième phrase à tisser (ὕφαινε) quelque nouveauté (τι καινόν) dans la très aimable et fortunée (ὀλβίαις)⁷² cité d'Athènes. Mis à part l'image du tissage, nous retrouvons ici le caractère de nouveauté, gage de valeur et de reconnaissance, rencontré chez Alcman (fr. 14a Davies). Il va de soi

---

64 Pour Achille : Hom. *Il.* 16.21 ; pour Ajax : 7.289 ; pour Zeus : 1.581 ; Hes. *Th.* 49 ; Pi. *I.* 7.5 ; B. *Dith.* 3(17).20 ; 5(19).17.
65 Hom. *Il.* 2.480 ; 3.227. Chez Pi. *N.* 1.60, Tirésias est le prophète éminent (ἔξοχον) de Zeus.
66 Notamment Hom. *Il.* 4.49 ; *h.Cer.* 2.311 ; *h.Ven.* 5.29.
67 *H.Merc.* 4.291 ; 573.
68 Pi. *I.* 8.38.
69 Par exemple Hom. *Il.* 1.118 ; 9.111.
70 Pi. *O.* 8.65 ; B. *Ep.* 7.8 ; 11.36.
71 Pi. *I.* 1.14.
72 Le chanteur-poète a chez Hes. *Th.* 96 un caractère fortuné. Si la fortune d'Athènes ne découle pas forcément ici des Muses, les dieux sont tantôt chez Bacchylide à l'origine de la prospérité : par exemple un homme qui reçoit des dieux sa part de biens (*Ep.* 5.50) et des hommes qui partagent leur maison avec Diké (*Dith.* 1[15].56) sont également ὄλβιοι.

que cet aspect est d'importance dans le cadre de notre dithyrambe chanté à l'occasion d'un concours musical, dont l'enjeu est la victoire.

Il convient de relever en outre que l'exhortation à tisser n'est pas explicitement adressée au chanteur-poète, mais à « la pensée bien louée de Céos (εὐαίνετε Κηΐα μέριμνα) ». C'est par une périphrase que Bacchylide vante ici ses mérites en lien avec sa fameuse île d'origine. Le terme μέριμνα peut s'entendre en deux sens : d'une part comme *souci*, *soin* ou *sollicitude*, par exemple ceux, pénibles, envoyés par les dieux aux hommes de la race de fer chez Hésiode (*Op.* 178) ;[73] d'autre part – en rapport avec le verbe homérique μερμηρίζειν, signifiant *méditer*, *machiner*, *hésiter*[74] – comme *pensée* marquée par un but, un *plan*.[75] Si la traduction par *pensée* est évidente ici, il semble également que, forte de son riche soutien divin, la μέριμνα du chanteur-poète soit élevée à un tel niveau d'excellence que le chant nouveau qu'elle tisse et sur lequel Bacchylide s'avance manifeste non seulement une grande sollicitude vis-à-vis du vainqueur et de sa famille, mais se trouve, en retour, convenablement loué (εὐ-αίνετε) par tout un chacun. L'activité musicale se dévoile ainsi une nouvelle fois comme un jeu de dons réciproques dont, au final, tout le monde bénéficie ; jeu musical initié, non pas comme auparavant dans un des organes du chanteur-poète, mais dans son esprit, sa pensée.

Le chant de célébration des vainqueurs n'apparaît pas seulement comme le fruit d'une activité – mi-divine, mi-humaine – d'entrelacement, de tissage et d'avancée sur un chemin, rendue possible grâce au don et soutien divins, mais tantôt également comme une fleur. Dans un chant de louange en l'honneur de Hiéron, la tâche du chanteur-poète se fait en effet jour comme consistant à « envoyer quelque nouvelle fleur des Muses aux nombreux sons (πολυφθόγγων τι καινόν | ἄνθεμον Μουσᾶ[ν [...] | [...] π[έμπειν) ».[76] La précédente image artisanale se trouve remplacée par une autre, florale, pour ne pas dire jardinière.[77] Comme la fleur contient quantité de pétales et autres organes de reproduction agréables à la vue et à l'odorat lorsqu'ils se déploient, le chant des Muses compte de nombreux sons et sens propices à charmer et stimuler l'oreille et l'esprit. Pour filer la métaphore,

---

[73] Hiéron et le θυμός des hommes ont également des soucis (B. *Ep.* 5.7 ; 1.179).
[74] Nous interprétons ce verbe en 2.1 « Divine filiation des Muses », à propos des μέρμηραι, *préoccupations*, comme suspension desquelles les Muses sont enfantées (Hes. *Th.* 55). Cf. encore Maehler 1982, 232.
[75] Par exemple les pensées que les hommes envoient au ciel (B. *Encom.* 20b.10) ; des pensées modérées (Pi. *Parth.* II, fr. 94b.62 Maehler).
[76] B. *Encom.* 20c.2-6. L'épithète des Muses est une conjecture de Snell 1961, 98 acceptée par Maehler 2003, 98. Nous ne nous y arrêtons pas.
[77] Voir aussi, dans un contexte peu sûr, B. *Dith.* 5(19).35 : « Les Piérides ont planté (Πιερίδες φύτευ[σαν) ».

nous proposons de voir dans la finesse, beauté et richesse de la fleur du chant non seulement le fruit spontané de la nature, sauvage, mais également le résultat de toute une série d'actions humaines, de jardinage – bêcher, semer, arroser, tailler, etc.[78] De ce point de vue, le symbole floral se rapproche de celui du tissage. La fleur peut d'ailleurs être mise en rapport avec l'épithète de violette (ἰοβλεφάρων, [ἰ]οστεφάνων, ἰοπλό]κων) qui revient fréquemment aux Muses et aux Charites[79] ainsi qu'avec la caractérisation de Clio comme toute florissante (πανθαλής).[80]

Ce qu'il convient de retenir est surtout le lien déjà bien connu entre l'apparition de la musique et l'éclosion de la nature, à l'image notamment du verbe ἐμφύειν qui caractérise l'action de la Muse dans le cœur de Phémios.[81]

6.3 Images animales du chanteur-poète

La plupart des nouvelles images par lesquelles Bacchylide se présente sont animales. Très fragmentaire, le premier passage qui le montre provient d'une épinicie en l'honneur de Hiéron :

ε[....] ἀδυεπὴς ἀ[να-
ξιφόρ]μιγγος Οὐρ[αν]ίας ἀλέκτωρ

... aux doux mots
le coq d'Uranie, maîtresse de la *phorminx*[82]

Le verbe qui régit le sujet de la phrase – le coq (ἀλέκτωρ) – est aujourd'hui perdu. Maehler (2004, 104) propose de reconstituer ἔ[λακε δ'], de λάσκειν, *dire à haute voix, faire retentir une voix, crier, pousser un cri retentissant*, notamment employé pour exprimer le cri des oiseaux.[83] La présence de l'épithète ἡδυεπής, *aux doux mots* – qui revient tantôt aux Muses et au chanteur-poète[84] – ainsi que d'Uranie,

---

[78] Cf. par exemple encore les fleurs des péans (παιηόνων | ἄνθεα) que les chœurs des Delphiens font retentir et qu'Apollon vient chercher (B. *Dith.* 2[16].8-9).
[79] B. *Ep.* 9.3 ; 5.3 ; 3.71. Les Charites ont les mêmes paupières (*Dith.* 5[19].5). Koré (*Ep.* 3.2) et Thétis (13.89) possèdent également une couronne de violette, alors que les Néréides (*Dith.* 3[17].37) et Cypris (*Ep.* 9.72) ont des boucles d'une telle couleur. Cette dernière a de surcroît un regard de violette (ἰοδερκέϊ) (fr. 61.1 Maehler).
[80] B. *Ep.* 13.229.
[81] Hom. *Od.* 22.348.
[82] B. *Ep.* 4.7-8. Pour l'histoire de l'analyse de ce fragment et les références de diverses hypothèses, cf. Catenacci/Di Marzio 2004, 73.
[83] Par exemple Hom. *Il.* 22.141.
[84] Hom. *Il.* 1.248 ; Hes. *Th.* 965 ; *h.Ap.* 21.4.

en l'occurrence appelée la maîtresse de la *phorminx* (ἀ[ναξιφόρ]μιγγος),⁸⁵ nous pousse à reconnaître Bacchylide lui-même dans le coq en question.

On s'accorde aujourd'hui pour dire que le nom de l'animal (ἀλέκτωρ), importé en Grèce depuis la Perse au 7ᵉ siècle avant J.-C.,⁸⁶ fait référence à son caractère défenseur et combatif (ἀλέξειν, *défendre, repousser*).⁸⁷ Son cri est volontiers considéré comme un appel : non seulement d'annonce du lever du soleil,⁸⁸ lorsqu'il s'éveille à l'aube,⁸⁹ mais aussi de victoire, tant la sienne, lors d'un combat de coq,⁹⁰ que celle de Hiéron, comme cela semble être le cas ici.⁹¹ Annonce sonore⁹² qui peut être agréable, comme l'exprime l'épithète ἱμερόφωνος, *au son désirable* que Simonide (fr. 583 Page) accorde à l'animal.⁹³ Si le coq est l'oiseau sacré de plusieurs divinités,⁹⁴ il n'est habituellement pas en relation avec les Muses. Aussi Fink (1980, 72) explique-t-il le choix du coq en référence à deux éléments du chant : d'abord au lieu d'origine du vainqueur Hiéron, comme symbole sur des monnaies de cités siciliennes ; ensuite à Apollon, dieu à l'origine de la victoire, tantôt représenté en lien avec l'animal, honoré lors des jeux pythiques et justement nommé au deuxième vers du chant. Mais quel rapport entre le chanteur-poète-coq et Uranie ? Nous proposons l'interprétation suivante : si, tel un coq, Bacchylide proclame la victoire de Hiéron à l'aide de la *phorminx* d'Uranie, c'est que celle-ci, personnification du ciel dans lequel résonne et qui (trans)porte la musique, permet à la bonne nouvelle de se déployer. Son soutien musical confère au cri purement terrestre, humain, animal – et donc limité – toute une puissance et portée célestes.

Dans les vers finaux de la troisième *Epinicie*, le chanteur-poète se cache sous une autre appellation ornithologique :

---

85 Pour cette conjecture, cf. Catenacci/Di Marzio 2004, 77. Les chants sont de tels maîtres chez Pi. *O*. 2.1. Gallavotti 1944, 5 propose ἀ[γ-| λαοφόρ]μιγγος, *à la phorminx brillante*.
86 Cf. Pollard 1977, 88. Aussi Aristophane (*Av*. 483) appelle-t-il le coq l'oiseau perse, en employant son nom usuel (ἀλεκτρύων constitué sur ἀλέκτωρ).
87 Cf. Chantraine 1999, 58 ; Pi. *O*. 12.14. En lisant dans οὐρ[αν]ίας un adjectif, Snell 1941, 210 voit le coq comme le gardien de la *phorminx* céleste.
88 Par exemple Aesop. *Fab*. 16.3 ; 55.1 ; 124.3.
89 Thgn. 864 Young.
90 Catenacci/Di Marzio 2004, 74 font remarquer qu'à l'issue d'un combat, le coq vainqueur élève fièrement la voix pour célébrer sa victoire.
91 Cf. encore Gallavotti 1944, 2.
92 Chez Cratin. fr. 279 Kassel-Austin le coq perse est ὁλόφωνος, *qui fait pleinement entendre un son*.
93 Brannan 1972a, 180 est d'avis que Bacchylide se réfère ici à une expression de son oncle.
94 Pollard 1977, 147 cite Hermès, Athéna, Léto, Déméter et Asclépios.

> [...] ἀρετᾶ[ς γε μ]ὲν οὐ μινύθει
> βροτῶν ἅμα σ[ώμ]ατι φέγγος, ἀλλὰ
>   Μοῦσά νιν τρ[έφει.] Ἱέρων, σὺ δ' ὄλβου
> κάλλιστ' ἐπεδ[είξ]αο θνατοῖς
>   ἄνθεα· πράξα[ντι] δ' εὖ
> οὐ φέρει κόσμ[ον σι]ω-
>   πά· σὺν δ' ἀλαθ[είαι] καλῶν
> καὶ μελιγλώσσου τις ὑμνήσει χάριν
>   Κηΐας ἀηδόνος.

> [...] il ne s'amoindrit certes pas
> en même temps que le corps des mortels, l'éclat de l'excellence, mais
>   la Muse le nourrit. Hiéron, toi de la prospérité
> tu as montré aux mortels les plus belles
>   fleurs ; à celui qui réussit,
> le silence n'apporte pas le *kosmos* ;
>   mais avec le dévoilement des belles choses
> on chantera aussi la *charis*
>   du rossignol de Céos à la langue douce comme le miel.[95]

Bacchylide s'adresse une nouvelle fois à Hiéron. Il commence par comparer le devenir de deux phénomènes appartenant à des sphères bien distinctes, l'une de l'ordre de la renommée, pour ne pas dire de la musique, l'autre physique, corporelle : l'éclat de l'ἀρετή, de l'*excellence*, autrement dit la brillance, le renom d'une action glorieuse d'une part et l'évolution du corps humain de l'autre. Au contraire de ce dernier, dont la force, la vigueur et l'intensité diminuent au fil des ans, l'excellente réputation d'un grand acte, si elle faiblit un jour, n'est pas soumise à la temporalité humaine. Nous le savons déjà : la louange musicale est la seule manière pour les mortels de sauvegarder leur jeunesse et ardeur, de parer au déclin et à la mort. Certes, les papyri n'indiquent pas le verbe dont la Muse est le sujet, mais la conjecture de Kenyon (1897, 29), qui complète le vers par τρ[έφει], reprise par la majorité des éditeurs, coule de source : si la notoriété d'un grand exploit et/ou d'un grand homme ne s'estompe pas avec le temps, mais peut toujours être à nouveau réactivée, c'est que la Muse la *nourrit*, l'*alimente* par l'intermédiaire des chants du chanteur-poète. L'affirmation de Bacchylide est d'autant plus compréhensible si l'on stipule – comme le font la plupart des commentateurs sur la base de sources antiques[96] – que Hiéron est à cette époque malade, sinon mourant. Qu'il soit rassuré : son déclin physique n'a pas la moindre incidence

---

95 B. *Ep.* 3.90-98.
96 Par exemple *Schol. in Pi. P. 1.89a* (2.17-18 Drachmann) ; Plu. *Mor.* 403c.

sur l'image qu'on se fait et fera de lui, tant les chants musicaux vont continuer à célébrer ses victoires.

L'idée que les hauts-faits perdurent au-delà du temps imparti aux mortels apparaît également dans la neuvième *Epinicie* : les victoires célébrées dans les chants sont gardées en mémoire chez les dieux et représentent, pour les hommes, même après leur mort, « le plus beau jeu des Muses à la ceinture aux plis profonds (κάλλιστον [...] | [...] Μουσ[ᾶν βαθυζώνων ἄθ]υρμα) ».[97] On traduit généralement ἄθυρμα par *jeu, jouet, divertissement* ; tel celui, en sable, que construisent et détruisent les enfants, ou celui, guerrier, auquel s'adonnent les garçons.[98] Par extension, le mot signifie aussi *ornement, parure*.[99] Dans le domaine de la musique, Hermès désigne dans son *Hymne* en termes de bel ἄθυρμα la tortue qui lui servira de caisson de lyre, avant d'appeler la lyre elle-même un ἄθυρμα aimable (4.32 ; 40 ; 52) ; chez Pindare (*P.* 5.23), le κῶμος humain qui célèbre le vainqueur apparaît comme l'ἄθυρμα d'Apollon. Ces exemples nous poussent à ne pas séparer les deux significations à priori sans rapport. La lyre d'Hermès et le κῶμος apollinien sont certes en premier lieu des jeux musicaux, mais en même temps des parures en ce qu'ils magnifient la musique. Le vers de Bacchylide va lui aussi dans ce sens : le chant accordé aux vainqueurs est le plus bel ἄθυρμα des Muses,[100] à la fois jeu musical offert par les divinités aux hommes en guise de divertissement après les efforts du concours – *divertissement* au sens littéral du détournement des peines précédemment endurées[101] – et embellissement, voire mise en évidence, au moyen du chant de louange, des actes et de la personne du vainqueur. Le choix conjectural de faire porter l'épithète qui qualifie les Muses sur leur ceinture (βαθυζώνων), pour ne pas dire parure, se trouve ainsi justifié.

Suite à la vérité générale concernant la différence entre la renommée (qui perdure) et le corps (qui décline), le chanteur-poète s'adresse directement à Hiéron pour le glorifier. Il lui rappelle qu'il a montré aux mortels les plus belles fleurs (κάλλιστ' ἄνθεα) de l'ὄλβος, terme déterminé chez Solon (fr. 13.3 West)

---

97 B. *Ep.* 9.86-87. Pour le qualificatif des Muses, nous suivons Maehler 2003, 30 qui reprend la conjecture de Blass 1899, 81. Kenyon 1897, 82 n. 87 et Jebb 1905, 311 proposent ἀγακλειτᾶν, *très célèbres* ; Jebb dans le même sens encore πολυκλειτᾶν ; Jurenka 1898, 62 μελιφθόγγων, *au son doux comme le miel*.
98 Hom. *Il.* 15.363 ; B. *Dith.* 4(18).57.
99 Les Phéniciens ont dans leurs navires d'innombrables ornements (Hom. *Od.* 15.416) ; Andromaque amène à son mariage des parures variées (Sapph. fr. 44.9 Voigt).
100 En suivant le *TLG*, l'œuvre de Bacchylide présente une autre occurrence de cette expression : « Dans les jeux des Muses (ἀθύρμασι Μουσᾶν) » (*Epigram.* 1.3). Vu que ces vers correspondent à l'*Anthologia Graeca* 6.313 et qu'ils sont donnés comme douteux par Page 1981, 151-152, nous ne nous y arrêtons pas davantage.
101 Cf. encore Hes. *Th.* 103.

comme la *prospérité* divine accordée aux hommes. Si Hiéron a réalisé les plus grands exploits, remporté les plus belles victoires, c'est grâce à un privilège divin. Même si lesdites fleurs ne proviennent pas comme auparavant directement des Muses, que seraient-elles sans nos divinités, qui assurent, par leurs chants, renommée et pérennité ? Comme à plusieurs reprises chez Pindare, Bacchylide relève ici l'importance de l'activité musicale – et donc de sa personne – pour la célébration des grands hommes.

Après s'être adressé ainsi à Hiéron, le chanteur-poète profère une nouvelle vérité générale, venant confirmer notre remarque précédente : le silence (σι]ωπά) n'apporte pas le κόσμος à l'auteur de grandes actions – tel précisément Hiéron et ses plus belles fleurs de prospérité.[102] Alors qu'il est question chez Pindare (*N.* 7.11-16) du risque, pour les hauts-faits, de sombrer dans l'obscurité, dans l'oubli, Bacchylide énonce la même idée en employant le terme de silence – redoutable pour un monde régi par la transmission orale : toute prouesse qui n'est pas proférée, chantée aura tôt fait d'être oubliée.[103] Mais pour l'homme victorieux, nul mutisme ne vient engloutir ses exploits dans l'absence s'il commande un chant et se trouve privilégié – par les Muses et le chanteur-poète. Or Hiéron n'est pas ignorant : le chanteur-poète le présente quelque 80 vers plus haut comme celui qui sait « ne pas cacher sa richesse avec le noir voile de l'ombre » (*Ep.* 3.13-14). Voici donc que le chant le célèbre : ses actes sont mis en bon ordre (κόσμος), agencés comme il convient ; les belles choses qui correspondent à ses succès sont proclamées, rendues vivantes. Comme l'indique Bacchylide lui-même, ce qui se joue est une ἀλήθεια, un *dévoilement* :[104] musicalement révélées, les belles prouesses sortent de l'ombre, apparaissent au grand jour et obtiennent une renommée durable.

Les deux derniers vers du passage sont de prime abord obscurs. On chantera aussi – dit soudain le texte – la *charis* qui provient du rossignol (ἀηδόνος), qualifié par son lieu d'origine (Céos) et la douceur mielleuse de sa langue. Le rossignol apparaît à plusieurs reprises et de nombreuses manières dans la littérature grecque avant Bacchylide : Alcman (fr. 10.6-7 Davies) dit l'entendre ; Sappho (fr. 136 Voigt) en parle en termes de messager à la voix désirable du matin ; Théognis (939 Young) rapporte être incapable de chanter de manière pénétrante comme lui après avoir festoyé toute la nuit ; et Simonide (586 Page) le décrit au cou jaunâtre, le nomme printanier et dit qu'il gazouille sans cesse. Chez Homère (*Od.* 19.518-523),

---

102 La réflexion est également valable si on entend dans κόσμος la *parure* (cf. Fränkel 1962, 530 n. 44).
103 Chez Pindare, lorsque quelque chose d'excellent est accompli, il ne doit pas être caché à terre dans le silence (*N.* 9.6-7) ; par l'œuvre du chanteur-poète, on fuit le silence sans ressources (*P.* 9.92). Cf. par exemple Bundy 1986, 73-74.
104 Pour les sens d'ἀλήθεια, cf. 2.4.2 « Contexte d'apparition et premières paroles ».

on trouve le récit d'Aedon, amenée à tuer son fils avant d'être métamorphosée en rossignol pour le pleurer en chantant. Chez Hésiode (*Op.* 202-212), dans l'histoire du rossignol et de l'épervier, le premier symbolise le chanteur lui-même, comme l'indique notamment le jeu de mots ἀηδών – ἀοιδός.[105] Dans notre passage, le rossignol semble figurer le chanteur-poète. On donne souvent à la forme verbale ὑμνήσει le sens de *louera* et au nom χάριν celui de *charme*, interprétant la phrase comme une auto-louange du chanteur-poète : lorsqu'un chant sera énoncé, au sens où le dévoilement des belles choses aura lieu, tout le monde louera le charme du rossignol bacchylidien.[106] Le chanteur-poète parviendrait ainsi à faire en sorte que, comme Hiéron, il perdure dans le monde du chant. Mais, compte tenu de la mention, dans les vers précédents, de l'ὄλβος acquis par Hiéron et de la nécessité de louer celui qui a eu du succès, il paraît étrange à Fränkel (1962, 530 n. 44) que Bacchylide termine son chant par une telle autocélébration. Aussi propose-t-il de voir dans la χάρις le *chant* en tant que *joie* et *faveur* accordées à un ami,[107] conformément aux sens du mot relevés chez Pindare (*P.* 10.64). Le verbe serait alors à traduire par *vortragen, présenter, exprimer* quelque chose à autrui : le chant en l'honneur du vainqueur qui se répand dans le monde ne serait autre que l'exposition, l'expression de la faveur joyeuse du rossignol-chanteur-poète. Le futur de la forme verbale ὑμνήσει signifie en outre, toujours selon Fränkel, que d'autres hommes chantent par la suite à nouveau ce chant. Une telle interprétation permet de mieux comprendre la mention du silence quelques vers plus tôt : si non seulement Bacchylide, mais d'autres hommes célèbrent les exploits de Hiéron, ces derniers ne seront la proie de nul silence, mais « parmi les chants qu'on chantera à l'avenir pour Hiéron, il y aura aussi celui du rossignol de Céos ».[108] Aussi solide que soit l'hypothèse, nous sommes cependant d'avis, avec Maehler (2004, 99), qu'« on chantera » est à prendre dans un sens encomiastique. Grâce à sa langue de miel, le chanteur-poète-rossignol chantera sa propre louange ou faveur joyeuse au moment de l'exécution du chant.

En tant que chanteur-poète-oiseau, Bacchylide est bien placé pour « désire<r> envoyer une plume dorée des Muses (ὁρμαίνω τι πέμπ[ειν | χρύσεον Μουσᾶν [...] πτερόν) »[109] au vainqueur. L'auteur n'use pas ici seulement d'une nouvelle

---

[105] Cf. par exemple Leclerc 1992, 39.
[106] Cf. Maehler 1982, 60.
[107] Pour ainsi dire dans le même sens, Woodbury 1969, 335 propose de comprendre χάριν adverbialement, au sens où un chant de louange doit également être exprimé par la faveur (*by grace*) du rossignol de Céos.
[108] Fränkel 1962, 533.
[109] B. *Encom.* 20b.3-4. Pour une analyse du chant entier, cf. Maehler 2004, 243-251 ; dans un contexte élargi, Fearn 2007, 27-86.

image pour exprimer le chant, mais innove également par l'emploi de l'expression verbale ὁρμαίνω πέμπειν. L'élan fait écho au fort désir (ὁρμηθείς), puissant et pénétrant que ressent Démodocos lorsqu'il se met à chanter.[110] En tant que tel, il dépend plutôt des organes ou forces pulsionnelles du chanteur-poète que de son esprit ou volonté rationnelle. Quant à la plume musicale dorée qu'il semble arracher aux Muses pour en gratifier le vainqueur, elle dénote à nouveau le caractère en même temps aérien, léger et brillant de la musique ; non sans indirectement figurer nos divinités par une image d'oiseau. Bien que les Muses ne jouent apparemment qu'un rôle passif – c'est le chanteur-poète qui paraît chargé du travail –, ce sont toujours elles qui sont à l'origine du mouvement. De plus, là aussi, parure et jeu musicaux semblent aller de pair : la belle plume dorée volette dans les airs et répand à tout un chacun son message musical.

Dans notre dernier exemple, Bacchylide apparaît soudain sous la forme de cet autre animal ailé qu'est l'abeille :

> α[..]α οἱ καὶ νῦν κασιγνήτας ἀκοίτας
> νασιῶτιν ἐκίνησεν λιγύφθογγον μέλισσαν,
> ἐγχειρὲς ἵν' ἀθάνατον Μουσᾶν ἄγαλμα
> ξυνὸν ἀνθρώποισιν εἴη
> χάρμα, [...]

> ... et maintenant l'époux de sa sœur
> a stimulé une insulaire abeille au son pénétrant,
> afin que, l'ornement immortel des Muses, à disposition,
> soit pour les hommes
> une joie commune, [...][111]

Le premier vers de l'extrait mentionne le beau-frère du vainqueur comme commanditaire du chant. A nouveau, le texte est imagé : Bacchylide ne dit pas que ce dernier s'est rendu chez lui pour passer sa commande, mais indique qu'il a mis en mouvement, excité, stimulé (ἐκίνησεν) une abeille (μέλισσαν) insulaire au son pénétrant. Aussi surprenante qu'elle soit de prime abord, l'image n'est pas nouvelle. Chez Homère (*Il.* 2.87), les Achéens qui accourent sur ordre de Nestor sont comparés aux abeilles qui sortent de leur nid ; Pindare (*P.* 10.53-54) met en parallèle les chants de louange, volant d'une parole à l'autre, et l'abeille ; et nous connaissons l'association récurrente des chants avec le miel et tous les composés qui en découlent. Contrairement à notre perception courante, les abeilles ne sont

---

110 Hom. *Od.* 8.499.
111 B. *Ep.* 10.9-13.

nullement connotées de manière négative en Grèce archaïque. Loin d'être simplement bonnes à faire du miel, et sinon agaçantes et dangereuses, elles y sont d'une grande richesse – et pas seulement par les substances bénéfiques qu'elles produisent : les mythes antiques les présentent notamment comme les nourrices du jeune Zeus ;[112] en relation avec les déesses liées à la croissance vitale et à l'enfantement que sont Déméter, Artémis et la Grande Mère ;[113] et comme bâtisseuses du deuxième temple delphique pour Apollon.[114] Les abeilles apparaissent tantôt également en lien avec la musique[115] et la prophétie.[116] Ainsi sont-elles aussi associées aux Muses[117] et à leur serviteur qu'est le chanteur-poète. L'épithète d'insulaire (νασιῶτιν) indique que l'abeille n'est autre que Bacchylide lui-même, originaire de l'île de Céos. Quant à la qualification du bourdonnement de l'insecte par un son pénétrant (λιγύφθογγον), elle est également employée pour décrire la sonorité des *auloi* chez Théognis (241 Young), la voix des hérauts achéens dans l'*Iliade* (2.50 ; 442 ; 9.10), ou encore le chant du rossignol chez Aristophane (*Av.* 1380).

La stimulation de l'abeille n'est pas sans but : il s'agit, littéralement, de faire en sorte que l'ornement immortel (ἀθάνατον ἄγαλμα) des Muses devienne pour les hommes une joie (χάρμα) commune. Le terme χάρμα est de la même famille que χαίρειν : il signifie la *joie* profonde qui vient combler celui qui la ressent.[118] Si cette dernière est commune, c'est qu'elle est partagée par tout un chacun touché par la musique : tant le chanteur-poète, le vainqueur, le commanditaire que les auditeurs. De la même famille que ἀγάλλειν, *orner, parer, honorer par des offrandes* et ἀγάλλεσθαι, *glorifier, honorer, réjouir*, l'ἄγαλμα est l'*objet travaillé avec soin*, celui dont on se pare (*ornement, parure*), ou celui qu'on offre à un dieu (*offrande, image*). Dans les deux cas, l'objet, produit d'un travail artisanal, procure du plaisir, égaie, honore ; et, comme les dieux se réjouissent particulièrement de se voir offrir des statues, le terme finit par signifier aussi *statue*.[119] Dans

---

112 Par exemple Verg. *G.* 4.149-152. Selon d'autres versions, les nourrices de Zeus sont des Nymphes, filles d'un dénommé Mélissos (Apollod. 1.1.6 ; Hyg. *Fab.* 182).
113 Serv. *A.* 1.430 ; Ar. *Ra.* 1273 ; Hsch. μ 1294.
114 Paus. 10.5.9.
115 Leur bourdonnement est lui-même considéré comme une musique (par exemple Var. *Res rusticae* 3.16.7). Simon. fr. 593 Page met lui aussi en relation les abeilles et les Muses.
116 Par exemple Pi. *P.* 4.60.
117 Pour Philostr. *Im.* 2.8.6, lorsque les Athéniens ont colonisé l'Ionie, les Muses ont guidé leur expédition sous la forme d'un essaim d'abeilles. Cf. par exemple encore Bader 1994, 18-21 qui associe Sirènes, abeilles et Muses.
118 Dionysos (Hom. *Il.* 14.325), Apollon (*h.Ap.* 3.25) et Asclépios (*h.Aesculap.* 16.4) sont la joie des mortels ; Hector celle de Troie (Hom. *Il.* 24.706) ; et Déméter celle de tous, dieux et hommes (*h.Cer.* 2.269). Alors que Dionysos a donné aux hommes le raisin comme joie et fardeau (Hes. *Sc.* 400).
119 Cf. Harriott 1969, 55-56 ; Scheer 2000, 8-18; Grand-Clément 2011, 266-275.

la cinquième *Epinicie*, Hiéron a ainsi le privilège de connaître (γνώσηι) l'ἄγαλμα « aux doux dons des Muses aux couronnes de violette ([ἰ]οστεφάνων | Μοισᾶν γλυκ[ύ]δωρον) »[120] – le sens d'offrande étant pour l'occasion encore relevé par l'épithète aux doux dons. Pour ce qui est de notre extrait ci-dessus, tout porte à croire que l'ornement-offrande appelé à combler les hommes n'est autre que le chant de célébration commandé par le beau-frère du vainqueur : chant dont le caractère immortel est lié aux Muses, dont l'effet sur les hommes sera de l'ordre d'une joie et dont la disponibilité provient sans doute du fait qu'il se trouve littéralement entre les mains (ἐγ-χειρές) du chanteur-poète-abeille.

6.4 Place et statut de la Muse

Si les diverses tâches et appellations du chanteur-poète lui accordent une place de choix dans la composition et exécution des chants, les Muses ne sont jamais loin. L'ensemble de nos passages montre qu'elles sont toujours là, serait-ce en creux, dans les soubassements. Les huit derniers extraits précisent le lien qui unit nos divinités et le chanteur-poète ; dans quelle mesure tous deux sont à la fois tributaires et indépendants l'un de l'autre.

Les premiers vers du deuxième *Dithyrambe* semblent laisser entendre que Bacchylide a été gratifié une fois pour toutes du don des Muses :

...]ιου.ιο... ἐπεῖ
ὁλκ]άδ' ἔπεμψεν ἐμοὶ χρυσέαν
Πιερ]ίαθεν ἐ[ὔθ]ρονος [Ο]ὐρανία,
    πολυφ]άτων γέμουσαν ὕμνων

... quand
elle m'a envoyé un vaisseau doré
depuis la Piérie, Uranie au beau vêtement,
    chargé de chants dont on parle beaucoup[121]

Le début du premier vers est perdu. Peut-être comportait-il, comme l'imagine Maehler (2004, 167-168) une exhortation – à l'impératif ou à l'optatif – au lieu d'exécution du chant (Delphes) et/ou à son public en guise de demande d'attention. Les premiers mots que nous possédons mentionnent en tous cas un envoi (ἔπεμψεν) qui, comme l'indique la forme verbale à l'aoriste, a eu lieu par le passé. L'expéditeur en est cette Muse de Piérie qu'est Uranie, qualifiée par son

---

[120] B. *Ep.* 5.3-4.
[121] B. *Dith.* 2(16).1-4.

beau vêtement (ἐ[ὔθ]ρονος) ;¹²² le récepteur nul autre que le chanteur-poète lui-même ; et le phénomène transmis quelque chose de doré (χρυσέαν), chargé de chants (γέμουσαν ὕμνων). Double différence d'avec les expéditions intervenues dans les passages précédents : il n'y a pas de simultanéité entre la transmission et la performance ; et le chanteur-poète n'est pas l'expéditeur mais le récepteur du phénomène en question. Est-il possible que Bacchylide présente ici une étape musicale antérieure à son travail proprement dit ; étape du ressort de la Muse, somme toute indispensable pour la réalisation de toute commande et donc de tout chant ? Travail, car il s'agit bien d'un labeur : l'envoi ne concerne pas un chant prêt à être exprimé mais, comme l'exprime le dernier vers, une sorte de fonds, fort de plusieurs chants, dont vraisemblablement le dithyrambe en question. Mais qu'en est-il de cet envoi ?

Le nom vaisseau (ὁλκ]άδ') qui en constitue le contenu est la conjecture de Sandys.¹²³ Une ὁλκάς est un *bateau* lourdement chargé, souvent remorqué, servant à transporter toutes sortes de marchandises. On trouve ainsi les traductions de *cargo, navire marchand, chaland, vaisseau de charge* ou *de transport*.¹²⁴ Cela revient à dire qu'Uranie n'est pas l'auteur d'un simple coup de pouce au chanteur-poète, aide mineure et accessoire pour son travail, mais qu'elle lui transmet un don de taille et de poids. Ce présent ne se distingue d'ailleurs pas seulement par son ampleur, mais aussi par sa valeur, comme le marque l'éclat (et donc le prix) de son épithète d'or (χρυσέαν). La cargaison du doré vaisseau musical consiste ainsi en un lourd chargement de chants dont, si on accepte également la reconstitution du début du quatrième vers, on parle à foison (πολυφ]άτων).¹²⁵ Parmi ces multiples chants à disposition, véritables ressources musicales dont tout le monde parle, tant ils finissent par devenir fameux, nous devinons que la tâche du chanteur-poète est de choisir et de déployer le bon : celui qui convient pour célébrer les dieux et héros.

Dans le sens du travail musical que le chanteur-poète doit mener à bien afin que les chants se répandent parmi les hommes, un fragment transmis par Clément d'Alexandrie (*Strom.* 5.16.8) indique que les dons des Muses (δῶρα Μοισᾶν),

---

122 Comme Clio (Pi. *N.* 3.83) et Aphrodite (*I.* 2.5).
123 Cette conjecture est citée par Kenyon 1897, 146.
124 Par exemple Th. 2.92.3 ; 3.3.5 ; 2.69.1 ; 4.53.3 ; Hdt. 3.135 ; Ar. *Pax* 37. Pindare emploie également ce nom à propos du chant : le doux chant doit prendre le premier bateau qui se présente, barque ou vaisseau de transport (*N.* 5.2) ; et on trouve dans un fragment un vaisseau à la lourde cargaison (fr. 355 Maehler). Le terme apparaît encore chez Alcm. fr. 142 Davies mais sans contexte.
125 Pindare emploie cet adjectif à propos d'un chant (*O.* 1.8) et du bruit des chants (*N.* 7.81).

loin d'être accessibles à tous, sont au contraire δυσμάχητα.¹²⁶ Si l'expression a été traduite par *keenly contested, fought over in vain* ou *âprement disputés*,¹²⁷ sa déconstruction permet de lui donner une teneur légèrement différente : composé du préfixe δυσ-, marquant une difficulté ou un malheur, et de l'adjectif μαχητός, *qu'on peut combattre, vaincre*, l'adjectif signifie littéralement *difficile à combattre* et donc, comme le propose Maehler (1997, 357), *übermächtig, unwiderstehlich*. A prendre le mot dans toute sa portée significative, le fragment déclare que, loin d'être facile d'accès, la haute et puissante nature des dons musicaux rend leur fréquentation, ou mieux affrontement, difficile, c'est-à-dire exigeant, délicat, voire périlleux. Ce qui, du point de vue du chanteur-poète tel que nous le connaissons, revient à dire que l'accès à l'ambigüité, obscurité et multiplicité du don musical exige tout un travail : avant de pouvoir se mettre à produire des chants, le chanteur-poète doit d'abord se hisser au niveau de ce que nos divinités lui accordent. Travail certes difficile, mais dont il ne peut, telle une tâche, se défaire ; labeur en ce sens surpuissant, irrésistible. Nous retrouvons ici de manière implicite le partage des rôles précédemment rencontré : dans son activité, le chanteur-poète est fort d'aptitudes propres, indispensables pour l'apparition des chants, mais en même temps – et même avant tout – poussé, guidé, dirigé par des puissances d'une telle force qu'il serait vain de chercher à s'y opposer.

L'image du navire apparue auparavant revient dans la douzième *Epinicie* composée en l'honneur de la victoire de l'Eginète Tisias. Le voyage que représente le chant – dont la direction est ici assurée par cette Muse qu'est Clio – coïncide cette fois à nouveau avec la performance :

> Ὡσεὶ κυβερνήτας σοφός, ὑμνοάνασ-
>   σ' εὔθυνε Κλειοῖ
> νῦν φρένας ἁμετέρας,
> εἰ δή ποτε καὶ πάρος· ἐς γὰρ ὀλβίαν
> ξείνοισί με πότνια Νίκα
> νᾶσον Αἰγίνας ἀπάρχει
> ἐλθόντα κοσμῆσαι θεόδματον πόλιν

> Comme le sage pilote, maîtresse du chant
>   Clio, dirige
> maintenant notre cœur,

---

126 B. fr. 55 Maehler. Cité sans nom d'auteur, le fragment est attribué à Bacchylide par Blass 1899, 173, notamment à cause de sa ressemblance avec d'autres vers du chanteur-poète, clamant que tout homme peut atteindre la droite justice (*Dith.* 1[15].53-54). Pour la discussion des arguments, cf. Maehler 1997, 357.
127 Jebb 1905, 423 ; Harriott 1969, 38-39 ; Irigoin/Duchemin/Bardollet 2002, 255.

> si cela a été aussi une fois auparavant le cas ; en effet pour
> mes hôtes la souveraine Niké me
> commande de venir sur l'île fortunée d'Egine
> parer la cité bâtie par les dieux[128]

Dans cette exhortation, Clio est comparée à un sage pilote (κυβερνήτας σοφός).[129] Tel le cocher qui conduit son cheval à la victoire et qui est lui-même rapproché d'un capitaine de bateau (B. *Ep.* 5.47), la Muse connue pour célébrer les divers bruits présents dans la mémoire musicale se distingue ici par ses qualités de guide et de conductrice. Son épithète de sage ne saurait nous étonner : c'est sa sagesse musicale qui lui permet de mener comme il se doit, harmonieusement, ce que nous pouvons appeler le chant-bateau.[130] Notons que chez Bacchylide, le chanteur-poète se nomme par trois fois lui-même σοφός : sa sagesse apparaît comme fruit d'un autre sage (non nommé), comme allégation de justes louanges et comme connaissance humaine des ordres divins ou de l'honneur des Charites.[131] La σοφία de Clio est toutefois plus importante et plus puissante que celle de son serviteur humain : si la sagesse du chanteur-poète le distingue de ses congénères, celle de la Muse lui permet, en tant que maîtresse du chant (ὑμνοάνασσ'), de régner sur le ὕμνος. Comme telle, elle est en mesure de diriger, de mener à bien, à destination (εὔθυνε)[132] ce que le chanteur-poète appelle notre cœur (φρένας ἀμετέρας).[133] Comme auparavant, la première personne du pluriel correspond au chanteur-poète au sens large, incluant Bacchylide et le chœur qui le représente lors de la performance, voire même les auditeurs portés par la musique. Composition et exécution du chant sont ici indistincts ; du moins pour ce qui concerne la présence de la Muse qui, comme bien souvent, investit là aussi l'organe humain vital qu'est le cœur.

---

128 B. *Ep.* 12.1-7.
129 Archil. fr. 211 West emploie la même expression.
130 Dans un contexte élégiaque, Dionys.Eleg. fr. 4 West parle des rameurs des Muses (Μουσῶν ἐρέτας) que seraient les participants au banquet.
131 B. *Pae.* fr. 5.1 Maehler ; *Ep.* 13.164 ; 10.39. Une autre occurrence de σοφός concerne Dédale, qualifié d'artisan le plus sage (*Dith.* fr. 26.6 Maehler).
132 L'action de Clio renoue avec celle de la Muse qui, chez Pindare, en vue de la célébration, est amenée à diriger le vent illustre des mots (*N.* 6.28-29) ou celle de Zeus appelé à guider un vent favorable pour le vainqueur (*O.* 13.28).
133 Bacchylide emploie à neuf reprises la φρήν, aussi bien pour désigner le cœur d'Apollon que celui des mortels. Il parle ainsi du cœur d'Apollon qui se réjouit des chœurs de Céos (*Dith.* 3[17].131) ; de celui de Minos qui gouverne son θυμός (22) ; de celui, augmenté par la richesse et qualifié de ferme et de très affairé, des hommes (*Ep.* 1.162 ; fr. 1.1 ; *Prosod.* fr. 11.4 Maehler) ; de celui, d'une grande justice, de Hiéron (*Ep.* 5.6) ; les trois dernières occurrences sont trop fragmentaires pour être attribuées (*Encom.* 20e.20 ; *Dith.* 2[16].7 ; 3[18].118).

Dans le quatrième vers du passage, le chanteur-poète ajoute une étonnante réserve à son exhortation : Clio est appelée à diriger le cours des opérations pour autant qu'elle (εἰ) l'ait déjà fait par le passé. La restriction n'est pas facile à comprendre. Bacchylide doute-t-il soudain des capacités de sa Muse ? Ou ne se souvient-il plus s'il doit invoquer Clio ou une de ses sœurs ? Autre interprétation possible : en mal d'inspiration, notre chanteur-poète se voit-il contraint de rappeler à sa Muse qu'elle n'a aucune raison de ne pas venir le soutenir puisqu'elle l'a déjà fait auparavant ? Quoi qu'il en soit, les trois derniers vers apparaissent comme une justification de la demande du chanteur-poète, voire de son déplacement sur le lieu de célébration : s'il exhorte ainsi la Muse, s'il compose son chant, ce n'est pas de son propre chef, mais en réponse au commandement qu'il (με) a reçu de la souveraine Niké. Alors que nous avons vu que le pronom personnel singulier de la première personne désigne tantôt chez Pindare le chœur en tant qu'entité, sa présence ici, deux lignes après celui de la première personne du pluriel, semble indiquer que seul Bacchylide est impliqué. Autrement dit : si la Muse a bien une certaine influence sur le chœur qui exécute le chant, la commande est adressée au seul Bacchylide. Et ce par Niké : s'il s'est déplacé, ce n'est pas de son propre gré ni suite à l'appel d'un quelconque commanditaire ; c'est la *victoire* personnifiée qui lui a ordonné de se rendre sur l'île fortunée d'Egine pour parer, orner (κοσμῆσαι) la cité qu'il nomme bâtie par les dieux (θεόδματον).[134] Κοσμεῖν est apparenté à κόσμος.[135] Chez Homère, le verbe signifie *ordonner* les troupes, les *ranger en ordre* de bataille, sauf une fois où il concerne la préparation du repas.[136] Avec le temps, il prend également le sens d'*orner*, de *parer* et même d'*honorer* quelque chose : en contexte de jeux, la maison est par exemple ornée de trépieds de victoire (Pi. *I*. 1.19), l'île du vainqueur honorée (*N*. 6.46), sa chevelure parée de couronnes (B. *Ep.* 7.11). L'ornement étant confectionné pour les hôtes (ξείνοισι) de Bacchylide – le vainqueur, sa famille, et finalement tous les habitants d'Egine et Egine elle-même –, nous comprenons pourquoi c'est en particulier à Clio que revient la tâche de pilote, de maître, de directeur : personne n'est mieux à même d'honorer, de célébrer, assistée par le chanteur-poète, leur κλέος.

---

[134] Prise au sens littéral, l'épithète fait référence à la fille du dieu-fleuve Asopos qu'est Egine personnifiée (par exemple B. *Ep.* 13.44-50). L'adjectif relève toutefois aussi l'aspect vénérable d'autres villes : par exemple Délos (Pi. fr. 33c.1 Maehler ; *O.* 6.59), Troie (B. *Ep.* 13.130) ; les portes de Corinthe (1.14) ; ou encore les rues de Tirynthe (11.58).
[135] Cf. aussi B. *Ep.* 3.95.
[136] Hom. *Il.* 2.554 ; 655 ; 704 ; 727 ; 806 ; 3.1 ; 11.51 ; 12.87 ; 14.379 ; 388 ; *Od.* 9.157. L'exception se trouve en 7.13.

Dans les vers finaux de la treizième *Epinicie*, la tâche musicale est également exécutée conjointement par les Muses et le chanteur-poète. Après une lacune textuelle d'une dizaine de vers, Bacchylide énonce dans une interjection :

τᾶι μὲν ἐγὼ πίσυνο[ς
    φοινικοκραδέμνοις [τε Μούσαις
ὕμνων τινὰ τάνδε ν[εόξαντον μίτραν
φαίνω, [...]

Quant à moi, me reposant sur elle
    et sur les Muses au voile de pourpre
un tel bandeau nouvellement cardé des chants
je fais apparaître, [...][137]

Le chanteur-poète affirme se reposer (πίσυνο[ς) dans son travail sur deux phénomènes. De la même famille que πείθεσθαι, *être persuadé, obéir, se fier*,[138] l'adjectif est à entendre au sens où il s'appuie sur, se confie à, peut avoir confiance en. Le premier soutien est représenté par le pronom féminin τᾶι qui initie notre extrait. Soit il renoue avec l'espoir mentionné une ligne plus haut, soit avec un autre terme enfoui dans la lacune. Le second phénomène n'est pas plus certain. Tout ce qu'on sait est qu'il est au pluriel et possède un voile de pourpre (φοινικοκραδέμνοις).[139] Le κρήδεμνον est un *voile* féminin qui tombe sur les épaules et peut également servir à recouvrir le visage.[140] Au vu de la suite, la conjecture de Nairn (1897, 453), qui ajoute τε Μούσαις à la fin du vers 222, est tout à fait plausible. Nous pouvons sans peine imaginer les Muses auréolées d'un tel voile, pour l'occasion non pas en or ou de couleur violette mais, proche de cette dernière, de pourpre, c'est-à-dire d'un rouge profond, violacé. Tout comme nous pouvons gager que le chanteur-poète ne fait ici rien d'autre qu'indiquer la confiance qu'il place en nos divinités et le soutien dont il bénéficie de leur part.

Aussi hypothétiques et ambigus que sont ces deux appuis, ils n'en sont pas moins importants : c'est à partir d'eux que Bacchylide se trouve en mesure de faire apparaître (φαίνω)... quelque chose – et ce personnellement (ἐγώ), comme l'indique le premier vers ; à la différence notamment de Démodocos qui, excité, soulevé par le divin, laisse apparaître (φαῖνε) son chant, pour ainsi dire sans inter-

---

137 B. *Ep.* 13.221-224.
138 Cf. aussi B. *Ep.* 5.195.
139 Comme mentionné en 6.1 « Muse indigène, connue et inédite à la fois », le terme apparaît à une seule autre reprise, pour qualifier Léto (B. *Ep.* 11.97).
140 Par exemple le voile d'Athéna (Hom. *Il.* 14.184) ; d'Ino (*Od.* 5.351) ; d'Andromaque (*Il.* 22.470) ; de Pénélope (*Od.* 1.334) ; de Nausicaa et de ses servantes (6.100). Cf. encore Haakh 1959.

venir.[141] Quelque chose qui est hélas également perdu. Seul nous reste le pronom τινὰ τάνδε, *un tel* ainsi que la première lettre (ν[) du mot suivant, dont dépend le génitif pluriel ὕμνων. Les conjectures sont nombreuses. Blass (1899, 119) propose ν[εοπλόκων δόσιν, *don nouvellement entrelacé*. Selon Barrett (2007, 281), δόσιν est trop trivial pour être spécifié par τινὰ τάνδε ; aussi préfère-t-il χάριν. Choix lui aussi douteux étant donné que la *charis* apparaît déjà trois vers plus bas. Ainsi Maehler (1982, 289-290) y voit-il une métaphore plus audacieuse et propose le texte cité : « Un tel bandeau (μίτραν) nouvellement cardé (ν[εόξαντον) des chants ». Si dans l'*Iliade*, la μίτρα est une *ceinture* masculine, servant à couvrir et protéger le ventre des guerriers (par exemple 4.216 ; 5.857), elle apparaît ensuite sous forme d'un morceau de tissu, enroulé en *foulard* ou en *bandeau*, employé pour retenir la chevelure et la parer.[142] Ornement principalement féminin, mais tantôt aussi porté par des hommes,[143] notamment en tant que marque d'honneur, telle celle que reçoit le vainqueur chez Pindare (*O*. 9.84) et Bacchylide (*Ep*. 13.196).[144] Comme tel, le chant lui-même devient chez Pindare (*N*. 8.15) un bandeau de ce type, qualifié par son origine lydienne et la façon, sonore, dit-il, par laquelle il a été tissé. Aussi la proposition de Maehler est-elle convaincante : grâce aux Muses, le chanteur-poète est capable de faire venir au jour, pour le vainqueur, un bandeau de chants nouvellement (νεό-) cardé, peigné, démêlé (-ξαντον du verbe ξαίνειν). Les deux images nous sont connues : celle du tissage, qui dévoile le chant comme entrelacement bien ordonné de fils musicaux ; et celle de la parure, qui accorde au chant, et par son intermédiaire au vainqueur, beauté et honneur.

Suite à quelques vers fragmentaires, l'épinicie se termine ainsi :

τὰν εἰκ ἐτύμως ἄρα Κλειὼ
    πανθαλὴς ἐμαῖς ἐνέσταξ[εν φρασίν,
τερψιεπεῖς νιν ἀοιδαὶ
    παντὶ καρύξοντι λα[ῶ]ι.

Si réellement Clio
    toute florissante l'a répandu dans mon cœur,
les chants aux paroles réjouissantes le
    proclameront devant tout le peuple.[145]

---

141 Hom. *Od*. 8.499.
142 Cf. Tölle-Kastenbein 1977, 25. Chez Alcm. fr. 1.67-68 Davies et Sapph. fr. 98a.10 ; 98b.3 Voigt, il s'agit d'un ornement pour la chevelure de jeunes filles.
143 Brandenburg 1966 fait remarquer que la μίτρα est portée par toutes les femmes, sans distinction d'âge ou de rang (55), alors que son port masculin est une caractéristique orientale (56-57).
144 Cf. également Losfeld 1991, 110 ; 222.
145 B. *Ep*. 13.228-231.

Même si les vers lacunaires situés entre nos deux extraits ne permettent pas de savoir à quoi précisément se rapporte le pronom féminin singulier τάν, nous sommes en mesure de deviner qu'il s'agit dudit quelque chose précédemment lié à l'image du bandeau comme expression du chant. En guise de conclusion, le chanteur-poète renoue avec l'indication déjà faite au début qu'il est tributaire de Clio.[146] La Muse est pour l'occasion qualifiée de πανθαλής, *toute florissante* – comme l'est sinon sa sœur Thalia – et aurait répandu (ἐνέσταξ[εν) dans le cœur (φρασίν) du chanteur-poète (ἐμαῖς) l'ensemble des vers précédents.[147] Signifiant *faire dégoutter, distiller, répandre dans* ou *sur*, le verbe ἐνστάζειν veut par extension également dire *inspirer, insuffler* : si c'est le plus souvent un véritable liquide, comme le nectar et l'ambroisie[148] ou la semence masculine,[149] qui est instillé, Pindare (*I.* 3/4.90 ; *O.* 6.76) présente de même la joie de la Charis ainsi qu'une forme vénérable et illustre distillées au vainqueur. L'acte de répandre le chant dans le cœur du chanteur-poète rappelle en outre trois images hésiodiques : celle de la voix insufflée par les Muses au chanteur (*Th.* 31), de la rosée déposée sur les lèvres des rois et des mots doux comme le miel qui coulent de leur bouche (83-84). Et nous venons de voir plus haut l'abeille inspiratrice ;[150] abeille qui, volant de fleur en fleur, renoue avec l'épithète πανθαλής spécifiant la Muse. Quelques 190 vers plus haut, cette épithète qualifie d'ailleurs des fleurs[151] qui composent les couronnes offertes au vainqueur. Tel est finalement le but de l'action de la Muse : faire en sorte que le chant soit proclamé (καρύξοντι) devant tout le peuple, comme le fait le héraut : par des chants aux paroles réjouissantes, qui comblent pleinement (τερψιεπεῖς – sous le patronage cette fois de Terpsichore).

Comme déjà auparavant, lorsque Clio est venue diriger, tel un capitaine, le cœur du chanteur-poète,[152] Bacchylide souligne que la célébration n'aura lieu que si la Muse a réellement répandu le chant dans son cœur ; condition *sine qua non*. L'expression εἰκ ἐτύμως ἄρα doit être prise ici dans son sens causal, en référence à une réalité bien connue :[153] même si la formulation française peut prêter à confusion, le chanteur-poète ne doute nullement du fait que Clio lui distille un chant.

---

146 B. *Ep.* 13.9 : «] Κλειώ ». La Muse apparaît toutefois dans un passage tellement fragmentaire qu'on ne peut rien en faire.
147 B. *Ep.* 3.3 invoque encore « Clio aux doux dons (γλυκύδωρε Κλεοῖ) ».
148 Hom. *Il.* 19.39 ; 348 ; 354 ; Pi. *P.* 9.63.
149 Pi. *N.* 10.82.
150 B. *Ep.* 10.10.
151 B. *Ep.* 13.36-37 : « Avec des couronnes de fleurs toutes florissantes (πανθαλέων στεφάνοισιν | ἀνθ]έ[ων]) ».
152 B. *Ep.* 12.1-2.
153 Cf. Maehler 1982, 291-292.

Dans son activité musicale, Bacchylide n'est pas seulement entouré d'Uranie et de Clio. Calliope l'épaule elle aussi,[154] comme l'indique également un passage de transition de la cinquième *Epinicie* :

λευκώλενε Καλλιόπα,
    στᾶσον εὐποίητον ἅρμα
αὐτοῦ· Δία τε Κρονίδαν
    ὕμνησον Ὀλύμπιον ἀρχαγὸν θεῶν,

Calliope aux bras blancs,
    arrête ton char bien produit
ici même ; Zeus, fils de Cronos,
    chante-le, lui le chef olympien des dieux,[155]

Calliope est tout d'abord qualifiée par la blancheur de ses bras (λευκώλενε). L'épithète, associée le plus souvent à Héra,[156] concerne aussi d'autres déesses (Séléné, Perséphone et la Nymphe phénicienne, mère de Minos)[157] ainsi que des mortelles (Andromaque, Nausicaa, ses servantes ainsi que celles de Pénélope et d'Iole),[158] et a été accordée à Artémis au vers 99 du même chant.[159] L'épithète caractérise probablement la beauté et délicatesse de la peau féminine en général. C'est une Muse charmante et vénérable, selon les critères esthétiques de l'époque, que le chanteur-poète exhorte à arrêter son char bien produit (εὐποίητον ἅρμα). Il s'agit ici chez Bacchylide de la seule apparition de la fameuse image du char musical largement traitée chez Pindare.[160] Le véhicule de la Muse est en l'occurrence bien produit. Conformément à ce que nous avons relevé concernant les emplois de ποιεῖν, l'adjectif qualifie dans le reste de notre corpus les produits d'un bon travail : peaux de bœuf, fauteuils, tenailles, salle, abri et par deux fois un char.[161] Par métonymie, la belle facture du char concerne le chant musical lui-même, de bonne production, pour ne pas dire fabrication. Voici donc que le chanteur-poète, voyant passer devant lui le char, intervient auprès de la divinité inspiratrice pour lui ordonner un arrêt : c'est « ici même (αὐτοῦ) » que Calliope doit l'arrêter. Le moment est en effet venu de chanter le fils de Cronos, le chef olympien des dieux, Zeus en per-

---

154 B. *Dith.* 5(19).12-14.
155 B. *Ep.* 5.176-179.
156 Par exemple Hom. *Il.* 1.53 ; *h.Bacch.* 1.7 ; Hes. *Th.* 314 ; Pi. *Pae.* 6 D6.87 Rutherford ; B. *Ep.* 9.7.
157 *H.Lun.* 32.17 et Pi. *P.* 3.98 sous le nom de Thyôna ; Hes. *Th.* 913 ; B. *Dith.* 3(17).54.
158 Par exemple Hom. *Il.* 6.371 ; *Od.* 7.12 ; 6.239 ; 18.198 ; B. *Dith.* 2(16).27.
159 Pour une interprétation du rapport entre Artémis et Calliope dans ce chant, cf. par exemple Fink 1980, 244.
160 5.1.2 « Avancée du char des Muses sur la route du chant ».
161 Hom. *Il.* 16.636 ; *Od.* 20.150 ; 3.434 ; *h.Ven.* 5.173 ; 75 ; *h.Ap.* 3.265 et Hes. *Sc.* 64.

sonne – dont la seule présentation souligne déjà l'importance. Après avoir exposé l'activité de la Muse comme précédant la sienne, puis comme coïncidant avec elle, Bacchylide apparaît comme le directeur musical de notre divinité : chef d'orchestre tributaire de l'omnipotente musicienne Calliope.

Il en va de même dans notre dernier passage, fin de la courte sixième *Epinicie* en l'honneur du jeune Lachon, fils d'Aristomenès de Céos :

> σὲ δὲ νῦν ἀναξιμόλπου
> Οὐρανίας ὕμνος ἕκατι Νίκ[ας
> Ἀριστομένειον
> ὦ ποδάνεμον τέκος,
> γεραίρει προδόμοις ἀοι-
>   δαῖς ὅτι στάδιον κρατήσας
> Κέον εὐκλέϊξας.

> Toi maintenant que, de la maîtresse du chant et de la danse
> Uranie, le chant, par la volonté de Niké,
> toi, l'enfant d'Aristoménès
> aux pieds rapides comme le vent,
> honore avec des chants devant la maison,
>   parce qu'en régnant sur la course du stade
> tu as célébré Céos.[162]

Le premier mot de l'extrait s'adresse au vainqueur. Le chanteur-poète lui apprend qu'il est dès à présent (νῦν) honoré (γεραίρει, de l'ordre du γέρας)[163] par le chant (ὕμνος) de la maîtresse du chant et de la danse (ἀναξιμόλπου)[164] qu'est Uranie. Pourquoi mentionne-t-il Uranie et non Melpomène, dont le nom ferait parfaitement écho à l'épithète ? Bacchylide indique sans doute, comme à chaque apparition d'Uranie,[165] que la célébration du vainqueur acquiert grâce à elle un caractère céleste universel.

Si une telle louange a lieu, c'est de nouveau parce que Niké l'a bien voulu ;[166] c'est elle qui a permis au fils d'Aristoménès de remporter la victoire ; seuls, ses pieds rapides comme le vent n'auraient pas suffi pour régner (κρατήσας)[167] sur

---

[162] B. *Ep.* 6.10-16.
[163] Cf. aussi B. *Ep.* 2.13.
[164] Stesich. fr. 278 Davies-Finglass appelle la Muse « chef du chant et de la danse (ἀρχεσίμολπον) ».
[165] Cf. B. *Ep.* 4.8 ; 5.13 ; *Dith.* 2(16).3.
[166] Pour la traduction de ἕκατι, *par la volonté de*, cf. Maehler 1973, 381.
[167] Bacchylide emploie à une autre reprise la famille de κράτος à propos de la puissance du vainqueur (*Ep.* 11.20).

la course. Conformément à la coutume, son triomphe a pour conséquence de donner un bon κλέος (εὐκλεΐξας)[168] à la fameuse île de Céos dont il est comme Bacchylide originaire. Privilégié par Niké, honoré par Uranie, le jeune vainqueur est encore célébré par des chants devant la maison (προ-δόμοις), qualificatif qui semble désigner le lieu où la fête est exécutée : soit la maison du vainqueur à Céos, soit celle du dieu en l'honneur duquel s'est déroulée la course, puis la victoire, à savoir le sanctuaire de Zeus à Olympie.[169]

A la différence des passages précédents, mais à l'instar de la Muse indigène qui appelle d'elle-même le doux bruit des *auloi* pour honorer le vainqueur,[170] le chanteur-poète ne se présente pas ici explicitement en relation avec la Muse. Ce n'est en effet pas directement lui, mais le chant de cette dernière qui honore le vainqueur. Est-ce à dire, comme nous l'avons suggéré en introduction, que la Muse est autonome ? Ou figure-t-elle comme un masque ou substitut ? L'ensemble de nos observations nous permet de reconnaître qu'il ne s'agit à vrai dire là que d'une nouvelle manière qu'a Bacchylide d'exprimer la même collaboration musicale : s'il n'apparaît pas comme porte-parole des Muses mais comme entremetteur, il n'en demeure pas moins dans un rapport de collaboration, d'interdépendance réciproque avec nos divinités inspiratrices. Le statut de maîtresse accordé à Uranie le montre à lui seul déjà.

Reprise bacchylidienne

Quantité de noms et de qualificatifs employés par Bacchylide pour décrire les Muses, se figurer soi-même et exposer les diverses tâches musicales qui lui incombent s'inscrivent dans la droite ligne de nos découvertes précédentes. Les fragments qui nous sont parvenus présentent en outre de nombreuses innovations sémantiques. A l'instar de l'ensemble des auteurs lyriques, et en particulier de son rival Pindare, Bacchylide fait montre d'un balancement entre éléments connus et inédits. D'une manière générale, les façons qu'ont les Muses d'apparaître dans les 31 occurrences en notre possession sont tellement hétérogènes qu'il est vain de tenter de fixer uniment le rapport qu'entretient le chanteur-poète avec nos divinités. Loin d'être inédit, loin d'être simple, leur relation s'avère bien plutôt complexifiée, sur fond même de tradition.

---

[168] Ce verbe est également employé par Pindare (*P.* 9.91) pour célébrer la cité de Cyrène.
[169] Cf. Maehler 2004, 129. Pindare (*N.* 1.19) parle de chants entonnés devant les portes de la cour d'une maison.
[170] B. *Ep.* 2.11-14.

A l'instar de ses prédécesseurs, le chanteur-poète se fait jour comme serviteur (θεράπων), prophète (προφήτης), hôte (ξένος) du vainqueur, tisserand, expéditeur du chant ou encore héraut. Comme Hésiode, qu'il qualifie de πρόπολος, Bacchylide se dévoile pleinement tributaire de nos divinités, entièrement à leur merci. Pour préciser son expérience, il emploie en outre bon nombre de formules propres : en jardinier-fleuriste, il envoie les fleurs des chants aux vainqueurs, et se présente comme coq (ἀλέκτωρ) musical qui proclame les exploits, comme rossignol (ἀηδών) qui dévoile joyeusement les belles actions ou encore comme abeille (μέλισσα) au son pénétrant, gage de joie commune. Tant d'appellations nouvelles qui révèlent un Bacchylide créateur d'images inscrites dans le prolongement de la tradition et de la nature. L'expérience musicale apparaît à nouveau en liens étroits avec les forces naturelles : si l'activité des chanteurs(-poètes) précédents est volontiers figurée en résonance au double mouvement d'éclosion et de retrait propre à la nature, Bacchylide vient spécifier celle-ci au moyen de nouvelles images, florales et animales, par lesquelles il se figure et dans lesquelles il se fond.

Le rapport du chanteur-poète aux Muses change de fois en fois. Comme ses prédécesseurs et contemporains, Bacchylide invoque volontiers les divinités, indiquant par exemple que, grâce à elles, se dessine sous ses yeux tout un monde, toute une arborescence de voies musicales, dont il lui revient de choisir celle qui convient. C'est chez lui aussi par son cœur (φρήν), organe vital, siège des pulsations de la vie, qu'elles le guident, le dirigent ; tout comme c'est dans lui qu'elles répandent les chants. Bien qu'il leur soit pleinement redevable, elles ne sont toutefois pas seules à l'épauler : Niké et les Charites l'influencent elles aussi, non pas en termes d'inspiration proprement dite, mais en tant que stimulants dans son travail. L'activité musicale se fait jour comme un jeu de dons réciproques au bénéfice de tout un chacun, à commencer par le vainqueur et sa famille ; jeu qui n'est pas seulement initié dans les organes du chanteur-poète, mais aussi dans son esprit, sa pensée (μέριμνα), à la base du tissage du chant. Le chanteur-poète renoue par là avec la tendance à la distanciation observée chez les chanteurs-poètes lyriques, dont avant tout Pindare ; distanciation qui se joue chez Bacchylide dans la confusion entre l'instance énonciatrice qu'il est et le pouvoir des Muses.

Tout du long, ce qui a lieu est nouvellement nommé une ἀλήθεια, un *dévoilement* des grandes actions qui méritent de rester dans les mémoires : musicalement révélées, les prouesses sortent de l'ombre, apparaissent au grand jour et obtiennent, grâce au chanteur et aux Muses, la renommée qui leur est due.

Les indications des moments d'élaboration musicale sont fréquentes. Si, chez la plupart des chanteurs(-poètes), l'apparition du chant est exprimée par des verbes performatifs au présent ou au futur, on trouve chez Bacchylide comme chez Pindare des mentions d'actes préparatoires, – travaux préalables qui leur reviennent tant à eux-mêmes qu'aux Muses. Ainsi le chanteur-poète a-t-il tissé (ὑφαίνειν) son chant avant de l'envoyer au vainqueur ; Uranie lui a envoyé (πέμπειν) un vaisseau doré lui permettant de sélectionner et déployer le chant ; Bacchylide s'est préparé (εὔτυκος) à devenir prophète des Muses ; a dû fournir un effort pour recevoir leurs dons irrésistibles (δυσμάχητος). Tant d'activités musicales qui lui permettent de transmettre et de dispenser la musique, qu'il indique ou souligne, sur lesquelles il fait retour.

Sur un plan comptable, le tiers des occurrences musicales est constitué des trois Muses que sont Clio, Uranie et Calliope – noms apparus jusqu'ici de manière nettement moins fréquente. Bacchylide semble entretenir une relation privilégiée, plus personnelle, plus intime avec elles que ses prédécesseurs et contemporains. S'il apparaît volontiers comme le porte-parole de nos divinités, il figure également à deux reprises comme entremetteur entre les forces musicales et le destinataire du chant, sorte de pierre angulaire entre le monde divin et humain. Plus que de signaler une soudaine marque d'autonomie de la part de Bacchylide à l'égard de la divinité, un rapport inédit entre eux, son appel du doux bruit des *auloi* et son exposition des bienfaits d'Uranie se dévoilent finalement comme une confusion des deux instances énonciatrices. Non pas au sens de la relation fusionnelle entretenue par les chanteurs épiques avec nos divinités, mais de l'indistinction du sujet énonciateur. Dans son travail, le chanteur-poète vient, selon les circonstances, tantôt à se distinguer de la Muse, tantôt à se cacher derrière, se confondre et ne faire qu'un avec elle.

7ᵉ mouvement
Parménide et Empédocle, deux poètes-penseurs

Depuis la fin du 19ᵉ siècle au moins, Parménide et Empédocle sont classés parmi les présocratiques – appellation qui en fait des précurseurs de Socrate-Platon, des philosophes, distincts des chanteurs et poètes. Aujourd'hui, la tendance est de repenser ces catégories, impropres à la réalité archaïque. On considère désormais les deux auteurs comme des poètes de genre particulier.[1] Des poètes-musiciens, parce qu'ils écrivent en vers, font mention respectivement de déesses aux traits musicaux ainsi que de Muses et déploient un champ lexical sémantiquement proche des autres auteurs de notre corpus. Des poètes-penseurs, parce que leurs œuvres sont inscrites dans une ambiance pré-philosophique : voie vers la pensée métaphysique et la connaissance abstraite des phénomènes. Même sans entrer dans les détails d'interprétation philosophique, l'observation des apparitions parménidienne et empédocléenne des divinités féminines et du vocabulaire musical s'avère des plus instructives ; elle montre l'importance et influence de la musique sur toute composition.

Un troisième auteur doit être mentionné aux côtés de Parménide et Empédocle : Xénophane de Colophon.[2] Dans un fragment d'une élégie décrivant les préparatifs et comportements indispensables au bon déroulement du banquet, il est question d'« un chant dansé <qui> tient tout autour la demeure ainsi que <d'>une abondance festive (μολπὴ δ' ἀμφὶς ἔχει δώματα καὶ θαλίη) ».[3] Bien que Xénophane soit connu pour sa position critique envers la représentation anthropomorphique des dieux ainsi que sa valorisation d'un dieu unique, et en dépit du fait qu'aucune Muse n'apparaisse explicitement dans les fragments de son œuvre en notre possession, l'extrait indique qu'il n'est pas moins marqué par la musique. Constitutive du climat d'abondance et de réjouissance – cher à Thalie – propre au banquet,[4] la puissance musicale se trouve si profondément inscrite dans les coutumes et les mœurs qu'elle s'immisce jusque dans les contextes de remise en question des traditions ancestrales.

---

[1] Cf. par exemple Laks 2002 ; Lloyd 2002 ; Most 2006b ; Bouvier 2013.
[2] Pour une présentation de la vie et de l'œuvre de Xénophane, cf. par exemple Gemelli Marciano 2007, 254-257.
[3] Xenoph. fr. 4.12 Gemelli Marciano = fr. 1.12 Gentili-Prato.
[4] Cf. Calame 2012, 59 ; et Sol. fr. 26 West.

7.1 Parménide : proème musical

Entre les 6ᵉ et 5ᵉ siècles avant J.-C., Parménide compose, à Elée ou Vélia, en Grande-Grèce, une œuvre en hexamètres dactyliques, répertoriée par la tradition sous le titre Περὶ φύσεως, *Sur la nature*.[5] On en possède aujourd'hui plusieurs fragments, dont un important passage du début, long de 32 vers, faisant intervenir une déesse qui apparaît de prime abord comme une Muse. Un homme raconte à la première personne du singulier son voyage initiatique chez une θεά, dont les paroles représentent la suite du texte et qui lui enseigne, entre autres choses, ni plus ni moins que la vérité (ἀλήθεια). Dès l'antiquité, on y repère l'entrée de la pensée humaine dans les lumières de la raison et la philosophie ; d'aucuns considèrent toutefois depuis quelques décennies le voyage comme une expérience mystique menant à Perséphone et aux sombres enfers plutôt qu'à une divinité de la claire connaissance.[6] Une chose est sûre : bien que rien ne désigne explicitement la θεά comme une Muse, le contexte général ainsi que les expressions employées sont de teneur musicale.[7]

Tel que Sextus Empiricus (*Adv. Math.* 7.111) nous l'a transmis[8] et selon l'édition de Gemelli Marciano (2009) que nous suivons principalement, le fragment commence au moment où

> ἵπποι ταί με φέρουσιν, ὅσον τ' ἐπὶ θυμὸς ἱκάνοι,
> πέμπον, ἐπεί μ' ἐς ὁδὸν βῆσαν πολύφημον ἄγουσαι
> δαίμονος, ἣ κατὰ πάντ' ἄ τ' ἔῃ φέρει εἰδότα φῶτα·
> τῇ φερόμην· τῇ γάρ με πολύφραστοι φέρον ἵπποι
> ἅρμα τιταίνουσαι, κοῦραι δ' ὁδὸν ἡγεμόνευον.
>
> des juments qui me portent, aussi loin qu'un *thumos* peut parvenir,
> me conduisaient, quand, allant, elles m'ont mené sur un chemin aux multiples paroles
> d'une divinité, qui porte un homme qui sait à travers tout ce qui peut être ;
> par là j'étais porté ; par là les cavales très sensées me portaient
> tirant le char, et des filles guidaient leur chemin.[9]

---

5 Par exemple Cerri 1999, 49-52 ; Gemelli Marciano 2009, 42-46.
6 Cf. Burkert 1969 ; Scalera McClintock 2006, 42 et n. 77 ; Kingsley 2007 ; Gemelli Marciano 2009, 48-58 ; Gemelli Marciano 2013, 47-65.
7 Cf. encore Fränkel 1960, 159-160 ; D'Alessio 1995, 145 ; Papadopoulou 2008.
8 Pour l'histoire de la transmission du proème, cf. Cerri 1999, 11 ; Gemelli Marciano 2009, 52-53 ; 72. Pour situer Parménide dans la philosophie présocratique, Palmer 2009, 1-50 ; 318-349.
9 Parm. fr. 8A.7-11 Gemelli Marciano = 28 B 1.1-5 Diels-Kranz ; D4.1-5 Laks/Most. Pour la deuxième moitié du vers 9 (= 3 Diels-Kranz), nous suivons la lecture de Cerri 1999, 146.

Les vers sont teintés de féminité :[10] le pronom relatif ταί indique que les chevaux sont des juments ; leurs guides des κοῦραι, des *filles*, comme le sont les Muses, κοῦραι de Zeus et de Mnémosyne.[11] S'agit-il de Muses ? Impossible à dire, du moins à ne lire que ces premiers vers. Seul leur genre est évident.[12] En ce qui concerne la divinité (δαίμονος) sur le chemin de laquelle les cavales et les filles avancent, Cerri (1999, 167-168) montre qu'il ne peut guère s'agir de la θεά chez laquelle l'attelage finit par arriver ; *déesse* mentionnée 22 vers plus loin, que l'auditoire ne peut encore connaître.[13] Δαίμων : expression générique d'une *divinité*, d'une *puissance divine* qu'on ne peut ou ne veut nommer. Grammaticalement, elle peut également être masculine, mais le climat général persuade de sa nature féminine.[14] Est-ce une Muse ? Impossible à répondre, là aussi.[15] Afin de garder l'horizon de sens le plus ouvert possible, comme pour le θυμός, le chemin et l'homme du passage, nous signalons l'absence d'article devant la divinité par un indéfini.

D'emblée, l'ambiance féminine est contrebalancée par la première personne du singulier qui raconte son voyage : le narrateur-poète, clairement reconnu comme masculin au vers 30 (= 24 Diels-Kranz), qui se confond sans doute avec l'homme (φῶτα) qui sait (εἰδότα) du troisième vers. Homme savant, au sens où il a vu (εἰδέναι) quantité de choses, qui lui confèrent une large connaissance, et par suite une assise, une place privilégiée parmi ses congénères. Φώς, dit le grec : selon Boisacq (1916, 1045), il s'agit d'un « homme de haut rang ; être humain, homme ou femme ; mortel ». Bien que Chantraine (1999, 1238) restreigne l'emploi au masculin, à la suite de Torgerson (2006, 28), qui traduit φώς par *créa-*

---

10 Relevant cette teneur féminine, Kingsley 2007, 51-52, ajoute, sardonique : « Si son poème marque le point de départ de la manière occidentale de raisonner, alors il est arrivé quelque chose de très étrange à la logique pour qu'elle finisse comme elle a fini ».
11 Κοῦραι de Zeus : Hom. *Il.* 2.598 ; Hes. *Th.* 25 ; 29 ; 81 ; *h.Lun.* 32.2 ; Anacr. fr. 92 Gentili. Κοῦραι de Zeus et de Mnemosyne : Hes. *Th.* 60 ; Eumel. dubia 2 Davies.
12 Même si on a tendance à traduire κοῦραι par *jeunes filles* (par exemple Conche 1996, 43), le terme ne désigne nullement une classe d'âge. Nous y revenons plus bas.
13 Pour Conche 1996, 44 ; Coxon 2009, 271 ; Gemelli Marciano 2009, 73, la divinité correspond à la déesse. Selon la dernière citée, Parménide commence à dessein de manière ambiguë. Scalera McClintock 2006, 41 n. 67 y reconnaît le Soleil – en lien notamment avec sa présence sur une lamelle de Thurii. Dans sa paraphrase du fragment parménidien, Sextus (*Adv. Math.* 7.112) l'interprète comme une divinité masculine, symbole de la raison (λόγος). Pour d'autres exemples, cf. Scalera McClintock 2006, 41 n. 67.
14 D'autant plus si, comme par exemple Scalera McClintock 2006, 41 n. 67, on attribue le pronom relatif féminin ἥ non pas au chemin, mais à la divinité. Cf. aussi Kingsley 2002, 370-371, avec une référence à Parm. fr. 19B.3 Gemelli Marciano = 28 B 12.3 Diels-Kranz dans lequel la divinité est suivie du relatif.
15 Chez les auteurs de notre corpus, δαίμων n'est toutefois jamais employé au féminin ; et ne désigne jamais une Muse.

ture (*wight*), nous y entendons l'*homme* au sens générique de l'être humain. Mais qu'a-t-il vu ? Que sait-il ? Le participe εἰδώς n'a pas d'objet. Burkert (1969, 5), tout comme après lui Gemelli Marciano (2009, 74), distingue dans l'emploi absolu du mot un indice de mystères, percevant dans l'homme un initié. Sans rattacher l'initiation à un courant ou culte particulier,[16] il convient selon nous de valoriser le caractère initiatique général, de l'ordre d'une instruction, d'une introduction à un savoir, à ce stade encore indéterminé. Savoir qui, relève Conche (1996, 45-46), ne consiste pas en une action finie, mais en un parcours, un processus.[17] L'instruction n'a pas eu lieu avant le voyage, n'est pas une condition préliminaire pour grimper sur le char,[18] mais commence précisément au moment où les juments se mettent à emmener leur passager. C'est ainsi que ce dernier élargit progressivement ses connaissances jusqu'aux confins du possible : l'homme est emporté aussi loin qu'un θυμός peut parvenir, aussi loin qu'il est supportable pour un élan vital, quel qu'il soit : celui du narrateur-poète, bien sûr, d'abord, mais finalement celui de tout un chacun performativement emporté et initié par son chant.[19]

Guidées par les filles, les cavales conduisent l'homme sur un chemin (ὁδόν), au sens du parcours, de la méthode qui permet d'arriver à un but ;[20] chemin initiatique triplement déterminé. En premier lieu, il est qualifié de πολύφημος, comme le sont également Phémios dans l'*Odyssée* (22.376), un thrène chez Pindare (*I.* 8.58) et des chants chez Bacchylide (*Dith.* 2[16].4). L'adjectif peut s'entendre au sens actif – *aux multiples paroles*, comme Phémios – ou passif – *dont on parle beaucoup*, à l'image des chants. Cerri (1999, 167) préfère le sens actif, conférant à la voie une expressivité multiple.[21] Le sens passif lui attribue une renommée qui ne s'accorde guère avec le récit apparemment intime du poète-penseur.[22] Toutefois, comme toujours, le grec est plus englobant que nos analyses modernes : si le

---

16 Le contexte archéologique de Vélia semble relier Parménide à Apollon Oulios et en faire un ἰατρόμαντις, un *médecin-devin*. Cf. Kingsley 2007, 99-111 ; Gemelli Marciano 2009, 43-48.
17 De même, Gemelli Marciano 2009, 74.
18 Au contraire, Fränkel 1960, 160. Pour Kingsley 2002, 379, le contexte initiatique explique pourquoi Parménide est un homme qui sait avant même d'être arrivé chez la déesse : « L'homme qui sait est quelqu'un qui, à la différence d'autres personnes, a la connaissance pratique de comment accéder à toute connaissance qu'il désire ou dont il a besoin. »
19 Nous nous distinguons par là de l'interprétation courante. Cf. Cerri 1999, 166-167 ; Coxon 2009, 270.
20 Cf. Mourelatos 1970, 18-19.
21 Cf. aussi Fränkel 1960, 159 ; Burkert 1969, 4 ; Frère/O'Brien 1987, 9 ; Conche 1996, 44 ; Coxon 2009, 271 ; Laks/Most 2016, 33.
22 Gemelli Marciano 2009, 73 traduit l'adjectif par *berühmt*, en lien avec la renommée du chemin sacré sur lequel les initiés avancent, selon l'indication de certaines lamelles orphiques. Cf. aussi Gemelli Marciano 2013, 72. Qualifiant la lecture active d'« absurde » et de « grotesque », Kingsley

chemin est taxé de πολύφημος, c'est que les nombreuses possibilités qu'il ouvre, les maintes expressions de phénomènes qu'il permet le rendent fameux.

Le chemin apparaît ensuite comme étant d'une divinité (δαίμονος). L'enjeu est comme toujours de bien entendre le génitif. S'agit-il d'un génitif subjectif ou objectif ? D'un chemin qui appartient ou conduit à la divinité ? D'une voie qui lui est propre, au sens où elle en est à l'origine ou la parcourt elle-même couramment ? Ou d'un chemin qui permet de s'approcher de la divinité, d'accéder à sa sphère, de la côtoyer et connaître ?[23] Là encore, il convient de ne pas trancher : le chemin sur lequel se trouve le char est de part en part lié à la divinité ; chemin résolument divin, à l'instar de toute voie musicale rencontrée jusqu'ici ;[24] bien distinctes des routes parcourues par le commun des mortels,[25] qui interviennent 25 vers plus bas. Loin d'être le fruit d'une décision personnelle, la présence du poète-penseur sur cette voie apparaît dès le premier vers comme une envolée surhumaine. Le verbe φέρειν employé pour exprimer le rapport entre l'homme et les cavales l'indique d'emblée : l'homme est *porté*, au sens où il se laisse emmener, emporter. La répétition de φέρειν (φέρουσιν ; φέρει ; φερόμην ; φέρον), redoublée par quatre autres verbes de mouvement (πέμπον ; βῆσαν ; ἄγουσαι ; ἡγεμόνευον), souligne et accentue le phénomène. Trois occurrences sont au présent ; les cinq autres au passé. Coxon (2009, 270) explique les deux temps par le fait que « Parménide se considère toujours tiré par les animaux, bien que son voyage chez la déesse soit passé ».[26] Nous y reconnaissons un élan de grande portée, non seulement persistant mais encore performatif : la seule expression de ces mots place le poète-penseur – et par son intermédiaire l'auditoire, les lecteurs – sur ledit chemin divin[27] qui conduit aux confins du possible.

Lorsque les juments sont mentionnées pour la deuxième fois, elles sont nommées πολύφραστοι. Mourelatos (1970, 20-21) fait remarquer que la famille de φράζειν à laquelle l'adjectif se rattache est volontiers liée à l'indication d'un chemin, d'une route – notamment dans l'*Odyssée* (par exemple 1.444). Aussi comprend-il l'épithète soit comme *much-directed*, *much-guided*, soit comme

---

2002, 375-376 et n. 103-104 est catégorique : le chemin sur lequel l'homme voyage est célèbre et sa renommée déteint sur quiconque le suit.
23 Cf. encore Cerri 1999, 168.
24 En particulier 5.1.2 « Avancée du char des Muses sur la route du chant » ; D'Alessio 1995.
25 Cf. le chemin profond de la sagesse que les hommes ne peuvent trouver sans les Muses (Pi. *Pae* 7b C2.20 Rutherford).
26 Scalera McClintock 2006, 40 n. 66 est d'avis que « le passage du présent au passé distingue avec exactitude le voyage habituel du voyage extraordinaire ». Prenant en compte l'optatif de ἱκάνοι, Gemelli Marciano 2013, 71 repère une dissolution de la temporalité humaine et l'entrée dans une sphère divine.
27 Pour une interprétation semblable, cf. Gemelli Marciano 2013, 71.

much-attending, *very careful*, selon que le verbe est au passif ou au moyen. En valorisant la parenté relevée par Chantraine (1999, 1225) entre φράζειν et φρήν, l'organe qui permet aux hommes d'agir convenablement,[28] nous y reconnaissons des cavales *très sensées*. Non pas qu'elles possèdent une capacité de discernement intellectuel du genre de celui des hommes,[29] mais au sens du *cœur*, du bon sens qui leur permet de contribuer à la bonne avancée du char. Elles emportent l'homme comme il faut, là où il doit aller, sans se cabrer ni piquer la mouche.

La troisième caractérisation du chemin est plus problématique : ce dernier – ou la divinité, qui peut également être le sujet du troisième vers ; l'indétermination est là aussi de mise –[30] porte l'homme qui sait à travers un mot dont les manuscrits n'ont gardé qu'une trace, source de nombreuses conjectures. Durant la première moitié du 20e siècle, on s'est accordé, suite à Mutschmann (1914, 26), sur κατὰ παντ' ἄστη, à travers toutes les cités : l'homme est conduit à travers toutes les villes, tous les lieux de rassemblement humain, où les hommes partagent et approfondissent leurs connaissances. Mais, en 1968, Coxon a démontré la fausseté de cette lecture.[31] Aujourd'hui, parmi les nombreuses hypothèses, nous en retenons deux, dont la seconde nous semble la plus plausible.[32] Dans l'édition que nous suivons, Gemelli Marciano (2009, 74) reprend la conjecture de Karsten (1835, 29) : κατὰ πάντ' ἀδαῆ, à travers tout ce qui n'est pas enseigné, qu'elle traduit par *durch alles Dunkle, à travers tout ce qui est sombre, obscur*.[33] Lecture qui implique une opposition entre ἀδαής, de la famille de διδάσκειν, *enseigner, apprendre*, et εἰδώς d'εἰδέναι, *avoir vu, savoir*. A l'instar des Muses chez Homère (*Il.* 2.485), qu'une vue englobante rend omniscientes, l'homme qui sait, porté sur la voie divine, se distingue en ce qu'il traverse tout ce qui n'est pas enseigné – et par suite inconnu, obscur à la plupart. Emporté sur ce chemin inédit, il acquiert une vue, un savoir extraordinaire, qui pénètre dans le côté caché, voilé des phénomènes. Sans rejeter cette interprétation, nous choisissons de suivre Cerri (1997, 60-62 ; 1999, 169) et lisons κατὰ πάνθ'

---

28 Les hommes, à la différence des dieux, sont ἀφραδής, *sans cœur* (*h.Ap.* 3.192) ; les rois, grâce aux Muses, sont ἐχέφρονες, *avisés* (Hes. *Th.* 88).
29 Cerri 1999, 170. De même, Conche 1996, 46 : *très réfléchi, très prudent, très habile* ; Coxon 2009, 48 : *sagacious* ; Gemelli Marciano 2009, 11 : *viel verständig*. La traduction de Laks/Most 2016, 33 est plus ouverte : *much-knowing*.
30 Cf. ci-dessus n. 14 ; Fränkel 1960, 160.
31 Cf. encore le résumé de Palmer 2009, 376-378.
32 Pour la présentation d'autres lectures, cf. Cerri 1997 ; Palmer 2009, 376-378
33 Gemelli Marciano 2009, 11 explique que chez Parménide ἀδαής a le sens de *sombre, inconnu* (74), à l'image de sa qualification de la nuit (fr. 15.10 Gemelli Marciano = 28 B 8.59 Diels-Kranz). Karsten 1935, 30 traduit ἀδαῆ par *arcana*.

ἅ τ' ἔῃ, à travers tout ce qui peut être.[34] Proche de la précédente, mais paléographiquement plus fidèle aux manuscrits, cette hypothèse fait écho à deux expressions musicales rencontrées dans nos vers épiques. La première concerne le mode verbal du subjonctif, qui confère au propos, comme l'indique Cerri (1997, 62), « une valeur potentielle-éventuelle : le chemin de la divinité conduit l'homme qui sait à travers toutes les choses qui peuvent se présenter à l'expérience ». Elle renoue par là avec le savoir musical des Sirènes chez Homère (*Od.* 12.191), qui consiste en tout ce qui apparaît sur terre, qu'elles connaissent à partir des profondeurs cachées et de la mort. La seconde concerne le verbe lui-même, de grande importance pour la suite du poème. Chez Hésiode (*Th.* 38), les Muses apparaissent, grâce à leur vue englobante, en mesure de formuler tout ce qui est, sera et est auparavant (τά τ' ἐόντα τά τ' ἐσσόμενα πρό τ' ἐόντα), alors que le chanteur lui-même est invité à faire connaître le futur et le passé, exprimés par les deux mêmes formes du verbe être (*Th.* 32). C'est un tel savoir que l'homme acquiert en parcourant le chemin en question : savoir qui porte non seulement sur ce qui est, mais également sur ce qui peut être ; savoir tant des phénomènes effectivement présents, qui apparaissent ou sont apparus à la lumière, que des absents, non encore apparus, encore invisibles, ou plus visibles, disparus dans les ténèbres. Savoir extrême, qui touche bien aux confins de ce qu'un *thumos* peut supporter : savoir du mystère de la vie et de la mort, de l'étonnant et inquiétant passage de l'un à l'autre.[35] Conformément au titre présumé du poème – Περὶ φύσεως –, Parménide renoue avec l'expression du va-et-vient des phénomènes caractéristique de nos auteurs précédents. A cette différence que ce dernier devient chez lui thématique : placé sur le char tiré par les juments guidées par les filles sur ladite voie – chemin éminemment poétique et musical –, l'homme en acquiert toute une vue, toute une connaissance.

Les fortes consonances poétiques et musicales résonnent jusque dans le son rendu par l'attelage, qui se confond soudain avec celui d'une *syrinx* :

ἄξων δ' ἐν χνοίῃσιν ἵ<ει> σύριγγος ἀυτήν
αἰθόμενος (δοιοῖς γὰρ ἐπείγετο δινωτοῖσιν
κύκλοις ἀμφοτέρωθεν), [...]

L'essieu dans les moyeux lançait un cri de *syrinx*,
enflammé (car il était pressé par deux cercles
ronds des deux côtés), [...][36]

---

34 Ranzato 2013, 14 refuse cette expression, trop abstraite en comparaison « de la forme mythique du discours qui occupe la quasi-totalité du proème ».
35 Nous allons par là plus loin que Cerri 1997, 62.
36 Parm. fr. 8A.12-14 Gemelli Marciano = 28 B 1.6-8 Diels-Kranz ; D4.6-8 Laks/Most.

L'avancée du char sur le chemin aux multiples paroles fait entendre toute une musique. Le cri aigu, la clameur guerrière que désigne ἀυτή s'associe avec la *syrinx*,[37] sorte de flûte, notamment employée par Pan et les bergers.[38] Le frottement de l'essieu dans les moyeux résonne comme un appel, un écho musical. Le texte parle d'embrasement (αἰθόμενος) : se frottant et fondant les uns aux autres, les éléments s'enflamment. Emporté pas son mouvement, auréolé de son et de lumière, le char est à son tour pris d'enthousiasme musical.[39]

Revenons aux filles qui guident le char, de prime abord présupposées comme étant des Muses :

> [...], ὅτε σπερχοίατο πέμπειν
> Ἡλιάδες κοῦραι, προλιποῦσαι δώματα Νυκτός
> εἰς φάος, ὠσάμεναι κράτων ἄπο χερσὶ καλύπτρας.
>
> [...], quand elles se hâtaient de conduire,
> les filles, les Héliades, après avoir laissé les demeures de Nuit
> vers la lumière, avoir repoussé avec leurs mains les voiles de leurs têtes.[40]

Le texte est explicite : il s'agit des Héliades : les κοῦραι d'Hélios, *filles du Soleil*.[41] A l'instar de ce que fait chaque matin leur divin père, lui aussi sur un char,[42] elles abandonnent les demeures de Nux, *Nuit*, en direction de la lumière qu'elles apportent en même temps.[43] Chez Hésiode (*Th.* 745), la maison de Nux est voilée de sombres nuées : la nuit est le règne des ombres, des voiles, de l'indistinction. Lorsqu'elles quittent le domaine nocturne, les déesses font un geste significatif : elles ôtent de leurs mains le voile qui couvre leur tête. Tel le soleil, à l'horizon, les filles sont sorties de l'ombre, se sont dévoilées, élevées dans le ciel pour se

---

[37] Par exemple Hom. *Od.* 6.122 ; et *Il.* 6.328 ; 12.377. Chez A. *Pers.* 395, ἀυτή signifie le bruit de la *salpinx*, sorte de trompette.
[38] Cf. aussi Gemelli Marciano 2013, 73. Kingsley 2007, 113-128 met la *syrinx* en lien avec Apollon, la prophétie et le serpent. Pour le sens d'écrou que peut avoir σῦριγξ, cf. par exemple Frère/O'Brien 1987, 10.
[39] Cf. encore Coxon 2009, 273.
[40] Parm. fr. 8A.14-16 Gemelli Marciano = 28 B 1.8-10 Diels-Kranz ; D4.8-10 Laks/Most.
[41] Hélios a aussi des fils, également appelés Héliades (par exemple Pi. *O.* 7.71-73).
[42] Cf. par exemple E. *Ion* 82-83 ; 1148-1149.
[43] Nous traduisons εἰς φάος avec προλιποῦσαι et non avec σπερχοίατο. Cf. Burkert 1969, 7-8 ; Gemelli Marciano 2009, 75 ; Laks/Most 2016, 33 n. 1. Conche 1996, 48 choisit l'autre construction. Cerri 1999, 174 relève l'ambigüité de la phrase : la lumière concerne les deux actions, qui « sont en réalité deux phases du même mouvement ». Kingsley 2002, 383 n. 118 note le jeu de mots entre la lumière (φάος) et l'homme (φώς).

montrer au grand jour et conduire l'homme vers de nouvelles vérités et connaissances.[44]

Que les déesses soient filles d'Hélios n'est pas négligeable. Le dieu Soleil est fameux pour tout voir et tout entendre.[45] Par sa position dans le ciel, il est au fait de tout ce qui se passe sur terre, dans le monde, chez les hommes comme chez les dieux. Il ressemble en cela aux Muses, qui tiennent leur omniscience de leur mère Mnémosyne. Toutefois, à la différence de celles-ci, qui savent non seulement le présent, mais aussi l'absent, le passé et le futur,[46] le Soleil voit et entend uniquement ce que sa présence éclaire : ce qui se joue le jour, à la surface de la terre.[47] Nous y voyons la raison pour laquelle les Héliades ne conduisent pas simplement l'homme chez leur père, mais l'amènent chez une autre divinité, dont le savoir dépasse encore celui du Soleil.

Les filles sont bien apparentées aux Muses : déesses qui éclairent, expriment, dévoilent les événements sombres, cachés du monde, qui les font passer de l'ombre à la lumière. Impossible d'ailleurs de ne pas penser au vers hésiodique (*Th.* 9) dans lequel les déesses inspiratrices quittent l'Hélicon et marchent dans la nuit, voilées d'une brume épaisse (κεκαλυμμέναι ἠέρι πολλῷ), avant de rencontrer Hésiode et les bergers. On oppose toutefois couramment les Muses et les Héliades qui, loin de rester voilées, se dévoilent avant de guider leur passager.[48] Bien que la distinction soit évidente, il y a fort à parier que l'auditeur ou lecteur antique les rapproche. La présence ou absence de voiles découle peut-être moins de leur nature différente que du lieu de rencontre :[49] si les filles de Zeus se voilent en quittant l'Hélicon, c'est que leur splendeur divine serait, sinon, insupportable aux bergers ; alors que les Héliades emmènent l'homme privilégié au-delà du monde humain, aussi loin que l'élan vital peut parvenir, à la limite, justement, du tolérable. Toujours plus savant, le poète-penseur est apparemment toujours plus à même de voir et connaître les arcanes du monde que la plupart ignore.

Mais quel est le parcours effectué par le char et son attelage ? Où conduit le chemin initiatique ? Tributaires de Platon, les philosophes voient dans le départ de la maison de Nuit pour la lumière l'allégorie de la sortie de l'homme hors de

---

44 Cerri 1999, 102-103 et Palmer 2009, 57 l'interprètent au sens où le voyage de Parménide commence à l'aube.
45 Hom. *Il.* 3.277 ; 14.344-345 ; *Od.* 12.323 ; *h.Cer.* 2.62.
46 Hes. *Th.* 38.
47 Hom. *Od.* 11.14-18 ; Hes. *Th.* 759-761. Cf. encore Ranzato 2013, 17-18.
48 Cerri 1999, 103 n. 144 prolonge l'opposition entre la « tortuosité obscure des mythes théogoniques » et « les Héliades solaires et dévoilées, qui mettent sur la route sûre de l'analyse rationnelle ». Il note en outre que les expressions hésiodique et parménidienne sont toutes deux exprimées au neuvième vers du chant.
49 Ranzato 2013, 16 est au contraire d'avis que les deux rencontres ont lieu sur terre.

l'ignorance vers la claire connaissance.⁵⁰ Cependant, comme le fait remarquer Burkert (1969, 7-8), et à sa suite les défenseurs d'une lecture mystique, les participes προλιποῦσαι et ὠσάμεναι ne concernent que les Héliades : elles seules sortent de l'obscurité pour la lumière. De plus, l'aoriste des participes se distingue de l'optatif présent à valeur itérative de la forme verbale σπερχοίατο : alors que le voyage, l'élan dans son ensemble est marqué par une certaine durée, pour ainsi dire atemporelle, le départ de la demeure de Nux et le rejet des voiles appartiennent au passé.⁵¹

Mais où s'avancent-ils donc ? Où conduit le divin chemin sur lequel le narrateur-poète-penseur est emmené ? Nous paraphrasons la suite du texte, commençant par le déictique ἔνθα, *là*, qui donne la réponse ; là où sont les portes des chemins de Nux, *Nuit* et Emar, *Jour* (πύλαι Νυκτός τε καὶ Ἥματός εἰσι κελεύθων).⁵² Mais où est-ce donc ? Vague, Conche (1996, 48) propose « en un endroit du chemin » ; plus précis, Cerri (1999, 103-104) y reconnaît une indication de l'Hadès. Nous y voyons un lieu symbolique, sans réalité géographique objective : endroit poétique, métaphorique, où se rejoignent les mondes nocturne et diurne, l'obscur et le clair.

Comme toutes les portes majestueuses, celles de Jour et de Nuit sont surplombées par un linteau (ὑπέρθυρον) et dressées sur un seuil de pierre (λάινος οὐδός).⁵³ Mais ce n'est pas tout : elles sont en même temps éthérées (αἰθέριαι),⁵⁴ lourdes et légères à la fois, remplies de grands battants (πλῆνται μεγάλοισι θυρέτροις), qui ne s'ouvrent et ne se ferment pas sans autre. Pour pouvoir les franchir, pour passer respectivement du domaine du jour à celui de la nuit et vice-versa, selon qu'on vienne d'un côté ou de l'autre, il faut – comme pour toute porte digne de ce nom – des clés (κληῖδας), qualifiées d'alternantes (ἀμοιβούς) au double sens où elles permettent d'ouvrir et de fermer le passage dans un sens et dans l'autre.⁵⁵ Or ces clés, ce ne sont ni les filles, ni l'homme savant, ni même le δαίμων qui les

---

50 Cf. l'allégorie de la caverne de Platon (*R*. 7 à partir de 514a).
51 Gemelli Marciano 2013, 74 ne manque pas de souligner les indications, nombreuses, du fait que le voyage se déroule dans une temporalité et une géographie non-humaines.
52 Nous paraphrasons dans ce qui suit Parm. fr. 8A.17-27 Gemelli Marciano = 28 B 1.11-21 Diels-Kranz ; D4.11-21 Laks/Most. Sur la question de savoir si le pluriel de portes indique deux portes ou une seule à deux battants, cf. Conche 1996, 449. Quant au pluriel des chemins, nous suivons Gemelli Marciano 2009, 75 selon laquelle il y a deux routes parce que le jour et la nuit viennent alternativement sur terre.
53 Des expressions semblables décrivent le seuil de la porte de l'Hadès chez Hom. *Il*. 8.15 et Hes. *Th*. 811. Cf. encore Ranzato 2013, 20-21.
54 Pour diverses interprétations de cet adjectif et de sa localisation, cf. par exemple Conche 1996, 49 ; Cerri 1999, 177 ; Coxon 2009, 277 ; Ranzato 2013, 21.
55 Comme pour le chant des Muses sur l'Olympe (Hom. *Il*. 1.604), cette alternance contient l'idée de réciprocité et de correspondance.

détiennent, mais une autre divinité encore : Diké, déesse qui incarne la *justice* et l'ordre de toute chose, comme le rappelle son attribut πολύποινος, *qui châtie beaucoup*.[56] Elle seule décide qui a le droit de franchir le seuil. L'ampleur, la majesté, la lourdeur et la légèreté des portes, la présence intransigeante de Justice, leur gardienne, les rend à la fois attirantes et inquiétantes.

Si l'homme peut franchir le passage, c'est sous l'influence des filles (κοῦραι),[57] ses guides, qui séduisent Diké : elles la charment, apaisent (παρφάμεναι) sa dureté par de douces paroles (μαλακοῖσι λόγοισιν), à la manière des rois qui, chez Hésiode (*Th.* 90), apaisent l'assemblée et retournent les situations compromises. Elles la persuadent (πεῖσαν) ἐπιφραδέως, *avec bon sens*, à l'instar des juments πολύφραστοι, d'ouvrir sans plus attendre[58] les portes des chemins du jour et de la nuit.

Et voilà qu'elles s'ouvrent d'un coup, voilà que les lourds battants s'envolent (ἀναπτάμεναι) dans l'éther. Semblant disparaître dans les airs, les portes font apparaître, derrière, un χάσμ' ἀχανές, un *gouffre béant* : une ouverture, une bouche abyssale. Chez Hésiode (*Th.* 740), le gouffre qui sépare la terre de la prison des Titans et des demeures de Nuit est tel qu'il paraît sans fond et par suite inaccessible. Rien de tel chez Parménide : les cavales poursuivent sans peine leur route au-delà des sphères humaines, connaissables, grâce aux κοῦραι, qui tiennent droit (ἰθὺς ἔχον) le véhicule, son passager et son attelage κατ' ἀμαξιτόν, sur le chemin *accessible aux chars*.[59] La route – poétique, musicale – a beau être inédite et ouvrir sur un abîme, elle est toute tracée, toute désignée. L'homme y est conduit tel un destin.

Mais que se passe-t-il dans le gouffre ?

καί με θεὰ πρόφρων ὑπεδέξατο, χεῖρα δὲ χειρί
δεξιτερὴν ἕλεν, ὧδε δ' ἔπος φάτο καί με προσηύδα·

Et une déesse au cœur empressé m'a accueilli, a pris ma main
droite dans sa main, a pris la parole et me parlait ainsi :[60]

Quelle est cette θεὰ πρόφρων qui accueille le voyageur ? Les hypothèses font légion, certaines issues de références internes au texte,[61] d'autres du contexte par-

---

56 Cf. encore Conche 1996, 50 ; Cerri 1999, 104-105 ; Coxon 2009, 277 ; Gemelli Marciano 2009, 76.
57 Une fois leur origine présentée, les filles sont à nouveau de simples κοῦραι.
58 Ἀπτερέως, littéralement à tire d'ailes – comme les Héliades se hâtaient au vers 14 (= 8 Diels-Kranz). On retrouve la rapidité traditionnelle des actions divines.
59 Cf. Pi. *Pae.* 7b C2.11 Rutherford.
60 Parm. fr. 8A.28-29 Gemelli Marciano = 28 B 1.22-23 Diels-Kranz ; D4.22-23 Laks/Most.
61 Sextus *Adv. Math.* 7.113-114 l'identifie par exemple à Diké. Cf. encore Burkert 1969, 13 et n. 30 ; et les exemples donnés par Pugliese Carratelli 1988, 337.

ménidien général. Parmi les propositions relativement récentes, mentionnons celle de West (1971, 220 n. 2) : il rapproche la déesse de Θεία, fille d'Ouranos et de Gaia, mère du Soleil, de la Lune et d'Aurore selon Hésiode (*Th.* 135 ; 371-372).[62] Rapprochement qui non seulement lie la déesse aux Héliades, mais en fait une divinité de la terre et du ciel, des astres qui éclairent le jour et la nuit, dont elle marque de surcroît la sortie. Coxon (2009, 280-281) y voit *the creative goddess of the « Beliefs »* : divinité « qui envoie les âmes de la lumière à l'obscurité et vice-versa ». En écho à un vers hésiodique (*Th.* 419) qui présente lui aussi une déesse au cœur empressé, Coxon y reconnaît également certains traits propres à Hécate, notamment en tant que détentrice des clés du monde.[63] Valorisant le contexte pythagorico-orphique, Pugliese Carratelli (1988, 343) stipule qu'il s'agit de Mnémosyne, la mère des Muses. Mais la tendance est aujourd'hui de dire, en écho aux dieux des cultes à mystères, volontiers nommés ὁ θεός, ἡ θεά, sans nom propre,[64] que la déesse correspond à la reine du monde des morts.[65] Comme l'adjectif πρόφρων se retrouve sur certaines lamelles orphiques, désignant l'état de la déesse souhaité par les initiés lors de l'accueil de leurs âmes après leur mort,[66] il atteste la lecture de ceux qui reconnaissent Perséphone dans la déesse et lisent le proème comme une descente initiatique dans le monde des morts. Selon nous, toute lecture exclusive est erronée : à dessein ambigu, le texte ouvre maintes possibilités interprétatives, parmi lesquelles il convient de laisser flotter son imagination. Nombreux sont les dieux au *cœur empressé*, ouverts à autrui : à commencer par les Muses elles-mêmes,[67] ou encore Zeus, Apollon, Athéna, Poséidon.[68] L'empressement est à entendre au sens de l'hospitalité, de l'ouverture accueillante ; bienveillance également signifiée par le fait que la déesse prend la main droite de l'homme, comme le font par exemple Poséidon et Athéna avec Achille, dans l'*Iliade* (21.286), pour sceller leur collaboration. L'article indéfini qui précède la déesse dans notre traduction l'indique : nous choisissons de ne pas la déterminer,[69] pas plus que de la situer ici ou là, dans le ciel (lecture philosophique) ou dans les enfers (lecture mystique). Se jouant par-delà les dimensions et distinctions du jour et de la nuit, la rencontre se déroule dans un lieu indicible, indescriptible et ambivalent, règne de toute clarté et de toute obscurité en même temps, à la fois au-delà et en-deçà du monde humain.

---

[62] Cf. aussi Pi. *I.* 5.1. Au contraire Conche 1996, 55.
[63] Cf. Orph. *H.* 1.6.
[64] Cf. les exemples donnés par Cerri 1999, 180-181.
[65] Cerri 1999, 107 ; Kingsley 2002, 375 ; Scalera McClintock 2006, 45 ; Gemelli Marciano 2009, 47 ; 77.
[66] Kingsley 2002, 373-374.
[67] Hom. *Od.* 8.498 ; Pi. *I.* 3/4.61.
[68] Hom. *Il.* 22.302-303 ; 10.290 ; *Od.* 13.391 ; Hes. *Op.* 667.
[69] Sans chercher à la définir, Conche 1996, 56-57 parle de « la Déesse-du-proème ».

Loin de rester silencieuse, la déesse s'adresse ainsi à l'homme :

ὦ κοῦρ' ἀθανάτοισι συνάορος ἡνιόχοισιν,
ἵπποις ταί σε φέρουσιν ἱκάνων ἡμέτερον δῶ,
χαῖρ', ἐπεὶ οὔτι σε μοῖρα κακὴ προὔπεμπε νέεσθαι
τήνδ' ὁδόν (ἦ γὰρ ἀπ' ἀνθρώπων ἐκτὸς πάτου ἐστίν),
ἀλλὰ Θέμις τε Δίκη τε. [...]

Mon garçon, associé d'immortels cochers,
de juments qui te portent, parvenant à notre demeure,
réjouis-toi, car nullement une mauvaise *moira* t'envoyait aller
sur ce chemin (certes, il est en effet loin des hommes hors du chemin battu),
mais Thémis et Diké. [...][70]

L'accueil est chaleureux, affectueux : la déesse s'adresse à l'homme en l'appelant κοῦρος, version masculine des filles qui l'ont guidé jusque-là. Comme l'homme ne peut avoir de lien filial avec la déesse, on traduit le terme par *jeune homme* ;[71] non sans s'interroger alors sur l'âge de Parménide quand il écrit son poème.[72] Un âge qui n'importe guère, – le terme marque selon nous à la fois la supériorité et l'affection accueillante de la déesse ;[73] la traduction par *garçon* permet de garder le caractère ambigu de leur rapport. Relevons comme auparavant la nature performative de sa parole : l'homme devient le κοῦρος de la déesse au moment même où elle prononce le mot. Elle l'appelle ensuite συνάορος, *associé* d'immortels cochers, – comme l'est la *phorminx* au repas et à l'éloge, respectivement chez Homère (*Od.* 8.99) et Pindare (*N.* 4.5). Si, comme Gemelli Marciano (2009, 12), nous gardons la virgule après la mention des cochers, ce n'est pas pour séparer ces derniers de leur attelage, bien au contraire : l'association concerne tant les immortels cochers que les juments responsables de l'avancée de l'attelage.[74] De plus, en valorisant dans συνάορος le préfixe συν- devant le verbe ἀείρειν, signifiant ainsi *attacher*, et plus spécifiquement *atteler*,[75] l'homme vient même à se confondre avec les filles et les cavales : c'est ainsi ensemble, d'un même mouvement, d'un même élan, qu'ils parviennent (ἱκάνων) dans la demeure de la déesse.

---

[70] Parm. fr. 8A.30-34 Gemelli Marciano = 28 B 1.24-28 Diels-Kranz ; D4.24-28 Laks/Most.
[71] Par exemple Frère/O'Brien 1987, 7 ; Conche 1996, 43 ; Laks/Most 2016, 35.
[72] Conche 1996, 57-59 ; Coxon 2009, 281-282. Cf. aussi Kingsley 2007, 71-72.
[73] Par exemple Verdenius 1947, 285 ; Burkert 1969, 14 et n. 32 ; Cerri 1999, 182 ; Papadopoulou 2008, 216.
[74] De même Cerri 1999, 182-183 ; Coxon 2009, 282.
[75] Leumann 1950, 222 ; Chantraine 1999, 23. Dans ce sens, συνάορος signifie tantôt *conjoint*, par exemple chez Pi. *Encom.* fr. *122.15 Maehler ; E. *IA* 50.

Le verbe ἱκάνειν indique à nouveau la nature inhabituelle, exceptionnelle de la venue humaine auprès d'elle.

L'accueil est non seulement chaleureux, mais aussi source de joie : la déesse invite son hôte à se réjouir (χαῖρ'). La formule courante de salut, ouvrant sur le plaisir, le fait d'être comblé est sans délai confirmée par l'explication que donne la déesse : ce n'est pas une mauvaise (κακή) μοῖρα qui a conduit l'homme jusqu'à elle, mais deux divinités, dont la seconde vient tout juste de permettre l'ouverture des portes du jour et de la nuit, Thémis et Diké. Tout d'abord, comment comprendre que la μοῖρα, la *part assignée* à l'homme puisse tantôt être mauvaise ?[76] Etant donné que l'expression se trouve en lien avec la mort (μοῖρα κακὴ θανάτοιο) chez Homère (*Il.* 13.602), l'ensemble du cheminement apparaît volontiers comme un voyage aux enfers, qui aboutit chez Perséphone : la κακὴ μοῖρα serait la mort,[77] dont l'hôte est précisément épargné. Bien qu'il soit conduit aux confins du supportable, mené au-delà et en-deçà de la vie humaine, « loin des hommes » et « hors du chemin battu », l'homme n'est justement pas à la merci d'une mauvaise μοῖρα. La présence du terme θάνατος dans l'expression homérique indique bien que la mauvaise μοῖρα n'est pas sans autre assimilable à la mort.[78] La part assignée à chaque homme est certes de finir par mourir, mais en accomplissant d'abord tout un chemin de vie, plus ou moins favorable. Accordé par Thémis et Diké, la présence de l'homme chez la déesse est non seulement tout sauf défavorable, mais encore de grande justesse et justice. Thémis personnifie le *droit*, la juste *loi* immémoriale dont est tributaire l'ensemble du monde ; Diké, par les jugements et châtiments qu'elle dispense, la *justice* et l'équilibre du tout.[79] Voici ce qu'il convient de retenir : l'ensemble des puissances qui assurent l'ordre du monde cautionne et promeut, de pair, le voyage initiatique de l'homme par-delà les portes du jour et de la nuit.

La déesse poursuit alors en ces termes :

[...] χρεὼ δέ σε πάντα πυθέσθαι
ἠμὲν Ἀληθείης εὐπειθέος ἀτρεμὲς ἦτορ
ἠδὲ βροτῶν δόξας, ταῖς οὐκ ἔνι πίστις ἀληθής.
ἀλλ' ἔμπης καὶ ταῦτα μαθήσεαι, ὡς τὰ δοκοῦντα
χρῆν δοκίμως εἶναι διὰ παντὸς πάντα περῶντα.

[...] Il faut que tu sois informé de tout,
et du cœur qui ne tremble pas d'Alétheia qui persuade bien

---

[76] Pour une explication détaillée des sens de μοῖρα, cf. 1.2.3 « Ulysse et les Muses ».
[77] Gemelli Marciano 2009, 78 est catégorique. Cf. aussi la traduction de Frère/O'Brien 1987, 7 : *un destin funeste*.
[78] De même l'expression θάνατος καὶ μοῖρα (par exemple Hom. *Il.* 3.101 ; 16.334 ; 20.477).
[79] Cf. encore 2.4.5 « La langue des rois ».

et des opinions des mortels, dans lesquelles il n'y a pas de vraie confiance.
Mais cependant tu apprendras aussi cela, comment il fallait que
les apparences soient apparemment, traversant tout à travers tout.[80]

Bien que l'homme soit depuis le début déterminé par son savoir (εἰδότα), que celui-ci augmente au fil du chemin, son apprentissage est loin d'être achevé une fois arrivé à destination. C'est bien plutôt à ce stade que son enseignement débute véritablement. La déesse est catégorique : il doit être informé de tout ; acquérir une connaissance complète, englobante, déclinée en trois domaines :

1) Le premier savoir concerne Alétheia, la vérité personnifiée ; et plus précisément le cœur (ἦτορ) de celle-ci. Premier constat : comme ses collègues divins[81] et comme les hommes, Alétheia possède un cœur. Si on a tendance à l'entendre au sens du centre, de l'intérieur, de ce qui est au plus profond, il convient de ne jamais oublier l'organe : le siège de la vie en sa mystérieuse pulsivité. C'est de ce cœur, noyau de la vie, tel qu'il appartient en propre à Alétheia que l'homme doit être informé.[82] Or, à la différence des cœurs frappés, bouillonnants ou bondissants,[83] celui d'Alétheia, loin d'être agité, ne tremble pas (ἀτρεμές).[84] Est-ce à dire qu'il n'est pas vivant ? Le qualificatif indique bien plutôt sa nature stable, constante, calme, toute d'équilibre et de maîtrise.[85] Une lecture préfère ἀτρεκές, *exact, précis* à ἀτρεμές : cœur non tourné, non tordu.[86] L'adjectif signifierait la droiture de la vérité.[87] Toutefois, comme ἀτρεμές revient dans la suite du poème pour désigner le chemin de ce qui est (ἐστί),[88] il est généralement préféré à ἀτρεκές.

Alétheia elle-même se distingue par son caractère bien persuasif (εὐπειθέος). Simplicius (*in Cael*. 557.26) propose εὐκυκλέος ; leçon choisie par Diels (1901, 59) puis Kranz (1968, 11) et à leur suite plusieurs éditeurs et interprètes, en écho à la nature *bien ronde*, sans défaut ni faille de l'idée plato-

---

80 Parm. fr. 8A.35-37 + fr. 8B.7-8 Gemelli Marciano = 28 B 1.28-32 Diels-Kranz ; D4.28-32 Laks/Most.
81 Par exemple Aphrodite (Hom. *Il*. 5.364), Erinye (9.572), Zeus (21.389), Athéna (*Od*. 1.48), les Cyclopes (Hes. *Th*. 139), Gaia (163), Hadès (456) ; et même Thanatos (764).
82 Cf. Darcus Sullivan 1996. Coxon 2009, 283 traduit Ἀληθείης ἦτορ par *living reality*.
83 Καταπλήσσειν (Hom. *Il*. 3.31), μαιμᾶν (5.670) ou πάλλειν (22.452).
84 Zeus (Hom. *Il*. 14.352) et Ulysse (*Od*. 13.92) ne tremblent par exemple pas non plus quand ils dorment. A la différence de l'élan vital de l'homme mauvais qui ne sait siéger sans tremblement (*Il*. 13.280).
85 A l'image de la mer (Semon. fr. 7.37 West). Gemelli Marciano 2013, 82 rapproche l'expression de l'ἡσυχία, *tranquillité*, à laquelle aspire l'homme en démarcation de la démesure.
86 Fränkel 1962, 402 n. 11. Cf. encore Coxon 2009, 283.
87 Pi. *N*. 5.17 parle d'exacte vérité (ἀλάθει' ἀτρεκές).
88 Parm. fr. 14B.11 Gemelli Marciano = 28 B 8.4 Diels-Kranz.

nico-philosophique de perfection⁸⁹ et parce qu'une forme mieux attestée de l'adjectif qualifie une sphère dans la suite du poème.⁹⁰ Proclus (*in Ti.* 1.345.15) propose une troisième piste : εὐφεγγέος, *bien lumineux*, accordant à la vérité une lumière qui fait là aussi penser à l'intelligible de Platon. Nous gardons le texte de Gemelli Marciano (2009, 12) et reconnaissons à Alétheia la nature persuasive et par suite source de confiance, comme le font les Héliades avec Diké ;⁹¹ en opposition aux opinions des mortels auxquelles, comme la déesse l'indique juste après, on ne peut se fier. Εὐκυκλής peut toutefois également être lu de manière active : Alétheia ne se distinguerait pas seulement par sa nature bien ronde et mesurée, mais aussi bien cyclique,⁹² au sens où, conformément à l'entente archaïque de la vérité,⁹³ la divinité exprime le processus réciproquement interdépendant, de l'ordre du cycle, de dévoilement et voilement de toute chose ; mouvement de passage, de va-et-vient, des phénomènes, de leur absence, obscurité et invisibilité à la claire présence visible et vice-versa.

2) L'hôte de la déesse doit aussi être informé des δόξαι des mortels. Chez Solon (fr. 13.4 West), la δόξα, la *réputation* à laquelle le chanteur-poète aspire, est qualifiée de bonne (ἀγαθήν) ; laissant entendre qu'elle peut également ne pas l'être. De même, chez Pindare (*I.* 2.34), les hommes célébrés par le chanteur-poète et les Muses se distinguent par leur bonne réputation et gloire (εὐδόξων). Chez Parménide, les δόξαι dont l'homme doit être informé ne sont pas valorisées de manière positive : elles sont caractérisées par le manque de confiance vraie (πίστις ἀληθής) qu'elles engendrent. Aussi s'agit-il de traduire le terme non tant par *réputation* ou *gloire*, mais par *opinions*, au sens des vues, des pensées ou avis non fondés des mortels. D'autant plus qu'elles sont, selon la leçon choisie, opposées à l'εὐπειθής Alétheia.

Par sa nature même, l'homme connaît les opinions des mortels. Sans toutefois savoir qu'elles souffrent d'un manque de vérité. Seuls les dieux – et par leur intermédiaire certains humains privilégiés – savent que, loin de la vérité, les opinions ne sont que de simples avis, basées sur des apparences

---

89 Palmer 2009, 378-380 présente plusieurs arguments en faveur d'εὐκυκλέος. Au contraire Frère/O'Brien 1987, 11-12 ; Conche 1996, 61-62 ; Cerri 1999, 184 ; Coxon 2009, 283-284 ; Gemelli Marciano 2013, 81-82.
90 Parm. fr. 14B.68 Gemelli Marciano = 28 B 8.43 Diels-Kranz.
91 Cf. le vers 22 (= 16 Diels-Kranz).
92 Comme par exemple le char sur lequel monte Nausicaa (Hom. *Od.* 6.58) : aux bonnes roues (εὔκυκλον), parce que bien rondes et fluides. Ou comme la danse d'un chœur (Ar. *Th.* 968). Chez Homère, εὔκυκλος exprime le plus souvent la bonne rondeur du bouclier.
93 Cf. 2.4.2 « Contexte d'apparition et premières paroles », y compris notre discussion de la littérature secondaire.

auxquelles on ne peut se fier. Pourquoi en est-il ainsi ? Parce que, comme les Muses le révèlent à Hésiode,[94] les hommes vivent dans une réalité qui n'est que le voile d'une autre : réalité des apparences, factuelle, qui recouvre la réalité cachée, secrète, inaccessible au commun des mortels, mais qui pourtant rend possible la première. Or c'est cette double réalité, à la fois visible et cachée, apparente et profonde, qui, en son processus cyclique et interdépendant de voilement et de dévoilement, correspond à ce que les Grecs appellent vérité (ἀλήθεια).

Concernant la confiance, si on comprend bien qu'on ne peut se fier à quelque chose d'infondé, il est toutefois plus facile de s'appuyer sur la réalité extérieure, visible, tangible, que sur l'intérieur invisible ; sans même parler des difficultés impliquées par le passage permanent entre le visible et le caché, le jeu réciproque des apparences rendues possibles par les ressources cachées. Pourtant, au stade où se trouve l'élu, l'homme du proème, conduit loin au-dessus des sentiers des hommes, derrière les portes du jour et de la nuit, là où s'ouvre un gouffre abyssal et où il rencontre la déesse, tout est différent : s'il doit être informé du cœur de la vérité, s'il doit en être persuadé, apprendre à le connaître et à avoir confiance en lui, c'est pour mieux le distinguer des opinions communes : des leurres, des voiles, des apparences dénuées de πίστις ἀληθής. L'hôte de la déesse est ainsi amené à expérimenter le rapport et la différence entre les opinions des mortels (pures apparences toujours changeantes, jamais fiables) et la vérité (toujours fiable).

3) L'homme doit finalement encore être au fait d'une troisième chose, introduite par un second verbe : non plus πυνθάνεσθαι, *être informé*, mais μανθάνειν, *apprendre*. Gemelli Marciano (2013, 81) indique que le premier est un terme technique qui signifie l'instruction d'une divinité à un humain ; enseignement qui n'est pas de l'ordre d'une pure transmission de savoir, mais d'une révélation. Le changement de verbe est selon nous lié à l'objet même de l'apprentissage : en étant informé sur la vérité et les opinions, l'homme apprend ce qu'il en est des apparences, découvre leur statut.

Ce que l'homme va apprendre, voire déduire des connaissances précédentes est, littéralement, la manière par laquelle τὰ δοκοῦντα, *les apparences* devaient être de manière apparente (δοκίμως) lorsqu'elles traversent (περῶντα) tout à travers tout (διὰ παντὸς πάντα).[95] Nous lisons χρῆν comme

---

[94] Hes. *Th.* 27-28 ; cf. 2.4.2 « Contexte d'apparition et premières paroles ».
[95] Selon Gemelli Marciano 2013, 83, « διὰ παντὸς πάντα est une expression typique pour indiquer une connaissance totale ».

exprimant une réelle du passé et non comme une irréelle :[96] les apparences existent bien avant le moment où la déesse parle à l'homme. Elles existent depuis la nuit des temps humains : elles sont ce qui apparaît sur terre, ce sur quoi les hommes s'appuient ; la surface, le voile, les faces visibles des choses. En écoutant la déesse, l'homme apprend comment il a fallu que les apparences – qui concernent, en ce sens traversent toute chose – viennent à apparaître des mystérieuses profondeurs cachées.

La situation rappelle le moment où les Muses intervinrent pour la première fois auprès du berger Hésiode.[97] Les déesses ouvrent l'homme élu – le (futur) chanteur, poète ou penseur – à une sphère cachée, jusque-là inconnue et inaccessible : celle de l'omniprésente apparence comme voile recouvrant la vérité. Grâce à l'enseignement de la déesse, le poète-penseur en vient à comprendre que la vérité est voilée au commun des mortels ; que ceux-ci n'ont accès qu'aux δόξαι ; et que seuls certains hommes, emmenés, sous l'impulsion de la *moira*, de Thémis et de Diké, au-delà et en-deçà des seules apparences, sont en mesure de reconnaître celles-ci comme apparences, c'est-à-dire comme parties extérieures, visibles de la vérité.

Si le voyage initiatique raconté par le narrateur du poème de Parménide ouvre la pensée humaine aux lumières de la philosophie, il n'en demeure pas moins une expérience menant aux sombres profondeurs de la vérité. Même si les filles, la divinité et la déesse ne sont pas des Muses, l'ensemble de l'initiation se déroule dans un contexte et une ambiance de part en part musicaux : musique qui accorde à l'homme une connaissance inédite de la vérité. Voyage initiatique, connaissance et vérité que Platon et l'ensemble de notre tradition a interprété en termes de pure lumière métaphysique, mais qui ouvre toutefois en même temps sur quantité d'expériences et de compréhensions sensibles, claires-obscures, mystérieuses du monde.

7.2 La divine parole d'Empédocle

Alors que la tradition s'accorde pour situer Empédocle dans le courant du 5ᵉ siècle avant J.-C., à Agrigente, en Sicile, sa vie et son œuvre font largement débat. Dès l'antiquité, on lui attribue deux poèmes : l'un sur la nature (Περὶ φύσεως ou Φυσικά), à partir duquel on valorise le physiologiste qu'il est ; l'autre intitulé

---

[96] Au contraire, Frère/O'Brien 1987, 12 choisissent l'irréel, comprenant que « pour la déesse, les "apparences" ne sont pas/n'existent pas ».
[97] 2.4 « Les Muses rencontrent Hésiode ».

Καθαρμοί, *Purifications*, de tendance rituelle-religieuse.[98] Deux textes qui présentent un double Empédocle : philosophe-scientifique et magicien-médecin. A l'instar de la tendance de la recherche actuelle sur Parménide, à la fois considéré comme père de la philosophie et initiateur d'une pensée mystique, on tente aujourd'hui le plus souvent de concilier les deux faces du poète-penseur.[99] Ceci volontiers à partir de l'observation de ses liens avec Homère et Hésiode :[100] Empédocle comme innovateur sur fond de tradition.

A la différence de Parménide, qui ne présente pas la moindre occurrence explicite des Muses, nos divinités interviennent à quatre reprises dans les quelque 400 vers publiés par Diels (1901) sous le nom d'Empédocle.[101] Trois fois, les déesses apparaissent sous leur nom générique, une fois sous celui de Calliope. A trois reprises, la Muse est invoquée ; une fois elle est mentionnée au génitif dans le cours du texte. De plus, on trouve une occurrence d'ἄμουσος ; deux interventions d'une divinité (θεός) que le contexte laisse deviner comme étant de nature musicale ;[102] et une lacune de fin de vers qui peut être complétée par une Muse.[103]

Plongée dans la riche et dense pensée d'Empédocle, la plupart des interprètes ne s'intéresse guère à la présence des Muses, le plus souvent considérées comme de simples conventions poétiques[104] et compromis littéraires destinés à convaincre le public.[105] Pourtant, les six passages déployés ci-dessous présentent le poète-penseur dans un étroit rapport d'influence avec une divine parole (μῦθος ou λόγος) musicale. A l'instar de ses prédécesseurs, Empédocle se déclare clairement inspiré par les Muses.[106] Inspiration telle qu'il se présente tantôt non seulement comme simple mortel avantagé par des forces divines, mais comme immortel, reconnu et honoré comme tel par les hommes.

---

[98] Certaines sources parlent même de plusieurs autres compositions (cf. par exemple Willi 2008, 195). Pour la question du nombre de poèmes et de la répartition des fragments dans ceux-ci, cf. notamment Kingsley 1996 ; Primavesi 2001 ; Trépanier 2004, 1-30 ; Stehle 2005, 247 ; Willi 2008, 195-197 ; Gemelli Marciano 2009, 322-326 ; Laks/Most 2016, 317-319. La question est sans intérêt pour nos analyses et interprétations musicales.
[99] Par exemple Cerri 2007 ; Willi 2008, 230-263 ; Lamberti 2012.
[100] Par exemple Gemelli Marciano 1990 ; Bordigoni 2004 ; Most 2006b, 342-350 ; Most 2007, 284-292.
[101] Comme pour Parménide, nous traitons les passages à partir de l'édition de Gemelli Marciano 2009 ; non sans indiquer leur correspondance dans les autres éditions principales.
[102] Selon le contexte, les autres occurrences de θεός – comme celles de δαίμων – n'expriment pas les Muses. Pour la démonologie chez Empédocle, cf. Primavesi 2001 ; Ferella 2013, qui donne de nombreuses références.
[103] Emp. fr. 28.23 Gemelli Marciano = *P. Strasb.* 1665-66 a (ii) 29.
[104] Par exemple Obbink 1993, 59-61 ; Cerri 2007, 127.
[105] Morgan 2000, 61-62 ; Palmer 2013, 311.
[106] Telle est également la position de Simondon 1977 ; Hardie 2013 ; Barker 2014.

Au contraire, le poète-penseur qualifie les poissons d'« espèce non-musicale (φῦλον ἄμουσον) ».[107] Unique dans notre corpus, l'adjectif ἄμουσος est instructif. Il comporte, au moins jusqu'à la fin du 5ᵉ siècle, deux significations : au sens propre, il exprime un cri ou chant dissonant, notamment pour cause d'ivresse ;[108] au sens figuré un manque d'éducation.[109] Par la négative, il fait apparaître la musique comme gage d'harmonie et de bonne conduite. Si les poissons sont sans Muse, c'est forcément dans un troisième sens : parce qu'ils n'émettent pas de son, ne possèdent pas la parole.[110] Aussi banale que semble la remarque, elle a pour intérêt de signaler – pour la première fois dans notre parcours – que l'art des Muses est affaire strictement humaine : l'homme est le seul être vivant par l'intermédiaire duquel les forces divines sont en mesure de s'exprimer en mots, sons et autres mouvements musicaux. Empédocle n'en est pas des moindres.

Dans le fragment ci-dessous, le poète-penseur se montre par deux fois tributaire des divinités inspiratrices : d'abord, il s'adresse à une Muse immortelle, puis invoque Calliope :

εἰκ ἄρ' ἐφημερίων ἕνεκέν τινος, ἄμβροτε Μοῦσα,
ἡμετέρας μελέτας <ἄδε τοι> διὰ φροντίδος ἐλθεῖν,
εὐχομένωι νῦν αὖτε παρίστασο, Καλλιόπεια,
ἀμφὶ θεῶν μακάρων ἀγαθὸν λόγον ἐμφαίνοντι.

Si pour un des éphémères, Muse immortelle,
il t'a plu de faire aller nos soins à travers la pensée,
maintenant tiens-toi de nouveau aux côtés de celui qui prie, Calliope,
de celui qui rend visible une belle parole au sujet des dieux fortunés.[111]

Empédocle traditionnaliste : le poète-penseur renoue avec la forme courante des prières aux dieux.[112] A la différence de Simonide (fr. 11.21-22 West), seul auteur de notre corpus à laisser entendre un doute quant à l'implication de la Muse, le propos apparaît sans équivoque. Comme chez Bacchylide (*Ep.* 13.228), le premier

---

107 Emp. fr. 101 Gemelli Marciano = 31 B 74 Diels-Kranz ; fr. 68 Wright ; fr. 20 Gallavotti ; D188 Laks/Most.
108 E. *Alc.* 760 ; *Cyc.* 426 ; fr. 907.2 Kannicht.
109 E. *Ion* 526 ; fr. 663.2 Kannicht ; Ar. *Th.* 159 ; *V.* 1074.
110 Wright 1981, 226 traduit l'adjectif par *songless* ; Gallavotti 1993, 33 par *silenzioso* ; Gemelli Marciano 2009, 241 par *stumm* ; Laks/Most 2016, 523 par *Museless [i.e. mute]*.
111 Emp. fr. 152 Gemelli Marciano = 31 B 131 Diels-Kranz ; fr. 3 Wright ; fr. 1.1-4 Gallavotti ; D7 Laks/Most. Nous lisons εἰκ ἄρ' et non εἰ γὰρ au début du fragment, comme Gallavotti 1973-1974, 8 ; Cerri 2007, 136 ; Hardie 2013, 222.
112 Cf. de Sanctis 2007, 14 et n. 12.

vers a beau débuter par une tournure hypothétique, le poète-penseur s'adresse en toute bonne foi à la déesse : d'abord pour rappeler une intervention passée, puis la prier de l'épauler à nouveau.

Le deuxième vers est lacunaire ; la manière dont la déesse s'est jadis engagée est incertaine. A la suite de Diels (1901, 160), Laks et Most (2016, 364) choisissent <μέλε τοι> : la Muse a *pris soin* d'une certaine action ; Wright (1981, 94) et Gemelli Marciano (2009, 282) suivent von Wilamowitz-Moellendorff (1929, 643) et suggèrent <ἅδε τοι> : il lui *a plu*.[113] Deux conjectures qui reviennent au même : la Muse s'est occupée, avec application et/ou plaisir, de faire aller des μελέται à travers la pensée. De la famille de μέλειν, *être objet de soin, prendre soin, s'occuper de*,[114] μελέτη signifie en même temps le *soin*, le *souci* et la *pratique*, l'*exercice*.[115] Hardie (2013, 222-223) remarque que Pindare (*O.* 14.18) emploie le mot au pluriel pour exprimer le travail réalisé par le chanteur-poète en amont de son épinicie. « Nos soins » se réfère ainsi aux efforts précédant l'intervention de la Muse ; et non à un autre poème, comme le suggèrent d'aucuns.[116] Comme Pindare, Empédocle a besoin de la Muse pour que son labeur ne soit pas vain ; pour qu'il atteigne et traverse la pensée (φροντίδος). Ajoutant un pronom possessif, la plupart des traducteurs y reconnaît la pensée de la Muse elle-même.[117] Comme Gallavotti (1993, 163), nous y percevons la pensée humaine :[118] la Muse contribue à ce que les soins du poète-penseur s'immiscent et s'imprègnent dans la pensée commune. Nous en déduisons que, si le soutien de la divinité fait défaut, les hommes peuvent certes entendre le poète-penseur, mais sans que les propos pénètrent dans leur pensée.

Empédocle souligne en l'occurrence le pouvoir de la Muse immortelle (ἄμβροτε) à l'égard d'un des éphémères (ἐφημερίων).[119] Lequel ?[120] Gageant qu'il s'agit d'un homme en lien avec les Muses, Kranz (1968, 364) suggère Pythagore, prédécesseur admiré d'Empédocle. Comme ce dernier est connu pour n'avoir rien composé, Most (2007, 291-292) propose d'y voir Hésiode, lui aussi invocateur de Calliope.[121] Avec Palmer (2013, 320 n. 17), qui confère un sens générique à l'ar-

---

113 Gallavotti 1993, 6 choisit ἤθελες, *tu as voulu*.
114 Cf. notamment *h.Merc.* 4.447-454.
115 Dans ce sens, Paus. 9.29.1-4 et Cic. *N.D.* 3.21 nomme ainsi une Muse. Cf. encore Ouverture 2 « Images des Muses dans l'antiquité » ; Hardie 2006.
116 Par exemple von Wilamowitz-Moellendorff 1929, 643 ; Wright 1981, 159.
117 Notamment Wright 1981, 159 ; Most 2007, 291 ; Laks/Most 2016, 365.
118 Hardie 2013, 224 laisse pour sa part les deux possibilités ouvertes.
119 Cf. encore Fränkel 1960, 23-39 ; Willi 2008, 240 n. 30.
120 A la différence de Schneidewin 1851, 167 et comme la majorité des interprètes modernes, nous lisons un masculin dans ἐφημερίων.
121 Most 2007, 292 est d'avis que l'éphémère, mais aussi les participes des troisième et quatrième vers se réfèrent à Hésiode. Pour d'autres noms de chanteurs-poètes, cf. Gallavotti 1993,

ticle indéfini, nous lisons le premier vers comme référence générale à l'aide que la Muse peut accorder aux hommes via les chanteurs et poètes.[122] Empédocle compte ainsi lui-même parmi les éphémères : c'est parce que la Muse lui est déjà venue en aide qu'il la prie de l'épauler à nouveau. « Ἡμετέρας μελέτας, *nos soins* » peut ainsi s'entendre au sens de l'union de la divinité inspiratrice, du poète-penseur et du disciple.[123]

Après avoir rappelé le passé, le poète-penseur en vient à la situation présente. Il est grand temps que la Muse se tienne de nouveau (αὖτε)[124] aux côtés de celui qui prie et fait apparaître une belle parole : le poète-penseur lui-même, en pleine exhortation, cette fois de Calliope,[125] dont le propos rend visible la belle voix.

Empédocle demande à Calliope de l'aider maintenant (νῦν) : au moment même où les mots sont prononcés. Non pas pour chanter et révéler quelque événement caché dans sa divine mémoire, mais pour prendre place à ses côtés (παρίστασο), comme déjà chez Pindare (O. 3.4). L'emploi de ce verbe et l'abandon du terme générique de Muse pour Calliope confèrent selon de Sanctis (2007, 15), à l'instar de ce qui se joue chez les chanteurs-poètes lyriques, une réalité physique, personnelle à la divinité. Présence sensible indispensable pour la bonne apparition des mots.

Le poète-penseur se présente lui-même de deux manières : comme un homme pieux (εὐχομένωι)[126] et révélateur (ἐμφαίνοντι) d'une belle parole (ἀγαθὸν λόγον). Les deux caractéristiques vont de pair : l'homme pieux fait entendre une prière qui éclot, jaillit, devient visible dans (ἐμ-φαίνοντι) la belle parole. Calliope ne fait-elle que se tenir aux côtés de l'homme sans participer à l'expression de la parole ? Pour Wheeler (2002, 40), le participe ἐμφαίνοντι laisse entendre « qu'Empédocle a commencé sans les Muses ». Nous pensons au contraire que la piété de l'homme a pour conséquence de faire apparaître la parole musicale. Rosenfeld-Loeffler (2006, 45) le relève : plus que d'être simplement présente,

---

162. Von Wilamowitz-Moellendorff 1929, 643 pense quant à lui qu'il s'agit du disciple d'Empédocle, Pausanias.

122 Pour Hardie 2013, 223, au vu de la seconde occurrence du mot chez Empédocle (cf. ci-dessous), il s'agit de l'auditoire du poète-penseur. Cf. encore Willi 2008, 240 n. 30.

123 Calame 2012, 73 comprend dans le pronom ἡμετέρας l'ensemble des éphémères. Conformément à son interprétation du premier vers, Most 2007, 292 y entend Hésiode et Empédocle.

124 Pour αὖτε, cf. Sapph. fr. 127 Voigt ; Calame 1997.

125 Empédocle n'emploie pas la forme traditionnelle du nom (Καλλιόπη), mais Καλλιόπεια, comme Stesich. fr. 277a ; 277b Davies-Finglass avant lui (pour l'assonance et la rime selon Gallavotti 1980-1981, 420-421). Conformément à leur proximité géographique, le second aurait eu une influence sur le premier.

126 De même Sol. fr. 13.2 West. Cette première caractéristique est cependant une interprétation de Schneidewin 1851, 167 : Hippol. *Haer.* 7.31.4 cite ces vers en écrivant εὐχομένων – lecture qu'à notre connaissance, seul Gallavotti 1973-1974, 8 ; 1993, 6 choisit.

7.2 La divine parole d'Empédocle — 313

Calliope inspire le poète-penseur ; non pas toutefois selon elle par sa belle voix, mais par son « Beau-Regard », permettant à l'homme de se présenter comme « illuminé », auteur de « paroles éclairantes ». S'il est vrai qu'ὄψ peut également signifier le *regard*, la *vue*[127] – et qu'Empédocle (fr. 138 Gemelli Marciano = 31 B 88 Diels-Kranz) emploie ce terme comme synonyme d'ὄψις[128] –, cette lecture déborde selon nous le rôle de Calliope.

Fort de l'aide de la divine Muse, l'homme fait apparaître un beau λόγος sur les dieux fortunés (θεῶν μακάρων).[129] Au vu de son objet, on le comprend le plus souvent comme un *discours*, un *récit*.[130] Nous choisissons d'entendre le terme au sens neutre de *parole* comme rassemblement en mots choisis (λέγειν).[131] Parole qualifiée par l'adjectif ἀγαθός : à l'image du don de la Muse à Démodocos dans l'*Odyssée* (8.63) ainsi que de la réputation demandée par Solon (fr. 13.4 West), la parole d'Empédocle est *bonne* au sens où elle a une bonne consistance, un bel équilibre, une belle cohérence,[132] en harmonie avec la belle voix de Calliope.[133]

Dans le fragment suivant, la parole musicale du poète-penseur est également désignée par le terme λόγος. Parole dont Empédocle se dévoile l'enseignant, inspiré par une Muse :

ἀλλὰ κακοῖς μὲν κάρτα μέλει κρατέουσιν ἀπιστεῖν·
ὡς δὲ παρ' ἡμετέρης κέλεται πιστώματα Μούσης,
γνῶθι διατμηθέντος ἐνὶ σπλάγχνοισι λόγοιο.

Mais les mauvais s'occupent fortement de ne pas avoir confiance en les puissants ;
cependant comme les garanties de la part de notre Muse l'ordonnent,
connais, la parole ayant été coupée en deux dans les entrailles.[134]

---

[127] Par exemple Chantraine 1999, 812 ; 845.
[128] Selon Arist. *Po.* 1458 a4 et Str. 8.5.3. Bien plus tard, Prop. 3.3.38 semble lui aussi jouer avec cette assonance. Cf. encore Willi 2008, 223.
[129] Cf. notamment Hes. *Th.* 33.
[130] Gallavotti 1993, 7 choisit pour sa part *ragionamento*. Traduisant le terme par *discourse*, Hardie 2009, 22-23 y relève une innovation de la part d'Empédocle par rapport à la tradition : chez Hes. *Th.* 84 ; 90, ce sont des ἔπεα que les rois font entendre grâce aux Muses.
[131] Cf. 1.2.3 « Ulysse et les Muses ».
[132] Et non un sens moral, éthique (cf. Cerri 2007, 137 ; Hardie 2013, 216 ; Rosenfeld-Loeffler 2006, 45 qui traduit le terme par *salutaire*).
[133] Hardie 2013, 215 fait d'ἀγαθός λόγος l'égal de καλὸν ἔπος.
[134] Emp. fr. 10 Gemelli Marciano = 31 B 4 Diels-Kranz ; 6 Wright ; 1.50-52 Gallavotti ; D47 Laks/Most.

A qui s'adresse Empédocle ? A Pausanias, son disciple préféré, élève fidèle auquel s'identifie tout lecteur qui cherche à acquérir la sagesse du maître. Or il l'invite à se distinguer des mauvais (κακοῖς), caractérisés par le fait qu'ils cultivent avec force quelque chose de négatif : l'absence de confiance (ἀπιστεῖν). L'objet de leur défiance n'est pas sans faire problème. Selon Gallavotti (1973-1974, 13 ; 1993, 11 ; 173), il n'est pas exprimé : le participe pluriel κρατέουσιν qualifie les mauvais eux-mêmes, pétris de méfiance et de doute. Comme la plupart, nous lisons le terme en lien avec ἀπιστεῖν. Κρατέουσιν : mot masculin ou neutre, – la perte des vers précédents ne permet pas de trancher.[135] Les premières interprétations modernes choisissent le masculin : l'absence de confiance que les mauvais cultivent concerne soit un groupe d'hommes (sages, puissants), soit les principes divins.[136] Optant pour le neutre – et lisant le passage à l'aune de la doctrine générale d'Empédocle –, Bollack (1969, 42) y reconnaît la vérité au sens des « quatre puissances qui étendent leur domination à tout ce qui est ».[137] En écho à Laks et Most (2016, 393) qui traduisent κρατέουσιν par *authority*, rendant l'ambigüité grecque, nous le comprenons comme signifiant *puissants*. Comme l'adverbe κάρτα qui qualifie l'intensité de la défiance des mauvais, la famille de κράτος, *force*, à laquelle appartient κρατεῖν, est marquée par la dureté, la solidité, le pouvoir, la maîtrise, la supériorité. L'enseignement d'Empédocle est le suivant : mauvais sont ceux qui s'évertuent à se méfier des êtres naturellement doués de puissance, de force supérieure, humaine-divine – tels notamment les poètes-penseurs.

Voici comment, à l'écoute d'Empédocle, le disciple se démarque des mauvais : en se fiant à la supériorité des puissants, en suivant les garanties (πιστώματα) de la Muse ; garanties précisément liées à la confiance (πείθεσται/πίστις) qu'elle accorde,[138] dont se détournent les mauvais (ἀ-πιστεῖν).[139] Le passage fait écho à une leçon parménidienne : au contraire des divines paroles inspiratrices des chanteurs et poètes, les opinions des mortels n'accordent nulle confiance vraie (πίστις ἀληθής).[140]

---

[135] Conformément au numéro du fragment (B 4), Diels-Kranz l'ont placé dans le poème sur la nature, après l'invocation directe à la Muse (B 3) citée et interprétée plus bas. Cf. encore Obbink 1993, 73-74.
[136] Respectivement Bignone 1916, 393 ; Diels 1901, 107-108.
[137] Cf. aussi Simondon 1977, 26 ; Wright 1981, 163 ; Willi 2008, 257. La même forme est employée pour exprimer la domination alternative des puissances (Emp. fr. 26.37 Gemelli Marciano = 31 B 17.29 Diels Kranz).
[138] Willi 2008, 214.
[139] Pour Bollack 1969, 41, le caractère mauvais de ces hommes provient précisément de leur absence de confiance.
[140] Parm. fr. 8A.36-37 Gemelli Marciano. Cf. aussi B. *Ep.* 13.221.

Loin d'être une assurance, une facilité, un refuge, les garanties de la Muse exigent une implication active : l'action de connaître. C'est un ordre de connaissance que la Muse donne au fidèle : connais (γνῶθι) !, dit Empédocle. Le disciple ne peut choisir, se fier aux opinions, comme le feraient les mauvais ; il est en devoir d'acquérir certaines connaissances.[141] Comme le relève Bollack (1969, 43), l'impératif est à prendre absolument :[142] sans objet, le savoir exigé du fidèle s'avère global. Au vu de la présence de la Muse, nous sommes en mesure d'y reconnaître la connaissance musicale, qui se dessine ici comme le fruit de tout un travail. La déesse ne se contente pas de livrer sans contrepartie un savoir tout fait : pour l'homme bon, qui s'en remet aux puissants, à la force, à la divine musique, la connaissance n'a rien d'un plaisir, d'un à-côté divertissant. Elle est un devoir : devoir d'acquisition du savoir musical, découlant d'une étonnante union, active, humaine-divine, qui se joue dans le λόγος, la *parole*.

Le verbe δια-τέμνειν *couper, fendre, trancher* à travers ou *en deux* l'indique : cette parole a pour particularité d'avoir été séparée, divisée (διατμηθέντος) ;[143] pas n'importe où, mais dans les entrailles (σπλάγχνοισι). Comment l'entendre ?[144] A l'image de leur traduction moderne de λόγος par *argument*, Laks et Most (2016, 393) comprennent la séparation ou division comme une analyse. Lecture anachronique, qui ne tient pas compte du fait que l'action se joue dans les entrailles, en lien chez eux avec l'impératif de connaissance : c'est au plus profond de soi que le fidèle doit selon eux connaître la parole préalablement analysée, qu'il doit autrement dit la faire sienne.[145] Gemelli Marciano (2009, 159) lit le passage différemment. Ajoutant dans sa traduction des pronoms personnels – absents dans le grec –, elle traduit : *Nachdem du meine Worte in deinen Eingeweiden durchgeschnitten hast*. La parole devient celle du poète-penseur lui-même, que son interlocuteur aurait coupée dans ses propres entrailles. Là aussi, nous choisissons de restreindre le moins possible le sens de l'expression. Mais de quelle coupe s'agit-il ? Comme chez Homère les σπλάγχνα désignent les *viscères* comestibles,

---

141 Cf. aussi B. *Ep.* 5.3-4 où Hiéron a la chance de connaître l'ornement des Muses.
142 De même von Fritz 1946, 17 n. 120 propose *to understand a statement*.
143 Comme la plupart des éditeurs modernes, nous gardons la lecture des manuscrits pour ce participe. Cf. Simondon 1977, 26.
144 Certains interprètes placent l'expression dans le cadre de la pensée générale d'Empédocle sur l'union et la division. Selon Simondon 1977, 26-27 par exemple, les entrailles sont « le siège d'une espèce de connaissance [...] qui s'élabore dans la division, a besoin d'une intervention suprême, d'une inspiration d'un autre ordre, celle de la Muse, pour devenir une vérité unifiée, un logos ». Cf. aussi Bollack 1969, 44.
145 Willi 2008, 258 reconnaît dans le découpage du λόγος le lien entre la théorie et la pratique langagière chez Empédocle.

grillées puis mangées lors de banquets,[146] Gallavotti (1973-1974, 13) propose de comprendre διατέμνειν au sens de *diviser, partager* les portions de nourriture. Sachant que les σπλάγχνα possèdent également le sens d'organes-sièges des sensations, des émotions et de la vie en général,[147] nous entendons que la parole, si elle est d'abord pure abstraction sonore, doit être coupée, tranchée, disséquée dans la concrétude des entrailles ; elle doit y être charnellement ouverte, déployée, intégrée, ingérée, mastiquée pour être bien comprise et expérimentée. A l'instar du θυμός, des φρένες, de la φρήν, du νοῦς, de l'ἦτορ et même du γαστήρ mentionnés par ses prédécesseurs, Empédocle reconnaît dans les entrailles le lieu physique de dépôt, de garde et de partage des connaissances supérieures.

Aussi tortueux que semble de prime abord le passage, son message est clair : le disciple ne se distingue pas seulement des mauvais en se fiant aux puissances supérieures, mais encore en accueillant et traitant activement, comme il se doit, dans ses entrailles, la parole et connaissance musicale. Fort de ce travail, il se démarque en ce qu'il incarne les garanties et l'ordre de la Muse : « de notre Muse », dit Empédocle de manière emphatique,[148] à l'image des soins ci-dessus : celle du poète-penseur, de son disciple et de tous ceux qui obéissent à l'ordre musical.

A la fin du 20ᵉ siècle, l'édition d'un papyrus inédit a donné à lire plusieurs nouveaux vers d'Empédocle,[149] enrichissant de quelques dizaines de lignes son poème sur la nature.[150] Dénué d'apparition musicale, le texte n'amène à priori rien de nouveau pour notre sujet. Sauf si, à l'instar de Gemelli Marciano (2009, 178-180),[151] on conjecture la présence d'une Muse dans le vers suivant :

> ἐκ τῶν ἀψευδῆ κόμισαι φρενὶ δείγματα Μ[ούσης
>
> A partir de cela occupe-toi dans ton cœur des preuves non fausses de la Muse[152]

Après avoir entendu l'énumération de différentes espèces du monde vivant, le destinataire reçoit l'ordre de s'occuper dans sa φρήν, son *cœur* – organe vital

---

146 Par exemple Hom. *Il.* 2.426-427 ; *Od.* 3.9 ; 20.260.
147 Par exemple Hes. fr. 343.13 Merkelbach-West ; Pi. *Pae.* 8a B3.24 Rutherford ; A. *A.* 995 ; *Ch.* 413 ; *Th.* 1031 ; S. *Aj.* 995 ; E. *Alc.* 1009 ; *Med.* 220 ; *Hipp.* 118 ; *Or.* 1201.
148 Pour la question du pluriel emphatique, cf. 2 « La vie des Muses chez Hésiode ».
149 Pour l'histoire du papyrus et de son édition, cf. Martin/Primavesi 1999, 1-51.
150 Le tiers des vers qui y figurent recoupent ceux déjà en notre possession. Cf. avant tout Martin/Primavesi 1999, notamment 99-119 ; Kingsley 2002, 333-339.
151 Gemelli Marciano 2009, 386 justifie son choix à l'aide du passage précédent.
152 Emp. fr. 28.23 Gemelli Marciano = *P. Strasb.* 1665-66 a (ii) 29 ; D73.299 Laks/Most.

qui le relie au monde et lui permet de se comporter comme il convient –¹⁵³ de certaines preuves (δείγματα) liées à nos divinités. Provenant du verbe δεικνύναι, les preuves sont ce qui a été *montré*, *révélé*, à l'instar de ce que fait la chorège Mégalostrata chez Alcman (fr. 59b.1 Davies) ou le chanteur-poète chez Théognis (771 Young), tous deux en rapport avec une instance inspiratrice musicale. Comme ici chez Empédocle ? Martin et Primavesi (1999) restituent μ[ύθων¹⁵⁴ en lieu et place de Μ[ούσης : les δείγματα ἀψευδῆ, les *preuves* littéralement *non voilantes*, ne proviennent pas selon eux de la Muse, mais des *paroles*, du récit. S'il est vrai que, sur un plan comptable, Empédocle emploie plus souvent le terme μῦθος¹⁵⁵ qu'il ne fait mention des Muses et qu'il a, quelques vers plus haut, justement exhorté son interlocuteur à écouter des paroles (μύθων κλῦθι),¹⁵⁶ la conjecture musicale de Gemelli Marciano (2009, 180) s'inscrit toutefois parfaitement dans nos gains précédents.

Qualifiées par l'adjectif ἀψευδής, forme négative (alpha privatif) des ψεύδεα que les Muses sont en mesure de dire au berger Hésiode, s'accordant en cela aux ἀληθέα que les déesses peuvent également exprimer,¹⁵⁷ les preuves semblent bien garanties par les divinités inspiratrices ; qu'importe finalement que ces dernières soient mentionnées ou non. Notons que lorsque ἀψευδής apparaît chez Hésiode (*Th.* 233) pour qualifier Nérée,¹⁵⁸ il est accompagné du terme ἀληθής. Le dieu marin est à la fois ἀψευδής et ἀληθής : *non-faux* et *vrai* ou, mieux, *non voilant* et *dé-voilant*. Termes proches, mais non synonymes : le premier exprime l'absence de voile, le second le processus de dévoilement. Les preuves qu'il s'agit selon Empédocle d'accueillir dans son cœur (φρενί), loin d'être vraies au sens moderne du mot,¹⁵⁹ sont dénuées de voile en ce qu'elles ne sont nullement trompeuses ou mensongères.¹⁶⁰ Nouvelle raison d'y reconnaître une origine sinon musicale du moins divine.

---

153 Les six autres occurrences de φρήν chez Empédocle vont aussi dans ce sens : fr. 11 ; 26.18 ; 33.11 ; 154.4 ; 155.10 ; 159.3 Gemelli Marciano = 31 B 5 ; 17.14 ; 23.9 ; 133.3 ; 134.4 ; 114.3 Diels-Kranz.
154 Cette proposition est suivie par Laks/Most 2016, 420.
155 Μῦθος apparaît 6 fois : Emp. fr. 12.2 ; 26.18 ; 26.21 ; 90.7 ; 159.1 ; 33.13 Gemelli Marciano = 31 B 24.2 ; 17.14 ; 17.15 ; 62.3 ; 114.1 ; 23.11 Diels-Kranz. Nous revenons ci-dessous sur la dernière occurrence citée.
156 Emp. fr. 26.18 Gemelli Marciano = fr. 17.14 Diels-Kranz (= *P. Strasb.* 1665-1666 a [ix] 14).
157 Hes. *Th.* 27-28.
158 Le catalogue homérique des Néréides présente en outre une Apseudès (*Il.* 18.46).
159 Martin/Primavesi 1999, 139 ; Laks/Most 2016, 421 traduisent respectivement par *sûr*, *unerring* et *truthful*. Mais Gemelli Marciano 2009, 181 par *untrüglich*.
160 Pour notre interprétation d'ἀληθής et ἀλήθεια, cf. 2.4.2 « Contexte d'apparition et premières paroles ».

Ces preuves, loin de les recevoir sans autre, comme pour les paroles dans les entrailles, l'homme doit s'en occuper, en prendre soin (κόμισαι) au plus profond de lui-même : dans son cœur. Chez Pindare (*N.* 6.31), le verbe κομίζειν apparaît en lien avec les belles œuvres des grands hommes défunts : si elles ne tombent pas dans l'oubli, c'est que les chants (ἀοιδαί) et paroles (λόγοι) s'en occupent. Il n'en va pas autrement ici : le fidèle d'Empédocle doit s'engager à entretenir, faire vivre, développer et perdurer les révélations musicales.

Bien que lui aussi arraché de son contexte, notre dernier passage faisant explicitement mention de la Muse est de grand intérêt. Il présente un Empédocle à la fois pieux et de bon conseil :

> ἀλλὰ θεοὶ τῶν μὲν μανίην ἀποτρέψατε γλώσσης,
> ἐκ δ' ὁσίων στομάτων καθαρὴν ὀχετεύσατε πηγήν·
> καί σε, πολυμνήστη λευκώλενε παρθένε Μοῦσα,
> ἄντομαι, ὧν θέμις ἐστὶν ἐφημερίοισιν ἀκούειν,
> πέμπε παρ' Εὐσεβίης ἐλάουσ' εὐήνιον ἅρμα,
> μηδέ σέ γ' εὐδόξοιο βιήσεται ἄνθεα τιμῆς
> πρὸς θνητῶν ἀνελέσθαι, ἐφ' ὧι θ' ὁσίης πλέον εἰπεῖν,
> θάρσει καὶ τότε δὴ σοφίης ἐπ' ἄκροισι θοάζειν.
>
> Allons, dieux, la folie de cela, écartez-la de la langue,
> hors de bouches pieuses dérivez une pure source ;
> et toi, qui te souviens beaucoup, jeune fille aux bras blancs, Muse,
> je t'aborde, de ce qu'il est permis aux éphémères d'entendre,
> envoie, à partir d'Eusébie, le dirigeant, le char aux bons rênes,
> et il ne te forcera certainement pas de prendre pour toi les fleurs
> de l'honneur bien renommé venant des hommes, jusqu'à dire plus que la piété,
> oses alors aussi t'asseoir sur les sommets de la sagesse.[161]

Le poète-penseur commence par s'adresser aux dieux (θεοί) en général, les exhortant à accomplir une double tâche liée à la parole : ils doivent écarter de la langue (γλώσσης) une certaine folie (μανίην) ; et faire dériver hors de bouches pieuses (ὁσίων στομάτων) une pure source (καθαρὴν πηγήν). Privative, la première action permet la seconde, génératrice. Il y va de mettre de côté une certaine folie pour faire émerger, par canalisation, une bonne parole. Tel est le pouvoir purificateur qu'Empédocle reconnaît aux dieux. La folie est précisée par le pronom au génitif pluriel τῶν, qui fait référence à un mot précédent, masculin (*ceux-là*) ou neutre (*ces choses*), aujourd'hui perdu. D'après Sextus Empiricus (*Adv. Math.* 7.124), Empé-

---

[161] Emp. fr. 9.6-14 Gemelli Marciano = 31 B 3.1-8 Diels-Kranz ; fr 2+5.1-3 Wright ; fr. 1.13-20 Gallavotti ; D44.1-8 Laks/Most. Nous ajoutons une virgule après εἰπεῖν, à la fin de l'avant-dernier vers.

docle vient de réprimander les arrogants, qui se vantent d'en savoir plus que la plupart. Comme la majorité des interprètes modernes, Cerri (2004, 88) comprend que le poète-penseur souhaite être épargné par la folie qui touche ses collègues poètes.[162] Gemelli Marciano (2009, 370) y voit un neutre.[163] Ce sont selon elle les mots d'Empédocle lui-même qui sont fous, au sens où il se serait précédemment laissé emporter, serait allé trop vite et trop loin dans son propos. Nous gageons qu'Empédocle demande l'appui divin pour se préserver d'une folie – aussi néfaste que courante – qui lui pend au nez : celle d'outrepasser son statut et son rang. Elle s'oppose ainsi drastiquement au propos limpide qu'il souhaite voir couler de ses lèvres pieuses. Notons que, comme chez Simonide (F 264a Poltera), la pureté de la parole est liée à celle de l'eau[164] qui émerge des profondeurs cachées.

Mais qui sont ces dieux ?[165] Nous y reconnaissons les forces divines en général, dont les Muses. A ce moment, l'une d'entre elles est précisément abordée, qualifiée par trois épithètes : πολυμνήστη, λευκώλενε et παρθένε. Les deux dernières sont déjà apparues chez nos auteurs : chez Bacchylide (*Ep.* 5.176), Calliope est caractérisée par la blancheur de ses bras (λευκώλενε), signe de la beauté et délicatesse du chant ; chez Pindare (*I.* 8.57 ; *Pae.* 6 D6.54 Rutherford) et Bacchylide (*Ep.* 1.2), les Muses sont qualifiées par leur jeunesse et pureté de jeunes filles (παρθένοι). Nouveau en contexte musical, l'adjectif πολύμνηστος appartient toutefois à la famille de μνᾶσθαι, déjà rencontrée à de nombreuses reprises.[166] Comme l'indique Benveniste (1954), le verbe signifie *rappeler, se rappeler* ainsi que *mentionner*, d'où l'emploi particulier de mentionner une femme en vue d'un mariage, de la *courtiser*. Ainsi, les trois occurrences homériques de πολύμνηστος qualifient par deux fois Pénélope (*Od.* 4.770 ; 23.149), *très courtisée* dans l'optique des prétendants et à une reprise la compagne qu'Eumée désire ardemment recevoir en récompense de sa fidélité envers Ulysse (14.64). Chez Eschyle (*A.* 821 ; 1459), πολύμνηστος détermine la faveur (χάριν) divine et l'accomplissement (τελέαν) du meurtre de Cassandre dont *on se souvient beaucoup*. Qu'en est-il ici ? Chacun y va de son interprétation.[167] Nous traduisons l'adjectif par *qui se souvient*

---

162 Diels 1901, 107 ; Cerri 2007, 138-139 proposent de voir Parménide dans « ces hommes ». Bignone 1916, 391 « principalement les Eléates ». Cf. encore Trépanier 2004, 58.

163 De même Bollack 1969, 27 ; Simondon 1977, 22-23.

164 4.8 « Muse auxiliaire et Muse aquatique de Simonide ». Cf. aussi 5.1.1 « La Muse nourricière ».

165 Cf. Simondon 1977, 22.

166 En plus de Mnémosyne, la Muse qui aime par exemple à se souvenir (μεμνᾶσθαι) des grands jeux (Pi. *N.* 1.11-12) ; de même le chant se souvient (μναστῆρ') des luttes (*P.* 12.24).

167 Parmi les éditions retenues, Wright 1981, 157 : *of long memory* ; Gallavotti 1993, 9 : *agognata* ; Diels/Kranz 1968, 310 et Gemelli Marciano 2009, 157 : *vielgefeierte* ; Laks/Most 2016, 391 : *much wooed*. Cf. encore de Sanctis 2007, 16-19.

beaucoup,[168] non sans y entendre les deux autres sens :[169] c'est parce que la Muse se démarque par l'excellence de sa mémoire qu'elle est ardemment rappelée et courtisée par les hommes.

Après avoir appelé les dieux en général, comme pour préparer le terrain, puis invoqué une Muse en particulier, voilà que, dans une formule performative, le poète-penseur aborde (ἄντομαι) cette dernière. Gemelli Marciano (2009, 370) fait remarquer que le verbe ἄντεσθαι annonce souvent une épiphanie.[170] S'il semble de prime abord signifier ici la simple présence de la Muse, sans implication de sa part, la suite du fragment montre qu'elle est toutefois très active : le poète-penseur l'exhorte à envoyer et à diriger (πέμπε et ἐλάουσ') un char aux bons rênes (εὐήνιον ἅρμα) ; char musical qui rappelle celui du chanteur-poète pindarique,[171] à cette différence qu'il contient ici ce que la θέμις, la *loi divine* permet aux éphémères d'entendre. Bien qu'active, engagée, la Muse demeure à la merci de la loi immémoriale : elle ne dit que ce que l'homme est en droit de savoir, ce qui lui revient en tant qu'homme. Raison pour laquelle l'envoi a lieu à partir d'Eusébie (Εὐσεβίης) : en lien avec les bouches pieuses, le char provient du *bon respect*, de la *bonne crainte respectueuse*, créant le climat de piété et de respect des hommes vis-à-vis des forces supérieures qui les dépassent. Certains interprètes rattachent παρ' au participe ἐλάουσ', faisant dépendre le génitif Εὐσεβίης du char : *envoie en dirigeant le char aux bons rênes d'Eusébie*,[172] ce qui ne change guère le sens. Quoi qu'il en soit, alors que chez Bacchylide (*Ep.* 5.176) Calliope aux bras blancs est exhortée à arrêter (στᾶσον) son char bien produit (εὐποίητον ἅρμα) auprès du chanteur-poète afin qu'il célèbre comme il se doit Zeus, la tâche de la Muse est ici d'amorcer, de diriger, de guider l'attelage, de sorte que son élan et contenu soit délivré là où il doit être entendu.

La suite du fragment présente plusieurs difficultés de lecture et d'interprétation. La première concerne le destinataire des injonctions : jusqu'où le poète-penseur s'adresse-t-il à la Muse ? A partir de quand parle-t-il à son disciple ?[173]

Comme Laks et Most (2016, 391), nous comprenons le pronom σέ comme se référant non plus à la Muse, mais au disciple du poète-penseur. Quant au sujet du

---

168 De Sanctis 2007, 16 n. 19 reconnaît dans la traduction *qui se souvient beaucoup* une restriction du savoir de la Muse : cela reviendrait à dire que, contrairement à ce qui a été le cas jusqu'ici, elle ne sait pas tout. Il s'agit selon nous d'un euphémisme (ou d'une litote).
169 De même Cerri 2004, 89 ; Willi 2008, 224.
170 Cf. notamment Hom. *Il.* 2.595.
171 Cf. principalement 5.1.2 « Avancée du char des Muses sur la route du chant » ; également Pi. *I.* 2.2 ; *Pae.* 7b C2.13 Rutherford ; B. *Ep.* 5.177 ; et Choeril. fr. 2.5 Bernabé.
172 Par exemple Bollack 1969, 8 ; Gallavotti 1993, 9.
173 Cf. Cerri 2004, 91-92 ; Trépanier 2004, 59-65 ; Gheerbrant 2012.

verbe βιήσεται, nous y voyons le char, et par association la Muse qui le conduit.[174] En bon éducateur, Empédocle rassure son élève : bien que conduit par une force divine, porté par l'élan de l'enthousiasme musical, le char ne dépassera nullement les bornes. Il ne forcera en aucune façon le fidèle à accepter les fleurs de l'honneur (ἄνθεα τιμῆς) à la bonne δόξα (εὐδόξοιο) des hommes (πρὸς θνητῶν) ; il ne sera pas emporté par la soif de reconnaissance et de gloire qui détourne de son chemin celui qui en est la proie et le fait sombrer dans la folie. Pas plus qu'il ne le poussera à dire plus que la piété (ὁσίης πλέον εἰπεῖν).[175] Comme Gheerbrant (2012, 88-89), nous voyons dans l'expression ἐφ' ὧι un complément de but et par suite une mise en garde de la part d'Empédocle : comme tout homme qui se comporte convenablement, le fidèle doit se garder de chercher les honneurs, qui font perdre la tête et tenir des propos impies, au-delà de ce qui est ὅσιος, *pieux* au sens de ce qui définit les hommes par rapport à ce qui les dépasse.[176] Comme déjà précédemment, Empédocle est distinctif : son enseignement ne fait pas que montrer les voies à suivre en démarcation de celles qu'il convient de rejeter, mais encore les limites dont il s'agit de tenir compte en matière non seulement d'inspiration et d'enthousiasme, mais aussi de prescriptions divines.

A ce moment, fort d'un tel élan enthousiaste, aussi divin que mesuré, l'homme est en droit et devoir d'oser (θάρσει), indique le poète-penseur. Nous lisons le mot comme un impératif[177] adressé au disciple, et non comme un datif.[178] Le fidèle a acquis un nouveau statut, une nouvelle place : alors qu'il est généralement debout, en marche, en quête d'instruction et de connaissance, il peut désormais, grâce à son avancée nuancée sur le char musical, s'asseoir (θοάζειν).[179] Pas n'importe où, mais aux sommets de la sagesse : à la limite (supérieure) de ce qu'il lui est permis de connaître en tant qu'homme.

Suite à ce cheminement aboutissant à cette initiation aux confins de la sagesse, l'interlocuteur du poète-penseur est exhorté à se mettre à l'ouvrage :

ἀλλ' ἄγ' ἄθρει πάσῃ παλάμῃ, πῇ δῆλον ἕκαστον,
μήτε τιν' ὄψιν ἔχων πίστει πλέον ἢ κατ' ἀκουήν

---

174 Gallavotti 1993, 167 choisit au contraire le verbe ἀνελέσθαι ; Gemelli Marciano 2009, 157 Eusébie ; Laks/Most 2016, 391 la Muse. Cf. encore Gheerbrant 2012, 85-88.
175 Gemelli Marciano 2009, 372 propose une autre possibilité de traduction : *plus au sujet de la piété*. Bollack 1969, 32 ; Calame 2012, 70 personnifient la Piété.
176 Cf. Benveniste 1969, 198.
177 Comme par exemple Trépanier 2004, 63-65 ; Gemelli Marciano 2009, 157 ; 371.
178 Notamment Diels/Kranz 1968, 310 ; Gheerbrant 2012, 90-91 avec d'autres références.
179 Pour le problème posé par ce terme et les diverses lectures possibles, cf. Cerri 2004, 91 ; Gheerbrant 2012, 89-92.

ἢ ἀκοὴν ἐρίδουπον ὑπὲρ τρανώματα γλώσσης,
μήτε τι τῶν ἄλλων, ὁπόση πόρος ἐστὶ νοῆσαι,
γυίων πίστιν ἔρυκε, νόει δ' ᾗ δῆλον ἕκαστον.

Mais, allez, observe avec grande habileté, de quelle manière chaque chose est évidente,
et n'ayant pas une vue avec confiance plus que par le bruit entendu
ou l'ouïe au bruit retentissant au-delà des clartés de la langue,
et un des autres membres, autant qu'il y a de passage à penser,
n'en retiens pas la confiance, pense de quelle manière chaque chose est évidente.[180]

Assis aux extrémités de la σοφία, le disciple doit observer (ἄθρει) avec grande habileté (πάσῃ παλάμῃ) ce qu'il en est de l'évidence (δῆλον) de toute chose. A prendre les termes à la lettre, il doit diriger son regard[181] au bon endroit non sans employer en même temps sa main.[182] Par cette perception visuelle-manuelle, il aura tôt fait de remarquer que sa vue (ὄψιν), tout comme le bruit (ἀκουήν) qu'il entend, l'ouïe au bruit retentissant (ἀκοὴν ἐρίδουπον), ne sont pas dignes de confiance. N'accordant nulle connaissance stable, ils sont par suite à bannir. Nous nous souvenons de la présentation homérique (Il. 2.485-486) et hésiodique (Th. 38) des différentes facultés humaines en démarcation des capacités divines : à la différence de la vue des omniscientes Muses, l'ouïe et la vue des hommes n'octroient pas de véritable savoir. Concernant l'ouïe humaine, Empédocle souligne qu'elle se situe au-delà des clartés de la langue (τρανώματα γλώσσης) : informes, imprécis, les bruits, même très retentissants,[183] assombrissent, souillent les clartés prononcées par la langue. Et ce n'est pas tout : l'homme ne s'avère pas seulement faible par sa vue et son ouïe, mais finalement par chacun de ses membres (γυίων) : chaque perception sensible n'est au final selon Empédocle qu'un passage (πόρος) en direction d'autre chose : la pensée, exprimée par le verbe νοεῖν.[184] A la différence de l'auditoire des chanteurs épiques qui doivent écouter la Muse qui s'exprime par leur bouche, le fidèle d'Empédocle est amené à combler son déficit en observant habilement les choses pour, comme le poète-penseur le répète dans le dernier vers, dépasser cette observation et en venir à penser (νόει) leur évidence (δῆλον).

Si l'inspiration musicale demeure première en matière d'éducation et de savoir, elle consiste en un tremplin : une élévation, qui ouvre sur une sagesse

---

[180] Emp. fr. 9.15-19 Gemelli Marciano = 31 B 3.9-13 Diels-Kranz ; 5.4-8 Wright ; 1.21-25 Gallavotti ; D44.9-13 Laks/Most.
[181] Comme par exemple Agamemnon lorsqu'il observe la plaine troyenne (Hom. Il. 10.11). Pour le développement du sens « intellectuel » du verbe, cf. Prévôt 1935, 246-247.
[182] Chantraine 1999, 852 donne comme sens premier pour παλάμη « paume de la main, d'où la main en tant qu'elle empoigne, qu'elle agit, qu'elle tire, qu'elle est habile ».
[183] Tel Zeus (Hes. Th. 41).
[184] Pour les différents sens de νοῦς et νοεῖν, cf. von Fritz 1946 ; Stella 2016.

inédite, permettant de se rendre compte, par l'observation habile des phénomènes, que seule la pensée est en fin de compte en mesure de saisir, de montrer et de partager l'évidence de toute chose et partant d'accorder la confiance et stabilité convoitées dans le va-et-vient des phénomènes.

Dans un fragment de douze vers considérés comme le début des *Purifications*, Empédocle annonce une bonne nouvelle à des amis agrigentins en mentionnant un étonnant θεὸς ἄμβροτος :

> χαίρετ'· ἐγὼ δ' ὑμῖν θεὸς ἄμβροτος, οὐκέτι θνητός
> πωλεῦμαι μετὰ πᾶσι τετιμένος, ὥσπερ ἔοικεν,
> ταινίαις τε περίστεπτος στέφεσίν τε θαλείοις·
>
> Réjouissez-vous ; moi, pour vous, dieu immortel, non plus mortel
> je viens honoré parmi tous, comme il convient,
> couronné avec des bandelettes et des couronnes florissantes ;[185]

Le poète-penseur a changé de statut : s'il a été qualifié de divin (θεῖος) chez Homère (*Od.* 8.43) et Bacchylide (*Ep.* 9.3), au sens où il entretient une relation intime avec les dieux, il se présente ici en dieu immortel. Couronné de bandelettes et de couronnes florissantes, il est honoré entre tous, comme il se doit au vu de son importance. Empédocle se prend-il vraiment pour un dieu ?[186] Comment comprendre ces vers ?[187] Les avis divergent.

Les désaccords reposent avant tout sur deux éléments ambigus. Dans le premier vers, la traduction du pronom de la deuxième personne du pluriel : ὑμῖν est-il un datif de but, de moyen, de citation ?[188] A la fin du deuxième vers, la personne du verbe : ἔοικεν, *il convient, il semble* ou ἔοικα, *je ressemble, je semble, je parais* ?

Gemelli Marciano (2009, 424) traduit ὑμῖν comme complément du verbe principal (*ich komme zu euch hin*) et choisit la forme impersonnelle, comprenant que le poète-penseur se considère sciemment comme dieu et estime normaux les honneurs qu'il reçoit.[189] Laks et Most (2016, 362-363) écrivent au contraire ἔοικα, traduisant l'expression par *as I am seen*, renforcée par ὑμῖν qu'ils lient à θεὸς

---

185 Emp. fr. 157.9-11 Gemelli Marciano = 31 B 112.4-6 Diels-Kranz ; fr. 102.4-6 Wright ; fr. 100.4-6 Gallavotti ; D4.4-6 Laks/Most.
186 Par exemple Trépanier 2004, 49 ; Most 2006b, 355.
187 Gallavotti 1993, 274 est d'avis que la signification de ce passage a été altérée dans l'antiquité déjà et qu'on ne peut plus le restaurer aujourd'hui.
188 Cf. Gallavotti 1993, 274 ; Trépanier, 2004, 81.
189 Elle ajoute toutefois un pronom personnel à sa traduction : *wie es mir zusteht*.

ἄμβροτος : *I, who for you am an immortal god.*¹⁹⁰ Autre exemple chez Wright (1981, 266) :¹⁹¹ ὑμῖν est un datif éthique, non limité, qui prend à témoin tout interlocuteur, et ὥσπερ ἔοικεν doit être mis en lien avec les honneurs reçus. Elle ne voit donc pas non plus Empédocle comme un véritable dieu. De même Palmer (2013, 311) : sans se sentir lui-même dieu, le poète-penseur se dit simplement honoré comme tel par les gens à qui il rend visite ; à la manière d'Hésiode (*Th.* 91-92) lorsqu'il présente le roi qui s'avance dans l'assemblée et s'en distingue comme un dieu.

Selon nous, si Empédocle s'exprime de cette manière, c'est sans arrière-pensée, plongé qu'il est dans sa tâche. A tel point qu'il en vient à se confondre avec les forces divines qui l'inspirent. Loin de toute immodestie, Empédocle se reconnaît comme divinement privilégié vis-à-vis de ses congénères, auxquels il vient prêcher la bonne parole. C'est pourquoi nous traduisons ὑμῖν par *pour vous* : à l'image du grec, l'ambigüité du français permet de comprendre soit *je viens pour vous*, pour vous donner un enseignement, soit *moi, qui suis pour vous un dieu immortel*. Dans les deux cas, ses interlocuteurs reconnaissent son importance et se comportent comme il faut (ἔοικεν), avec respect. En écho aux entrailles vues précédemment, sachant que toute parole musicale doit être ingérée et digérée avant de pouvoir être comprise et transmise, il est intéressant de relever le choix de l'adjectif accompagnant le θεός : ἄμβροτος, *immortel*, comme la Muse ci-dessus et l'ambroisie qui rend les dieux immortels.¹⁹² L'activité de poète-penseur – la sagesse, l'observation, la pensée qu'il gagne et met en œuvre grâce à la musique – donne à Empédocle une nature divine, immortelle.

Après avoir présenté la provenance des différents êtres vivants à partir d'une même source, le poète-penseur exhorte à nouveau son interlocuteur à posséder un savoir découlant d'une puissance divine :

> ἀλλὰ τορῶς ταῦτ' ἴσθι, θεοῦ πάρα μῦθον ἀκούσας.
>
> mais sache ceci distinctement, ayant entendu une parole de la part d'un dieu.¹⁹³

Quel est le dieu (θεός) dont la parole (μῦθος) contribue au savoir (ἴσθι et donc εἰδέναι) distinct, perçant, pénétrant (τορῶς) ? Deux possibilités sont habituel-

---

190 De même Hardie 2013, 225 n. 64.
191 Pour d'autres exemples et références, cf. Stehle 2005.
192 Emp. fr. 152.1 Gemelli Marciano ; *h.Ap.* 3.190. Cf. aussi Pi. *O.* 1.62-63 : le nectar et l'ambroisie rendent ἄφθιτος, *impérissable*.
193 Emp. fr. 33.13 Gemelli Marciano = 31 B 23.11 Diels-Kranz ; 15.11 Wright ; 21.25 Gallavotti ; D60.12 Laks/Most.

lement énoncées : la Muse ou, suite au fragment précédent,[194] Empédocle lui-même.[195] Si, pour Obbink (1993, 63), la Muse est « le candidat divin le plus probable »,[196] Gemelli Marciano (2009, 389) est certaine que « le dieu est Empédocle lui-même, pas la Muse, comme on le croit habituellement ». En atteste que la Muse « ne parle pas », mais, comme vu plus haut, donne des preuves, des garanties, « offre des signes qui doivent valoir comme des confirmations pour les mots d'Empédocle ».[197] Laks et Most (2016, 403) ne décident pas : « Peut-être la Muse, peut-être Empédocle lui-même ».

Comme le passage précédent, le contexte nous permet d'affirmer que le θεός en question est à la fois la Muse et Empédocle. Le savoir que possède Empédocle sur la provenance des êtres vivants est-lui-même déjà d'ordre surhumain, divin. Ce qu'il énonce, il l'a en effet forcément entendu de la part d'un dieu. Aussi, lorsqu'il partage ses acquis avec son interlocuteur, il en vient à se substituer à la Muse et à se présenter lui-même comme étant de nature divine.

Reprise poético-philosophique

Unanimement reconnus comme poètes-penseurs, puis au fil des siècles comme philosophes, Parménide et Empédocle ne sont pas moins d'abord et avant tout des musiciens. Marqué par une soif de savoir inédite, l'ensemble de leur travail est basé sur une inspiration divine séculaire. Alors qu'Empédocle se montre à huit reprises explicitement porté par les Muses, le souffle musical n'est pas thématique chez Parménide, mais se déduit sans peine du climat, des personnages et expressions qui constituent le voyage initiatique de l'homme savant vers le savoir. Chez tous deux, l'influence divine conduit à une mystérieuse connaissance, sagesse, pensée et éducation qui, loin d'être acquise une fois pour toutes, ouvre sur tout un engagement et travail de la part de l'homme.

Emmené par un char tiré par des cavales et guidé par les filles du soleil, l'homme savant de Parménide n'a de cesse d'accroître ses connaissances, jusqu'aux confins du possible et du supportable. Epaulé par l'ensemble des puissances qui assurent

---

194 Emp. fr. 157.9 Gemelli Marciano = 31 B 112.4 Diels-Kranz.
195 Comme souvent Gallavotti 1993, 35 a une traduction et interprétation toute personnelle. Il y voit cette déesse qu'est Aphrodite dont, d'après sa propre reconstitution, il a été auparavant question.
196 De même Simondon 1977, 25 ; Wright 1981, 181 ; à sa manière Hardie 2013, 225. Pour d'autres références, cf. Willi 2008, 239 n. 27.
197 Trépanier 2004 ; 38, Stehle 2005, 263 ; Palmer 2013, 309 sont du même avis. Cf. aussi Willi 2008, 239 n. 26.

l'ordre du monde – la *moira*, Thémis, Diké –, il est emmené jusque derrière les portes du jour et de la nuit. Les franchissant sans peine, il se retrouve face à un gouffre béant, abyssal puis chez une déesse, dont l'accueil est aussi chaleureux que source de joie. L'appelant garçon (κοῦρος), associé (συνάορος) d'immortels cochers, elle ne l'informe pas de ceci ou cela, mais de tout : du cœur sans tremblement, immensément persuasif, de la vérité ; des opinions des mortels auxquelles il ne faut pas se fier ; et des apparences comme voiles des mystérieuses profondeurs cachées. Les forces divines portent l'homme à une connaissance inédite, à la fois claire-obscure et stable, de la vérité – bien distincte des opinions et des apparences trompeuses. Par procuration, l'enseignement musical parménidien élève l'homme au-dessus du va-et-vient des phénomènes et l'ouvre à la pensée de la vérité, source de stabilité et de confiance.

La connaissance, sagesse et pensée stables et fiables sont également le dessein du cheminement et de l'enseignement d'Empédocle. D'un Empédocle tout à fait traditionnel quant à son rapport aux divinités inspiratrices. Il les invoque, demande leur appui à l'aide de plusieurs épithètes bien connues (ἄμβροτος, λευκώλενος, παρθένος et à sa manière πολύμνηστος). S'il a besoin d'elles, c'est notamment pour que son labeur ne soit pas vain : que son propos, dûment élaboré, atteigne et traverse comme il se doit la pensée humaine. La Muse est à l'origine de la force de percussion et de pénétration des paroles.

Moins plongé dans son activité que Parménide, qui partage sans le moindre retour réflexif le voyage initiatique de l'homme savant, Empédocle se présente à la fois comme pieux (εὐχόμενος) et révélateur (ἐμφαίνων) d'une belle parole au sujet des dieux fortunés. C'est du fait qu'il s'occupe des divinités, qu'il les respecte, les écoute et en témoigne, qu'elles le privilégient parmi ses semblables. Et même plus : qu'elles lui obéissent. L'enseignant-éducateur qu'il est se dévoile en effet comme un intermédiaire autoritaire non seulement vis-à-vis des hommes qu'il instruit, conseille et met en garde, mais aussi des forces supérieures.

Son propos est à la fois directeur et distinctif : il démarque ce qui vaut de ce qui ne vaut pas, ce qu'il faut faire de ce qu'il convient d'éviter. Pour ne pas être mauvais, pour ne pas négliger les puissants, pour se fier à ce qui est supérieur, pour se vouer aux connaissances musicales, dont l'acquisition, fruit de tout un travail, de tout un cheminement, se dévoile comme un devoir. Devoir qui s'exprime dans et par le λόγος : non pas une *parole* abstraite, sans fondement, mais une *parole* musicale, traitée, divisée, concrétisée dans le cœur et les entrailles, lieux de dépôt, de rumination et de partage des connaissances supérieures.

Alors que les dieux ont le pouvoir purificateur d'écarter la folie des langues souillées et de faire jaillir une source pure des bouches pieuses, telle celle d'Empédocle et de ses fidèles, la Muse est gage de confiance : elle donne des garanties, révèle des preuves non fausses – et donc vraies – qu'il s'agit de faire vivre, d'entretenir, de développer et faire perdurer. Telle est la tâche de l'homme.

Comme chez Parménide, et comme chez Pindare et Bacchylide, on retrouve chez Empédocle l'image du char : envoyé et dirigé par la Muse, il conduit l'homme enthousiaste là où il faut, sans jamais dépasser les bornes : loin de faire perdre la tête et pousser à déborder les exigences de la piété, l'élan musical mène l'homme non pas à la vérité, comme chez Parménide, mais aux confins d'une sagesse inédite, qui offre à l'homme en quête de repères une nouvelle position, assise. Installé là, à la limite de ce qu'il est en mesure de connaître, le fidèle voit s'ouvrir des perspectives insoupçonnées : le voilà d'abord apte à observer les choses à distance, avec habileté, puis finalement de les penser en leur évidence.

Fort de ce pouvoir musical, Empédocle vient à se présenter lui-même comme un dieu. Plongé dans sa tâche de poète, penseur et éducateur inspiré, il se confond tantôt avec les divines forces qui l'inspirent, imposant ainsi, à l'instar de toute force supérieure, respect et confiance auprès de ses congénères. Sans toutefois jamais survaloriser sa personne. L'enjeu est de s'élever, par-delà les facultés sensibles, au-dessus du va-et-vient des phénomènes ; parvenir ainsi à la sagesse qui permet d'observer et de penser la manifestation de toute chose en son évidence.

Finale

Comment éclairer au mieux le mystérieux phénomène des Muses en Grèce archaïque ? Comment parvenir à se faire une image claire de ces divinités telles qu'elles apparaissent chez les chanteurs, poètes et penseurs du 8e au 5e siècle avant J.-C. ? Comment cerner les constantes et variables qui se font jour dans les textes énigmatiques et contrastés qui les mentionnent ? En se mettant à leur écoute.

D'emblée, les contretemps s'avèrent nombreux : apparition exclusivement grecque dans le monde antique, nature ambigüe, inscription dans des genres discursifs variables, langue empreinte de moult difficultés grammaticales et sémantiques, sans parler de l'état souvent fragmentaire, voire estropié des textes, volontiers dénués de contexte et fruits d'une succession de copistes. Aussi foisonnantes et stimulantes que sont les Muses à l'aube de notre civilisation, elles ne cessent de nous mettre dans l'embarras, tant elles se montrent énigmatiques, multiples, hétérogènes et souvent même contradictoires. De même, les diverses pistes étymologiques, tant modernes, scientifiques, qu'antiques, fantaisistes, ne font guère davantage qu'ouvrir un champ lexical et donner le ton de la musique.

Comment faire alors ? La seule méthode salubre est de passer à la loupe tous les extraits faisant intervenir les Muses dans les premiers textes poétiques en notre possession : 262 passages de 26 auteurs et deux corpus de textes. En tendant l'oreille, observant, creusant, déployant pas à pas, auteur après auteur, les multiples occurrences, épithètes, attributs, spécificités, actions et autres effets des Muses, nous n'avons pas seulement été amenés à découvrir un certain nombre de vérités successives, individuelles, mais aussi à dévoiler, progressivement, quantité de constantes, transformations et lignes directrices nous donnant une vue d'ensemble aussi solide, cohérente qu'inédite de nos divinités.

Au terme de notre parcours, nous sommes en mesure de dire d'où viennent nos mystérieuses divinités féminines de l'inspiration, qui elles sont et à quoi elles servent. La *Théogonie* d'Hésiode est, dans notre corpus, le seul texte à présenter l'engendrement, la gestation et la naissance des Muses (53-62). Elles y apparaissent comme filles de Zeus et de Mnémosyne. Elles sont enfantées après un cycle entier de la nature, en tant qu'oubli des maux et suspension des préoccupations humains ; autrement dit comme divines puissances permettant aux mortels d'avoir accès à la mémoire du monde et, partant, de se divertir des souffrances inhérentes à l'existence.
Selon Aélius Aristide (*Or.* 2.420 [2.142 Dindorf]), Pindare (fr. 31 Maehler) a lui aussi, dans un de ses hymnes, raconté l'origine et souligné l'importance de nos

divinités :[1] le jour de son mariage, Zeus interroge ses compères divins sur ce qu'ils pensent du monde qu'il vient de créer. Est-il complet ou souffre-t-il d'un manque ? Ne l'estimant pas accompli, ils lui répondent qu'ils souhaitent le voir produire (ποιήσασθαι) encore des divinités (τινας θεούς) ; dieux dont ils ne précisent ni les noms, ni le nombre, ni même le genre, mais dont la tâche serait de mettre en ordre (κατακοσμήσουσιν), par des paroles et de la musique (λόγοις καὶ μουσικῇ), l'ensemble des grandes œuvres accomplies par Zeus. Nous avons tôt fait d'y reconnaître les Muses. Même si, dans notre corpus, le verbe κατακοσμεῖν, *mettre en ordre*, par lequel est exprimé le rôle des futurs dieux n'apparaît jamais en lien avec les filles de Zeus et de Mnémosyne, nous avons vu dans quelle mesure et avec quelle portée les actions de ces dernières sont qualifiées de κατὰ κόσμον chez Homère.[2] Signifiant aussi bien la mise en ordre, l'acte d'ornementer, de louer, que l'action du chef qui décide de l'organisation et évolution de sa troupe, (κατα-)κοσμεῖν s'inscrit parfaitement dans ce que nous avons découvert tout au long de notre cheminement – explicitement chez Bacchylide (*Ep.* 12.7), implicitement dans le reste de notre corpus : les Muses ont un rôle d'importance, celui d'harmonisatrices et de guides, par médiatisation des hauts-faits divins ou humains qui ont marqué, imprègnent et doivent de tout temps conditionner le monde. C'est ainsi qu'elles viennent en parachever la production. Sans elles, ce dernier souffrirait de ne pas être chanté et valorisé : tout phénomène, aussi grand soit-il, à peine apparu, sombrerait inexorablement dans l'oubli.

Mais pourquoi les Muses sont-elles des divinités féminines ? Aucun de nos auteurs archaïques ne se pose la question. Sans doute parce que la réponse leur est évidente. Aujourd'hui, on relève et souligne volontiers le genre des Muses, mais sans s'y arrêter davantage, le considérant comme un fait établi.[3]

Cherchant à cerner ce que sont les déesses en général, en distinction des dieux masculins,[4] au-delà des simples sphères de la maternité, de l'accouchement et du mariage, Loraux (1991) souligne avant tout l'importance de leur divinité : « Rien ne dit que dans une déesse, le féminin l'emporte sur le divin »

---

[1] Tout ce que nous possédons aujourd'hui de cet hymne pindarique sont quelques syllabes retrouvées sur un papyrus ainsi que de nombreuses allusions et citations faites par des auteurs des époques hellénistique et impériale. C'est sur la base de celles-ci que Snell 1946 en a reconstitué le sujet et la trame tels qu'on les connaît aujourd'hui. Cf. pour l'histoire du chant, D'Alessio 2007, 101-103 ; 2009a ; Brillante 2009, 174.
[2] 1.2.3 « Ulysse et les Muses ».
[3] Lorsque les *Gender Studies* évoquent la féminité des Muses, c'est davantage en démarcation des concepts masculins-patriarcaux que pour démêler la nature féminine de nos divinités (cf. par exemple Stehle 1997, 199).
[4] Cf. par exemple aussi, sans mention des Muses, Burkert 1989 ; Pomeroy 1995, 1-15.

(38).⁵ Non sans relever la récurrence des groupes de divinités féminines en Grèce ancienne. Regroupements qui permettent de « désindividualiser » les déesses et leur conférer une « identité flottante », une « figure instable, plurielle aussi bien qu'une » (45).⁶

Ces réflexions s'accordent avec ce que nos passages font entendre des Muses, à la fois singulières et multiples. Si, chez Pindare (fr. 31 Maehler), les dieux interrogés par Zeus ne déterminent pas le genre des divinités qu'il doit en ultime instance encore générer, ce dernier ne fait toutefois pas de doute. Pour exprimer le monde en son étonnant et inquiétant va-et-vient, la clarté, précision, force de concision et de détermination masculines couramment valorisées par notre civilisation⁷ n'est d'aucun secours. Il faut bien plutôt une puissance multiple, ambiguë, mystérieuse, claire-obscure, telle qu'elle est propre à la nature féminine. Liées qu'elles sont à l'inspiration et à la célébration par leurs divines paroles, ainsi qu'aux sphères énigmatiques de l'eau, de la nourriture, de la gestation, de l'enfantement, de l'éducation, de la prophétie, du dévoilement,⁸ les Muses s'avèrent les seules à pouvoir produire, partager et faire fructifier comme il faut, en tout équilibre et cohérence, les multiples phénomènes de la vie.

1 Ambigüités musicales

L'image générale de nos divinités est des plus avenantes : elles sont de belles, douces, délicates, brillantes, charmantes, désirables, gracieuses, généreuses, harmonieuses et surabondantes jeunes filles. En se consacrant au chant et à la danse, elles dévoilent aux chanteurs et poètes – et par leur intermédiaire au commun des mortels –, pour leur plus grand plaisir, des pans de leur divine mémoire.

Le vocabulaire employé montre à lui seul dans quelle mesure les qualités des Muses sont multiples : au total, nous avons rencontré pas moins de 39 familles de mots exprimant le chant et/ou la parole, ainsi que sept qui qualifient la danse. De même, l'idée de douceur apparaît sous quatre termes et leurs composés : γλυκύς, ἡδύς, μαλθακός et μέλι. Onze familles expriment en outre leur brillance, clarté

---

5 A sa suite, Murray 2008, 218 est d'avis que « ce qui est important n'est pas le sexe des Muses, mais leur divinité ».
6 Cf. encore Pironti 2013. Lissarrague 2007 emploie la notion d'identité plurielle sur les représentations de déesses du « Vase François », dont les Muses.
7 Pour des références antiques (principalement Aristote), cf. Saïd 2013, 24-31.
8 Sans parler précisément des Muses, Miralles 1993 expose l'importance de l'élément féminin dans le monde olympien, notamment pour ce qui est de la prophétie et de la poésie (31-35).

pénétrante et couleur dorée : non seulement ἀγλαός et λιγύς, mais également ἁγνός, καθαρός, κρόκος, λευκός, λιπαρός, φάος, χαρίεις et χρυσοῦς. Le charme n'est pas seulement signifié par les mots en lien avec τέρπειν, mais aussi par θέλγειν. Le désir est suscité aussi bien par ἵμερος qu'ἔρως ainsi que tous les termes qui leur sont apparentés. Concernant l'idée de délicatesse (ἁπαλός, τέρην), si elle n'est explicite que chez Hésiode (*Th.* 3 ; 5), elle est toutefois présente de manière larvée chez tous nos auteurs, en lien avec la douceur. Véritable *leitmotiv*, l'harmonie musicale apparaît elle aussi de diverses manières : que ce soit par le terme ἀρτιεπής, l'adverbe εὖ (souvent employé comme préfixe et volontiers traduit par *beau*, au sens de la beauté de ce qui a bon aspect, qui est convenable, équilibré), les expressions homériques de κατὰ κόσμον et κατὰ μοῖραν ou simplement de manière implicite à travers les chants, paroles, faits et gestes des Muses. Il en va de même pour le caractère abondamment florissant, exprimé par quantité de mots liés aux fleurs (ἀνθεῖν, ἄνθεμον, ἄνθος, ἴον et ses composés, κρόκος), à θαλία, à la φύσις, à la nutrition (ἀμβρόσιος, γεύειν, ἔρση, θερίζειν, καρπός, μέλι, μελίγηρυς, μελίγλωσσος, μελιπτέρωτος, μελίφθογγος, μελίφρων, μείλιχος, νέκταρ, τρέφειν) et à l'eau (πόρος, ῥεῖν, ῥοή, ὕδωρ, χεῖν).

Alors que ce vocabulaire est prolifique, le champ lexical du souffle inspirateur est, en comparaison, relativement maigre. Bien qu'on parle couramment d'inspiration, nos extraits n'en ont montré explicitement que deux illustrations linguistiques : ἐμπνεῖν chez Hésiode (*Th.* 31) et ἡδύπνους chez Pindare (*O.* 13.22).

Volontiers fragmentaires et prisonniers des règles liées à leur genre, les textes ne font toutefois le plus souvent apparaître que quelques-uns – sinon un seul – de ces aspects musicaux. Aussi, alors que la famille d'ἀείδειν traverse tout notre corpus (en lien avec les Muses chez Homère, Hésiode, dans les fragments épiques, les *Hymnes homériques*, chez Alcman, Stésichore, Théognis, jusqu'à Pindare, Bacchylide et Chœrilos), le terme μέλος, *chant dansé et accompagné de musique* se fait uniquement jour chez les chanteurs-poètes lyriques. Autre exemple, lié au contexte d'apparition des Muses dans le chant : si nos divinités se trouvent plus fréquemment chez les hommes dans les vers pindariques et bacchylidiens qu'homériques (où la seule mention explicite concerne Dorion, lieu de rencontre avec Thamyris), c'est avant tout en raison du genre épinicique, qui veut qu'elles honorent de leur présence les lieux d'origine des vainqueurs chantés (Cyrène, Egine, Etna, Syracuse, le pays des Locriens, Corinthe et Céos). Sans même parler de la teinte pré-philosophique conduisant au savoir et à la vérité qu'elles acquièrent chez les poètes-penseurs. Bref : l'image générale des Muses consiste en une mosaïque de touches, couches et sous-couches issues de multiples morceaux composés par de nombreuses mains provenant de lieux, tendances, contextes et genres aussi divers que variés.

Mais attention : la teinte avenante, légère, joyeuse de la mosaïque n'est pas aussi homogène qu'on veut bien le croire. Notre parcours à travers l'ensemble des occurrences musicales des auteurs grecs archaïques nous a permis de découvrir que l'image idéale, idyllique de nos divinités n'est que la face dominante d'une réalité musicale plus complexe. C'est ainsi qu'en contraste avec l'éclat et la brillance, certains auteurs qualifient de la sombre couleur de violettes les couronnes (Théognis, Simonide, Bacchylide), les plis et creux (Sappho), les cheveux (Pindare, Bacchylide) et les yeux (Bacchylide) des Muses ; celles-ci sont en outre également présentées auréolées d'un voile de brume, se promenant la nuit (Hésiode) et vêtues d'habits marqués par de profonds plis (Pindare et Bacchylide) ; elles sont à l'origine d'un savoir en même temps prophétique et mystérieux (Pindare, Bacchylide, Parménide, Empédocle), en lien avec le fluctuant et non moins insaisissable élément aquatique (Hésiode, Eumélos, Simonide, Pindare). Il n'y a pas d'essence ou de vérité des Muses, sinon multiple : la musique présente de nombreuses tonalités, pour la plupart claires, mais pas seulement.

S'il en est bien ainsi pour ce qui est de l'apparence de nos déesses, il n'en va pas autrement quant à leur nature et rôle. Certains de nos chanteurs et poètes vont jusqu'à leur accorder des caractères et tendances aux antipodes de ceux cités ci-dessus. Ainsi, chez Homère, les Muses ne donnent soudain pas que du bon, mais du bon *et* du mauvais : elles privent Démodocos de la vue, comme elles punissent, mutilent Thamyris. Dans l'*Hymne homérique à Hermès*, elles procurent d'irrésistibles soucis. Elles se trouvent apposées à la Sirène chez Alcman ; liées au thrène chez Homère, Sappho et Pindare ; et apparaissent comme effrayantes pour les ennemis de Zeus chez le même Pindare. Bien que minoritaires, les faces obscures, sombres, inquiétantes font elles aussi partie intégrante de l'étonnant art des Muses.

Si chez Homère les Muses se font jour comme des instances divines régnant dans des sphères supérieures, inaccessibles aux hommes autrement que par l'inspiration musicale, et qu'elles n'ont par conséquent nulle autre présence physique que celle de leur voix, les chanteurs-poètes lyriques, et parmi eux principalement Pindare et Bacchylide, les dépeignent volontiers en leurs traits propres, proches de ceux des êtres humains. C'est ainsi que tous deux évoquent les vêtements et les cheveux des Muses. Dans ce sens : Pindare dote nos divinités d'un visage et les met par quatre fois en rapport avec sa ville natale, qu'elles favorisent tout particulièrement ; Bacchylide mentionne leurs bras (comme le fait également Empédocle) et leurs yeux. Pindare, Bacchylide, Parménide et Empédocle les figurent explicitement sur un char musical, dont l'élan porte les hommes enthousiastes au-delà d'eux-mêmes. De générales et abstraites qu'elles sont de prime abord, les

Muses deviennent ainsi plus singulières et concrètes ; autrement dit plus physiques.

Si une telle hétérogénéité peut étonner, voire dérouter, tant elle va à l'encontre de nos idées reçues, loin d'être discordante et inconséquente, elle s'avère d'une étonnante cohérence. Bien que les Muses ne se réduisent pas à une image simple, univoque, mais se dévoilent comme des instances à plusieurs faces, leur tableau complexe et mouvant – mystérieux kaléidoscope – se fait jour dans une logique propre, claire-obscure, féminine, où les phénomènes du monde sont dévoilés, avec Hésiode (*Th.* 27-28), tant sur le mode du faux semblable au réel que du vrai. C'est ainsi que, une et plusieurs à la fois, elles glorifient, font perdurer pour tout avenir les grands moments des dieux et des hommes qu'il convient de retenir ; qu'elles chantent, avec Homère (*Il.* 1.604), toutes ensemble, « en alternance, d'une seule belle voix » ;[9] qu'elles possèdent de multiples noms signifiant, chacun à sa manière, une partie de la seule et même musique qui est donc, selon Pindare (fr. 31 Maehler), la création ultime de Zeus, réalisée pour permettre à tout un chacun d'entendre la production, l'accomplissement et le bon ordre du monde.

2 Le rapport chanteur-Muses : de la fusion à la confusion

Notre cheminement montre dans quelle mesure les auteurs archaïques sont influencés par nos divinités. En dépit des innombrables difficultés rencontrées par la nature même de nos investigations – distance temporelle, incertitudes auctoriales, transmissions hasardeuses, fragmentarité des textes et ambiguïtés grammaticales –, il s'avère que tous se revendiquent des Muses, avec lesquelles ils entretiennent une relation privilégiée.

Chez Homère, les Muses se font jour comme garantes de l'inspiration du chanteur et par suite du contenu du chant. Et même davantage : comme parlant par la bouche du chanteur, sorte de porte-parole musical. Mis à part les invocations liminaires et les cinq exhortations en cours de récit lors de passages particulièrement difficiles exigeant un soutien musical renforcé, la présence du chanteur n'est que latente ; il n'intervient jamais directement dans le chant, affaire des seules puissances musicales ou forces inspiratrices.

Dans l'*Iliade*, le chanteur est pleinement dépendant des Muses. Dénué de véritable savoir sans leur présence, il est entièrement à leur merci. Leur influence apparaît non seulement complète, mais encore directe, immédiate, en ce sens fusionnelle : demandant à la Muse de chanter dans le vers liminaire, le chan-

---

9 De même *h.Ap.* 3.189.

teur s'efface d'emblée derrière les puissances inspiratrices pour ne faire qu'un avec elles, les laissant s'exprimer par sa bouche. Il semble ne pas choisir, mais se consacrer corps et âme aux puissances musicales. Et gare à lui s'il ne le fait pas ; s'il a l'outrecuidance de se croire capable de chanter seul, les Muses ont tôt fait de se fâcher et de l'estropier. Thamyris en a fait la cruelle expérience.

Dans l'*Odyssée*, l'influence de la Muse est moins complète, plus indirecte, plus médiate. Si le chanteur commence également par invoquer la Muse, ce n'est pas pour la faire chanter à sa place, mais pour qu'elle vienne lui dire le sujet de son chant ; plus autonome, sa tâche consiste à reformuler le savoir dévoilé par les Muses. C'est ainsi qu'Ulysse expose par deux fois (à propos de Démodocos) le rapport chanteur-Muses en termes – pragmatiques, humains – d'enseignement. Si l'activité musicale est davantage thématisée que dans l'*Iliade*, elle continue néanmoins à se faire très nettement jour comme faveur divine amoureusement accordée à certains privilégiés : une élévation dans et une excitation à une sphère supérieure ; un don permettant au commun des mortels d'accéder aux hauts-faits cachés dans la divine mémoire musicale. Afin qu'une telle connexion entre sphère divine et monde humain ait lieu, le chanteur ne peut rester passif, mais doit se mettre à l'écoute de ses divinités, qui s'expriment notamment dans son θυμός et ses φρένες – organes réceptacles par lesquels les Muses poussent le chanteur à chanter et font éclore leurs chants. Alors que dans l'*Iliade* l'inspiration du chanteur se fait pour ainsi dire spontanément, elle se trouve ainsi médiatisée dans l'*Odyssée*. Les deux textes fondateurs nous indiquent que les Muses rappellent aux hommes l'illustre passé, source d'exemples et de contre-exemples pour la vie.

A la différence d'Homère, Hésiode se retourne dans la *Théogonie* sur sa rencontre avec nos divinités et la relation qu'il entretient avec elles. Cherche-t-il à présenter, expliquer, voire justifier une expérience musicale qui l'étonne lui-même ? Est-ce là la raison pour laquelle il raconte comment les Muses se sont manifestées à lui ? Prenant au sérieux tout ce que le chanteur exprime, notre lecture ne nous permet pas de douter. Tout ce que nous pouvons dire est qu'Hésiode sinon réfléchit à, du moins présente son expérience musicale avant de transmettre ce que nos divinités l'amènent à dépeindre. Si c'est sans les invoquer que, dans le vers liminaire du prologue, le chanteur indique qu'il commence son chant par les Muses, si l'inspiration apparaît par là d'obédience non seulement divine, musicale, mais également humaine, le chanteur se présente toujours pleinement à la merci de nos divinités.[10] C'est ainsi qu'Hésiode se nomme leur θεράπων, ser-

---

10 Frazier 2003, 50 : « Cette conscience du travail propre du poète ne cesse de se préciser au cours de l'époque archaïque, sans annuler jamais la source divine du chant ».

viteur. Pour qu'il soit en mesure d'accomplir sa tâche, les Muses le gratifient de plusieurs dons, marques et symboles de leur souffle inspirateur : une part de leur savoir, l'enseignement du beau chant, une voix divine, le pouvoir de détourner les hommes de leurs peines ainsi qu'un sceptre florissant provenant de l'arbre consacré à Apollon.

Chez Hésiode, le chanteur n'est cependant pas le seul genre d'hommes privilégié par les Muses. Celles-ci soutiennent également les rois qui s'occupent de la droite justice de Zeus : elles leur permettant de légiférer comme il se doit, en toute douceur et autorité. Somme toute comme le font indirectement les chanteurs eux-mêmes, rappelant les grands hommes et moments exemplaires. La musique présente ainsi une dimension très large dont l'enjeu éducatif – social et politique – est finalement le suivant : permettre à tout un chacun de se comporter de manière avisée dans le monde et favoriser l'équilibre et harmonie du tout.

La Muse n'apparaît qu'à une seule reprise en lien avec les hommes dans le cours du récit des *Hymnes homériques*. A l'instar de ce qu'elle fait avec Démodocos et Phémios dans l'*Odyssée*, elle place le chant dans la poitrine de certains hommes (des marins crétois). Lorsque les Muses sont invoquées dans les vers liminaires, c'est le plus souvent à la manière directe, immédiate de l'*Iliade* : le chanteur exhorte les divinités à venir le porter dans son travail, avant de disparaître derrière elles. Tous les *Hymnes* du corpus ne présentent néanmoins pas une telle invocation musicale. On trouve également des appels aux divinités célébrées dans le chant. Loin de venir jouer le rôle inspirateur des Muses, celles-ci se contentent d'honorer le chant de leur présence, plaçant ce dernier dans un contexte favorable. Dans certains *Hymnes*, le chanteur prend également lui-même les choses en main, conduisant son chant sans laisser percevoir la moindre trace d'invocation ou de présence des Muses. Mais qu'importe l'amorce et le déploiement du chant, l'intervention ou non du chanteur ou des Muses, ce dernier est toujours en retrait et laisse libre cours au récit proféré, qui semble simplement se dérouler à travers lui.

Avec les premiers fragments lyriques, la tonalité change, les choses se complexifient : ce qui n'est apparu jusque-là qu'à titre de traces se montre plus nettement. Centré qu'il est sur des événements contemporains, le contexte de performance fait émerger dans les compositions le présent de l'actualité aux côtés des récits du passé. Les chants célèbrent non seulement des dieux lors de rituels bien déterminés, mais aussi de grands exploits récents, des moments de la vie quotidienne, etc. Des mortels apparaissent en lien avec les glorieux héros traditionnels. D'abord inexistantes, puis extrêmement rares, les marques énonciatives rappelant la présence des chanteurs-poètes comme serviteurs ou messagers des Muses sont soudain monnaie courante. Plus que de simplement réfléchir sur leur travail et exposer l'expérience qu'ils en font, les chanteurs-poètes s'accordent volontiers un rôle et une place de choix dans le chant. Ils valorisent leurs propres qualités et mérites.[11]

Bien qu'ils continuent à invoquer les Muses et à revendiquer leur soutien, les chanteurs-poètes lyriques apparaissent autonomes. En employant notamment les noms σοφία, τέχνη et μουσική pour qualifier leur activité musicale – noms ambigus, qui se rapportent tant aux indispensables qualités divines qu'aux qualités humaines –, ils se présentent ouvertement comme capables de disposer à leur guise de connaissances et moyens musicaux préalablement acquis. Moyens qui leur permettent à la fois de s'émanciper des puissantes Muses et de se démarquer de leurs collègues. Loin de la fusion et de la prise de conscience, les chanteurs-poètes lyriques semblent prendre de la distance sur leur travail ou, pour le dire dans une terminologie moderne, se mettre à réfléchir sur l'activité musicale et les Muses elles-mêmes – tout comme sur les avantages et le pouvoir qu'elles leur confèrent.

Le phénomène de distanciation se révèle de manière plus marquante encore chez Pindare. Les Muses s'y inscrivent on ne peut plus nettement dans l'ici et maintenant de la célébration de héros contemporains, qui se font jour comme parties de tout un dispositif musical mi-humain mi-divin, dont le chanteur-poète et nos divinités sont tantôt soutiens tantôt maîtres. Si les Muses viennent en aide au chanteur-poète et l'épaulent dans le chant, elles ne sont pourtant jamais seules maîtresses à bord. Le chanteur-poète se place lui-même au centre de ses compositions, comme l'indiquent les multiples appellations et images par lesquelles il se fait jour : messager, intendant, assistant, scytale, trouveur de mots, laboureur, prophète, héraut, chef d'orchestre, cocher, archer, lanceur de javelots, échanson, expéditeur. Loin de se contenter de laisser s'écouler les divines paroles musicales par sa bouche, le chanteur-poète se présente comme un travailleur, en même temps doué d'une belle maîtrise propre et d'un grand talent musical, qui découle de son lien aux Muses. C'est ainsi qu'il supplie nos divinités de l'aider dans son chant, de lui faire des dons, de lui transmettre leur savoir, vue, sagesse et savoir-faire.

De plus, un nouveau personnage entre en jeu : le commanditaire. Si le chant apparaît jusque-là spontanément – même si le chanteur(-poète) est amené à honorer et valoriser les place et tâche qui lui reviennent au sein du tout musical –, il se fait jour chez Pindare comme fruit d'une commande. Un tiers peut venir mettre en branle le mouvement de l'inspiration musicale, le travail et

---

[11] Cf. Murray 2008, 207.

talent du chanteur-poète. Situation inédite qui n'est pas sans conséquence sur le contenu même du chant : ce dernier ne concerne plus seulement les hauts-faits (passés, présents et futurs), mais encore, en aparté, le commanditaire lui-même en son rapport avec le chanteur-poète. L'activité musicale apparaît ainsi comme un jeu réciproque ou complexe échange de bons procédés entre le chanteur-poète, les Muses, le commanditaire et les hommes chantés. Jeu et échange qui font logiquement émerger les questions, jusqu'alors non thématiques, de la valeur des chants : valeur musicale, mais aussi financière. Tout porte à croire qu'en plus de réfléchir sur son activité et chercher à la présenter au mieux, le chanteur-poète vante ses mérites et la qualité musicale de ses chants pour mieux se vendre...

Bacchylide s'inscrit dans la tendance à la distanciation apparue chez ses prédécesseurs et contemporains lyriques. Si son activité musicale se dévoile également comme un jeu réciproque entre les capacités du chanteur-poète, la puissance des Muses, les attentes du commanditaire et les exploits des hommes chantés, elle se distingue du fait qu'elle trouve volontiers son origine dans certaines Muses particulières (Calliope, Clio et Uranie), voire même dans sa seule pensée (μέριμνα) de chanteur-poète. Loin d'être autonome, l'activité musicale se présente clairement comme le résultat d'un enseignement ou d'un don divin préalable, précédant la composition et/ou performance. La prolifération d'images bacchylidiennes exprime le travail musicalement et naturellement inspiré du chanteur-poète : le prophète divin, le θεράπων illustre des Muses, le tisserand soutenu par les Charites, l'hôte du vainqueur, l'expéditeur, le jardinier-fleuriste, le coq, le rossignol et l'abeille apparaissent comme autant de marques de réflexion de la part du chanteur-poète sur sa tâche musicale.

A tel point que, loin de fusionner avec les instances musicales ou de s'en éloigner, il est amené à se confondre avec elles. La nuance entre fusion et confusion est d'importance : alors que, dans l'*Iliade*, le chanteur entretient un rapport fusionnel avec les Muses, au sens où tous deux ne font qu'un, Bacchylide vient à se confondre avec elles au sens où il ne fait plus vraiment de différence entre ses capacités propres et le pouvoir musical.

Bien que Parménide ne mentionne pas la moindre Muse, l'entièreté de son prologue a une teinte musicale. C'est par une influence et inspiration divine que le poète-penseur – et par son intermédiaire tout homme – est amené à accroître sa connaissance jusqu'à tout savoir : une fois franchies les portes du jour et de la nuit, une déesse lui révèle aussi bien la vérité divine que les opinions et apparences des mortels ; avant de le laisser voler de ses propres ailes. Par cet élan musical sans pareil, tremplin vers la pensée abstraite, philosophique, le poète-penseur est à même d'initier ses congénères au savoir inédit de la vérité claire-obscure des phénomènes.

Suite à la fusion (Homère comme porte-parole musical), à la prise de conscience (Hésiode), à la distanciation (les lyriques et en particulier Pindare comme part active de la triangulation Muses-chanteur-poète-vainqueurs) et à la confusion (Bacchylide comme chanteur-poète lui-même musical), Empédocle va plus loin encore dans le rapport homme-Muse. Le poète-penseur se reconnaît lui-même comme dieu, devient lui-même dieu, homme-dieu : homme inspiré, possédé par les divines puissances musicales.

Loin de toute immodestie, le poète-penseur se montre, à l'instar de Parménide suite à son voyage initiatique, en charge d'un pouvoir qui le dépasse : pouvoir de connaissance et de transmission divines, à la fois d'ordre physiologico-scientifique et mystico-religieux. Plongé qu'il est dans le savoir qu'il possède des Muses, Empédocle en vient à se confondre avec sa source d'inspiration et à prendre en charge la transmission des paroles conduisant – nouvelle amorce à la philosophie – à la pensée et à la sagesse de toute chose en son évidence. S'il suit convenablement les directives musicales et l'élan enthousiaste du maître, le fidèle disciple peut lui aussi tendre à une telle hauteur d'esprit et de connaissance.

3 Chœrilos et la limite des savoir-faire

Né dans la première moitié du 5ᵉ siècle sur l'île de Samos,[12] le chanteur-poète Chœrilos est principalement connu comme auteur d'un long chant épique sur les guerres médiques.[13] Les cinq vers ci-dessous présentent sa seule occurrence des Muses.[14] Si nous les avons gardés pour la fin, c'est qu'ils permettent de compléter d'une nouvelle manière, non pas froide, objectivante, scientifique comme nous l'avons fait jusqu'ici, mais évolutive, nostalgique, nos observations précédentes concernant les différents rapports entretenus par les chanteurs(-poètes) aux Muses :

---

[12] Radici Colace 1979, 7-14 offre un panorama des diverses sources présentant la vie de Chœrilos.
[13] Sur la base des rares témoignages qui nous sont parvenus, on suppose que son titre en était *Les Perses* (cf. Huxley 1969a).
[14] Un second fragment de Chœrilos (fr. 1 Bernabé) fait intervenir la thématique musicale de l'invocation, sans toutefois que les Muses soient explicitement exhortées : « Conduis-moi une autre parole, à savoir comment... (ἥγεό μοι λόγον ἄλλον, ὅπως...) ».

ἆ μάκαρ, ὅστις ἔην κεῖνον χρόνον ἴδρις ἀοιδῆς,
Μουσάων θεράπων, ὅτ' ἀκήρατος ἦν ἔτι λειμών·
νῦν δ' ὅτε πάντα δέδασται, ἔχουσι δὲ πείρατα τέχναι,
ὕστατοι ὥστε δρόμου καταλειπόμεθ', οὐδέ πηι ἔστι
πάντηι παπταίνοντα νεοζυγὲς ἅρμα πελάσσαι.

Fortuné, toi qui étais en ce temps savant du chant,
serviteur des Muses, lorsque le pré était encore intact ;
mais maintenant que tout est partagé, les savoir-faire ont des limites,
de sorte que, derniers, nous sommes laissés en arrière de la course, et il n'est en aucune manière possible
de faire approcher un char nouvellement attelé en lançant partout des regards.[15]

La forme verbale à l'imparfait (ἔην) l'indique : l'énonciateur – sans doute Chœrilos lui-même –, s'adresse à un interlocuteur issu du passé, qui se distingue par l'étroit rapport qu'il entretenait alors aux Muses. Ce dernier est taxé de μάκαρ, *fortuné* ; mot rencontré chez Hésiode (*Th.* 33 ; 101), Alcman (fr. 59b.1 Davies), Solon (fr. 13.3 West) et Empédocle (fr. 152.14 Gemelli Marciano), généralement réservé aux dieux ou aux hommes bénéficiant d'une bonne fortune, d'un privilège divin.[16] La première expression du deuxième vers vient préciser la nature de son privilège : il est un Μουσάων θεράπων, *serviteur des Muses*, autrement dit un chanteur(-poète). Non pas comme ceux de l'époque de Chœrilos, mais d'un autre temps (κεῖνον χρόνον) : d'une époque passée, loin du maintenant (νῦν) présent. Fort de tout un savoir, l'homme est qualifié d'ἴδρις, *savant, connaisseur, instruit* du chant (ἀοιδῆς). Bien que le terme n'apparaisse sinon pas dans notre corpus, nos auteurs l'emploient volontiers : appartenant à la famille d'εἰδέναι, *avoir une vue, savoir*, c'est par lui qu'Homère décrit par exemple le savoir des Phéaciens en matière de bateaux (*Od.* 7.108) ou celui accordé par Héphaïstos et Athéna à l'artisan (23.160). On a tôt fait de le comprendre : l'énonciateur est nostalgique. Mais que regrette-t-il du temps passé ? La fin du deuxième vers vient donner la réponse, qu'on devine sans peine : il déplore le déclin de la musique, ou, plus précisément, le rétrécissement du savoir musical.

Au contraire de ce qui a cours alors, le pré (λειμών) sous-entendu des Muses était jadis ἀκήρατος, *non mêlé*, c'est-à-dire *pur, vierge*[17] ou encore *non endom-*

---

15 Chœril. fr. 2 Bernabé. Lombardi 1997, 89 est d'avis que ces vers faisaient partie du proème du chant ; tout comme Lloyd-Jones/Parsons 1983, 147 qui classent ce fragment sous l'appellation *e proemio*. Cf. encore de Martino 1984, 17.
16 Cf. encore Stesich. fr. 172.3 Davies-Finglass ; Corinn. fr. 654a.19 Page.
17 Comme l'eau (Hom. *Il.* 24.303), la source (A. *Pers.* 614) ou la jeune fille arrivant chez son mari (E. *Tr.* 675).

magé, non entamé, intact.[18] Véritable *leitmotiv* des chants grecs, le pré est tantôt le lieu où paissent les animaux,[19] tantôt celui qui borde les hauts-lieux.[20] Souvent consacré à une divinité,[21] il est le plus souvent verdoyant et fleuri,[22] doux au toucher,[23] fertile ;[24] à tel point qu'il n'est pas rare que son accès soit interdit aux hommes.[25] Le constat de Chœrilos est sans appel : au fil du temps, le pré des divines Muses a perdu de sa pureté, autrement dit a été pénétré, pour ne pas dire piétiné, souillé par les hommes. Pour l'exprimer dans nos termes : alors que le chanteur était jadis à la merci des Muses, en fusion avec elles pour les laisser parler par sa bouche, l'homme a pris toujours plus de place et d'influence dans le chant, privilégiant ses intérêts plutôt que la prairie en son intégrité et harmonie musicale.

A partir du troisième vers, le chanteur-poète pointe le problème à l'origine des transformations qui ont eu lieu depuis cette époque exemplaire : avec le temps, les choses ont été partagées. La ressource du pré musical, le savoir englobant du chant ont été divisés, répartis entre les chanteurs, poètes et penseurs : les savoir-faire (τέχναι) ont évolué et sont devenus limités (πείρατα). Πείραρ est la *limite*, l'*extrémité*, le *terme* qui marque tant un événement[26] qu'un lieu.[27] La limitation des τέχναι ne signifie pas seulement qu'il est désormais extrêmement difficile pour un musicien de s'en sortir dans la spécificité et particularité des genres musicaux, mais également qu'il n'est presque plus possible d'innover en matière de chants : arrivé à leurs confins, on est voué à se répéter.

Dernier de toute une série de chanteurs(-poètes), Chœrilos se présente, dans une formulation éminemment athlétique, comme perdant de la course. Les possibilités musicales ont toutes déjà été réalisées : le pré des Muses a été piétiné, les biens musicaux ont été répartis, les savoir-faire limités. Il ne lui reste plus que

---

18 Le bateau a gardé sa carène intacte en traversant une tempête (A. *A.* 661) ; les prés de Piérie où paît le troupeau d'Apollon sont intacts, au sens où l'herbe n'a pas été fauchée (*h.Merc.* 4.70-72).
19 Par exemple Hom. *Od.* 21.49 ; *h.Cer.* 2.175 ; *h.Merc.* 4.503.
20 Pré d'Asie (Hom. *Il.* 2.461) ; plaine du Scamandre (2.467) ; prairie au bord d'Océan (16.151) ; prairie de l'Asphodèle, lieu des ombres (*Od.* 11.539) ; pré au bas de l'île des Sirènes (12.45) ; plaine de Marathon (Ar. *Ra.* 246-247).
21 Athéna (Hom. *Od.* 6.292) ; Pan (*h.Pan.* 19.25) ; Zeus (S. *Tr.* 200) ; Héra (E. *Ph.* 24) ; les Nymphes (*IA* 1296) ; Artémis (1463) ; Iacchos (Ar. *Ra.* 326).
22 Hom. *Od.* 12.159 ; Ar. *Ra.* 449.
23 Hom. *Od.* 5.72 ; 9.132 ; Hes. *Th.* 279 ; *h.Ap.* 3.118.
24 A. *Supp.* 559 ; *Pr.* 653.
25 Par exemple les prés consacrés à Aphrodite (Sapph. fr. 2.10-11 Voigt) et à Artémis (E. *Hipp.* 73-74 ; 76-77).
26 Il s'agit par exemple de mettre un terme à une querelle (Hom. *Il.* 14.301) ; Achille annonce à Hector le terme fixé pour sa mort (20.429).
27 Par exemple les confins de la terre où se trouve Océan (Hom. *Il.* 8.478 ; *Od.* 11.13).

des miettes, tant il est devenu difficile, voire impossible de faire approcher un char (des Muses), d'y grimper, de le conduire et se laisser emporter comme jadis « qu'importe où son *thumos* le pousse »[28] et « aussi loin qu'un *thumos* peut parvenir ».[29] Chœrilos a beau être aux aguets, l'horizon musical lui est bouché, vidé de perspectives nouvelles.

Par sa lamentation même, Chœrilos trouve-t-il une voie inédite, personnelle en matière de musique ?[30] Parvient-il à tirer astucieusement son épingle du jeu en dépeignant la dégénérescence musicale avant de se mettre à l'ouvrage ? Quoi qu'il en soit, nos oreilles sont bien préparées pour l'entendre : ce n'est pas parce que le pré des Muses est piétiné, parce que le partage, la division, la dissolution l'emporte sur la pureté musicale, parce que les savoir-faire évoluent et deviennent de plus en plus limités, que les mystérieuses forces inspiratrices que sont les Muses doivent être négligées.

---

28 Hom. *Od.* 8.45.
29 Parm. fr. 8A.7 Gemelli Marciano.
30 Cf. Bernardini 2004, 35-36.

Liste des occurrences musicales par auteur et corpus de textes[1]

Auteur / corpus de textes (nombre total d'occurrences)[2]	Muse(s) et noms propres des Muses dans l'invocation	Muse(s) et noms propres des Muses dans la narration
Homère (22 occ.)	Singulier *Il.* 2.761 *Od.* 1.1 Pluriel *Il.* 2.484 *Il.* 11.218 *Il.* 14.508 *Il.* 16.112 (6 occ.)	Singulier *Od.* 8.63 *Od.* 8.73 *Od.* 8.481 *Od.* 8.488 *Od.* 24.62 Pluriel *Il.* 1.604 *Il.* 2.491 *Il.* 2.594 *Il.* 2.598 *Od.* 24.60 (10 occ.)
Hésiode (38 occ.)	Pluriel *Th.* 114 *Th.* 966 *Th.* 1022 *Op.* 1 fr. 1.2 MW fr. 1.14 MW (6 occ.)	Singulier *Th.* 77 (4x – Clio, Euterpe, Thalie, Melpomène) *Th.* 78 (4x – Terpsichore, Erato, Polymnie, Uranie) *Th.* 79 (Calliope) fr. 305.1 MW (Uranie)

---

1 Nous employons les abréviations des éditeurs suivantes : A = Allen ; B = Bernabé ; C = Calame ; Cb = Campbell ; D = Davies ; DF = Davies-Finglass ; G = Gentili ; GD = Gronewald-Daniel ; GM = Gemelli Marciano ; Go = Gostoli ; M = Maehler ; MW = Merkelbach-West ; P = Page ; Pol = Poltera ; R = Rutherford ; V = Voigt ; W = West : Y = Young.
2 Dans l'ordre le plus chronologique possible.
3 Sous présence implicite sont classées les expressions de filles de Zeus et/ou de Mnémosyne, Piérides, Héliconiennes, Olympiennes ou simplement divinités.

Présence implicite des Muses dans l'invocation[3]	Présence implicite des Muses dans la narration	Termes apparentés aux Muses	Occurrences inclassables[4]
Il. 1.1 (θεά)	*Od.* 8.44 (θεός)		
Od. 1.10 (θεά)	*Od.* 8.498 (θεός)		
	Od. 22.347 (θεός)		
(2 occ.)	*Od.* 8.499 (θεοῦ)		
	(4 occ.)		
Th. 104 (τέκνα Διός)	*Th.* 29 (κοῦραι Διός)		
	Th. 81 (κοῦραι Διός)		
(1 occ.)	*Th.* 60 (κούρας)		
	Th. 41 (θεᾶν)		
	Th. 48 (θεαί)		
	Th. 103 (θεάων)		
	(6 occ.)		

---

4 Le caractère incertain ou fragmentaire de ces occurrences ne permet pas de déterminer s'il s'agit d'invocations ou de mentions dans la narration.

Auteur / corpus de textes (nombre total d'occurrences)[2]	Muse(s) et noms propres des Muses dans l'invocation	Muse(s) et noms propres des Muses dans la narration
		Pluriel
		Sc. 206
		Th. 1
		Th. 25
		Th. 36
		Th. 52
		Th. 75
		Th. 93
		Th. 94
		Th. 96
		Th. 100
		Th. 916
		Op. 658
		Op. 662
		fr. 26.11 MW
		fr. 310 MW
		(25 occ.)
Frag. épiques (4 occ.)	Singulier *Il.Parv.* 1.1 B Pluriel *Epigoni* 1 D *Il.Cycl.* 1.1 B (3 occ.)	
Hymnes hom. (22 occ.)	Singulier *h.Ven.* 5.1 *h.Dian.* 9.1 *h.Diosc.* 17.1 *h.Vulcan.* 20.1 *h.Merc.* 4.1 *h. Mat.Deorum* 14.2 *h.Pan.* 19.1 *h.Sol.* 31.1 *h.Sol.* 31.2 (Calliope)	Singulier *h.Ap.* 3.518 *h.Merc.* 4.447 Pluriel *h.Ap.* 3.189 *h.Dian.* 27.15 *h.Merc.* 4.430 *h.Merc.* 4.450 *h.Lun.* 32.20

Présence implicite des Muses dans l'invocation[3]	Présence implicite des Muses dans la narration	Termes apparentés aux Muses	Occurrences inclassables[4]
Thebaïs 1 A (θεά)			
(1 occ.)			
h.Musas et Ap. 25.6 (τέκνα Διός)			
(1 occ.)			

Auteur / corpus de textes (nombre total d'occurrences)[2]	Muse(s) et noms propres des Muses dans l'invocation	Muse(s) et noms propres des Muses dans la narration
	Pluriel h.Diosc. 33.1 h.Lun. 32.1	h.Musas et Ap. 25.1 h.Musas et Ap. 25.2 h.Musas et Ap. 25.4
	(11 occ.)	(10 occ.)
Archiloque (2 occ.)		Pluriel fr. 1.2 W fr. 328.17 W
		(2 occ.)
Terpandre (3 occ.)		Singulier fr. 5.1 Go fr. 8.1 Go
		(2 occ.)
Eumélos (3 occ.)		Singulier fr. 696.1 P Pluriel Dubia 3 D
		(2 occ.)
Mimnerme (1 occ.)		Pluriel fr. 13.3 W
		(1 occ.)
Alcman (17 occ.)	Singulier fr. 5 fr. 2 col. ii.22 D fr. 14 (a).1 D (2x) fr. 28 D fr. 27.1 D (2x - Calliope) (6 occ.)	Singulier fr. 30 D fr. 31 D Pluriel fr. 5 fr. 2 col. ii.23 D fr. 5 fr. 2 col. ii.28 D fr. 46 D fr. 59b.1 D fr. 224.4 C fr. 271 C (8 occ.)

Présence implicite des Muses dans l'invocation[3]	Présence implicite des Muses dans la narration	Termes apparentés aux Muses	Occurrences inclassables[4]
		fr. 8.2 Go (Μουσάρχῳ) (1 occ.)	
Dubia 2 D (Μνημοσύνης καὶ Ζηνὸς κοῦραι) (1 occ.)			
			Pluriel fr. 8 fr. 4 col. ii.11 D fr. **282.2 C fr. 26.1 C (Ὀλ]υμπιάδες) (3 occ.)

Liste des occurrences musicales par auteur et corpus de textes

Auteur / corpus de textes (nombre total d'occurrences)[2]	Muse(s) et noms propres des Muses dans l'invocation	Muse(s) et noms propres des Muses dans la narration
Sappho (11 occ.)	Singulier fr. 124 V (Calliope) P. Köln 21351.8 GD Pluriel fr. 127 V fr. 128 V (4 occ.)	Singulier S 260.11 P (Calliope) Pluriel fr. 187 V S 261 a fr. 2 col. i.10 P fr. 44A b, col. ii.5 V (4 occ.)
Solon (3 occ.)	Pluriel fr. 13.2 W (1 occ.)	Pluriel fr. 13.51 W fr. 26.2 W (2 occ.)
Stésichore (7 occ.)	Singulier fr. 172.1 DF fr. 327.1 DF fr. 277a DF (Calliope) fr. 277b DF (Calliope) (4 occ.)	Singulier fr. 278 DF (1 occ.)
Théognis (4 occ.)		Pluriel 15 Y 250 Y 769 Y 1056 Y (4 occ.)
Ibycos (3 occ.)		Pluriel S 151.23 D S 257a fr. 27.4 D (2 occ.)
Xénophane (1 occ.)		Singulier fr. 4.12 GM (Thalie) (1 occ.)

Présence implicite des Muses dans l'invocation[3]	Présence implicite des Muses dans la narration	Termes apparentés aux Muses	Occurrences inclassables[4]
		fr. 150.1 V (μοισοπόλων) (1 occ.)	Pluriel fr. 103.5 V P. Köln 21351.9 GD (2 occ.)
fr. 90.10 DF (θεά) fr. 100.6 DF (θεά) (2 occ.)			
			S 255.4 D (ἡ.μουσικη͜) (1 occ.)

Auteur / corpus de textes (nombre total d'occurrences)[2]	Muse(s) et noms propres des Muses dans l'invocation	Muse(s) et noms propres des Muses dans la narration
Simonide (12 occ.)	Singulier fr. 11.21 W fr. 92.1 W fr. 92.2 W F 264b.1 Pol (Clio) (4 occ.)	Singulier F 254a.1 Pol Pluriel fr. 22.6 W fr. 22.17 W F 264a.1 Pol fr. 519.22.3 Cb fr. 519b.32.6 Cb 7.25.1 Beckby (7 occ.)
Anacréon (3 occ.)		Pluriel fr. 56.3 G (1 occ.)
Parménide (1 occ.)		
Pindare (89 occ.)	Singulier *O.* 10.3 *P.* 1.58 *P.* 4.3 *P.* 11.40 *N.* 3.1 *N.* 6.28 *I.* 6.57 *I.* fr. 6a.e M fr. 150 M fr. 151 M Pluriel *O.* 11.17 *N.* 9.1 *Pae.* 6 D6.54 R *Pae.* 8 B2.102 R *Dith.* I, 70a.14 R (15 occ.)	Singulier *O.* 1.112 *O.* 3.4 *O.* 13.22 *P.* 4.279 *P.* 5.65 *P.* 10.37 *N.* 1.12 *N.* 3.28 *N.* 7.77 *I.* 2.6 *Pae.* 4 D4.24 R *Dith.* II, 70b.25 M fr. 199.3 M *O.* 10.14 (Calliope) *Thren.* III, 128c.5 M (Calliope) *N.* 3.83 (Clio) *Pae.* 7a C1.7 R (Clio) *I.* 2.7 (Terpsichore)

Présence implicite des Muses dans l'invocation[3]	Présence implicite des Muses dans la narration	Termes apparentés aux Muses	Occurrences inclassables[4]
	fr. 11.16 W (Πιερίδ[ων) **(1 occ.)**		
	fr. 92 G (κοῦραι Διός) fr. 62.9 G (Πιερίδων) **(2 occ.)**		
	fr. 8A.28 GM (θεά) **(1 occ.)**		
N. 3.10 (οὐρανοῦ κρέοντι θύγατερ) **(1 occ.)**	*I.* 8.60 (θεᾶν) *I.* 2.34 (Ἑλικωνιάδων) *Pae.* 7b C2.19 R (Ἑλικωνιάδων) *I.* 8.57 (Ἑλικώνιαι παρθένοι) *O.* 10.96 (κόραι Πιερίδες Διός) *I.* 6.74-75 (κόραι Μναμοσύνας) *Pae.* 7b C2.17 R (Μναμ[ο]σύ[ν]ᾳ κόραισι) *P.* 1.14 (Πιερίδων) *P.* 6.48 (Πιερίδων) *P.* 10.64 (Πιερίδων) *N.* 6.33 (Πιερίδων) *I.* 1.65 (Πιερίδων) *Pae.* 6 D6.6 R (Πιερίδων)	*O.* 1.15 (μουσικᾶς) *Hymn.* I, fr. 32 M (μουσικάν) *N.* 8.47 (Μοισαῖον) *I.* 8.61 (Μοισαῖον) *Pae.* 7b C2.14 R (Μοισα[ῖο]ν) *I.* 6.2 (Μοισαίων) *Parth.* II, 94c M (Μοισαγέτας) **(7 occ.)**	Singulier *Pae.* 14 S3.32 R Pluriel fr. 287 M fr. 334a.4 M fr. 341 M **(4 occ.)**

Auteur / corpus de textes (nombre total d'occurrences)[2]	Muse(s) et noms propres des Muses dans l'invocation	Muse(s) et noms propres des Muses dans la narration
		Pluriel *O.* 2.27a *O.* 6.21 *O.* 6.91 *O.* 7.7 *O.* 9.5 *O.* 9.81 *O.* 13.96 *P.* 1.2 *P.* 1.12 *P.* 3.90 *P.* 4.67 *P.* 5.114 *N.* 4.3 *N.* 5.23 *N.* 7.12 *N.* 9.55 *N.* 10.26 *I.* 2.2 *I.* 3/4.61 *I.* 7.23 *I.* 8.6 *I.* 9.8 *Pae.* 6 D6.181 R *Pae.* 9 A1.39 R *Pae.* 12 G1.2 R fr. 155.2 M fr. **198a.2 M fr. 215b.8 M fr. 352 M
		(47 occ.)
Empédocle (8 occ.)	Singulier fr. 9.8 GM fr. 152.11 GM fr. 152.13 GM (Calliope) (3 occ.)	Singulier fr. 10.5 GM fr. 28.23 GM (2 occ.)

Présence implicite des Muses dans l'invocation[3]	Présence implicite des Muses dans la narration	Termes apparentés aux Muses	Occurrences inclassables[4]
	fr. 215a.6 M (Πιερίδ[ων) *Pae.* 22k Z4.3 R (Πιερίδεσ[) (15 occ.)		
	fr. 33.13 GM (θεοῦ) fr. 157.9 GM (θεός) (2 occ.)	fr. 101 GM (ἄμουσον) (1 occ.)	

Auteur / corpus de textes (nombre total d'occurrences)[2]	Muse(s) et noms propres des Muses dans l'invocation	Muse(s) et noms propres des Muses dans la narration
Bacchylide (31 occ.)	Singulier *Dith.* 1(15).47 *Ep.* 5.176 (Calliope) *Ep.* 3.3 (Clio) *Ep.* 12.2 (Clio) **(4 occ.)**	Singulier *Encom.* 21.4 *Ep.* 2.11 *Ep.* 3.92 *Dith.* 5(19).13 (Calliope) *Ep.* 13.9 (Clio) *Ep.* 13.228 (Clio) *Dith.* 2(16).3 (Uranie) *Ep.* 4.8 (Uranie) *Ep.* 5.13 (Uranie) *Ep.* 6.11 (Uranie) Pluriel *Dith.* 5(19).4 *Dith.* 29d.9 *Encom.* 20b.4 *Encom.* 20c.3 *Ep.* 3.71 *Ep.* 5.4 *Ep.* 5.193 *Ep.* 9.3 *Ep.* 9.87 *Ep.* 10.11 *Ep.* 13.222 *Epigram.* 1.3 fr. 55.2 M **(23 occ.)**
Hipponax (1 occ.)	Singulier fr. 128.1 W **(1 occ.)**	
Tynnichos (1 occ.)		Pluriel fr. 707 P **(1 occ.)**
Timocréon (1 occ.)		Singulier fr. 728.1 P **(1 occ.)**

Présence implicite des Muses dans l'invocation[3]	Présence implicite des Muses dans la narration	Termes apparentés aux Muses	Occurrences inclassables[4]
Ep. 1.1-2 (Δ[ιὸς] παρθένοι)	*Dith.* 5(19).35 (Πιερίδες) fr. 63.1 M (Πιερ]ίδων)		*Dith.* 29a.2 (κοῦραι Δ]ιός)
(1 occ.)	(2 occ.)		(1 occ.)

Auteur / corpus de textes (nombre total d'occurrences)[2]	Muse(s) et noms propres des Muses dans l'invocation	Muse(s) et noms propres des Muses dans la narration
Ion (1 occ.)		Singulier fr. 32.4 W (1 occ.)
Dionysios Chalcos (2 occ.)		Singulier fr. 7 W (Calliope) Pluriel fr. 4.5 W (2 occ.)
Chœrilos (1 occ.)		Pluriel fr. 2.2 B (1 occ.)
Corinna (5 occ.)		Singulier fr. 654a.19 P fr. 655.1 P (Terpsichore) Pluriel fr. 654b.13 Cb fr. 676a P (4 occ.)
Total 297 occ.	68	164

Présence implicite des Muses dans l'invocation[3]	Présence implicite des Muses dans la narration	Termes apparentés aux Muses	Occurrences inclassables[4]
		fr. 674 P (μωσοφίλειτε)	
		(1 occ.)	
10	33	12	10

Index des vers traités

Alcman
  fr.
    5 fr. 2 col. ii.22-29 Davies 5, 136–137, 138
    8 fr. 4 col. ii.11 Davies 138
    14a Davies 142–143, 243, 268
    26.1-5 Calame 138
    27 Davies 143–144
    28 Davies 144
    30 Davies 145–147
    31 Davies 139–140
    46 Davies 144, 151, 177, 188, 189
    59b Davies 140–141, 164, 317, 339
    224.4 Calame 141
    271 Calame 138, 184, 210
    **282.2 Calame 138
Anacréon
  fr.
    56.3-4 Gentili 156
    62.9-10 Gentili 149
    92 Gentili 149, 293
Archiloque
  fr.
    1 West 133–135, 139, 159, 172
    328.17 West 132

Bacchylide
  Dithyrambe
    1(15).47 257
    2(16).1-4 203, 263, 278–279, 280, 287, 294
    5(19).1-14 68, 114, 210, 259, 266–269, 270, 286
    5(19).35 269
    fr. 29a.1-4 Maehler 203, 257, 259
    fr. 29d Maehler 257
  Encomion
    20b.3-4 210, 263, 275
    20c.2-6 263, 269–270
    21.4 264
  Epigramme
    1.3 273
  Epinicie
    1.1-3 257, 259
    2.11-14 258–259, 265, 287, 288
    3.3 260, 285
    3.71 170, 261, 270
    3.90-98 271–275, 282
    4.7-8 270–271, 287
    5.3-4 260, 270, 278, 315
    5.9-14 68, 114, 133, 193, 203, 210, 257, 261–263, 287
    5.176-179 286–287, 319, 320
    5.191-197 263, 264–265, 283
    6.10-16 259, 260, 287–288
    9.3-4 259, 260, 267, 270, 323
    9.86-97 273
    10.9-13 276–278
    12.1-7 260, 263, 280–282, 285, 329
    13.9 285
    13.221-224 114, 259, 263, 283–284, 314
    13.228-231 260, 270, 284–285, 310
  fr.
    55 Maehler 279–280
    63.1 Maehler 263

Chœrilos
  fr.
    2 Bernabé 320, 339–341
Corinna
  fr.
    654a.19-22 Page 10, 240, 339
    654b.13 Campbell 10, 193
    655.1-3 Page 10, 250
    674 Page 10, 73, 250
    676a Page 10

Dionysios Chalcos
  fr.
    4 West 281
    7 West 208

Empédocle
  fr.
    9.6-14 Gemelli Marciano 318–321
    9.15-19 Gemelli Marciano 321–323
    10 Gemelli Marciano 313–316
    28.23 Gemelli Marciano 309, 316–318

33.13 Gemelli Marciano 317, 324–325
101 Gemelli Marciano 310
152 Gemelli Marciano 310–313, 316, 324, 339
157.9-11 Gemelli Marciano 323–324, 325
Epigoni
  1 Davies 56
Eumélos
  dubia
    2 Davies 4, 58, 293
    3 Davies 4–5, 74, 175
  fr.
    696 Page 175, 258

Hésiode
  Bouclier
    206 58, 101, 149
  fr.
    1.2 Merkelbach-West 81
    1.14-16 Merkelbach-West 94
    26.10-11 Merkelbach-West 77
    305 Merkelbach-West 6, 102, 237
    310 Merkelbach-West 89
  Les Travaux et les Jours
    1-4 61–62, 100, 102, 149
    658-659 73, 79–80
    662 79, 102
  Théogonie
    1 56–57, 58, 61, 73, 79, 98
    2-8 73–77, 101, 102, 127, 151, 162, 165, 174, 217, 262, 331
    9-10 77–78, 80, 102, 299
    22-23 78–80, 102
    24-25 81–82, 293
    26-29 82–88, 166, 170, 212, 293, 307, 317, 333
    30-34 88–91, 98–99, 100, 102, 105, 110, 170, 285, 297, 313, 331, 339
    36-40 90, 91, 97–100, 101, 102, 177, 246, 297, 299, 322
    40-43 71–72, 80, 100, 102, 209, 322
    43-52 72, 100, 101, 102, 105, 268
    53-55 58–61, 92, 136, 149, 269, 328
    56-62 63–65, 91, 230, 293, 328
    63-67 67–69, 80, 100, 101, 102, 116, 127, 144, 198
    68-71 70–71, 101, 102, 115

71-75 71, 101
76-80 3, 66, 100–103, 144, 176–177, 268
81-96 93–97, 103, 112, 119, 134, 152, 184, 265, 285, 293, 296, 301, 313, 324
96-103 91–93, 100, 102, 126, 133, 158, 203, 211, 264, 268, 273, 339
104-115 100, 104–107, 121
915-917 65–67, 101, 106–107, 149, 203, 257
966 81, 107
1022 81, 107
Hipponax
  fr.
    128 West 257
Homère
  Iliade
    1.1 14–16, 20, 21, 22, 32, 33, 57, 81
    1.603-604 17–19, 36, 38, 70, 72, 114, 127, 300, 333
    2.484-487 20–24, 25, 32, 44, 163, 166, 167, 168, 177, 296, 322
    2.488-493 24–27, 58, 81, 167
    2.594-600 27–30, 58, 89, 293, 320
    2.761-762 20–21
    11.218 20–21
    14.508 20–21
    16.112 20–21
  Odyssée
    1.1-2 1, 31–33, 57, 172
    1.10 31, 33
    8.43-45 37–38, 39, 40, 66, 93, 119, 183, 323, 341
    8.62-64 39–40, 43, 92, 115, 126, 313
    8.73-74 23, 40–41, 42, 93, 126, 190, 194, 202
    8.479-481 41–43, 92, 96, 122, 126
    8.487-491 42, 43–46, 58, 87, 173
    8.492-499 44, 46–49, 87, 89, 122, 173, 183, 216, 276, 283, 284, 302
    22.347-348 42, 49–52, 119, 270
    24.60-62 18, 19, 34–36, 70, 80, 93, 119, 127, 152, 154, 200
  Hymne homérique
  à Aphrodite
    5.1 110

à Apollon
    3.188-203 113–118, 119, 125, 156, 239, 267, 296, 324, 333
    3.514-519 118–120, 134, 184
à Artémis
    9.1 110
    27.15 112, 117
à Hélios
    31.1-2 110, 111
à Héphaïstos
    20.1 110, 111
à Hermès
    4.1 110, 120
    4.427-430 120–123, 259
    4.447-454 123–128, 162, 166, 204, 229, 230, 246, 259, 311
à la Mère des dieux
    14.2 110, 111
à Pan
    19.1 110
à Séléné
    32.1-2 110, 111, 133, 293
    32.20 112
aux Dioscures
    17.1 110, 111
    33.1 110
aux Muses et à Apollon
    25 111, 112

Ibycos
    fr.
        S 151.23-29 Davies 166–168
        S 255.4 Davies 124, 165–166, 229, 246
        S 257a fr. 27.3-4 Davies 143, 165
Iliade en Cycle
    fr.
        1.1 Bernabé 21
Ion
    fr.
        32 West 124
Mimnerme
    fr.
        13 West 5, 136–138, 175

Parménide
    fr.
        8A.7-11 Gemelli Marciano 292–297, 341
        8A.12-14 Gemelli Marciano 297–298
        8A.14-16 Gemelli Marciano 298–300
        8A.17-27 Gemelli Marciano 300–301
        8A.28-29 Gemelli Marciano 301–302
        8A.30-34 Gemelli Marciano 303–304
        8A.35-37 Gemelli Marciano 304–307, 314
        8B.7-8 Gemelli Marciano 304, 307–308
Petite Iliade
    1.1-2 Bernabé 56–57
Pindare
    Dithyrambe
        I, fr. 70a.13-15 Maehler 248
        II, fr. 70b.23-26 Maehler 249
    fr.
        31 Maehler 328–329, 330, 333
        150 Maehler 251, 260
        151 Maheler 249
        155 Maehler 244
        **198a Maehler 247–248
        199.3 Maehler 250
        215a.5-6 Maehler 248
        215b.8 Maehler 248
        287 Maehler 237
        334a.4 Maehler 244
        341 Maehler 245
        352 Maehler 247
    Hymne
        I, fr. 32 Maehler 124, 166, 248
    Isthmique
        1.64-65 210–211
        2.1-8 119, 194, 202–207, 215, 219, 257, 279, 320
        2.33-34 201–202, 306
        3/4.61-62 216, 302
        6.1-3 186–187, 225, 235
        6.57-58 182, 187, 195, 225–226
        6.74-75 177, 188–189, 217, 245, 261
        7.23 170, 216
        8.5-6 216
        8.57-62 151, 200–201, 240, 259, 294, 319
        9.7-8 226
        fr. 6a.e Maehler 182

Néméenne
  1.11-12 182–183, 319
  3.1-12 119, 182, 194, 195, 210, 226–231
  3.28 183
  3.83-84 203, 216, 229, 279
  4.1-8 68, 214–215, 219, 220, 223, 265, 303
  5.22-26 184, 219, 220
  6.26-35 182, 210, 226, 232–234, 281, 318
  7.11-16 60, 194, 216–219, 274
  7.75-79 114, 207–209, 220, 261
  8.47 151, 201
  9.1-5 182, 195–196
  9.55 231
  10.26 210, 233–234
Olympique
  1.14-15 124, 229
  1.111-112 184–186, 232
  2.27a 184
  3.4 199, 225, 229, 312
  6.21 194
  6.90-91 163, 234–235
  7.7-10 192–194, 263
  9.5 233
  9.80-81 198–200, 218, 225
  10.1-6 182, 211–213, 263
  10.14 225
  10.95-96 190
  11.16-19 182, 195, 226
  13.22-23 184, 187, 331
  13.93-97 173, 185, 231–232
Parthénée
  II, fr. 94c Maehler 249
Péan
  4 D4.24 Rutherford 250
  6 D6.1-6 Rutherford 68, 250–251, 260
  6 D6.50-61 Rutherford 157, 239–241, 252, 265, 319
  6 D6.181-183 Rutherford 251–252
  7a C1.7 Rutherford 244
  7b C2.10-20 Rutherford 210–211, 241–245, 295, 301, 320
  8 B2.102-104 Rutherford 124, 245, 247
  9 A1.38-40 Rutherford 166, 246–247
  12 G1.2 Rutherford 245
  14 S3.32 Rutherford 241

  22k Z4.3 Rutherford 251
Pythique
  1.1-4 170, 219–221, 260
  1.5-12 221–224, 245
  1.13-14 218, 224–225
  1.58-59 182, 213–214, 242
  3.88-92 161, 184, 203, 257
  4.1-3 182, 190–191, 195, 233
  4.67 226
  4.277-279 163, 191–192, 234
  5.65 220
  5.114 210
  6.48 210
  10.37-38 184
  10.64-65 197–198, 263, 275
  11.40-41 182, 205
Thrène
  III, fr. 128c.4-10 Maehler 6, 237–239

Sappho
  P. Köln 21351.8 Gronewald-Daniel 150–151
  P. Köln 21351.9-10 Gronewald-Daniel 151–152, 162, 189, 224
  fr.
    44A b col. ii.5-6 Voigt 68, 149
    103.5 Voigt 68, 149, 175
    124 Voigt 148
    127 Voigt 149–150, 312
    128 Voigt 68, 149
    150 Voigt 152–156, 264
    187 Voigt 148
    S 260.11 Page 148
    S 261a fr. 2 col. i.10 Page 148

Simonide
  7.25.1-2 Beckby 169
  F 254a Poltera 177–178
  F 264a Poltera 138, 149, 174–175, 188, 217, 246, 319
  F 264b Poltera 175–177, 188, 189, 210, 217, 246
  fr.
    11.15-18 West 169–171
    11.19-26 West 143, 171–174, 176, 184, 217, 232, 310
    22.6 West 168
    22.17 West 168

       92 West 169
       519.22.3 Campbell 169
       519b.32.6 Campbell 169
Solon
  fr.
       13.1-4 West 157–159, 162, 241, 273–274, 306, 312, 313, 339
       13.51-52 West 134, 159–161, 164, 166, 168
       26 West 156–157, 291
Stésichore
  fr.
       90.9-10 Davies-Finglass 150
       100.6-9 Davies-Finglass 150
       172 Davies-Finglass 141, 339
       277a Davies-Finglass 142, 150, 312
       277b Davies-Finglass 142, 312
       278 Davies-Finglass 287
       327.1 Davies-Finglass 142, 150

Terpandre
  fr.
       5 Gostoli 250
       8 Gostoli 157, 249
Thébaïde
  fr.
       1 Allen 56
Théognis
       15-18 Young 68, 161
       250 Young 161–162
       769-772 Young 133, 134, 163–165, 166, 168, 171, 218, 234, 317
       1055-1058 Young 162–163
Timocréon
  fr.
       728 Page 250
Tynnichos
  fr.
       707 Page 199

Xénophane.
  fr.
       4.12 Gemelli Marciano 291

Index des notions grecques liées aux Muses

ἀγαθός 39, 118, 157, 158, 306, 310, 312, 313
ἀγάλλεσθαι 70, 277
ἄγαλμα 276, 277, 278
ἀγάφθεγκτος 234, 235
ἄγγελος 163, 179, 191, 234, 236
ἀγλαόθρονος 231, 232
ἀγλαός 123, 127, 156, 157, 161, 210, 331
ἁγνός 149, 174, 175, 176, 188, 331
ἀείδειν 14, 15, 17, 27, 29, 37, 40, 43, 46, 56, 69, 71, 79, 81, 88, 118, 142, 143, 150, 169, 184, 331
αἰδώς 41, 42, 53, 93, 96
ἀηδών 272, 274, 289
ἀθάνατος 63, 67, 71, 104, 113, 120, 200, 239, 264, 276, 277, 303
ἀθέσφατος 79
ἄθυρμα 273
ἀκάματος 97, 99
ἀκηδής 63, 64, 91, 92
ἀκήρατος 339
ἀκούειν 20, 24, 31, 43, 138, 219, 318, 324
ἀλέκτωρ 270, 289
ἀλήθεια 86, 211, 272, 274, 289, 292, 304, 307, 317
ἀληθής 82, 84, 85, 86, 212, 304, 306, 307, 314, 317
ἀμβρόσιος 70, 176, 266, 331
ἄμβροτος 113, 114, 115, 310, 311, 323, 324, 326
ἀμειβόμενος 17, 18, 19, 34, 35, 113, 114
ἀμέρδειν 39
ἀμήχανος 113, 115, 123, 125
ἄμπαυμα 58, 59, 60, 61
ἀναγιγνώσκειν 211, 212
ἀναξίμολπος 260, 287
ἀναξιφόρμιγξ 270, 271
ἀναξίχορος 259
ἀνατέλλειν 188
ἀνδάνειν 65, 66, 310, 311
ἀνεγείρειν 182
ἀνθεῖν 187, 331
ἄνθεμον 207, 209, 269, 331
ἄνθος 272, 273, 318, 321, 331
ἀνιέναι 40, 93, 249

ἀνιστάναι 249
ἀοιδή 27, 29, 37, 39, 46, 48, 61, 62, 63, 64, 65, 66, 78, 80, 104, 111, 113, 114, 118, 120, 123, 127, 138, 142, 143, 150, 171, 173, 202, 214, 216, 227, 232, 234, 235, 260, 284, 339
ἀοίδιμος 250, 251
ἀοιδός 37, 39, 40, 41, 91, 93, 108, 129, 236, 264
ἁπαλός 73, 74, 331
ἀπορνύναι 77
ἀπόρως 177, 178
ἅπτειν 214
ἀργύρεος 237
ἀργυροῦν 202, 205, 236
ἅρμα 197, 199, 200, 201, 242, 286, 292, 318, 320, 339
ἀρότης 232, 233, 236
ἀροῦν 234
ἀρτιεπής 82, 87, 88, 331
ἀρχεσίμολπος 287
ἄρχεσθαι 56, 57, 97, 98, 142, 143, 178, 227, 230, 257
αὐδή 88, 89, 90, 91, 92, 97, 99, 169, 195, 196
αὐθιγενής 258
αὐλός 123, 127, 128, 258
αὐξάνειν 190, 191
αὐτοδίδακτος 49, 50, 53
ἀφαιρεῖν 27
ἀψευδής 316, 317
βαθύζωνος 188, 189, 261, 273
βαθύκολπος 222, 224
βέλος 184, 185, 231
βοή 224
βρόμος 123, 127, 128, 259
γεραίρειν 120, 122, 258, 259, 287
γέρας 151, 266, 268, 287
γεύειν 177, 331
γηρύειν 82, 84, 86, 108
γλυκερός 91, 92, 93
γλυκύδωρος 260, 278, 285
γλυκύς 192, 195, 196, 202, 205, 211, 234, 235, 239, 241, 258, 259, 264, 330
δεῖγμα 316, 317

δεικνύναι 140, 141, 163, 164, 179, 180, 317
διδάσκειν 41, 42, 43, 44, 49, 78, 79, 159, 180
διδόναι 37, 39, 88, 89, 104, 157, 162, 178, 200, 220, 242
δίφρος 198, 199, 202, 203
δόκιμος 227
δόσις 93, 192
δοῦπος 70, 71, 72
δυσμάχητος 280, 290
δῶρον 91, 113, 114, 133, 134, 140, 151, 156, 159, 161, 162, 193, 266, 279
ἐθέλειν 82, 86, 216, 220
εἰδέναι 20, 21, 22, 31, 82, 84, 85, 111, 163, 166, 168, 179, 216, 218, 239, 240, 246, 292, 293, 324, 339, 340
εἰπεῖν 19, 25, 29, 31, 33, 81, 102, 104, 167, 232, 318, 321
εἴρειν 24, 26, 31, 62, 97
εἰσορᾶν 93
ἑκατηβόλος 233
ἐκλανθάνειν 27, 29
ἐμβαίνειν 167
ἐμπνεῖν 88, 89, 90, 331
ἐμποιεῖν 73, 76
ἐμφύειν 49, 51, 270
ἐννέπειν 1, 20, 21, 31, 32, 57, 61, 62, 94, 104
ἔννομος 251, 252
ἐνοπή 251, 252
ἐνστάζειν 284, 285
ἐντύνειν 171, 173, 178
ἐξαίρετος 249
ἐπέρχεσθαι 177
ἐπήβολος 251, 252
ἐπήρατος 67, 69
ἐπιβαίνειν 80
ἐπίκουρος 171, 172, 176, 179, 231, 232, 236
ἐπινίκιος 258
ἐπιρρῶσθαι 73, 76, 108
ἐπίσκοπος 176, 179
ἐπίστασθαι 133, 134, 135, 159, 163, 164, 179, 180
ἐπορνύναι 34, 35, 36, 93
ἔπος 19, 25, 93, 108, 143, 144, 195, 196, 216, 232, 233, 249, 301
ἐποτρύνειν 37, 38, 93
ἐρασιπλόκαμος 257
ἐρατός 67, 69, 70, 71, 133, 134, 143, 144, 156

Ἐρατώ 100
ἐργάτις 202, 204
ἔργον 57, 93, 96, 123, 156, 216, 232
ἐρέτης 281
ἐρίηρος 39, 53
ἔρση 93, 207, 209, 331
ἐρύκειν 211, 213
ἔρως 123, 126, 331
ἔτυμος 82, 84, 85, 86
εὖ 100, 101, 167, 168, 331
εὐάμπυξ 248
εὔθρονος 202, 203, 216, 278, 279
εὐθύνειν 232, 233, 280, 281
εὐκλεής 232, 233, 264, 265
εὔκομος 234, 235
εὐμηχανία 242, 244
εὐποίητος 286, 320
εὕρημα 199
εὑρησιεπής 198, 218, 236
Εὐτέρπη 100
εὔτυκος 260, 290
εὔχεσθαι 27, 157, 171, 249, 310, 312, 326
εὐφροσύνη 123, 126, 156, 214, 215
εὔφωνος 210
ἡδυεπής 81, 111, 270
ἥδυμος 123, 126, 127
ἡδύπνους 184, 331
ἡδύς 39, 97, 99, 140, 221, 330, 331
θαλία 65, 66, 67, 68, 101, 123, 128, 291, 323, 331
Θαλία 66, 100
θάλλειν 123, 127, 186, 187
θεά 14, 15, 16, 20, 21, 22, 30, 31, 33, 54, 56, 71, 81, 91, 118, 150, 200, 292, 301
θεῖος 37, 38, 39, 53, 169, 260, 323
θέλγειν 214, 222, 331
θεός 14, 37, 39, 46, 48, 49, 51, 91, 93, 104, 113, 120, 239, 309, 318, 323, 324, 325, 329
θεράπων 91, 92, 108, 112, 129, 133, 134, 154, 163, 179, 261, 262, 263, 264, 289, 335, 337, 339
θερίζειν 177, 331
θεσμός 239, 240, 252
θεσπέσιος 27, 29, 48
θέσπις 46, 48, 88, 89
θρέμμα 247, 253

Index des notions grecques liées aux Muses — 365

θρηνεῖν 34
θρῆνος 152, 155, 200
θυμός 16, 17, 18, 31, 37, 38, 50, 51, 53, 63, 64, 66, 91, 92, 93, 98, 119, 125, 183, 292, 293, 294, 316, 334
ἴδρις 339
ἰέναι 67, 69, 77, 80
ἱερός 31, 63, 93, 104
ἱκνεῖσθαι 227, 228
ἱμερόεις 73, 75, 104, 123, 127, 128, 259
ἵμερος 67, 68, 143, 144, 331
ἱμερτός 159
ἰοβλέφαρος 259, 260, 261, 266, 267, 270
ἰοπλόκος 151
ἰοπλόκαμος 169, 219, 220
ἰοπλόκος 216, 261, 270
ἰοστέφανος 161, 270, 278
ἱστάναι 190, 200, 286
ἵστωρ 111
καθαρός 175, 318, 331
καινός 266, 268, 269
κακός 39, 58, 59, 60, 82, 83, 303, 304, 313, 314
καλεῖν 249, 258
καλλίκομος 65, 149, 174, 175
Καλλιόπη 100, 142, 143, 148, 150, 208, 225, 237, 266, 286, 310, 312
κάλλιστος 184, 272, 273
καλός 17, 19, 34, 67, 70, 73, 75, 78, 102, 112, 113, 114, 118, 119, 138, 150, 151, 202, 216, 226, 232, 272
καλύπτειν 77, 299
καναχή 258, 259
καρπός 192, 193, 331
καταλέγειν 46, 47
καταύειν 139, 179
κελαδεῖν 200, 242
κελεύειν 313
κῆρυξ 249, 253
κλάζειν 145
κλείειν 61, 62, 67, 69, 88, 90, 100, 104, 108, 117
κλεινός 261, 262, 263, 265
Κλειώ 100, 216, 229, 244, 280, 284, 285
κλέος 20, 22, 23, 24, 28, 31, 36, 40, 41, 42, 62, 91, 92, 100, 169, 177, 190, 200, 229, 250, 282

κλύειν 157, 158, 178, 239, 241
κλυτοφόρμιγξ 259
κολλᾶν 207
κοσμεῖν 280, 282, 329
κόσμος 43, 45, 46, 47, 48, 53, 87, 101, 171, 173, 272, 274, 329, 331
κρατήρ 186, 187, 234, 235, 236
κραυγή 208
κροκόπεπλος 144
κρόκος 331
κτείς 248
κυβερνήτας 280, 281
κωμάζειν 190, 195
κῶμος 195, 196, 225, 229, 251, 273
λέγειν 47, 82, 84, 108, 313
λειμών 339
λειριόεις 71
λευκός 207, 331
λευκώλενος 286, 318, 319, 326
λησμοσύνη 58, 59, 60, 68
λιγυρός 80, 146, 150, 151
λιγύς 34, 35, 80, 111, 142, 147, 150, 241, 250, 253, 331
λίθος 201
λιπαρός 67, 331
λόγος 47, 162, 167, 168, 200, 232, 241, 257, 301, 310, 312, 313, 315, 318, 325, 329
λούειν 73
μάκαρ 88, 90, 91, 92, 140, 141, 157, 158, 310, 313, 339
μαλθακός 214, 215, 330
μαλθακόφωνος 202, 205
μαντεύειν 251
μείλιχος 93, 94, 96, 184, 331
μελεδών 123, 125
μέλειν 63, 113, 123, 125, 171, 313, 331
μελέτη 310, 311, 312
μέλι 239, 241, 330
μελίγηρυς 118, 119, 184, 202, 203, 227, 331
μελίγλωσσος 272, 331
μελιπτέρωτος 138, 184, 210, 331
μέλισσα 276, 289
μελίφθογγος 194, 202, 205, 331
μελίφρων 171, 184, 216, 217, 331
μέλος 138, 142, 143, 186, 211, 331
μέλπεσθαι 67, 69, 101, 108, 113, 117, 184
Μελπομένη 100

μέριμνα 266, 269, 289, 337
μέρμηρα 58, 59, 60, 269
μήτηρ 227, 228
μιμνήσκειν 24, 25, 182
μοῖρα 42, 46, 47, 53, 87, 101, 120, 122, 303, 304, 331
μολπή 70, 108, 123, 127, 128, 291
μουσική 1, 2, 3, 8, 124, 165, 166, 179, 181, 229, 236, 247, 248, 329, 336
μουσοπόλος 152, 153, 264
μυθεῖσθαι 24, 25, 46
μῦθος 25, 81, 108, 309, 317, 324
μυχός 210
μῶσθαι 163, 164, 179
νέκταρ 192, 331
νέος 142
ξένος 247, 261, 262, 289
ὀαρίζειν 241
οἴμη 40, 41, 42, 49, 52, 127
οἶμος 41, 123, 127
ὁλκάς 278, 279
ὁμηρεῖν 97, 99
ὁμόφρων 63, 64
ὀνομάζειν 24, 25
ὀπάζειν 46, 48, 227, 230
ὀπηδεῖν 100, 103
ὀπηδός 123, 127, 230
ὀρθός 191, 192, 211, 213, 234, 248
ὁρμᾶν 46, 48, 275, 276
ὀρχεῖσθαι 73, 74, 108, 113, 149
ὅσσα 67, 69, 77, 80, 102, 252
Οὐρανίη 100, 102, 261, 270, 278, 287
οὖρος 190, 191, 232, 233
ὄψ 17, 19, 34, 70, 71, 102, 113, 114, 138, 227, 252, 313
πανθαλής 260, 270, 284, 285
παρατρέπειν 91
πάρεδρος 175
παρεῖναι 20, 21, 22, 43, 123, 177, 225, 266
παρθένος 200, 239, 240, 257, 318, 319, 326
παριστάναι 310, 312
παυδεύειν 247, 248, 253
παύειν 27
πείθειν 197, 219, 239, 240, 264, 265, 283, 314
πέμπειν 192, 193, 261, 263, 264, 275, 276, 278, 290, 292, 295, 298, 318, 320

περικαλλής 17, 77
πηρός 27, 28
πίστωμα 313, 314
ποιεῖν 46, 136, 163, 164, 165, 169, 171, 179, 221, 286, 329
ποίησις 2, 76
ποικίλος 165
ποινή 214
πολύλλιστος 176
πολυμμελής 142
πολύμνηστος 318, 319, 326
Πολύμνια 100
πολύφημος 200, 292, 294, 295
πολύφθογγος 269
πολυώνυμος 171, 172
ποτανός 210, 242
πότνια 227, 228, 280
πούς 70, 73, 113
πράττειν 195
πρόπολος 264, 289
προσαυδᾶν 301
πρόσφορος 198, 199
πρόσωπον 202, 205, 236
προφήτης 250, 251, 253, 260, 289
πρόφρων 46, 48, 216, 301, 302
πτερόν 210, 275
πτέρυξ 210, 221, 222
πυρρός 216
ῥεῖν 93, 97, 331
ῥῆμα 26, 191, 214, 215
ῥοή 216, 217, 244, 331
Σειρήν 145, 146
σκίδνασθαι 71
σκοπός 231, 292
σκυτάλη 234, 236
σοφία 159, 160, 163, 164, 166, 168, 179, 222, 223, 242, 245, 246, 281, 318, 322, 336
σοφίζειν 167, 168
σοφός 214, 226, 239, 240, 249, 280, 281
σπάνιος 124
στείχειν 77
στῆθος 63, 64, 118, 119
στόμα 23, 67, 91, 93, 97, 99, 318
ταμίας 225, 226, 236
τάσσειν 240
τέρην 73, 75, 331
τέρπειν 37, 38, 53, 66, 97, 100, 101, 331

τερψιεπής 260, 284, 285
τέρψις 65, 66
Τερψιχόρη 100, 202, 250
τέχνη 1, 123, 124, 125, 165, 166, 179, 229,
    245, 246, 247, 336, 339, 340
τιμᾶν 93, 95, 191, 323
τιμή 41, 42, 53, 96, 104, 266, 267, 318, 319
τόξον 232
τρέφειν 104, 184, 190, 272, 331
τρίβος 123, 126
ὕδωρ 174, 176, 188, 214, 331
ὑμνεῖν 61, 62, 70, 88, 91, 97, 102, 108, 113,
    115, 138, 272, 275, 286
ὑμνοάνασσα 260, 280, 281
ὑμνοπόλος 169
ὕμνος 79, 102, 108, 143, 165, 190, 195, 196,
    200, 202, 216, 227, 232, 242, 261, 266,
    278, 279, 281, 283, 284, 287
ὑπάργυρος 205
ὕπνος 123, 126
ὑποδέχεσθαι 301
ὑφαίνειν 210, 261, 262, 266, 268, 290
φαίνειν 46, 48, 283
φάναι 62, 82, 108, 251, 301
φάος 216, 229, 298, 331
φέγγος 272
φιλεῖν 39, 41, 73, 91, 92, 182, 227, 250
φιλοκερδής 202, 204
φιλόμολπος 150
φλέγειν 216
φοινικοκρήδεμνος 259, 283
φόρμιγξ 17, 118, 119, 202, 214, 219
φρένες 49, 50, 51, 53, 64, 119, 138, 222, 242,
    244, 280, 281, 316, 334
φρήν 64, 96, 98, 192, 193, 211, 212, 214, 215,
    289, 316, 317
φύλαξ 175
φυτεύειν 269
φωνή 24, 97, 99, 205
χαρίεις 143, 144, 331
χαρίζειν 162
χάρις 197, 198, 207, 208, 272, 275
Χάριτες 67, 112, 113, 149, 214, 250, 261, 266
χεῖν 93, 200, 331
χείρ 118, 301
χέρνιβον 174, 176
χολοῦσθαι 27
χορός 67, 73, 75, 101, 108, 112, 123, 127, 143,
    144, 184
χρυσάμπυξ 65, 184, 202, 203, 257, 261, 262
χρυσόπεπλος 176, 188, 189
χρυσόπλοκος 248
χρυσοῦς 207, 216, 219, 250, 275, 278, 279,
    331
χρώς 73
ψεῦδος 82, 84, 85, 211, 212, 213, 317

Bibliographie

Editions et commentaires des textes antiques

Alcman
Calame 1983, C. : *Alcman*, Roma 1983.

Anacréon
Gentili 1958a, B. : *Anacreonte*, Roma 1958.

Archiloque
Bonnard/Lasserre 1958, A./F. : *Archiloque. Fragments*, Paris 1958.

Bacchylide
Blass 1899, F. : *Bacchylidis carmina cum fragmentis*, Leipzig 1899.
Irigoin/Duchemin/Bardollet 2002, J./J./L. : *Bacchylide. Dithyrambes, Epinicies, Fragments*, Paris 2002 (1993¹).
Jebb 1905, R. C. : *Bacchylides. The Poem and Fragments*, Cambridge 1905.
Jurenka 1898, H. : *Die neugefundenen Lieder des Bakchylides*, Wien 1898.
Maehler 1968, H. : *Bakchylides. Lieder und Fragmente*, Berlin 1968.
Maehler 1982, H. : *Die Lieder des Bakchylides*, vol. 1, Leiden 1982.
Maehler 1997, H. : *Die Lieder des Bakchylides*, vol. 2, Leiden 1997.
Maehler 2003, H. : *Bacchylides. Carmina cum fragmentis*, München/Leipzig 2003.
Snell 1961, B. : *Bacchylidis carmina cum fragmentis*, Leipzig 1961.

Chœrilos
Radici Colace 1979, P. : *Choerili Samii Reliquiae*, Roma 1979.

Corinna
Campbell 1992, D. A. : *Greek Lyric IV. Bacchylides, Corinna, and Others*, Cambridge Mass./London 1992.
Page 1953, D. L. : *Corinna*, London 1953.

Empédocle
Bignone 1916, E. : *I poeti filosofi della Grecia: Empedocle*, Milano/Roma 1916.
Bollack 1969, J. : *Empédocle. Les origines*, 3 vol., Paris 1969.
Diels 1901, H. : *Poetarum philosophorum fragmenta*, Berlin 1901.
Gallavotti 1993, C. : *Empedocle. Poema fisico e lustrale*, Milano 1993 (1975¹).
Gemelli Marciano 2009, M. L. : *Die Vorsokratiker. Parmenides, Zenon, Empedokles*, vol. 2, Düsseldorf 2009.
Kranz 1968, W. : *Die Fragmente der Vorsokratiker, griechisch und deutsch von H. Diels*, vol. 1, Berlin 1968 (1934¹).
Laks/Most 2016, A./G. W. : *Early Greek Philosophy*, vol. 5, *Western Greek Thinkers*, part. 2, Cambridge Mass./London 2016.
Martin/Primavesi 1999, A./O. : *L'Empédocle de Strasbourg (P. Strasb. g. Inv. 1665-1666)*, Berlin/New York 1999.
Wright 1981, M. R. : *Empedocles. The Extant Fragments*, New Haven/London 1981.

Hésiode
Arrighetti 1998, G. : *Esiodo. Opere*, Torino 1998.
Goettling 1843, C. : *Hesiodi Carmina*, Gotha 1843.
Mazon 1996, P. : *Hésiode. Théogonie, Les travaux et les jours, Le bouclier*, Paris 1996 (1928¹).
Most 2006a, G. W. : *Hesiod. Theogony, Works and Days, Testimonia*, Cambridge Mass./London 2006.
Rzach 1958, A. : *Hesiodi Carmina*, Stuttgart 1958 (1913¹).
Schönberger 1996, O. : *Hesiod. Werke und Tage*, Stuttgart 1996.
Schönberger 1999, O. : *Hesiod. Theogonie*, Stuttgart 1999.
Solmsen/Merkelbach/West 1990, F./R./M. L. : *Hesiodi Theogonia, Opera et dies, Scutum, Fragmenta selecta*, Oxford 1990 (1970¹).
Wacziarg Engel 2014, A. P. : *Hésiode. Théogonie, un chant du cosmos*, Paris 2014.
West 1966, M. L. : *Hesiod. Theogony*, Oxford 1966.
West 1978, M. L. : *Hesiod. Works and Days*, Oxford 1978.

Homère
Backès 2013, J.-L. : *Homère. Iliade*, Paris 2013.
Brunet 2010, P. : *Homère. L'Iliade*, Paris 2010.
Cerri/Gostoli 1996, G./A. : *Omero. Iliada*, Milano 1996.
Dufour/Raison 1965, M./J. : *Homère. L'Odyssée*, Paris 1965.
Fernandez-Galiano/Heubeck/Privitera 1986, M./A./G. A. : *Omero, Odissea*, vol. 6, *libri XXI-XXIV*, Milano 1986.
Heubeck/West/Hainsworth 1988, A./S./J. B. : *A Commentary on Homer's Odyssey*, vol. 1, Oxford 1988.
Janko 1992, R. : *The Iliad. A Commentary*, vol. 4, *Books XIII-XVI*, Cambridge 1992.
Kirk 1985, G. S. : *The Iliad. A Commentary*, vol. 1, *Books I-IV*, Cambridge 1985.
Latacz 2000, J. : *Homers Ilias Gesamtkommentar (auf der Grundlage der Ausgabe von Ameis-Hentze-Gaver [1868-1913])*, vol. 1, *erster Gesang (A)*, München/Leipzig 2000.
Latacz 2003, J. : *Homers Ilias Gesamtkommentar (auf der Grundlage der Ausgabe von Ameis-Hentze-Gaver [1868-1913])*, vol. 2, *zweiter Gesang (B)*, München/Leipzig 2003.
Lattimore/Martin 2011, R./R. : *The Iliad of Homer*, Chicago/London 2011.
Mazon 1937, P. : *Homère. Iliade*, Paris 1937.
Murray/Wyatt 1999, A. T./W. F. : *Homer. Iliad*, vol. 1-2, Cambridge Mass./London 1999 (1924¹).
Pulleyn 2000, S. : *Homer. Iliad, Book One*, Oxford 2000.
Richardson 1993, N. : *The Iliad. A Commentary*, vol. 6, *Books XXI-XXIV*, Cambridge 1993.
Schadewaldt 2007a, W. : *Homer. Die Ilias*, Düsseldorf 2007 (2002¹).
Schadewaldt 2007b, W. : *Homer. Die Odyssee*, Düsseldorf 2007 (2001¹).
van Thiel 1991, H. : *Homeri Odyssea*, Hildesheim/Zürich/New York 1991.
West 1998, M. L. : *Homeri Ilias*, vol. 1-2, Stuttgart/Leipzig 1998.

Hymnes homériques
Càssola 1975, F. : *Inni Omerici*, Milano 1975.
Humbert 1936, J. : *Hymnes. Homère*, Paris 1936.
Vernhes/Jacquin 1997, J.-V./R. : *Hymnes homériques*, Paris 1997.
Weiher 1986, A. : *Homerische Hymnen*, München/Zürich 1986 (1961¹).

West 2003, M. L. : *Homeric Hymns, Homeric Apocrypha, Lives of Homer*, Cambridge Mass./ London 2003.
Zanetto 2006, G. : *Inni omerici*, Milano 2006 (1988¹).

Ibycos
Wilkinson 2013, C. L. : *The Lyric of Ibycus*, Berlin 2013.

Mimnerme
Allen 1993, A. : *The Fragments of Mimnermus*, Stuttgart 1993.

Parménide
Cerri 1999, G. : *Parmenide di Elea. Poema sulla natura*, Milano 1999.
Conche 1996, M. : *Parménide. Le Poème : fragments*, Paris 1996.
Coxon 2009, A. H. : *The Fragments of Parmenides*, revised and expanded edition with new translations by R. McKirahan, Las Vegas 2009 (Assen 1986).
Diels 1901, H. : *Poetarum philosophorum fragmenta*, Berlin 1901.
Frère/O'Brien 1987, L./D. : *Le poème de Parménide. Texte, traduction, essai critique*, in : P. Aubenque (éd.), *Etudes sur Parménide*, Paris 1987.
Gemelli Marciano 2009, M. L. : *Die Vorsokratiker. Parmenides, Zenon, Empedokles*, vol. 2, Düsseldorf 2009.
Karsten 1835, S. : *Philosophorum Graecorum veterum praesertim qui ante Platonem floruerunt operum reliquiae*, vol. 1, *Parmenidis Eleatae Carminis Reliquiae*, Amsterdam 1835.
Kranz 1968, W. : *Die Fragmente der Vorsokratiker, griechisch und deutsch von H. Diels*, vol. 1, Berlin 1968 (1934¹).
Laks/Most 2016, A./G. W. : *Early Greek Philosophy*, vol. 5, *Western Greek Thinkers*, part. 2, Cambridge Mass./London 2016.
Mutschmann 1914, H. : *Sexti Empirici Opera*, vol. 2, *Adversus Dogmaticos libros quinque (Adv. Mathem. VII-XI)*, Leipzig 1914.

Pindare
Briand 2014, M. : *Pindare. Olympiques*, traduction et commentaire sur un texte établi par A. Puech, Paris 2014.
Bury 1892, J. B. : *The Isthmian Odes of Pindar*, London 1892.
Cannatà Fera 1990, M. : *Pindarus. Threnorum fragmenta*, Roma 1990.
Fernandez-Galiano 1956, M. : *Pindaro. Olimpicas*, Madrid 1956.
Gentili 1995, B. et al. : *Pindaro. Le Pitiche*, Milano 1995.
Gentili 2013, B. et al. : *Pindaro. Le Olimpiche*, Milano 2013.
Heyne 1807, C. G. : *Pindari carmina et fragmenta*, vol. 2, Oxford 1807.
Lehnus 1981, L. : *Pindaro. Olimpiche*, Milano 1981.
Maehler 1987, H. : *Pindari carmina cum fragmentis*, post Snell B., vol. 1, Leipzig 1987.
Maehler 1989, H. : *Pindari carmina cum fragmentis*, post Snell B., vol. 2, Leipzig 1989.
Privitera 1982, G. A. : *Pindaro. Le Istmiche*, Milano 1982.
Puech 1923, A. : *Pindare*, vol. 3, *Néméennes*, Paris 1923.
Rutherford 2001, I. : *Pindar's Paeans. A Reading of the Fragments with a Survey of the Genre*, Oxford/New York 2001.
Savignac 2004, J.-P. : *Pindare. Œuvres complètes*, Paris 2004.

Snell 1964, B. : *Pindar carmina cum fragmentis*, vol. 2, Leipzig 1964 (1955¹).
van der Weiden 1991, M. J. H. : *The Dithyrambs of Pindar*, Amsterdam 1991.

Poésie épique
Allen 1912, T. W. : *Homeri Opera*, vol. 5, Oxford 1912.
Bernabé 1987, A. : *Poetarum epicorum graecorum, testimonia et fragmenta*, vol. 1, Leipzig 1987.
Davies 1988a, M. : *Epicorum graecorum fragmenta*, Göttingen 1988.

Poésie lyrique
Beckby 1957-1958, H. : *Anthologia graeca*, München 1957-1958.
Burzacchini/Degani/Magnani 2005, G./E./M. : *Lirici greci. Antologia*, Bologna 2005 (1977¹).
Campbell 1991, D. A. : *Greek Lyric III. Stesichorus, Ibycus, Simonides and Others*, Cambridge Mass./London 1991.
Davies 1991, M. : *Poetarum melicorum graecorum fragmenta. Alcman, Stesichorus, Ibycus*, post Page D. L., vol. 1, Oxford 1991.
Diehl 1936, E. : *Anthologia Lyrica Graeca*, vol. 4, Leipzig 1936.
Gentili/Prato 1988, B./C. : *Poetarum elegiacorum, testimonia et fragmenta*, vol. 1, Leipzig 1988.
Gentili/Prato 2002, B./C. : *Poetae elegiaci, testimonia et fragmenta*, vol. 2, München/Leipzig 2002.
Guidorizzi 1993, G. : *Lirici greci. Saffo, Alceo, Anacreonte, Ibico*, Milano 1993.
Hartung 1857, J. A. : *Die Skolien-, Lohn- und Preisdichter oder die äolische Schule und die vollendete Kunstschule der griechischen Lyrik*, Leipzig 1857.
Lobel/Page 1955, E./D. L. : *Poetarum lesbiorum fragmenta*, Oxford 1955.
Neri 2011, C. : *Lirici greci. Età arcaica e classica*, Roma 2011.
Page 1962, D. L. : *Poetae melici graeci. Alcmanis, Stesichori, Ibyci, Anacreontis, Simonidis, Corinnae, Poetarum minorum reliquias, carmina popularia et convivalia quaeque adespota feruntur*, Oxford 1962.
Page 1974, D. L. : *Supplementum Lyricis Graecis. Poetarum lyricorum graecorum fragmenta quae recens innotuerunt*, Oxford 1974.
West 1989, M. L. : *Iambi et elegi graeci ante alexandrum cantati. Archilochus, Hipponax, Theognidea, Callinus, Mimnermus, Semonides, Solon, Tyrtaeus, minora adespota*, vol. 1, Oxford 1989 (1971¹).
West 1992a, M. L. : *Iambi et elegi graeci ante alexandrum cantati, Archilochus, Hipponax, Theognidea, Callinus, Mimnermus, Semonides, Solon, Tyrtaeus, minora adespota*, vol. 2, Oxford 1992 (1972¹).

Sappho
Battistini 2005, Y. : *Sapphô. Odes et fragments*, Paris 2005 (1998¹).
Brunet 1991, P. : *Sappho. Poèmes et fragments*, Lausanne 1991.
Gronewald/Daniel 2004a, M./R. W. : « Ein neuer Sappho-Papyrus », *ZPE* 147, 2004, 1-8.
Gronewald/Daniel 2004b, M./R. W. : « Nachtrag zum neuen Sappho-Papyrus », *ZPE* 149, 2004, 1-4.
Neue 1827, D. C. F. : *Sapphonis Mytilenaeae fragmenta*, Berlin 1827.
Page 1959, D. L. : *Sappho and Alcaeus*, Oxford 1959 (1955¹).
Treu 1954, M. : *Sappho*, München 1954.
Voigt 1971, E.-M. : *Sappho et Alcaeus, Fragmenta*, Amsterdam 1971.

Simonide
Poltera 2008, O. : *Simonides lyricus. Testimonia und Fragmente*, Basel 2008.

Stésichore
Davies/Finglass 2014, M./P. J. : *Stesichorus. The Poems*, Cambridge 2014.

Terpandre
Gostoli 1990, A. : *Terpandro*, Roma 1990.

Théognis
Carrière 1948, J. : *Théognis. Poèmes élégiaques*, Paris 1948.
Garzya 1955, A. : *Teognide. Elegie*, Firenze 1955.
van Groningen 1966, B. A. : *Théognis. Le premier livre*, Amsterdam 1966.
Hudson-Williams 1910, T. : *The Elegies of Theognis*, London 1910.
Kroll 1936, J. : *Theognisinterpretationen*, Leipzig 1936.
Young 1971, D. : *Theognis, Ps.-Pythagoras, Ps.-Phocylides, Chares, anonymi aulodia, fragmentum teliambicum*, post Diehl E., Leipzig 1971 (1961[1]).

Xénophane
Gemelli Marciano 2007, M. L. : *Die Vorsokratiker. Thales, Anaximander, Anaximenes, Pythagoras und die Pythagoreer, Xenophanes, Heraklit*, vol. 1, Düsseldorf 2007.

Dictionnaires, encyclopédies et lexiques

Autenrieth 1999, G. : *Wörterbuch zu den homerischen Gedichten*, Stuttgart 1999 (1877[1]).
Bailly 1950, A. : *Dictionnaire Grec Français*, Paris 1950.
Boisacq 1916, E. : *Dictionnaire étymologique de la langue grecque*, Heidelberg/Paris 1916.
Chantraine 1942, P. : *Grammaire homérique*, vol. 1, Paris 1942.
Chantraine 1953a, P. : *Grammaire homérique*, vol. 2, Paris 1953.
Chantraine 1999, P. : *Dictionnaire étymologique de la langue grecque : histoire des mots*, Paris 1999 (1968[1]).
Chevalier/Gheerbrant 1982, J./A. : *Dictionnaire des symboles*, Paris 1982 (1969[1]).
Cunliffe 1963, R. J. : *A Lexicon of the Homeric Dialect*, Norman 1963 (1924[1]).
Ebeling 1880, H. : *Lexicon Homericum*, vol. 1, Leipzig 1880.
Frisk 1970, H. : *Griechisches etymologisches Wörterbuch*, vol. 2, Heidelberg 1970.
Harrauer/Hunger 2006, C./H. : *Lexikon der griechischen und römischen Mythologie*, Punkersdorf 2006.
von Kamptz 1982, H. : *Homerische Personennamen: sprachwissenschaftliche und historische Klassifikation*, Göttingen 1982.
Kümmel/Rix 2001, M./H. (Hrsg.) : *Lexikon der indogermanischen Verben*, Wiesbaden 2001 (1998[1]).
Liddell/Scott/Jones 1976, H. G./R./H. S. : *A Greek-English Lexicon*, Oxford 1976 (1843[1]).
Pokorny 1959, J. : *Indogermanisches Etymologisches Wörterbuch*, Bern/München 1959.
Roscher 1909-1915, W. H. : *Ausführliches Lexikon der griechischen und römischen Mythologie*, vol. 4, Leipzig 1909-1915.

Schwyzer 1950, E. : *Griechische Grammatik*, vol. 2, München 1950.
Slater 1969a, W. J. : *Lexicon to Pindar*, Berlin 1969.
Smith 2007, W. (ed.) : *A Dictionnary of Greek and Roman Biography and Mythology*, vol. 2, London 2007.
Wodtko 2008, D. S. : *Nomina im indogermanischen Lexikon*, Heidelberg 2008.

Littérature secondaire

Accame 1963, S. : « L'invocazione alla Musa e la verità in Omero e in Esiodo », *RFIC* 91, 1963, 257-281 et 385-415.
Acosta-Hughes 2010, B. : « The Prefigured Muse: Rethinking a Few Assumptions on Hellenistic Poetics », in : J. J. Clauss and M. Cuypers (ed.), *A Companion to Hellenistic Literature*, Malden 2010, 81-91.
Adkins 1972, A. W. H. : « Truth, ΚΟΣΜΟΣ, and ΑΡΕΤΗ in the Homeric Poems », *CQ* 22, 1972, 5-18.
Adorjáni 2011, Z. : *Auge und Sehen in Pindars Dichtung*, Zürich/New York 2011.
Albini 1963, U. : « Frammenti di un'ode di Simonide? », *PP* 18, 1963, 456-462.
Alexiou 1974, M. : *The Ritual Lament in Greek Tradition*, Cambridge 1974.
Allen 1949, A. W. : « Solon's Prayer to the Muses », *TAPhA* 80, 1949, 50-65.
Aloni 1989, A. : *L'aedo e i tiranni: ricerce sull'Inno omerico a Apollo*, Roma 1989.
Aloni 1997, A. : *Saffo. Frammenti*, Firenze 1997.
Aloni 2011, A. : « Il dono e i doni degli dèi. Sull'identità poetica di Archiloco », in : A. Aloni e M. Ornaghi (a cura di), *Tra panellenismo e tradizioni locali. Nuovi contributi*, Messina 2011, 141-158.
Alt 1979, K. : « Solons Gebet zu den Musen », *Hermes* 107, 1979, 389-406.
Angeli Bernardini 1979, P. : « La *dike* della lira e la *dike* dell'atleta (Pindaro, *P.* 1, 1-2; *O.* 9, 98) », *QUCC* 31, 1979, 79-85.
Angeli Bernardini 2000, P. : « La lode di Argeo di Ceo e del padre Pantide nell'Epinicio 1 di Bacchilide », in : A. Bagordo und B. Zimmermann (Hrsg.), *Bakchylides. 100 Jahre nach seiner Wiederentdeckung*, München 2000, 131-146.
Argoud 1996, D. : « L'Hélicon et la littérature grecque », in : A. Hurst et A. Schachter (éd.), *La montagne des Muses*, Genève 1996, 27-42.
Arrighetti 1988, G. : « La lirica », in : F. Montanari (a cura di), *Da Omero agli Alessandrini. Problemi e figure della letteratura greca*, Roma 1988, 83-121.
Arrighetti 1996, G. : « Hésiode et les Muses : le don de la vérité et la conquête de la parole », in : F. Blaise, P. Judet de La Combe et P. Rousseau (éd.), *Le métier du mythe. Lectures d'Hésiode*, Lille 1996, 53-70.
Arthur 1983, M. B. : « The Dream of a World without Women: Poetics and the Circles of Order in the *Theogony* Prooemium », *Arethusa* 16, 1983, 97-116.
Assaël 2000a, J. : « Poétique des étymologies de ΜΟΥΣΑ (Mousa), la Muse », in : J. Assaël (éd.), *L'antique notion d'inspiration, Noesis* 4, Paris 2000, 11-53.
Assaël 2000b, J. : « Sur la composition de l'aède. *Odyssée*, VIII, 499 », in : J.-M. Galy et M.-R. Guelfucci (éd.), *L'homme grec face à la nature et face à lui-même : en hommage à Antoine Thivel*, Nice 2000, 57-70.
Assaël 2001, J. : « Phemios "autodidaktos" », *RPh* 75, 2001, 7-21.
Assaël 2006, J. : *Pour une poétique de l'inspiration, d'Homère à Euripide*, Louvain 2006.

Auger 1987, D. : « De l'artisan à l'athlète : les métaphores de la création poétique dans l'épinicie et chez Pindare », in : M. Costantini et J. Lallot (éd.), *Le texte et ses représentations*, Paris 1987, 39-56.

Bader 1989, F. : *La langue des dieux, ou l'hermétisme des poètes indo-européens*, Pisa 1989.

Bader 1994, F. : « Les Sirènes et la poésie », in : D. Conso, N. Fick et B. Poulle (éd.), *Mélanges François Kerlouégan*, Paris 1994, 17-42.

Bader 1997, F. : « Voix divines : réflexions métalinguistiques indo-européennes », in : J. Greppin and E. C. Polomé (ed.), *Studies in Honor of Jaan Puhvel*, vol. 2, *Mythology and Religion*, Washington 1997, 4-53.

Bagordo 1995-1996, A. : « Μοῦσ' αὐθιγενής (Bacchyl. 2, 11) », *Glotta* 73, 1995-1996, 137-141.

Bagordo 2000, A. : « Teognide 769-772 e il lessico metaletterario arcaico », *Sem.Rom.* 3, 2000, 183-203.

Ballabriga 1997, A. : « La nourriture des dieux et le parfum des déesses. A propos d'*Iliade*, XIV, 170-172 », *Mètis* 12, 1997, 119-127.

Bannert 1988, H. : *Formen des Wiederholens bei Homer. Beispiele für eine Poetik des Epos*, Wien 1988.

Barker 2014, A. : « Empedocles *Mousikos* », in : A. Bellia (a cura di), *Musica, culti e riti nell'occidente greco*, Pisa/Roma 2014, 87-94.

Barmeyer 1968, E. : *Die Musen: ein Beitrag zur Inspirationstheorie*, München 1968.

Barrett 1961, W. S. : « The Oxyrhynchus Papyri. 24 », *Gnomon* 33, 1961, 682-692.

Barrett 2007, W. S. : « Bacchylides, Ode 13 », in : W. S. Barrett, *Greek Lyric, Tragedy, and Textual Criticism*, M. L. West (ed.), Oxford 2007, 232-284.

Barrigon Fuentes 1996, M. : « Sobre el culto de las Musas en Delfos », *CFC(G)* 6, 1996, 237-250.

Barron 1969, J. P. : « Ibycus: To Polycrates », *BICS* 16, 1969, 119-149.

Beck 2005, D. : « Odysseus: Narrator, Storyteller, Poet? », *CPh* 100, 2005, 213-227.

Bélis 1999, A. : *Les musiciens dans l'Antiquité*, Paris 1999.

Benaky 1915, N. P. : « Des termes qui désignent le violet dans l'antiquité et de la signification des épithètes composées de ἴον violette », *REG* 28, 1915, 16-38.

Benveniste 1954, E. : « Formes et sens de μνάομαι », in : *Sprachgeschichte und Wortbedeutung, Festschrift Albert Debrunner*, Bern 1954, 13-18.

Benveniste 1969, E. : *Le vocabulaire des institutions indo-européennes*, vol. 2, pouvoir, droit, religion, Paris 1969.

Bergk 1872, T. : *Griechische Literaturgeschichte*, vol. 1, Berlin 1872.

Bergk 1886, T. : *Kleine philologische Schriften*, R. Peppmüller (Hrsg.), vol. 2, Halle 1886.

Berlinzani 2002, F. : « La voce e il canto nel proemio della Teogonia », *Acme* 55, 2002, 189-204.

Berman 2007, D. W. : « Dirce at Thebes » *G&R* 54, 2007, 18-39.

Bernardini 2004, P. A. : « Etnografia e storia nell'Epos di Cherilo di Samo », in : E. Cavallini (a cura di), *Samo: storia, letteratura, scienza. Atti delle giornate di studio, Ravenna, 14-16 settembre 2002*, Pisa 2004, 31-50.

Berranger 1992, D. : « Archiloque et la rencontre des Muses à Paros », *REA* 93, 1992, 175-185.

Bertolin Cebrian 2006, R. : *Singing the Dead. A Model for Epic Evolution*, New York 2006.

Bettarini 2008, L. : « Saffo e l'aldilà in P.Köln 21351, 1-8 », *ZPE* 165, 2008, 21-31.

Bierl 2016, A. : « Visualizing the Cologne Sappho: Mental Imagery Through Chorality, the Sun, and Orpheus », in : V. Cazzato and A. Lardinois (ed.), *The Look of Lyric: Greek Song and the Visual. Studies in Archaic and Classical Greek Song*, vol. 1, Leiden 2016, 307-342.

Blaise 2005, F. : « Poésie, politique, religion. Solon entre les dieux et les hommes (l'"Economie" et l'"Elégie aux Muses", 4 et 13 West) », *RPhA* 23, 2005, 3-40.

Blössner 2005, N. : « Hesiod und die "Könige". Zu *Theogonie* 79-103 », *Mnemosyne* 58, 2005, 23-45.
Bona 1978, G. : « Inni omerici e poesia greca arcaica. A proposito di una recente edizione e di un convegno », *RFIC* 106, 1978, 224-248.
Bonelli 1987, G. : *Il mondo poetico di Pindaro*, Torino 1987.
Bonifazi 2008, A. : « Memory and Visualization in Homeric Discourse Markers », in : E. A. Mackay (ed.), *Orality, Literacy, Memory in the Ancient Greek and Roman World*, Leiden/Boston 2008, 35-64.
Bordigoni 2004, C. : « Empedocle e la dizione omerica », in : L. Rossetti e C. Santaniello (a cura di), *Studi sul pensiero e sulla lingua di Empedocle*, Bari 2004, 199-289.
Borthwick 1969, E. K. : « The Verb AYΩ and its Compounds », *CQ* 19, 1969, 306-313.
Bouvier 1997, D. : « "Mneme". Le peripezie della memoria greca », in : S. Settis (a cura di), *I Greci II.2*, Torino 1997, 1131-1146.
Bouvier 2002, D. : *Le sceptre et la lyre. L'Iliade ou les héros de la mémoire*, Grenoble 2002.
Bouvier 2003, D. : « Quand le poète était encore un charpentier... Aux origines du concept de poésie », in : U. Heidmann (éd.), *Poétiques comparées des mythes*, Lausanne 2003, 85-105.
Bouvier 2008, D. : « Peut-on légiférer sur les émotions ? Platon et l'interdiction des chants funèbres », *RHR* 225, 2008, 243-272.
Bouvier 2013, D. : « Poètes et savants : une fausse opposition ? », in : M.-L. Desclos et F. Fronterotta (éd.), *La sagesse « présocratique ». Communications des savoirs en Grèce archaïque : des lieux et des hommes*, Paris 2013, 21-35.
Bowie 1986, E. L. : « Early Greek Elegy. Symposium and Public Festival », *JHS* 106, 1986, 13-35.
Bowra 1953, C. M. : *Problems in Greek Poetry*, Oxford 1953.
Bowra 1961, C. M. : *Greek Lyric Poetry. From Alcman to Simonides*, Oxford 1961 (1936[1]).
Bowra 1964, C. M. : *Pindar*, Oxford 1964.
Brandenburg 1966, H. : *Studien zur Mitra. Beiträge zur Waffen- und Trachtgeschichte der Antike*, Münster 1966.
Brannan 1972a, P. T. : « Bacchylides' Fourth Ode », *Classical Folia* 26, 1972, 175-184.
Brannan 1972b, P. T. : « Hieron and Bacchylides. An Analysis of Bacchylides' Fifth Ode », *Classical Folia* 26, 1972, 185-278.
Braswell 1998, B. K. : *A Commentary on Pindar Nemean Nine*, Berlin/New York 1998.
Breitenstein 1971, T. : *Hésiode et Archiloque*, Odense 1971.
Brelich 1962, A. : « A proposito del significato di "theos" », *SMSR* 33, 1962, 44-50.
Brelich 1985, A. : *I Greci e gli dèi*, V. Lanternari e M. Massenzio (a cura di), Napoli 1985.
Briand 2016, M. : « Des sensations au sujet éthique : la danse physico-mentale du νόος dans la poésie lyrique archaïque », *Methodos* 16 (2016), online.
Brillante 1991, C. : « Le Muse di Thamyris », *SCO* 41, 1991, 429-453.
Brillante 1992a, C. : « Il cantore e la Muse nell'epica greca arcaica », *Rudiae* 4, 1992, 5-37.
Brillante 1992b, C. : « La musica e il canto nella *Pitica* I di Pindaro », *QUCC* 70, 1992, 7-21.
Brillante 2007, C. : « Omero, Simonide e l'elegia di Platea », *Eikasmos* 18, 2007, 99-118.
Brillante 2009, C. : *Il cantore e la Musa. Poesia e modelli culturali nella Grecia arcaica*, Pisa 2009.
Bruit Zaidman 1989, L. : « Les dieux aux festins des mortels : Théoxénies et xeniai », in : A.-F. Laurens (éd.), *Entre hommes et dieux. Le convive, le héros, le prophète*, Paris 1989, 13-25.
Brulé 1987, P. : *La fille d'Athènes. La religion des filles à Athènes à l'époque classique. Mythes, cultes et société*, Paris 1987.

Büchner 1959, K. : « Solons Musengedicht », *Hermes* 87, 1959, 163-190.
Bundy 1986, E. L. : *Studia Pindarica*, Berkeley/Los Angeles 1986.
Buongiovanni 1987, A. M. : « La verità e il suo doppio (Hes., *Theog.*, 27-28) », in : A. M. Buongiovanni (a cura di), *Interpretazioni antiche e moderne di testi greci*, Pisa 1987, 9-24.
Burkert 1969, W. : « Das Proömium des Parmenides und die Katabasis des Pythagoras », *Phronesis* 14, 1969, 1-30.
Burkert 1989, W. : « Weibliche und männliche Gottheiten in antiken Kulturen: Mythische Geschlechterrollen zwischen Biologie, Phantasie und Arbeitswelt », in : J. Martin und R. Zoepffel (Hrsg.), *Aufgaben, Rollen und Räume von Frau und Mann*, vol. 1, Freiburg/München 1989, 157-179.
Burkert 2009, W. : « From Epiphany to Cult Statue: Early Greek Theos », in : A. B. Lloyd (ed.), *What is a God? Studies in the Nature of Greek Divinity*, Swansea 2009 (1997¹), 15-34.
Burkert 2011, W. : *Griechische Religion der archaischen und klassischen Epoche*, Stuttgart 2011 (1977¹).
Burnett 2008, A. P. : *Pindar*, London 2008.
Burzacchini 2007, G. : « Saffo, il canto e l'oltretomba », *RFIC* 135, 2007, 37-56.
Buschor 1944, E. : *Die Musen des Jenseits*, München 1944.
Buxton 1999, R. (ed.) : *From Myth to Reason? Studies in the Development of Greek Thought*, Oxford 1999.
Cairns 1992, F. : « Propertius 4.9: "Hercules Exclusus" and the Dimensions of Genre », in : K. Galinsky (ed.), *The Interpretation of Roman Poetry: Empiricism or Hermeneutics?*, Frankfurt am Main 1992, 65-95.
Calabrese de Feo 2004, M. R. : « Lo ΣΚΗΠΤΡΟΝ di Esiodo: considerazioni sui versi 22-35 della *Teogonia* », *SCO* 50, 2004, 39-63.
Calabrese de Feo 2011, M. R. : « La "voce divina" di Esiodo: osservazioni sui vv. 31-32 della *Teogonia* », *AION(filol.)* 33, 2011, 7-22.
Calame 1977a, C. : *Le chœur des jeunes filles en Grèce archaïque*, 2 vol., Roma 1977.
Calame 1977b, C. : « Die Komposita mit ἀρτι- im frühgriechischen Epos », *MH* 4, 1977, 209-220.
Calame 1977c, C. : « Poesia corale e rituale nella Grecia arcaica », in : C. Calame (a cura di), *Rito e poesia corale in Grecia. Guida storica e critica*, Bari 1977, ix-xxvii.
Calame 1982, C. : « Enonciation : véracité ou convention littéraire ? L'inspiration des Muses dans la *Théogonie* », *Actes Sémiotiques IV* 34, 1982, 1-24.
Calame 1995, C. : « Variations énonciatives, relations avec les dieux et fonctions poétiques dans les *Hymnes homériques* », *MH* 54, 1995, 1-19.
Calame 1996a, C. : « Montagne des Muses et Mouséia : la consécration des *Travaux* et l'héroïsation d'Hésiode », in : A. Hurst et A. Schachter (éd.), *La montagne des Muses*, Genève 1996, 43-56.
Calame 1996b, C. : « Sappho's Group: An Initiation into Womenhood », in : W. Greene (ed.), *Reading Sappho. Contemporary Approaches*, Berkeley/Los Angeles/London 1996, 113-124.
Calame 1997, C. : « Diction formulaire et fonction pratique dans la poésie mélique archaïque », in : F. Letoublon (éd.), *Le style formulaire de l'épopée homérique et la théorie de l'oralité poétique*, Amsterdam 1997, 215-222.
Calame 2000, C. : *Le récit en Grèce ancienne*, Paris 2000 (1986¹).
Calame 2005, C. : *Masques d'autorité. Fiction et pragmatique dans la poétique grecque antique*, Paris 2005.

Calame 2007, C. : « Mythos, musische Leistung und Ritual am Beispiel der melischen Dichtung », in : A. Bierl, R. Lämmle und K. Wesselmann (Hrsg.), *Literatur und Religion*, vol. 1, *Wege zu einer mythisch-rituellen Poetik bei den Griechen*, Berlin 2007, 179-210.

Calame 2011, C. : « Enunciative fiction and poetic performance. Choral voices in Bacchylides' Epinicians », in : L. Athanassaki and E. Bowie (ed.), *Archaic and Classical Choral Song. Performance, Politics and Dissemination*, Berlin 2011, 115-138.

Calame 2012, C. : « Procédures hymniques dans les vers des sages cosmologies : pragmatiques de la poésie didactique », in : R. Bouchon, P. Brillet-Dubois et N. Le Meur-Weismann (éd.), *Hymnes de la Grèce antique : Approches littéraires et historiques*, Lyon 2012, 59-77.

Camilloni 1998, M. T. : *Le Muse*, Roma 1998.

Campagner 1993, R. : « Metafore agricole in Pindaro », *Rudiae* 5, 1993, 41-56.

Cannatà Fera 1980, M. : « Peani, ditirambi, treni in Pind. fr. 128c S.-M. », *Giornale Italiano di Filologia* 11, 1980, 181-188.

Cannatà Fera 2000, M. : « Il canto delle Muse e il canto del poeta (Pind. Nem. 5, 22-31) », in : M. Cannatà Fera e S. Grandolini (a cura di), *Poesia e religione in Grecia: studi in onore di G. Aurelio Privitera*, Napoli 2000, 141-147.

Capra/Curti 1995, A./M. : « Semidei Simonidei. Note sull'elegia di Simonide per la battaglia di Platea », *ZPE* 107, 1995, 27-32.

Carey 1981, C. : *A Commentary on Five Odes of Pindar. Pythian 2, Pythian 9, Nemean 1, Nemean 7, Isthmian 8*, Salem 1981.

Carey 1991, C. : « The Victory Ode in Performance: The Case for the Chorus », *CPh* 86, 1991, 192-200.

Caswell 1990, C. P. : *A Study of Thumos in Early Greek Epic*, Leiden 1990.

Catenacci 2002, C. : « Simonide, fr. 11, 17 W (Elegia per la battaglia di Platea) », in : M. S. Celentano (a cura di), *Terpsis. In ricordo di Maria Laetitia Coletti*, Alessandria 2002, 29-33.

Catenacci/Di Marzio 2004, C./M. : « Il gallo di Urania (Bacchilide, *Epinicio* 4) », *QUCC* 76, 2004, 71-80.

Cavallini 1997, E. : *Ibico. Nel giardino delle Vergini*, Lecce 1997.

Cerri 1997, G. : « Il v. 1, 3 di Parmenide: la ricognizione dell'esperienza », in : ΜΟΥΣΑ, *Scritti in onore di Giuseppe Morelli*, Bologna 1997, 57-63.

Cerri 2004, G. : « Empedocle, fr. 3 D.-K.: saggio di esegesi letterale », in : L. Rossetti e C. Santaniello (a cura di), *Studi sul pensiero e sulla lingua di Empedocle*, Bari 2004, 83-94.

Cerri 2007, G. : « Livello scientifico e livello mitico nei poemi di Empedocle », in : G. Casertano (a cura di), *Empedocle tra poesia, medicina, filosofia e politica*, Napoli 2007, 122-142.

Chantraine 1937, P. : « Grec μειλίχιος », in : *Mélanges Emile Boisacq*, vol. 1, Bruxelles 1937, 169-174.

Chantraine 1950, P. : « Les verbes grecs signifiant "lire" », in : *Mélanges Henri Grégoire*, vol. 2, Bruxelles 1950, 115-126.

Chantraine 1953b, P. : « Réflexions sur les noms des dieux helléniques », *AC* 22, 1953, 67-78.

Chappell 2011, M. : « The *Homeric Hymn to Apollo*. The Question of Unity », in : A. Faulkner (ed.), *The Homeric Hymns. Interpretative Essays*, Oxford 2011, 59-81.

Cheyns 1983, A. : « Le θυμός et la conception de l'homme dans l'épopée homérique », *RBPh* 61, 1983, 20-86.

Christ 1941, G. : *Simonidesstudien*, Fribourg 1941.

Christes 1986, J. : « Solons Musenelegie (Fr. 1 G.-P. = 1 D. = 13 W.) », *Hermes* 114, 1986, 1-19.

Cingano 2003, E. : « Entre skolion et enkomion : réflexions sur le "genre" et la performance de la lyrique chorale grecque », in : J. Jouanna et J. Leclant (éd.), *La poésie grecque antique, Cahiers de la villa « Kérylos » 14*, Paris 2003, 17-45.

Citati 2004, P. : *La pensée chatoyante. Ulysse et l'Odyssée*, traduction de B. Pérol, Paris 2004.

Cohon 2009, R. : « New Evidence for Hesiod and the Naming and Ordering of Muses in Hellenistic and Classical Art », *Boreas* 32, 2009, 19-41.

Coin-Longeray 2007, S. : « Ὀρθός chez Homère et dans la lyrique archaïque », *Syntaktika* 33, 2007, 1-28.

Cole 1983, T. : « Archaic Truth », *QUCC* 42, 1983, 7-28.

Cole 1992, T. : *Pindar's Feasts or the Music of Power*, Roma 1992.

Collins 1999, D. : « Hesiod and the Divine Voice of the Muses », *Arethusa* 32, 1999, 241-262.

Collins 2004, D. : *Master of the Game: Competition and Performance in Greek Poetry*, Cambridge Mass./London 2004.

Commager 1966, S. : *The Odes of Horace. A Critical Study*, New Haven/London 1966 (1962¹).

Conche 1999, M. : *Essais sur Homère*, Paris 1999.

Contoléon 1952, N. M. : « Νέαι ἐπιγραφαὶ περὶ τοῦ Ἀρχιλόχου ἐκ Πάρου », *AE* 91, 1952, 32-95.

Corsano 1988, M. : *Themis. La norma e l'oracolo nella Grecia antica*, Lecce 1988.

Costantini/Lallot 1987, M./J. : « Le προοίμιον est-il un proème ? », in : M. Costantini et J. Lallot (éd.), *Le texte et ses représentations*, Paris 1987, 13-27.

Coxon 1968, A. H. : « The Text of Parmenides fr. 1.3 », *CQ* 18, 1968, 69.

Crielaard 2002, J. P. : « Past or Present? Epic Poetry, Aristocratic Self-Representation and the Concept of Time in the Eight and Seventh Centuries BC », in : F. Montanari (a cura di), *Omero tremila anni dopo. Atti del congresso di Genova, 6-8 luglio 2000*, Roma 2002, 239-295.

Csapo 1999-2000, E : « Later Euripidean Music », *ICS* 24-25, 1999-2000, 399-426.

Curtius 1873, G. : *Grundzüge der griechischen Etymologie*, Leipzig 1873.

Daix 2006, D.-A. : « Réalités et vérités dans la *Théogonie* et les *Travaux et les jours* d'Hésiode », *Mètis* 4, 2006, 139-164.

D'Alessio 1992, G. B. : « Pindaro, Peana VIIb (fr. 52 h Sn.-M.) », in : A. H. S. El-Mosalamy (ed.), *Proceedings of the XIX International Congress of Papyrology, Cairo 2-9 September 1989*, vol. 1, Cairo 1992, 353-373.

D'Alessio 1995, G. B. : « Una via lontana del cammino degli uomini (Parm. frr. 1+6 D.-K.; Pind. Ol. VI 22-7; pae. VIIb 10-20) », *SFIC* 13, 1995, 143-181.

D'Alessio 2004, G. B. : « Past Future and Present Past: Temporal Deixis in Greek Archaic Lyric », *Arethusa* 37, 2004, 267-294.

D'Alessio 2007, G. B. : « Per una ricostruzione del primo inno di Pindaro: la Teogonia tebana e la nascita di Apollo », *Sem.Rom.* 10, 2007, 101-117.

D'Alessio 2009a, G. B. : « Re-Constructing Pindar's *First Hymn*: the Theban "Theogony" and the Birth of Apollo », in : L. Athanassaki, R. P. Martin and J. F. Miller (ed.), *Apolline Politics and Poetics*, Athens 2009, 129-147.

D'Alessio 2009b, G. B. : « Defining local identities in Greek lyric poetry », in : R. Hunter and I. Rutherford (ed.), *Wandering Poets in Ancient Greek Culture. Travel, Locality and Pan-Hellenism*, Cambridge 2009, 137-167.

D'Alessio/Ferrari 1988, G. B./F. : « Pindaro, *Peana* 6, 175-183: una ricostruzione », *SCO* 38, 1988, 159-180.

Darcus Sullivan 1979, S. : « A Person's Relation to φρήν in Homer, Hesiod, and the Greek Lyric Poets », *Glotta* 57, 1979, 159-173.

Darcus Sullivan 1996, S. : « The Psychic Term ἦτορ: its Nature and Relation to Person in Homer and the *Homeric Hymns* », *Emerita* 64, 1996, 11-29.
Davies 1988b, M. : « Corinna's date revisited », *SIFC* 81, 1988, 186-194.
Debiasi 2004, A. : *L'epica perduta. Eumelo, il Ciclo, l'occidente*, Roma 2004.
Decharme 1869, P. : *Les Muses. Etude de mythologie grecque*, Paris 1869.
Deichgräber 1965, K. : *Die Musen, Nereiden und Okeaninen in Hesiods Theogonie*, Wiesbaden 1965.
Delavaud-Roux 2002, M.-H. : « Gestuelle du deuil et danses funéraires », *RBPh* 80, 2002, 199-220.
Detienne 1960, M. : « La notion mythique d'ΑΛΗΘΕΙΑ », *REG* 73, 1960, 27-35.
Detienne 1964, M. : « Simonide de Céos ou la sécularisation de la poésie », *REG* 77, 1964, 405-419.
Detienne 1995, M. : *Les maîtres de vérité dans la Grèce archaïque*, Paris 1995 (1967¹).
Detienne/Vernant 1974, M./J.-P. : *Les ruses de l'intelligence. La mètis des Grecs*, Paris 1974.
Di Benedetto 1982, V. : « Sulla biografia di Saffo », *SCO* 32, 1982, 217-230.
Di Benedetto 1991, V. : « Pindaro, *Pae.* 7b, 11-4 », *RFIC* 119, 1991, 164-176.
Di Benedetto 2004, V. : « Osservazioni sul nuovo papiro di Saffo », *ZPE* 149, 2004, 5-6.
Diehl 1940, E. : « ...fuerunt ante Homerum poetae », *RhM* 89, 1940, 82-114.
Dihle 1962, A. : « Zur Datierung des Mimnermos », *Hermes* 90, 1962, 257-275.
Diller 1956, H. : « Der philosophische Gebrauch von κόσμος und κοσμεῖν », in : *Festschrift Bruno Snell, zum 60. Geburtstag, am 18. Juni 1956, von Freunden und Schülern überreicht*, München 1956, 47-60.
Dimock 1989, G. E. : *The Unity of the Odyssey*, Amherst 1989.
Dodds 1951, E. R. : *The Greeks and the Irrational*, Berkeley/Los Angeles 1951.
Doherty 1995, L. E. : « Sirens, Muses, and Female Narrators in the *Odyssey* », in : B. Cohen (ed.), *The Distaff Side: Representing the Female in Homer's* Odyssey, New York/Oxford 1995, 81-92.
Dolfi 2010, E. : *Storia e funzione degli aggettivi in Bacchilide*, Firenze 2010.
Dornseiff 1921, F. : *Pindars Stil*, Berlin 1921.
Draheim 1981, J. : *Vertonungen antiker Texte vom Barock bis zur Gegenwart (mit einer Bibliographie der Vertonungen für den Zeitraum von 1700 bis 1978)*, Amsterdam 1981.
Duban 1980, J. M. : « Poets and Kings in the *Theogony* Invocation », *QUCC* 33, 1980, 7-21.
Duchemin 1952, J. : « Essai sur le symbolisme pindarique : or, lumière et couleurs », *REG* 65, 1952, 46-58.
Duchemin 1955, J. : *Pindare, poète et prophète*, Paris 1955.
Duchemin 1960, J. : *La houlette et la lyre. Recherches sur les origines pastorales de la poésie. I : Hermès et Apollon*, Paris 1960.
Duckworth 1931, G. E. : « ΠΡΟΑΝΑΦΩΝΗΣΙΣ in the Scholia to Homer », *AJP* 52, 1931, 320-338.
Durante 1960, M. : « Ricerche sulla preistoria della lingua poetica greca. La terminologia relativa alla creazione poetica », *Atti della Accademia nazionale dei Lincei, Rendiconti della Classe di Scienze morali, storiche e filologiche* 15, 1960, 321-349.
Durante 1976, M. : *Sulla preistoria della tradizione poetica greca*, vol. 2, Roma 1976.
Du Sablon 2014, V. : *Le système conceptuel de l'ordre du monde dans la pensée grecque à l'époque archaïque. Τιμή, μοῖρα, κόσμος, θέμις et δίκη chez Homère et Hésiode*, Louvain 2014.
Eckerman 2010, C. : « The Κῶμος of Pindar and Bacchylides and the Semantics of Celebration », *CQ* 60, 2010, 302-312.

Ehrlich 1907, H. : « Zur Mythologie », *Zeitschrift für vergleichende Sprachforschung auf dem Gebiete der indogermanischen Sprachen* 41, 1907, 283-304.
Eisenberger 1984, H. : « Gedanken zu Solons "Musenelegie" », *Philologus* 128, 1984, 9-20.
Eisler 1910, R. : *Weltenmantel und Himmelzeit*, vol. 1, München 1910.
Elmer 2010, D. F. : « *Kita* and *Kosmos*: The Poetics of Ornamentation in Bosniac and Homeric Epic », *IAF* 123, 2010, 276-303.
Erbse 1969, H. : « Pindars Dritte Nemeische Ode », *Hermes* 97, 1969, 272-291.
Falter 1934, O. : *Der Dichter und sein Gott bei Griechen und Römern*, Würzburg 1934.
Fantuzzi/Hunter 2002, M./R. : *Muse e modelli. La poesia ellenistica da Alessandro Magno ad Augusto*, Roma/Bari 2002.
Farnell 1961, L. R. : *Critical Commentary to the Works of Pindar*, Amsterdam 1961 (1931[1]).
Fascher 1927, E. : *Προφήτης. Eine sprach- und religionsgeschichtliche Untersuchung*, Giessen 1927.
Faulkner 2011a, A. : « Introduction. Modern Scholarship on the Homeric Hymns: Foundational Issues », in : A. Faulkner (ed.), *The Homeric Hymns. Interpretative Essays*, Oxford 2011, 1-25.
Faulkner 2011b, A. : « The Collection of *Homeric Hymns*. From Seventh to the Third Centuries BC », in : A. Faulkner (ed.), *The Homeric Hymns. Interpretative Essays*, Oxford 2011, 175-205.
Fearn 2007, D. : *Bacchylides. Politics, Performance, Poetic Tradition*, Oxford 2007.
Ferella 2013, C. : « Empedocle, il giorno spietato e l'esilio dagli dèi: a proposito di alcuni frammenti "demonologici" », in : R. Di Donato (a cura di), *Origini e svolgimento del pensiero greco. Studi per Jean-Pierre Vernant*, Pisa 2013, 29-47.
Ferrari 2002, F. : « La carraia di Omero e la via degli dèi: sul *Peana* VIIb di Pindaro », *Sem.Rom.* 5, 2002, 197-212.
Ferrari 2003, F. : « Il pubblico di Saffo », *SIFC* 1-2, 2003, 42-89.
Ferrari 2014, F. : « Saffo e i suoi fratelli e altri brani del primo libro », *ZPE* 192, 2014, 1-19.
Fink 1980, J. K. : *A Study of the Elaboration and Function of Epinician Conventions in Selected Odes of Bacchylides*, Ann Arbor 1980.
Finkelberg 1987, M. : « Homer's View of the Epic Narrative: Some Formulaic Evidence », *CPh* 82, 1987, 135-138.
Finkelberg 1998, M. : *The Birth of Literary Fiction in Ancient Greece*, Oxford 1998.
Fitton 1973, W. : « Greek Dances », *CQ* 23, 1973, 254-274.
Förstel 1979, K. : *Untersuchungen zum Homerischen Apollonhymnos*, Bochum 1979.
Ford 1986, A. L. : *A Study of Early Greek Terms for Poetry: "Aoide", "Epos" and "Poiesis"*, Ann Arbor 1986.
Ford 1992, A. L. : *Homer. The Poetry of the Past*, Ithaca/London 1992.
Ford 1997, A. L. : « Epic as Genre », in : I. Morris and B. Powell (ed.), *A New Companion to Homer*, Leiden/New York/Köln 1997, 396-414.
Forderer 1971, M. : *Anfang und Ende der abendländischen Lyrik. Untersuchungen zum homerischen Apollonhymnus und zu Anise Koltz*, Amsterdam 1971.
Fournier 1946, H. : *Les verbes "dire" en grec ancien. Exemple de conjugaison supplétive*, Paris 1946.
Fränkel 1913, H. : « Graeca-Latina », *Glotta* 4, 1913, 22-49.
Fränkel 1923, H. : « Homerische Wörter », in : ΑΝΤΙΔΩΡΟΝ. Festschrift Jakob Wackernagel. Zur Vollendung des 70. Lebensjahres am 11. Dezember 1923, Göttingen 1923, 274-282.

Fränkel 1930, H. : « Schadewaldt. Der Aufbau des pindarischen Epinikion », *Gnomon* 6, 1930, 1-20.
Fränkel 1960, H. : *Wege und Formen frühgriechischen Denkens*, München 1960 (1955¹).
Fränkel 1962, H. : *Dichtung und Philosophie des frühen Griechentums. Eine Geschichte der griechischen Epik, Lyrik und Prosa bis zur Mitte des fünften Jahrhunderts*, München 1962 (1951¹).
Franceschetti 2006, A. : « L'armonia della lira tra storia, musica e archeologia. L'evidenza egea del II millennio a.C. », *AC* 75, 2006, 1-15.
François 1957, G. : *Le polythéisme et l'emploi au singulier des mots θεός, δαίμων dans la littérature grecque d'Homère à Platon*, Paris 1957.
Frazier 2003, F. : « La figure du poète », *ConnHell* 95, 2003, 48-58.
Frazier 2013, F. : « Qu'Hésiode ni ses Muses ne faisaient de métapoétique », in : D. Lauritzen et M. Tardieu (éd.), *Le voyage des légendes. Hommage à Pierre Chauvin*, Paris 2013, 219-229.
Friedländer 1914, P. : « Das Proömium von Hesiods Theogonie », *Hermes* 49, 1914, 1-16.
Friedländer 1959, P. : « Adnotatiunculae », *Hermes* 87, 1959, 385-392.
Friedländer 1964, P. : *Platon*, vol. 1, Berlin 1964 (1928¹).
Friedländer/Birtner 1935, P./H. : « Pindar oder Kircher? » *Hermes* 70, 1935, 463-475.
Frisk 1950, E. : « Die Stammbildung von ΘΕΜΙΣ », *Eranos* 48, 1950, 1-13.
von Fritz 1946, K. : « Νοῦς, Νοεῖν, and Their Derivatives in Pre-Socratic Philosophy (Excluding Anaxagoras): Part II. The Post-Parmenidean Period », *CPh* 41, 1946, 12-34.
von Fritz 1956, K., « Das Proömium der hesiodischen Theogonie », in : *Festschrift Bruno Snell, zum 60. Geburtstag, am 18. Juni 1956, von Freunden und Schülern überreicht*, München 1956, 29-45.
Frontisi-Ducroux 1975, F. : *Dédale. Mythologie de l'artisan en Grèce ancienne*, Paris 1975.
Frontisi-Ducroux 1986, F. : *La cithare d'Achille. Essai sur la poétique de l'*Iliade, Roma 1986.
Gallavotti 1944, C. : « Studi sulla lirica greca », *RFIC* 22, 1944, 1-15.
Gallavotti 1948, C. : *La lingua dei poeti eolici*, Bari/Napoli 1948.
Gallavotti 1962, C. : « Morfologia di "theos" », *SMSR* 33, 1962, 27-43.
Gallavotti 1973-1974, C. : « Il proemio di Empedocle », *Helikon* 13-14, 1973-1974, 7-34.
Gallavotti 1980-1981, C. : « Da Stesicoro ad Empedocle », *Kokalos* 26-27, 1980-1981, 413-434.
Gantz 2004, T. : *Mythes de la Grèce archaïque*, traduction de D. Auger et B. Leclercq-Neveu, Paris 2004 (1993¹).
Gelzer 1985, T. : « Μοῦσα αὐθιγενής. Bemerkungen zu einem Typ Pindarischer und Bacchylideischer Epinikien », *MH* 42, 1985, 95-120.
Gemelli Marciano 1990, M. L. : *Le metamorfosi della traditione. Mutamenti di significato e neologismi nel Peri Physeos di Empedocle*, Bari 1990.
Gemelli Marciano 2013, M. L. : « Parmenide: suoni, immagini, esperienza », in : L. Rossetti e M. Pulpito (a cura di), *ELEATICA 2007. Parmenide: suoni, immagini, esperienza*, Sankt Augustin 2013, 43-105.
Gentili 1958b, B. : *Bacchilide. Studi*, Urbino 1958.
Gentili 1977, B. : « La veneranda Saffo », in : C. Calame (a cura di), *Rito e poesia corale in Grecia. Guida storica e crtitica*, Roma/Bari 1977, 137-155.
Gentili 1984, B. : *Poesia e pubblico nella Grecia antica, da Omero al V. secolo*, Roma/Bari 1984.
Gentili 1988, B. : « Metro e ritmo nella dottrina degli antichi e nella prassi della "performance" », in : B. Gentili e R. Prestagostini (a cura di), *La musica in Grecia*, Bari 1988, 5-16.
Gentili 1990, B. : « L'"io" nella poesia lirica greca », *AION* 12, 1990, 9-24.

Georgoudi 2001, S. : « La procession chantante des Molpes de Milet », in : P. Brulé et C. Vendries (éd.), *Chanter les dieux. Musique et religion dans l'Antiquité grecque et romaine*, Rennes 2001, 153-171.

Gerber 1997, D. E. (ed.) : *A Companion to the Greek Lyric Poets*, Leiden 1997.

Gheerbrant 2012, X. : « Qui sont les destinataires du fragment 3 d'Empédocle », *Anais de filosofia clássica* 6, 2012, 78-98.

Giannini 1979, P. : « Interpretazione della *Pitica* 4 di Pindaro » *QUCC* 31, 1979, 35-63.

Giannini 2014, P. : *Homerica et Pindarica*, Pisa/Roma 2014.

Giannisi 2006, P. : *Récits des voies. Chant et cheminement en Grèce archaïque*, Grenoble 2006.

Gianotti 1975, G. F. : *Per una poetica pindarica*, Torino 1975.

Gianotti 1985, G. F. : *Il canto dei Greci. Antologia della Lirica*, Torino 1985 (1977¹).

Gladigow 1965, B. : *Sophia und Kosmos. Untersuchungen zur Frühgeschichte von σοφός und σοφίη*, Hildesheim 1965.

Gostoli 1988, A. : « Terpandro e la funzione etico-politica della musica nella cultura spartana del VII sec. A.C. », in : B. Gentili e R. Prestagostini (a cura di), *La musica in Grecia*, Bari 1988, 231-237.

Grand-Clément 2011, A. : *La fabrique des couleurs. Histoire du paysage sensible des Grecs anciens (VIIIe – début du Ve s. av. n. è.)*, Paris 2011.

Grandolini 1996, S. : *Canti e aedi nei poemi omerici*, Pisa/Roma 1996.

Graziani 2006, F. : « Les Muses et l'eau », in : J. Pigeaud (éd.), *L'eau, les eaux. Xᵉ Entretiens de La Garenne Lemot*, Rennes 2006, 107-116.

Gresseth 1970, G. K., « The Homeric Sirens », *TAPhA* 101, 1970, 203-218.

Grethlein 2006, J. : *Das Geschichtsbild der Ilias. Eine Untersuchung aus phänomenologischer und narratologischer Perspektive*, Göttingen 2006.

van Groningen 1948, B. A. : « Les trois Muses de l'Hélicon », *AC* 17, 1948, 287-296.

Gundert 1935, H. : *Pindar und sein Dichterberuf*, Frankfurt am Main 1935.

Haakh 1959, H. : « Der Schleier der Penelope », *Gymnasium* 66, 1959, 374-380.

Hadjimichael 2012, T. : « Epinician Competitions: Persona and Voice in Bacchylides », in : D. Castaldo, F. G. Giannachi e A. Manieri (a cura di), *Poesia, musica e agoni nella Grecia antica. Atti del IV convegno internazionale di ΜΟΙΣΑ, Lecce 28-30 ottobre 2010*, vol. 1, Lecce 2012, 333-356.

Hamilton 1989, R. : *The Architecture of Hesiodic Poetry*, Baltimore/London 1989.

Hammerstaedt 2009, J. : « The Cologne Sappho. Its Discovery and Textual Constitution », in : E. Greene and M. B. Skinner (ed.), *The New Sappho on Old Age*, Cambridge 2009, 17-40.

Hardie 1996, A. : « Pindar, Castalia and the Muses of Delphi (the Sixth *Paean*) », in : F. Cairns and M. Heath (ed.), *Papers of the Leeds International Latin Seminar 9: Roman Poetry and Prosa, Greek Poetry, Etymology, Historiography*, Leeds 1996, 219-257.

Hardie 2000, A. : « Pindar's "Theban" Cosmogony (The First Hymn) », *BICS* 44, 2000, 19-40.

Hardie 2005, A. : « Sappho, the Muses, and Life after Death », *ZPE* 154, 2005, 13-32.

Hardie 2006, A. : « The Aloades on Helicon: Music, Territory and Cosmic Order », *A&A* 52, 2006, 42-71.

Hardie 2009, A. : « Etymologising the Muse », *MD* 62, 2009, 9-57.

Hardie 2013, A. : « Empedocles and the Muse of the *Agathos Logos* », *AJPh* 134, 2013, 209-246.

Harriott 1969, R. : *Poetry and Criticism Before Plato*, London 1969.

Harrison 1927, J. E. : *Themis. A Study of the Socal Origins of Greek Religion*, Cambridge 1927 (1912¹).

Harvey 2000, D. : « Phrynichos and his Muses », in : D. Harvey and J. Wickins (ed.), *The Rivals of Aristophanes: Studies in Athenian Old Comedy*, London 2000, 91-134.
Havelock 1982, E. A. : *Preface to Plato*, Cambridge Mass./London 1982 (1963¹).
Heath 1988, M. : « Receiving the κῶμος », *AJP* 109, 1988, 180-195.
de Heer 1968, C. : ΜΑΚΑΡ, ΕΥΔΑΙΜΩΝ, ΟΛΒΙΟΣ, ΕΥΤΥΧΗΣ. *A Study of the Sementic Field Denoting Happiness in Ancient Greece to the End of the 5th Century B.C.*, Amsterdam 1968.
Heiden 2007, B. : « The Muses' Uncanny Lies: Hesiod, "Theogony" 27 and Its Translators », *AJP* 128, 2007, 153-175.
Heiden 2008, B. : « Common People and Leaders in Iliad Book 2: The Invocation of the Muses and the Catalogue of Ships », *TAPhA* 138, 2008, 127-154.
Heinimann 1945, F. : *Nomos und Physis. Herkunft und Bedeutung einer Antithese im Griechischen Denken des 5. Jahrhunderts*, Basel 1945.
Heitsch 1962, E. : « Die nicht-philosophische ἀλήθεια », *Hermes* 90, 1962, 24-33.
Heitsch 1964, E. : « ΤΛΗΜΟΣΥΝΗ », *Hermes* 92, 1964, 257-264.
Henrichs/Preisendanz 1973, A./K. (ed.) : *Papyri Graecae magicae*, Stuttgart 1973 (1928-1931¹).
Hermann 1827, G. : *De Musis fluvialibus Epicharmi et Eumeli, Opuscula*, vol. 2, Leipzig 1827.
Hoffmann 1987, H. : « Notizen zur Françoisvase (Versuch einer historischen Situierung für die Museumsdidaktik) », in : C. Bérard, C. Bron et A. Pomari (éd.), *Images et société en Grèce ancienne. L'iconographie comme méthode d'analyse*, Lausanne 1987, 27-32.
Hose 2000, M. : « Bemerkungen zum 4. Epinikion des Bakchylides », in : A. Bagordo und B. Zimmermann (Hrsg.), *Bakchylides. 100 Jahre nach seiner Wiederentdeckung*, München 2000, 161-168.
Hubbard 1985, T. : *The Pindaric Mind. A Study of Logical Structure in Early Greek Poetry*, Leiden 1985.
Hubbard 1987, T. : « Pindar and the Aeginetan Chorus: Nemean 3.9-13 », *Phoenix* 41, 1987, 1-9.
Hutchinson 2001, G. O. : *Greek Lyric Poetry. A Commentary on Selected Larger Pieces*, Oxford 2001.
Huxley 1969a, G. : « Choirilos of Samos », *GRBS* 10, 1969, 12-29.
Huxley 1969b, G. : *Greek Epic Poetry from Eumelos to Panyassis*, London 1969.
Ilievski 1993, P. H. : « The Origin and Semantic Development of the Term *Harmony* », *ICS* 18, 1993, 19-29.
Instone 1993, S. : « Problems in Pindar's Third Nemean », *Eranos* 91, 1993, 13-31.
Ireland/Steel 1975, S./F. L. D. : « Φρένες as an Anatomical Organ in the Works of Homer », *Glotta* 53, 1975, 183-195.
Irwin 1974, E. : *Colour Terms in Greek Poetry*, Toronto 1974.
Irwin 1984, E. : « The Crocus and the Rose: a Study of the Interrelationship between the Natural and the Divine World in Early Greek Poetry », in : D. E. Gerber (ed.), *Greek Poetry and Philosophy. Studies in Honour of Leonard Woodbury*, Chico 1984, 147-168.
Jaillard 2007, D. : *Configurations d'Hermès : pour une théogonie hermaïque*, Liège 2007.
Jaillard 2010, D. : « Κραίνων ἀθανάτους τε θεοὺς καὶ γαῖαν ἐρεμνήν. "Il réalisa les dieux immortels et la terre ténébreuse" (*Hymne homérique à Hermès* 427) », in : E. Bona e M. Curnis (a cura di), *Linguaggi del potere, poteri del linguaggio = Langages du pouvoir, pouvoirs du langage, Atti del colloquio internazionale del PARSA*, Torino, Nov. 6-8, 2008, Alessandria 2010, 51-66.
Jameson 1994, M. H. : « Theoxenia », in : R. Hägg (ed.), *Ancient Greek Cult Practice from the Epigraphical Evidence*, Stockholm 1994, 35-57.
Janda 2014, M. : *Purpurnes Meer. Sprache und Kultur der homerischen Welt*, Innsbruck 2014.

Janko 1982, R. : *Homer, Hesiod and the Hymns*, Cambridge 1982.
Janko 2014, R. : « The Etymologies of ΒΑΣΙΛΕΥΣ and ΕΡΜΗΝΕΣ », *CQ* 64, 2014, 462-470.
Janni 1962, P. : « Interpretazioni di Alcmane », *RFIC* 40, 1962, 180-185.
Johnston 2002, S. I. : « Myth, Festival, and Poet: the *Homeric Hymn to Hermes* and its Performative Context », *CPh* 97, 2002, 109-132.
de Jong 2006, I. J. F. : « The Homeric Narrator and his Own *kleos* », *Mnemosyne* 59, 2006, 188-207.
Judet de la Combe 1993, P. : « L'autobiographie comme mode d'universalisation. Hésiode et l'Hélicon », in : G. Arrighetti e F. Montanari (a cura di), *La componente autobiografica nella poesia greca e latina fra realtà e artificio letterario: atti del convegno, Pisa 16-17 maggio 1991*, Pisa 1993, 25-39.
Käppel 1992, L. : *Paian. Studien zur Geschichte einer Gattung*, Berlin/New York 1992.
Kaimio 1977, M. : *Characterization of Sound in Early Greek Literature*, Helsinki 1977.
Kaiser 1964, E. : « Odyssee-Szenen als Topoi », *MH* 21, 1964, 109-136.
Kaletsch 1958, H. : « Zur lydischen Chronologie », *Historia* 7, 1958, 1-47.
Kambylis 1965, A. : *Die Dichterweihe und ihre Symbolik: Untersuchungen zu Hesiodos, Kallimachos, Properz und Ennius*, Heidelberg 1965.
Kantzios 2003, I. : « Pindar's Muses », *CB* 79, 2003, 3-32.
Katz/Volk 2000, J. T./K. : « "Mere Bellies"?: A New Look at Theogony 26-8 », *JHS* 120, 2000, 122-131.
Kerényi 1940, K. : *Die antike Religion. Eine Grundlegung*, Leipzig 1940.
Kerényi 1945, K. : *Die Geburt der Helena samt humanistischen Schriften aus den Jahren 1943-1945*, Zürich 1945.
Kerényi 2001, K. : *Religione antica*, Milano 2001.
Kern 1926, O. : *Die Religion der Griechen*, vol. 1, *Von den Anfängen bis Hesiod*, Berlin 1926.
Kingsley 1996, P. : « Empedocles' Two Poems », *Hermes* 124, 1996, 108-111.
Kingsley 2002, P. : « Empedocles for the New Millennium », *AncPhil* 22, 2002, 333-413.
Kingsley 2007, P. : *Dans les antres de la sagesse. Etudes parménidiennes*, traduction de H. D. Saffrey, Paris 2007.
Kirkwood 1966, G. M. : « The Narrative Art of Bacchylides », in : L. Wallach (ed.), *The Classical Tradition. Literary and Historical Studies in Honor of H. Caplan*, Ithaca 1966, 98-114.
Kirkwood 1982, G. M. : *Selections from Pindar. Edited with an Introduction and Commentary*, Chico 1982.
Kivilo 2010, M. : *Early Greek Poets' Lives. The Shaping of the Tradition*, Leiden 2010.
Klein 1989, J. S. : « Homeric Greek αὖ: A Synchronic, Diachronic, and Comparative Study », *HSF* 101, 1989, 249-288.
Klooster 2011, J. : *Poetry as Window and Mirror. Positioning the Poet in Hellenistic Poetry*, Leiden/Boston 2011.
Koller 1956, H. : « Das kitharodische Prooimion. Eine formgeschichtliche Untersuchung », *Philologus* 100, 1956, 159-206.
Koller 1995, H. : « Ninfe, Muse, Sirene », in : D. Restani (a cura di), *Musica e mito nella Grecia antica*, Bologna 1995, 97-107.
Kollmann 1989, O. : *Das Prooimion der ersten Pythischen Ode Pindars. Ein sprachlich-poetischer Kommentar*, Wien/Berlin 1989.
Koster 1952, W. J. W. : « De graecorum genitivo, qui dicitur auctoris; de Od. theta 499 », *Mnemosyne* 5, 1952, 89-93.
Kretschmer 1909, P. : « Literaturbericht für das Jahr 1907 », *Glotta* 1, 1909, 385.

Krischer 1965, T. : « Die Entschuldigung des Sängers (Ilias B 484-493) », *RhM* 108, 1965, 1-11.
Kühlmann 1973, W. : *Katalog und Erzählung. Studien zu Konstanz und Wandel einer literarischen Form in der antiken Epik*, Freiburg im Breisgau 1973.
Kurke 2005, L. : « Choral Lyric as "Ritualization": Poetic Sacrifice and Poetic *Ego* in Pindar's Sixth Paian », *CA* 24, 2005, 81-130.
Kyriakou 2001, P. : « Poet, Victor, and Justice in Bacchylides », *Philologus* 145, 2001, 16-33.
Lachenaud 2013, G. : *Les routes de la voix. L'antiquité grecque et le mystère de la voix*, Paris 2013.
Laks 1996, A. : « Le double du roi. Remarques sur les antécédents historiques du philosophe-roi », in : F. Blaise, P. Judet de La Combe et P. Rousseau (éd.), *Le métier du mythe. Lectures d'Hésiode*, Lille 1996, 83-91.
Laks 2002, A. : « Philosophes Présocratiques. Remarques sur la construction d'une catégorie de l'historiographie philosophique », in : A. Laks et C. Louget (éd.), *Qu'est-ce que la Philosophie Présocratique ?*, Villeneuve d'Ascq 2002, 17-38.
Lamberti 2012, P. : « Physin aéide theà. Epica e scienza », in : S. Casarino e A. A. Raschieri (a cura di), *Figure e autori dell'epica*, Roma 2012, 37-58.
Lamberton 1988, R. : « Plutarch, Hesiod, and the Mouseia of Thespiai », *ILS* 13, 1988, 491-504.
Lanata 1963, G. : *Poetica pre-platonica. Testimonianze e frammenti*, Firenze 1963.
Lanata 1966, G. : « Sul linguaggio amoroso di Saffo », *QUCC* 2, 1966, 67-79.
Lanata 2001, G. : « Omero e i suoi doppi », *Sem.Rom.* 4, 2001, 165-180.
Larson 2001, J. : *Greek Nymphs. Myth, Cult, Lore*, Oxford 2001.
Latte 1946, K. : « Hesiods Dichterweihe », *A&A* 2, 1946, 152-163.
Leclerc 1992, M.-C. : « L'épervier et le rossignol d'Hésiode. Une fable à double sens », *REG* 105, 1992, 37-44.
Leclerc 1993, M.-C. : *La parole chez Hésiode. A la recherche de l'harmonie perdue*, Paris 1993.
Lefkowitz 1969, M. R. : « Bacchylides' Ode 5: Imitation and Originality », *HSPh* 73, 1969, 45-96.
Lefkowitz 1988, M. R. : « Who Sang Pindar's Victory Odes? », *AJPh* 109, 1988, 1-11.
Lenz 1980, A. : *Das Proöm des frühen griechischen Epos. Ein Beitrag zum poetischen Selbstverständnis*, Bonn 1980.
Lesky 1961, A. : *Göttliche und menschliche Motivation im homerischen Epos*, Heidelberg 1961.
Leumann 1950, M. : *Homerische Wörter*, Basel 1950.
Leumann 1957, M. : « Homer aor. ἄυσε, prs. αὔω und adv. αὖον », *MH* 14, 1957, 50-51.
LeVen 2014, P. A. : *The Many-Headed Muse. Tradition and Innovation in Late Classical Greek Lyric Poetry*, Cambridge 2014.
Levet 1976, J.-P. : *Le vrai et le faux dans la pensée grecque archaïque : étude de vocabulaire*, Paris 1976.
Levet 2008, J.-P. : *Le vrai et le faux dans la pensée grecque archaïque d'Hésiode à la fin du 5e siècle*, Paris 2008.
Lincoln 1997, B. : « Competing Discourses: Rethinking the Prehistory of *Muthos* and *Logos* », *Arethusa* 30, 1997, 341-367.
Lissarrague 2007, F. : « Un singulier pluriel : quelques déesses grecques en image », in : N. Ernoult et V. Sebillotte Cuchet (éd.), *Classics@7 : les femmes, le féminin et le politique après Nicole Loraux, Colloque de Paris (INHA), novembre 2007*, Washington 2007, online.
Lloyd 2002, G. E. R. : « Le pluralisme de la vie intellectuelle avant Platon », in : A. Laks et C. Louget (éd.), *Qu'est-ce que la Philosophie Présocratique ?*, Villeneuve d'Ascq 2002, 39-53.
Lloyd-Jones/Parsons 1983, H./P. : *Supplementum Hellenisticum*, Berlin 1983.
Lobel 1930, E. : « Corinna », *Hermes* 65, 1930, 356-365.

Lombardi 1997, M. : « Tradizione e innovazione nell'epica prealessandrina: Antimaco di Colofone e Cherilo di Samo », *QUCC* 56, 1997, 89-104.
Lopez Eire 2000, A. : « A propos des mots pour exprimer l'idée de "rire" en grec ancien », in : M.-L. Desclos (éd.), *Le rire des Grecs. Anthropologie du rire en Grèce ancienne*, Grenoble 2000, 13-43.
Loraux 1991, N. : « Qu'est-ce qu'une déesse ? », in : P. Schmitt-Pantel (éd.), *Histoire des femmes en occident*, vol. 1, Paris 1991, 31-62.
Loscalzo 2000, D. : *La Nemea settima di Pindaro*, Viterbo 2000.
Loscalzo 2003, D. : *La parola inestinguibile. Studi sull'epinicio pindarico*, Roma 2003.
Losfeld 1991, G. : *Essai sur le costume grec*, Paris 1991.
Lulli 2011, L. : *Narrare in distici. L'elegia greca arcaica e classica di argomento storico-mitico*, Roma 2011.
Maas/McIntosh Snyder 1989, M./J. : *Stringed Instrument in Ancient Greece*, New Haven/London 1989.
Mace 1993, S. : « Amour, Encore ! The Development of δηὖτε in Archaic Lyric », *GRBS* 34, 1993, 335-364.
Mace 2001, S. : « Utopian and Erotic Fusion in a New Elegy by Simonides », in : D. Boedeker and D. Sider (ed.), *The New Simonides: Contexts of Praise and Desire*, Oxford 2001, 185-207.
Machemer 1993, G. A. : « Medecine, Music, and Magic: The Healing Grace of Pindar's Fourth Nemean », *HSPh* 95, 1993, 113-141.
Maehler 1963, H. : *Die Auffassung des Dichtersberufs im frühen Griechentum bis zur Zeit Pindars*, Göttingen 1963.
Maehler 1973, H. : « Zu Pindar, N. 4,22 », *Hermes* 101, 1973, 380-382.
Maehler 1993, H. : « Kalliopes Söhne (Pindar, Fr. 128c = 139 Schr. = 217 Turyn) », in : R. Pretagostini (a cura di), *Tradizione e innovazione nella cultura greca da Omero all'età ellenistica. Scritti in onore di B. Gentili II*, Roma 1993, 453-460.
Maehler 2004, H. : *Bacchylides. A Selection*, Cambridge 2004.
Maier 1970, F. : *Der σοφός Begriff. Zur Bedeutung, Wertung und Rolle des Begriffes von Homer bis Euripides*, Augsburg 1970.
Marg 1957, W. : *Homer über die Dichtung*, Münster 1957.
Marquardt 1982, P. A. : « The Two Faces of Hesiod's Muse », *ICS* 7, 1982, 1-12.
Marrou 1948, H.-I. : *Histoire de l'éducation dans l'Antiquité*, Paris 1948.
Martin 1989, R. P. : *The Language of Heroes. Speech and Performances in the Iliad*, Ithaca/New York 1989.
de Martino 1982, F. : « Il canto delle Muse nell'inno omerico *ad Apollo* », *GFF* 5, 1982, 39-47.
de Martino 1984, F. : *Il palio di Samo*, Bari 1984.
Maslov 2009, B. : « The Semantics of ἀοιδός and Related Compounds: Towards a Historical Poetics of Solo Performance in Archaic Greece », *ClAnt* 28, 2009, 1-38.
Maslov 2015, B. : *Pindar and the emergence of the literature*, Cambridge 2015.
McCracken 1934, G. : « Pindar's Figurative Use of Plants », *AJPh* 55, 1934, 340-345.
Meier-Brügger 1990, M. : « Zu Hesiods Namen », *Glotta* 68, 1990, 62-67.
Merkelbach 1957, R. : « Sappho und ihr Kreis », *Philologus* 101, 1957, 1-29.
Miller 1986, A. M. : *From Delos to Delphi. A Literary Study of the Homeric Hymn to Apollo*, Leiden 1986.
Minton 1960, W. W. : « Homer's Invocation of the Muses: Traditional Patterns », *TAPhA* 91, 1960, 292-309.

Minton 1962, W. W. : « Invocation and Catalogue in Hesiod and Homer », *TAPhA* 93, 1962, 188-212.
Minton 1970, W. W. : « The Proem-Hymn of Hesiod's Theogony », *TAPhA* 101, 1970, 357-377.
Miralles 1993, C. : « Le spose di Zeus e l'ordine del mondo nella Teogonia di Esiodo » in : M. Bettini (a cura di), *Maschile/femminile, genere e ruoli nelle culture antiche*, Bari 1993, 17-44.
Miralles/Pòrtulas 1998, C./J. : « L'image du poète en Grèce archaïque », in : N. Loraux et C. Miralles (éd.), *Figures de l'intellectuel en Grèce ancienne*, Paris 1998, 15-63.
Mojsik 2011a, T. : *Between Tradition and Innovation: Genealogy, Names and the Number of the Muses*, Warszawa 2011.
Mojsik 2011b, T. : *Antropologia metapoetyki: Muzy w kulturze greckiej od Homera do końca V w. p.n.e.*, Warszawa 2011.
Mojsik 2011c, T. : « The Muses and Sacrifices before Battle », in : B. Burliga (ed.), *Xenophon: Greece, Persia, and Before*, Gdansk 2011, 85-96.
Monaco 1950, G. : « Ancora sul frammento 1 Diehl di Archiloco », *SIFC* 24, 1950, 77-80.
Mondi 1980, R. : « ΣΚΗΠΤΟΥΧΟΙ ΒΑΣΙΛΕΙΣ: An Argument for Divine Kingship in Early Greece », *Arethusa* 13, 1980, 203-216.
Monsacré 1984, H. : *Les larmes d'Achille. Le héros, la femme et la souffrance dans la poésie d'Homère*, Paris 1984.
Morgan 2000, K. A. : *Myth and Philosophy from the Presocratics to Plato*, Cambridge 2000.
Morrison 2007, A. D. : *Performances and Audiences in Pindar's Sicilian Victory Odes*, London 2007.
Most 1986, G. W. : *The Measures of Praise. Structure and Function in Pindar's Second Pythian and Seventh Nemean Odes*, Göttingen 1986.
Most 1999, G. W. : « From Logos to Mythos », in : R. Buxton (ed.), *From Myth to Reason? Studies in the Development of Greek Thought*, Oxford 1999, 25-47.
Most 2006b, G. W. : « The poetics of early Greek philosophy », in : A. A. Long (ed.), *The Cambridge Companion to Early Greek Philosophy*, Cambridge 2006, 332-362.
Most 2007, G. W. : « ἄλλος δ' ἐξ ἄλλου δέχεται. Presocratic Philosophy and Traditional Greek Epic », in : A. Bierl, R. Lämmle und K. Wesselmann (Hrsg.), *Literatur und Religion*, vol. 1, *Wege zu einer mythisch-rituellen Poetik bei den Griechen*, Berlin 2007, 271-302.
Motte 2013, A. : « Qu'entendait-on par *prophètès* dans la Grèce ancienne ? », *Kernos* 26, 2013, 9-23.
Mourelatos 1970, A. P. D. : *The Route of Parmenides. A Study of Word, Image, and Argument in the Fragments*, New Haven 1970.
von der Mühll 1970, P. : « Hesiods helikonische Musen », *MH* 52, 1970, 195-197.
Mülke 2002, C. : *Solons politische Elegien und Iamben (Fr. 1-13; 32-37 W)*, München/Leipzig 2002.
Müller-Goldingen 2001, C. : « Dichter und Herrscher. Bemerkungen zur Polykratesode des Ibykos », *AC* 70, 2001, 17-26.
Mullen 1982, W. : *Choreia: Pindar and Dance*, Princeton 1982.
Murray 1981, P. : « Poetic Inspiration in Early Greece », *JHS* 101, 1981, 87-100.
Murray 2004, P. : « The Muses and their Arts », in : P. Murray and P. Wilson (ed.), *Music and the Muses. The Culture of "Mousike" in the Classical Athenian City*, New York 2004, 365-389.
Murray 2005, P. : « The Muses: Creativity Personified? », in : E. Stafford and J. Herrin (ed.), *Personification in the Greek World from Antiquity to Byzantium*, Aldershot/Berlington 2005, 147-159.

Murray 2008, P. : « Qu'est-ce qu'une Muse ? », *Mètis* 6, 2008, 199-219.
Murray 2014, P. : « The Muses in Antiquity », in : K. W. Christian, C. E. L. Guest and C. Wedepohl (ed.), *The Muses and their Afterlife in Post-Classical Europe*, London 2014, 13-32.
Murray/Wilson 2004, P./P. (ed.) : *Music and the Muses. The Culture of "Mousike" in the Classical Athenian City*, New York 2004.
Nagy 1974, G. : *Comparative Studies in Greek and Indic Meter*, Cambridge Mass. 1974.
Nagy 1989, G. : « The "Professional Muse" and Models of Prestige in Ancient Greece », *Cultural Critique* 12, 1989, 133-143.
Nagy 1990a, G. : *Pindar's Homer*, Baltimore/London 1990.
Nagy 1990b, G. : *Greek Mythology and Poetics*, Ithaca/London 1990.
Nagy 1996, G. : « Autorité et auteur dans la *Théogonie* », in : F. Blaise, P. Judet de La Combe et P. Rousseau (éd.), *Le métier du mythe. Lectures d'Hésiode*, Lille 1996, 41-52.
Nagy 2004, G. : *Homer's Text and Language*, Urbana/Chicago 2004.
Nagy 2009, G. : *Homer the Classic*, Washington 2009.
Nagy 2011, G. : « A second look at the poetics of re-enactment in Ode 13 of Bacchylides », in : L. Athanassaki and E. Bowie (ed.), *Archaic and Classical Choral Song. Performance, Politics and Dissemination*, Berlin 2011, 173-206.
Nairn 1897, J. A. : « The Poems of Bacchylides », *ClRev* 11, 1897, 449-453.
Nancy 2001, J.-L. : *Les Muses*, Paris 2001 (1994¹).
Neitzel 1980, H. : « Hesiod und die lügenden Musen », *Hermes* 108, 1980, 387-401.
Neri 2004, C. : *La lirica greca. Temi e testi*, Roma 2004.
Neumann-Hartmann 2005, A. : « Wenn Pindar "wir" sagt: Überlegungen zur 1. Person Plural bei Pindar », *AevAnt* 5, 2005, 145-162.
Neumann-Hartmann 2009, A. : *Epinikien und ihr Aufführungsrahmen*, Hildesheim 2009.
Nisetich 1978, F. J. : « Convention and Occasion in *Isthmian* 2 », *CSCA* 10, 1978, 133-156.
Nisetich 1980, F. J. : *Pindar's Victory Songs*, Baltimore/London 1980.
Norwood 1956, G. : *Pindar*, Berkeley/Los Angeles 1956.
Nünlist 1998, R. : *Poetologische Bildersprache in der frühgriechischen Dichtung*, Stuttgart/Leipzig 1998.
Obbink 1993, D. : « The Addressees of Empedocles », *Materiali e discussioni per l'analisi dei testi classici* 31, 1993, 51-98.
Obbink 2001, D. : « The Genre of Platea », in : D. Boedeker and D. Sider (ed.), *The New Simonides: Contexts of Praise and Desire*, Oxford 2001, 65-85.
Obbink 2009, D. : « Sappho Fragments 58-59. Text, Apparatus Criticus, and Translation », in : E. Greene and M. B. Skinner (ed.), *The New Sappho on Old Age*, Cambridge 2009, 7-16.
Onians 1994, R. B. : *The Origins of European Thought about the Body, the Mind, the Soul, the World, Time, and Fate*, Cambridge 1994 (1951¹).
Otto 1962, W. F. : *Das Wort der Antike*, Stuttgart 1962.
Otto 1963, W. F. : *Die Wirklichkeit der Götter. Von der Unzerstörbarkeit griechischer Weltsicht*, E. Grassi (Hrsg.), Reinbek bei Hamburg 1963.
Otto 1971, W. F. : *Die Musen und der göttliche Ursprung des Singens und Sagens*, Darmstadt 1971 (1955¹).
Page 1981, D. L. : *Further Greek Epigrams. Epigrams before A.D. 50 from the Greek Anthology and Other Sources, not Included in « Hellenistic Epigrams » or « The Garland of Philipp »*, Cambridge 1981.
Pagliaro 1971, A. : *Nuovi saggi di critica semantica*, Messina/Firenze 1971 (1963¹).
Pagliaro 1976, A. : *Saggi di critica semantica*, Messina/Firenze 1976 (1953¹).

Palmer 2009, J :, *Parmenides and Presocratic Philosophy*, Oxford 2009.
Palmer 2013, J. : « Revelation and Resoning in Kalliopeia's Address to Empedocles », *Rhizomata* 1, 2013, 308-329.
Palmisciano 1998, P. : « Lamento funebre, culte delle Muse e attese escatologiche in Saffo (con una verifica su Archiloco) », *Sem.Rom.* 2, 1998, 183-205.
Papadopoulou 2008, I. : « Parménide ou la philosophie comme mise en scène », in : M. Broze, B. Decharneux et S. Delcomminette (éd.), Ἀλλ' εὖ μοι κατάλεξον... *« Mais raconte-moi en détail... » (Odyssée, III, 97), Mélanges de philosophie et de philologie offerts à Lambros Couloubaritsis*, Bruxelles 2008, 209-223.
Papadopoulou/Pirenne-Delforge 2001, Z./V. : « Inventer et réinventer l'*aulos* autour de la XIIe Pythique de Pindare », in : P. Brulé et C. Vendries (éd.), *Chanter les dieux. Musique et religion dans l'Antiquité grecque et romaine*, Rennes 2001, 37-58.
Parsons 1992, P. J. et al. : *The Oxyrhynchus Papyri*, vol. 59, London 1992.
Pasquali 1935, G. : *Pagine meno stravaganti*, Firenze 1935.
Pasquali 1951, G. : *Stravaganze quarte e supreme*, Venezia 1951.
Pavese 1966, C. O. : « Χρήματα, χρήματ' ἀνήρ e il motivo della liberalità nella seconda Istmica di Pindaro », *QUCC* 2, 1966, 103-112.
Pavese 1995, C. O. : « Elegia di Simonide agli Spartani per Platea », *ZPE* 107, 1995, 1-26.
Pedrick 1992, V. : « The Muse Corrects: the Opening of the *Odyssey* », *YCIS* 29, 1992, 39-62.
Pellicia 2011, H. : « Thumos », in : M. Finkelberg (ed.), *The Homer Encyclopedia*, vol. 3, Chichester 2011, 876.
Perceau 2002, S. : *La parole vive. Communiquer en catalogue dans l'épopée homérique*, Leuven 2002.
Peretti 1953, A. : *Teognide nella tradizione gnomologica*, Pisa 1953.
Péristérakis 1962, A. E. : *Essai sur l'aoriste intemporel en grec*, Athènes 1962.
Perysinakis 2006, I. N. : « Κόσμον or κόμπον? A Note on Simonides' Elegy on Plataea, fr. 11.23 W² », *ZPE* 157, 2006, 19-21.
Pfeijffer 1999, I. L. : *First Person Futures in Pindar*, Stuttgart 1999.
Pfeijffer/Slings 1999, I. L./S. R. : « One Hundred Years of Bacchylides. An Introduction », in : I. L. Pfeijffer and S. R. Slings (ed.), *One Hundred Years of Bacchylides: Proceedings of a Colloquium Held at the Vrije Universiteit Amsterdam on 17 Oktober 1997*, Amsterdam 1999, 7-15.
Pirenne-Delforge 1993, V. : « Quelques considérations sur la beauté des dieux et des hommes dans la Grèce archaïque et classique », in : J. Ries (éd.), *Expérience religieuse et expérience esthétique. Rituel, art et sacré dans les religions, actes du colloque de Liège et de Louvain-la-Neuve, 21-22 mars 1990*, Louvain-la-Neuve 1993, 67-81.
Pironti 2013, G. : « Des dieux et des déesses : le genre en question dans la représentation du divin en Grèce ancienne », in : S. Boehringer et V. Sebillotte Cuchet (ed.), *Des femmes en action. L'individu et la fonction en Grèce ancienne*, Paris/Athènes 2013, 155-167.
Pizzocaro 1999, M. : « Il canto nuovo di Femio. Le origini dell'epos storico », *QUCC* 61, 1999, 7-33.
Pöhlmann 1970, E. : *Denkmäler altgriechischer Musik. Sammlung, Übertragung und Erläuterung aller Fragmente und Fälschungen*, Nürnberg 1970.
Poland 1909, F. : *Geschichte des griechischen Vereinswesens*, Leipzig 1909.
Pollard 1952, J. R. T. : « Muses and Sirens », *CR* 2, 1952, 60-63.
Pollard 1977, J. R. T. : *Birds in Greek Life and Myth*, London 1977.

Poltera 1997, O. : *Le langage de Simonide. Etude sur la tradition poétique et son renouvellement*, Bern 1997.

Poltera 2003, O. : « Simonidea », *SIFC* 96, 2003, 207-211.

Pomeroy 1995, S. B. : *Goddesses, Whores, Wives, and Slaves: Women in Classical Antiquity*, New York 1995 (1975¹).

Pouilloux 1963, J. : *Enigmes à Delphes*, Paris 1963.

Power 2011, T. : « Cyberchorus: Pindar's Κηληδόνες and the aura of the artificial », in : L. Athanassaki and E. Bowie (ed.), *Archaic and Classical Choral Song. Performance, Politics and Dissemination*, Berlin 2011, 67-114.

Pratt 1993, L. H. : *Lying and Poetry from Homer to Pindar. Falsehood and Deception in Archaic Greek Poetics*, Ann Arbor 1993.

Prévôt 1935, A. : « Verbes grecs relatifs à la vision et noms de l'œil », *RPh* 9, 1935, 133-160 ; 233-279.

Primavesi 2001, O. : « La daimonologia della fisica empedoclea », *Aevum Antiquum* 1, 2001, 3-68.

Privitera 1977a, G. A. : « Il peana sacro ad Apollo », in : C. Calame (a cura di), *Rito e poesia corale in Grecia. Guida storica e critica*, Bari 1977, 17-24.

Privitera 1977b, G. A. : « Eracle e gli Eacidi nella terza "Nemea" », *GIF* 8, 1977, 249-273.

Privitera 1988, G. A. : « Pindaro, *Nem*. III. 1-5, e l'acqua di Egina », *QUCC* 29, 1988, 63-70.

Pucci 1977, P. : *Hesiod and the Language of Poetry*, Baltimore/London 1977.

Pucci 1982, P. : « The Proem of the Odyssey », *Arethusa* 15, 1982, 39-62.

Pucci 1995, P. : *Ulysse polutropos : lectures intertextuelles de l'Iliade et de l'Odyssée*, traduction de J. Routier-Pucci, Lille 1995 (1987¹).

Pucci 1998, P. : *The Song of the Sirens. Essays on Homer*, Oxford 1998.

Pucci 2007, P. : *Inno alle Muse (Esiodo, Teogonia, 1-115)*, Pisa/Roma 2007.

Puelma 1989, M. : « Der Dichter und die Wahrheit in der griechischen Poetik von Homer bis Aristoteles », *MH* 46, 1989, 65-100.

Pugliese Carratelli 1988, G. : « La Thea di Parmenide », *PP* 43, 1988, 337-346.

Puhvel 1976, J. : « The Origins of Greek *Kosmos* and Latin *Mundus* », *AJPh* 97, 1976, 157-167.

Radt 1958, S. L. : *Pindars zweiter und sechster Paian. Text, Scholien und Kommentar*, Amsterdam 1958.

Ramnoux 1959, C. : *La Nuit et les enfants de la Nuit dans la tradition grecque*, Paris 1959.

Ranzato 2013, S. : « Luce e notte nel proemio di Parmenide », in : R. Di Donato (a cura di), *Origini e svolgimento del pensiero greco. Studi per Jean-Pierre Vernant*, Pisa 2013, 11-28.

Rawles 2006, R. : « Notes on the Interpretation of the "New Sappho" », *ZPE* 157, 2006, 1-7.

Rayor 1993, D. J. : « Korinna: Gender and the Narrative Tradition », *Arethusa* 26, 1993, 219-231.

Redfield 1994, J. : *Nature and Culture in the Iliad: the Tragedy of Hector*, Durham/London 1994.

Reiner 1938, E. : *Die rituelle Totenklage der Griechen*, Stuttgart 1938.

Ricciardelli Apicella 1979, G. : « La cosmogonia di Alcmane », *QUCC* 32, 1979, 7-27.

Risch 1981, E. : « Θρόνος, θρόνα und die Komposita vom Typus χρυσόθρονος », in : A. Etter und M. Looser (Hrsg.), *Kleine Schriften zum siebzigsten Geburtstag*, Berlin/New York 1981, 354-362.

Rödiger 1875-1876, F. : « Die Musen. Eine mythologische Abhandlung », *Jahrbücher für classische Philologie* 8, 1875-1876, 253-290.

Romeo 1985, A. : *Il proemio epico antico*, Roma 1985.

Roscher 1904, W. H. : *Die Sieben- und Neunzahl im Kultus und Mythus der Griechen*, Leipzig 1904.

Rosenfeld-Löffler 2006, A. : *La poétique d'Empédocle. Cosmologie et métaphore*, Bern 2006.
Roth 1976, C. : « The Kings and the Muses in Hesiod's Theogony », *TAPhA* 106, 1976, 331-338.
Rousseau 1996, P. : « Instruire Persès. Notes sur l'ouverture des *Travaux* d'Hésiode », in : F. Blaise, P. Judet de La Combe et P. Rousseau (éd.), *Le métier du mythe. Lectures d'Hésiode*, Lille 1996, 93-167.
Roux 1954, G. : « Le val des Muses et les musées chez les auteurs anciens », *BCH* 78, 1954, 22-48.
Roux 1976, G. : *Delphes. Son oracle et ses dieux*, Paris 1976.
Rudhardt 1988, J. : « Mnémosyne et les Muses », in : P. Borgeaud (éd.), *La Mémoire des Religions*, Genève 1988, 37-62.
Rudhardt 1996, J. : « Le préambule de la Théogonie. La vocation du poète. Le langage des Muses », in : F. Blaise, P. Judet de La Combe et P. Rousseau (éd.), *Le métier du mythe. Lectures d'Hésiode*, Lille 1996, 25-39.
Rudhardt 2001, J. : « Quelques remarques sur la notion d'*aidôs* », in : E. Delruelle et V. Pirenne-Delforge (éd.), Κῆποι : de la religion à la philosophie. Mélanges offerts à André Motte, Liège 2001, 1-21.
Rutherford 1990, I. : « *Paeans* by Simonides », *HSPh* 93, 1990, 196-199.
Rutherford 1996, I. : « The New Simonides: Towards A Commentary », *Arethusa* 29, 1996, 167-192.
Saïd 2001, S. : « La Muse dans la poésie épique d'Homère à Nonnos », in : M.-D. Legrand et L. Picciola (éd.), *Propos sur les muses et la laideur. Figurations et défigurations de la beauté (d'Homère aux écrivains des Lumières)*, Paris 2001, 11-34.
Saïd 2013, S. : *Le monde à l'envers, pouvoir féminin et communauté des femmes en Grèce ancienne*, Paris 2013.
Saintillan 1996, D. : « Du festin à l'échange : les grâces de Pandore », in : F. Blaise, P. Judet de La Combe et P. Rousseau (éd.), *Le métier du mythe. Lectures d'Hésiode*, Lille 1996, 315-348.
de Sanctis 2003, D. : « I nomi delle Sirene nel *Catalogo* di Esiodo », *SIFC* 1-2, 2003, 197-206.
de Sanctis 2007, D. : « La musa πολυμνήστη: Penelope nella poetica di Empedocle (fr. 3 DK) », *SCO* 53, 2007, 11-30.
Sanz Morales 2000, M. : « La cronologia de Mimnermo », *Eikasmos* 11, 2000, 29-52.
Sauge 1992, A. : *De l'épopée à l'histoire : fondement de la notion d'historié*, Bern 1992.
Sauzeau 2002, P. : « A propos de l'arc d'Ulysse : des steppes à Ithaque », in : A. Hurst et F. Létoublon (éd.), *La mythologie et l'Odyssée. Hommage à Gabriel Germain. Actes du colloque international de Grenoble, 20-22 mai 1999*, Genève 2002, 287-304.
Scalera McClintock 2006, G. : « Dalle personificazioni di Esiodo alla Thea di Parmenide. Considerazioni sul rapporto tra femminile e astratto », *AION(filol.)* 28, 2006, 25-48.
Schade 2006, G. : « Die Oden von Pindar und Bakchylides auf Hieron », *Hermes* 134, 2006, 373-378.
Schadewaldt 1950, W. : *Sappho. Welt und Dichtung, Dasein in der Liebe*, Potsdam 1950.
Scheer 2000, T. S. : *Die Gottheit und ihr Bild. Untersuchungen zur Funktion griechischer Kultbilder in Religion und Politik*, München 2000.
Scheid/Svenbro 1994, J./J. : *Le métier de Zeus. Mythe du tissage et du tissu dans le monde gréco-romain*, Paris 1994.
Schlesier 1982, R. : « Les Muses dans le prologue de la *Théogonie* d'Hésiode », *RHR* 199, 1982, 131-167.

Schneider 1993, J. : « Usage de la première personne et autobiographie dans la poésie lyrique archaïque », in : M.-F. Baslez, P. Hoffmann et L. Pernot (éd.), *L'invention de l'autobiographie : d'Hésiode à Augustin : actes du deuxième colloque de l'Equipe de recherche sur l'hellénisme post-classique*, Paris 1993, 21-36.
Schneidewin 1851, F. W. : « Neue Verse des Empedokles », *Philologus* 6, 1851, 155-167.
Segal 1967, C. P. : « Pindar's Seventh Nemean », *TAPhA* 98, 1967, 431-480.
Segal 1998, C. P. : *Aglaia. The Poetry of Alcman, Sappho, Pindar, Bacchylides and Corinna*, Lanham 1998.
Selle 2008, H. : *Theognis und die Theognidea*, Berlin 2008.
Sellschopp 1967, I. : *Stilistische Untersuchungen in Hesiod*, Darmstadt 1967 (1934[1]).
Semenzato 2013, C. : « Les savoirs du chanteur-poète pindarique », in : A. Macé (éd.), *Le savoir public, La vocation politique du savoir en Grèce ancienne*, Besançon 2013, 43-62.
Semenzato 2014, C. : « Sirènes et Muses, quels dangers ? », in : H. Vial (éd.), *Les Sirènes ou le savoir périlleux. D'Homère au XXIe siècle*, Rennes 2014, 117-131.
Semenzato (à paraître), C. : « Mettre en mots le cycle divin du temps ».
Setti 1958, A. : « La memoria e il canto. Saggio di poetica arcaica greca », *SIFC* 30, 1958, 129-171.
Severyns 1928, A. : *Le cycle épique dans l'école d'Aristarque*, Paris 1928.
Severyns 1933, A. : *Bacchylide. Essai biographique*, Liège/Paris 1933.
Shapiro/Iozzo/Lezzi-Hafter 2013, H. A./M./A. (ed.) : *The François Vase: New Perspectives*, Kilchberg/Zürich 2013.
Silk 1983, M. S. : « *LSJ* and the Problem of Poetic Archaism: From Meanings to Iconyms », *CQ* 33, 1983, 303-330.
Simondon 1977, M. : « La Muse d'Empédocle : patronage mythique des formes du savoir », in : *Formation et survie des mythes : travaux et mémoires*, Paris 1977, 21-29.
Skafte Jensen 1980, M. : *The Homeric Question and the Oral-Formulaic Theory*, Copenhagen 1980.
Slater 1969b, W. J. : « Futures in Pindar », *CQ* 19, 1969, 86-94.
Slings 1990, S. R. : « The I in Personal Archaic Lyric: an Introduction », in : S. R. Slings (ed.), *The Poet's I in Archaic Greek Lyric. Proceedings of a Symposium held at the Vrije Universiteit Amsterdam*, Amsterdam 1990, 1-30.
Snell 1941, B. : « Die neuen Bakchylides-Bruchstücke in Florenz », *Hermes* 76, 1941, 208-219.
Snell 1946, B. : « Pindars Hymnos auf Zeus », *A&A* 2, 1946, 180-192.
Snell 1965, B. : *Dichtung und Gesellschaft. Studien zum Einfluss der Dichter auf das soziale Denken und Verhalten im alten Griechenland*, Hamburg 1965.
Snell 1975a, B. : *Die Entdeckung des Geistes. Studien zur Entstehung des europäischen Denkens bei den Griechen*, Göttingen 1975 (1946[1]).
Snell 1975b, B. : « ΑΛΗΘΕΙΑ », in : J. Latacz (Hrsg.), *Festschrift für Ernst Siegmann zum 60. Geburtstag*, Würzburg 1975, 9-17.
Snell 1978, B. : *Der Weg zum Denken und zur Wahrheit. Studien zur frühgriechischen Sprache*, Göttingen 1978.
Snyder 1989, J. M. : *The woman and the lyre: women writers in Classical Greece and Rome*, Carbondale 1989.
Solmsen 1954, F. : « The "Gift" of Speech in Homer and Hesiod », *TAPhA* 85, 1954, 1-15.
Sourvinou-Inwood 1995, C. : *Reading Greek Death. To the End of the Classical Period*, Oxford 1995.

Spentzou/Fowler 2002, E./D. (ed.) : *Cultivating the Muse. Struggles for Power and Inspiration in Classical Literature*, Oxford 2002.
Stanford 1950, W. B. : « Homer's Use of Personal πολυ- Compounds », *CP* 45, 1950, 108-110.
Stears 1998, K. : « Death Becomes Her. Gender and Athenian Death Ritual », in : S. Blundell and M. Williamson (ed.), *The Sacred and the Feminine in Ancient Greece*, London 1998, 113-127.
Stehle 1996, E. : « Help Me To Sing, Muse, Of Platea », *Arethusa* 29, 1996, 205-222.
Stehle 1997, E. : *Performance and Gender in Ancient Greece. Nondramatic Poetry in its Setting*, Princeton 1997.
Stehle 2005, E. : « The Addressees of Empedokles, Katharmoi Fr. B112: Performance and Moral Implications », *Ancient Philosophy* 25, 2005, 247-272.
Stein 1990, E. : *Autorbewusstsein in der frühen griechischen Literatur*, Tübingen 1990.
Stella 2016, F. : « L'origine des termes νόος-νοεῖν », *Methodos* 16 (2016), online.
Stoddard 2003, K. B. : « The Programmatic Message of the "Kings and Singers" Passage: Hesiod, *Theogony* 80-103 », *TAPhA* 133, 2003, 1-16.
Strauss Clay 1983, J. : *The Wrath of Athena: Gods and Men in the* Odyssey, Princeton 1983.
Strauss Clay 1989, J. : *The Politics of Olympus. Form and Meaning in the Major Homeric Hymns*, Princeton 1989.
Strauss Clay 1996, J. : « The New Simonides and Homer's *Hemitheoi* », *Arethusa* 29, 1996, 243-245.
Strauss Clay 2003, J. : *Hesiod's Cosmos*, Cambridge 2003.
Suarez de la Torre 1990, E. : « Parole de poète, parole de prophète : les oracles et la mantique chez Pindare », *Kernos* 3, 1990, 347-358.
Suarez de la Torre 2000, E. : « Archilochus' "Biography", Dionysos and Mythical Patterns », in : M. Cannatà Fera e S. Grandolini (a cura di), *Poesia e religione in Grecia: studi in onore di G. Aurelio Privitera*, Napoli 2000, 639-658.
Svenbro 1976, J. : *La parole et le marbre. Aux origines de la poétique grecque*, Lund 1976.
Svoboda 1952, K. : « Les idées de Pindare sur la poésie », *Aegyptus* 32, 1952, 108-120.
Tarditi 1961, G. : « Due carmi giambici di uno Ps-Archiloco », *RCCM* 3, 1961, 311-316.
Tedeschi 1985, A. : « L'invio del carme nella poesia lirica arcaica: Pindaro e Bacchilide », *SFIC* 3, 1985, 29-54.
Thalmann 1984, W. G. : *Conventions of Form and Thought in Early Greek Epic Poetry*, Baltimore/London 1984.
Thummer 1968, E. : *Pindar. Die Isthmischen Gedichte*, 2 vol., Heidelberg 1968.
Tigerstedt 1970, E. N. : « Furor Poeticus: Poetic Inspiration in Greek Literature before Democritus and Plato », *JHI* 31, 1970, 163-178.
Tölle-Kastenbein 1977, R. : « Zur Mitra in klassischer Zeit », *RA* 1, 1977, 23-36.
Tölle-Kastenbein 1985, R. : « Der Begriff κρήνη » *AA*, 1985, 451-470.
Torgerson 2006, T. P. : « The εἰδὼς φώς and the traditional dichotomy of divine and mortal epistemology », *RPhA* 24, 2006, 25-43.
Trépanier 2004, S. : *Empedocles, an Interpretation*, New York/London 2004.
Treu 1955, M. : *Von Homer zur Lyrik. Wandlungen des griechischen Weltbildes im Spiegel der Sprache*, München 1955.
Tsomis 2001, G. : *Zusammenschau der frühgriechischen monodischen Melik (Alkaios, Sappho, Anakreon)*, Stuttgart 2001.
Tzamali 1996, E. : *Syntax und Stil bei Sappho*, Dettelbach 1996.
Usener 1896, H. : *Götternamen, Versuch einer Lehre von der religiösen Begriffsbildung*, Bonn 1896.

Verdenius 1947, W. J. : « Notes on the Presocratics », *Mnemosyne* 13, 1947, 271-289.
Verdenius 1972, W. J. : « Notes on the Proem of Hesiod's *Theogony* », *Mnemosyne* 25, 1972, 225-260.
Verdenius 1982, W. J. : « Pindar's Second Isthmian Ode. A Commentary », *Mnemosyne* 35, 1982, 1-37.
Verdenius 1983, W. J. : « The Principles of Greek Literary Criticism », *Mnemosyne* 36, 1983, 14-59.
Verdenius 1985, W. J. : *A Commentary on Hesiod,* Works and Days, vv. 1-382, Leiden 1985.
Verdenius 1987, W. J. : *Commentaries on Pindar*, vol. 1, Leiden 1987.
Verdenius 1988, W. J. : *Commentaries on Pindar*, vol. 2, Leiden 1988.
Vergados 2014, A. : « Etymologie und Aitiologie bei Hesiod: Die Musennamen in der Theogonie », in : C. Reitz und A. Walter (Hrsg.), *Von Ursachen sprechen: eine aitiologische Spurensuche*, Hildesheim 2014, 105-140.
Vernant 1970, J.-P. : « Thétis et le poème cosmogonique d'Alcman », in : *Hommages à Marie Delcourt*, Bruxelles 1970, 38-69.
Vernant 1979, J.-P. : « A la table des hommes. Mythe de fondation du sacrifice chez Hésiode », in : M. Detienne et J.-P. Vernant (éd.), *La cuisine du sacrifice en pays grec*, Paris 1979, 37-132.
Vernant 2007, J.-P. : Œuvres. Religions, Rationalités, Politiques, 2 vol., Paris 2007.
Vigneri 2000, V. : « Il coro dell'epinicio pindarico negli *scholia vetera* », *QUCC* 66, 2000, 87-103.
Vissicchio 1997, S. : « Le metafore pindariche relative ad ambiti musicali », *Rudiae* 9, 1997, 279-306.
Volk 2002, K. : « ΚΛΕΟΣ ΑΦΘΙΤΟΝ Revisited », *CPh* 97, 2002, 61-68.
Vos 1956, H. : *ΘΕΜΙΣ*, Assen 1956.
Wachter 1991, R. : « The Inscriptions on the François Vase », *MH* 48, 1991, 86-113.
Wachter 2001, R. : *Non-Attic Greek Vase Inscriptions*, Oxford 2001.
Wackernagel 1893, J. : « Etymologisches », *Zeitschrift für vergleichende Sprachforschung auf dem Gebiete der indogermanischen Sprachen* 33, 1893, 571-574.
Waern 1972, I. : « Flora Sapphica », *Eranos* 70, 1972, 1-11.
Walsh 1984, G. B. : *The Varieties of Enchantment: Early Greek Views of the Nature and Function of Poetry*, Chapel Hill/London 1984.
Waszink 1974, J. H. : *Biene und Honig als Symbol des Dichters und der Dichtung in der griechisch-römischen Antike*, Opladen 1974.
Watkins 1995, C. : *How to Kill a Dragon*, Oxford 1995.
West 1967, M. L. : « Alcman and Pythagoras », *CQ* 17, 1967, 1-15.
West 1970, M. L. : « Corinna », *CQ* 20, 1970, 277-287.
West 1971, M. L. : *Early Greek Philosophy and the Orient*, Oxford 1971.
West 1981, M. L. : « The Singing of Homer and the Modes of Early Greek Music », *JHS* 101, 1981, 113-129.
West 1990, M. L. : « Dating Corinna », *CQ* 40, 1990, 553-557.
West 1992b, M. L. : *Ancient Greek Music*, Oxford 1992.
West 1993, M. L. : « Simonides Redivivus », *ZPE* 98, 1993, 1-14.
West 1994, M. L. : *Greek Lyric Poetry*, Oxford 1994.
West 1995, M. L. : « The Date of the *Iliad* », *MH* 52, 1995, 203-219.
West 1997, M. L. : *The East Face of Helicon. West Asiatic Elements in Greek Poetry and Myth*, Oxford 1997.
West 2001, M. L. : *Studies in the Text and Transmission of the* Iliad, München/Leipzig 2001.

West 2002, M. L. : « "Eumelos": a Corinthian Epic Cycle? », *JHS* 122, 2002, 109-133.
West 2005, M. L. : « The New Sappho », *ZPE* 151, 2005, 1-9.
West 2011, M. L. : *The Making of the Iliad. Disquisition and Analytical Commentary*, Oxford 2011.
Wheeler 2002, G. : « Sing Muse ...: the Introit from Homer to Apollonius », *CQ* 52, 2002, 33-49.
Wiesmann 1972, P. : « Was heisst κῶμα? Zur Interpretation von Sapphos "Gedicht auf der Scherbe" », *MH* 29, 1972, 1-11.
von Wilamowitz-Moellendorff 1922, U. : *Pindaros*, Berlin 1922.
von Wilamowitz-Moellendorff 1929, U. : « Die Καθαρμοί des Empedokles », *Sitzungsberichte der Preussischen Akademie der Wissenschaften, philosophisch-historische Klasse* 27, 1929, 626-661.
von Wilamowitz-Moellendorff 1931, U. : *Der Glaube der Hellenen*, vol. 1, Berlin 1931.
Willi 2008, A. : *Sikelismos. Sprache, Literatur und Gesellschaft im griechischen Sizilien (8.-5. v. Chr.)*, Basel 2008.
Wilson 2009, P. : « Thamyris the Thracian: the archetypal wandering poet? », in : R. Hunter and I. Rutherford (ed.), *Wandering Poets in Ancient Greek Culture. Travel, Locality and Pan-Hellenism*, Cambridge 2009, 46-79.
Wismann 1996, H. : « Propositions pour une lecture d'Hésiode », in : F. Blaise, P. Judet de La Combe et P. Rousseau (éd.), *Le métier du mythe. Lectures d'Hésiode*, Lille 1996, 15-24.
Woodbury 1968, L. : « Pindar and the Mercenary Muse: *Isthm.* 2.1-13 », *TAPhA* 99, 1968, 527-542.
Woodbury 1969, L. : « Truth and the Song: Bacchylides 3.96-98 », *Phoenix* 23, 1969, 331-335.
Woodbury 1985, L. : « Ibycus and Polycrates », *Phoenix* 39, 1985, 193-220.
Wüst 1967, E. : *Pindar als geschichtschreibender Dichter. Interpretationen der 12 vorsizilischen Siegeslieder, des sechsten Paians und der zehnten olympischen Ode*, Tübingen 1967.
Wycherley 1937, R. E. : « Πηγή and κρήνη », *CR* 51, 1937, 2-3.
Xella 2006, P. : « Prima delle Muse. Maestri, scribi e cantori nel vicino oriente preclassico », in : S. Beta (a cura di), *I poeti credevano nelle loro Muse? Atti della giornata di studio, Siena, 2 aprile 2003*, Firenze 2006, 13-26.
Zambarbieri 2004, M. : *L'Odissea com'è. Lettura critica*, vol. 2, Milano 2004.
Zimmermann 1992, B. : *Dithyrambos. Geschichte einer Gattung*, Göttingen 1992.

www.ingramcontent.com/pod-product-compliance
Lightning Source LLC
Chambersburg PA
CBHW051247300426
44114CB00011B/920